D0875156

L'HERMÉNEUTIQUE DU SUJET

Cours de Michel Foucault
au Collège de France

La Volonté de savoir
(1970-1971)

Théories et Institutions pénales
(1971-1972)

La Société punitive
(1972-1973)

Le Pouvoir psychiatrique
(1973-1974)

Les Anormaux
(1974-1975)
paru

« Il faut défendre la société »
(1975-1976)
paru

Sécurité, Territoire et Population
(1977-1978)

Naissance de la biopolitique
(1978-1979)

Du gouvernement des vivants
(1979-1980)

Subjectivité et Vérité
(1980-1981)

L'Herméneutique du sujet
(1981-1982)
paru

Le Gouvernement de soi et des autres
(1982-1983)

Le Gouvernement de soi et des autres : le courage de la vérité
(1983-1984)

Michel Foucault

L'herméneutique du sujet

Cours au Collège de France
(1981-1982)

*Édition établie sous la direction
de François Ewald et Alessandro Fontana,
par Frédéric Gros*

HAUTES ÉTUDES

GALLIMARD
LE SEUIL

« Hautes Études » est une collection
de l'École des hautes études en sciences sociales,
des Éditions Gallimard et des Éditions du Seuil.

Édition établie sous la direction
de François Ewald et Alessandro Fontana,
par Frédéric Gros

ISBN 2-02-030800-2

www.seuil.com

AVERTISSEMENT

Michel Foucault a enseigné au Collège de France de janvier 1971 à sa mort en juin 1984 – à l'exception de l'année 1977 où il a pu bénéficier d'une année sabbatique. Le titre de sa chaire était : *Histoire des systèmes de pensée.*

Elle fut créée le 30 novembre 1969, sur proposition de Jules Vuillemin, par l'assemblée générale des professeurs du Collège de France en remplacement de la chaire d'Histoire de la pensée philosophique, tenue jusqu'à sa mort par Jean Hyppolite. La même assemblée élut Michel Foucault, le 12 avril 1970, comme titulaire de la nouvelle chaire[1]. Il avait quarante-trois ans.

Michel Foucault en prononça la leçon inaugurale le 2 décembre 1970[2].

L'enseignement au Collège de France obéit à des règles particulières. Les professeurs ont l'obligation de délivrer vingt-six heures d'enseignement par an (la moitié au maximum pouvant être dispensée sous forme de séminaires[3]). Ils doivent exposer chaque année une recherche originale, les contraignant à renouveler chaque fois le contenu de leur enseignement. L'assistance aux cours et aux séminaires est entièrement libre ; elle ne requiert ni inscription ni diplôme. Et le professeur n'en dispense aucun[4]. Dans le vocabulaire du Collège de France, on dit que les professeurs n'ont pas d'étudiants mais des auditeurs.

Les cours de Michel Foucault se tenaient chaque mercredi de début janvier à fin mars. L'assistance, très nombreuse, composée d'étudiants,

---

1. Michel Foucault avait conclu une plaquette rédigée pour sa candidature par cette formule : « Il faudrait entreprendre l'histoire des systèmes de pensée » (« Titres et travaux », in *Dits et Écrits, 1954-1988*, éd. par D. Defert & F. Ewald, collab. J. Lagrange, Paris, Gallimard, 1994, 4 vol. ; cf. I, p. 846).
2. Elle sera publiée par les éditions Gallimard en mai 1971 sous le titre : *L'Ordre du discours.*
3. Ce que fit Michel Foucault jusqu'au début des années 1980.
4. Dans le cadre du Collège de France.

d'enseignants, de chercheurs, de curieux, dont beaucoup d'étrangers, mobilisait deux amphithéâtres du Collège de France. Michel Foucault s'est souvent plaint de la distance qu'il pouvait y avoir entre lui et son « public », et du peu d'échange que rendait possible la forme du cours[5]. Il rêvait d'un séminaire qui fût le lieu d'un vrai travail collectif. Il en fit différentes tentatives. Les dernières années, à l'issue du cours, il consacrait un long moment à répondre aux questions des auditeurs.

Voici comment, en 1975, un journaliste du *Nouvel Observateur*, Gérard Petitjean, pouvait en retranscrire l'atmosphère : « Quand Foucault entre dans l'arène, rapide, fonceur, comme quelqu'un qui se jette à l'eau, il enjambe des corps pour atteindre sa chaise, repousse les magnétophones pour poser ses papiers, retire sa veste, allume une lampe et démarre, à cent à l'heure. Voix forte, efficace, relayée par des haut-parleurs, seule concession au modernisme d'une salle à peine éclairée par une lumière qui s'élève de vasques en stuc. Il y a trois cents places et cinq cents personnes agglutinées, bouchant le moindre espace libre […] Aucun effet oratoire. C'est limpide et terriblement efficace. Pas la moindre concession à l'improvisation. Foucault a douze heures par an pour expliquer, en cours public, le sens de sa recherche pendant l'année qui vient de s'écouler. Alors, il serre au maximum et remplit les marges comme ces correspondants qui ont encore trop à dire lorsqu'ils sont arrivés au bout de leur feuille. 19h15. Foucault s'arrête. Les étudiants se précipitent vers son bureau. Pas pour lui parler, mais pour stopper les magnétophones. Pas de questions. Dans la cohue, Foucault est seul. » Et Foucault de commenter : « Il faudrait pouvoir discuter ce que j'ai proposé. Quelquefois, lorsque le cours n'a pas été bon, il faudrait peu de chose, une question, pour tout remettre en place. Mais cette question ne vient jamais. En France, l'effet de groupe rend toute discussion réelle impossible. Et comme il n'y a pas de canal de retour, le cours se théâtralise. J'ai un rapport d'acteur ou d'acrobate avec les gens qui sont là. Et lorsque j'ai fini de parler, une sensation de solitude totale[6]... »

5. En 1976, dans l'espoir – vain – de raréfier l'assistance, Michel Foucault changea l'heure du cours qui passa de 17h45, en fin d'après-midi, à 9 heures du matin. Cf. le début de la première leçon (7 janvier 1976) de *« Il faut défendre la société ». Cours au Collège de France, 1976*, éd. s.dir. F. Ewald & A. Fontana, par M. Bertani & A. Fontana, Paris, Gallimard/Seuil, 1997.
6. Gérard Petitjean, « Les Grands Prêtres de l'université française », *Le Nouvel Observateur*, 7 avril 1975.

Michel Foucault abordait son enseignement comme un chercheur : explorations pour un livre à venir, défrichement aussi de champs de problématisation, qui se formuleraient plutôt comme une invitation lancée à d'éventuels chercheurs. C'est ainsi que les cours au Collège de France ne redoublent pas les livres publiés. Ils n'en sont pas l'ébauche, même si des thèmes peuvent être communs entre livres et cours. Ils ont leur propre statut. Ils relèvent d'un régime discursif spécifique dans l'ensemble des « actes philosophiques » effectués par Michel Foucault. Il y déploie tout particulièrement le programme d'une généalogie des rapports savoir/pouvoir en fonction duquel, à partir du début des années 1970, il réfléchira son travail – en opposition avec celui d'une archéologie des formations discursives qu'il avait jusqu'alors dominé[7].

Les cours avaient aussi une fonction dans l'actualité. L'auditeur qui venait les suivre n'était pas seulement captivé par le récit qui se construisait semaine après semaine ; il n'était pas seulement séduit par la rigueur de l'exposition ; il y trouvait aussi un éclairage de l'actualité. L'art de Michel Foucault était de diagonaliser l'actualité par l'histoire. Il pouvait parler de Nietzsche ou d'Aristote, de l'expertise psychiatrique au XIXe siècle ou de la pastorale chrétienne, l'auditeur en tirait toujours une lumière sur le présent et les événements dont il était contemporain. La puissance propre de Michel Foucault dans ses cours tenait à ce subtil croisement entre une érudition savante, un engagement personnel et un travail sur l'événement.

*

Les années soixante-dix ayant vu le développement, et le perfectionnement, des magnétophones à cassettes, le bureau de Michel Foucault en fut vite envahi. Les cours (et certains séminaires) ont ainsi été conservés.

Cette édition prend comme référence la parole prononcée publiquement par Michel Foucault. Elle en donne la transcription la plus littérale possible[8]. Nous aurions souhaité pouvoir la livrer telle quelle. Mais le passage de l'oral à l'écrit impose une intervention de l'éditeur :

---

7. Cf., en particulier, « Nietzsche, la généalogie, l'histoire », in *Dits et Écrits*, II, p. 137.
8. Ont été plus spécialement utilisés les enregistrements réalisés par Gérard Burlet et Jacques Lagrange, déposés au Collège de France et à l'IMEC.

il faut, au minimum, introduire une ponctuation et découper des paragraphes. Le principe a toujours été de rester le plus près possible du cours effectivement prononcé.

Lorsque cela paraissait indispensable, les reprises et les répétitions ont été supprimées ; les phrases interrompues ont été rétablies et les constructions incorrectes rectifiées.

Les points de suspension signalent que l'enregistrement est inaudible. Quand la phrase est obscure, figure, entre crochets, une intégration conjecturale ou un ajout.

Un astérisque en pied de page indique les variantes significatives des notes utilisées par Michel Foucault par rapport à ce qui a été prononcé.

Les citations ont été vérifiées et les références des textes utilisés indiquées. L'appareil critique se limite à élucider les points obscurs, à expliciter certaines allusions et à préciser les points critiques.

Pour faciliter la lecture, chaque leçon a été précédée d'un bref sommaire qui en indique les principales articulations[9].

Le texte du cours est suivi du résumé publié dans l'*Annuaire du Collège de France*. Michel Foucault les rédigeait généralement au mois de juin, quelque temps donc avant la fin du cours. C'était, pour lui, l'occasion d'en dégager, rétrospectivement, l'intention et les objectifs. Il en constitue la meilleure présentation.

Chaque volume s'achève sur une « situation » dont l'éditeur du cours garde la responsabilité : il s'agit de donner au lecteur des éléments de contexte d'ordre biographique, idéologique et politique, replaçant le cours dans l'œuvre publiée et donnant des indications concernant sa place au sein du corpus utilisé, afin d'en faciliter l'intelligence et d'éviter les contresens qui pourraient être dus à l'oubli des circonstances dans lesquelles chacun des cours a été élaboré et prononcé.

L'Herméneutique du sujet, cours prononcé en 1982, est édité par Frédéric Gros.

*

Avec cette édition des cours au Collège de France, c'est un nouveau pan de « l'œuvre » de Michel Foucault qui se trouve publié.

---

9. On trouvera en fin de volume (p. 525) des précisions concernant les critères et les solutions adoptés par les éditeurs pour cette année de cours.

Il ne s'agit pas, au sens propre, d'inédits puisque cette édition reproduit la parole proférée publiquement par Michel Foucault, à l'exclusion
du support écrit qu'il utilisait et qui pouvait être très élaboré. Daniel
Defert, qui possède les notes de Michel Foucault, a permis aux éditeurs
de les consulter. Qu'il en soit vivement remercié.

Cette édition des cours au Collège de France a été autorisée par les
héritiers de Michel Foucault, qui ont souhaité pouvoir satisfaire la très
forte demande dont ils faisaient l'objet, en France comme à l'étranger.
Et cela dans d'incontestables conditions de sérieux. Les éditeurs ont
cherché à être à la hauteur de la confiance qu'ils leur ont portée.

FRANÇOIS EWALD et ALESSANDRO FONTANA

Cours
Année 1981-1982

COURS DU 6 JANVIER 1982

Première heure

Rappel de la problématique générale : subjectivité et vérité. – Nouveau point de départ théorique : le souci de soi. – Les interprétations du précepte delphique « connais-toi toi-même ». – Socrate comme l'homme du souci : analyse de trois extraits de l'Apologie de Socrate. – Le souci de soi comme précepte de la vie philosophique et morale antique. – Le souci de soi dans les premiers textes chrétiens. – Le souci de soi comme attitude générale, rapport à soi, ensemble de pratiques. – Les raisons de la disqualification moderne du souci de soi au profit de la connaissance de soi : la morale moderne ; le moment cartésien. – L'exception gnostique. – Philosophie et spiritualité.

Je me suis proposé cette année d'essayer la formule suivante[1] : faire deux heures de cours (de 9h15 à 11h15), avec une petite interruption de quelques minutes au bout d'une heure pour vous permettre de vous reposer, de vous en aller si ça vous ennuie, pour me permettre aussi de me reposer un peu. Et je tâcherai, dans la mesure du possible, de diversifier tout de même un peu les deux heures de cours, c'est-à-dire de faire plutôt dans la première heure, ou en tout cas dans une des deux heures, un exposé un peu plus, disons, théorique et général ; et puis, dans l'autre heure, plutôt quelque chose qui se rapprocherait d'une explication de texte, avec bien entendu tous les obstacles et inconvénients qui sont liés au fait de cette installation : du fait qu'on ne peut pas vous distribuer les textes, du fait qu'on ne sait pas combien vous serez, etc. Enfin, on va toujours essayer. Si ça ne marche pas, on tâchera de trouver l'année prochaine, ou peut-être même cette année, une autre formule. Est-ce que ça vous gêne beaucoup de venir à 9h15 en général ? Non ? Ça va ? Vous êtes plus favorisés que moi, alors.

L'an dernier, j'avais essayé d'entamer une réflexion historique sur le thème des relations entre subjectivité et vérité[2]. Et pour l'étude de ce problème j'avais choisi comme exemple privilégié, comme surface de réfraction si vous voulez, la question du régime des comportements et des plaisirs sexuels dans l'Antiquité, ce régime des *aphrodisia* vous vous souvenez, tel qu'il était apparu et qu'il avait été défini aux deux premiers siècles de notre ère[3]. Régime qui me paraissait comporter, parmi toutes les dimensions de son intérêt, celle-ci : c'était bien dans ce régime des *aphrodisia,* et non pas du tout dans la morale dite chrétienne ou, pire, dite judéo-chrétienne, que l'on trouvait l'armature fondamentale de la morale sexuelle européenne moderne[4]. Cette année, je voudrais un petit peu me dégager de cet exemple précis, et de ce matériel particulier concernant les *aphrodisia* et le régime des comportements sexuels, et je voudrais dégager de cet exemple précis les termes plus généraux du problème « sujet et vérité ». Plus exactement : je ne voudrais en aucun cas éliminer ou annuler la dimension historique dans laquelle j'ai essayé de placer ce problème des rapports subjectivité/ vérité, mais je voudrais tout de même le faire apparaître sous une forme beaucoup plus générale. La question que je voudrais aborder cette année, c'est celle-ci : dans quelle forme d'histoire se sont noués en Occident les rapports entre ces deux éléments, qui ne relèvent pas de la pratique, de l'analyse historienne habituelle, le « sujet » et la « vérité ».

Alors, je voudrais prendre comme point de départ une notion dont je crois vous avoir dit quelques mots déjà l'an dernier[5]. C'est la notion de « souci de soi-même ». Par ce terme, j'essaie tant bien que mal de traduire une notion grecque fort complexe et fort riche, fort fréquente aussi, et qui a eu une très longue durée de vie dans toute la culture grecque : celle d'*epimeleia heautou,* que les Latins traduisent, avec, bien sûr, tous les affadissements que l'on a si souvent dénoncés, ou en tout cas indiqués[6], par quelque chose comme *cura sui*[7]. *Epimeleia heautou,* c'est le souci de soi-même, c'est le fait de s'occuper de soi-même, de se préoccuper de soi-même, etc. Vous me direz qu'il est sans doute un peu paradoxal et passablement sophistiqué de choisir, pour étudier les rapports entre sujet et vérité, cette notion d'*epimeleia heautou* à laquelle l'historiographie de la philosophie n'a pas jusqu'à présent accordé énormément d'importance. C'est un peu paradoxal et sophistiqué de choisir cette notion alors que chacun sait, chacun dit, chacun répète, et depuis bien longtemps, que la question du sujet (question de la connaissance du sujet, question de la connaissance du sujet par lui-même) a été originairement posée dans une tout autre formule et dans un tout autre précepte : la fameuse prescription delphique du *gnôthi seauton* (« connais-toi toi-même »)[8]. Alors donc que tout nous indique dans l'histoire de la philosophie – plus largement encore, dans l'histoire de la pensée occidentale –

que c'est le *gnôthi seauton* qui est sans doute la formule fondatrice de la question des rapports entre sujet et vérité, pourquoi avoir choisi cette notion apparemment un peu marginale, qui court bien sûr dans la pensée grecque mais à laquelle il ne semble pas qu'on ait fait un statut particulier : celle de souci de soi-même, d'*epimeleia heautou* ? Alors je voudrais un petit peu m'arrêter, dans cette première heure, sur cette question des rapports entre l'*epimeleia heautou* (le souci de soi) et le *gnôthi seauton* (le « connais-toi toi-même »).

À propos du « connais-toi toi-même », je voudrais faire cette première remarque très simple, en me référant à des études qui ont été faites par des historiens et des archéologues. Il faut tout de même bien garder à l'esprit ceci : tel qu'il a été formulé, de façon si illustre et éclatante, et gravé sur la pierre du temple, le *gnôthi seauton* n'avait sans doute pas, à l'origine, la valeur qu'on lui a prêtée par la suite. Vous connaissez (on aura à y revenir) le fameux texte dans lequel Épictète dit que ce précepte « *gnôthi seauton* » a été inscrit là, au centre de la communauté humaine[9]. En fait, il a sans doute été inscrit en ce lieu, qui a été un des centres de la vie grecque, et puis un centre de la communauté humaine par la suite[10], mais avec une signification qui n'était certainement pas celle du « connais-toi toi-même » au sens philosophique du terme. Ce n'était pas la connaissance de soi qui était prescrite dans cette formule, ni la connaissance de soi comme fondement de la morale, ni la connaissance de soi comme principe d'un rapport aux dieux. On a proposé un certain nombre d'interprétations. Il y a la vieille interprétation de Roscher, proposée en 1901 dans un article du *Philologus*[11], où il rappelait qu'après tout les préceptes delphiques étaient des préceptes qui s'adressaient à ceux qui venaient consulter le dieu, et qu'il fallait les lire comme des sortes de règles, de recommandations rituelles en rapport avec l'acte même de la consultation. Et les trois préceptes, vous les connaissez. Le *mêden agan* (« rien de trop ») ne voudrait, selon Roscher, absolument pas désigner, formuler un principe général d'éthique et de mesure dans la conduite humaine. *Mêden agan* (« rien de trop »), ça veut dire : toi qui viens consulter, ne pose donc pas trop de questions, ne pose que les questions utiles, réduis à ce qui est nécessaire les questions que tu veux poser. Le second précepte, celui sur les *egguê* (les cautions)[12], voudrait dire exactement ceci : ne fais pas des vœux, ne t'engage pas, quand tu viens consulter les dieux, à des choses, à des engagements que tu ne pourrais pas honorer. Quant au *gnôthi seauton,* il voudrait dire, toujours selon Roscher : au moment où tu viens poser des questions à l'oracle, examine bien en toi-même les questions que tu as

à poser, que tu veux poser ; et puisque tu dois bien réduire au maximum
le nombre de tes questions et ne pas en poser trop, fais donc attention
en toi-même à ce que tu as besoin de savoir. Interprétation beaucoup
plus récente que celle-là : celle de Defradas, en 1954, dans un livre sur
Les Thèmes de la propagande delphique[13]. Defradas propose une autre
interprétation, mais qui, là aussi, montre bien, suggère bien que le
gnôthi seauton n'est absolument pas un principe de connaissance de soi.
Selon Defradas, ces trois préceptes delphiques seraient des impératifs
généraux de prudence : « rien de trop » dans les demandes, les espoirs,
aucun excès non plus dans la manière de se conduire ; quant aux « cautions », c'était un précepte mettant en garde les consultants contre les
risques de générosité excessive ; et quant au « connais-toi toi-même »,
ce serait le principe [selon lequel] il faut se rappeler sans cesse que l'on
n'est après tout qu'un mortel et qu'on n'est pas un dieu, qu'il ne faut
donc pas trop présumer de sa force ni s'affronter avec les puissances qui
sont celles de la divinité.

Passons rapidement là-dessus. Je voudrais insister sur autre chose qui
concerne beaucoup plus le sujet qui me préoccupe. Quel que soit, de
fait, le sens qui a été donné et qui était prêté dans le culte d'Apollon au
précepte delphique « connais-toi toi-même », c'est un fait, me semble-
t-il, que, lorsque ce précepte delphique, ce *gnôthi seauton* apparaît dans
la philosophie, dans la pensée philosophique, c'est donc, comme on
le sait bien, autour du personnage de Socrate. Xénophon l'atteste dans
les *Mémorables*[14], et Platon dans un certain nombre de textes sur lesquels il faudra revenir. Or, lorsque ce précepte delphique (ce *gnôthi
seauton*) apparaît, c'est, non pas tout le temps, mais à plusieurs reprises
et d'une manière très significative, couplé, jumelé avec le principe du
« soucie-toi de toi-même » *(epimelei heautou)*. Je dis « couplé », je dis
« jumelé ». En fait, ce n'est pas tout à fait de couplage qu'il s'agit. Dans
quelques textes sur lesquels on aura à revenir, c'est beaucoup plus dans
une sorte de subordination par rapport au précepte du souci de soi que se
formule la règle « connais-toi toi-même ». Le *gnôthi seauton* (« connais-
toi toi-même ») apparaît, d'une façon assez claire et encore une fois
dans un certain nombre de textes significatifs, dans le cadre plus général
de l'*epimeleia heautou* (souci de soi-même) comme une des formes,
comme une des conséquences, comme une sorte d'application concrète,
précise et particulière, de la règle générale : il faut que tu t'occupes de
toi-même, il ne faut pas que tu t'oublies toi-même, il faut que tu prennes
soin de toi-même. Et c'est à l'intérieur de cela qu'apparaît et se formule,
comme à la pointe même de ce souci, la règle « connais-toi toi-même ».

Il ne faut pas en tout cas oublier que dans ce texte de Platon, bien sûr trop connu mais qui est tout de même fondamental : l'*Apologie de Socrate,* Socrate se présente comme celui qui essentiellement, fondamentalement, originairement a pour fonction, métier et poste d'inciter les autres à s'occuper d'eux-mêmes, à prendre soin d'eux-mêmes et à ne pas se négliger. Dans l'*Apologie,* il y a en effet trois textes, trois passages qui sont là-dessus tout à fait clairs et explicites.

Vous trouvez un premier passage en 29d de l'*Apologie*[15]. Dans ce passage, Socrate, se défendant, faisant cette sorte de plaidoirie fictive devant ses accusateurs et ses juges, répond à l'objection suivante. On lui fait reproche de se trouver actuellement dans une situation telle qu'« il devrait avoir honte ». L'accusation, si vous voulez, consiste à dire ceci : je ne sais pas très bien ce que tu as fait de mal, mais avoue tout de même que c'est honteux d'avoir mené une vie telle que maintenant tu te trouves devant les tribunaux, que maintenant tu es sous le coup d'une accusation, et que maintenant tu risques d'être condamné, et peut-être même condamné à mort. Est-ce que quelqu'un qui a mené une certaine vie, dont on ne sait pas ce que c'est, mais qui est telle qu'il risque ainsi d'être condamné à mort après un pareil jugement, est-ce que finalement ce n'est pas là quelque chose de honteux ? À quoi Socrate, dans ce passage, répond qu'au contraire il est très fier d'avoir mené cette vie, et que si jamais on lui demandait de mener une autre vie, il refuserait. Donc : je suis tellement fier d'avoir mené la vie que j'ai menée que, même si on proposait de m'acquitter, je n'en changerais pas. Voici ce passage, voici ce que Socrate dit : « Athéniens, je vous sais gré et je vous aime ; mais j'obéirai au dieu plutôt qu'à vous ; et, tant que j'aurai un souffle de vie, tant que j'en serai capable, soyez sûrs que je ne cesserai pas de philosopher, de vous [exhorter], de faire la leçon à qui de vous je rencontrerai[16]. » Et la leçon qu'il ferait s'il n'était pas condamné, parce qu'il l'a faite déjà avant d'être accusé, cette leçon quelle est-elle ? Eh bien, il dirait donc, comme il a coutume de le faire, à ceux qu'il rencontre : « Quoi ! cher ami, tu es Athénien, citoyen d'une ville qui est plus grande, plus renommée qu'aucune autre pour sa science et sa puissance, et tu ne rougis pas de donner tes soins *(epimeleisthai)* à ta fortune pour l'accroître le plus possible, ainsi qu'à ta réputation et à tes honneurs ; mais quant à ta raison, quant à la vérité et quant à ton âme, qu'il s'agirait d'améliorer sans cesse, tu ne t'en soucies pas, tu n'y songes même pas *(epimelê, phrontizeis)*. » Donc Socrate rappelle ce qu'il a toujours dit, et ce qu'il est bien décidé à dire encore à ceux qu'il rencontrera et interpellera : Vous vous occupez de tout un tas de choses, de votre fortune, de votre réputation. Vous ne vous occupez pas de vous-même. Et il continue : « Et si quelqu'un de vous conteste, s'il affirme qu'il en a soin [de son âme, de la vérité, de la raison ; M.F.], ne croyez pas que je vais le lâcher et m'en aller immédiatement ; non, je l'interrogerai, je l'examinerai, je discuterai à fond[17]. Jeune ou vieux, quel que soit celui que j'aurai rencontré, étranger ou concitoyen, c'est ainsi que j'agirai avec lui ; et surtout avec vous, mes concitoyens, puisque vous me tenez de plus près par le sang. Car c'est là ce que m'ordonne le dieu, entendez-le bien ; et je pense que jamais rien de plus avantageux n'est échu à la cité que mon zèle à exécuter cet ordre[18]. » Cet « ordre » est donc celui par lequel les dieux ont confié à Socrate la tâche d'interpeller les gens, jeunes et vieux, citoyens ou non, et de leur dire : occupez-vous de vous-mêmes. C'est là la tâche de Socrate. Dans un second passage, il revient sur ce thème du souci de soi, et il dit que, si effectivement les Athéniens le condamnaient à mort, eh bien lui, Socrate, n'y perdrait pas grand-chose. Les Athéniens, en revanche, éprouveraient par sa mort une très lourde et très sévère perte[19]. Car, dit-il, ils n'auront plus personne pour les inciter à s'occuper d'eux-mêmes et de leur propre vertu. À moins que les dieux aient, pour les Athéniens eux-mêmes, un souci suffisamment grand pour leur envoyer un remplaçant de Socrate, leur envoyer quel-qu'un qui leur rappellera sans cesse qu'ils doivent se soucier d'eux-mêmes[20]. Enfin troisième passage : en 36b-c, à propos de la peine qui est encourue. Selon les formes juridiques traditionnelles[21], Socrate propose pour lui-même la peine à laquelle il accepterait de se soumettre s'il était condamné. Alors voici le texte : « Quel traitement, quelle amende ai-je mérité pour avoir cru que je devais renoncer à une vie tranquille, négli-ger ce que la plupart des hommes ont à cœur, fortune, intérêt privé, com-mandements militaires, succès de tribune, magistratures, coalitions, factions politiques ? pour m'être convaincu qu'avec mes scrupules je me perdrais si j'entrais dans cette voie ? pour n'avoir pas voulu m'engager dans ce qui n'eût été d'aucun profit ni pour vous ni pour moi ? pour avoir préféré rendre à chacun de vous en particulier ce que je déclare être le plus grand des services, en essayant de lui persuader de se préoccuper *(epimelêtheiê)* moins de ce qui lui appartient que de sa propre personne, pour se rendre aussi excellent, aussi raisonnable que possible, de songer moins aux choses de la cité qu'à la cité elle-même, en somme, d'appli-quer à tout ces mêmes principes ? Qu'ai-je mérité, je le demande, pour m'être ainsi conduit [et pour vous avoir incités à vous occuper de vous-mêmes ? Aucune punition, bien sûr, aucun châtiment mais ; M.F.] un bon traitement, Athéniens, si nous voulons être justes[22]. »

J'en reste là pour l'instant. Je voulais simplement vous signaler ces passages dans lesquels Socrate se présente bien essentiellement comme celui qui incite les autres à s'occuper d'eux-mêmes, en vous priant de remarquer simplement trois ou quatre choses qui sont importantes. Premièrement, cette activité qui consiste à inciter les autres à s'occuper d'eux-mêmes, c'est celle de Socrate, mais c'est celle qui lui a été confiée par les dieux. En faisant cela, Socrate ne fait pas autre chose que d'accomplir un ordre, d'exercer une fonction, d'occuper une place (il emploie le terme *taxis*[23]) qui lui a été fixée par les dieux. Et vous avez pu voir d'ailleurs, au cours d'un passage, que c'est dans la mesure où les dieux s'occupent des Athéniens qu'ils leur ont envoyé Socrate, et éventuellement leur enverraient quelqu'un d'autre, pour les inciter à s'occuper d'eux-mêmes.

Deuxièmement, vous voyez aussi, et là c'est très clair dans le dernier des passages que je viens de vous lire, que si Socrate s'occupe des autres, c'est évidemment en ne s'occupant pas de lui-même, ou en tout cas en négligeant, pour cette activité, toute une série d'autres activités qui passent en général pour des activités intéressées, profitables, propices. Socrate a négligé sa fortune, il a négligé un certain nombre d'avantages civiques, il a renoncé à toute carrière politique, il n'a brigué aucune charge ni aucune magistrature, pour pouvoir s'occuper des autres. Donc se posait le problème du rapport entre le « s'occuper de soi-même » auquel incite le philosophe, et ce que doit représenter pour le philosophe le fait de s'occuper de lui-même ou éventuellement de se sacrifier lui-même : position par conséquent du maître dans cette question du « s'occuper de soi-même ». Troisièmement, là je n'ai pas cité assez loin le passage tout à l'heure, mais peu importe, vous pourrez vous y reporter : dans cette activité qui consiste à inciter les autres à s'occuper d'eux-mêmes, Socrate dit qu'il joue par rapport à ses concitoyens le rôle de celui qui éveille[24]. Le souci de soi va donc être considéré comme le moment du premier éveil. Il se situe exactement au moment où les yeux s'ouvrent, où l'on sort du sommeil, et où l'on a accès à la toute première lumière : troisième point intéressant dans cette question du « s'occuper de soi-même ». Et enfin, encore à la fin d'un passage que je ne vous ai pas lu : la comparaison célèbre entre Socrate et le taon, cet insecte qui poursuit les animaux, les pique et les fait courir et s'agiter[25]. Le souci de soi-même est une sorte d'aiguillon qui doit être planté là, dans la chair des hommes, qui doit être fiché dans leur existence et qui est un principe d'agitation, un principe de mouvement, un principe d'inquiétude permanent au cours de l'existence. Donc, je crois que cette question de l'*epimeleia heautou* doit peut-être être un peu dégagée des prestiges du *gnôthi seauton,* qui en a fait un peu reculer l'importance. Et dans un texte, alors, que j'essaierai de vous expliquer tout à l'heure un peu plus précisément (le fameux texte de l'*Alcibiade,* toute la dernière partie), vous verrez comment l'*epimeleia heautou* (le souci de soi) est bien le cadre, le sol, le fondement à partir duquel se justifie l'impératif du « connais-toi toi-même ». Donc : importance de cette notion de l'*epimeleia heautou* dans ce personnage de Socrate, auquel pourtant d'ordinaire on associe, de façon sinon exclusive du moins privilégiée, le *gnôthi seauton.* Socrate, c'est l'homme du souci de soi, et il le restera. Et on verra, dans toute une série de textes tardifs (chez les stoïciens, chez les cyniques, chez Épictète surtout[26]), que Socrate, c'est toujours, essentiellement, fondamentalement celui qui interpellait dans la rue les jeunes gens et leur disait : « Il faut vous soucier de vous-mêmes. »

Troisième point concernant cette notion de l'*epimeleia heautou* et ses rapports avec le *gnôthi seauton* : il me semble que cette notion de l'*epimeleia heautou* n'a pas simplement accompagné, encadré, fondé la nécessité de se connaître soi-même, au seul moment de son apparition dans la pensée, l'existence, le personnage de Socrate. Il me semble que cette *epimeleia heautou* (ce souci de soi, et la règle qui lui était associée) n'a pas cessé d'être un principe fondamental pour caractériser l'attitude philosophique presque tout au long de la culture grecque, hellénistique et romaine. Importance, bien sûr, de cette notion du souci de soi chez Platon. Importance chez les épicuriens, puisque vous trouvez chez Épicure cette formule qui sera si souvent répétée : tout homme, nuit et jour, et tout au long de sa vie, doit s'occuper de sa propre âme[27]. Il emploie, pour « s'occuper », le verbe *therapeuein*[28] qui est un verbe à valeurs multiples : *therapeuein* se réfère aux soins médicaux (une espèce de thérapie de l'âme dont on sait combien elle est importante pour les épicuriens[29]) mais *therapeuein,* c'est aussi le service qu'un serviteur rend à celui qui est son maître ; et vous savez que le verbe *therapeuein* se rapporte aussi au service du culte, au culte que l'on rend statutairement, régulièrement, à une divinité ou à une puissance divine. Chez les cyniques, l'importance du souci de soi est capitale. Je vous renvoie par exemple au texte cité par Sénèque, aux premiers paragraphes du livre VII du *De Beneficiis,* où Demetrius le cynique explique, selon un certain nombre de principes sur lesquels on aura à revenir, parce que tout ça est très important, combien il est inutile de s'occuper à spéculer sur un certain nombre de phénomènes naturels (comme par exemple :

l'origine des tremblements de terre, les causes des tempêtes, les raisons pour lesquelles des jumeaux peuvent venir au monde), mais qu'il faut beaucoup plutôt tourner son regard vers des choses immédiates qui vous concernent vous-mêmes, et sur un certain nombre de règles par lesquelles vous pouvez vous conduire vous-mêmes et contrôler ce que vous faites[30]. Chez les stoïciens, inutile de vous dire l'importance de cette notion de l'*epimeleia heautou* : elle est, chez Sénèque, centrale avec la notion de *cura sui* ; et chez Épictète, alors, elle court tout au long des *Entretiens*. De tout ça, on aura à parler beaucoup plus longuement. Mais ce n'est pas simplement chez les philosophes que cette notion de l'*epimeleia heautou* est fondamentale. Ce n'est pas simplement comme condition d'accès à la vie philosophique, au sens strict et plein du terme, qu'il faut se soucier de soi-même. Mais vous verrez, j'essaierai de vous montrer comment ce principe qu'il faut s'occuper de soi-même est devenu, d'une façon générale, le principe de toute conduite rationnelle, dans toute forme de vie active qui voudrait en effet obéir au principe de la rationalité morale. L'incitation à s'occuper de soi-même a pris, au cours du long été de la pensée hellénistique et romaine, une extension si grande qu'elle est devenue, je crois, un véritable phénomène culturel d'ensemble[31]. Et ce que je voudrais vous montrer, ce dont je voudrais vous parler cette année, c'est de cette histoire qui a fait que ce phénomène culturel d'ensemble (incitation, acceptation générale du principe qu'il faut s'occuper de soi-même) a été un phénomène culturel d'ensemble propre à la société hellénistique et romaine (à son élite en tout cas), et en même temps cela a été un événement dans la pensée[32]. Il me semble que l'enjeu, le défi que doit relever toute histoire de la pensée, c'est précisément de saisir le moment où un phénomène culturel, d'une ampleur déterminée, peut en effet constituer, dans l'histoire de la pensée, un moment décisif où se trouve engagé jusqu'à notre mode d'être de sujet moderne.

J'ajouterai encore un mot : c'est que si cette notion de souci de soi-même, que l'on voit donc surgir de façon très explicite et très claire dès le personnage de Socrate, a parcouru, couru tout le long de la philosophie antique jusqu'au seuil du christianisme, eh bien vous retrouvez cette notion d'*epimeleia* (de souci) dans le christianisme, ou même dans ce qui en a constitué jusqu'à un certain point l'entour et la préparation : la spiritualité alexandrine. En tout cas, chez Philon (voyez le texte *Sur la vie contemplative*[33]), vous retrouvez cette notion d'*epimeleia* avec un sens particulier. Vous la trouvez chez Plotin dans l'*Ennéade* II[34]. Vous retrouvez, aussi et surtout, cette notion d'*epimeleia* dans l'ascétisme

chrétien : chez Méthode d'Olympe[35], chez Basile de Césarée[36]. Et chez
Grégoire de Nysse : dans *La Vie de Moïse*[37], dans le texte sur *Le Cantique des cantiques*[38], dans le *Traité des béatitudes*[39]. Vous trouvez surtout cette notion de souci de soi dans le *Traité de la virginité*[40] avec le
livre XIII dont le titre est précisément : « Que le soin de soi-même commence avec l'affranchissement du mariage[41] ». Étant donné que pour
Grégoire de Nysse l'affranchissement du mariage (le célibat), c'est bien
la forme première, la flexion initiale de la vie ascétique, cette assimilation de cette première forme du soin de soi-même avec l'affranchissement du mariage nous montre comment le souci de soi est devenu une
espèce de matrice de l'ascétisme chrétien. Depuis le personnage de
Socrate interpellant les jeunes gens pour leur dire de s'occuper d'eux-
mêmes, jusqu'à l'ascétisme chrétien qui fait commencer la vie ascétique
avec le souci de soi-même, vous voyez que nous avons là une très
longue histoire de la notion d'*epimeleia heautou* (souci de soi-même).

Au cours de cette histoire, il va de soi que la notion s'est élargie, que
ses significations se sont multipliées, qu'elles se sont infléchies aussi.
Disons, puisque l'objet du cours de cette année sera précisément d'élucider tout ça (ce que je vous dis maintenant n'est que pur schéma,
simple survol anticipateur), que dans cette notion d'*epimeleia heautou,*
il faut bien garder à l'esprit qu'il y a :

– premièrement, le thème d'une attitude générale, d'une certaine
manière d'envisager les choses, de se tenir dans le monde, de mener des
actions, d'avoir des relations avec autrui. L'*epimeleia heautou,* c'est une
attitude : à l'égard de soi, à l'égard des autres, à l'égard du monde ;

– deuxièmement, l'*epimeleia heautou* est aussi une certaine forme
d'attention, de regard. Se soucier de soi-même implique que l'on conver-
tisse son regard, et qu'on le reporte de l'extérieur, sur... j'allais dire
« l'intérieur ». Laissons ce mot (dont vous pensez bien qu'il pose tout un
tas de problèmes) de côté, et disons simplement qu'il faut qu'on conver-
tisse son regard, de l'extérieur, des autres, du monde, etc., vers : « soi-
même ». Le souci de soi implique une certaine manière de veiller à
ce qu'on pense et à ce qui se passe dans la pensée. Parenté du mot
epimeleia avec *meletê,* qui veut dire à la fois exercice et méditation[42]. Là
encore, tout cela sera à élucider ;

– troisièmement, la notion d'*epimeleia* ne désigne pas simplement
cette attitude générale ou cette forme d'attention retournée vers soi.
L'*epimeleia* désigne aussi toujours un certain nombre d'actions, actions
que l'on exerce de soi sur soi, actions par lesquelles on se prend en
charge, par lesquelles on se modifie, par lesquelles on se purifie et par

lesquelles on se transforme et on se transfigure. Et, de là, toute une série de pratiques qui sont, pour la plupart, autant d'exercices qui auront (dans l'histoire de la culture, de la philosophie, de la morale, de la spiritualité occidentales) une très longue destinée. Par exemple, ce sont les techniques de méditation[43] ; ce sont les techniques de mémorisation du passé ; ce sont les techniques d'examen de conscience[44] ; ce sont les techniques de vérification des représentations à mesure qu'elles se présentent à l'esprit[45], etc.

Avec ce thème du souci de soi, on a donc là, si vous voulez, une formulation philosophique précoce qui apparaît clairement dès le Ve siècle avant Jésus-Christ, une notion qui a parcouru jusqu'aux IVe-Ve siècles après Jésus-Christ toute la philosophie grecque, hellénistique et romaine, également la spiritualité chrétienne. Vous avez enfin, avec cette notion d'*epimeleia heautou,* tout un corpus définissant une manière d'être, une attitude, des formes de réflexion, des pratiques qui en font une sorte de phénomène extrêmement important, non pas simplement dans l'histoire des représentations, non pas simplement dans l'histoire des notions ou des théories, mais dans l'histoire même de la subjectivité ou, si vous voulez, dans l'histoire des pratiques de la subjectivité. C'est en tout cas à partir de cette notion d'*epimeleia heautou* qu'à titre au moins d'hypothèse de travail, on peut reprendre toute cette longue évolution qui est millénaire (Ve siècle avant - Ve siècle après [Jésus-Christ]), évolution millénaire qui a mené des formes premières de l'attitude philosophique telle qu'on la voit apparaître chez les Grecs jusqu'aux formes premières de l'ascétisme chrétien. De l'exercice philosophique à l'ascétisme chrétien, mille ans de transformation, mille ans d'évolution – dont le souci de soi est sans doute un des fils directeurs importants ; en tout cas, pour être modeste disons : un des fils directeurs possibles.

Je voudrais tout de même, avant de terminer ces propos généraux, poser la question suivante : qu'est-ce qui a fait que cette notion d'*epimeleia heautou* (souci de soi) a été malgré tout négligée dans la manière dont la pensée, la philosophie occidentale a refait sa propre histoire ? Comment se fait-il qu'on a privilégié si fort, qu'on a donné tant de valeur et tant d'intensité au « connais-toi toi-même », et qu'on a laissé de côté, dans la pénombre au moins, cette notion de souci de soi qui, de fait, historiquement, quand on regarde les documents et les textes, semble avoir encadré d'abord le principe du « connais-toi toi-même » et avoir été le support de tout un ensemble tout de même extrêmement riche et dense de notions, pratiques, manières d'être, formes d'existence, etc. ? Pourquoi ce privilège, pour nous, du *gnôthi seauton* aux dépens du souci de soi-même ? Bon, ce que je vais esquisser là, ce sont bien entendu des hypothèses, avec beaucoup de points d'interrogation et de suspension.

En toute première approche, et d'une façon tout à fait superficielle, je crois qu'on pourrait dire ceci, qui n'irait certainement pas au fond des choses mais qui doit peut-être être retenu : il y a évidemment pour nous quelque chose d'un peu troublant dans ce principe du souci de soi. En effet, vous voyez qu'au fil des textes, des différentes formes de philo-sophie, des différentes formes d'exercices, de pratiques philosophiques ou spirituelles, eh bien ce principe du souci de soi s'est formulé, monnayé dans toute une série de formules comme : « s'occuper de soi même », « prendre soin de soi », « se retirer en soi-même », « faire retraite en soi », « trouver son plaisir en soi-même », « ne chercher d'autre volupté qu'en soi », « rester en compagnie de soi-même », « être ami avec soi-même », « être en soi-même comme dans une forteresse », « se soigner » ou « se rendre un culte à soi-même », « se respecter soi-même », etc. Or, vous savez bien qu'il y a une certaine tradition (ou peut-être plusieurs) qui nous détourne (nous, maintenant, aujourd'hui) de donner à toutes ces formulations, à tous ces préceptes et règles, une valeur positive, et surtout d'en faire le fondement d'une morale. Toutes ces injonctions à s'exalter soi-même, à se rendre un culte à soi-même, à se replier sur soi, à se rendre service à soi-même, elles sonnent plutôt à nos oreilles – comme quoi ? Ou bien comme une sorte de défi et de bravade, une volonté de rupture éthique, une sorte de dandysme moral, l'affirmation-défi d'un stade esthétique et individuel indépassable[46]. Ou encore elles sonnent à nos oreilles comme l'expression un peu mélanco-lique et triste d'un repli de l'individu, incapable de faire tenir, devant ses yeux, entre ses mains, pour lui-même, une morale collective (celle de la cité par exemple) et qui, devant la dislocation de cette morale collective, n'aurait plus désormais qu'à s'occuper de lui-même[47]. Donc, si vous voulez, ces connotations, les résonances premières que toutes ces for-mules ont immédiatement pour nous, nous détournent de penser ces préceptes comme ayant une valeur positive. Or, dans toute cette pensée antique dont je vous parle, que ce soit chez Socrate ou chez Grégoire de Nysse, « s'occuper de soi-même » a toujours un sens positif, jamais un sens négatif. Et, paradoxe supplémentaire, c'est à partir de cette injonc-tion de « s'occuper de soi-même » que se sont constituées les morales sans doute les plus austères, les plus rigoureuses, les plus restrictives que l'Occident ait connues, et dont je vous répète (c'est pour ça que je vous faisais le cours l'an dernier) qu'il ne faut pas les attribuer au christianisme, mais beaucoup plutôt à la morale des premiers siècles avant notre ère et au début de notre ère (morale stoïcienne, morale cynique, jusqu'à un certain point aussi morale épicurienne). Donc, on a ce paradoxe d'un précepte de souci de soi qui, pour nous, signifie plutôt ou l'égoïsme ou le repli, et qui a été au contraire pendant tant de siècles un principe positif, principe positif matriciel par rapport à des morales extrêmement rigoureuses. Et un autre paradoxe aussi, qu'il faut évoquer pour expliquer la manière dont cette notion de souci de soi s'est en quelque sorte perdue un peu dans l'ombre, c'est que cette morale, morale si rigoureuse issue du principe « occupe-toi de toi-même », ces règles austères, eh bien nous les avons, nous, reprises : puisque, effectivement, ces règles vont apparaître, ou réapparaître, soit dans une morale chrétienne, soit dans une morale moderne non-chrétienne. Mais dans un climat entièrement différent. Ces règles austères, que l'on va retrouver identiques dans leur structure de code, eh bien voilà que nous les avons réacclimatées, transposées, transférées à l'intérieur d'un contexte qui est celui d'une éthique générale du non-égoïsme, soit sous la forme chrétienne d'une obligation de renoncer à soi, soit sous la forme « moderne » d'une obligation vis-à-vis des autres – que ce soit autrui, que ce soit la collectivité, que ce soit la classe, que ce soit la patrie, etc. Donc tous ces thèmes, tous ces codes de la rigueur morale, le christianisme et le monde moderne les ont fondés dans une morale du non-égoïsme, alors qu'ils étaient nés à l'intérieur de ce paysage si fortement marqué par l'obligation de s'occuper de soi-même. C'est cet ensemble de paradoxes, je crois, qui constitue une des raisons pour lesquelles ce thème du souci de soi a pu un peu être négligé et disparaître de la préoccupation des historiens.

Mais je crois qu'il y a une raison qui, elle, est beaucoup plus essentielle que ces paradoxes de l'histoire de la morale. C'est quelque chose qui tient au problème de la vérité et de l'histoire de la vérité. La raison, me semble-t-il, la plus sérieuse pour laquelle ce précepte du souci de soi a été oublié, la raison pour laquelle a été effacée la place occupée par ce principe pendant près d'un millénaire dans la culture antique, eh bien cette raison je l'appellerai – d'un mot que je sais mauvais, qui est là à titre purement conventionnel –, je l'appellerai le « moment cartésien ». Il me semble que le « moment cartésien », encore une fois avec tout un tas de guillemets, a joué de deux façons. Il a joué de deux façons en requalifiant philosophiquement le *gnôthi seauton* (connais-toi toi-même) et en disqualifiant au contraire l'*epimeleia heautou* (souci de soi).

Premièrement, ce moment cartésien a requalifié philosophiquement le *gnôthi seauton* (connais-toi toi-même). En effet, et là les choses sont très simples, la démarche cartésienne, celle qui se lit très explicitement dans les *Méditations*[48], a placé à l'origine, au point de départ de la démarche philosophique, l'évidence – l'évidence telle qu'elle apparaît, c'est-à-dire telle qu'elle se donne, telle qu'elle se donne effectivement à la conscience, sans aucun doute possible [... *]. [C'est donc à] la connaissance de soi, au moins comme forme de conscience, que se réfère la démarche cartésienne. De plus, en plaçant l'évidence de l'existence propre du sujet au principe même de l'accès à l'être, c'était bien cette connaissance de soi-même (non plus sous la forme de l'épreuve de l'évidence mais sous la forme de l'indubitabilité de mon existence comme sujet) qui faisait du « connais-toi toi-même » un accès fondamental à la vérité. Bien sûr, entre le *gnôthi seauton* socratique et la démarche cartésienne la distance est immense. Mais vous comprenez bien pourquoi, à partir de cette démarche, le principe du *gnôthi seauton* comme moment fondateur de la démarche philosophique a pu, depuis donc le XVIIe siècle, être accepté dans un certain nombre de pratiques ou de démarches philosophiques. Mais si la démarche cartésienne a donc requalifié, pour des raisons assez simples à dégager, le *gnôthi seauton,* elle a en même temps, et c'est là-dessus que je voudrais insister, beaucoup contribué à disqualifier le principe du souci de soi, à le disqualifier et à l'exclure du champ de la pensée philosophique moderne.

Prenons un petit peu de recul par rapport à ça. Appelons, si vous le voulez bien, « philosophie » cette forme de pensée qui s'interroge, non pas bien sûr sur ce qui est vrai et sur ce qui est faux, mais sur ce qui fait qu'il y a et qu'il peut y avoir du vrai et du faux, et que l'on peut ou que l'on ne peut pas départager le vrai du faux. Appelons « philosophie » la forme de pensée qui s'interroge sur ce qui permet au sujet d'avoir accès à la vérité, la forme de pensée qui tente de déterminer les conditions et les limites de l'accès du sujet à la vérité. Eh bien, si on appelle cela la « philosophie », je crois qu'on pourrait appeler « spiritualité » la recherche, la pratique, l'expérience par lesquelles le sujet opère sur lui-même les transformations nécessaires pour avoir accès à la vérité. On appellera alors « spiritualité » l'ensemble de ces recherches, pratiques et expériences que peuvent être les purifications, les ascèses, les renoncements, les conversions du regard, les modifications d'existence, etc., qui constituent, non pas pour la connaissance mais pour le sujet, pour

* On entend seulement : « quel que soit l'effort… ».

l'être même du sujet, le prix à payer pour avoir accès à la vérité. Disons que la spiritualité, au moins telle qu'elle apparaît en Occident, a trois caractères.

La spiritualité postule que la vérité n'est jamais donnée au sujet de plein droit. La spiritualité postule que le sujet en tant que tel n'a pas droit, n'a pas la capacité d'avoir accès à la vérité. Elle postule que la vérité n'est pas donnée au sujet par un simple acte de connaissance, qui serait fondé et légitimé parce qu'il est le sujet et parce qu'il a telle ou telle structure de sujet. Elle postule qu'il faut que le sujet se modifie, se transforme, se déplace, devienne, dans une certaine mesure et jusqu'à un certain point, autre que lui-même pour avoir droit à [l']accès à la vérité. La vérité n'est donnée au sujet qu'à un prix qui met en jeu l'être même du sujet. Car tel qu'il est, il n'est pas capable de vérité. Je crois que c'est là la formule la plus simple, mais la plus fondamentale, par laquelle on peut définir la spiritualité. Ce qui entraîne pour conséquence ceci : que, de ce point de vue, il ne peut pas y avoir de vérité sans une conversion ou sans une transformation du sujet. Cette conversion, cette transformation du sujet – et ce serait là le second grand aspect de la spiritualité –, elle peut se faire sous différentes formes. Disons très grossièrement (là c'est encore du survol bien schématique) que cette conversion peut se faire sous la forme d'un mouvement qui arrache le sujet à son statut et à sa condition actuelle (mouvement d'ascension du sujet lui-même ; mouvement par lequel, au contraire, la vérité vient à lui et l'illumine). Appelons, là encore très conventionnellement, ce mouvement, dans quelque sens qu'il aille : le mouvement de l'*erôs* (amour). Et puis une autre grande forme par laquelle le sujet peut et doit se transformer pour pouvoir avoir accès à la vérité : c'est un travail. C'est un travail de soi sur soi, une élaboration de soi sur soi, une transformation progressive de soi sur soi dont on est soi-même responsable dans un long labeur qui est celui de l'ascèse *(askêsis). Erôs* et *askêsis* sont, je crois, les deux grandes formes par lesquelles, dans la spiritualité occidentale, on a conçu les modalités selon lesquelles le sujet devait être transformé pour devenir enfin sujet capable de vérité. C'est là le second caractère de la spiritualité.

Enfin, la spiritualité postule que l'accès à la vérité produit, lorsque, effectivement, cet accès a été ouvert, des effets qui sont, bien sûr, la conséquence de la démarche spirituelle faite pour l'atteindre, mais qui sont en même temps bien autre chose et bien plus : effets que j'appellerai « de retour » de la vérité sur le sujet. Pour la spiritualité, la vérité n'est pas simplement ce qui est donné au sujet, pour le récompenser en quelque sorte de l'acte de connaissance, et pour venir combler cet acte de connaissance. La vérité, c'est ce qui illumine le sujet ; la vérité, c'est ce qui lui donne la béatitude ; la vérité c'est ce qui lui donne la tranquillité de l'âme. Bref, il y a, dans la vérité et dans l'accès à la vérité, quelque chose qui accomplit le sujet lui-même, qui accomplit l'être même du sujet, ou qui le transfigure. En bref, je crois qu'on peut dire ceci : pour la spiritualité, jamais un acte de connaissance, en lui-même et par lui-même, ne pourrait parvenir à donner accès à la vérité s'il n'était préparé, accompagné, doublé, achevé par une certaine transformation du sujet, non pas de l'individu, mais du sujet lui-même dans son être de sujet.

Et sans doute y a-t-il une énorme objection à tout ce que je viens de vous dire, énorme exception sur laquelle il faudra revenir, qui est bien entendu la gnose[49]. Mais la gnose, et tout le mouvement gnostique, c'est précisément un mouvement qui surcharge l'acte de connaissance, à [quoi] en effet on donne la souveraineté dans l'accès à la vérité. On surcharge cet acte de connaissance de toutes les conditions, de toute la structure d'un acte spirituel. La gnose, c'est en somme ce qui tend toujours à transférer, à transposer dans l'acte de connaissance lui-même les conditions, les formes et les effets de l'expérience spirituelle. Disons schématiquement ceci : pendant toute cette période qu'on appelle l'Antiquité, et selon des modalités qui ont été bien différentes, la question philosophique du « comment avoir accès à la vérité » et la pratique de spiritualité (les transformations nécessaires dans l'être même du sujet qui vont permettre l'accès à la vérité), eh bien ces deux questions, ces deux thèmes n'ont jamais été séparés. Ils n'ont pas été séparés pour les pythagoriciens, c'est évident. Ils n'ont pas été séparés non plus pour Socrate et Platon : l'*epimeleia heautou* (souci de soi) désigne précisément l'ensemble des conditions de spiritualité, l'ensemble des transformations de soi qui sont la condition nécessaire pour que l'on puisse avoir accès à la vérité. Donc pendant toute l'Antiquité (chez les pythagoriciens, chez Platon, chez les stoïciens, les cyniques, les épicuriens, chez les néo-platoniciens, etc.), jamais le thème de la philosophie (comment avoir accès à la vérité ?) et la question de la spiritualité (quelles sont les transformations dans l'être même du sujet qui sont nécessaires pour avoir accès à la vérité ?), jamais ces deux questions n'ont été séparées. Il y a bien entendu l'exception. L'exception majeure et fondamentale : celle de celui que précisément on appelle « le » philosophe[50] parce qu'il a sans doute été, dans l'Antiquité, le seul philosophe ; celui des philosophes pour lequel la question de la spiritualité a été la moins importante ; celui dans lequel nous avons reconnu le fondateur même de la philosophie, au sens moderne du terme, et qui est : Aristote. Mais, comme chacun sait, Aristote ce n'est pas le sommet de l'Antiquité, c'en est l'exception.

Eh bien maintenant, si nous faisons un saut de plusieurs siècles, on peut dire qu'on est entré dans l'âge moderne (je veux dire, l'histoire de la vérité est entrée dans sa période moderne) le jour où on a admis que ce qui donne accès à la vérité, les conditions selon lesquelles le sujet peut avoir accès à la vérité, c'est la connaissance, et la connaissance seulement. Il me semble que c'est là où ce que j'ai appelé le « moment cartésien » prend sa place et son sens, sans vouloir dire du tout que c'est de Descartes qu'il s'agit, qu'il en a été exactement l'inventeur, qu'il a été le premier à faire cela. Je crois que l'âge moderne de l'histoire de la vérité commence à partir du moment où ce qui permet d'accéder au vrai, c'est la connaissance elle-même et elle seule. C'est-à-dire, à partir du moment où, sans qu'on lui demande rien d'autre, sans que son être de sujet ait à être modifié ou altéré pour autant, le philosophe (ou le savant, ou simplement celui qui cherche la vérité) est capable de reconnaître, en lui-même et par ses seuls actes de connaissance, la vérité et peut avoir accès à elle. Ce qui ne veut pas dire, bien sûr, que la vérité s'obtient sans condition. Mais ces conditions sont de deux ordres, maintenant, et aucun de ces deux ordres ne relève de la spiritualité. Il y a d'une part les conditions internes de l'acte de connaissance et des règles qu'il doit suivre pour avoir accès à la vérité : conditions formelles, conditions objectives, règles formelles de la méthode, structure de l'objet à connaître[51]. Mais c'est, de toute façon, de l'intérieur de la connaissance que sont définies les conditions d'accès du sujet à la vérité. Quant aux autres conditions, elles sont extrinsèques. Ce sont des conditions comme : « Il ne faut pas être fou pour connaître la vérité » (importance de ce moment chez Descartes[52]). Conditions culturelles aussi : pour avoir accès à la vérité, il faut avoir fait des études, il faut avoir une formation, il faut s'inscrire dans un certain consensus scientifique. Conditions morales aussi : pour connaître la vérité, eh bien, il faut faire des efforts, il ne faut pas essayer de tromper son monde, il faut que les intérêts financiers ou de carrière ou de statut se combinent d'une façon tout à fait acceptable avec les normes de la recherche désintéressée, etc. Et tout ceci, vous le voyez, ce sont des conditions dont les unes encore une fois sont intrinsèques à la connaissance, dont les autres sont bien extrinsèques à l'acte de connaissance, mais ne concernent pas le sujet dans son être : elles ne concernent que l'individu dans son existence concrète, et non pas la structure du sujet en tant que tel. À partir de ce moment-là (c'est-à-dire à partir du moment où on peut dire : « Tel qu'il est le sujet est, de toute façon, capable de vérité » – sous les deux réserves des conditions intrinsèques à la connaissance et des conditions extrinsèques à l'individu**), dès que l'être du sujet n'est pas remis en question par la nécessité d'avoir accès à la vérité, je crois qu'on est entré dans un autre âge de l'histoire des rapports entre la subjectivité et la vérité. Et la conséquence de cela, ou l'autre aspect si vous voulez, c'est que l'accès à la vérité, qui n'a plus désormais pour condition que la connaissance, ne trouvera dans la connaissance, comme récompense et comme accomplissement, rien d'autre que le cheminement indéfini de la connaissance. Ce point de l'illumination, ce point de l'accomplissement, ce moment de la transfiguration du sujet par l'« effet de retour » de la vérité qu'il connaît sur lui-même, et qui transit, traverse, transfigure son être, tout ceci ne peut plus exister. On ne peut plus penser que l'accès à la vérité va achever dans le sujet, comme un couronnement ou une récompense, le travail ou le sacrifice, le prix payé pour arriver à elle. La connaissance s'ouvrira simplement sur la dimension indéfinie d'un progrès, dont on ne connaît pas le terme et dont le bénéfice ne sera jamais monnayé au cours de l'histoire que par le cumul institué des connaissances, ou les bénéfices psychologiques ou sociaux qu'il y a à avoir, après tout, trouvé de la vérité quand on s'est donné beaucoup de mal pour la trouver. Telle qu'elle est désormais, la vérité n'est pas capable de sauver le sujet. Si l'on définit la spiritualité comme étant la forme de pratiques qui postulent que, tel qu'il est, le sujet n'est pas capable de vérité mais que, telle qu'elle est, la vérité est capable de transfigurer et de sauver le sujet, nous dirons que l'âge moderne des rapports entre sujet et vérité commence le jour où nous postulons que, tel qu'il est, le sujet est capable de vérité mais que, telle qu'elle est, la vérité n'est pas capable de sauver le sujet. Eh bien, si vous voulez, un peu de repos. Cinq minutes, et puis on recommence tout à l'heure.

*

** Le manuscrit (nous désignons par ce terme les notes écrites qui servaient à Foucault de support pour prononcer ce cours au Collège de France) permet de comprendre ce dernier point comme suit : des conditions extrinsèques à la connaissance, c'est-à-dire individuelles.

NOTES

1. À partir de l'année 1982, Foucault, qui jusqu'alors menait de front au Collège de France un séminaire et un cours, décide d'abandonner le séminaire et de ne plus faire qu'un seul cours, mais de deux heures.

2. Cf. résumé du Cours de l'année 1980-1981 au Collège de France, *in* M. Foucault, *Dits et Écrits, 1954-1988*, éd. par D. Defert & F. Ewald, collab. J. Lagrange, Paris, Gallimard, 1994, 4 vol. [ultérieurement : référence à cette édition] ; cf. IV, n° 303, p. 213-218.

3. Pour la première élaboration de ce thème, cf. cours du 28 janvier 1981, mais surtout *L'Usage des plaisirs* (Paris, Gallimard, 1984, p. 47-62). On peut dire que par *aphrodisia*, Foucault entend une *expérience*, et une expérience *historique* : l'expérience grecque des plaisirs, à distinguer de l'expérience chrétienne de la *chair* et de celle, moderne, de la *sexualité*. Les *aphrodisia* sont désignés comme la « substance éthique » de la morale antique.

4. C'est dans le premier cours de l'année 1981 (« Subjectivité et Vérité », cours du 7 janvier) que Foucault annonce que l'enjeu même des recherches poursuivies sera de comprendre si notre code moral, dans sa rigueur et sa pudeur, n'aurait pas été élaboré précisément par le paganisme (ce qui, du reste, rendrait problématique la césure du christianisme et du paganisme dans le cadre d'une histoire de la morale).

5. Les cours de 1981 ne comprennent pas de développements explicites sur le souci de soi. En revanche, on y trouve de longues analyses sur les arts d'existence et les processus de subjectivation (cours du 13 janvier, du 25 mars et du 1er avril). Cependant, en général le Cours de 1981, d'une part, continue à porter exclusivement sur le statut des *aphrodisia* dans l'éthique païenne des deux premiers siècles de notre ère et, de l'autre, maintient l'idée qu'on ne peut pas parler de subjectivité dans le monde grec, l'élément éthique se laissant déterminer comme *bios* (mode de vie).

6. Tous les textes importants de Cicéron, Lucrèce et Sénèque sur ces problèmes de traduction sont réunis par Carlos Lévy après son article : « Du grec au latin », in *Le Discours philosophique*, Paris, PUF, 1998, p. 1145-1154.

7. « Si je fais tout dans l'intérêt de ma personne, c'est que l'intérêt que je porte à ma personne précède tout *(si omnia propter curam mei facio, ante omnia est mei cura)* » (Sénèque, *Lettres à Lucilius*, t. V, livre XIX-XX, lettre 121, 17, trad. H. Noblot, Paris, Les Belles Lettres, 1945 [ultérieurement : référence à cette édition], p. 78).

8. Cf. P. Courcelle, *Connais-toi toi même, de Socrate à saint Bernard*, Paris, Études augustiniennes, 1974, 3 tomes.

9. Épictète, *Entretiens*, III, 1, 18-19, trad. J. Souilhé, Paris, Les Belles Lettres, 1963 [ultérieurement : référence à cette édition], p. 8. Cf. l'analyse de ce même texte dans le cours du 20 janvier, deuxième heure.

10. Pour les Grecs, Delphes était le centre géographique du monde (*omphalos* : nombril du monde), là où s'étaient rejoints les deux aigles envoyés par Zeus depuis les bords opposés de la circonférence de la Terre. Delphes devint un centre religieux important dès la fin du VIIIe siècle av. J.-C. (sanctuaire d'Apollon depuis lequel la Pythie délivre des oracles) et le resta jusqu'à la fin du IVe siècle apr. J.-C., élargissant alors son audience à tout le monde romain.

11. W.H. Roscher, « Weiteres über die Bedeutung des *E[ggua]* zu Delphi und die übrigen *grammata Delphika* », *Philologus*, 60, 1901, p. 81-101.

12. La deuxième maxime est : *eggua, para d'atê*. Cf. la déclaration de Plutarque : « Je ne saurais te l'expliquer, tant que je n'aurai pas appris de ces messieurs ce que veulent dire leur *Rien de trop*, leur *Connais-toi toi-même* et cette fameuse maxime, qui a empêché tant de gens de se marier, qui en a rendu tant d'autres méfiants, et d'autres muets : *S'engager porte malheur (eggua para d'ata)* » (*Le Banquet des sept sages*, 164b, in *Œuvres morales*, t. II, trad. J. Defradas, J. Hani & R. Klaerr, Paris, Les Belles Lettres, 1985, p. 236).

13. J. Defradas, *Les Thèmes de la propagande delphique*, Paris, Klincksieck, 1954, chap. III : « La sagesse delphique », p. 268-283.

14. « Alors Socrate : Dis-moi, Euthydèmos, demanda-t-il, es-tu jamais allé à Delphes ? – Oui, par Zeus, répondit Euthydèmos ; j'y suis même allé deux fois. – As-tu remarqué alors quelque part sur le temple l'inscription : Connais-toi toi-même ? – Oui. – L'as-tu vue d'un œil distrait, ou y as-tu fait attention et as-tu essayé d'examiner qui tu es ? » (Xénophon, *Mémorables*, IV, II, 24, trad. P. Chambry, Paris, Garnier-Flammarion, 1966, p. 390.)

15. Foucault, le plus souvent, utilise pour ses cours les éditions des Belles Lettres (autrement appelées éditions Budé) qui lui permettent d'avoir, en vis-à-vis de la traduction, le texte en langue originale (grecque ou latine). C'est pourquoi, pour les termes ou les passages importants, il accompagne sa lecture de références au texte en langue originale. Par ailleurs, quand Foucault fait ainsi la lecture des traductions françaises, il ne les suit pas toujours à la lettre, mais les adapte aux exigences du style oral, multipliant les connecteurs logiques (« et », « ou », « c'est-à-dire », « eh bien », etc.), ou encore opérant des rappels de l'argumentation précédente. Nous restituerons le plus souvent la traduction française originale, en indiquant, dans le corps du texte, les ajouts significatifs (suivis de : M.F.) entre crochets.

16. *Apologie de Socrate*, 29d, in Platon, *Œuvres complètes*, t. I, trad. M. Croiset, Paris, Les Belles Lettres, 1920, p. 156-157.

17. Foucault ici fait l'économie d'une phrase en 30a : « Alors, s'il me paraît certain qu'il ne possède pas la vertu, quoi qu'il en dise, je lui reprocherai d'attacher si peu de prix à ce qui en a le plus, tant de valeur à ce qui en a le moins » (*id.*, p. 157).

18. *Id.*, 30a, p. 156-157.

19. « Je vous le déclare : si vous me condamnez à mort, étant ce que je suis, ce n'est pas à moi que vous ferez le plus de tort, c'est à vous-mêmes » (*id.*, 30c, p. 158).

20. Foucault se réfère ici à tout un développement qui va de 31a à 31c (*id.*, p. 158-159).

21. En 35e-37a, Socrate, qui vient d'apprendre sa condamnation à mort, propose une peine de substitution. En effet, dans le type de procès dont il se trouve faire l'objet, aucune peine n'est fixée par la loi : ce sont les juges qui l'établissent. La peine demandée par les accusateurs (et indiquée dans l'acte même d'accusation) était la mort, et les juges viennent de reconnaître Socrate coupable des méfaits qu'on lui reproche, et donc susceptible d'encourir cette peine. Mais, à ce moment du procès, Socrate, reconnu coupable, doit proposer une peine de substitution. C'est ensuite, seulement, que les juges sont tenus de fixer pour l'accusé un châtiment, à partir des propositions pénales des deux parties. Pour plus de détails, cf. C. Mossé, *Le Procès de Socrate*, Bruxelles, Éd. Complexe, 1996, ainsi que la longue introduction de L. Brisson à son édition de l'*Apologie de Socrate* (Paris, Garnier-Flammarion, 1997).

22. *Apologie de Socrate*, 36c-d, *in* Platon, *Œuvres complètes*, t. I, trad. M. Croiset, éd. citée, p. 165-166.

23. Allusion au passage célèbre de 28d : « C'est que le vrai principe, Athéniens, le voici. Quiconque occupe un poste *(taxê)*, – qu'il l'ait choisi lui-même comme le plus honorable, ou qu'il y ait été placé par un chef, – a pour devoir, selon moi, d'y demeurer ferme, quel qu'en soit le risque, sans tenir compte ni de la mort possible, ni d'aucun danger, plutôt que de sacrifier l'honneur » *(id.,* p. 155). Cette fermeté à son poste sera louée par Épictète comme l'attitude philosophique par excellence (cf. par exemple les *Entretiens,* I, 9, 24 ; III, 24, 36 et 95, où Épictète emploie tour à tour les termes de *taxis* et de *khôra* ; ou encore la fin de l'entretien sur *La Constance du sage* de Sénèque, XIX, 4 : « Défendez le poste *(locum)* que vous a assigné la nature. Vous demandez quel poste ? Celui d'homme » *(in* Sénèque, *Dialogues,* t. IV, trad. R. Waltz, Paris, Les Belles Lettres, 1927, p. 60).

24. Socrate prévient les Athéniens de ce qui arriverait s'ils le condamnaient à mort : « vous passeriez le reste de votre vie à dormir » *(id.,* 31a, p. 159).

25. « Si vous me faites mourir, vous ne trouverez pas facilement un autre homme [...] attaché à vous par la volonté des dieux pour vous stimuler comme un taon stimulerait un cheval » *(id.,* 30e, p. 158).

26. « Socrate réussissait-il à persuader tous ceux qui venaient à lui de s'occuper d'eux-mêmes *(epimeleisthai heautôn)* ? » *(Entretiens,* III, 1, 19, p. 8.)

27. Elle se trouve dans la *Lettre à Ménécée*. Plus exactement, le texte dit : « Il n'est, pour personne, ni trop tôt ni trop tard pour assurer la santé de l'âme. [...] De sorte qu'ont à philosopher et le jeune et le vieux » (Épicure, *Lettres et Maximes,* trad. M. Conche, Villers-sur-Mer, Éd. de Mégare, 1977 [ultérieurement : référence à cette édition], § 122, p. 217) ; citation reprise par Foucault dans *Histoire de la sexualité,* t. III : *Le Souci de soi,* Paris, Gallimard, 1984 [ultérieurement : référence à cette édition], p. 60.

28. En fait le texte grec porte « *to kata psukhên hugiainon* ». Le verbe *therapeuein* ne connaît chez Épicure qu'une seule occurrence dans la Sentence Vaticane 55 : « Il faut guérir *(therapeuteon)* les malheurs par le souvenir reconnaissant de ce que l'on a perdu, et par le savoir qu'il n'est pas possible de rendre non accompli ce qui est arrivé » *(Lettres et Maximes,* p. 260-261).

29. Toute cette thématique prend comme centre de gravitation la phrase d'Épicure : « Il est vide, le discours du philosophe qui ne soigne aucune affection humaine. De même en effet qu'une médecine qui ne chasse pas les maladies du corps n'est d'aucune utilité, de même aussi une philosophie, si elle ne chasse pas l'affection de l'âme (221 Us.) » (trad. A.-J. Voelke, *in La Philosophie comme thérapie de l'âme,* Paris, Éd. du Cerf, 1993, p. 36 ; cf., dans ce même ouvrage, les articles : « Santé de l'âme et bonheur de la raison. La fonction thérapeutique de la philosophie dans l'épicurisme » et « Opinions vides et troubles de l'âme : la médication épicurienne »).

30. Sénèque, *Des bienfaits,* t. II, VII, I, 3-7, trad. F. Préchac, Paris, Les Belles Lettres, 1927, p. 75-77. Ce texte fera l'objet d'un long examen dans le cours du 10 février, deuxième heure.

31. Cf., pour une conceptualisation de la notion de culture de soi, le cours du 3 février, première heure.

32. Sur le concept d'événement chez Foucault, cf. *Dits et Écrits,* II, n° 84, p. 136, concernant les racines nietzschéennes du concept ; II, n° 102, p. 260, sur la valeur polémique de l'événement dans la pensée contre une métaphysique derridienne

de l'originaire ; IV, n° 278, p. 23, pour le programme d'« événemetialisation » du savoir historique et surtout n° 341, p. 580, à propos du « principe de singularité de l'histoire de la pensée ».

33. « Considérant le septième jour comme un jour très saint et comme un jour de grande fête, ils l'ont favorisé d'un honneur insigne : ce jour-là, après les soins de l'âme *(tês psukhês epimeleian)*, c'est le corps qu'ils frottent d'huile » (Philon d'Alexandrie, *De Vita contemplativa*, 477M, trad. P. Miquel, Paris, Éd. du Cerf, 1963, § 36, p. 105).

34. « Alors nous contemplerons les mêmes objets qu'elle [l'âme de l'univers], parce que nous aussi nous y serons bien préparés, grâce à notre nature et à notre effort *(epimeleiais)* » (Plotin, *Ennéades*, II, 9, 18, trad. E. Bréhier, Paris, Les Belles Lettres, 1924, p. 138).

35. « La loi élimine le destin en enseignant que la vertu s'enseigne, qu'elle se développe si l'on s'y applique *(ex epimeleias prosginomenên)* » (Méthode d'Olympe, *Le Banquet*, 172c, trad. V.-H. Debidour, Paris, Éd. du Cerf, 1963, § 226, p. 255).

36. « *Hote toinun hê agan hautê tou sômatos epimeleia autô te alusitelês tô sômati, kai pros tên psukhên empodion esti ; to ge hupopeptôkenai toutô kai therapeuein mania saphês* » (À partir du moment où ce souci excessif du corps est inutile pour le corps lui-même et nuit à l'âme, s'y soumettre alors et s'y attacher apparaît comme une folie évidente [trad. inédite]) (Basile de Césarée, *Sermo de legendis libris gentilium*, p. 584d, in *Patrologie grecque*, t. 31, éd. J.-P. Migne, SEU Petit-Montrouge, 1857).

37. « Maintenant qu'il [Moïse] s'est élevé à un plus haut degré dans les vertus de l'âme, à la fois par une longue application *(makras epimeleias)* et par les lumières d'en haut, c'est au contraire une rencontre heureuse et pacifique qu'il fait en la personne de son frère […]. L'assistance donnée par Dieu à notre nature […] n'apparaît […] que lorsque nous nous sommes suffisamment familiarisés avec la vie d'en haut par le progrès et l'application *(epimeleias)* » (Grégoire de Nysse, *La Vie de Moïse, ou Traité de la perfection en matière de la vertu*, 337c-d, trad. J. Daniélou, Paris, Éd. du Cerf, 1965, § 43-44, p. 130-131 ; cf. aussi § 55 en 341b, posant l'exigence d'une « étude longue et sérieuse *(toiautês kai tosautês epimeleias)* », p. 138).

38. « Mais à présent me voici revenue à cette même grâce, unie par amour à mon maître ; aussi fortifiez en moi ce que cette grâce a d'ordonné et de stable, vous les amis de mon fiancé, qui, par vos soins *(epimeleias)* et votre attention, conservez solidement en moi mon élan vers le divin » (Grégoire de Nysse, *Le Cantique des cantiques*, trad. C. Bouchet, Éd. Migne, Paris, 1990, p. 106).

39. « *Ei oun apokluseias palin di'epimeleias biou ton epiplasthenta tê kardia sou rupon, analampsei soi to theoeidês kallos* » (Si en revanche, en te souciant de ta vie, tu purifies les scories épandues en ton cœur, la beauté divine resplendira en toi [trad. inédite]) (Grégoire de Nysse, *De Beatitudinibus*, Oratio VI, in *Patrologie grecque*, t. 44, p. 1272a).

40. Grégoire de Nysse, *Traité de la virginité*, trad. M. Aubineau, Paris, Éd. du Cerf, 1966. Cf., dans ce même livre, la parabole de la drachme perdue (300c-301c, XII, p. 411-417), souvent citée par Foucault pour illustrer le souci de soi (dans une conférence d'octobre 1982, in *Dits et Écrits*, IV, n° 363, p. 787) : « Par ordure, il faut entendre, je pense, la souillure de la chair : quand on l'a "balayée" et qu'on fait place nette par le "soin" *(epimeleia)* qu'on prend de sa vie, l'objet paraît au grand jour » (301c, XII, 3, p. 415).

41. Dans un entretien de janvier 1984, Foucault précise que, dans ce traité de Grégoire de Nysse (303c-305c, XIII, p. 423-431), le souci de soi est « défini essentiellement comme la renonciation à tous les liens terrestres ; c'est la renonciation à tout ce qui peut être amour de soi, attachement au soi terrestre » (*Dits et Écrits*, IV, n° 356, p. 716).

42. Sur les sens de la *meletê*, cf. cours du 3 mars, deuxième heure, et du 17 mars, première heure.

43. Sur les techniques de méditation (et particulièrement de méditation de la mort), cf. cours du 24 mars, deuxième heure, ainsi que cours du 27 février, deuxième heure, et du 3 mars, première heure.

44. Sur l'examen de conscience, cf. cours du 24 mars, deuxième heure.

45. Sur la technique de filtrage des représentations, particulièrement chez Marc Aurèle et en comparaison avec l'examen des idées chez Cassien, cf. cours du 24 février, première heure.

46. On reconnaîtra dans le « dandysme moral » une référence à Baudelaire (cf. les pages de Foucault sur « l'attitude de modernité » et l'*êthos* baudelairien in *Dits et Écrits*, IV, n° 339, p. 568-571), et dans le « stade esthétique » une allusion claire au tryptique existentiel de Kierkegaard (stade esthétique, éthique, religieux), la sphère esthétique (incarnée par le Juif errant, Faust et Don Juan) étant celle de l'individu épuisant, dans une quête indéfinie, les instants comme autant d'atomes précaires de plaisir (c'est l'ironie qui permettra le passage à l'éthique). Foucault fut un grand lecteur de Kierkegaard, même s'il ne fait pratiquement jamais mention de cet auteur qui eut pourtant pour lui une importance aussi secrète que décisive.

47. Cette thèse du philosophe hellénistique et romain ne trouvant plus, dans les nouvelles conditions sociopolitiques, de quoi déployer librement son action morale et politique (comme si la cité grecque avait été depuis toujours son élément naturel), et trouvant dans le soi un pis-aller où se replier, est devenue un *topos*, sinon une évidence incontestée de l'histoire de la philosophie (partagée par Bréhier, Festugière, etc.). Durant la seconde moitié du siècle, les articles d'épigraphie et l'enseignement d'un savant célèbre dont l'audience était internationale, Louis Robert (*"Opera minora selecta". Épigraphie et antiquités grecques*, Amsterdam, Hakkert, 1989, t. VI, p. 715), ont rendu caduque cette vision du Grec perdu dans un monde trop grand et privé de sa cité (je dois toutes ces indications à P. Veyne). Cette thèse de l'effacement de la cité à l'époque hellénistique se trouve donc vivement contestée, après d'autres donc, par Foucault dans *Le Souci de soi* (cf. chapitre III : « Soi et les autres », p. 101-117 : « Le jeu politique » ; cf. aussi p. 55-57). Il s'agit pour lui d'abord de contester la thèse d'un éclatement du cadre politique de la cité dans les monarchies hellénistiques (p. 101-103), et ensuite de montrer (ce à quoi il s'attache encore dans ce cours) que le souci de soi se définit fondamentalement comme un mode de vivre-ensemble plutôt que comme un recours individualiste (« le souci de soi [...] apparaît alors comme une intensification des relations sociales », p. 69). P. Hadot (*Qu'est-ce que la philosophie antique ?*, Paris, Gallimard, 1995, p. 146-147) fait remonter ce préjugé d'un évanouissement de la cité grecque à un ouvrage de G. Murray de 1912 (*Four Stages of Greek Religion*, New York, Columbia University Press).

48. Descartes, *Méditations sur la philosophie première* (1641), in *Œuvres*, Paris, Gallimard/« Bibliothèque de la Pléiade », 1952.

49. Le gnosticisme représente un courant philosophico-religieux ésotérique qui s'est développé aux premiers siècles de l'ère chrétienne. Ce courant, extrêmement

diffus, difficile à cerner et à définir, fut rejeté à la fois par les Pères de l'Église et par la philosophie d'inspiration platonicienne. La « gnose » (du grec *gnôsis* : connaissance) désigne une connaissance ésotérique telle qu'elle offre le salut à celui qui y a accès et représente, pour l'initié, le savoir de son origine et de sa destination, ainsi que les secrets et mystères du monde supérieur (emportant avec eux la promesse d'un voyage céleste), percés à partir de traditions exégétiques secrètes. Au sens de ce savoir salvateur, initiatique et symbolique, la « gnose » recouvre un ensemble vaste de spéculations judéo-chrétiennes à partir de la Bible. Le mouvement « gnostique » promet donc, par la révélation d'une connaissance surnaturelle, la libération de l'âme et la victoire sur la puissance cosmique mauvaise. Pour une évocation dans un contexte littéraire, cf. *Dits et Écrits,* I, n° 21, p. 326. On peut penser, comme me l'a suggéré A.I. Davidson, que Foucault connaissait bien les études de H.-Ch. Puech sur le sujet (cf. *Sur le manichéisme et Autres Essais,* Paris, Flammarion, 1979).

50. « Le » philosophe : c'est ainsi que saint Thomas désigne Aristote dans ses commentaires.

51. On retrouve, dans la classification des conditions du savoir qui suit, comme un écho assourdi de ce que Foucault appelait des « procédures de limitation des discours » dans sa leçon inaugurale au Collège de France (*L'Ordre du discours,* Paris, Gallimard, 1971). Cependant en 1970, l'élément fondamental était celui du discours, comme nappe anonyme et blanche, alors que tout ici se structure autour de l'articulation du « sujet » et de la « vérité ».

52. On reconnaît ici, en écho, l'analyse fameuse que Foucault, dans son *Histoire de la folie,* consacre aux *Méditations.* Descartes, rencontrant dans l'exercice du doute le vertige de la folie comme raison de douter encore, l'aurait *a priori* exclue, aurait refusé de se prêter à ses voix furieuses, lui préférant les douceurs ambiguës du rêve : « la folie est exclue par le sujet qui doute » (*Histoire de la folie,* Paris, Gallimard/« Tel », 1972, p. 57). Derrida contestera bientôt cette thèse (cf. le texte « Cogito et Histoire de la folie », in *L'Écriture et la Différence,* Paris, Éd. du Seuil, 1967, p. 51-97, qui reprend une conférence prononcée le 4 mars 1963 au Collège philosophique) en montrant que le propre du Cogito cartésien est justement d'assumer le risque d'une « *folie totale* » en ayant recours à l'hypothèse du Malin Génie (p. 81-82). On sait que Foucault, piqué au vif par cette critique, publiera quelques années plus tard une réponse magistrale, hissant, à travers une rigoureuse explication de texte suivie, la querelle de spécialistes à la hauteur d'un débat ontologique (« Mon corps, ce papier, ce feu », ainsi que « Réponse à Derrida », in *Dits et Écrits,* II, n° 102, p. 245-267, et n° 104, p. 281-296). C'est ainsi qu'était née ce qu'on appelle la « polémique Foucault/Derrida » à propos des *Méditations* de Descartes.

COURS DU 6 JANVIER 1982

Deuxième heure

*Présence conflictuelle des exigences de spiritualité : science et théologie avant Descartes ; philosophie classique et moderne ; marxisme et psychanalyse. – Analyse d'une sentence lacédémonienne : le souci de soi comme privilège statutaire. – Première analyse de l'*Alcibiade *de Platon. – Les prétentions politiques d'Alcibiade et l'intervention de Socrate. – L'éducation d'Alcibiade comparée à celle des jeunes Spartiates et des Princes Perses. – Contextualisation de la première apparition dans l'*Alcibiade *de l'exigence du souci de soi : prétention politique ; déficit pédagogique ; âge critique ; absence de savoir politique. – La nature indéterminée du soi et son implication politique.*

Deux ou trois mots parce que, malgré mes bonnes résolutions et un emploi du temps bien quadrillé, je n'ai pas tout à fait tenu dans l'heure comme je l'avais espéré. Quelques mots encore sur ce thème général des rapports entre philosophie et spiritualité, et [sur] les raisons pour lesquelles la notion de souci de soi a été petit à petit éliminée de la pensée et de la préoccupation philosophiques. Je disais tout à l'heure qu'il me semble qu'il y a eu un certain moment (quand je dis « moment », il ne s'agit absolument pas de situer ça à une date et de le localiser, ou de l'individualiser autour d'une personne et d'une seule) [où] le lien a été rompu, définitivement je crois, entre l'accès à la vérité, devenu développement autonome de la connaissance, et l'exigence d'une transformation du sujet et de l'être du sujet par lui-même*. Quand je dis « je crois que ça été définitivement rompu », inutile de vous dire que je n'en crois pas un mot, que précisément tout l'intérêt de la chose, c'est que les liens n'ont pas été brusquement rompus comme par un coup de couteau.

* Plus précisément, le manuscrit porte que ce lien fut rompu « quand Descartes a dit : la philosophie suffit à elle seule pour la connaissance, et lorsque Kant a complété en disant : si la connaissance a des limites, elles sont tout entières dans la structure même du sujet connaissant, c'est-à-dire dans cela même qui permet la connaissance ».

D'abord, si vous voulez, prenons les choses en amont. La coupure ne s'est pas faite comme cela. Elle ne s'est pas faite le jour où Descartes a posé la règle de l'évidence, ou découvert le Cogito, etc. Il y avait bien longtemps que le travail avait été entamé pour déconnecter le principe d'un accès à la vérité qui se ferait dans les termes du seul sujet connaissant et, d'autre part, la nécessité spirituelle d'un travail du sujet sur lui-même, se transformant et attendant de la vérité son illumination et sa transfiguration. Il y avait longtemps que la dissociation commençait à se faire et qu'un certain coin avait été placé entre ces deux éléments. Et le coin, bien entendu, il faut le chercher... du côté de la science ? Pas du tout. Il faut le chercher du côté de la théologie. La théologie (cette théologie qui, justement, peut se fonder sur Aristote – *confer* ce que je vous disais tout à l'heure – et qui va, avec saint Thomas, la scolastique, etc., prendre la place que vous savez dans la réflexion occidentale), en se donnant comme réflexion rationnelle fondant, à partir du christianisme bien sûr, une foi à vocation elle-même universelle, fondait en même temps le principe d'un sujet connaissant en général, sujet connaissant qui trouvait en Dieu à la fois son modèle, son point d'accomplissement absolu, son plus haut degré de perfection, et en même temps son Créateur et par conséquent son modèle. La correspondance entre un Dieu tout connaissant et des sujets tous susceptibles de connaître, sous réserve bien sûr de la foi, c'est sans doute un des éléments principaux qui [ont] fait que la pensée – ou les formes de réflexion principales – occidentale, et en particulier la pensée philosophique, s'est dégagée, affranchie, séparée de ses conditions de spiritualité qui l'avaient accompagnée jusque-là, et dont le principe de l'*epimeleia heautou* était la formulation la plus générale. Je crois qu'il faut bien comprendre le grand conflit qui a traversé le christianisme, depuis la fin du Vᵉ siècle (saint Augustin sans doute) jusqu'au XVIIᵉ. Pendant ces douze siècles, le conflit n'a pas été entre la spiritualité et la science : il a été entre la spiritualité et la théologie. Et la meilleure preuve que ce n'était pas entre la spiritualité et la science, c'est la floraison de toutes ces pratiques de la connaissance spirituelle, tout ce développement des savoirs ésotériques, toute cette idée – alors voyez le thème de Faust qui serait très intéressant à réinterpréter comme cela[1] – qu'il ne peut pas y avoir de savoir sans une modification profonde dans l'être du sujet. Que l'alchimie, par exemple, et que tout un pan énorme de savoirs aient été à cette époque-là réfléchis comme ne pouvant être obtenus qu'au prix d'une modification dans l'être du sujet, prouve bien qu'il n'y avait pas d'opposition constitutive, structurelle, entre science et spiritualité. L'opposition, elle était entre pensée théologique et exigence de spiritualité. Donc le dégagement ne s'est pas fait brusquement avec l'apparition de la science moderne. Le dégagement, la séparation a été un processus lent, processus dont il faut plutôt voir l'origine et le développement du côté de la théologie.

Il ne faut pas s'imaginer non plus qu'au moment que j'ai appelé le « moment cartésien », d'une façon tout à fait arbitraire, la coupure aurait été faite, et définitivement faite. C'est au contraire très intéressant de voir comment au XVIIᵉ siècle a été posée la question du rapport entre les conditions de spiritualité et le problème du cheminement et de la méthode pour arriver jusqu'à la vérité. Il y a eu de multiples surfaces de contacts, de multiples points de frottement, de multiples formes d'interrogation. Prenez par exemple cette très intéressante notion, caractéristique de la fin du XVIᵉ et du début du XVIIᵉ siècle : la notion de « réforme de l'entendement ». Prenez très précisément les neuf premiers paragraphes de la *Réforme de l'entendement* de Spinoza[2]. Et là vous verrez d'une façon très claire – pour des raisons que vous connaissez bien, je n'ai pas besoin d'y insister – comment chez Spinoza le problème de l'accès à la vérité était lié, dans sa formulation même, à une série d'exigences qui concernaient l'être même du sujet : en quoi et comment dois-je transformer mon être même de sujet ? Quelles conditions est-ce que je dois lui imposer pour pouvoir avoir accès à la vérité, et dans quelle mesure cet accès à la vérité me donnera-t-il ce que je cherche, c'est-à-dire le bien souverain, le souverain bien ? C'est là une question proprement spirituelle, et je crois que le thème de la réforme de l'entendement au XVIIᵉ siècle est tout à fait caractéristique des liens encore très stricts, très étroits, très serrés entre, disons, une philosophie de la connaissance et une spiritualité de la transformation de l'être du sujet par lui-même. Si maintenant on prend la question, non pas du côté de l'amont mais du côté de l'aval, si on passe de l'autre côté, à partir de Kant, je crois que, là encore, on verrait que les structures de la spiritualité n'ont pas disparu, ni de la réflexion philosophique ni peut-être même du savoir. Il y aurait…, mais là alors je ne veux même pas l'esquisser maintenant, je veux juste indiquer un certain nombre de choses. Reprenez toute la philosophie du XIXᵉ siècle – enfin presque toute : Hegel en tout cas, Schelling, Schopenhauer, Nietzsche, le Husserl de la *Krisis*[3], Heidegger aussi[4] – et vous verrez comment précisément là aussi, qu'[elle] soit disqualifiée, dévalorisée, critiquement envisagée ou au contraire exaltée comme chez Hegel, de toute façon la connaissance – l'acte de connaissance – demeure liée aux exigences de la spiritualité. Dans toutes

ces philosophies, une certaine structure de spiritualité essaie de lier la
connaissance, l'acte de connaissance, les conditions de cet acte de
connaissance et ses effets, à une transformation dans l'être même du
sujet. La *Phénoménologie de l'Esprit*[5] après tout n'a pas d'autre sens
que cela. Et on peut penser, je crois, toute l'histoire de la philosophie du
XIXe siècle comme une espèce de pression par laquelle on a essayé de
repenser les structures de la spiritualité à l'intérieur d'une philosophie
que, depuis le cartésianisme, en tout cas la philosophie du XVIIe siècle,
on essayait de dégager de ces mêmes structures. D'où l'hostilité, profonde d'ailleurs, de tous les philosophes [de] type « classique » – Descartes, Leibniz, etc., tous ceux qui se réclament de cette tradition-là –
par rapport à cette philosophie du XIXe siècle, qui est bien en effet une
philosophie qui pose, implicitement au moins, la très vieille question de
la spiritualité, et qui retrouve sans le dire le souci du souci de soi.

Mais je dirai que même dans le champ du savoir proprement dit, cette
pression, cette résurgence, cette réapparition des structures de spiritualité est tout de même très sensible. S'il est vrai, comme tous les scientifiques le disent, qu'on peut reconnaître une fausse science au fait qu'elle
demande, pour être accessible, une conversion du sujet et qu'elle promet, au terme de son développement, une illumination du sujet ; si on
peut reconnaître une fausse science à sa structure de spiritualité (ça va
de soi, tous les scientifiques le savent bien), il ne faut pas oublier que,
dans des formes de savoir qui ne sont pas justement des sciences, et
qu'il ne faut pas essayer d'assimiler à la structure même de la science,
vous retrouvez, d'une façon très forte et très nette, certains des éléments
au moins, certaines des exigences de la spiritualité. Et, bien sûr, pas
besoin de vous faire un dessin : vous avez reconnu tout de suite une
forme de savoir comme le marxisme ou la psychanalyse. On a tout a fait
tort, cela va de soi, de les assimiler à la religion. Ça n'a aucun sens et ça
n'apporte rien. En revanche, si vous les prenez l'un et l'autre, vous
savez bien, pour des raisons tout à fait différentes mais avec des effets
relativement homologues, que, dans le marxisme comme dans la
psychanalyse, le problème de ce qu'il en est de l'être du sujet (de ce que
doit être l'être du sujet pour qu'il ait accès à la vérité) et la question en
retour de ce qui peut se transformer du sujet du fait qu'il a accès à la
vérité, eh bien ces deux questions, qui sont encore une fois des questions
absolument caractéristiques de la spiritualité, vous les retrouvez au cœur
même ou, en tout cas, au principe et à l'aboutissement de l'un et l'autre
de ces savoirs. Je ne dis pas du tout que ce sont des formes de spiritualité. Je veux dire que vous retrouvez dans ces formes de savoir

les questions, les interrogations, les exigences qui, me semble-t-il – à prendre un regard historique sur quelques millénaires, au moins sur un ou deux –, sont les très vieilles, les très fondamentales questions de l'*epimeleia heautou,* et donc de la spiritualité comme condition d'accès à la vérité. Ce qui s'est passé, c'est bien entendu que ni l'une ni l'autre de ces deux formes de savoir n'a, de façon claire et courageuse, envisagé très explicitement ce point de vue. On a essayé de masquer ces conditions de spiritualité propres à ces formes de savoir à l'intérieur d'un certain nombre de formes sociales. L'idée d'une position de classe, d'effet de parti, l'appartenance à un groupe, l'appartenance à une école, l'initiation, la formation de l'analyste, etc., tout ceci nous renvoie bien à ces questions de la condition de la formation du sujet pour l'accès à la vérité, mais on les pense en termes sociaux, en termes d'organisation. On ne les pense pas dans le tranchant historique de l'existence de la spiritualité et de ses exigences. Et en même temps d'ailleurs, le prix payé pour transposer, pour rabattre ces questions « vérité et sujet » sur des problèmes d'appartenance (à un groupe, à une école, à un parti, à une classe, etc.), le prix payé, ça a été bien entendu l'oubli de la question des rapports entre vérité et sujet**. Et il me semble que ce qui fait tout l'intérêt et la force des analyses de Lacan, c'est précisément ceci : c'est que Lacan a été, me semble-t-il, le seul depuis Freud à vouloir recentrer la question de la psychanalyse sur cette question précisément des rapports entre sujet et vérité[6]. C'est-à-dire que, en des termes qui sont bien entendu absolument étrangers à la tradition historique de cette spiritualité, que ce soit celle de Socrate ou de Grégoire de Nysse, et de tous leurs intermédiaires, en des termes qui étaient ceux du savoir analytique lui-même, il a essayé de poser la question qui est historiquement, proprement spirituelle : la question du prix que le sujet a à payer pour dire le vrai, et la question de l'effet sur le sujet du fait qu'il a dit, qu'il peut dire et qu'il a dit le vrai sur lui-même. En faisant resurgir cette question, je crois qu'il a effectivement fait resurgir à l'intérieur même de la psychanalyse la plus vieille tradition, la plus vieille interrogation, la plus vieille inquiétude de cette *epimeleia heautou,* qui a été la forme la plus générale de la spiritualité. Question bien sûr, et je ne la résoudrai pas : est-ce qu'on peut, dans les termes mêmes de la psychanalyse, c'est-à-dire tout de même des effets de connaissance, poser la question

---

** Le manuscrit précise, concernant ce rapport vérité-sujet, que le fait de n'avoir été « jamais pensé théoriquement » a entraîné « un positivisme, un psychologisme pour la psychanalyse ».

de ces rapports du sujet à la vérité, qui – du point de vue en tout cas de la spiritualité et de l'*epimeleia heautou* – ne peut pas, par définition, se poser dans les termes mêmes de la connaissance ?

Voilà ce que je voulais vous dire là-dessus. Et maintenant, passons à un exercice plus simple. Revenons aux textes. Alors, il n'est pas question pour moi bien sûr de refaire toute l'histoire de cette notion, de cette pratique, de ces règles du souci de soi que j'évoquais. Cette année, et encore une fois sous réserve de mes imprudences chronologiques et de mon incapacité à tenir un emploi du temps, j'essaierai d'isoler trois moments qui me paraissent intéressants : le moment socratico-platonicien, l'apparition de l'*epimeleia heautou* dans la réflexion philo-sophique ; deuxièmement, la période de l'âge d'or de la culture de soi, de la culture de soi-même, du souci de soi-même, que l'on peut placer aux deux premiers siècles de notre ère ; et puis le passage au IVe-Ve siècle, passage, en gros, de l'ascèse philosophique païenne à l'ascétisme chrétien[7].

Premier moment : le moment socratico-platonicien. Et essentiel-lement, alors, le texte auquel je voudrais me référer, c'est celui qui est l'analyse, la théorie même du souci de soi ; longue théorie qui est déve-loppée dans la seconde partie, dans tout l'aboutissement du dialogue appelé l'*Alcibiade.* Je voudrais, avant de commencer à lire un petit peu ce texte, rappeler deux choses. Premièrement, s'il est vrai que l'on voit le souci de soi émerger dans la réflexion philosophique avec Socrate, et en particulier dans ce texte de l'*Alcibiade,* il ne faut pas oublier tout de même que le principe « s'occuper de soi » – comme règle, comme impératif, impératif positif dont on attend beaucoup – n'a pas été, dès l'origine et tout au long de la culture grecque, une consigne pour philo-sophes, une interpellation d'un philosophe s'adressant aux jeunes gens qui passent dans la rue. Ce n'est pas une attitude d'intellectuel, ce n'est pas un conseil donné par quelques vieux sages à quelques jeunes gens trop empressés. Non, l'affirmation, le principe « il faut s'occuper de soi-même » était une vieille sentence de la culture grecque. C'était en parti-culier une sentence lacédémonienne. Dans un texte, d'ailleurs tardif puisqu'il est de Plutarque, mais qui se réfère à une sentence qui était très manifestement ancestrale et pluriséculaire, Plutarque rapporte un mot qui aurait été celui d'Alexandride, un Lacédémonien, un Spartiate à qui on aurait demandé un jour : Mais enfin vous autres les Spartiates, vous êtes tout de même un peu étranges. Vous avez beaucoup de terres et vos territoires sont immenses, ou en tout cas très importants. Et pourquoi est-ce que vous ne les cultivez pas vous-mêmes, pourquoi les confiez-

vous à des hilotes ? Et Alexandride aurait répondu : Eh bien, tout simplement pour pouvoir nous occuper de nous-mêmes[8]. Ici bien entendu,
quand le Spartiate dit : nous avons à nous occuper de nous-mêmes, et
par conséquent nous n'avons pas à cultiver nos terres, il est bien évident
qu'il ne s'agit là aucunement [de philosophie]. Chez ces gens pour qui
la philosophie, l'intellectualisme, etc., n'étaient pas des valeurs très
positives, c'était l'affirmation d'une forme d'existence liée à un privilège, et à un privilège politique : si nous avons des hilotes, si nous ne
cultivons pas nous-mêmes nos terres, si nous déléguons tous ces soins
matériels à d'autres, c'est pour pouvoir nous occuper de nous-mêmes.
Le privilège social, le privilège politique, le privilège économique de ce
groupe solidaire des aristocrates spartiates, se manifestait sous la forme
de : Nous avons à nous occuper de nous-mêmes, et c'est pour pouvoir le
faire que nous confions nos travaux à d'autres. « S'occuper de soi-
même » est donc, vous le voyez, un principe sans doute assez courant,
nullement philosophique, lié cependant – et ça va être une question
qu'on ne va pas cesser de retrouver tout au long de l'histoire de l'*epimeleia heautou* – à un privilège, en l'occurrence ici un privilège politique,
économique et social.

Lorsque Socrate reprend donc la question de l'*epimeleia heautou*,
lorsqu'il la formule, il la reprend à partir d'une tradition. Et vous verrez
d'ailleurs que la référence à Sparte est présente dès la première grande
théorie du souci de soi dans l'*Alcibiade*. Alors maintenant passons à ce
texte de l'*Alcibiade*. Je reviendrai, aujourd'hui ou la prochaine fois, sur
ses problèmes, non pas d'authenticité qui sont à peu près réglés, mais de
datation qui sont très compliqués[9]. Mais il faut sans doute mieux étudier
le texte lui-même pour voir surgir les questions à mesure. Je passe très
rapidement sur le début de ce dialogue de l'*Alcibiade*. Je noterai simplement, dans ce tout début, que l'on voit donc Socrate aborder Alcibiade,
lui faire remarquer qu'à la différence de ses autres amoureux il n'a, lui,
jamais encore jusqu'à présent abordé Alcibiade, qu'il se décide simplement aujourd'hui. Et il se décide parce qu'il se rend compte qu'Alcibiade a quelque chose dans la tête[10]. Il a quelque chose dans la tête, et si
à lui, Alcibiade, on proposait la vieille question, classique dans l'éducation grecque, référence à Homère, etc.[11] : À supposer qu'on te propose
le choix suivant, ou mourir aujourd'hui, ou continuer à mener une vie
dans laquelle tu n'aurais aucun éclat, qu'est-ce que tu préférerais ?
Eh bien, [Alcibiade répondrait] : Je préférerais mourir aujourd'hui
que de mener une vie qui ne m'apporterait rien de plus que ce que j'ai
déjà. Voilà pourquoi Socrate aborde Alcibiade. Qu'est-ce qu'il a déjà,

Alcibiade, et par rapport à quoi veut-il autre chose ? Détails sur la famille d'Alcibiade, son statut dans la cité, les privilèges ancestraux qui placent Alcibiade au-dessus des autres. Il a, dit le texte, « une des familles les plus entreprenantes de la ville[12] ». Du côté de son père – son père était un Eupatride – il a des relations, des amis, des parents riches et puissants. Même chose du côté de sa mère, qui était une Alcméonide[13]. De plus, s'il a perdu ses parents, père et mère, il a eu pour tuteur quelqu'un qui n'était tout de même pas rien, puisque c'était Périclès. Périclès qui est quelqu'un qui fait tout ce qu'il veut, dit le texte, dans la ville, et même en Grèce, et même dans certains pays barbares[14]. À quoi s'ajoute le fait qu'Alcibiade a une grosse fortune. D'autre part Alcibiade est beau, tout le monde le sait. Il est poursuivi [par] de nombreux amoureux, et il en a tellement, et il est si fier de sa beauté, et il est si arrogant qu'il a éconduit tous ses amoureux, Socrate étant le seul à s'obstiner à le poursuivre. Et pourquoi est-il le seul ? Eh bien il est le seul pour la raison que voici : c'est que précisément Alcibiade, à force d'avoir éconduit tous ses amoureux, a pris de l'âge. Le voilà à ce fameux âge critique des garçons dont je vous parlais l'an dernier[15], et à partir duquel on ne peut plus réellement les aimer. Mais lui, Socrate, continue à s'intéresser à Alcibiade. Il continue à s'intéresser à Alcibiade, et même il décide pour la première fois de lui adresser la parole. Pourquoi ? Parce que, comme je vous le disais tout à l'heure, il a bien compris qu'il y avait dans la tête d'Alcibiade un peu quelque chose d'autre que la volonté de profiter, tout au long de sa vie, et de ses relations, et de sa famille, et de sa richesse ; quant à sa beauté, elle est en train de passer. Alcibiade ne veut pas se contenter de cela. Il veut se tourner vers le peuple, il veut prendre en main le destin de la cité, il veut gouverner les autres. Bref, [il] est celui qui veut transformer son statut privilégié, sa primauté statutaire en action politique, en gouvernement effectif de lui-même sur les autres. Et c'est dans la mesure où cette intention est en train de se former, c'est au moment où – ayant profité ou refusé de faire profiter les autres de sa beauté – Alcibiade se tourne maintenant vers le gouvernement des autres (après l'*erôs* : la *polis,* la cité), c'est à ce moment-là que Socrate a entendu le dieu qui l'inspire lui dire qu'il peut maintenant adresser la parole à Alcibiade. Il a quelque chose à faire : transformer le privilège statutaire, la primauté statutaire en gouvernement sur les autres. Que la question du souci de soi naisse à ce moment-là, c'est clair dans ce texte de l'*Alcibiade*. Vous pourriez trouver la même chose dans ce qui est raconté par Xénophon sur Socrate. Par exemple au livre III des *Mémorables* : Xénophon cite un dialogue, une rencontre entre Socrate et le

jeune Charmide[16]. Charmide, lui aussi, est un jeune homme au seuil de
la politique, un peu plus vieux sans doute que l'Alcibiade du dialogue
dont je vous parle puisqu'il est déjà suffisamment avancé dans la politique pour participer au Conseil et donner son avis. Seulement voilà :
Charmide qui donne des avis, des avis écoutés parce que ses avis sont
sages, Charmide qu'on écoute au Conseil, eh bien il est timide. Il est
timide, et il a beau être écouté, et il a beau savoir qu'il est écouté par
tout le monde quand on délibère en petit comité, il n'ose pas prendre la
parole en public. Et c'est là que Socrate lui dit : Mais enfin il faut tout
de même faire un peu attention à toi-même ; applique ton esprit à
toi-même, prends conscience des qualités qui sont les tiennes, et c'est
ainsi que tu pourras participer à la vie politique. Il n'emploie pas l'expression *epimeleisthai heautou* ou *epimelei sautou*, mais l'expression
« applique ton esprit ». *Noûn prosekhei*[17] : applique ton esprit à toi-
même. Mais la situation est la même. Elle est la même, sauf qu'elle est
l'inverse : il faut encourager Charmide qui, malgré sa sagesse, n'ose pas
entrer dans l'action politique publique, alors que là, avec Alcibiade, on a
un jeune homme piaffant qui ne demande, lui au contraire, qu'à entrer
dans la politique et à transformer ses avantages statutaires en action
politique effective.

Or – c'est là que commence la partie du dialogue que je voudrais étudier d'un peu plus près –, demande Socrate, si tu gouvernes la cité, pour
pouvoir la gouverner, il faut que tu affrontes deux sortes de rivaux[18].
D'une part les rivaux intérieurs que tu rencontreras dans la cité, car tu
n'es pas le seul à vouloir la gouverner. Et puis, le jour où tu la gouver-
neras, tu rencontreras les ennemis de la cité. Tu rencontreras Sparte, tu
rencontreras l'Empire perse. Or, dit Socrate, tu sais très bien ce qu'il en
est, aussi bien des Lacédémoniens que des Perses : ils l'emportent sur
Athènes et sur toi. Par la richesse d'abord : aussi riche que tu sois, peux-
tu comparer tes richesses à celles du roi de Perse ? Quant à l'éducation,
l'éducation que tu as reçue, est-ce que tu peux effectivement la comparer à celle des Lacédémoniens et des Perses ? Du côté de Sparte, [on
trouve] une brève description de l'éducation spartiate présentée, non pas
comme modèle, mais en tout cas comme référence de qualité ; une éducation qui assure la bonne tenue, la grandeur d'âme, le courage, l'endurance, qui donne aux jeunes gens le goût des exercices, le goût des
victoires et des honneurs, etc. Du côté des Perses aussi, et là le passage
est intéressant, les avantages de l'éducation reçue là-bas sont très
grands ; éducation qui porte sur le roi, le jeune prince, jeune prince qui
dès son [plus] jeune âge – enfin dès qu'il est en âge de comprendre – est

entouré de quatre professeurs : l'un qui est le professeur de sagesse *(sophia)*, l'autre qui est professeur de justice *(dikaiosunê)*, le troisième qui est maître de tempérance *(sôphrosunê)*, et le quatrième, maître de courage *(andreia)*. Premier problème, qu'il va falloir comptabiliser pour la question de la datation du texte : d'une part la fascination et l'intérêt pour Sparte se trouvent assez constamment, vous le savez bien, dans les dialogues platoniciens depuis les dialogues socratiques ; en revanche l'intérêt, la fascination pour la Perse est un élément que l'on considère comme tardif chez Platon et les platoniciens [...***]. Or, par rapport à cette éducation, que ce soit celle de Sparte ou que ce soit celle des Perses, comment a été formé Alcibiade ? Eh bien, dit Socrate, regarde ce qui t'est arrivé. Tu as été confié après la mort de tes parents à Périclès. Périclès, bien sûr, « il peut tout sur sa ville, la Grèce et quelques États barbares ». Mais enfin il n'a pas été capable d'éduquer ses fils. Il en a eu deux, ce sont deux bons à rien. Par conséquent tu es mal tombé. Mais de ce côté-là, il ne fallait pas compter beaucoup sur une formation sérieuse. Et, d'autre part, ton tuteur Périclès a pris soin de te confier à un vieil esclave (Zopire de Thrace), vieil esclave qui était un monument d'ignorance et qui par conséquent n'a rien pu t'apprendre. Dans ces conditions, dit Socrate à Alcibiade, il faut faire un peu une comparaison : tu veux entrer dans la vie politique, tu veux prendre en main le destin de la cité ; tu n'as pas la même richesse que tes rivaux ; tu n'as surtout pas la même éducation. Il faut un petit peu que tu réfléchisses à toi-même, il faut que tu te connaisses toi-même. Et on voit apparaître là, en effet, la notion, le principe : *gnôthi seauton* (référence explicite au principe delphique[19]). Mais il est intéressant de voir que cette apparition du *gnôthi seauton,* avant toute notion de souci de soi, se fait sous une forme faible. Il s'agit simplement d'un conseil de prudence. Ce n'est pas du tout au sens fort que l'on trouvera plus tard. Là, Socrate demande à Alcibiade de réfléchir un petit peu à lui-même, de faire un petit retour sur soi et de se comparer à ses rivaux. Conseil de prudence : regarde un peu ce que tu es, en face de ceux que tu veux affronter, et là tu découvriras bien ton infériorité.

Et cette infériorité, elle consiste en ceci : non seulement tu n'es pas riche et tu n'as pas reçu d'éducation, mais tu n'es pas capable de compenser ces deux défauts (de richesse et d'éducation) par cela seul qui pourrait te permettre de les affronter sans trop d'infériorité : un savoir,

---

*** On entend seulement : « ...que l'on trouvera dans le platonisme tardif, en tout cas dans la seconde moitié du platonisme ».

une *tekhnê*[20]. Tu n'as pas la *tekhnê* qui te permettrait de compenser ces infériorités de départ. Tu n'as pas de *tekhnê*. Et là, Socrate démontre à Alcibiade qu'il n'a pas cette *tekhnê* qui lui permettrait de bien gouverner la ville et de faire partie au moins égale avec ses rivaux. Socrate le lui démontre selon un procédé absolument classique dans tous les dialogues socratiques : qu'est-ce que c'est que bien gouverner la cité ; en quoi consiste le bon gouvernement de la cité ; à quoi est-ce qu'on le reconnaît ? Longue suite d'interrogations. On aboutit à cette définition proposée par Alcibiade : la cité est bien gouvernée lorsque la concorde règne entre ses citoyens[21]. On pose à Alcibiade la question : Qu'est-ce que c'est que cette concorde, en quoi est-ce qu'elle consiste ? Et Alcibiade ne peut pas répondre. Il ne peut pas répondre, et alors le pauvre garçon se désespère. Il dit : « Je ne sais plus moi-même ce que je dis. Vraiment, il se pourrait bien que j'aie vécu depuis longtemps dans un état d'ignorance honteuse, sans même m'en apercevoir[22]. » Et à cela Socrate répond : Ne t'inquiète pas ; découvrir que tu es ainsi dans une ignorance honteuse, découvrir que tu ne sais même pas ce que tu dis : si cela t'était arrivé à cinquante ans, il te serait bien difficile d'y remédier, car il te serait bien difficile de prendre soin de toi-même (de te prendre toi-même en souci : *epimelêthênai sautou*). Mais « tu es justement à l'âge où il faut s'en apercevoir[23] ». Eh bien, je voudrais qu'on s'arrête un petit peu là, sur cette première apparition dans le discours philosophique – sous réserve encore une fois de la datation de l'*Alcibiade* – de cette formule « s'occuper de soi-même », « se prendre soi-même en souci ».

Premièrement, vous le voyez, la nécessité de se soucier de soi est liée à l'exercice du pouvoir. On l'avait déjà rencontrée dans la formule laconienne, dans la formule spartiate d'Alexandride. À ceci près cependant que dans la formule, semble-t-il, traditionnelle : « Nous confions nos terres à nos hilotes pour pouvoir nous occuper de nous-mêmes », le « s'occuper de soi-même » était la conséquence d'une situation statutaire de pouvoir. En revanche ici, vous le voyez, la question du souci de soi-même, le thème du souci de soi-même n'apparaît pas comme un des aspects d'un privilège statutaire. Il apparaît au contraire comme une condition, condition pour passer du privilège statutaire qui était celui d'Alcibiade (grande famille riche, traditionnelle, etc.) à une action politique définie, au gouvernement effectif de cette cité. Mais vous le voyez, « s'occuper de soi-même » est impliqué et se déduit de la volonté de l'individu d'exercer le pouvoir politique sur les autres. On ne peut pas gouverner les autres, on ne peut pas bien gouverner les autres, on ne peut pas transformer ses privilèges en action politique sur les autres, en action rationnelle, si on ne s'est pas soucié de soi-même. Souci de soi : entre privilège et action politique, voilà donc le point d'émergence de la notion.

Deuxièmement, vous voyez que cette notion de souci de soi, cette nécessité de se soucier de soi-même est liée à l'insuffisance de l'éducation d'Alcibiade. Mais à travers elle, bien sûr, c'est l'éducation athénienne elle-même qui est tout à fait insuffisante, sous deux aspects : l'aspect, si vous voulez, proprement pédagogique (le maître d'Alcibiade ne valait rien du tout, c'était un esclave et un esclave ignorant, alors que l'éducation est une chose trop sérieuse pour qu'il soit convenable qu'on confie un jeune aristocrate, destiné à une carrière politique, à un esclave familier et familial) ; critique également de l'autre aspect, critique moins immédiatement claire, mais qui rampe tout au long du début du dialogue : la critique de l'amour, de l'*erôs* pour les garçons, qui n'a pas eu pour Alcibiade la fonction qu'il aurait dû avoir, puisque Alcibiade a été poursuivi, poursuivi par des hommes qui n'en voulaient en réalité qu'à son propre corps, des hommes qui ne voulaient pas s'occuper de lui – le thème va réapparaître un peu plus loin –, qui ne voulaient donc pas inciter Alcibiade à s'occuper de lui-même. La meilleure preuve, d'ailleurs, que ce n'était pas à Alcibiade lui-même qu'ils s'intéressaient, qu'ils ne s'occupaient pas d'Alcibiade pour qu'Alcibiade s'occupe de lui-même : à peine a-t-il perdu sa jeunesse désirable, ils l'ont abandonné, le laissant faire ce qu'il voulait. La nécessité du souci de soi s'inscrit donc non seulement à l'intérieur du projet politique, mais à l'intérieur du déficit pédagogique.

Troisièmement (caractère aussi important, immédiatement lié à celui-ci), vous voyez qu'il est dit que, si Alcibiade avait eu cinquante ans, alors il aurait été trop tard pour réparer les choses. Ce n'était pas l'âge de s'occuper de soi-même. Il faut apprendre à s'occuper de soi-même quand on est à cet âge critique où l'on sort de la main des pédagogues et où l'on va entrer dans la période de l'activité politique. Ce texte est en contradiction jusqu'à un certain point, enfin pose problème par rapport à un autre que je vous lisais tout à l'heure, celui de l'*Apologie de Socrate* où Socrate dit, quand il se défend devant ses juges : Mais le métier que j'ai fait à Athènes était un métier important. Il m'a été confié par les dieux, et il consistait en ceci que je me postais là, dans la rue, et j'interpellais tout le monde, jeunes et vieux, citoyens ou non-citoyens, pour leur dire de s'occuper d'eux-mêmes[24]. Là, l'*epimeleia heautou* apparaît comme une fonction générale de toute l'existence, alors que dans l'*Alcibiade* elle apparaît comme un moment nécessaire dans la formation du jeune homme. Ça sera une question très importante, ça sera un des grands débats, un des points de basculement du souci de soi lorsque, avec les philosophies épicurienne et stoïcienne, on verra le souci de soi devenu une obligation permanente de tout individu tout au long de son existence. Mais dans cette forme, si vous voulez, précoce, socratico-platonicienne, le souci de soi est plutôt une activité, une nécessité de jeunes gens, dans un rapport entre eux et leur maître, ou eux et leur amant, ou eux et leur maître et amant. C'est le troisième point, la troisième caractéristique du souci de soi.

Enfin, quatrièmement, vous voyez que la nécessité de s'occuper de soi éclate comme une urgence dans le texte, au moment, non pas où Alcibiade formule ses projets politiques, mais où il s'aperçoit qu'il ignore..., qu'il ignore quoi? Eh bien, qu'il ignore l'objet même, la nature de l'objet dont il a à s'occuper. Il sait qu'il veut s'occuper de la cité. Il est fondé à le faire à cause de son statut. Mais il ne sait pas comment s'en occuper, il ne sait pas en quoi va consister ce qui est le but et la fin de ce que sera son activité politique, à savoir: le bien-être, la concorde des citoyens entre eux. Il ne sait pas quel est l'objet du bon gouvernement, et c'est pour cela qu'il doit s'occuper de lui-même.

Alors vous voyez que surgissent à ce moment-là deux questions, deux questions à résoudre et qui sont directement liées l'une à l'autre. Il faut s'occuper de soi, mais se pose la question: quel est donc ce soi dont il faut se soucier quand on dit qu'il faut se soucier de soi? Je vous renvoie à ce passage que je commenterai plus longuement la prochaine fois, mais qui est très important. Le dialogue de l'*Alcibiade* porte en sous-titre, mais un sous-titre qui a été ajouté très tardivement – je crois à l'époque alexandrine, mais je n'en suis pas sûr, il faudra que je vérifie d'ici à la prochaine fois –: *de la nature humaine*[25]. Or, quand vous voyez le développement de toute la dernière partie du texte – ce développement qui commence au passage que je vous indique –, la question que pose Socrate, et qu'il essaie de résoudre, n'est pas: tu dois t'occuper de toi; or tu es un homme; donc je pose la question: qu'est-ce que c'est qu'un homme? La question posée par Socrate est beaucoup plus précise, beaucoup plus difficile, beaucoup plus intéressante. Elle est: tu dois t'occuper de toi; mais qu'est-ce que c'est que ce soi-même (*auto to auto*)[26], puisque c'est de toi-même que tu dois t'occuper? Question par conséquent qui ne porte pas sur la nature de l'homme, mais qui porte sur ce que nous appellerions, nous maintenant – puisque que le mot n'est pas dans le texte grec –, la question du sujet. Qu'est-ce que c'est que ce sujet, qu'est-ce que c'est que ce point vers lequel doit s'orienter cette activité réflexive, cette activité réfléchie, cette activité qui se retourne de l'individu à lui-même ? Qu'est-ce que c'est que ce soi ? Première question.

Deuxième question, qu'il va falloir aussi résoudre : comment ce souci de soi va-t-il, si on le développe comme il faut, si on le prend au sérieux, pouvoir nous conduire, et conduire Alcibiade à ce qu'il veut, c'est-à-dire connaître la *tekhnê* dont il a besoin pour gouverner les autres, l'art qui va lui permettre de bien gouverner ? En somme, l'enjeu de toute cette seconde partie, de cette fin du dialogue est celui-ci : il va falloir donner de ce « soi-même » – dans l'expression « se soucier de soi-même » – une définition telle qu'elle implique, ouvre, ou donne accès au savoir nécessaire à un bon gouvernement. L'enjeu du dialogue est donc celui-ci : quel est ce soi dont je dois m'occuper pour pouvoir m'occuper comme il faut des autres que je dois gouverner ? C'est ce cercle [allant] du soi comme objet de souci au savoir du gouvernement comme gouvernement des autres, qui, je crois, est au cœur de cette fin de dialogue. C'est en tout cas cette question-là qui est porteuse de la première émergence dans la philosophie antique de la question « se soucier de soi-même ». Eh bien, je vous remercie, et donc, la semaine prochaine on commencera encore à 9 h 15. J'essaierai de terminer cette lecture du dialogue.

*

NOTES

1. Foucault examinera plus longuement le mythe de Faust dans le cours du 24 février, deuxième heure.

2. B. Spinoza, *Tractatus de intellectus emendatione*, in *Benedicti de Spinoza Opera quotquot reperta sunt*, éd. J. Van Vloten & J.P.N. Land, La Haye, 1882-1884 (*Traité de la réforme de l'entendement*, in *Œuvres de Spinoza*, Paris, trad. C. Appuhn, 1904).

3. E. Husserl, *Die Krisis der europäischen Wissenschaften und die transzendentale Phänomenologie*, Belgrade, Philosophia, 1936 (*La Crise des sciences européennes et la Phénoménologie transcendantale*, trad. G. Granel, Paris, Gallimard, 1976).

4. C'est cette tradition que Foucault, au même moment, reconnaît comme celle de la philosophie « moderne », dont il se pose comme un héritier (cf. *Dits et Écrits, op. cit.*, IV, n° 351, p. 687-688, et n° 364, p. 813-814).

5. G.W.F. Hegel, *Phänomenologie des Geistes*, Wurtzbourg, Anton Goebhardt, 1807 (*Phénoménologie de l'Esprit*, trad. J. Hyppolite, Paris, Aubier-Montaigne, 1941).

6. Sur la réouverture par Lacan de la question du sujet, cf. *Dits et Écrits,* III, n° 235, p. 590; IV, n° 299, p. 204-205, et n° 330, p. 435. Concernant les textes de Lacan allant dans ce sens : « Fonction et champ de la parole et du langage en psychanalyse » (1953), in *Écrits,* Paris, Le Seuil, 1966, p. 237-322; « Subversion du sujet et dialectique du désir dans l'inconscient freudien » (1960), *ibid.,* p. 793-827; « La Science et la vérité » (1965), *ibid.,* p. 855-877; « Du sujet enfin la question » (1966), *ibid.,* p. 229-236; *Le Séminaire I : Les Écrits techniques de Freud* (1953-1954), Paris, Le Seuil, 1975, p. 287-299; *Le Séminaire II : Le Moi dans la théorie de Freud et dans la technique de la psychanalyse* (1954-1955), Paris, Le Seuil, 1978; *Le Séminaire XI : Les Quatre concepts fondamentaux de la psychanalyse* (1964), Paris, Le Seuil, 1973, p. 31-41, 125-135; « Réponse à des étudiants en philosophie sur l'objet de la psychanalyse », *Cahiers pour l'analyse,* 3, 1966, p. 5-13; « La Méprise du sujet supposé savoir », *Scilicet,* 1, Paris, Le Seuil, 1968, p. 31-41; *Le Séminaire XX : Encore* (1973), Paris, Le Seuil, 1975, p. 83-91; « Le Symptôme », *Scilicet,* 6/7, Paris, Le Seuil, 1976, p. 42-52 (je dois cette note à J. Lagrange et à M. Bertani).

7. Ce troisième moment ne connaîtra pas d'élaboration au cours de cette année, ni de l'année suivante.

8. « Comme quelqu'un demandait pourquoi ils confiaient aux hilotes le travail des champs, au lieu de s'en occuper eux-mêmes *(kai ouk autoi epimelountai),* "Parce que, répondit-il, ce n'était pas pour nous occuper d'eux, mais de nous-mêmes *(ou toutôn epimelomenoi all'hautôn),* que nous en avons fait l'acquisition" » *(Apophtègmes laconiens,* 217a, in Plutarque, *Œuvres morales,* t. III, trad. F. Fuhrmann, Paris, Les Belles Lettres, 1988, p. 171-172); cf. la reprise de cet exemple dans *Le Souci de soi, op. cit.,* p. 58.

9. Ils seront examinés dans la seconde heure du cours du 13 janvier.

10. Tout ce développement se trouve dans le début du texte, de 103a à 105e *(Alcibiade,* in Platon, *Œuvres complètes,* t. I, trad. M. Croiset, Paris, Les Belles Lettres, 1920 [ultérieurement : référence à cette édition], p. 60-63).

11. Foucault pense ici au double destin d'Achille : « Ma mère souvent me l'a dit, la déesse aux pieds d'argent, Thétis : deux destins vont m'emportant vers la mort, qui tout achève. Si je reste à me battre ici autour de la ville de Troie, c'en est fait pour moi du retour; en revanche, une gloire impérissable m'attend. Si je m'en reviens au contraire dans la terre de ma patrie, c'en est fait pour moi de la noble gloire; une longue vie, en revanche, m'est réservée, et la mort, qui tout achève, de longtemps ne saurait m'atteindre » *(Iliade,* chant IX, vers 410-416, trad. P. Mazon, Paris, Les Belles Lettres, 1937, p. 67).

12. *Alcibiade,* 104a (p. 60).

13. Alcibiade, par son père Clinias, se trouvait être membre du *genos* des « Eupatrides » *(i.e.* « ceux qui ont de bons pères »), une famille d'aristocrates et de grands propriétaires qui dominent politiquement Athènes depuis la période archaïque. L'épouse de Clinias (fille de Mégaclès, victime d'ostracisme) appartient, quant à elle, à la famille des Alcméonides, qui eut sans doute le rôle le plus décisif dans l'histoire politique de l'Athènes classique.

14. *Alcibiade,* 104b (p. 61).

15. Le problème de l'âge critique des garçons avait été abordé par Foucault particulièrement dans le cours du 28 janvier 1981 consacré à la structuration de la perception éthique des *aphrodisia* (principe d'isomorphie socio-sexuelle et principe d'activité) et au problème posé, dans ce cadre, par l'amour des jeunes garçons de bonne famille.

16. Xénophon, *Mémorables,* III, VII, éd. citée, p. 363-365.

17. Le texte grec porte plus exactement : « *alla diateinou mallon pros to seautô prosekhein* » (Xénophon, *Memorabilia,* VII, 9, éd. E.C. Mackant, Londres, Loeb Classical Library, 1923, p. 216).

18. Tout ce passage se trouve en *Alcibiade,* 119a-124b (p. 86-93).

19. « Allons, trop naïf enfant, crois-moi, crois en ces mots inscrits à Delphes : "Connais-toi toi-même" » (*Alcibiade,* 124b, p. 92).

20. *Alcibiade,* 125d (p. 95).

21. *Alcibiade,* 126c (p. 97).

22. *Alcibiade,* 127d (p. 99).

23. *Alcibiade,* 127e (p. 99).

24. *Apologie de Socrate,* 30a, trad. M. Croiset, éd. citée, p. 157.

25. Selon les déclarations de Diogène Laërce (*Vies et Doctrines des philosophes illustres,* III, 57-62, trad. s.dir. M.-O. Goulet-Cazé, Paris, Le Livre de Poche, 1999, p. 430-433), le catalogue de Thrasylle (astrologue de Tibère et philosophe à la cour de Néron, Ier siècle apr. J.-C.) adopte la division des dialogues de Platon en tétralogies, et fixe pour chaque dialogue un premier titre correspondant le plus souvent au nom de l'interlocuteur privilégié de Socrate – mais il se peut que cette manière de désigner les dialogues remonte à Platon lui-même – et un second indiquant le sujet principal.

26. On trouve cette expression en *Alcibiade,* 129b (p. 102).

COURS DU 13 JANVIER 1982

Première heure

Contextes d'apparition de l'impératif socratique du souci de soi : la capacité politique des jeunes gens de bonne famille ; les limites de la pédagogie athénienne (scolaire et érotique) ; l'ignorance qui s'ignore. – Les pratiques de transformation du soi en Grèce archaïque. – Préparation au rêve et techniques d'épreuve dans le pythagorisme. – Les techniques de soi dans le Phédon de Platon. – Leur importance dans la philosophie hellénistique. – La question de l'être du soi dont il faut s'occuper dans l'Alcibiade. – Détermination du soi comme âme. – Détermination de l'âme comme sujet d'action. – Le souci de soi dans son rapport à la diététique, à l'économique et à l'érotique. – La nécessité d'un maître du souci.

La dernière fois, nous avions commencé la lecture de ce dialogue de Platon, l'*Alcibiade*. Et sans entamer la question, sur laquelle il faudra revenir, sinon de son authenticité, qui ne fait guère de doute, du moins de sa date, je voudrais donc commencer cette lecture. Et nous nous étions arrêtés à l'apparition de cette formule, que je voudrais étudier dans toute son extension et son évolution cette année : « se soucier de soi-même » *(heautou epimeleisthai)*. Cette formule, vous vous souvenez sans doute du contexte dans lequel elle était apparue. C'est un contexte qui est très familier à tous les dialogues de la jeunesse de Platon – à ceux qu'on appelle les dialogues socratiques –, un paysage politique et social : c'est le paysage, c'est le petit monde de ces jeunes aristocrates qui, par leur statut, sont les premiers de la cité et sont destinés à exercer sur leur cité, sur leurs concitoyens, un certain pouvoir. Ce sont des jeunes gens qui sont dévorés, dès leur jeunesse, par l'ambition de l'emporter sur les autres, sur leurs rivaux dans la cité, sur leurs rivaux également à l'extérieur de la cité, bref, de passer à une politique active, autoritaire et triomphante. Mais le problème est de savoir si l'autorité que leur confèrent leur statut de naissance, leur appartenance au milieu aristocratique, leur grande fortune – ce qui était le cas d'Alcibiade –, si l'autorité qui leur est ainsi conférée d'entrée de jeu leur donne en même temps la capacité de gouverner comme il faut. C'est donc un monde où se problématisent les rapports entre le statut des « premiers » et la capacité à gouverner : nécessité de s'occuper de soi-même dans la mesure où on a à gouverner les autres. Premier cercle, premier élément du contexte.

Deuxième élément, lié bien entendu à celui-ci, c'est le problème de la pédagogie. C'est la critique, si familière, là encore, aux dialogues socratiques, de la pédagogie, et de la pédagogie sous ses deux formes. Critique, bien sûr, de l'éducation, de la pratique éducative à Athènes, que l'on compare, pour le plus grand désavantage des Athéniens, à l'éducation spartiate qui a pour elle la rigueur continue, l'insertion forte à l'intérieur de règles collectives. L'éducation athénienne est comparée aussi – ça, c'est plus étrange et moins fréquent dans les dialogues socratiques, plus caractéristique des derniers textes platoniciens –, là encore à son désavantage, avec la sagesse orientale, la sagesse des Perses qui, eux, savent donner, au moins à leurs jeunes princes, les quatre grands maîtres nécessaires, les quatre grands maîtres qui sont capables d'enseigner les quatre vertus fondamentales. C'est là un des versants de la critique des pratiques pédagogiques à Athènes. L'autre aspect de cette même critique, c'est, bien entendu, la critique de la façon dont se passe et se déroule l'amour entre hommes et garçons. L'amour pour les garçons à Athènes n'est pas capable d'honorer la tâche formatrice qui serait capable de le justifier et de le fonder[1]. Les adultes, les hommes, poursuivent les jeunes gens tant qu'ils sont dans l'éclat de leur jeunesse. Mais voilà qu'ils les abandonnent à cet âge critique où précisément, étant déjà sortis de l'enfance et ayant déjà échappé au guidage, aux leçons des maîtres d'école, ils auraient besoin d'un guide pour se former à cette autre chose, cette chose nouvelle, cette chose pour laquelle ils n'ont absolument pas été formés par leur maître : l'exercice de la politique. Nécessité par conséquent, à cause de ce double défaut de la pédagogie (scolaire ou amoureuse), de s'occuper de soi. Et cette fois, si vous voulez, la question du « s'occuper de soi-même » (de l'*epimeleia heautou*) n'est plus liée à la question du « gouverner les autres », mais à la question du « être gouverné ». À dire vrai, vous voyez que ces questions sont liées les unes aux autres : s'occuper de soi pour pouvoir gouverner ; et s'occuper de soi dans la mesure où l'on n'a pas été suffisamment et comme il faut gouverné. « Gouverner », « être gouverné », « s'occuper de soi » ; on a là une séquence, une série dont l'histoire va être longue et complexe, jusqu'à l'instauration du grand pouvoir pastoral dans l'Église chrétienne aux IIIe-IVe siècles[2].

Troisième élément du contexte dans lequel est apparue la question, l'impératif, la prescription « occupe-toi de toi-même », c'est bien entendu – là encore : élément familier aux dialogues socratiques – l'ignorance. L'ignorance qui est à la fois ignorance des choses qu'il faudrait savoir, et ignorance de soi-même en tant qu'on ne sait même pas que l'on ignore ces choses. Alcibiade, vous vous souvenez, croyait qu'il lui serait bien facile de répondre à la question de Socrate et de définir ce que c'est que le bon gouvernement de la cité. Il avait cru même pouvoir le définir, ce bon gouvernement, en le désignant comme ce qui assure la concorde parmi les citoyens. Et voilà qu'il ne sait même pas ce qu'est la concorde, montrant à la fois qu'il ne sait pas, et qu'il ignorait même qu'il ne savait pas. Bon, vous le voyez, tout ceci – ces trois questions : exercice du pouvoir politique, pédagogie, ignorance qui s'ignore elle-même – forme un paysage bien connu des dialogues socratiques.

Seulement, puisque c'est précisément là notre affaire, je voudrais tout de même signaler, dans l'émergence, dans l'apparition de cet impératif « se soucier de soi-même », ce qu'il y a malgré tout d'un peu singulier dans le mouvement même du texte, de ce texte qui en 127e de l'*Alcibiade* fait apparaître l'impératif « se soucier de soi-même ». Le mouvement du texte est très simple. Il est déjà dessiné dans le contexte général dont je vous parlais tout à l'heure : Socrate vient de montrer à Alcibiade qu'il ne sait pas ce que c'est que la concorde, qu'il ne savait même pas qu'il ignorait ce que c'était que bien gouverner. Socrate vient donc de montrer ça à Alcibiade, et aussitôt alors Alcibiade se désespère. Et Socrate le console en lui disant : Mais ce n'est pas bien grave, ne t'affole pas, après tout tu n'as pas cinquante ans ; tu n'as pas cinquante ans, tu es jeune ; donc tu as le temps. Mais tu as le temps de quoi ? C'est là où on pourrait dire que la réponse qui pourrait venir, à laquelle on s'attendrait – la réponse sans doute que Protagoras donnerait[3] –, serait ceci : Eh bien, tu ignorais, mais tu es jeune, tu n'as pas cinquante ans, donc tu as le temps d'apprendre, apprendre à gouverner la cité, apprendre à l'emporter sur tes adversaires, apprendre à convaincre le peuple, apprendre la rhétorique nécessaire à exercer ce pouvoir, etc. Mais justement, ce n'est pas ce que dit Socrate. Socrate dit : Tu ignores ; mais tu es jeune ; donc tu as le temps, non pas d'apprendre, mais : de t'occuper de toi. Et c'est là, dans ce décalage, je crois, entre l'« apprendre » qui serait la conséquence attendue, la conséquence habituelle d'un pareil raisonnement, et l'impératif « s'occuper de soi », entre la pédagogie entendue comme apprentissage et cette autre forme de culture, de *paideia* (on reviendra longuement là-dessus plus tard) qui tourne autour de ce qu'on pourrait appeler la culture de soi, la formation de soi, la *Selbstbildung* comme diraient les Allemands[4], c'est dans ce décalage, dans ce jeu, dans cette proximité que vont se précipiter un certain nombre des problèmes qui touchent, me semble-t-il, à tout le jeu entre la philosophie et la spiritualité dans le monde antique.

Seulement, au préalable, une remarque. Je vous disais donc que cette formule « s'occuper de soi » émerge et apparaît dans les textes platoniciens, avec l'*Alcibiade,* mais encore une fois la question de la date du dialogue devra être reposée. C'est dans ce dialogue – vous le verrez tout à l'heure quand j'y reviendrai plus longuement – qu'il y a très explicitement une interrogation sur ce que c'est que se soucier de soi-même, interrogation très systématique avec les deux volets : qu'est-ce que c'est que « soi-même », qu'est ce que c'est que « s'occuper » ? On a vraiment la première théorie, et on peut dire même, [parmi] tous les textes de Platon, la seule théorie globale du souci de soi. On peut considérer ça comme la première grande émergence théorique de l'*epimeleia heautou.* Seulement, il ne faut tout de même pas oublier, et il faudra le garder en mémoire jusqu'au bout, que cette exigence de s'occuper de soi, cette pratique – ou plutôt : l'ensemble des pratiques dans lesquelles va se manifester ce souci de soi –, cet ensemble s'enracine en fait dans de très vieilles pratiques, des manières de faire, des types et des modalités d'expérience qui en ont constitué le socle historique, et ceci bien avant Platon, bien avant Socrate. Que la vérité ne puisse pas être atteinte sans une certaine pratique, ou un certain ensemble de pratiques tout à fait spécifiées qui transforment le mode d'être du sujet, qui le modifient tel qu'il est donné, qui le qualifient en le transfigurant, c'est là un thème pré-philosophique qui avait donné lieu à de très nombreuses procédures plus ou moins ritualisées. Il y avait, si vous voulez, bien avant Platon, bien avant le texte de l'*Alcibiade,* bien avant Socrate, toute une technologie de soi qui était en rapport avec le savoir, qu'il s'agisse de connaissances particulières ou de l'accès global à la vérité elle-même[5]. Cette idée qu'il faut la mise en œuvre d'une technologie de soi pour avoir accès à la vérité, c'est ce que manifestait dans la Grèce archaïque, et que manifeste d'ailleurs dans toute une série de civilisations, sinon dans toutes, un certain nombre de pratiques que j'énumère et que je rappelle simplement d'une façon tout à fait schématique[6]. Premièrement, les rites de purification : on ne peut pas avoir accès aux dieux, on ne peut pas pratiquer de sacrifices, on ne peut pas entendre l'oracle et comprendre ce qu'il a dit, on ne peut pas bénéficier d'un songe qui va vous éclairer parce qu'il vous délivre des signes ambigus mais déchiffrables, tout cela on ne peut pas le faire si l'on ne s'est d'abord purifié. La pratique de la purification, comme rite nécessaire et préalable au contact avec non seulement les dieux mais [avec] ce que les dieux peuvent nous dire de vrai, cela est un thème extrêmement courant, connu et attesté très longtemps encore dans la Grèce classique, et même dans la Grèce hellénistique, et finalement dans tout le monde romain. Sans purification, pas de rapport avec la vérité détenue par les dieux. Autres techniques (je cite ça un petit peu au hasard, je ne fais pas du tout une étude systématique bien sûr) : les techniques de concentration de l'âme. L'âme est quelque chose de mobile. L'âme, le souffle sont quelque chose qui peut être agité, sur lequel l'extérieur peut avoir prise. Et il faut éviter que cette âme, ce souffle, ce *pneuma* ne se disperse. Il faut éviter qu'il ne s'expose au danger extérieur, que quelque chose, ou quelqu'un d'extérieur n'ait prise sur lui. Il faut éviter qu'au moment de la mort il ne soit ainsi dispersé. Il faut donc concentrer ce *pneuma,* cette âme, les recueillir, les ramasser, les rassembler sur eux-mêmes, pour leur donner un mode d'existence, une solidité qui leur permettra de permaner, de durer, de résister tout au long de la vie, et de ne pas s'égailler lorsque le moment de la mort sera venu. Autre technique, autre procédure qui relève de ces technologies du soi : la technique de la retraite, pour laquelle il y a un mot, dont vous savez qu'il va avoir une fortune considérable dans toute la spiritualité occidentale : c'est le mot d'*anakhôrêsis* (l'anachorèse). La retraite, entendue dans ces techniques de soi archaïques, c'est une certaine manière de se détacher, de s'absenter – mais s'absenter sur place – du monde à l'intérieur duquel on est placé : couper le contact en quelque sorte avec le monde extérieur, ne plus sentir les sensations, ne plus être agité par tout ce qui se passe autour de soi, faire comme si on ne voyait plus, et effectivement ne plus voir ce qui est présent, sous les yeux. C'est une technique, si vous voulez, de l'absence visible. On est toujours là, on est visible aux yeux des autres. Mais on est absent, on est ailleurs. Quatrième exemple, encore une fois ce ne sont que des exemples : la pratique de l'endurance, qui est d'ailleurs liée à cette concentration de l'âme et à cette retraite *(anakhôrêsis)* en soi-même, qui fait que l'on peut soit supporter les épreuves douloureuses et pénibles, soit encore résister aux tentations qui peuvent s'offrir.

Tout cet ensemble de pratiques, et bien d'autres encore, existaient donc dans la civilisation grecque archaïque. On en trouve encore longtemps des traces. Et d'ailleurs la plupart d'entre elles avaient déjà été intégrées à l'intérieur d'un mouvement spirituel, religieux ou philosophique qui est bien connu, et qui est le pythagorisme, avec ses composantes ascétiques. Je prendrai simplement deux exemples de ces éléments de technologie de soi dans le pythagorisme[7]. Je prendrai ces deux exemples parce qu'ils vont, eux aussi, avoir une très longue fortune, et on va les retrouver attestés encore à l'époque romaine aux Ier et IIe siècles de notre ère, et ils auront entre temps diffusé dans bien d'autres écoles philosophiques. Par exemple, la préparation purificatrice au rêve. Puisque, pour les pythagoriciens, rêver pendant que l'on dort c'est être en contact avec un monde divin, qui est celui de l'immortalité, de l'au-delà de la mort, et qui est aussi celui de la vérité, il faut se préparer au rêve[8]. Il faut donc, avant le sommeil, s'être livré à un certain nombre de pratiques rituelles qui vont purifier l'âme, et la rendre par conséquent capable et d'entrer en contact avec ce monde divin et d'en comprendre les significations, les messages et les vérités révélés sous une forme plus ou moins ambiguë. Alors, parmi ces techniques de purification, il y en a un certain nombre : écouter de la musique, respirer des parfums, et aussi bien sûr pratiquer l'examen de conscience[9]. Reprendre toute sa journée, se rappeler les fautes que l'on a commises, et par conséquent les expurger et s'en purifier par cet acte même de mémoire, c'est une pratique dont on a toujours attribué la paternité à Pythagore[10]. Qu'il en soit ou non effectivement le premier promoteur, peu importe. C'est en tout cas une pratique pythagoricienne importante et dont vous connaissez la diffusion. Je prendrai aussi un autre exemple, parmi les très nombreux exemples de technologie de soi, de techniques de soi que l'on peut trouver chez les pythagoriciens : les techniques d'épreuve. C'est-à-dire : on organise autour de soi, on tente quelque chose, une situation qui a valeur tentatrice ; et on s'éprouve pour savoir si on est capable de résister. Ces pratiques, là aussi, étaient très archaïques. Elles ont duré très longtemps, elles sont attestées très tard. Je prends simplement comme exemple un texte de Plutarque (fin du Ier - début du IIe siècle). Plutarque, dans le dialogue sur *Le Démon de Socrate*, raconte, ou fait raconter plutôt à un de ses interlocuteurs, qui est manifestement porte-parole des pythagoriciens, le petit exercice suivant : on commence le matin par faire toute une série d'exercices physiques longs, éprouvants, fatigants, et qui vous creusent l'estomac. Et une fois que c'est fait, on se fait servir sur des tables somptueuses des repas extraordinairement riches, avec les nourritures les plus attrayantes. On se place devant, on les regarde, on médite. Puis, on appelle les esclaves. On donne cette nourriture aux esclaves et on se contente, soi, d'une nourriture extraordinairement frugale, celle des esclaves eux-mêmes[11]. Enfin, tout ceci, on aura sans doute à y revenir pour en voir les développements[12].

Enfin, je vous signalais cela pour vous dire qu'avant même cette émergence dans la pensée philosophique de Platon de la notion d'*epimeleia heautou*, est attestée d'une façon générale, et d'une façon plus particulière chez les pythagoriciens, toute une série de techniques qui relèvent de quelque chose comme le souci de soi. Il ne faut pas oublier, toujours dans ce contexte général des techniques de soi, que même chez Platon, et même s'il est vrai – comme j'essaierai de vous le montrer – que tout le souci de soi est ramené pour lui, par lui, dans la forme de la connaissance et de la connaissance de soi, on trouve de très nombreuses traces de ces techniques. Par exemple vous trouvez attestée, de façon très claire, la technique de la concentration de l'âme, de l'âme qui se recueille, qui se rassemble. Par exemple dans le *Phédon*, il est dit qu'il faut habituer l'âme, à partir de tous les points du corps, à se rassembler sur elle-même, à se ramasser sur elle-même, à résider en elle-même autant que possible[13]. Dans le même *Phédon*, il est dit que le philosophe doit « prendre en main l'âme[14] » [...*]. Vous trouvez aussi attestée chez Platon, là encore dans le *Phédon*, la pratique de l'isolement, de l'*anakhôrêsis*, de la retraite en soi-même, qui va se manifester essentiellement dans l'immobilité[15]. L'immobilité de l'âme et l'immobilité du corps : du corps qui résiste, de l'âme qui ne bouge pas, qui est en quelque sorte fixe sur elle-même, sur son propre axe, et que rien ne peut détourner d'elle-même. Et c'est la fameuse image de Socrate qui est évoquée dans *Le Banquet*. Socrate, vous le savez, qui pendant la guerre était capable de rester seul, immobile, droit, les pieds dans la neige, insensible à tout ce qui se passait autour de lui[16]. Vous trouvez aussi dans Platon l'évocation de toutes ces pratiques d'endurance, de résistance à la tentation. C'est, là encore dans *Le Banquet*, l'image de Socrate allongé à côté d'Alcibiade et arrivant à maîtriser son désir[17].

Je crois que la diffusion de ces techniques de soi à l'intérieur de la pensée platonicienne n'a d'ailleurs été que le premier pas de tout un ensemble de déplacements, de réactivations, d'organisation et de réorganisation de ces techniques dans ce qui allait devenir la grande culture de soi à l'époque hellénistique et romaine. Bien sûr, les techniques de ce genre, vous les retrouvez chez les néo-platoniciens et les néo-pythagoriciens, ça va de soi. Mais vous les trouvez aussi chez les épicuriens. Vous les trouvez chez les stoïciens, transposées, repensées autrement,

---

* On entend seulement : « et la [...] la philosophie comme guide ou comme thérapie de l'âme, l'intégration, à l'intérieur de la pratique philosophique, de cette technique du recueillement, de ramassement, de resserrement de l'âme sur elle-même ».

nous verrons cela. Mais si vous prenez le thème par exemple de l'immobilité de la pensée, immobilité de la pensée qu'aucune agitation ne vient
troubler – ni celle de l'extérieur, ce qui assure la *securitas* ; ni celle de
l'intérieur, ce qui assure la *tranquillitas* (pour reprendre le vocabulaire
stoïcien romain)[18] –, eh bien, cette immobilisation de la pensée est très
manifestement la transposition et la réélaboration, à l'intérieur d'une
technologie de soi dont les formules générales sont évidemment différentes, de ces pratiques dont je vous parlais tout à l'heure. La notion, par
exemple, de retraite. Cette espèce de retraite, appelée déjà *anakhôrêsis,*
qui fait que l'individu se retire en lui-même et est par conséquent
comme coupé du monde extérieur, vous en retrouverez la théorie dans le
stoïcisme romain. Vous trouverez dans Marc Aurèle en particulier un
très long passage, que j'essaierai de vous expliquer, et dont le thème est
explicitement l'*anakhôrêsis eis heauton* (l'anachorèse en soi-même, la
retraite en soi et vers soi)[19]. Vous trouverez également chez les stoïciens
toute une série de techniques sur la purification des représentations, la
vérification au fur et à mesure que les *phantasiai* se présentent, la pratique qui permet de reconnaître celles qui sont pures et impures, celles
que l'on peut admettre et celles qu'il faut chasser. Il y a donc, si vous
voulez, derrière tout cela une grande arborescence qu'on peut lire dans
le sens d'un développement continu, mais avec un certain nombre de
moments importants où s'attestent des transferts et des réorganisations
d'ensemble. Et il me semble que Platon, le moment platonicien, et particulièrement ce texte de l'*Alcibiade,* portent témoignage d'un de ces
moments où s'est faite la réorganisation progressive de toute cette
vieille technologie du soi qui est donc bien antérieure et à Platon et à
Socrate. Toutes ces vieilles technologies du soi, il me semble que, dans
Platon, dans le texte de l'*Alcibiade,* ou quelque part entre Socrate et
Platon, elles ont été soumises à une très profonde réorganisation. Ou en
tout cas : dans la pensée philosophique, la question de l'*epimeleia heautou* (du souci de soi) reprend, à un tout autre niveau, à une tout autre
fin, et avec des formes partiellement différentes, des éléments que l'on
pouvait trouver auparavant dans ces techniques que j'évoquais.

Ceci étant dit, donc, sur l'émergence philosophiquement première
mais la continuité technique de tout cela, je voudrais revenir au texte
même de l'*Alcibiade,* et en particulier à ce passage (127e) où il est dit :
il faut se soucier de soi-même. Il faut se soucier de soi-même, mais…
Et c'est là la raison pour laquelle j'insiste sur ce texte : à peine Socrate
a-t-il dit : « Il faut se soucier de soi-même », qu'un doute le saisit. Il
s'arrête un instant, et il dit : C'est très gentil de s'occuper de soi-même,

mais on risque fort de se tromper. On risque fort de ne pas très bien savoir ce qu'il faut faire quand on veut s'occuper de soi-même et, au lieu d'obéir [en] aveugle à ce principe : « soucions-nous de nous-même », il faut tout de même interroger : *ti esti to hautou epimeleisthai* (qu'est-ce que s'occuper de soi-même ?)[20]. Après tout on sait très bien, dit Socrate, ou on sait à peu près, ce que c'est que s'occuper de ses chaussures. Il y a un art pour ça, c'est celui du cordonnier. Et le cordonnier sait parfaitement s'en occuper. On sait aussi parfaitement ce que c'est que s'occuper de ses pieds. Le médecin (ou le gymnasiarque) vous donne des conseils là-dessus, et il est le spécialiste de cela. Mais « s'occuper de soi-même », qui sait exactement ce que c'est que « s'occuper de soi-même » ? Et le texte va se diviser très naturellement en deux parties, à partir de deux questions. Premièrement, dans l'impératif « il faut s'occuper de soi », quelle est cette chose, quel est cet objet dont il faut s'occuper, qu'est-ce que c'est que ce soi ? Et, deuxièmement, dans « souci de soi », il y a souci. Quelle forme doit avoir ce souci, en quoi doit-il consister, étant donné que l'enjeu du dialogue est celui-ci : si je dois me soucier de moi-même, c'est pour devenir capable de gouverner les autres et de régir la cité. Il faut donc que le souci de moi soit tel qu'il délivre, en même temps, l'art (la *tekhnê*, le savoir-faire) qui me permettra de bien gouverner les autres. En somme, dans la succession des deux questions (qu'est-ce que c'est que le soi ; qu'est-ce que c'est que le souci ?), il s'agit de répondre à une seule et même interrogation : il faut donner de soi-même et du souci de soi une définition telle que puisse en dériver le savoir nécessaire à gouverner les autres. Tel est donc l'enjeu de cette seconde moitié, de cette seconde partie du dialogue qui commence en 127e. Et c'est cela maintenant que je voudrais examiner tour à tour. D'abord, la première question : qu'est-ce que c'est que ce soi-même dont il faut s'occuper ? Et deuxièmement : en quoi doit consister cette occupation, ce souci, cette *epimeleia* ?

Première question : qu'est-ce que c'est que le soi-même ? Eh bien, je crois qu'il faut tout de suite remarquer la façon dont la question est posée. La question est posée d'une façon intéressante parce que nous voyons là – à propos de cette question : « Qu'est-ce que c'est que le soi-même ? » – réapparaître tout naturellement la référence à l'oracle de Delphes, à la Pythie, à ce que dit la Pythie, c'est-à-dire : il faut se connaître soi-même *(gnônai heauton)*[21]. C'est la seconde fois que la référence à l'oracle, ou plutôt au précepte qui est imposé à ceux qui viennent consulter l'oracle de Delphes, apparaît dans le texte. Il était apparu une première fois, vous vous souvenez peut-être, lorsque Socrate dialoguait avec Alcibiade et lui disait : Bon, très bien, tu veux régir Athènes ; tu vas avoir à l'emporter sur tes rivaux dans la cité même ; tu auras aussi à te battre ou à rivaliser avec les Lacédémoniens et les Perses. Est-ce que tu crois bien que tu es assez fort, est-ce que tu en as les capacités, est-ce que tu en as les richesses, est-ce que tu as surtout reçu l'éducation qu'il fallait ? Et comme Alcibiade n'était pas très sûr de donner une réponse positive – ou s'il fallait donner une réponse positive ou négative à cela –, Socrate lui avait dit : Mais enfin fais un petit peu attention, réfléchis un peu à ce que tu es, regarde un peu quelle éducation tu as reçue, tu ferais bien de te connaître un peu toi-même (référence au *gnôthi seauton*, référence d'ailleurs explicite[22]). Mais vous voyez que cette première référence, qui est donc dans la partie du texte que j'avais analysée la dernière fois, je dirais que c'est une référence faible, passagère. On se sert du *gnôthi seauton* simplement pour inciter Alcibiade à réfléchir un peu plus sérieusement à ce qu'il est, à ce qu'il est capable de faire et aux tâches redoutables qui l'attendent lorsqu'il aura à gouverner la cité. Ici, c'est d'une tout autre façon, et à un tout autre niveau que l'on voit apparaître le *gnôthi seauton*. En effet, là, maintenant, nous savons qu'il faut nous occuper de nous-même. Et la question est de savoir ce qu'est ce « nous-même ». Dans la formule *epimeleisthai heautou,* qu'est-ce que c'est que le *heautou* ? Il faut *gnônai heauton,* dit le texte. Ce second usage, cette seconde référence à l'oracle de Delphes, il faut, je crois, bien la comprendre. Il ne s'agit aucunement là, pour Socrate, de dire : eh bien, tu dois connaître ce que tu es, tes capacités, ton âme, tes passions, si tu es mortel ou immortel, etc. Ce n'est absolument pas cela. C'est en quelque sorte une question méthodologique et formelle mais, je crois, tout à fait capitale dans tout ce mouvement : il faut savoir ce que c'est que *heauton,* il faut savoir ce que c'est que soi-même. Non pas donc : « Quelle sorte d'animal es-tu, quelle est ta nature, comment es-tu composé ? », mais : « [Quel est] ce rapport, qu'est-ce qui est désigné par ce pronom réfléchi *heauton,* qu'est-ce que c'est que cet élément qui est le même du côté du sujet et du côté de l'objet ? » Tu as à t'occuper de toi-même : c'est toi qui t'occupes ; et puis tu t'occupes de quelque chose qui est la même chose que toi-même, [la même chose] que le sujet qui « s'occupe de », c'est toi-même comme objet. Le texte d'ailleurs le dit très clairement : il faut savoir ce que c'est que *auto to auto*[23]. Qu'est-ce que c'est que cet élément identique, qui est en quelque sorte présent de part et d'autre du souci : sujet du souci, objet du souci ? Qu'est-ce que c'est que cela ? C'est donc une interrogation méthodologique sur ce que signifie ce qui est désigné par la forme réflé-

chie du verbe « s'occuper de soi-même ». Et c'est là la seconde référence au précepte « il faut se connaître soi-même », mais, vous voyez,
tout autre que le simple conseil de prudence qui était donné un peu
plus haut, quand on disait à Alcibiade : Fais tout de même un petit peu
attention à ta mauvaise éducation et à toutes tes incapacités. Qu'est-ce
que c'est donc que ce *heauton,* ou plutôt qu'est-ce qui est référé par ce
heauton ? Je passe, si vous voulez, tout de suite à la réponse. La réponse,
vous la connaissez, elle a été donnée cent fois dans les dialogues de
Platon : « *psukhês epimelêteon* » (il faut s'occuper de son âme)[24], est-il
dit, à la suite d'un développement sur lequel je vais revenir. En cela
le texte de l'*Alcibiade* recoupe très exactement toute une série d'autres
formulations, qu'on trouve ailleurs : soit dans l'*Apologie,* par exemple,
quand Socrate dit qu'il incite ses concitoyens d'Athènes, et d'ailleurs
tous ceux qu'il rencontre, à s'occuper de leur âme *(psukhê)* afin qu'elle
devienne la meilleure possible[25] ; vous trouvez aussi cette expression
par exemple dans le *Cratyle* où, à propos des théories d'Héraclite et du
flux universel, il est dit qu'il ne faut pas confier simplement au mot le
« *therapeuein hauton kai tên psukhên* » (le soin de s'occuper, de veiller
à soi-même et [à] l'âme) : là, le couplage *heauton/psukhê* est évident[26] ;
vous avez aussi dans le *Phédon* le passage fameux : si l'âme est immortelle, eh bien, « *epimeleias deitai*[27] » (elle a besoin qu'on s'occupe
d'elle, elle a besoin de zèle, de souci, etc.). Lorsque l'*Alcibiade* arrive
à la formule : « Qu'est-ce que c'est que ce soi-même dont il faut s'occuper ? – Eh bien, c'est l'âme », il recoupe donc beaucoup de choses, de
thèmes que l'on va retrouver, que l'on retrouve effectivement dans tant
d'autres textes platoniciens. Mais je crois que la façon même dont on
arrive à cette définition de l'*heauton* comme l'âme, la manière même
dont cette âme est ici conçue, est tout de même assez différente de ce
qu'on trouve ailleurs. Parce qu'en effet, à partir du moment où il est dit
dans l'*Alcibiade* : « Ce dont il faut s'occuper c'est de son âme, de sa
propre âme », on pourrait imaginer que nous sommes au fond tout près
de ce qui est dit dans *La République*. L'*Alcibiade* pourrait être en
quelque sorte la forme inverse de *La République* où, vous savez, les
interlocuteurs, se demandant ce que c'est que la justice, ce que c'est
pour un individu que d'être juste, sont amenés très vite à ne pas pouvoir
trouver de réponse, et, passant des petites lettres de la justice telles
qu'elles sont inscrites dans l'individu, se réfèrent aux grandes lettres de
la cité pour mieux lire et déchiffrer ce que peut être la justice : je veux
savoir ce que c'est que la justice dans l'âme de l'individu ; allons voir ce
qu'elle est dans la cité[28]. Eh bien, on pourrait imaginer que la démarche

de l'*Alcibiade* est en quelque sorte la même, mais inversée ; c'est-à-dire que les interlocuteurs de l'*Alcibiade,* cherchant à savoir ce que c'est que bien gouverner, en quoi consiste la bonne concorde dans la cité, ce que c'est qu'un gouvernement juste, s'interrogent sur ce que c'est que l'âme, et vont chercher dans l'âme individuelle l'*analogon* et le modèle de la cité. Les hiérarchies et les fonctions de l'âme pourraient, après tout, bien nous éclairer sur cette question qui est posée quant à l'art de gouverner.

Or ce n'est pas du tout comme cela que ça se passe dans le dialogue. Il faut voir un peu comment Socrate et Alcibiade, dans leur discussion, parviennent à cette définition (à la fois évidente, mais qui peut être après tout paradoxale) du soi-même comme âme. D'une façon qui est très significative, l'analyse qui va nous conduire de la question : « Qu'est-ce que c'est que moi-même ? » à la réponse : « Je suis mon âme », ce mouvement commence par un petit paquet de questions que je résumerai, si vous voulez, de la manière suivante[29]. Lorsqu'on dit : « Socrate parle à Alcibiade », qu'est-ce que cela veut dire ? La réponse est donnée : on veut dire que Socrate se sert du langage. Cet exemple simple est en même temps très significatif. La question posée, c'est la question du sujet. « Socrate parle à Alcibiade », qu'est-ce que cela veut dire, dit Socrate ; c'est-à-dire : quel est le sujet que l'on suppose lorsqu'on évoque cette activité de parole qui est celle de Socrate à l'égard d'Alcibiade ? Il s'agit par conséquent de faire passer, dans une action parlée, le fil d'une distinction qui permettra d'isoler, de distinguer le sujet de l'action et l'ensemble des éléments (les mots, les bruits, etc.) qui constituent cette action elle-même et qui permettent de l'effectuer. Il s'agit en somme, si vous voulez, de faire apparaître dans son irréductibilité le sujet. Et cette espèce de fil que la question socratique fait passer entre l'action et le sujet, on va le voir utilisé, appliqué dans un certain nombre de cas, cas qui sont faciles et évidents et qui permettent de distinguer, dans une action, le sujet de tous les instruments, outils, moyens techniques qu'il peut mettre dans une action. Ainsi il est facile d'établir, par exemple, que dans l'art de la cordonnerie, il y a d'une part des instruments comme le tranchet ; et puis celui qui se sert de ces instruments : le cordonnier. Dans la musique, il y a l'instrument (la cithare), et puis il y a le musicien. Le musicien, c'est celui qui se sert des instruments. Mais ce qui apparaît très simple lorsqu'il s'agit d'actions, si vous voulez, « à médiations instrumentales », cela aussi peut valoir lorsqu'on essaie d'interroger, non plus donc une activité instrumentale, mais un acte qui se passe dans le corps lui-même. Lorsque par exemple on agite ses mains pour manipuler quelque chose, qu'est-ce que l'on fait? Eh bien, il y a les mains et puis il y a celui qui se sert des mains – il y a l'élément, le sujet qui se sert des mains. Quand on regarde quelque chose, qu'est-ce qu'on fait? On se sert de ses yeux, c'est-à-dire qu'il y a un élément qui se sert des yeux. D'une façon générale, quand le corps fait quelque chose, c'est qu'il y a un élément qui se sert du corps. Mais quel est cet élément qui se sert du corps? Évidemment, ce n'est pas le corps lui-même : le corps ne peut pas se servir de soi. Est-ce que l'on va dire que celui qui se sert du corps, c'est l'homme, l'homme entendu comme un composé d'âme et de corps? Certainement pas. Parce que, même à titre de simple composant, même à supposer qu'il soit à côté de l'âme, le corps ne peut pas être, même à titre d'adjuvant, ce qui se sert du corps. Donc, quel est le seul élément qui, effectivement, se sert du corps, des parties du corps, des organes du corps, et par conséquent des instruments, et finalement va se servir du langage? Eh bien, c'est l'âme, et ça ne peut être que l'âme. Donc, le sujet de toutes ces actions corporelles, instrumentales, langagières, c'est l'âme : l'âme en tant qu'elle se sert du langage, des instruments et du corps. Nous voilà donc arrivés à l'âme. Mais vous voyez que cette âme, à laquelle nous sommes arrivés par ce bizarre raisonnement autour du « se servir de » (je reviendrai tout à l'heure à cette question de la signification du « se servir de »), n'a rien à voir avec, par exemple, l'âme prisonnière du corps et qu'il faudrait délivrer, comme dans le *Phédon*[30]; ça n'a rien à voir avec l'âme attelage ailé qu'il faudrait mener dans la bonne direction, comme dans le *Phèdre*[31]; ce n'est pas non plus l'âme architecturée selon une hiérarchie d'instances et qu'il faudrait harmoniser, comme dans *La République*[32]. C'est l'âme uniquement en tant qu'elle est sujet de l'action, l'âme en tant qu'elle se sert [du] corps, des organes [du] corps, de ses instruments, etc. Et le mot français « se servir » que j'utilise ici, est en fait la traduction d'un verbe très important en grec, aux significations très nombreuses. C'est : *khrêsthai,* avec le substantif : *khrêsis.* Ces deux mots à la fois sont difficiles, et leur destinée historique a été très longue et très importante. *Khrêshtai (khraômai* : je me sers) désigne en fait plusieurs types de relations que l'on peut avoir avec quelque chose ou avec soi-même. Bien sûr, *khraômai,* ça veut dire : je me sers, j'utilise (j'utilise un instrument, un outil), etc. Mais, également, *khraômai* peut désigner un comportement, une attitude que j'ai. Par exemple dans l'expression *ubriskhôs khêsthai,* le sens est : se comporter avec violence (comme nous disons : « user de violence »; vous voyez que « user », à ce moment-là, n'a pas du tout le sens d'une utilisation, c'est : se comporter avec violence). Donc *khraômai,* c'est également une certaine attitude. *Khrêsthai* désigne aussi un certain type de relations avec autrui. Quand on dit par exemple *theois khrêsthai* (se servir des dieux), ça ne veut pas dire qu'on utilise les dieux à une fin quelconque. Ça veut dire qu'on a avec les dieux les relations que l'on doit avoir, qu'il est régulier d'avoir. Ça veut dire : honorer les dieux, leur rendre un culte, faire avec eux ce que l'on doit faire. Dans l'expression *hippô khrêshtai* (se servir d'un cheval), ça ne veut pas dire qu'on a pris un cheval pour faire ce qu'on voulait avec. Ça veut dire qu'on l'a manié comme il faut, et que l'on s'en est servi selon les règles de l'art impliquées par l'attelage ou la cavalerie, etc. *Khraômai, khrêsthai* désignent aussi une certaine attitude vis-à-vis de soi-même. Dans l'expression *epithumiais khrêsthai,* le sens est, non pas : « se servir de ses passions pour quelque chose », mais tout simplement : « s'abandonner à ses passions ». *Orgê khrêsthai,* c'est, non pas : « se servir de la colère », c'est : « s'abandonner à la colère », « se comporter avec colère ». Donc, vous voyez, lorsque Platon (ou Socrate) se sert de cette notion de *khrêsthai/khrêsis,* pour arriver à repérer ce que c'est que ce *heauton* (et ce qui est référé par lui) dans l'expression « s'occuper de soi-même », il veut en réalité désigner, non pas une certaine relation instrumentale de l'âme au reste du monde ou au corps, mais surtout la position en quelque sorte singulière, transcendante, du sujet par rapport à ce qui l'entoure, aux objets qu'il a à sa disposition, mais aussi aux autres avec lesquels il a relation, à son corps lui-même, et enfin à lui-même. On peut dire que quand Platon s'est servi de cette notion de *khrêsis* pour chercher quel était le soi dont il fallait s'occuper, ce n'est absolument pas l'âme-substance qu'il a découvert : c'est l'âme-sujet. Et cette notion de *khrêsis* va être précisément une notion que l'on va retrouver tout au long de l'histoire du souci de soi et de ses formes[**]. Elle sera importante, cette notion de *khrêsis,* en particulier chez les stoïciens. Elle va même être au centre, je crois, de toute la théorie et la pratique du souci de soi chez Épictète[33] : s'occuper de soi-même sera s'occuper de soi en tant que l'on est « sujet de », d'un certain nombre de choses : sujet d'action instrumentale, sujet de relations avec autrui, sujet de comportements et d'attitudes en général, sujet aussi de rapport à soi-même. C'est en tant que l'on est ce sujet, ce sujet qui se sert, qui a cette attitude, qui a ce type de rapports, etc., que l'on doit veiller sur soi-même. S'occuper de soi-même en tant que l'on est sujet de la *khrêsis* (avec toute la polysémie du mot : sujet d'actions, de comportements, de

---

[**] Le manuscrit précise ici qu'elle « se retrouve chez Aristote ».

relations, d'attitudes), c'est de cela qu'il est question. L'âme comme sujet, et non pas du tout l'âme comme substance : c'est à cela qu'aboutit, me semble-t-il, ce développement de l'*Alcibiade* sur : « Qu'est-ce que c'est que soi-même, quel sens faut-il donner à soi-même quand on dit : il faut s'occuper de soi ? »

À ce point d'arrivée, à titre de corollaire ou de conséquence, on peut remarquer dans le texte trois petites réflexions qui, dans l'économie même du développement, peuvent passer pour accessoires et relativement marginales, mais qui sont, je crois, historiquement très importantes. En effet, à partir du moment où le souci de soi doit porter sur l'âme en tant que sujet, le souci de soi va pouvoir se distinguer très clairement de trois autres types d'activités, qui peuvent elles aussi passer (apparemment au moins et au premier regard) pour des soucis de soi : premièrement le médecin, deuxièmement le maître de maison, troisièmement l'amoureux[34]. Le médecin d'abord. Quand le médecin, qui connaît l'art de la médecine, sait faire des diagnostics, sait proposer des médicaments, sait guérir des maladies, applique tout ça à lui-même parce qu'il est malade, est-ce qu'on ne peut pas dire qu'il s'occupe de soi ? Eh bien, la réponse va être, bien entendu : non. Car lorsqu'il s'examine, qu'il porte sur lui-même un diagnostic, qu'il se met au régime, de quoi en fait s'occupe-t-il ? Non pas de lui-même, au sens que nous venons de dire : de lui-même en tant qu'âme, qu'âme-sujet. Il s'occupe de son corps, c'est-à-dire de cela même dont il se sert. C'est de son corps qu'il s'occupe, pas de lui-même. Il doit donc y avoir une différence de fin, d'objet, mais aussi de nature, [entre] la *tekhnê* du médecin qui s'applique à lui-même son savoir et la *tekhnê* qui va permettre à l'individu de s'occuper de lui-même, c'est-à-dire de s'occuper de son âme en tant que sujet : première distinction. Deuxième distinction : l'économie. Lorsqu'un bon père de famille, un bon maître de maison, un bon propriétaire s'occupe de ses biens et de ses richesses, s'occupe à faire prospérer ce qu'il possède, s'occupe de sa famille, etc., est-ce que l'on peut dire qu'il s'occupe de lui-même ? Même raisonnement, inutile d'insister : il s'occupe de ses biens, il s'occupe de ce qui est à lui, il ne s'occupe pas de lui-[même]. Enfin, troisièmement, est-ce qu'on peut dire que les poursuivants d'Alcibiade s'occupent d'Alcibiade lui-même ? En fait, leur comportement, leur conduite le prouve : ce n'est pas d'Alcibiade qu'ils s'occupent, c'est simplement de son corps et de la beauté de son corps, puisqu'ils l'abandonnent aussitôt que l'âge vient et qu'il cesse d'être absolument désirable. S'occuper d'Alcibiade lui-même, au sens strict, voudra dire, non pas donc s'occuper de son corps, mais s'occuper de son âme, de son âme en tant qu'elle est sujet d'action et qu'elle se sert plus ou moins bien de son corps, de ses aptitudes, de ses capacités, etc. Vous voyez bien, alors, que le fait que Socrate ait attendu qu'Alcibiade prenne de l'âge, qu'il ait attendu que sa plus brillante jeunesse soit passée pour lui adresser la parole, eh bien cela montre que ce dont Socrate se soucie, à la différence des autres amoureux et poursuivants d'Alcibiade, c'est d'Alcibiade lui-même, de son âme, de son âme sujet d'action. Plus précisément : Socrate se soucie de la manière dont Alcibiade va se soucier de lui-même.

Et je crois que c'est là (la chose, me semble-t-il, est à retenir) ce qui définit la position du maître dans l'*epimeleia heautou* (le souci de soi). Car le souci de soi est en effet quelque chose, on le verra, qui a toujours besoin de passer par le rapport à quelqu'un d'autre qui est le maître[35]. On ne peut pas se soucier de soi sans passer par le maître, il n'y a pas de souci de soi sans la présence d'un maître. Mais ce qui définit la position du maître, c'est que ce dont il se soucie, c'est du souci que celui qu'il guide peut avoir de lui-même. À la différence du médecin ou à la différence du père de famille, il ne se soucie pas du corps, il ne se soucie pas des biens. À la différence du professeur, il ne se soucie pas d'apprendre à celui qu'il guide des aptitudes ou des capacités, il ne cherche pas à lui apprendre à parler, il ne cherche pas à lui apprendre à l'emporter sur les autres, etc. Le maître, c'est celui qui se soucie du souci que le sujet a de lui-même, et qui trouve, dans l'amour qu'il a pour son disciple, la possibilité de se soucier du souci que le disciple a de lui-même. En aimant de façon désintéressée le garçon, il est donc le principe et le modèle du souci que le garçon doit avoir de lui-même en tant que sujet. Eh bien, si j'ai insisté sur ces trois petites remarques concernant le médecin, le père de famille et les amoureux, si j'ai souligné ces trois petits passages, qui en fait, dans l'économie du texte, ont un rôle surtout transitionnel, c'est que je crois qu'ils évoquent des problèmes qui auront, par la suite, une importance considérable dans l'histoire du souci de soi et de ses techniques.

Premièrement, nous allons voir que régulièrement se pose la question du rapport entre le souci de soi et la médecine, le souci de soi et les soins du corps, le souci de soi et le régime. Disons : rapport entre souci de soi et diététique. Et si Platon, dans ce texte-là, montre bien la différence de nature radicale qui distingue diététique et souci de soi, on va voir que, dans l'histoire du souci de soi et de la diététique, il va y avoir un enchevêtrement de plus en plus grand – pour tout un tas de raisons qu'on essaiera d'analyser –, au point qu'une des formes majeures du souci de soi à l'époque hellénistique et surtout à l'époque romaine, aux Ier et IIe siècles, se trouve dans la diététique. En tout cas la diététique, comme régime général de l'existence du corps et de l'âme, va devenir une des formes capitales du souci de soi. Deuxièmement, va se poser aussi régulièrement la question du rapport entre le souci de soi et l'activité sociale, les devoirs privés du père de famille, du mari, du fils, du propriétaire, du maître d'esclaves, etc. – toutes ces questions qui sont regroupées, vous le savez bien, dans la pensée grecque, sous le nom de l'« économique ». Est-ce que le souci de soi est compatible ou non avec l'ensemble de ces devoirs ? Cela encore va être une question fondamentale. Et la réponse ne sera pas donnée de la même façon dans les différentes écoles philosophiques. Disons, en gros, qu'il y aura chez les épicuriens une tendance à vouloir déconnecter le plus possible les obligations de l'économie et l'urgence d'un souci de soi. En revanche chez les stoïciens, vous allez voir au contraire une intrication, qu'ils vont essayer de rendre la plus solide possible, du souci de soi et de l'économique. Enfin va se poser aussi, pendant des siècles, la question du rapport entre souci de soi et relation amoureuse : est-ce que le souci de soi, qui se forme et ne peut se former que dans une référence à l'Autre, doit passer aussi par la relation amoureuse ? Et là alors, on va avoir un très long travail, à l'échelle même de toute l'histoire de la civilisation grecque, hellénistique et romaine, qui va petit à petit déconnecter le souci de soi et l'érotique, et qui va laisser tomber l'érotique du côté d'une pratique singulière, douteuse, inquiétante, peut-être même condamnable, dans la mesure même où le souci de soi deviendra un des thèmes majeurs de cette même culture. Déconnexion, donc, entre l'érotique et le souci de soi ; problème à solutions opposées chez les stoïciens et chez les épicuriens quant au rapport [entre] souci de soi et économique ; et intrication, au contraire, de la diététique et du souci de soi : ce seront les trois grandes lignes d'évolution[36] [...***].

*

*** On entend seulement : « ...et vous voyez que ces problèmes du rapport du souci de soi avec la médecine, la gestion familiale, les intérêts privés et l'érotique... »

NOTES

1. Cf., sur la pédérastie comme éducation, l'ancienne mise au point de H.-I. Marrou dans son *Histoire de l'éducation dans l'Antiquité*, première partie, chap. III, Paris, Éd. du Seuil, 1948.

2. Foucault décrit la mise en place d'un « pouvoir pastoral » par l'Église chrétienne (comme reprise-transformation d'un thème pastoral hébraïque) pour la première fois au Cours de l'année 1978 au Collège de France (cours du 22 février). On en trouve une mise au point synthétique dans une conférence de 1979 (« *"Omnes et singulatim"* : vers une critique de la raison politique », in *Dits et Écrits, op. cit.*, IV, n° 291, p. 145-147), et Foucault étudiera une nouvelle fois, de manière plus précise et approfondie, la structure du rapport directeur-dirigé dans les cours de 1980, moins pourtant dans les termes du « pouvoir pastoral » que du rapport qui lie le sujet à des « actes de vérité » (cf. résumé de ce cours, *id.*, n° 289, p. 125-129).

3. Né à Abdère dans les premières années du Vᵉ siècle av. J.-C., Protagoras est un sophiste bien connu à Athènes au milieu de ce siècle, où il a sans doute noué avec Périclès de solides relations de travail. Platon le met en scène dans un dialogue célèbre qui porte son nom, et c'est là que le sophiste revendique son aptitude à faire de la vertu un objet d'enseignement, enseignement pour lequel il exige de se faire payer. Cependant la description de Foucault qui suit – concernant l'apprentissage des techniques rhétoriques de persuasion et de domination – fait plutôt penser à la réplique de Gorgias dans le dialogue platonicien du même nom (452e).

4. La *Bildung*, c'est l'éducation, l'apprentissage, la formation (*Selbstbildung* : formation de soi). Cette notion a été particulièrement répandue à travers la catégorie de *Bildungsroman* (le roman d'apprentissage, dont le modèle reste *Les Années d'apprentissage de Wilhelm Meister* de Gœthe).

5. Sur la notion de « technologie de soi » (ou « technique de soi ») comme domaine historique spécifique à explorer, cf. *Dits et Écrits*, IV, n° 344, p. 627 ; comme processus de subjectivation irréductible au jeu symbolique, *id.*, p. 628 ; pour une définition, *id.*, n° 338, p. 545 : « pratiques réfléchies et volontaires par lesquelles les hommes non seulement se fixent des règles de conduite, mais cherchent à se transformer eux-mêmes, à se modifier dans leur être singulier, et à faire de leur vie une œuvre ».

6. L'histoire des techniques de soi dans la Grèce archaïque avait été largement entamée avant les études de Foucault des années quatre-vingt. Elle a longtemps eu comme centre de gravitation l'exégèse d'un texte d'Empédocle à propos de Pythagore présenté comme « homme d'un rare savoir, maître plus que personne en toute sorte d'œuvres sages, qui avait acquis un immense trésor de connaissances. Car lorsqu'il tendait toutes les forces de son esprit, sans peine il voyait toutes choses en détail, pour dix, pour vingt générations humaines » (Porphyre, *Vie de Pythagore*, trad. E. des Places, Paris, Les Belles Lettres, 1982, § 30, p. 50). L. Gernet d'abord (*Anthropologie de la Grèce antique*, Paris, Maspero, 1968, p. 252), puis J.-P. Vernant (*Mythe et Pensée chez les Grecs*, Paris, Maspero, 1965, t. I, p. 114) y ont vu une évocation très claire d'une technique spirituelle consistant en un contrôle du souffle permettant une concentration de l'âme telle qu'elle se libère du corps pour des voyages dans l'au-delà. M. Détienne évoque encore ces techniques dans un chapitre

des *Maîtres de la vérité dans la Grèce archaïque,* Paris, Maspero, 1967, p. 132-133 (cf. aussi, du même, *La Notion de* daïmôn *dans le pythagorisme ancien,* Paris, Les Belles Lettres, 1963, p. 79-85). Mais E.R. Dodds les avait précédés (en 1959) dans *Les Grecs et l'Irrationnel* (chap. : « Les chamans grecs et les origines du puritanisme », trad. fr. Paris, Flammarion, 1977, p. 139-160). H. Joly, plus tard (*Le Renversement platonicien Logos-Epistemê-Polis,* Paris, Vrin, 1974), étudiera les résurgences de ces pratiques spirituelles dans le discours platonicien et la geste socratique, et l'on sait enfin combien P. Hadot considérera ces techniques de soi comme une grille de lecture essentielle de la philosophie antique (cf. *Exercices spirituels et Philosophie antique,* Paris, Études augustiniennes, 1981).

7. L'organisation des premiers groupes pythagoriciens et leurs pratiques spirituelles ne nous sont guère connues que par des écrits tardifs comme les *Vie de Pythagore* de Porphyre ou de Jamblique, qui datent du IIIe-IVe siècle (Platon dans *La République* fait bien un éloge du mode de vie pythagoricien en 600a-b, mais seulement formel). Cf. W. Burkert, *Weisheit und Wissenschaft. Studien zu Pythagoras, Philolaus, und Platon,* Nuremberg, H. Karl, 1962 (trad. anglaise par Edwin L. Milnar : *Lore and Science in Ancient Pythagoreanism,* Cambridge, Mass., Harvard University Press, 1972 ; version révisée par l'auteur).

8. Foucault fait ici référence aux descriptions de la secte pythagoricienne primitive : « Considérant que l'on commence de prendre soin des hommes par la sensation, en leur faisant voir des formes et des figures belles et en faisant entendre de beaux rythmes et de belles mélodies, il [Pythagore] faisait commencer l'éducation par la musique, par certaines mélodies et rythmes, grâce auxquels il produisait des guérisons dans le caractère et dans les passions des hommes, ramenait l'harmonie entre les facultés de l'âme, comme elles étaient à l'origine, et inventait des moyens de contrôler ou de chasser les maladies du corps et de l'âme [...]. Le soir, lorsque ses compagnons se préparaient au sommeil, il les débarrassait des soucis du jour et du tumulte et il purifiait leur esprit agité, leur donnant un sommeil paisible, plein de beaux rêves, quelquefois même de songes prophétiques » (Jamblique, *Vie de Pythagore,* trad. L. Brisson & A.-Ph. Segonds, Paris, Les Belles Lettres, 1996, § 64-65, p. 36-37). Sur l'importance du rêve dans la secte pythagoricienne primitive, cf. M. Détienne, *La Notion de* daïmôn..., *op. cit.,* p. 44-45. Cf. aussi cours du 24 mars, deuxième heure.

9. Cf. cours du 27 janvier, deuxième heure, et du 24 mars, deuxième heure.

10. Sur l'examen du soir pythagoricien, cf. cours du 24 mars, deuxième heure.

11. *Le Démon de Socrate,* 585a, *in* Plutarque, *Œuvres morales,* t. VIII, trad. J. Hani, Paris, Les Belles Lettres, 1980, p. 95 (Foucault reprendra ce même exemple dans une conférence d'octobre 1982 à l'université du Vermont, *in Dits et Écrits,* IV, n° 363, p. 801 ; cf. aussi *Le Souci de soi, op. cit.,* p. 75).

12. L'examen des techniques d'épreuve sera développé dans le cours du 17 mars, première heure.

13. Il faut : « mettre le plus possible l'âme à part du corps, l'habituer à se ramener, à se ramasser sur elle-même en partant de chacun des points du corps » (*Phédon,* 67c, *in* Platon, *Œuvres complètes,* t. IV-1, trad. L. Robin, Paris, Les Belles Lettres, 1926, p. 19). Dans le manuscrit, Foucault précise que ces techniques peuvent jouer « contre la dispersion qui fait s'évanouir l'âme » et fait référence à un autre passage du *Phédon* (70a) à propos de la crainte exprimée par Cébès d'une déliaison de l'âme (*id.,* p. 24).

14. « Une fois prises en main les âmes dont elle est la condition, la philosophie leur donne avec douceur ses raisons » (*Phédon*, 83a, p. 44).

15. « [La philosophie] entreprend de les délier, [...] en leur persuadant [= aux âmes] encore de s'en dégager *(anakhôrein)* [= des données des sens] à moins de nécessité » *(ibid.).*

16. Foucault ici confond ensemble deux scènes rapportées par Alcibiade dans *Le Banquet,* 220a-220d ; la première est celle de Socrate insensible au froid de l'hiver : « Lui au contraire, en cette occurrence, il sortait n'ayant pas sur lui d'autre manteau que celui-là même qu'il avait coutume de porter auparavant, et, pieds nus, il circulait sur la glace plus aisément que les autres avec leurs chaussons » (*Le Banquet*, in Platon, *Œuvres complètes*, t. IV-2, trad. L. Robin, Paris, Les Belles Lettres, 1929, p. 86) ; la seconde, qui la suit immédiatement, est celle de Socrate plongé dans une réflexion qui le tient immobile, debout, pendant tout un jour et une nuit (*id.,* p. 87-88).

17. Il s'agit du passage 217d-219d du *Banquet* (p. 81-82).

18. Ce doublet se retrouve chez Sénèque, qui voit dans ces deux états l'accomplissement de la vie philosophique (avec la *magnitudo,* ou grandeur d'âme). Cf. par exemple : « Qu'est-ce que le bonheur ? Un état de paix, de sérénité continuelle *(securitas et perpetua tranquillitas)* » (*Lettres à Lucilius,* t. IV, livre XIV, lettre 92, 3, éd. citée, p. 51). Sur l'importance et la détermination de ces états chez Sénèque, cf. I. Hadot, *Seneca und die griechisch-römische Tradition der Seelenleitung,* Berlin, De Gruyter, 1969, p. 126-137. La *tranquillitas,* comme calme intérieur tout entier positif, à distinguer de la *securitas* comme armure de protection dirigée contre l'extérieur, est une innovation théorique de Sénèque, qui s'inspire peut-être de Démocrite *(euthumia).*

19. Marc Aurèle, *Pensées,* IV, 3, trad. A.I. Trannoy, Paris, Les Belles Lettres, 1925 [ultérieurement : référence à cette édition], p. 27-29.

20. Foucault se réfère ici à tout un développement qui va de 127e à 129a (Platon, *Alcibiade,* trad. M. Croiset, éd. citée, p. 99-102).

21. « Seulement, est-ce chose facile de se connaître soi-même *(gnônai heauton)* ? Et celui qui a mis ce précepte au temple de Pytho était-il le premier venu ? » (*Alcibiade,* 129a, p. 102).

22. « Allons, trop naïf enfant, crois-moi, crois en ces mots inscrits à Delphes : "Connais-toi toi-même" » (*Alcibiade,* 124b, p. 92).

23. *Alcibiade,* 129b (p. 102).

24. *Alcibiade,* 132c (p. 108).

25. *Alcibiade,* 29e (p. 157).

26. « Peut-être n'est-il pas très sensé de s'en remettre, soi et son âme *(hauton kai tên hautou psukhên therapeuein),* aux bons offices des noms avec une entière confiance en eux et leurs auteurs » (*Cratyle,* 440c, in Platon, *Œuvres complètes,* t. V-2, trad. L. Méridier, Paris, Les Belles Lettres, 1931, p. 137).

27. *Phédon,* 18c (p. 85).

28. « Si l'on donnait à lire de loin à des gens qui ont la vue basse des lettres écrites en petits caractères, et que l'un d'eux s'avisât que les mêmes lettres se trouvent écrites ailleurs en caractères plus gros sur un tableau plus grand, ce leur serait, je présume, une belle chance de commencer par les grosses lettres et d'examiner ensuite les petites [...]. Il pourrait bien y avoir une justice plus grande dans le cadre plus grand, et par là plus facile à déchiffrer. Si donc vous y consentez, nous examinerons d'abord la nature de la justice dans les États ; ensuite nous l'étudierons

dans les individus, en tâchant de retrouver la ressemblance de la grande dans les traits de la petite» (*La République*, livre II, 368d et 369a, *in* Platon, *Œuvres complètes*, t. VI, trad. E. Chambry, Paris, Les Belles Lettres, 1932, p. 64-65).

29. Il s'agit, dans *Alcibiade*, du passage qui va de 129b à 130c (p. 102-104).

30. *Phédon*, 64c-65a (p. 13-14).

31. *Phèdre*, 246a-d, *in* Platon, *Œuvres complètes*, t. IV-3, trad. L. Robin, Paris, Les Belles Lettres, 1926, p. 35-36.

32. *La République*, livre IV, 443d-e, *in* Platon, *Œuvres complètes*, t. VII-1, trad. E. Chambry, Paris, Les Belles Lettres, 1934, p. 44.

33. La notion d'usage des représentations *(khrêsis tôn phantasiôn)* est en effet centrale chez Épictète pour lequel cette faculté, qui témoigne de notre filiation divine, est le bien suprême, la fin dernière à poursuivre et le fondement essentiel de notre liberté (les textes essentiels sont : I, 3, 4 ; I, 12, 34 ; I, 20, 5 et 15 ; II, 8, 4 ; III, 3, 1 ; III, 22, 20 ; III, 24, 69).

34. Ces activités sont examinées en *Alcibiade*, 131a-132b (p. 105-107).

35. Cf. cours du 27 janvier, première heure.

36. Cette tripartition (médical/économique/érotique) donne le plan de structure de *L'Usage des plaisirs* et du *Souci de soi* (cf. *Dits et Écrits*, IV, n° 326, p. 385).

COURS DU 13 JANVIER 1982

Deuxième heure

*La détermination dans l'*Alcibiade *du souci de soi comme connaissance de soi : rivalité des deux impératifs dans l'œuvre de Platon. – La métaphore de l'œil : principe de vision et élément divin. – Fin du dialogue : le souci de justice. – Problèmes d'authenticité du dialogue et son rapport général au platonisme. – Le souci de soi de l'*Alcibiade *dans son rapport : à l'action politique ; à la pédagogie ; à l'érotique des garçons. – L'anticipation dans l'*Alcibiade *du destin du souci de soi dans le platonisme. – Postérité néoplatonicienne de l'*Alcibiade. *– Le paradoxe du platonisme.*

[…] [Y a-t-il une] autre salle à votre disposition ? Oui ? Et ceux qui sont là c'est parce qu'ils ne peuvent pas loger dans l'autre salle, ou parce qu'ils préfèrent être là ? Je suis désolé que les conditions soient si mauvaises, je n'y peux rien et je voudrais éviter dans la mesure du possible que vous souffriez trop[1]. Bon, tout à l'heure, en parlant de ces techniques de soi et de leur préexistence à la réflexion platonicienne sur l'*epimeleia heautou,* j'avais dans la tête, et j'ai oublié de vous le mentionner, qu'il existe un texte, un des rares textes, me semble-t-il, une des rares études dans lesquelles ces problèmes sont un peu abordés en fonction de la philosophie platonicienne : c'est le livre d'Henri Joly qui s'appelle *Le Renversement platonicien Logos-Epistemê-Polis.* Alors là, vous avez une dizaine de pages sur cette préexistence qu'il attribue à la « structure chamanistique » – on peut discuter un peu le mot, mais peu importe[2]. Il insiste sur la préexistence d'un certain nombre de ces techniques dans la culture grecque archaïque (techniques de respiration, techniques du corps, etc.). Vous pouvez vous y référer[3]. Et en tout cas c'est un texte qui m'a donné des idées, donc j'ai eu tort de ne pas vous le citer tout à l'heure. Bien, troisième remarque, là aussi de méthode. Ces deux heures : je ne suis pas mécontent de la formule. Je ne sais ce que vous, vous en pensez, ça permet tout de même d'aller plus lentement. Évidemment, j'aimerais bien utiliser éventuellement une partie au moins de la seconde heure à discuter avec vous, à répondre à des questions ou des trucs comme ça. Et en même temps, je dois vous avouer que je suis un peu sceptique, parce que discuter devant un auditoire aussi nombreux, c'est difficile. Je ne sais pas. Si vraiment vous avez l'impression que c'est possible, et si vous pensez qu'on peut le faire un peu sérieusement, moi je veux bien. Je veux bien qu'on essaie dans une partie de l'heure de répondre à des questions si vous en avez. Enfin, vous me le direz tout à l'heure. On pourrait faire à la mode grecque : pratiquer le tirage au sort, et tirer chaque fois au sort vingt ou trente auditeurs auxquels on ferait un petit séminaire... Alors maintenant, je voudrais finir avec la lecture de cet *Alcibiade*. Encore une fois, c'est pour moi une sorte d'introduction à ce dont je voudrais vous parler cette année. Car mon projet n'est pas de reprendre, dans toutes ses dimensions, cette question du souci de soi chez Platon, question fort importante, car ce n'est pas simplement dans l'*Alcibiade* qu'on le voit évoqué, même si c'est dans l'*Alcibiade* seulement qu'il y en a la théorie complète. Je n'ai pas non plus l'intention de reconstituer l'histoire continue du souci de soi, depuis ses formulations socratico-platoniciennes jusqu'au christianisme. Cette lecture de l'*Alcibiade* est en quelque sorte l'introduction, un point de repère dans la philosophie classique, après quoi je passerai à la philosophie hellénistique et romaine (période impériale). Donc, simplement un repérage. Je voudrais maintenant finir la lecture de ce texte, et puis pointer quelques-uns des problèmes, des traits spécifiques à ce texte ; quelques-uns, au contraire, des traits qu'on va retrouver par la suite et qui permettent de poser dans sa dimension historique cette question du souci de soi. Donc, la première question que traitait la seconde partie de l'*Alcibiade* était : qu'est-ce que ce soi dont il faut s'occuper ?

La seconde partie, le second développement, la seconde question de cette deuxième partie – l'ensemble est architecturé d'une façon à la fois simple, claire et parfaitement lisible – est : en quoi doit consister ce souci ? Qu'est-ce que c'est que se soucier ? La réponse vient tout de suite, immédiatement. Il n'y a même pas à faire cette démarche un petit peu subtile et curieuse que l'on avait faite à propos de l'âme, lorsque, à partir de cette notion de *khrêsis/khrêsthai,* etc., on avait repéré que c'était de l'âme qu'il fallait s'occuper. Non. En quoi ça doit consister de s'occuper de soi ? Eh bien, c'est tout simplement : se connaître soi-même. Et c'est là où on retrouve, pour la troisième fois dans le texte, la référence au *gnôthi seauton,* au précepte delphique. Mais cette troisième référence a une tout autre valeur, une tout autre signification que les deux premières. Vous vous souvenez, la première c'était donc simplement un conseil de prudence : Dis-moi, Alcibiade, tu as de bien grandes ambitions, mais fais un petit peu attention à ce que tu es, crois-tu que tu es capable d'honorer ces ambitions ? Cette première référence était, si vous voulez, introductrice, incitatrice à l'*epimeleia heautou* : c'est en regardant un petit peu vers soi-même et en saisissant ses propres insuffisances qu'Alcibiade était incité à s'occuper de lui-même[4]. La deuxième occurrence du *gnôthi seauton,* c'était aussitôt après l'injonction d'avoir à s'occuper de soi-même, mais sous la forme d'une question en quelque sorte méthodologique : Qu'est-ce que ce soi-même dont il faut s'occuper, qu'est-ce que veut dire ce *heauton,* à quoi se réfère-t-il ? Là était cité pour la seconde fois le précepte delphique[5]. Enfin maintenant, troisième occurrence du *gnôthi seauton,* c'est lorsqu'on se demande en quoi ça doit consister de « s'occuper de soi[6] ». Et alors, cette fois, on a le *gnôthi seauton,* si vous voulez, dans toute sa splendeur et dans toute sa plénitude : le souci de soi doit consister dans la connaissance de soi. *Gnôthi seauton* au sens plein : c'est là, bien sûr, un des moments décisifs du texte ; un des moments constitutifs, je pense, [du] platonisme ; et justement un de ces épisodes essentiels dans l'histoire de ces technologies de soi, dans cette longue histoire du souci de soi, et qui va peser lourd, ou en tout cas avoir des effets considérables tout au long de la civilisation grecque, hellénistique et romaine. [Plus] précisément, comme je vous le rappelais tout à l'heure, on trouve, dans des textes comme le *Phédon,* comme *Le Banquet,* etc., tout un tas d'allusions à des pratiques qui ne semblent pas relever purement et simplement du « connais-toi toi-même » : pratiques de concentration de la pensée sur elle-même, de resserrement de l'âme autour de son axe, de retraite en soi, d'endurance, etc. Autant de manières de se soucier de soi-même qui ne sont pas purement et simplement, pas directement, pas au premier regard du moins, assimilables à la connaissance de soi. En fait, il me semble que tout le mouvement de la pensée platonicienne, à propos du souci de soi, sera précisément, en récupérant et en réintégrant un certain nombre de ces techniques préalables, archaïques, préexistantes, de les ordonner, de les subordonner au grand principe du « connais-toi toi-même ». C'est pour se connaître soi-même qu'il faut se replier en soi ; c'est pour se connaître soi-même qu'il faut se détacher des sensations qui nous font illusion ; c'est pour se connaître soi-même qu'il faut établir son âme dans une fixité immobile qui ne laisse pas prise à tous les événements extérieurs, etc. C'est à la fois pour se connaître soi-même et dans la mesure où on se connaît soi-même que tout cela doit être fait, et peut être fait. Il y aura donc une réorganisation générale, me semble-t-il, de toutes ces techniques autour du « connais-toi toi-même ». En tout cas ici, dans ce texte, où toutes ces techniques préalables, ces techniques du soi ne sont pas évoquées, on peut dire qu'aussitôt que s'est ouvert l'espace du souci de soi, et aussitôt qu'a été défini le soi comme étant l'âme, tout l'espace ainsi ouvert est couvert par le principe du « connais-toi toi-même ». C'est, peut-on dire, un coup de force du *gnôthi seauton* dans l'espace ouvert par le souci de soi. Quand je dis « coup de force », c'est évidemment un peu métaphorique. Vous vous souvenez que la dernière fois – et c'est de ça au fond que j'essaierai de vous parler cette année – j'avais évoqué ces problèmes, difficiles et à longue portée historique, entre le *gnôthi seauton* (la connaissance de soi) et le souci de soi. Et il m'avait semblé que la philosophie moderne – pour des raisons que j'avais essayé de repérer dans ce que j'appelais, un peu comme ça pour rire bien que ce ne soit pas drôle, le « moment cartésien » – avait été amenée à faire porter tout l'accent sur le *gnôthi seauton,* et par conséquent à oublier, laisser dans l'ombre, marginaliser un peu cette question du souci de soi. Et c'est donc le souci de soi que je voudrais cette année faire réémerger, par rapport au privilège si longtemps accordé au *gnôthi seauton* (à la connaissance de soi). En faisant réémerger ainsi le souci de soi, ce n'est pas du tout pour dire que le *gnôthi seauton* n'a pas existé, n'a pas eu d'importance ou n'a eu un rôle que subordonné. En fait, ce que je voudrais dire (et on en a un superbe exemple ici), c'est l'enchevêtrement du *gnôthi seauton* et de l'*epimeleia heautou* (du « connais-toi toi-même » et du souci de soi). Là, vous voyez, tout au long du texte, l'enchevêtrement des deux choses : c'est en rappelant à Alcibiade qu'il ferait bien de regarder un petit peu vers lui-même, qu'on l'a amené à dire : « Oui, c'est vrai, il faut que je me soucie de moi-même » ; puis, dès que Socrate a posé ce principe et qu'Alcibiade l'a accepté, s'est posé à nouveau [le problème] : « Il faut bien connaître ce soi-même dont il faut s'occuper » ; et puis maintenant, troisième fois, quand on regarde en quoi consiste le souci, on retrouve le *gnôthi seauton.* Vous avez un enchevêtrement dynamique, un appel réciproque du *gnôthi seauton* et de l'*epimeleia heautou* (connaissance de soi et souci de soi). Cet enchevêtrement, cet appel réciproque, est, je crois, caractéristique de Platon. On va le retrouver dans toute l'histoire de la pensée grecque, hellénistique et romaine, avec évidemment des équilibres différents, des rapports différents, des accents différemment portés sur l'un ou sur l'autre, une distribution aussi des moments entre connaissance de soi et souci de soi qui vont être différents dans les diverses pensées que l'on rencontrera. Mais c'est cet enchevêtrement qui est, je crois, très important, et où aucun des deux éléments ne doit être négligé au profit de l'autre.

Revenons donc à notre texte et à la triomphante réapparition, pour la troisième fois, du *gnôthi seauton* : s'occuper de soi, c'est se connaître. Question, bien sûr : comment peut-on se connaître soi-même, en quoi consiste cette connaissance ? C'est là que l'on retrouve un texte qui a, dans les autres dialogues de Platon, un certain nombre d'échos, surtout dans les dialogues tardifs, et qui est la métaphore, bien connue et souvent utilisée, de l'œil[7]. Si l'on veut savoir comment l'âme, puisque nous savons maintenant que c'est l'âme qui doit se connaître elle-même, peut se connaître elle-même, eh bien, prenons l'exemple de l'œil. Quand un œil peut se voir, c'est à quelles conditions et comment ? Eh bien, quand il perçoit l'image de lui-même qui lui est renvoyée par un miroir. Mais le miroir n'est pas la seule surface de réflexion pour un œil qui veut se regarder lui-même. Après tout, quand l'œil de quelqu'un se regarde dans l'œil de quelqu'un d'autre, quand un œil se regarde dans un autre œil absolument semblable à lui, que voit-il dans l'œil de l'autre ? Il se voit lui-même. Donc : une identité de nature est la condition pour qu'un individu puisse connaître ce qu'il est. L'identité de nature est, si vous voulez, la surface de réflexion où l'individu peut se reconnaître, connaître ce qu'il est. Deuxièmement, quand l'œil se perçoit ainsi dans l'œil d'un autre, est-ce que c'est dans l'œil en général qu'il se voit, ou n'est-ce pas plutôt dans cet élément particulier de l'œil qui est la pupille, cet élément qui est ce en quoi, ce par quoi s'effectue l'acte même de la vision ? En fait, l'œil ne se voit pas dans l'œil. L'œil se voit dans le principe de la vision. C'est-à-dire que l'acte de la vision, qui permet à l'œil de se saisir lui-même, ne peut s'effectuer que dans un autre acte de la vision, celle que l'on trouve dans l'œil d'un autre. Bon, cette comparaison, qui est bien connue, que dit-elle, appliquée à l'âme ? Elle dit que l'âme ne se verra qu'en dirigeant son regard vers un élément qui sera de même nature qu'elle, et plus précisément : en regardant l'élément de même nature que l'âme, en tournant, en appliquant son regard vers le principe même qui fait la nature de l'âme, c'est-à-dire la pensée et le savoir *(to phronein, to eidenai)*[8]. C'est en se tournant vers cet élément, qui assure la pensée et le savoir, que l'âme pourra se voir. Or qu'est-ce que c'est que cet élément ? Eh bien, c'est l'élément divin. C'est donc en se tournant vers le divin que l'âme va pouvoir se saisir elle-même. Alors là se pose un problème, qui est un problème technique que je suis bien entendu incapable de résoudre, mais qui est intéressant, vous allez voir, pour les échos dans l'histoire de la pensée que ça peut avoir : problème d'un passage dont l'authenticité est contestée. Ça commence par une réplique de Socrate : « Comme les vrais miroirs sont plus clairs, plus purs et plus lumineux que le miroir de l'œil, de même le dieu *(ho theos)* est plus pur et plus lumineux que la partie la meilleure de notre âme. » Alcibiade répond : « Il semble bien que oui, Socrate. » Et Socrate, à ce moment-là, répond : « C'est donc le dieu qu'il faut regarder : il est le meilleur miroir des choses humaines elles-mêmes pour qui veut juger de la qualité de l'âme, et c'est en lui que nous pouvons le mieux nous voir et nous connaître. » « Oui », dit Alcibiade[9]. Vous voyez que dans ce passage, il est dit que les meilleurs miroirs sont ceux qui sont plus purs et plus lumineux que l'œil lui-même. De la même façon, puisqu'on se voit mieux quand le miroir est plus lumineux que notre œil à nous, nous verrons mieux notre âme si nous la regardons, non pas dans une âme semblable à la nôtre, de même luminosité qu'elle, mais si nous la regardons dans un élément plus lumineux et plus pur qu'elle, à savoir Dieu. Ce passage en fait ne se trouve cité que dans un texte d'Eusèbe de Césarée *(Préparation évangélique)*[10], et il est soupçonné à cause de cela d'avoir été introduit, soit par une tradition néo-platonicienne, soit par une tradition chrétienne, soit par une tradition platonico-chrétienne. En tout cas, que ce texte soit effectivement de Platon ou qu'il ait été ajouté par la suite et tardivement, il n'en reste pas moins – même s'il constitue une sorte de passage à la limite, par rapport à ce qu'on considère comme étant la philosophie de Platon lui-même – que le mouvement général du texte, indépendamment de ce passage-là, même si on l'abstrait, me semble parfaitement clair. Et il fait bien de la connaissance du divin la condition de la connaissance de soi. Supprimons ce passage, laissons le reste du dialogue tel qu'on est à peu près sûr de son authenticité, nous avons ce principe que : pour s'occuper de soi, il faut se connaître soi-même ; pour se connaître soi-même, il faut se regarder dans un élément qui est le même que soi ; il faut regarder dans cet élément ce qui est le principe même du savoir et de la connaissance ; et ce principe même du savoir et de la connaissance, c'est l'élément divin. Il faut donc se regarder dans l'élément divin pour se reconnaître soi-même : il faut connaître le divin pour se reconnaître soi-même.

Alors, à partir de là, je crois que l'on peut déduire vite la fin du texte telle qu'elle se déroule. Ouvrant sur cette connaissance du divin, le mouvement par lequel nous nous connaissons nous-même, dans le grand souci que nous avons de nous-même, va donc permettre à l'âme d'atteindre la sagesse. Dès qu'elle sera en contact du divin, dès qu'elle l'aura saisi, qu'elle aura pu penser et connaître ce principe de pensée et de connaissance qu'est le divin, l'âme sera dotée de sagesse *(sôphrosunê)*. Étant dotée de *sôphrosunê,* à ce moment-là l'âme pourra se retourner vers le monde d'ici-bas. Elle saura distinguer le bien du mal, le vrai du faux. L'âme saura, à ce moment-là, se conduire comme il faut, et, sachant se conduire comme il faut, elle saura gouverner la cité. Je résume très brièvement un texte qui est un peu plus long, mais je voudrais tout de suite arriver à ce qui est la dernière ou, plutôt, l'avant-dernière réplique du texte, dans une réflexion que l'on trouve en 135e et qui est intéressante.

Nous voilà redescendus maintenant, et, appuyés sur la connaissance de soi, qui est la connaissance du divin, qui est la connaissance de la sagesse et qui est la règle pour se conduire comme il faut, nous savons maintenant qu'on pourra gouverner, et que celui qui aura fait ce mouvement d'ascension et de descente pourra être un gouvernant de qualité pour sa cité. Alors Alcibiade fait promesse. Fait promesse de quoi, au terme de ce dialogue où on l'a, d'une façon si pressante, incité à s'occuper de soi-même? Quelle promesse fait-il à Socrate? Il lui dit ceci – c'est exactement l'avant-dernière réplique, la dernière d'Alcibiade, qui sera suivie d'une réflexion de Socrate : En tout cas c'est décidé, je vais commencer dès à présent à *epimelesthai* – à « m'appliquer », à « me préoccuper de »… de moi-même? Non : « de la justice *(dikaiosunês)* ». Ce qui peut sembler paradoxal, étant donné que l'ensemble du dialogue, et en tout cas toute la seconde partie du mouvement dans le dialogue, concernait le souci de soi, la nécessité de s'occuper de soi. Et voilà qu'au moment où le dialogue se termine, Alcibiade, qui est convaincu, s'engage à s'occuper de la justice. Mais vous voyez que, justement, il n'y a pas de différence. Ou plutôt, ça a été le bénéfice du dialogue et l'effet du mouvement du dialogue : convaincre Alcibiade qu'il doit s'occuper de lui-même; définir pour Alcibiade ce dont il doit s'occuper : de l'âme; expliquer à Alcibiade comment il doit s'occuper de son âme : en tournant son regard vers le divin où se trouve le principe de la sagesse; [de telle sorte que,] lorsqu'il regardera en direction de lui-même, il y découvrira le divin; et il y découvrira par conséquent l'essence même de la sagesse *(dikaiosunê)*; ou, inversement, lorsqu'il regardera dans la direction de l'essence de la sagesse *(dikaiosunê)*[11], il verra en même temps l'élément divin; l'élément divin qui est ce en quoi il se connaît et se reconnaît, puisque c'est dans l'élément de l'identique que le divin reflète ce que je suis. Par conséquent, s'occuper de soi-même ou s'occuper de la justice revient au même, et tout le jeu du dialogue consiste, en partant de la question : « Comment est-ce que je vais pouvoir devenir un bon gouvernant ? », à conduire Alcibiade au précepte « occupe-toi de toi-même », et, développant ce qu'est et ce que doit être ce précepte « occupe-toi de toi-même », le sens qu'il faut lui donner, on y découvre que « s'occuper de soi-même », c'est s'occuper de la justice. Et c'est ce à quoi Alcibiade, à la fin du dialogue, s'engage. Voilà donc comment se développe ce texte.

À partir de là, maintenant, je crois qu'on peut faire quelques réflexions un peu plus générales. Commençons par parler un peu du dialogue et du problème qu'il pose puisque, à plusieurs reprises, j'ai évoqué soit l'authenticité d'un passage, soit la question même du dialogue, qui a été à un certain moment considéré par certains comme n'étant pas authentique. En fait, je crois que maintenant il n'y a plus un seul savant qui pose réellement, sérieusement, la question de son authenticité [12]. Il n'en reste pas moins que se pose un certain nombre de problèmes quant à sa date. Et là-dessus, il y a un très bon article écrit par Raymond Weil dans *L'Information littéraire,* qui fait le bilan, une mise au point, je crois assez serrée, des questions de ce texte et de sa datation [13]. Parce que, c'est certain, beaucoup d'éléments de ce texte semblent indiquer une rédaction précoce : les éléments socratiques des premiers dialogues sont très manifestes par le type de problèmes posés. Je les évoquais tout à l'heure : cette question du jeune aristocrate qui veut gouverner, de l'insuffisance de la pédagogie, du rôle que doit avoir l'amour des garçons, etc., la démarche même du dialogue avec ses questions un peu piétinantes : tout cela indique à la fois un paysage sociopolitique qui était celui des dialogues socratiques, et une méthode qui était la méthode de ces dialogues aporétiques qui n'aboutissaient pas. Or, justement, d'un autre côté, on trouve dans le dialogue un certain nombre d'éléments qui semblent suggérer une datation beaucoup plus tardive, des éléments externes que je ne suis pas capable de juger ; je les emprunte directement à l'article de Raymond Weil. Par exemple l'allusion qui est faite, à un moment donné, à la richesse de Lacédémone, de Sparte, vous savez, quand Socrate dit à Alcibiade : Mais tu vas avoir affaire à forte partie tu sais, les Lacédémoniens sont tout de même plus riches que toi. Il semble qu'une pareille référence à la richesse plus grande de Sparte que d'Athènes n'a de sens qu'après la guerre du Péloponnèse, et après un développement économique de Sparte qui n'était certainement pas contemporain des premiers dialogues platoniciens. Deuxième élément, aussi, si vous voulez, un peu externe, c'est l'intérêt pour la Perse. La référence à la Perse apparaît chez Platon, mais tardivement. On n'en a pas d'autre témoignage dans les dialogues précoces. Mais surtout, c'est la considération interne du dialogue qui, moi, m'intéresse quant au problème de sa datation. D'une part, le fait que ce dialogue commence absolument dans le style des dialogues socratiques : questions sur ce que c'est que gouverner, sur la justice, et puis ce qu'est le bonheur dans la cité. Et tous ces dialogues, vous le savez bien, se terminent en général par un questionnement sans issue, ou en tout cas un questionnement sans réponse positive. Or là, après ce long piétinement, vous voyez que se précipite brusquement une conception de la connaissance de soi, de la connaissance de soi comme reconnaissance du divin. Toute cette analyse-là, qui va fonder la *dikaiosunê* avec une sorte d'évidence sans problème, n'est pas en général du style des dialogues précoces. Et puis un certain nombre d'autres éléments. La théorie des quatre vertus, vous le savez, qui est prêtée aux Perses : c'est la théorie des quatre vertus dans le platonisme constitué. La métaphore du miroir, de l'âme qui vient se regarder dans le miroir du divin : également platonisme tardif. L'idée de l'âme comme agent, comme sujet plutôt, de la *khrêsis,* beaucoup plus que comme substance emprisonnée dans le corps, etc., est un élément que l'on va retrouver chez Aristote, et qui semble indiquer une inflexion du platonisme assez étonnante si elle datait des premiers moments. Bref, on a un texte qui est chronologiquement étrange, et qui semble traverser en quelque sorte toute l'œuvre de Platon : les références, le style de jeunesse sont très présents, indéniables ; et puis, d'autre part, la présence de thèmes et de formes du platonisme constitué est également très visible. Je crois que l'hypothèse d'un certain nombre de gens – il me semble que c'est celle qu'avance Weil avec un certain nombre de précautions –, ça serait peut-être une sorte de réécriture du dialogue à partir d'un certain moment de la vieillesse de Platon, ou, à la limite, peut-être après la mort de Platon : deux éléments qui seraient joints, deux strates en quelque sorte dans le texte, deux strates qui viendraient interférer et seraient couturées à un moment donné dans le dialogue. En tout cas, puisqu'il n'est pas de ma compétence, de mon propos de discuter de cela, ce qui m'intéresse et que je trouve très fascinant dans ce dialogue, c'est qu'au fond on y voit le tracé de toute une démarche de la philosophie de Platon, depuis donc l'interrogation socratique jusqu'à ce qui apparaît comme des éléments tout proches du dernier Platon ou même du néo-platonisme. Ce qui fait que la présence, et l'insertion peut-être, de ce texte controuvé, cité par Eusèbe de Césarée, au fond ne détonne pas à l'intérieur de ce grand mouvement, où c'est vraiment le platonisme lui-même dans sa trajectoire qui est non pas présent dans tous ses éléments, mais qui indique au moins l'essentiel de sa courbe. Voilà la première raison pour laquelle ce texte me paraît intéressant.

À partir de là, d'ailleurs, et de cette grande trajectoire, il me semble que l'on peut isoler un certain nombre d'éléments qui posent assez bien la question, non plus celle proprement platonicienne de l'*epimeleia heautou,* mais celle de l'histoire pure de cette notion, de ses pratiques, de son élaboration philosophique dans la pensée grecque, hellénistique et romaine. D'une part, on voit très nettement dans ce texte apparaître un certain nombre de questions : rapport à l'action politique, rapport à la pédagogie, rapport à l'érotique des garçons. Questions qui sont, dans leur formulation et dans la solution ici proposée, typiques, bien sûr, de la pensée socratico-platonicienne, mais que l'on va retrouver d'une façon à peu près continue dans l'histoire de la pensée gréco-romaine, et ceci jusqu'aux IIᵉ-IIIᵉ siècles après Jésus-Christ, avec simplement des solutions, ou une formulation des problèmes, un peu différentes.

Premièrement : rapport à l'action politique. Chez Socrate, dans le dialogue de l'*Alcibiade,* vous vous souvenez, il est très clair que le souci de soi est un impératif qui est proposé à ceux qui veulent gouverner les autres, et comme réponse à la question : « Comment est-ce que l'on peut bien gouverner ? » Se soucier de soi est un privilège des gouvernants, ou c'est en même temps un devoir des gouvernants parce qu'ils ont à gouverner. Il sera très intéressant de voir comment cet impératif du souci de soi va en quelque sorte se généraliser, et devenir un impératif, un impératif « pour tout le monde », mais je mets tout de suite « tout le monde » entre guillemets. Il va y avoir généralisation de cet impératif – j'essaierai de vous le montrer la prochaine fois – mais une généralisation qui est tout de même très partielle, et pour laquelle il faut tenir compte de deux limitations considérables. La première, bien sûr, c'est que pour s'occuper de soi, [encore] faut-il en avoir la capacité, le temps, la culture, etc. C'est un comportement d'élite. Et quand bien même les stoïciens, quand bien même les cyniques diront aux gens, à tout le monde « occupe-toi de toi-même », de fait, cela ne pourra devenir une pratique que chez et pour les gens qui en ont la capacité culturelle, économique et sociale. Deuxièmement, il faudra bien se rappeler aussi que, dans cette généralisation même, il va y avoir un second principe de limitation. C'est que s'occuper de soi-même, ça aura pour effet – et ça a pour sens et pour but – de faire de l'individu qui s'occupe de soi-même quelqu'un d'autre par rapport à la foule, à cette majorité, à ces *hoi polloi*[14] qui sont précisément les gens absorbés par la vie de tous les jours. Vous allez donc avoir un clivage éthique qui est impliqué à titre de conséquence par l'application de ce principe : « occupe-toi de toi-même », [lequel à son tour – deuxième clivage –] ne peut être de fait effectué que par une élite morale et par ceux qui sont capables de se sauver. Ce croisement des deux clivages – le clivage de fait de l'élite cultivée ; et le clivage imposé, obtenu à titre de conséquence par la pratique du souci de soi – va donc constituer des limitations considérables à cette généralisation, généralisation qui est pourtant revendiquée, formulée, clamée par les philosophes plus tardivement.

Deuxièmement, vous voyez que le souci de soi est lié directement chez Socrate et Platon à la question de la pédagogie. Pédagogie insuffisante, donc : nécessité de se soucier de soi. Or nous allons assister, par la suite, à un second déplacement, déplacement qui ne porte plus simplement sur la généralité, mais sur l'âge. Il faut s'occuper de soi-même, non pas quand on est jeune et parce que la pédagogie s'est trouvée insuffisante à Athènes, mais il faut s'occuper de soi en tout état de cause, parce que toute pédagogie, quelle qu'elle soit, est incapable d'assurer cela. Et il faut s'occuper de soi pendant toute sa vie, avec comme âge crucial, comme âge déterminant, l'âge de la maturité. Ce n'est plus la sortie de l'adolescence, c'est le développement de la maturité qui va être l'âge privilégié où le souci de soi est nécessaire. Avec pour conséquence que ce que prépare le souci de soi, ce n'est pas, comme c'était le cas pour l'adolescent, l'entrée dans la vie adulte et dans la vie civique. Ce n'est pas pour devenir le citoyen, ou plutôt le chef dont on a besoin, que le jeune homme va s'occuper de lui[-même]. L'adulte doit s'occuper de lui-même – pour préparer quoi ? Sa vieillesse. Pour préparer l'accomplissement de la vie dans cet âge où la vie elle-même sera accomplie et comme suspendue, et qui sera la vieillesse. Le souci de soi comme préparation à la vieillesse se dégage très nettement du souci de soi comme substitut pédagogique, comme complément pédagogique pour préparer à la vie.

Et enfin – je vous l'ai marqué tout à l'heure, je n'y reviendrai pas – : rapport à l'érotique des garçons. Là aussi, chez Platon, le lien était très net. Petit à petit il se dissociera, et l'érotique des garçons disparaîtra, ou tendra à disparaître, dans la technique de soi et la culture de soi à l'époque hellénistique et romaine. Avec des exceptions notables, avec toute une série de lenteurs, de difficultés, etc. Quand vous lisez par exemple la troisième ou la quatrième satire de Perse, vous voyez qu'il évoque son maître Cornutus absolument comme un amant[15] ; et la correspondance de Fronton avec Marc Aurèle et de Marc Aurèle avec Fronton est une correspondance d'amant à aimé[16]. Donc le problème sera beaucoup plus long et difficile.

Alors disons, si vous voulez, que ces thèmes (rapport à l'érotique, rapport à la pédagogie, rapport à la politique) vont toujours être présents, mais avec toute une série de déplacements qui constituent l'histoire même du souci de soi dans la civilisation post-classique. Si donc on peut dire que l'*Alcibiade* ouvre, par les problèmes qu'il pose, toute une très longue histoire, en même temps il montre très bien ce que va être, au cours de cette période, la solution proprement platonicienne, ou proprement néo-platonicienne, qui va être apportée à ces problèmes. Et dans cette mesure-là l'*Alcibiade* ne témoigne pas, ou n'anticipe pas sur l'histoire générale du souci de soi, mais sur la forme strictement platonicienne qu'il prend. En effet, il me semble que ce qui va caractériser le souci de soi dans la tradition platonicienne et néo-platonicienne, c'est, d'une part, que le souci de soi trouve sa forme et son accomplissement dans la connaissance de soi, comme forme, sinon unique, du moins absolument souveraine du souci de soi. Deuxièmement, sera également caractéristique du courant platonicien et néo-platonicien le fait que cette connaissance de soi, comme expression majeure et souveraine du souci de soi, donne accès à la vérité, et à la vérité en général. Enfin, troisièmemement, sera caractéristique de la forme platonicienne et néo-platonicienne du souci de soi le fait que l'accès à la vérité permet, en même temps, de reconnaître ce qu'il peut y avoir de divin en soi. Se connaître, connaître le divin, reconnaître le divin en soi-même : cela est, je crois, fondamental dans la forme platonicienne et néo-platonicienne du souci de soi. Ces éléments-là, on ne les trouvera pas – en tout cas pas distribués et organisés comme ça – dans les autres formes [du souci de soi], épicurienne, stoïcienne ou même pythagoricienne, malgré toutes les interférences qu'il a pu y avoir entre les mouvements néo-pythagoriciens et néo-platoniciens par la suite.

En tout cas, à partir de là, je crois qu'on peut comprendre un certain nombre des aspects du grand « paradoxe du platonisme » dans l'histoire de la pensée, non seulement dans l'histoire de la pensée antique mais dans l'histoire de la pensée européenne, jusqu'au XVIIe siècle au moins. Ce paradoxe est celui-ci : d'un côté le platonisme a été le ferment, et on peut même dire le principal ferment, de mouvements spirituels divers, dans la mesure en effet où le platonisme ne concevait la connaissance et l'accès à la vérité qu'à partir d'une connaissance de soi, qui était reconnaissance du divin en soi-même. À partir de ce moment-là, vous voyez bien que, pour le platonisme, la connaissance, l'accès à la vérité ne pouvaient se faire qu'aux conditions d'un mouvement spirituel de l'âme ayant rapport à elle-même et au divin : rapport au divin parce qu'elle avait rapport à elle-même, rapport à elle-même parce qu'elle avait rapport au divin. Cette condition de rapport à soi et au divin, de rapport à soi comme divin et de rapport au divin comme soi, c'est cela qui a été, pour le platonisme, une des conditions de l'accès à la vérité. Et on comprend, dans cette mesure-là, comment il a été constamment le ferment, le sol, le climat, le paysage de toute une série de mouvements spirituels, au cœur desquels bien entendu, ou au sommet desquels, si vous voulez, il y a eu tous les mouvements gnostiques. Mais vous voyez, en même temps, comment le platonisme a pu être constamment aussi le climat de développement de ce qu'on pourrait appeler une « rationalité ». Et, dans la mesure où il n'y a pas de sens à opposer, comme si c'étaient deux choses de même niveau, la spiritualité et la rationalité, je dirai que le platonisme a été plutôt le climat perpétuel dans lequel s'est développé un mouvement de connaissance, connaissance pure sans condition de spiritualité, puisque précisément le propre du platonisme, c'est de montrer comment tout le travail de soi sur soi, tout le soin que l'on doit avoir de soi-même si l'on veut avoir accès à la vérité, consiste à se connaître, c'est-à-dire à connaître la vérité. Et dans cette mesure-là, la connaissance de soi et la connaissance de la vérité (l'acte de connaissance, le cheminement et la méthode de la connaissance en général) vont en quelque sorte absorber, résorber en elles les exigences de la spiritualité. De sorte que le platonisme va jouer, tout au long, me semble-t-il, de la culture antique et de la culture européenne, ce double jeu : à la fois reposer sans cesse les conditions de spiritualité qui sont nécessaires pour avoir accès à la vérité, et résorber la spiritualité dans le seul mouvement de la connaissance, connaissance de soi, du divin, des essences. Voilà, en gros, ce que je voulais vous dire sur ce texte de l'*Alcibiade* et [sur] les perspectives historiques qu'il ouvre. Alors, si vous voulez, la prochaine fois on passera à l'étude de cette question de l'*epimeleia heautou* dans une autre période historique, c'est-à-dire : Iᵉʳ et IIᵉ siècles de notre ère, dans les philosophies épicurienne, stoïcienne, etc.

*

NOTES

1. Le Collège de France mettait à la disposition du public, en dehors de la salle principale où enseignait Foucault, une seconde salle où la voix de Foucault était, par un système de micros, retransmise en direct.

2. C'est au nom précisément d'une définition stricte du chamanisme – comme « phénomène social lié fondamentalement aux civilisations de la chasse » (*Qu'est-ce que la philosophie antique?*, *op. cit.*, p. 279) – que P. Hadot se refuserait ici à parler de chamanisme.

3. Cf. H. Joly, *Le Renversement platonicien Logos-Epistemê-Polis*, *op. cit.*, chap. III : « L'archaïsme du connaître et le puritanisme », p. 64-70 : « La pureté de la connaissance ».

4. *Alcibiade*, 124b (éd. citée, p. 92) ; cf. cours du 6 janvier, deuxième heure.

5. *Alcibiade*, 129a (p. 102) ; cf. ce cours, première heure.

6. « Mais, par les dieux, ce précepte si juste de Delphes que nous rappelions à l'instant, sommes-nous sûrs de l'avoir bien compris ? » (*Alcibiade*, 132c, p. 108).

7. Cf. l'un des derniers développements de l'*Alcibiade*, 132d-133c (p. 108-110).

8. *Alcibiade*, 133c (p. 109).

9. *Ibid.* (p. 110).

10. Eusèbe de Césarée, *La Préparation évangélique*, livre XI, chap. 27, trad. G. Favrelle, Paris, Éd. du Cerf, 1982, p. 178-191.

11. Foucault veut sans doute dire, ici et là, *sôphrosunê* (et non pas *dikaiosunê*), à moins qu'il ne veuille dire « justice » à la place de « sagesse ».

12. Le débat sur l'authenticité de l'*Alcibiade* a été lancé au début du XIXe siècle par le savant allemand Schleiermacher, qui considérait ce dialogue comme un ouvrage scolaire rédigé par un membre de l'Académie. Depuis, les polémiques n'ont pas cessé. Sans doute les grands commentateurs français que pouvait connaître Foucault (M. Croiset, L. Robin, V. Goldschmidt, R. Weil) reconnaissaient son authenticité, mais nombre de savants anglo-saxons ou allemands continuaient, encore à l'époque de Foucault, à la mettre en doute. Aujourd'hui, d'éminents spécialistes français (comme L. Brisson, J. Brunschwig, M. Dixsaut) s'interrogent à nouveau sur cette authenticité, quand d'autres (J.-F. Pradeau) la défendent résolument. Pour un état complet des lieux et un tableau exhaustif des positions, cf. l'introduction de J.-F. Pradeau et l'annexe 1 à son édition d'*Alcibiade*, Paris, Garnier-Flammarion, 1999, p. 24-29 et 219-220.

13. R. Weil, « La place du *Premier Alcibiade* dans l'œuvre de Platon », *L'Information littéraire*, 16, 1964, p. 74-84.

14. Cette expression signifie littéralement « les plusieurs » ou « les nombreux », et désigne, depuis Platon, le grand nombre, opposé à l'élite compétente et savante (pour un usage exemplaire de cette expression, cf. *Criton*, en 44b-49c où Socrate montre qu'en matière de choix éthique, l'opinion dominante ne vaut rien).

15. Il s'agit de la cinquième satire. Foucault pense ici particulièrement aux vers 36-37 et 40-41 : « Je me suis réservé pour toi ; c'est toi qui recueilles mon âge tendre sur ton sein socratique, Cornutus […] avec toi en effet, je me le rappelle, je passais de longues journées ensoleillées et je prenais pour nos festins sur le début des nuits » (Perse, *Satires*, trad. A. Cartault, Paris, Les Belles Lettres, 1920, p. 43).

16. Sur cette correspondance, cf. cours du 27 janvier, deuxième heure.

COURS DU 20 JANVIER 1982

Première heure

*Le souci de soi, de l'*Alcibiade *aux deux premiers siècles de notre ère : évolution générale. – Étude lexicale autour de l'*epimeleia. *– Une constellation
d'expressions. – La généralisation du souci de soi : principe de coextensivité
à la totalité de l'existence. – Lecture de textes : Épicure, Musonius Rufus,
Sénèque, Épictète, Philon d'Alexandrie, Lucien. – Les conséquences éthiques
de cette généralisation : le souci de soi comme axe formateur et correcteur ;
le rapprochement de l'activité médicale et philosophique (les concepts
communs ; l'objectif thérapeutique).*

Je voudrais maintenant prendre des repères chronologiques différents
de ceux que j'avais choisis et me situer dans la période qui couvre à peu
près les Ier et IIe siècles de notre ère : disons, si vous voulez, pour prendre
des repères politiques, la période qui va de l'installation de la dynastie
augustéenne, ou julio-claudienne, jusqu'à la fin des Antonins[1] ; ou
encore, pour prendre des repères philosophiques – en tout cas des
repères dans le domaine même que je voudrais étudier –, disons que
j'irai depuis la période du stoïcisme romain, épanoui avec Musonius
Rufus, jusqu'à Marc Aurèle, c'est-à-dire la période de la renaissance de
la culture classique de l'hellénisme, juste avant la diffusion du christianisme et l'apparition des premiers grands penseurs chrétiens : Tertullien
et Clément d'Alexandrie[2]. C'est cette période-là donc que je voudrais
choisir, parce qu'elle me paraît être un véritable âge d'or dans l'histoire
du souci de soi, souci de soi entendu aussi bien comme notion que
comme pratique et comme institution. Comment pourrait-on brièvement
caractériser cet âge d'or ?

Vous vous souvenez que dans l'*Alcibiade*, me semble-t-il, il y avait
trois conditions qui déterminaient à la fois la raison d'être et la forme
du souci de soi. L'une de ces conditions concernait le champ d'application du souci de soi : qui doit s'occuper de soi-même ? Le texte de
l'*Alcibiade* était là-dessus tout à fait clair : ceux qui doivent s'occuper

d'eux-mêmes, ce sont ces jeunes aristocrates qui sont destinés à exercer le pouvoir. C'est clair dans l'*Alcibiade*. Je ne dis pas du tout que c'est cela que l'on trouve dans les autres textes de Platon, ni même dans les autres dialogues socratiques, mais enfin dans ce texte-là, c'est Alcibiade en tant que jeune aristocrate qui, par statut, doit diriger un jour la cité, et les gens de sa sorte qui doivent s'occuper d'eux-mêmes. Deuxièmement, deuxième détermination, liée évidemment à la première, c'est que le souci de soi a un objectif, une justification précise : il s'agit de s'occuper de soi-même de façon à pouvoir exercer, comme il faut, raisonnablement, vertueusement, le pouvoir auquel on est destiné. Enfin troisième limitation, qui était apparue tout à fait clairement à la fin du dialogue, c'est que le souci de soi a pour forme majeure, sinon exclusive, la connaissance de soi : s'occuper de soi, c'est se connaître soi-même. Or je crois qu'on peut dire, là encore, en survol schématique, qu'il apparaît que ces trois conditions ont sauté lorsqu'on se situe à l'époque dont je parle, c'est-à-dire : Ier-IIe siècle de notre ère. Quand je dis qu'elles ont sauté, je ne veux pas du tout dire, et là je voudrais le souligner une fois pour toutes, qu'elles ont sauté à ce moment-là, et que quelque chose s'est passé de brutal et de soudain en cette période de l'installation de l'Empire qui a fait que le souci de soi a pris, tout soudain et d'un coup, de nouvelles formes. En réalité c'est au terme d'une très longue évolution, qu'on peut déjà percevoir à l'intérieur même de l'œuvre de Platon, que ces différentes conditions, posées, dans l'*Alcibiade,* à la pratique du souci de soi, ont finalement disparu. Cette évolution est donc sensible déjà chez Platon, et elle s'est poursuivie tout au long de l'époque hellénistique, en grande partie sous l'effet de, avec comme élément porteur, toutes ces philosophies cynique, épicurienne, stoïcienne qui se sont présentées comme des arts de vivre. Toujours est-il qu'à l'époque où je voudrais me placer, les trois déterminations (ou conditions) qui caractérisaient dans l'*Alcibiade* la nécessité de se soucier de soi ont disparu. En tout cas, au premier regard, il semble bien qu'elles ont disparu.

Premièrement, se soucier de soi est devenu un principe général et inconditionnel, un impératif qui s'impose à tous, tout le temps et sans condition de statut. Deuxièmement, se soucier de soi semble bien n'avoir plus pour raison d'être une activité bien particulière, celle qui consiste à gouverner les autres. Il semble bien que se soucier de soi n'a pas pour fin dernière cet objet particulier et privilégié qu'est la cité, mais si on s'occupe de soi maintenant, c'est pour soi-même et avec comme fin soi-même. Disons encore ceci : dans l'analyse de l'*Alcibiade,* pour schématiser, le soi – et là le texte était très clair puisque c'était cette question qui était plusieurs fois répétée dans le texte : quel est donc ce soi dont il faut s'occuper, quel est ce moi-même dont je dois m'occuper ? – était bien défini, très clairement, comme l'objet du souci de soi, et il fallait s'interroger sur la nature de cet objet. Mais la fin, qui n'était pas l'objet, de ce souci de soi, c'était autre chose. C'était la cité. Bien sûr, dans la mesure où celui qui gouverne fait partie de la cité, il est bien également, d'une certaine manière, la fin de son propre souci de soi, et on trouve souvent dans les textes de la période classique cette idée que le gouvernant doit s'appliquer à gouverner comme il faut pour sauver lui-même et la cité – lui-même en tant qu'il fait partie de la cité. Mais on peut dire que dans le souci de soi de type Alcibiade, vous aviez une structure un peu complexe, dans laquelle l'objet du souci était bien le soi, mais la fin du souci de soi était la cité, où l'on retrouvait le soi mais à titre simplement d'élément. La cité médiatisait le rapport de soi à soi et faisait que le soi pouvait être aussi bien objet que fin, mais il n'était fin que parce qu'il y avait cette médiation de la cité. Maintenant je crois qu'on peut dire – j'essaierai de vous le montrer – que dans le souci de soi tel qu'il est développé dans la culture néo-classique de l'épanouissement de l'âge d'or impérial, dans cette forme-là, le soi apparaît aussi bien comme l'objet dont on se soucie, cette chose dont il faut se préoccuper, et aussi, ce qui est capital, comme la fin que l'on a en vue lorsqu'on se soucie de soi. On se soucie de soi, pourquoi ? Pas pour la cité. Pour soi-même. Ou encore : la forme réfléchie structure non seulement le rapport à l'objet – se soucier de soi comme objet – mais structure également la relation à l'objectif et à la fin. Une sorte, si vous voulez, d'auto-finalisation du rapport à soi : c'est le deuxième grand trait que j'essaierai d'élucider dans les cours suivants. Enfin, troisième trait, c'est que le souci de soi ne se détermine plus manifestement dans la seule forme de la connaissance de soi. Non pas certes que cet impératif, ou cette forme de la connaissance de soi, disparaisse. Disons simplement qu'elle s'atténue, ou qu'elle s'intègre à l'intérieur d'un ensemble, et d'un ensemble beaucoup plus vaste, ensemble qui est attesté et à propos duquel on peut faire un tout premier et très approximatif repérage, en indiquant quelques éléments de vocabulaire et en repérant quelques types d'expressions.

D'abord, il faut bien se rappeler que cette expression, canonique, fondamentale, qui encore une fois se retrouve depuis l'*Alcibiade* de Platon jusqu'à Grégoire de Nysse, « *epimeleisthai heautou* » (s'occuper de soi-même, se préoccuper de soi-même, avoir souci de soi), elle a tout de même un sens sur lequel il faut insister : *epimeleisthai* ne désigne pas simplement une attitude d'esprit, une certaine forme d'attention, une manière de ne pas oublier telle et telle chose. L'étymologie renvoie à toute la série des mots comme *meletan, meletê, meletai,* etc. *Meletan,* souvent employé et couplé avec le verbe *gumnazein*[3], c'est s'exercer et s'entraîner. Les *meletai,* ce sont les exercices : exercices de gymnastique, exercices militaires, entraînement militaire. *Epimeleisthai* se rapporte, beaucoup plus encore qu'à une attitude d'esprit, à une forme d'activité, d'activité vigilante, continue, appliquée, réglée, etc. Prenez par exemple, dans le vocabulaire classique, l'*Économique* de Xénophon. Xénophon, pour parler de toutes les activités du propriétaire foncier, cette espèce de gentleman-farmer dont il décrit la vie dans l'*Économique,* parle de ses *epimeleiai,* de ses activités dont il dit qu'elles sont très favorables, favorables à lui le propriétaire foncier puisqu'elles entretiennent son corps, à sa famille aussi puisqu'elles l'enrichissent[4]. Toute la série des mots *meletan, meletê, epimeleisthai, epimeleia,* etc., désigne donc un ensemble de pratiques. Et dans le vocabulaire chrétien du IVe siècle, vous verrez que *epimeleia* a très couramment le sens d'exercice, exercice ascétique. N'oublions donc jamais cela : *epimeleia/ epimeleisthai* renvoie à des formes d'activité. Et autour de ce mot fondamental, central, il est facile de repérer, dans la littérature philosophique, ou même dans les textes littéraires proprement dits, toute une nébuleuse de vocabulaire et d'expressions, dont on voit très bien qu'elle déborde très largement le domaine circonscrit par la seule activité de connaissance. On peut, si vous voulez, repérer quatre familles d'expressions.

Les unes renvoient en effet à des actes de connaissance, et se rapportent à l'attention, au regard, à la perception que l'on pourrait avoir de soi-même : faire attention à soi *(prosekhein ton noûn)*[5] ; tourner son regard vers soi (il y a toute une analyse, par exemple, de Plutarque sur la nécessité de fermer les volets, les persiennes du côté de la cour extérieure, et de retourner son regard vers l'intérieur de sa maison et de soi-même[6]) ; s'examiner soi-même (il faut s'examiner soi-même : *skepteon sauton*[7]). Mais il y a aussi tout un vocabulaire qui, à propos du souci de soi, se rapporte non pas simplement à cette sorte de conversion du regard, à cette vigilance nécessaire à soi mais aussi à tout un mouvement global de l'existence qui est amenée, invitée à pivoter en quelque sorte sur elle-même et à se diriger ou à se retourner vers soi. Se retourner vers soi, c'est le fameux *convertere,* c'est la fameuse *metanoia* dont il faudra reparler[8]. Vous avez toute la série des expressions : se retirer en soi, faire retraite en soi[9], ou encore : descendre au plus profond de soi-même. Vous avez les expressions qui se réfèrent à l'activité, à l'attitude qui consiste à se rassembler autour de soi-même, à se recueillir en soi, ou encore à s'établir, à s'installer en soi comme en un lieu-refuge, comme en une citadelle bien fortifiée, comme en une forteresse protégée par des murs, etc.[10] Troisième paquet d'expressions, celles qui se rapportent à des activités, des conduites particulières à l'égard de soi. Les unes sont inspirées très directement du vocabulaire médical : il faut se soigner, se guérir, s'amputer, ouvrir ses propres abcès, etc.[11] Vous avez des expressions aussi qui se rapportent toujours à des activités que l'on a à l'égard de soi-même, mais qui sont plutôt de type juridique : il faut « se revendiquer soi-même » comme dit, dans sa première lettre, Sénèque à Lucilius[12]. C'est-à-dire : il faut poser cette revendication juridique, faire valoir ses droits, les droits que l'on a sur soi-même, sur ce soi qui est actuellement obéré par des dettes et des obligations dont il faut se détacher, ou encore qui se trouve mis en esclavage. Il faut donc se libérer, il faut s'affranchir. Vous avez aussi les expressions qui, elles, désignent des activités de type religieux à l'égard de soi-même : il faut se rendre un culte, s'honorer soi-même, se respecter soi-même, avoir honte devant soi-même[13]. Enfin quatrième nébuleuse, quatrième paquet d'expressions : celles qui désignent un certain type de rapport permanent à soi, qu'il s'agisse de rapport de maîtrise et de souveraineté (être maître de soi), qu'il s'agisse aussi de rapport de sensations (avoir du plaisir à soi-même, éprouver de la joie à soi-même, être heureux d'être en présence de soi-même, se satisfaire de soi-même, etc.[14]).

Vous voyez donc qu'on a là toute une série d'expressions qui montrent bien que le souci de soi, tel qu'il s'est développé, tel qu'il se manifeste et s'exprime dans la période que j'envisagerai ici, déborde très largement la simple activité de connaissance, et qu'en fait c'est de toute une pratique de soi qu'il s'agit. Ceci étant dit, pour situer un peu ce qu'on pourrait appeler l'explosion du souci de soi, ou en tout cas sa transformation (la transmutation du souci de soi en une pratique auto-nome, auto-finalisée et plurielle dans ses formes), pour l'étudier d'un peu plus près, alors je voudrais aujourd'hui analyser le processus de généralisation du souci de soi, généralisation qui se fait selon deux axes, dans deux dimensions. Généralisation, d'une part, dans la vie même de l'individu. Comment le souci de soi devient-il coextensif à la vie individuelle, et doit-il devenir coextensif à cette vie ? C'est ce que j'essaierai de vous expliquer dans la première heure. Et, dans la seconde, j'essaierai d'analyser la généralisation qui fait que le souci de soi doit s'étendre à tous les individus, quels qu'ils soient, avec, vous verrez, les restrictions importantes dont je vous parlerai. Premièrement, donc : extension à la vie individuelle, ou coextensivité du souci de soi à l'art de vivre (cette fameuse *tekhnê tou biou*), cet art de la vie, cet art de l'existence dont on sait bien que, depuis Platon et surtout dans les mouvements post-platoniciens, il va devenir la définition fondamentale de la philosophie. Le souci de soi devient coextensif à la vie.

Vous vous souvenez, pour prendre toujours cet *Alcibiade* comme repère historique et clé d'intelligibilité de tous ces processus, que dans l'*Alcibiade* le souci de soi apparaissait comme nécessaire à un moment donné de l'existence et en une occasion précise. Ce moment, cette occasion, ce n'est pas ce qu'en grec on appelle le *kairos*[15], qui est en quelque sorte la conjoncture particulière d'un événement. Ce moment et cette occasion, c'est ce que les Grecs appellent *hôra* : c'est le moment de la vie, c'est la saison, la saison de l'existence où il faut s'occuper de soi-même. Cette saison de l'existence – je n'y reviens pas, je vous l'avais déjà souligné –, c'est cet âge critique pour la pédagogie, pour l'érotique aussi, pour la politique également : c'est le moment où le jeune homme cesse d'être à la fois entre les mains des pédagogues et objet de désir érotique, et où il doit entrer dans la vie et exercer son pouvoir, et son pouvoir actif[16]. Tout le monde sait que dans toutes les sociétés, bien sûr, l'entrée de l'adolescent dans la vie, son passage à cette phase que, nous, nous appelons « adulte », pose des problèmes, et que la plupart des sociétés ont ritualisé d'une façon très forte ce passage difficile et périlleux de l'adolescence à l'âge adulte. Ce qui est intéressant, me semble-t-il, ce qui mériterait d'être un peu creusé sans doute, c'est qu'au fond il semble bien qu'en Grèce, ou en tout cas à Athènes, parce qu'à Sparte ça devait être différent, on n'a pas cessé de souffrir et de se plaindre de n'avoir pas d'institution de passage forte, bien réglée et efficace pour ces adolescents, au moment où ils entrent dans la vie[17]. La critique de la pédagogie athénienne comme incapable d'assurer le passage de l'adolescence à l'âge adulte, incapable d'assurer et de coder cette entrée dans la vie, me paraît un des traits constants de la philosophie grecque. On peut même dire que c'est là – à propos de ce problème, dans ce creux institutionnel, dans ce déficit de la pédagogie, dans ce moment politiquement et érotiquement trouble de la fin de l'adolescence et de l'entrée dans la vie – que s'est formé le discours philosophique, ou du moins la forme socratico-platonicienne du discours philosophique. Ne revenons pas sur ce point que j'ai évoqué déjà plusieurs fois[18].

Il y a une chose en tout cas qui est certaine, c'est qu'après Platon, et bien entendu jusqu'à la période dont je parle maintenant, ce n'est pas en ce point de la vie, en cette phase trouble et critique de la fin d'adolescence, que va s'affirmer la nécessité du souci de soi. Désormais, le souci de soi est un impératif qui n'est pas lié simplement à la crise pédagogique de ce moment entre l'adolescence et l'âge adulte. Le souci de soi, c'est une obligation permanente qui doit durer toute la vie. Et là-dessus, il n'a pas été nécessaire d'attendre le Ier et le IIe siècle pour l'affirmer. Si vous prenez, dans Épicure, le tout début de la *Lettre à Ménécée,* vous y lisez ceci : « Quand on est jeune, il ne faut pas hésiter à philosopher et quand on est vieux, il ne faut pas se lasser de philosopher. Il n'est jamais ni trop tôt ni trop tard pour prendre soin de son âme. Celui qui dit qu'il n'est pas encore ou qu'il n'est plus temps de philosopher, ressemble à celui qui dit qu'il n'est pas encore ou qu'il n'est plus temps d'atteindre le bonheur. On doit donc philosopher quand on est jeune et quand on est vieux, dans le second cas [quand on est vieux, donc ; M.F.] pour rajeunir au contact du bien, par le souvenir des jours passés, et dans le premier cas [quand on est jeune ; M.F.], afin d'être, quoique jeune, aussi ferme qu'un vieillard devant l'avenir[19]. » En fait ce texte, vous voyez, est très dense, il comporte toute une série d'éléments qu'il faudrait regarder de près. Je voudrais simplement en souligner ici quelques-uns. Bien entendu vous voyez l'assimilation « philosopher » et « prendre soin de son âme » ; vous voyez que l'objectif qui est proposé à cette activité de philosopher, de prendre soin de son âme, c'est donc d'atteindre un bonheur ; vous voyez que cette activité de prendre soin de son âme, on doit la pratiquer en tout moment de sa vie, quand on est jeune et quand on est vieux. Avec pourtant deux fonctions bien différentes : quand on est jeune il s'agit de se préparer – c'est cette fameuse *paraskheuê* sur laquelle je reviendrai plus tard et qui est si importante aussi bien chez les épicuriens que chez les stoïciens[20] – à la vie, s'armer, avoir un équipement pour l'existence ; et d'un autre côté, du côté de la vieillesse, philosopher, c'est rajeunir. C'est-à-dire, c'est retourner le temps, ou en tout cas s'arracher au temps, et ceci grâce à une activité de mémorisation qui est, dans le cas des épicuriens, la remémoration des moments passés. Tout ceci, en fait, nous met au cœur même de toute cette activité, de toute cette pratique du souci de soi, mais je reviendrai sur les différents éléments de ce texte. Donc, vous voyez, pour Épicure il faut philosopher tout le temps, il ne faut pas cesser de s'occuper de soi.

Et si maintenant on prend les textes stoïciens, même chose. Parmi des centaines, je citerai simplement celui de Musonius Rufus qui dit que c'est en se soignant sans cesse *(aei therapeuontes)* que l'on peut se sauver[21]. S'occuper de soi, c'est donc l'occupation de toute une vie, de

toute la vie. Et, en fait, quand vous voyez comment s'est pratiqué, à la
période dont je vous parle, le souci de soi, la pratique de soi, vous vous
apercevez qu'en effet c'est bien une activité de toute la vie. On peut
même dire que c'est une activité d'adulte, et que le centre de gravité,
l'axe temporel privilégié dans le souci de soi, loin d'être cette période
de l'adolescence, est au contraire le milieu de l'âge adulte. Et, vous verrez, peut-être même la fin de l'âge adulte plutôt que la fin de l'adolescence. En tout cas, on n'est plus dans le paysage de ces jeunes gens
ambitieux et avides qui cherchaient dans l'Athènes du Vᵉ-IVᵉ siècle à
exercer le pouvoir, mais on a affaire à tout un petit monde, ou tout un
grand monde d'hommes jeunes, ou d'hommes en pleine maturité, ou
d'hommes que nous considérerions, nous, comme vieux, et qui s'initient, s'encouragent les uns les autres, s'exercent, soit par eux-mêmes
soit collectivement, à la pratique de soi.

Quelques exemples simplement. Prenez, dans les pratiques de type
individuel, les rapports entre Sénèque et Serenus, Serenus qui consulte
Sénèque au début du *De Tranquillitate* où il écrit – ou est censé [écrire],
ou vraisemblablement écrit lui-même – à Sénèque une lettre dans
laquelle il décrit son état d'âme, et où il demande à Sénèque de lui donner des conseils, de porter un diagnostic, et de jouer en quelque sorte le
rôle de médecin de l'âme par rapport à lui[22]. Eh bien, ce Serenus, auquel
également était dédié le *De Constantia* et vraisemblablement, autant
qu'on sache, le *De Otio*[23], qui était-il ?[24] Ce n'était absolument pas un
adolescent de type Alcibiade. C'était un jeune homme, un jeune homme
de province (famille de notables, parents éloignés de Sénèque) qui était
arrivé à Rome, où il avait commencé une carrière d'homme politique et
même de courtisan. Il a favorisé les relations de Néron avec je ne sais
plus laquelle de ses maîtresses, enfin peu importe[25]. Et c'est dans cette
période-là à peu près que Serenus – donc déjà avancé dans la vie, ayant
déjà fait ses choix, ayant amorcé une carrière – va s'adresser à Sénèque.
Toujours dans cet ordre des relations individuelles, et toujours autour de
Sénèque, prenons Lucilius, auquel va être alors adressée toute cette
longue correspondance qui, à partir de 62, va occuper Sénèque, ainsi
que la rédaction des *Questions naturelles,* qui sont d'ailleurs dédiées et
adressées à Lucilius lui-même. Eh bien, qui est Lucilius ? C'est un
homme qui a une dizaine d'années de moins que Sénèque[26]. Or si l'on
[y] songe : Sénèque, au moment où il a pris sa retraite et où il entame
cette correspondance et la rédaction des *Questions naturelles,* est un
homme de soixante ans[27]. On peut donc dire, en gros, que Lucilius devait
avoir une cinquantaine d'années, quarante ou cinquante ans. Il était de

toute façon, à l'époque de cette correspondance, procurateur de Sicile. Et l'entreprise de la correspondance, pour Sénèque, c'est d'arriver à faire évoluer Lucilius de l'épicurisme, disons, un peu laxiste, non bien théorisé, jusque vers un stoïcisme strict. Bon, vous me direz qu'on a là, avec Sénèque, tout de même un cas assez particulier : il s'agit d'une part d'une pratique proprement individuelle, d'autre part d'un haut responsable politique, et après tout il n'avait sans doute ni le temps, ni le loisir, ni l'envie de s'adresser à de tout jeunes gens et de leur faire la leçon.

Mais si vous prenez Épictète, qui lui est un professeur de profession, à la différence de Sénèque, eh bien, Épictète, lui c'est vrai, il a une école. Il ouvre une école qui s'appelle « école » et dans laquelle il a des élèves. Et bien sûr, parmi ses élèves, il compte un certain nombre, sans doute un grand nombre de jeunes gens qui viennent là pour se former. Cette fonction formatrice de l'école d'Épictète, elle est signalée, elle est manifestée dans bien des endroits des *Entretiens* recueillis par Arrien[28]. Par exemple, il s'en prend à tous ces jeunes gens qui sont là, qui ont fait croire à leur famille qu'ils venaient se former à une bonne école philosophique, mais qui en fait ne pensent qu'à une chose, c'est [à] revenir chez eux ensuite pour briller et occuper des postes importants. Il y a aussi la critique de tous ces élèves qui arrivent, tout pleins de zèle, et puis qui, au bout de quelque temps, dégoûtés d'un enseignement qui ne leur apprend pas suffisamment à briller et qui exige d'eux trop de choses du point de vue moral, quittent l'école. C'est aussi à propos de ces jeunes gens qu'on trouve les règles sur la manière de se conduire en ville quand on les envoie faire des courses. Ce qui semble bien indiquer que non seulement il s'agissait de jeunes gens fragiles, mais qu'on les tenait ferme et dans une sorte de pensionnat assez bien discipliné. C'est absolument vrai qu'Épictète s'adresse donc à ces jeunes gens. Il ne faudrait pas croire du tout que le souci de soi, comme axe principal de l'art de la vie, ne soit réservé qu'aux adultes. Mais à côté de cela, entrelacé avec cette formation des jeunes gens, on peut dire qu'on trouve chez Épictète, dans l'école d'Épictète, ce qu'on pourrait appeler, en prenant une métaphore sans doute assez injuste, un service ouvert : le service ouvert pour adultes. Et, en effet, viennent à l'école d'Épictète écouter son enseignement, pour un jour, pour quelques jours, pour quelque temps, des adultes. Et là aussi, dans le paysage social qui est évoqué à travers les *Entretiens* d'Épictète, vous voyez par exemple un inspecteur des villes, une sorte de procureur fiscal, si vous voulez, qui passe. C'est un épicurien, il vient consulter Épictète, lui poser des questions. Il y a un homme qui a été chargé par sa ville de mission pour Rome et, passant d'Asie mineure vers Rome, il s'arrête auprès d'Épictète et lui pose des questions pour lui demander comment il peut, le mieux du monde, accomplir sa mission. Épictète d'ailleurs ne néglige pas du tout cette clientèle, ou en tout cas ces interlocuteurs adultes, puisque, à ses propres élèves, jeunes gens par conséquent, il conseille d'aller trouver les personnages notables de leur ville et de les secouer un peu en leur disant : Mais dites donc, comment vivez-vous ? Et est-ce que vraiment vous vous occupez bien de vous-mêmes ?[29]

On pourrait bien entendu citer, c'est très connu, toute l'activité des orateurs cyniques qui, sur les places publiques, au coin des rues ou à l'occasion de fêtes solennelles, s'adressent au public en général, un public qui est évidemment composé aussi bien d'adultes que de jeunes. Dans le genre noble, solennel, de ces diatribes ou discours publics, il y a bien entendu les grands textes de Dion de Pruse[30], dont plusieurs sont consacrés à ces problèmes de l'ascèse, de la retraite en soi-même, de l'*anakhôrêsis eis heauton,* etc.[31]

Enfin je prendrai un dernier exemple en ce qui concerne ce problème de l'adulte, de l'insertion, si vous voulez, de l'adulte à l'intérieur de la pratique de soi. C'est dans un groupe important, bien qu'énigmatique et peu connu, car il n'est connu que par un texte de Philon d'Alexandrie : le fameux groupe des Thérapeutes, dont je vous parlerai un peu plus longuement tout à l'heure. Laissons pour l'instant le problème de qui ils sont, ce qu'ils font, etc. C'est en tout cas un groupe qu'on peut dire ascétique, aux environs d'Alexandrie, dont un des objectifs, au moins, est, le texte le dit lui-même : l'*epimeleia tês psukhês.* Prendre soin de l'âme, c'est ce qu'ils veulent faire. Or un passage de Philon d'Alexandrie, dans le *De Vita contemplativa,* puisque c'est là qu'il en parle, dit ceci à propos de ces Thérapeutes : « Leur désir d'immortalité et de vie bienheureuse leur faisant croire qu'ils ont déjà terminé leur vie mortelle [je reviendrai sur ce passage important tout à l'heure, à propos de la vieillesse ; M.F.], ils laissent leurs biens à leurs fils, à leurs filles, à leurs proches : de propos délibéré, il les font hériter par avance ; quant à ceux qui n'ont pas de famille, ils laissent tout à leur compagnon et à leurs amis[32]. » Vous voyez qu'on a là un paysage tout à fait différent, inverse même de ce que l'on voyait [dans] l'*Alcibiade.* Dans l'*Alcibiade,* prenait soin de lui-même le jeune homme qui n'avait pas été suffisamment bien élevé par ses parents – dans le cas d'Alcibiade : par son tuteur Périclès. Et c'était par rapport à cela qu'il venait, tout jeune, poser des questions à Socrate, et qu'il se laissait en tout cas interpeller par lui. Là au contraire maintenant, ce sont des gens qui ont déjà des enfants, fils et filles, qui ont déjà toute une famille, et qui, à un moment donné, sentant qu'ils ont comme terminé leur vie mortelle, s'en vont, et vont s'occuper de leur âme. On s'occupe de son âme au terme de sa vie, et non plus au départ de sa vie. Disons, en tout cas, que c'est l'âge adulte lui-même, beaucoup plus que le passage à l'âge adulte, ou peut-être même le passage de l'âge adulte à la vieillesse, qui va constituer maintenant le centre de gravité, le point sensible de la pratique de soi.

Et j'en prendrai une dernière confirmation dans un texte assez amusant qui est celui de Lucien. Vous savez que Lucien a écrit, à la fin du IIe siècle, une série de satires, de textes ironiques, disons, qui sont fort intéressants pour le sujet dont je veux vous parler. Il y a le texte qui a été traduit en français et publié il y a une dizaine d'années, malheureusement dans de très mauvaises conditions, sous le titre *Philosophes à l'encan*[33] ; alors qu'en réalité le titre veut dire quelque chose d'assez différent qui est : le marché des vies[34] (c'est-à-dire des modes de vie) qu'en effet les différents philosophes promeuvent et proposent aux gens, et qu'ils étalent en quelque sorte sur le marché, chacun cherchant à vendre son propre mode de vie en recrutant des élèves. Vous avez ce texte-là, vous en avez un autre qui est aussi intéressant, et qui s'appelle *Hermotime*, où on voit la discussion, ironiquement présentée bien sûr, entre deux individus[35]. C'est très amusant, il faut lire ça un peu comme on voit les films de Woody Allen sur la psychanalyse en milieu new-yorkais : c'est un peu comme ça que Lucien présente le rapport des gens à leur maître en philosophie, et le rapport des gens à leur propre recherche du bonheur à travers le souci de soi. Donc Hermotime se promène dans la rue. Bien sûr, il est en train de marmonner tout seul les leçons qu'il a apprises auprès de son maître, et il est abordé par Lycinus qui lui demande ce qu'il est en train de faire ; eh bien, il sort de chez son maître, ou il y va, je ne me souviens plus, peu importe[36]. Mais depuis combien de temps vas-tu chez ton maître ? demande Lycinus à Hermotime, qui répond : Voilà vingt ans que j'y vais. – Comment, depuis vingt ans, tu lui donnes tant d'argent ? – Mais oui. Je lui donne tant d'argent. – Mais est-ce que ça ne va pas être bientôt fini cet apprentissage de la philosophie, de l'art de vivre, du bonheur ? – Oh, répond Hermotime, oui, bien sûr, ça ne va pas tarder ! Je pense bien en être sorti dans une vingtaine d'années. Et, comme un peu plus loin dans le texte, Hermotime explique qu'il a commencé à philosopher à quarante ans, qu'on sait par ailleurs que voilà vingt ans qu'il fréquente son maître de philosophie, c'est donc à soixante ans qu'il se trouve très exactement au milieu du chemin. Je ne sais pas si on a étudié, établi des références ou des corrélations entre

ce texte et d'autres textes philosophiques, mais souvenez-vous que chez
les pythagoriciens la vie humaine était partagée en quatre périodes,
quatre périodes de vingt ans : pendant les vingt premières années, dans
la tradition pythagoricienne, on était enfant ; de vingt à quarante ans, on
était adolescent ; de quarante à soixante ans, on était jeune ; et à partir de
soixante ans, on était vieillard[37]. Vous voyez bien que l'âge d'Hermotime est très exactement, à soixante ans, à la couture. Il y a eu la jeunesse : les vingt ans pendant lesquels déjà il a appris la philosophie. Et il
ne lui reste plus que vingt ans – les vingt ans qui lui restent à vivre, qui
le séparent encore de sa mort – pour continuer à philosopher. Et Lycinus, découvrant ainsi que c'est à quarante ans que son interlocuteur
Hermotime a commencé – Lycinus qui est ici le sceptique, le personnage autour duquel, à partir duquel se fait, se porte le regard ironique
sur Hermotime et sur toute cette pratique de soi –, dit : Mais ça se trouve
très bien, j'ai quarante ans, je suis exactement dans l'âge de commencer
à me former moi-même. Et il s'adresse à Hermotime et lui dit : Sers-moi
donc de guide et conduis-moi par la main[38].

Eh bien, cette recentration, ou cette décentration du souci de soi, de
la période de l'adolescence à cette période de la maturité, ou de la fin de
la maturité, va entraîner un certain nombre de conséquences qui sont, je
crois, importantes. Premièrement, à partir du moment où le souci de soi
devient donc cette activité adulte, sa fonction critique va évidemment
s'accentuer, et s'accentuer de plus en plus. La pratique de soi aura un
rôle correcteur au moins autant que formateur. Ou encore : la pratique
de soi deviendra de plus en plus une activité critique par rapport à soi-
même, par rapport à son monde culturel, par rapport à la vie que les
autres mènent. Bien sûr, il ne s'agit pas du tout de dire que la pratique
de soi n'aura de rôle que critique. L'élément formateur existe encore et
toujours, mais il sera lié d'une façon essentielle à la pratique de la critique. Disons, si vous voulez encore, que dans l'*Alcibiade,* comme dans
d'autres dialogues socratiques, la nécessité de se soucier de soi avait
pour cadre de référence l'état d'ignorance dans lequel se trouvent les
individus. On découvre qu'Alcibiade ignore ce qu'il veut faire – c'est-à-
dire : comment faire pour bien gouverner la cité – et on s'aperçoit qu'il
ignore qu'il ne le sait pas. Et s'il y avait bien dans cette mesure-là critique de l'enseignement, c'était surtout pour montrer à Alcibiade qu'il
n'avait rien appris du tout et que ce qu'il croyait avoir appris n'était que
du vent. Au contraire, dans la pratique de soi qu'on voit se développer
au cours de la période hellénistique et romaine, il y a un côté formateur,
côté formateur qui est essentiellement lié à la préparation de l'individu.

Mais pas une préparation à telle forme de profession ou d'activité sociale : il ne s'agit pas, comme dans l'*Alcibiade,* de former l'individu à devenir un bon gouvernant ; il s'agit, indépendamment de toute spécification professionnelle, de le former pour qu'il puisse supporter comme il faut tous les accidents éventuels, tous les malheurs possibles, toutes les disgrâces et toutes les chutes qui peuvent l'atteindre. Il s'agit, par conséquent, de monter un mécanisme d'assurance. Il ne s'agit pas d'inculquer un savoir technique et professionnel, lié à un certain type d'activité. Cette formation, cette armature, si vous voulez, cette armure protectrice à l'égard du reste du monde, à l'égard de tous les accidents ou événements qui peuvent se produire, c'est ce que les Grecs appellent la *paraskheuê,* et qui est à peu près traduit par Sénèque par *instructio*[39]. L'*instructio,* c'est cette armature de l'individu face [aux] événements, et ce n'est pas du tout la formation en fonction d'un but professionnel déterminé. Donc, vous avez bien ce côté formateur de la pratique de soi, au Ier-IIe siècle.

Mais cet aspect formateur n'est absolument pas dissociable d'un aspect correcteur, qui, je crois, devient de plus en plus important. La pratique de soi ne s'impose plus simplement sur fond d'ignorance, comme dans le cas d'Alcibiade, d'ignorance qui s'ignore elle-même. La pratique de soi s'impose sur fond d'erreurs, sur fond de mauvaises habitudes, sur fond de déformation et de dépendance établies et incrustées qu'il faut secouer. Correction-libération, beaucoup plus que formation-savoir : c'est dans cet axe-là que va se développer la pratique de soi, ce qui est évidemment capital. Je vous renvoie pour cela à un exemple. C'est la lettre 50 de Sénèque à Lucilius, où il dit : Eh bien, le mal, il ne faut pas croire qu'il s'est imposé à nous venant de l'extérieur ; il n'est pas en dehors de nous *(extrinsecus),* il est à l'intérieur de nous *(intra nos est).* Ou encore un peu plus loin : « *in visceribus ipsis sedet* » (le mal est donc dans nos viscères)[40]. [...*] Dans cette pratique de nous-même, il faut travailler pour expulser, expurger, maîtriser, s'affranchir et se délivrer de ce mal qui nous est intérieur. Et il ajoute : Bien sûr, il est beaucoup plus facile de se corriger si l'on prend ce mal à une époque où on est encore jeune et tendre, et où le mal n'est pas encore incrusté. Mais de toute façon, vous le voyez, même conçue comme une pratique de jeunesse, la pratique de soi a à corriger et non pas à former ; non pas seulement à former : elle a aussi, surtout, à corriger, corriger un mal qui est déjà là. Il faut déjà se soigner, même quand on est jeune. Et un médecin

---

* À cet endroit, le manuscrit porte simplement : « il faut chercher un maître ».

a bien sûr beaucoup plus de chances de succès s'il est appelé au début de la maladie qu'à son terme[41]. Mais de toute façon, même si on ne s'est pas corrigé dans sa jeunesse, on peut toujours l'être. Même si nous sommes endurcis, il y a des moyens pour que l'on puisse se redresser, pour que l'on puisse se corriger, pour que l'on puisse redevenir ce qu'on aurait dû être mais que l'on n'a jamais été[42]. Redevenir ce qu'on n'a jamais été, c'est là, je pense, un des éléments, un des thèmes les plus fondamentaux de cette pratique de soi. Et Sénèque évoque ce qui se passe pour les éléments physiques, les corps physiques. Il dit : On arrive bien à redresser des poutres pourtant épaisses, si elles sont incurvées ; à plus forte raison l'esprit humain, qui est flexible, pourra lui aussi être redressé[43]. En tout cas dit-il, la *bona mens* (l'âme de qualité) ne viendra jamais avant la *mala mens,* avant, en quelque sorte, le défaut de l'âme[44]. Qualité de l'âme ne peut jamais que suivre le défaut de l'âme. Nous sommes, dit-il toujours dans cette lettre 50, *praeoccupati* : nous sommes déjà occupés par quelque chose au moment même où nous entreprenons de faire le bien[45]. Et il retrouve là une formule qui était importante dans le vocabulaire cynique. Il dit : *virtutes discere,* c'est *vitia dediscere* (apprendre les vertus, c'est désapprendre les vices)[46]. Cette notion de désapprentissage est une notion qui était capitale chez les cyniques[47] et que vous retrouvez chez les stoïciens. Or cette idée d'un désapprentissage qui, de toute façon, doit commencer même si la pratique de soi s'amorce dans la jeunesse, cette réformation critique, cette réforme de soi qui a pour critère une nature – mais une nature qui n'a jamais été donnée, n'est jamais apparue comme telle dans l'individu humain, à quelque âge que ce soit –, tout ceci prend tout naturellement l'allure d'un décapage par rapport à l'enseignement reçu, par rapport aux habitudes établies et par rapport au milieu. Décapage de tout ce qui a pu se passer, d'abord, dans la petite enfance. Et c'est là la fameuse critique, si souvent reprise, de la première éducation, et de ces fameux contes de nourrice par lesquels on oblitère et déforme déjà l'esprit de l'enfant. Il y a le texte fameux de Cicéron dans les *Tusculanes* : « Sitôt que nous venons au jour et que nous sommes admis dans nos familles, nous nous trouvons dans un milieu entièrement faussé où la perversion des jugements est complète, si bien que nous avons, on peut le dire, sucé l'erreur avec le lait de nos nourrices[48]. » Critique, donc, de cette petite enfance et des conditions dans lesquelles elle se déroule. Critique aussi du milieu familial, non pas simplement dans ses effets éducatifs mais, si vous voulez, [par] l'ensemble des valeurs qu'il transmet et impose, critique de ce que nous appellerions dans notre vocabulaire « l'idéologie familiale ».

Je pense à cette lettre de Sénèque à Lucilius où il dit : Mets-toi en sûreté, essaie de te rejoindre toi-même, « je sais bien que tes parents t'ont souhaité des choses bien différentes de celles-ci ; aussi je fais pour toi des vœux tout contraires à ceux qu'a pu faire ta famille ; je te souhaite un mépris généreux de toutes les choses dont tes parents t'ont souhaité l'abondance[49] ». Par conséquent, le souci de soi doit retourner entièrement le système des valeurs véhiculées et imposées par la famille. Enfin troisièmement, et là je n'insisterai pas parce que c'est très connu : toute la critique de la formation pédagogique, celle des maîtres – des maîtres de l'enseignement que nous appellerions primaire –, celle surtout des professeurs de rhétorique. Et c'est là où on rejoint – encore une fois je n'insiste pas, c'est connu – toute la grande polémique entre la pratique et l'enseignement philosophiques d'une part, et l'enseignement de la rhétorique [de l'autre] **. Voyez par exemple dans Épictète l'amusante mise en boîte du jeune petit élève de rhétorique qui arrive[50]. Le portrait physique même du petit élève de rhétorique est intéressant, parce que ça vous montre bien, ça situe bien un peu où se trouvait le point de conflit majeur entre la pratique de soi philosophique et l'enseignement rhétorique : le petit élève de rhétorique, il arrive tout orné, tout fardé, avec ses petits cheveux tout frisés, manifestant par là que l'enseignement de la rhétorique est un enseignement de l'ornement, du faux-semblant, de la séduction. Il s'agit non pas de s'occuper de soi-même, mais de plaire aux autres. Et c'est précisément là-dessus qu'Épictète va interroger le petit élève de rhétorique, en lui disant : Très bien, tu t'es tout pomponné, tu as cru t'occuper de toi-même. Mais, en fait, réfléchis un peu : qu'est-ce que c'est que c'est que s'occuper de [soi-]même ? Et on peut voir l'analogie, vraisemblablement tout à fait explicite et reconnaissable pour les lecteurs ou les auditeurs de l'époque ; reprise, écho de l'*Alcibiade* lui-même, de la question qui était posée par l'*Alcibiade* : tu dois t'occuper de toi-même, comment peux-tu le faire, et qu'est-ce que c'est que toi-même ? Et on retombe sur : c'est s'occuper de son âme, et ce n'est pas s'occuper de son corps. Donc, si vous voulez, la première conséquence du déplacement chronologique du souci de soi de la fin de l'adolescence à l'âge adulte, c'était donc cette fonction critique de la pratique de soi.

La seconde conséquence, ça va être un rapprochement très net et très marqué entre la pratique de soi et la médecine[51]. Dès lors, en effet, que la pratique de soi aura pour fonction majeure, ou pour l'une de ses

** Dans le manuscrit, Foucault illustre cette polémique en prenant l'exemple paradoxal de Dion de Pruse, qui commence sa vie de rhéteur par des attaques dirigées contre Musonius, pour la finir en philosophe, dans l'éloge de la philosophie.

fonctions majeures, de corriger, réparer, rétablir un état qui peut-être n'a d'ailleurs jamais de fait existé, mais dont la nature indique le principe, vous voyez que nous nous rapprochons là d'un type de pratique qui est celui de la médecine. Que la philosophie ait toujours été conçue dans un rapport privilégié à la médecine, il ne faut pas attendre, bien sûr, la période dont je vous parle (Ier-IIe siècle) pour le voir apparaître. Déjà chez Platon, c'est très clair[52]. Et dans la tradition philosophique alors post-platonicienne, c'est encore plus clair : le _ontôs philosophein_ d'Épicure, c'est le _kat' alêtheian hugiainein_ (c'est soigner, guérir selon la vérité)[53] ; et chez les stoïciens, surtout à partir de Posidonius[54], le rapport entre médecine et philosophie – très exactement : l'assimilation de la pratique philosophique à une sorte de pratique médicale – est très clair. Musonius dit : On appelle le philosophe comme on appelle le médecin en cas de maladie[55]. Et son action auprès des âmes est analogue en tout point à celle du médecin auprès des corps. On pourrait aussi citer Plutarque disant que médecine et philosophie ont, ou, plus exactement, sont _mia khôra_ (une seule région, un seul pays)[56]. Bon[***]. Ce lien entre médecine et souci de soi, [lien] à la fois ancien, traditionnel, bien établi, toujours répété, est marqué de différentes façons.

Il est marqué d'abord, bien sûr, par l'identité du cadre conceptuel, de la charpente conceptuelle entre la médecine et la philosophie. Avec au centre, bien sûr, la notion de _pathos,_ notion qui est entendue, aussi bien chez les épicuriens que chez les stoïciens, comme passion et comme maladie avec toute la série, bien sûr, des analogies qui s'ensuivent, où les stoïciens ont été sur ce point plus prolixes et, comme à l'habitude, plus systématiques que tous les autres. Ils décrivent l'évolution d'une passion comme l'évolution d'une maladie. Le premier stade[57], c'est ce qu'en grec ils appelaient l'_euemptôsia_ (la _proclivitas_), c'est-à-dire la constitution qui porte vers une maladie. Puis vient le _pathos_ proprement dit, mouvement irrationnel de l'âme, qui est traduit en latin par Cicéron dans le mot _pertubatio,_ et par Sénèque en _affectus._ Après le _pathos,_ la maladie proprement dite, vous avez la _nosêma,_ qui est le passage à l'état chronique de la maladie : c'est le passage à l'_hexis,_ ce que Sénèque appelle le _morbus._ Ensuite vient l'_arrôstêma,_ qui est traduit par Cicéron par _aegrotatio,_ c'est-à-dire une espèce d'état permanent de maladie, qui peut se manifester de façon ou d'autre, mais qui maintient l'individu

---

[***] Le manuscrit ajoute ici (en donnant comme point d'appui – cf. _supra_ – la lettre 50 de Sénèque) : « Notre guérison est d'autant plus difficile que nous ne savons pas si nous sommes malades. »

comme perpétuellement malade. Et enfin, dernier stade, le vice *(kakia),* l'*aegrotatio inveterata* dit Cicéron, ou le *vitium malum* (la *pestis*[58]), dit Sénèque, qui est le moment où l'individu est complètement déformé, atteint, et perdu à l'intérieur d'une passion qui le possède tout entier. Vous avez donc tout ce système d'analogies sur lequel je passe vite parce que c'est connu.

Plus intéressant, sans doute, est le fait que la pratique même de soi, telle qu'elle est définie, désignée et prescrite par la philosophie, est conçue comme une opération médicale. Et au centre de cela, on trouve bien entendu cette notion fondamentale de *therapeuein. Therapeuein* en grec, vous le savez, veut dire trois choses. *Therapeuein,* ça veut dire, bien sûr, faire un acte médical dont la destination est de guérir, de soigner ; mais *therapeuein,* aussi, c'est l'activité du serviteur qui obéit à des ordres et qui sert son maître ; et enfin *therapeuein,* c'est rendre un culte. Or *therapeuein heauton*[59] voudra dire à la fois : se soigner, être à soi-même son propre serviteur, et se rendre à soi-même un culte. Là-dessus toute une série de variations bien sûr, sur certaines d'entre lesquelles je tâcherai de revenir.

Mais prenons par exemple le texte fondamental de Philon d'Alexandrie dans le *De Vita contemplativa,* où il s'agit de ce groupe de Thérapeutes, de ces gens qui se sont donc retirés à un moment donné près d'Alexandrie, ont constitué une communauté, sur les règles de laquelle je reviendrai tout à l'heure, et dont, dès les premières lignes, Philon dit qu'ils s'appellent eux-mêmes des Thérapeutes. Et pourquoi, dit Philon, s'appellent-ils des Thérapeutes ? Eh bien, dit-il, parce qu'ils soignent l'âme comme les médecins soignent le corps. Leur pratique est *thera-peutikê,* dit-il, comme la pratique des médecins est *iatrikê*[60]. Philon fait là, comme certains auteurs grecs, mais pas comme tous, une distinction entre la thérapeutique et la iatrique, la thérapeutique étant justement une forme d'activité de soins plus large, plus spirituelle, moins directement physique que celle des médecins à laquelle ils réservent l'adjectif de *iatrikê* (la pratique iatrique s'applique au corps). Et, dit-il, ils s'appellent Thérapeutes parce qu'ils veulent soigner l'âme comme les médecins soignent le corps, et aussi parce qu'ils pratiquent le culte de l'Être *(to on : therapeuousi to on).* Ils soignent l'Être et ils soignent leur âme. Et c'est en faisant ces deux choses à la fois, c'est dans la corrélation entre le soin de l'Être et le soin de l'âme qu'ils peuvent s'intituler « les Théra-peutes[61] ». Bien sûr, je reviendrai là-dessus, parce que tous ces thèmes de Philon d'Alexandrie sont très importants. Je vous indique simple-ment la corrélation très étroite qui se manifeste, dans une pratique aussi nettement religieuse que celle-là, entre pratique de l'âme et médecine. Dans cette corrélation, de plus en plus appuyée et marquée, entre philosophie et médecine, pratique de l'âme et médecine du corps, il me semble qu'on peut relever trois éléments, que, d'ailleurs, je relève surtout parce qu'ils touchent précisément à la pratique.

Premièrement, vous voyez apparaître l'idée qu'un groupe de gens s'associant pour pratiquer le soin de soi, ou encore une école de philosophie, constitue en réalité comme un dispensaire de l'âme ; c'est un endroit où on vient pour soi-même, on envoie ses amis, etc. On vient pour un temps, afin de faire soigner les maux et les passions dont on souffre. C'est très exactement ce qu'Épictète lui-même dit à propos de son école de philosophie. Il la conçoit comme un hôpital de l'âme, un dispensaire de l'âme. Voyez l'entretien 21 du livre II, où il reproche vivement à ses élèves de n'être venus que pour apprendre, comme nous dirions, « de la philosophie », pour apprendre à discuter, pour apprendre l'art des syllogismes, etc.[62] : Vous êtes venus pour cela, et non pas pour obtenir votre guérison, avec dans l'esprit de vous faire soigner *(therapeuthêsomenoi)*[63]. Vous n'êtes pas venus pour cela. Or, c'est ce que vous devriez faire. Vous devriez vous rappeler que vous êtes là essentiellement pour guérir. Et avant donc de vous lancer à apprendre les syllogismes, « guérissez vos blessures, arrêtez le flux de vos humeurs, calmez votre esprit[64] ». Ou encore, dans l'entretien 23 du livre III, il dit, d'une façon alors encore plus claire : Qu'est-ce que c'est qu'une école de philosophie ? Une école de philosophie, c'est un *iatreion* (un dispensaire). On ne doit pas, quand on sort de l'école de philosophie, avoir pris du plaisir, on doit avoir souffert. Car vous n'allez pas dans l'école de philosophie parce que vous êtes bien portants, et en étant bien portants. L'un arrive avec l'épaule démise, l'autre avec un abcès, le troisième avec une fistule, un autre souffrant de la tête[65].

Bon, je sens qu'il y a des problèmes de magnétophone qui se posent de façon urgente. Et par conséquent, je dois m'arrêter. J'avais deux ou trois mots à dire encore sur la médecine, j'[y] reviendrai. Et je vous parlerai un peu du problème de la vieillesse, et ensuite alors, de la généralisation de l'impératif du souci de soi.

*

NOTES

1. Octave César promeut en 27 av. J.-C. un nouveau partage des pouvoirs (Principat) et se fait appeler *Augustus*. Il meurt en 14 apr. J.-C., laissant le pouvoir à son fils adoptif Tibère (famille des Claude) qui initie la dynastie des Julio-Claudiens, laquelle régnera jusqu'à la mort de Néron en 68. Quant aux Antonins, succédant aux Flaviens, ils régneront de 96 à 192 (assassinat de Commode), et leur règne sera marqué par les figures de Trajan, Hadrien et Marc Aurèle. Cette période, élue par Foucault, recouvre ce que les historiens désignent comme le Haut-Empire.

2. Musonius Rufus, dont on connaît les prédications morales parce qu'elles nous ont été conservées par Stobée dans son *Florilège*, est un chevalier romain d'origine toscane, vivant en cynique, et dont l'enseignement domine à Rome, au début du règne des Flaviens. Épictète, qui a suivi ses cours, en garde un souvenir très vif et l'évoque souvent dans ses *Entretiens*. Il est connu surtout pour ses sermons, portant sur des pratiques d'existence concrète (comment manger, s'habiller, dormir, etc.). Foucault recourt largement à ses imprécations sur le mariage dans son *Histoire de la sexualité* (*Le Souci de soi, op. cit.,* p. 177-180, 187-188, 197-198 et 201-202). Marc Aurèle, né en 121, succède à Hadrien en 138. Il semble que ses *Pensées* aient été rédigées à la fin de sa vie (au moins à partir des années 170). Il meurt en 180. La première grande œuvre de Tertullien (autour de 155-225), son *Apolégétique,* date de 197. Clément d'Alexandrie, enfin (autour de 150-220), rédige ses traités de direction (la trilogie : *Le Protreptique, Le Pédagogue, Les Stromates*) au début du IIIe siècle.

3. Cf. cours du 3 mars, deuxième heure, pour une distinction conceptuelle plus forte du *meletan* comme exercice en pensée et du *gumnazein* comme exercice en réalité.

4. « Les personnages les plus opulents ne peuvent se passer de l'agriculture : tu le vois, cette occupation *(epimeleia)* est à la fois une source d'agrément, un moyen d'accroître sa maison, un moyen d'entraîner son corps à tout ce qu'il sied qu'un homme libre soit capable de faire » (Xénophon, *Économique,* trad. P. Chantraine, Paris, Les Belles Lettres, 1949, V-1, p. 51).

5. Cf. l'usage exemplaire de cette expression chez Platon : « il faut que tu recommences à t'examiner avec plus d'attention encore *(mallon prosekhôn ton noun kai eis seauton apoblepsas)* » (*Charmide,* 160d, trad. A. Croiset, in Platon, *Œuvres complètes,* t. II, Paris, Les Belles Lettres, 1921, p. 61) ; « il faut donc avant toutes choses songer à nous-mêmes *(prosekteon ton noun hêmin autoîs)* » (*Ménon,* 96d, trad. A. Croiset, in Platon, *Œuvres complètes,* t. III-2, Paris, Les Belles Lettres, 1923, p. 274).

6. *De la curiosité,* 515e (in Plutarque, *Œuvres morales,* t. VII-1, trad. J. Dumortier & J. Defradas, Paris, Les Belles Lettres, 1975, p. 266-267). Foucault analyse ce passage plus en détail dans le cours du 10 février, première heure.

7. Sur ce même thème du regard retourné vers soi, cf. même cours, première heure.

8. Sur la conversion et les sens grec et chrétien de *metanoia,* cf. même cours, première heure.

9. Sur la retraite *(anakhôrêsis),* cf. cours du 12 janvier, première heure, et cours du 10 février, première heure.

10. « Souviens-toi que ton guide intérieur devient inexpugnable, quand, replié sur lui-même, il se contente de ne pas faire ce qu'il ne veut pas [...]. Aussi est-ce une citadelle que l'intelligence libre de passions. L'homme n'a pas de plus forte position où se retirer, pour être imprenable désormais » (Marc Aurèle, *Pensées,* VIII, 48, éd. citée, p. 93) ; « Que la philosophie dresse tout autour de nous l'inexpugnable rempart que la Fortune bat de ses mille machines, sans s'y ouvrir passage. Elle tient une position imprenable, l'âme qui, dégagée des choses du dehors, se défend dans le fort qu'elle s'est fait » (Sénèque, *Lettres à Lucilius,* t. III, livre X, lettre 82, 5, éd. citée, p. 102). La même image se retrouve chez Épictète (*Entretiens,* IV, 1, 86), mais comme inversée puisqu'il s'agit au contraire de renverser la forteresse intérieure.

11. Cf. *Le Souci de soi,* p. 69-74, avec des références surtout à Épictète et à Sénèque.

12. Première phrase de la première lettre de Sénèque à Lucilius : « *Vindica te tibi* » (*Lettres à Lucilius,* t. I, p. 3).

13. On pense surtout ici à des pensées de Marc Aurèle comme « vénère la faculté d'opinion *(tên hupolêptikên dunamin sebe)* » (*Pensées,* III, 9, p. 23) ou « révère *(tima)* ce qu'il y a en toi de plus éminent » (*Pensées,* V, 21, p. 49).

14. Cf. les lettres 23, 3-6 et 72, 4 de Sénèque à Lucilius.

15. Le *kairos,* dont le sens premier était spatial (c'est l'endroit juste de la cible pour l'archer), désigne dans la culture classique une séquence qualitative du temps : moment opportun, instant propice (cf. M. Trédé, *"Kairos" : l'à-propos et l'occasion. Le mot et la notion d'Homère à la fin du IVe siècle avant J.-C.,* Paris, Klincksieck, 1992).

16. Cf. cours du 6 janvier, deuxième heure.

17. C'est seulement à la fin du IVe siècle qu'Athènes met en place l'équivalent d'un service militaire, en tout cas un encadrement des jeunes gens avant qu'ils ne deviennent des citoyens adultes et responsables. Avant cette date, Athènes ne disposait pas d'institution forte à même de scander le passage à l'âge adulte. Au contraire, Sparte connaît depuis toujours des structures d'encadrement continues, fortement réglées et militarisées. Cf. H.-I. Marrou, *Histoire de l'éducation dans l'Antiquité, op. cit.* ; sur l'éphébie athénienne en particulier, cf. P. Vidal-Naquet, « Le Chasseur noir et l'origine de l'éphébie athénienne » (1968), repris et complété in *Le Chasseur noir,* Paris, La Découverte, 1983, p. 151-174.

18. On reconnaît la thèse développée par Foucault au chapitre V de *L'Usage des plaisirs, op. cit.* Elle avait fait l'objet de tout un cours au Collège de France (28 janvier 1981).

19. « Épicure à Ménécée », in Diogène Laërce, *Vie, doctrines et sentences des philosophes illustres,* t. II, trad. R. Genaille, Paris, Garnier-Flammarion, 1965, p. 258.

20. Cf. cours du 24 février, deuxième heure.

21. « Eh bien ! Parmi les belles maximes de Musonius que nous avons retenues, il en est une, Sylla, que voici : il faut se soigner sans cesse *(to dein aei therapeuomenous),* si l'on veut vivre d'une façon salutaire *(bioun tous sôzesthai mellontas)* » (*Du contrôle de la colère,* 453d, in Plutarque, *Œuvres morales,* t. VII-1, trad. J. Dumortier & J. Defradas, éd. citée, p. 59 ; fragment 36 de l'édition par O. Hense des *Reliquiae* de Musonius, Leipzig, Teubner, 1905, p. 123).

22. Il s'agit du premier développement du dialogue de Sénèque (*De la tranquillité de l'âme,* I, 1-18, in *Dialogues,* t. IV, trad. R. Waltz, éd. citée, p. 71-75).

23. Ces trois traités *(De la constance du sage, De la tranquillité de l'âme, De l'oisiveté)* représentent, traditionnellement, la trilogie de la conversion (sous l'influence de Sénèque) de Serenus, de l'épicurisme au stoïcisme. Cependant P. Veyne (« Préface » à : Sénèque, *Entretiens, Lettres à Lucilius,* Paris, Robert Laffont, 1993, p. 375-376) date ce traité des années 62-65 (ce qui exclut qu'il ait été dédié à Serenus, mort avant 62), au moment où Sénèque se résigne à la retraite et commence à l'envisager comme une chance.

24. Sur la relation de Serenus à Sénèque, outre ce qu'en dit encore Foucault dans *Le Souci de soi* (p. 64 et 69), on doit rappeler surtout, dans l'ouvrage classique de P. Grimal *(Sénèque ou la Conscience de l'Empire,* Paris, Les Belles Lettres, 1979), les pages consacrées à cette relation (p. 13-14, 26-28, et en particulier 287-292 à propos de sa carrière, et de son prétendu épicurisme). On suppose que Serenus fut un parent de Sénèque (il porte le même nom de famille que lui) et qu'il lui dut sa carrière (chevalier, il occupa dans les années cinquante la charge de préfet des vigiles). Il mourut en 62, empoisonné par un plat de champignons – et pleuré par Sénèque dans sa lettre à Lucilius 63, 14.

25. Il s'agit d'Acté, dont Serenus couvre les amours avec le Prince : « [Néron] cessa d'être obéissant à sa mère et se mit entre les mains de Sénèque, dont l'un des familiers, Annaeus Serenus, en feignant d'être amoureux de la même affranchie [Acté], avait contribué à cacher les premiers désirs du jeune Néron et prêté son propre nom pour que les présents que le prince faisait, en secret, à la jeune femme, aient l'air de largesses de sa part » (Tacite, *Annales,* XIII, 13, trad. P. Grimal, Paris, Gallimard, 1990, p. 310).

26. Pour la relation de Sénèque à Lucilius (et l'âge de ce dernier), on se reportera à P. Grimal *(Sénèque..., op. cit.,* p. 13 et 92-93), ainsi qu'à l'article, plus ancien, de L. Delatte, « Lucilius, l'ami de Sénèque », *Les Études classiques,* IV, 1935, p. 367-545 ; cf. aussi *Le Souci de soi,* p. 64 et 69.

27. Pour les problèmes de datation des *Questions naturelles,* le texte de base demeure celui de la préface de P. Oltramare à son édition de l'ouvrage aux Belles Lettres (t. I, Paris, 1929). Dans ce texte, P. Oltramare situe la rédaction des *Questions* entre 61 et 64 (plutôt même : de la fin de 63 au tout début de 65), ce qui amène à la conclusion « qu'elles ont précédé la majeure partie des *Lettres à Lucilius* » (p. VII). Quant à la datation des lettres à Lucilius, elle est, longuement et dans le détail, discutée par P. Grimal dans *Sénèque...* (p. 219-224 ; cf. surtout appendice I : « Les *Lettres à Lucilius.* Chronologie. Nature », p. 441-456).

28. Flavius Arrianus (autour de 89-166), né en Bythinie d'une famille d'aristocrates, prend pour maître Épictète à Nicopolis. Il s'attache alors à retranscrire fidèlement la parole du maître (cf. les *Entretiens* qui constituent un témoignage unique de l'enseignement oral d'Épictète). D'après Simplicius, Arrien est encore l'auteur du *Manuel* qui constitue comme une anthologie des meilleurs propos de son maître. Par la suite, celui qui voulait être le Xénophon de son temps deviendra préteur et consul sous Hadrien, avant de s'installer à Athènes comme notable.

29. Foucault reprendra tous ces exemples dans le cadre d'une analyse systématique de textes dans le cours du 27 janvier, première heure.

30. Dion de Pruse (40-120), dit « Chrysostome » : à la bouche d'or, originaire d'une des plus importantes familles de Pruse, entame une carrière de brillant rhéteur sous Vespasien (période sophistique selon Von Arnim, qui suit Themistius), avant de devoir s'exiler sous Domitien. Il adopte alors le mode de vie cynique, errant

de ville en ville, et exhortant ses contemporains à la morale par de longs sermons qui nous sont restés. Cf. la notice complète par Paolo Desideri sur Dion dans le *Dictionnaire des philosophes antiques,* s.dir. R. Goulet, t. II, Paris, CNRS Éditions, 1994, p. 841-856.

31. Cf. discours 20 : *Peri anakhôrêseôs* (*in* Dion Chrysostom, *Discourses,* t. II, trad. J.W. Cohoon, Londres, Loeb Classical Library, 1959, p. 246-269). Ce discours fait l'objet d'une étude approfondie dans les dossiers de Foucault, qui y voit le concept d'une retraite hors du monde ordonnée à l'exigence de rendre compte *(logon apodidonai)* en permanence de ce qu'on fait.

32. Philon d'Alexandrie, *De Vita contemplativa,* 473M, trad. P. Miquel, éd. citée, § 13, p. 87.

33. Lucien, *Philosophes à l'encan,* trad. Th. Beaupère, Paris, Les Belles Lettres, 1967.

34. « *Biôn prasis* » : le marché des modes de vie, des genres de vie, des styles de vie.

35. Cf. pour une récente version française : Lucien, *Hermotime,* trad. J.-P. Dumont, Paris, PUF, 1993 (on trouve l'original grec dans : Lucian, *Hermotime Works,* t. IV, trad. K. Kilburn, Cambridge, Loeb Classical Library, 1959, p. 65 *sq.*).

36. Il y va : « Pour autant qu'en témoignent et ce livre et ce pas si pressé, tu te hâtes, à ce qu'on dirait chez ton maître » (*Hermotime,* trad. fr., éd. citée, p. 11).

37. « Il [Pythagore] divise ainsi la vie de l'homme : "Enfant vingt ans, tout jeune homme vingt ans, jeune homme vingt ans, vieillard vingt ans" » (« Pythagore », *in* Diogène Laërce, *Vies et Doctrines des philosophes illustres,* VIII, 10, trad. s.dir. M.-O. Goulet-Cazé, éd. citée, p. 948).

38. « H. : Ne t'en fais pas. Moi-même, quand je me suis mis à la philosophie, j'approchais comme toi de la quarantaine. C'est bien à peu près ton âge ? L. : Ça fait bien cela, Hermotime. Sois mon guide et mon initiateur » (*Hermotime,* trad. fr., p. 25). Cf. encore, sur ce même texte, *Le Souci de soi,* p. 64-65.

39. Cf. sur cet usage les lettres à Lucilius 24, 5 ; 61, 4 ; 109, 8 et enfin 113, 28 à partir d'une citation de Posidonius.

40. « Pourquoi nous abusons-nous ? Notre mal ne vient pas du dehors *(non est extrinsecus malum nostrum)* ; il est au-dedans de nous *(intra nos est),* il a son siège au fond même de nos entrailles *(in visceribus ipsis sedet),* et la raison pourquoi nous parvenons à la santé malaisément, c'est que nous ne nous savons pas atteints » (*Lettres à Lucilius,* t. II, livre V, lettre 50, 4, p. 34).

41. « Le médecin [...] aurait moins à faire, si le vice était frais. Des âmes encore tendres et neuves suivraient docilement les voies de la raison qu'il leur montrerait » (*id.,* 50, 4, p. 35).

42. « Il y a du travail à fournir *(laborandum est)* et, à la vérité, ce travail même n'est pas grand, si seulement, comme je l'ai dit, nous commençons à former, à redresser notre âme avant que les penchants mauvais s'y endurcissent. Même en cas d'endurcissement, je ne désespère pas. Il n'est rien que n'emporte un opiniâtre labeur, un zèle soutenu et intelligent » (*id.,* 50, 5-6, p. 35).

43. « Des branches de bois dur, si cambrées qu'elles soient, tu les ramèneras à la ligne droite ; la chaleur remet de droit fil les poutres qui s'incurvent, et nous modifions leur structure naturelle pour les façonner au gré de nos besoins. Combien l'âme accepte plus facilement sa forme, l'âme, flexible essence, ductile plus que tous les fluides ! Est-elle, en effet, autre chose qu'un souffle d'air, constitué de certaine

façon ? Or, tu constates que l'air est l'élément élastique par excellence, d'autant plus élastique qu'il est plus délié » (*id.,* 50, 6, p. 35).

44. « La sagesse n'est jamais venue à personne avant la déraison *(ad neminem ante bona mens venit quam mala)* » (*id.,* 50, 7, p. 36).

45. « Tous nous avons notre ennemi dans la place *(omnes praeoccupati sumus)* » *(ibid.).*

46. *Ibid.*

47. Foucault se réfère ici à une citation d'Antisthène donnée par Diogène Laërce : « Comme on lui avait demandé quelle est la connaissance la plus indispensable, il répondit : "Celle qui évite de désapprendre" *(to periairein ton apomanthanein)* » (*Vies et Doctrines des philosophes illustres,* VI, 7, p. 686). En maîtrisant très tôt le partage entre connaissances utiles et inutiles, on évite d'apprendre ces dernières pour avoir à les désapprendre ensuite. Plus généralement cependant, le thème cynique d'un mode de vie *kata phusin* implique bien qu'on désapprenne les coutumes et autres contenus de la *paideia* (cf. pour l'opposition de la nature et de la loi, les déclarations d'Antisthène et de Diogène, in *Vies et Doctrines...,* VI, 11 et 70-71, p. 689 et 737-738). Comme le rapporte encore M.-O. Goulet-Cazé sur ce même sujet : « Cyrus, héros typiquement antisthénien, apporte une première réponse : "La connaissance la plus nécessaire est celle qui consiste à désapprendre le mal" » (*L'Ascèse cynique. Un commentaire de Diogène Laërce VI 70-71,* Paris, Vrin, 1986, p. 143 ; citation de Stobée II, 31, 34). Sénèque, lui, parle de *dediscere* : « permets à tes yeux de désapprendre *(sine dediscere oculos tuos)* » (*Lettres à Lucilius,* t. II, livre VII, lettre 69, 2, p. 146).

48. Cicéron, *Tusculanes,* t. II, III, I, 2, trad. J. Humbert, Paris, Les Belles Lettres, 1931, p. 3.

49. Il s'agit de la lettre 32 à Lucilius, mais Foucault ici utilise une traduction ancienne (trad. Pintrel, revue par La Fontaine) reproduite dans *Œuvres complètes de Sénèque le philosophe,* éd. M. Nisard, Paris, Firmin Didot, 1869 [ultérieurement : référence à cette édition], p. 583.

50. Épictète, *Entretiens,* III, 1, éd. citée, p. 5-12.

51. Cf. *Le Souci de soi,* p. 69-74.

52. Le texte fondateur pour ce rapport de complémentarité de la médecine et de la philosophie est sans doute celui de *L'Ancienne Médecine* appartenant au corpus hippocratique : « Certains médecins et savants déclarent qu'il est impossible de savoir la médecine quand on ne sait pas ce qu'est l'homme, mais que c'est là précisément la science que doit avoir acquise celui qui veut soigner correctement les malades, et ce discours qu'ils tiennent va dans le sens de la philosophie » (trad. A.-J. Festugière, Paris, Klincksieck, 1948, p. 17-18). Pour l'étude de ce rapport chez Platon et plus largement dans la culture grecque antique, Foucault avait pu lire le chapitre « Greek Medicine as Paideia » dans le *Paideia* de W. Jaeger (vol. III, Oxford, Basil Blackwell, 1945, éd. anglaise revue par l'auteur), ainsi que : R. Joly, « Platon et la médecine », *Bulletin de l'Association Guillaume Budé,* p. 435-451 ; P.-M. Schuhl, « Platon et la médecine », *Revue des études grecques,* 83, 1960, p. 73-79 ; J. Jouanna, « La Collection hippocratique et Platon », *REG* 90, 1977, p. 15-28. Pour une synthèse récente, cf. B. Vitrac, *Médecine et Philosophie au temps d'Hippocrate,* Saint-Denis, Presses universitaires de Vincennes, 1989.

53. « Il ne faut pas faire semblant de philosopher, mais philosopher pour de bon *(ontôs philosophein)* ; car nous n'avons pas besoin de paraître en bonne santé, mais

de l'être vraiment *(kat'alêtheian hugiainein)*» (Épicure, Sentence Vaticane 54, in *Lettres et Maximes,* éd. citée, p. 260-261).

54. Sur ce point, le texte essentiel reste la présentation par Galien des fonctions de l'*hêgemonikon* (partie maîtresse de l'âme) chez Posidonius dans son *De Placitis Hippocratis et Platonis* (cf. *Posidonius, I. The Fragments,* éd. L. Edelstein & I.G. Kidd, Cambridge, Cambridge University Press, 1972). Contre Chrysippe, Posidonius soutient l'indépendance relative des fonctions irrationnelles (irascibles et concupiscibles) de l'âme. Il faut donc plus qu'un simple jugement droit pour maîtriser les passions, lesquelles tiennent au corps et à ses équilibres : c'est toute une thérapeutique, une diététique qui sont requises pour dissoudre les passions, et pas seulement une correction de la pensée. Cf. les pages de A.J. Voelke (*L'Idée de volonté dans le stoïcisme,* Paris, PUF, 1973, p. 121-130) ainsi que celles de E.R. Dodds (*Les Grecs et l'Irrationnel, op. cit.,* p. 236-237), saluant en Posidonius un retour au réalisme moral de Platon. Pour une présentation plus générale de Posidonius, cf. M. Laffranque, *Poseidonios d'Apamée,* Paris, PUF, 1964, en particulier le chapitre sur « L'anthropologie », p. 369-448.

55. On ne retrouve pas une telle thèse dans l'œuvre de Musonius, mais il est probable que Foucault ait en tête le discours XXVII de Dion de Pruse sur l'appel au philosophe : « La plupart des hommes ont horreur des philosophes comme des médecins ; de même qu'on n'achète les remèdes que dans une grave maladie, ainsi on néglige la philosophie tant qu'on n'est pas trop malheureux. Voilà un homme riche, il a des revenus ou de vastes domaines [...] qu'il perde sa fortune ou sa santé, il prêtera déjà plus facilement l'oreille à la philosophie ; que maintenant sa femme, ou son fils, ou son frère vienne à mourir, oh ! alors, il fera venir le philosophe, il l'appellera » (trad. *in* Constant Martha, *Les Moralistes sous l'empire romain,* Paris, Hachette, 1881, p. 244).

56. « Aussi ne faut-il pas accuser de franchir les frontières les philosophes qui discutent de questions relatives à la santé, mais au contraire les blâmer s'ils ne croient pas, après avoir aboli toutes les frontières, devoir chercher à s'illustrer, comme dans un seul territoire commun à tous *(en mia khôra koinôs),* en poursuivant à la fois, dans leurs débats, l'agréable et le nécessaire » (*Préceptes de santé,* 122e, *in* Plutarque, *Œuvres morales,* t. II, trad. J. Defradas, J. Hani & R. Klaerr, éd. citée, p. 101).

57. Foucault ne fait que décalquer ici le tableau dressé par I. Hadot dans *Seneca und die griechisch-römische Tradition der Seelenleitung, op. cit.,* IIe partie, § 2 : « Die Grade der seelischen Krankheiten », p. 145. Il reprend les mêmes distinctions dans *Le Souci de soi,* p. 70. Les principaux textes latins utilisés par I. Hadot pour trouver des traductions aux nosographies grecques sont : les *Tusculanes* de Cicéron (IV, 10, 23, 27, 29) et les *Lettres à Lucilius* de Sénèque (75 et 94). Mais ce paragraphe s'est encore inspiré sans doute de la parution à cette époque de la thèse de J. Pigeaud, *La Maladie de l'âme. Étude sur la relation de l'âme et du corps dans la tradition médico-philosophique antique,* Paris, Les Belles Lettres, 1981.

58. « Elles [inclinations naturelles] se retrempent, à moins toutefois que la corruption *(pestis)* n'ait fini, à la longue, par y pénétrer et par les frapper de mort : telles, même si la philosophie s'y emploie de tout son effort, elle ne les fera pas renaître par ses leçons » (Sénèque, *Lettres à Lucilius,* t. IV, livre XV, lettre 94, 31, p. 75).

59. La référence marquante est ici Marc Aurèle, lequel, à propos du génie intérieur, écrit qu'il faut « l'entourer d'un culte sincère *(gnêsiôs therapeuein).* Ce culte *(therapeia)* consiste à le garder pur de toute passion » (*Pensées,* II, 13, éd. citée, p. 14). On trouve aussi chez Épictète l'expression *heauton therapeuein (Entretiens,* I, 19, 5, p. 72).

60. « L'option de ces philosophes se marque aussitôt par le nom qu'ils portent : thérapeutes *(therapeutai)* et thérapeutrides *(therapeutrides)* est leur vrai nom, d'abord parce que la thérapeutique dont ils font profession *(paroson iatrikên)* est supérieure à celle qui a cours dans nos cités – celle-ci ne soigne que les corps, mais l'autre soigne aussi les âmes » (Philon, *De Vita contemplativa*, 471M, § 2, p. 79).

61. « [S'ils s'appellent Thérapeutes] c'est aussi parce qu'ils ont reçu une éducation conforme à la nature et aux saintes lois, au culte de l'Être *(therapeuousi to on)* qui est meilleur que le bien » *(id.*, 472M, § 2, p. 81).

62. Épictète, *Entretiens*, II, 21, 12-22 (p. 93-95).

63. *Id.*, § 15 (p. 94).

64. *Id.*, § 22 (p. 95).

65. *Entretiens*, III, 23, 30 (p. 92). Ce texte est repris dans *Le Souci de soi*, p. 71.

COURS DU 20 JANVIER 1982

Deuxième heure

Le privilège de la vieillesse (but positif et point idéal de l'existence). – Géné-
ralisation du principe du souci de soi (à vocation universelle) et articulation
du phénomène sectaire. – Éventail social concerné : du milieu cultuel popu-
laire aux réseaux aristocratiques de l'amitié romaine. – Deux autres
exemples : cercles épicuriens et groupe des Thérapeutes. – Refus du para-
digme de la loi. – Principe structurel de la double articulation : universalité
de l'appel et rareté de l'élection. – La forme du salut.

Du déplacement chronologique de la pratique de soi de la fin
d'adolescence à l'âge mûr et à la vie adulte, j'ai essayé de tirer deux
conséquences : l'une concernant la fonction critique de cette pratique de
soi, qui vient doubler et recouvrir la fonction formatrice; deuxièmement, la proximité par rapport à la médecine, avec comme conséquence adjacente, dont je n'ai pas parlé, mais sur laquelle on reviendra,
ceci : l'art du corps était chez Platon tout de même très nettement distingué de l'art de l'âme. Vous vous souvenez que dans l'*Alcibiade,* c'était
même à partir de cette analyse-là, ou de cette distinction-là, qu'on avait
bien spécifié l'âme comme objet du soin de soi. Au contraire, [plus
tard] le corps va être réintégré. De manière très nette, chez les épicuriens pour des raisons évidentes, chez les stoïciens aussi pour qui les
problèmes tension de l'âme/santé du corps sont profondément liés[1], on
va voir le corps réémerger comme un objet de préoccupation, de sorte
que s'occuper de soi sera à la fois s'occuper de son âme et de son corps.
C'est évident dans ces lettres déjà un petit peu hypocondriaques de
Sénèque[2]. Et alors cette hypocondrie va éclater de façon évidente, chez
des gens comme Marc Aurèle, comme Fronton[3], comme Ælius Aristide
surtout[4], etc. Enfin, on reviendra là-dessus. Et c'est, je crois, un des
effets de ce rapprochement entre médecine et soin de soi : on va avoir
affaire à toute une intrication psychique et corporelle qui va être le centre
de ce souci.

Enfin, la troisième conséquence de ce déplacement chronologique, c'est évidemment l'importance nouvelle et la valeur nouvelle prise par la vieillesse. Bien sûr, dans la culture antique, la vieillesse a une valeur, valeur traditionnelle et reconnue, mais une valeur qui est en quelque sorte, je dirais, limitée, compensée, partielle. La vieillesse, c'est la sagesse, mais c'est aussi la faiblesse. La vieillesse, c'est l'expérience acquise, mais c'est aussi l'incapacité à être actif dans la vie de tous les jours, ou même dans la vie politique. La vieillesse permet de donner des conseils, mais c'est aussi un état de faiblesse dans lequel on est dépendant des autres : on leur donne des avis, mais ce sont encore les jeunes gens qui défendent la ville, qui par conséquent défendent les vieillards, et ce sont eux qui travaillent pour donner aux vieillards de quoi vivre, etc. Donc : valeur traditionnellement ambiguë ou limitée de la vieillesse. Disons, en gros, que la vieillesse dans la culture grecque traditionnelle, elle est honorable à coup sûr, elle n'est certainement pas désirable. On ne peut pas désirer devenir vieux, même si on cite, et on citera justement longtemps, la fameuse phrase de Sophocle qui se félicitait d'être enfin vieux, car il était affranchi des appétits sexuels[5]. Mais si on le cite, c'est précisément en quelque sorte à titre exceptionnel : il est celui qui désirait devenir vieux, ou qui se réjouissait en tout cas d'être devenu vieux à cause de cet affranchissement, et cette phrase de Sophocle sera précisément beaucoup utilisée par la suite. Or, maintenant que le souci de soi doit se pratiquer tout au long de la vie, mais surtout à l'âge adulte, à partir du moment où le souci de soi prend toutes ses dimensions et ses effets pendant toute cette période où on est en plein âge adulte, on comprend bien que le point d'aboutissement, la forme la plus haute du souci de soi, le moment de sa récompense va se trouver précisément dans la vieillesse. Avec le christianisme et les promesses de l'au-delà, on aura bien entendu un autre système. Mais là, dans ce système qui bute, si vous voulez, sur le problème de la mort à propos duquel on aura à revenir, vous comprenez bien que c'est la vieillesse qui va constituer le moment positif, le moment d'accomplissement, le sommet de toute cette longue pratique qui a suivi l'individu, ou auquel l'individu a dû se soumettre tout au long de sa vie. Affranchi de tous les désirs physiques, libre de toutes les ambitions politiques auxquelles maintenant il a renoncé, ayant acquis toute l'expérience possible, le vieillard va être celui qui est souverain sur lui-même, et qui peut se satisfaire entièrement avec lui-même. Le vieillard a une définition dans cette histoire et dans cette forme de la pratique de soi : c'est celui qui peut enfin prendre plaisir à lui-même, se satisfaire de lui-même, placer en lui toute sa joie et sa satisfaction, sans attendre aucun plaisir, aucune joie, aucune satisfaction de rien d'autre, ni des plaisirs physiques dont il n'est plus capable, ni des plaisirs d'ambition auxquels il a renoncé. Le vieillard, c'est donc celui qui jouit de lui-même, et le point auquel arrive la vieillesse, si elle a été bien préparée par une longue pratique de soi, c'est le point où le moi s'est enfin, comme dit Sénèque, atteint lui-même, où on s'est rejoint soi-même, et où on a à soi un rapport achevé et complet de maîtrise et de satisfaction à la fois.

Par conséquent, si la vieillesse, c'est bien cela – ce point désirable –, il faut comprendre (première conséquence) que la vieillesse ne doit pas être simplement considérée comme un terme dans la vie, ne doit pas être non plus perçue comme étant une phase dans laquelle la vie se trouve amoindrie. La vieillesse doit être considérée au contraire comme un but, et comme un but positif de l'existence. Il faut tendre vers la vieillesse, et il ne faut pas se résigner à devoir l'affronter un jour. C'est elle, avec ses formes propres et ses valeurs propres, qui doit polariser tout le cours de la vie. Et je crois qu'il y a sur ce sujet une lettre de Sénèque qui est très importante et très caractéristique. Elle est caractéristique parce qu'elle commence par une critique qui a l'air un peu incidente, ou en tout cas énigmatique, contre ceux qui, dit-il, adoptent un mode de vie particulier pour chaque âge de l'existence[6]. Par là, Sénèque se réfère à ce thème qui était si traditionnel et si important dans l'éthique grecque et romaine, à savoir que la vie était découpée en différents âges, et qu'à chacun de ces âges devait correspondre un mode de vie particulier. Alors, selon les différentes écoles, selon les différentes spéculations cosmo-anthropologiques, ce partage se faisait différemment. Je vous citais tout à l'heure le partage des pythagoriciens entre enfance, adolescence, jeunesse, vieillesse, etc. (il y avait d'autres modes). Mais ce qui est intéressant, c'est, d'une part, l'importance que l'on accordait à ces différentes phases, l'importance que l'on accordait à la forme de vie particulière à ces différentes phases, et [de l'autre,] l'importance qu'on accordait, du point de vue éthique, à une bonne corrélation chez l'individu entre le mode de vie qu'il choisissait, la manière dont il menait son existence, et puis la période d'âge dans laquelle il était. Un jeune homme devait vivre comme un jeune homme, un homme mûr comme un homme mûr, un vieillard comme un vieillard. Or, dit Sénèque, pensant très vraisemblablement à ce genre-là de découpage traditionnel, je ne peux pas être d'accord avec les gens qui découpent leur vie en tranches, et qui n'ont pas la même façon de vivre selon qu'ils sont à un âge ou à un autre. Et Sénèque, à ce découpage, propose de substituer une sorte d'unité –

unité, si vous voulez, dynamique : l'unité d'un mouvement continu qui tend vers la vieillesse. Et il emploie un certain nombre de formules caractéristiques dans lesquelles il dit : Faites comme si vous étiez poursuivi, il faut que vous viviez en hâte, il faut que vous sentiez tout au long de votre vie qu'il y a derrière vous des gens, des ennemis qui vous poursuivent[7]. Ces ennemis, ce sont les accidents, les ennuis de la vie. Ce sont surtout les passions et les troubles que ces accidents peuvent produire chez vous, tant justement que vous êtes jeune ou que vous êtes à l'âge adulte et que vous espérez encore quelque chose, que vous êtes attaché au plaisir, que vous convoitez la puissance ou l'argent. Ce sont là tous les ennemis qui vous poursuivent. Eh bien, devant ces ennemis qui vous poursuivent, il faut que vous fuyiez, que vous fuyiez le plus vite possible. Hâtez-vous vers le lieu qui va vous offrir un abri sûr. Et ce lieu qui va vous offrir un abri sûr, c'est la vieillesse. C'est-à-dire que la vieillesse apparaît non plus du tout comme ce terme ambigu de la vie, mais au contraire comme une polarité de la vie, un pôle positif vers lequel il faut tendre. Si vous voulez, pour employer une formule qu'on ne trouve pas chez Sénèque, qui passe un petit peu à la limite ce qu'il dit, on pourrait dire : il faut désormais « vivre pour être vieux ». Il faut vivre pour être vieux, car c'est là que l'on va trouver la tranquillité, que l'on va trouver l'abri, que l'on va trouver la jouissance de soi.

Et, seconde conséquence, c'est que cette vieillesse, au fond, à laquelle il faut tendre, bien sûr c'est la vieillesse chronologique, celle que normalement la plupart des Anciens reconnaissaient apparaître à la soixantième année – c'est d'ailleurs à peu près à cet âge-là que Sénèque a pris sa retraite et décidé de jouir entièrement de lui-même. Mais ce n'est pas simplement cette vieillesse chronologique de la soixantième année. C'est aussi une vieillesse idéale, une vieillesse en quelque sorte que l'on se fabrique, une vieillesse à laquelle on s'exerce. Il faut, si vous voulez, et c'est là le point central de cette éthique nouvelle de la vieillesse, se mettre, par rapport à sa vie, dans un état tel qu'on la vive comme l'ayant déjà achevée. Il faut qu'à chaque moment, au fond, même si nous sommes jeunes, même si nous sommes à l'âge adulte, même si nous sommes en pleine activité encore, nous ayons, par rapport à tout ce que nous faisons et à tout ce que nous sommes, l'attitude, le comportement, le détachement et l'accomplissement de quelqu'un qui serait déjà arrivé à la vieillesse et qui aurait déjà accompli sa vie. Il faut vivre en n'attendant rien de plus de sa vie, et, tout comme le vieillard est celui qui n'attend plus rien de sa vie, il faut, même quand on est jeune, ne rien en attendre. Il faut achever sa vie avant sa mort. L'expression est dans

Sénèque, toujours dans cette lettre 32 : « *consummare vitam ante mor-tem* ». Il faut achever sa vie avant sa mort, il faut accomplir sa vie avant même que soit arrivé le moment de la mort, il faut parvenir à la satiété parfaite de soi-même. « *Summa tui satietas* » : satiété parfaite, complète de toi[8]. C'est vers ce point-là que Sénèque veut que Lucilius se hâte. Et vous voyez que cette idée que l'on doit organiser sa vie pour être vieux, que l'on doit se hâter vers sa vieillesse, que l'on doit se constituer comme vieux à l'égard de sa vie, même si on est jeune, vous voyez que ce thème touche là à toute une série de questions importantes sur les-quelles on reviendra. C'est bien entendu d'abord la question de l'exer-cice de la mort (méditation de la mort comme pratique de la mort) : vivre sa vie comme au dernier jour[9]. C'est le problème du type de satis-faction et de plaisir que l'on peut avoir avec soi. C'est le problème, très important bien sûr, du rapport entre vieillesse et immortalité : en quoi la vieillesse a, dans cette éthique gréco-romaine, préfiguré ou anticipé, ou était en corrélation avec, les thèmes de l'immortalité et de la survie personnelle. Enfin, on est là au cœur de toute une série de problèmes qu'il faudra débrouiller[10]. Voilà quelques-uns des traits, quelques-unes des conséquences qui marquent ce déplacement chronologique du souci de soi : de l'urgence adolescente – dans l'*Alcibiade* – vers – à l'époque impériale, au Ier-IIe siècle – un âge adulte, ou une certaine charnière entre l'âge adulte et la vieillesse réelle ou idéale.

Deuxièmement maintenant, seconde question que je voulais aborder aujourd'hui : non plus cette extension chronologique, ou déplacement chronologique, mais l'extension, si vous voulez, quantitative. En effet, s'occuper de soi n'est plus, à l'époque dont je parle, et n'était plus d'ailleurs depuis longtemps, une recommandation réservée à certains individus et subordonnée à une fin déterminée. Bref, on ne dit plus aux gens ce que Socrate disait à Alcibiade : si tu veux gouverner les autres, occupe-toi de toi-même. Désormais on dit : occupe-toi de toi-même, un point c'est tout. « Occupe-toi de toi-même un point c'est tout », c'est-à-dire que le souci de soi semble apparaître comme un principe universel qui s'adresse et s'impose à tout le monde. La question que je voudrais poser, question à la fois historique et méthodologique, c'est [la suivante] : peut-on dire que le souci de soi constitue maintenant une sorte de loi éthique universelle ? Vous me connaissez assez pour bien supposer que je vais répondre immédiatement : non. Ce que je voudrais montrer, l'enjeu méthodologique de tout cela (une partie en tout cas), c'est celui-ci : il ne faut pas se laisser prendre à ce processus historique ultérieur, qui s'est déroulé au Moyen Âge, et qui a été la juridification progressive de la culture occidentale. Juridification qui nous a fait prendre la loi, et la forme de la loi, comme le principe général de toute règle dans l'ordre de la pratique humaine. Ce que je voudrais vous montrer au contraire, c'est que la loi elle-même fait partie, comme épisode et comme forme transitoire, d'une histoire beaucoup plus générale, qui est celle des techniques et technologies des pratiques du sujet à l'égard de lui-même, techniques et technologies qui sont indépendantes de la forme de la loi, qui sont prioritaires par rapport à elle. La loi n'est, au fond, qu'un des aspects possibles de la technologie du sujet à l'égard de lui-même. Ou, si vous voulez, encore plus précisément : la loi n'est qu'un des aspects de cette longue histoire au cours de laquelle s'est constitué le sujet occidental tel que nous avons affaire à lui maintenant. Revenons donc à la question que je posais : est-ce que ce souci de soi peut être considéré, dans la culture hellénistique et romaine, comme une sorte de loi générale ?

D'abord, il faut remarquer bien sûr que cette universalisation, si tant est qu'elle ait eu lieu, si tant est qu'on ait formulé le « soucie-toi de toi-même » comme une loi générale, serait bien entendu tout à fait fictive. Car, de fait, une pareille prescription (s'occuper de soi-même) ne peut être mise en œuvre que par un nombre évidemment très limité d'individus. Souvenez-vous, après tout, de la sentence lacédémonienne dont je vous parlais la dernière fois ou la fois précédente : C'est pour pouvoir nous occuper de nous-mêmes que nous confions la culture de nos terres aux hilotes[11]. S'occuper de soi-même, c'est évidemment un privilège élitaire. C'est un privilège élitaire affirmé comme tel par les Lacédémoniens, mais c'est aussi un privilège élitaire affirmé comme tel beaucoup plus tard, à la période dont je m'occupe, lorsque s'occuper de soi apparaîtra comme un élément corrélatif d'une notion qu'il faudra aborder et élucider un peu davantage : la notion de loisir *(skholê* ou *otium)*[12]. On ne peut pas s'occuper de soi sans avoir, devant soi, à côté de soi, une vie telle que l'on peut – pardonnez-moi l'expression – se payer le luxe de la *skholê* ou de l'*otium* (ce n'est pas bien sûr le loisir au sens où nous l'entendons, on reviendra là-dessus). En tout cas, c'est bien une certaine forme de vie particulière et, dans sa particularité, distincte de toutes les autres vies qui va être considérée comme la condition réelle du souci de soi. Donc, en fait, jamais dans la culture antique, dans la culture grecque et romaine, le souci de soi n'a été effectivement perçu, posé, affirmé comme une loi universelle valant pour tout individu, quel que soit le mode de vie qu'il adopte. Le souci de soi implique toujours un choix dans le mode de vie, c'est-à-dire un partage entre ceux qui ont choisi ce mode de vie et les autres. Mais il y a aussi, je crois, autre chose qui fait qu'on ne peut pas assimiler le souci de soi, même inconditionné, même auto-finalisé, à une loi universelle : c'est qu'en fait, dans cette culture grecque, hellénistique et romaine, le souci de soi a toujours pris forme à l'intérieur de pratiques, dans des institutions, dans des groupes, qui étaient parfaitement distincts les uns des autres, souvent fermés les uns par rapport aux autres, et qui impliquaient, la plupart du temps, exclusion par rapport à tous les autres. Le souci de soi, il est lié à des pratiques ou à des organisations de confrérie, de fraternité, d'école, de secte. Et, en abusant un peu du mot « secte » – ou plutôt en lui donnant le sens général que l'on trouve en grec : vous savez que le mot *genos* qui voulait dire à la fois famille, clan, genre, race, etc., était employé pour désigner l'ensemble des individus que rassemblait, par exemple, la secte épicurienne ou la secte stoïcienne –, en prenant le mot français « secte » dans une acception plus large que d'ordinaire, je dirai que, dans la culture antique, le souci de soi s'est généralisé en effet comme principe, mais en s'articulant toujours sur un phénomène sectaire, sur le phéno-mène sectaire.

Et, à titre de simple indication, pour montrer, pour repérer simple-ment la largeur de l'éventail, je dirai ceci : il ne faudrait en effet pas croire qu'on ne trouve, de fait, le souci de soi que dans des milieux aris-tocratiques. Ce [ne sont] pas simplement les gens les plus riches, privi-légiés économiquement, socialement et politiquement, qui pratiquent le souci de soi. On le voit se diffuser assez largement dans une population dont il faut bien dire que, à part sans doute les classes les plus basses et bien sûr les esclaves – mais même là encore il y a bien des rectifications à faire –, c'était une population très cultivée par rapport à celle que l'on a connue en Europe jusqu'au XIXe siècle. Eh bien, dans cette population, il faut bien dire qu'on [voit] le souci de soi se manifester, s'organiser dans des milieux qui n'étaient pas du tout les milieux privilégiés. À une extrémité : dans les classes moins favorisées, on trouve des pratiques de soi qui sont liées très fortement à l'existence, en général, de groupes religieux, groupes nettement institutionnalisés, organisés autour de cultes définis, avec des procédures souvent ritualisées. C'est d'ailleurs ce caractère cultuel et rituel qui rendait moins nécessaires les formes les plus sophistiquées et les plus savantes de la culture personnelle et de la recherche théorique. Le cadre religieux et cultuel dispensait un peu de ce travail individuel ou personnel de recherche, d'analyse, d'élaboration de soi par soi. Mais, dans ces groupes, la pratique de soi était tout de même importante. Dans les cultes, par exemple, comme celui d'Isis[13], on imposait à tous ceux qui y participaient des abstinences alimentaires très précises, des abstinences sexuelles, confession des péchés, pratiques pénitentielles, etc.

Et bien sûr, à une autre extrémité de cet éventail, on trouve des pratiques de soi sophistiquées, élaborées, cultivées, qui sont évidemment beaucoup plus liées à des choix personnels, à la vie de loisir cultivée, à la recherche théorique. Ce qui ne veut pas dire du tout que ces pratiques-là soient isolées. Elles faisaient partie de tout un mouvement, qu'on pourrait dire « de mode ». Elles s'appuyaient aussi, sinon sur des organisations cultuelles bien précises, du moins sur des réseaux socialement préexistants, qui étaient les réseaux de l'amitié[14]. Cette amitié qui, dans la culture grecque, avait une certaine forme, en avait dans la culture, la société romaines, de beaucoup plus fortes, beaucoup plus hiérarchisées, etc. L'amitié en société romaine, c'était une hiérarchie d'individus liés les uns aux autres par un ensemble de services et d'obligations ; c'était un ensemble où chaque individu n'avait pas, par rapport aux autres, exactement la même position. L'amitié était en général centrée autour d'un personnage, et les uns étaient plus proches, [les autres] moins proches de lui. Pour passer d'un degré de proximité à un autre, il y avait toute une série de conditions, à la fois implicites et explicites, il y avait même des rituels, des gestes et des phrases qui indiquaient à quelqu'un qu'il avait progressé dans l'amitié d'un autre, etc. Enfin, si vous voulez, vous aviez là tout un réseau social, partiellement institutionnalisé, qui a été, en dehors des communautés cultuelles dont je vous parlais tout à l'heure, un des grands supports de la pratique de soi. Et la pratique de soi, le soin de l'âme, dans sa forme individuelle et interindividuelle, s'est appuyée sur ces phénomènes-là. Je vous ai parlé plusieurs fois de Sénèque, Lucilius, Serenus, etc. C'est absolument de ce type-là. Serenus (jeune parent provincial qui arrive à Rome tout plein d'ambition, qui essaie de se glisser dans la cour de Néron) voit son oncle, ou son parent éloigné : Sénèque, qui est là, qui a des obligations vis-à-vis de lui, puisqu'il est l'aîné et qu'il est déjà dans une situation importante. Eh bien, Serenus entre dans la sphère de son amitié, et c'est à l'intérieur de ce rapport d'amitié semi-institutionnel que Sénèque va lui donner des conseils, ou plutôt que Serenus va demander des conseils à Sénèque. Et Sénèque, parmi tous les services qu'il a rendus à Serenus – il lui a rendu des services auprès de Néron, des services à la cour, il lui a sans doute rendu des services financiers –, il lui rend aussi ce qu'on pourrait appeler « un service d'âme[15] ». Serenus dit : Je ne sais pas très bien à quelle philosophie me rattacher, je me sens mal à l'aise dans ma peau, je ne sais pas si je suis assez stoïcien ou pas assez, ce que je dois apprendre ou pas, etc. Et tout ça, toutes ces questions, c'est exactement du même type que les services que l'on demande : à qui est-ce que je dois m'adresser à la cour, est-ce que je dois postuler cette charge ou d'autres ? Eh bien, Sénèque donne tout cet ensemble de conseils. Le service d'âme s'intègre au réseau d'amitiés, comme il se développait à l'intérieur des communautés cultuelles.

Alors disons que vous avez deux grands pôles : un pôle plus populaire, plus religieux, plus cultuel, théoriquement plus fruste, d'un côté ; et puis, à l'autre extrémité, des soins de l'âme, des soins de soi, des pratiques de soi, qui sont plus individuels, plus personnels, plus cultivés, plus liés, plus fréquents dans les milieux les plus favorisés, et qui s'appuient en partie sur les réseaux d'amitiés. Mais, bien sûr, en indiquant ces deux pôles, je ne veux pas du tout dire qu'il y a deux catégories, et deux catégories seulement : l'une, populaire et fruste ; et l'autre savante, cultivée et amicale. En fait les choses sont beaucoup plus compliquées[16]. On peut prendre deux exemples de cette complication. On pourrait prendre l'exemple des groupes épicuriens, groupes qui n'étaient pas religieux mais bien philosophiques, mais qui, à l'origine au moins, en Grèce, étaient des communautés en grande partie populaires, peuplées d'artisans, de petits commerçants, d'agriculteurs peu fortunés, et qui représentaient un choix politique démocratique, opposé au choix aristocratique des groupes platoniciens ou aristotéliciens, et qui impliquaient bien entendu aussi, tout populaires qu'ils étaient, une réflexion, réflexion théorique et philosophique, en tout cas tout un apprentissage doctrinal qui était important. Ce qui n'a pas empêché d'ailleurs le même épicurisme de donner lieu à des cercles extraordinairement sophistiqués et savants en Italie, surtout à Naples[17], et, bien entendu, autour de Mécène et à la cour d'Auguste[18].

Mais il y a aussi un autre exemple, pour vous montrer la complexité et la variété de toutes ces dimensions institutionnelles du souci de soi : c'est ce fameux groupe des Thérapeutes que décrit Philon d'Alexandrie dans son *Traité de la vie contemplative*. C'est un groupe énigmatique que ce groupe des Thérapeutes dont je vous ai déjà parlé, parce qu'en fait seul Philon d'Alexandrie le mentionne, et pratiquement – en dehors de quelques textes que l'on peut considérer comme des références implicites aux Thérapeutes – Philon lui-même, dans les textes qui nous restent, ne parle de ces Thérapeutes que dans ce texte-là. Si bien que certains ont supposé que les Thérapeutes n'existaient pas, et que c'était en fait la description idéale et utopique d'une communauté telle qu'elle devrait être. La critique contemporaine, et je suis absolument incompétent pour trancher, bien sûr, a l'air plutôt de supposer qu'en effet ce groupe a bel et bien existé[19]. Car, après tout, bien des recoupements le rendent en tout cas très vraisemblable. Or ce groupe des Thérapeutes, c'était donc, je vous l'ai dit, un groupe de gens qui s'étaient retirés aux environs d'Alexandrie, non pas dans le désert, comme sera la pratique érémitique et anachorétique chrétienne plus tardive[20], mais dans des sortes de petits jardins, petits jardins suburbains où chacun vivait dans sa cellule ou dans sa chambre, avec des lieux communautaires. Et cette communauté des Thérapeutes avait trois axes et trois dimensions. D'une part des pratiques cultuelles, religieuses très marquées, qui montrent bien que l'on a affaire à un groupe religieux : prière deux fois par jour, réunion hebdomadaire où les gens sont placés par rang d'âge et où chacun doit prendre l'attitude convenable[21] [...*]. Et, d'autre part, un accent également très marqué sur tout le travail intellectuel, théorique, tout le travail du savoir. Du côté du souci de soi il est dit, dès le début, que les Thérapeutes se sont retirés là où ils sont pour pouvoir guérir les maladies provoquées par « les plaisirs, les désirs, les chagrins, les craintes, les cupidités, les sottises, les injustices, et la multitude infinie des passions[22] ». Ce sont les Thérapeutes : ils viennent se guérir. Deuxièmement, autre référence : ce qu'ils cherchent avant tout, c'est l'*egkrateia* (la maîtrise de soi sur soi) qu'ils considèrent comme étant la base et le fondement de toutes les autres vertus[23]. Et, enfin, là le texte est, pour le vocabulaire, très important : tous ces fameux septièmes jours où ils ont donc leur réunion, eh bien, ils ajoutent, une seule fois dans la semaine, les soins du corps à l'*epimeleia tês psukhês* qui est leur activité de tous les jours[24]. L'*epimeleia tês psukhês*, c'est donc le souci de leur âme, auquel ils doivent se consacrer tous les jours. Et en même temps que ce souci de l'âme, vous voyez une très forte accentuation du savoir. Leur objectif, c'est, comme ils disent, comme dit Philon : apprendre à voir clair[25]. Et voir clair, c'est avoir le regard assez clair pour pouvoir contempler Dieu. Leur amour de la science, dit Philon, est tel qu'il leur arrive pendant trois jours, et même pour certains pendant six jours, d'oublier tout à fait de se nourrir[26]. Ils lisent les Saintes Écritures, ils se livrent à la philosophie allégorique, c'est-à-dire à l'interprétation des textes[27]. Et ils lisent également des auteurs sur lesquels Philon ne donne aucun renseignement, auteurs qui seraient les initiateurs de leur secte. Leur rapport au savoir, leur pratique d'étude est même si forte, leur soin de l'étude est si intense – et

---

* On entend seulement : « c'est-à-dire... le souci de soi ».

alors là on va retrouver un thème qui est très important dans toute la pratique de soi, auquel je crois déjà avoir fait allusion – que, même pendant leur sommeil, leurs rêves « proclament les doctrines de la philosophie sacrée[28] ». Le sommeil et les songes comme critères du rapport de l'individu à la vérité, critères de la relation qu'il y a entre la pureté de l'individu et la manifestation de la vérité, vous en avez là un exemple (je vous en avais cité, je crois, à propos des pythagoriciens aussi[29]).

Donc, vous voyez, je prends cet exemple parce que c'est là un groupe nettement religieux. Sur l'origine sociale des individus qui en font partie, on n'a aucun renseignement ; il n'y a aucune raison de supposer que ce soit des milieux aristocratiques ou privilégiés. Mais vous voyez aussi que la dimension du savoir, de la méditation, de l'apprentissage, de la lecture, de l'interprétation allégorique, etc., tout ceci est tout à fait considérable. Donc, il faut bien se dire que le souci de soi prend toujours forme à l'intérieur de réseaux ou de groupes déterminés et distincts les uns des autres, avec des combinaisons entre le cultuel, le thérapeutique – au sens qu'on a dit – et le savoir, la théorie, mais [il s'agit de] relations variables selon les groupes, selon les milieux et selon les cas. De toute façon, en tout cas, c'est dans ce morcellement, ou plutôt dans cette appartenance à une secte ou à un groupe, que se manifeste et s'affirme le souci de soi. On ne peut pas se soucier de soi, si vous voulez, dans l'ordre et dans la forme de l'universel. Ce n'est pas comme être humain en tant que tel, ce n'est pas simplement comme appartenant à la communauté humaine, même si cette appartenance est très importante, que le souci de soi peut se manifester, et surtout qu'il peut se pratiquer. Il ne peut se pratiquer qu'à l'intérieur du groupe, et du groupe dans sa distinction.

Alors là, je crois, on touche à quelque chose d'important. Bien sûr on peut dire, et il faut se rappeler, que la plupart de ces groupes refusent absolument – et c'est une de leurs raisons d'être, et ça a été une des raisons de leur succès dans les sociétés grecque, hellénistique et romaine – de valider et de reprendre à leur compte les différences de statut que l'on trouvait dans la cité ou dans la société. Pour l'*Alcibiade* par exemple, le souci de soi s'inscrivait à l'intérieur d'une différence de statut, qui faisait qu'Alcibiade était destiné à gouverner et que c'était à cause de ça, et en quelque sorte à cause du statut reçu et qui n'était pas mis en question, qu'il devait s'occuper de lui[-même]. Dans la plupart des groupes dont je vous parle, en principe on ne valide pas, on ne reconnaît pas, on n'accepte pas la distinction entre le riche et le pauvre, entre celui qui a reçu une naissance éclatante et celui dont la famille est obscure, entre celui qui exerce un pouvoir politique et celui qui vit caché. À part peut-être les pythagoriciens, à propos desquels on se pose un certain nombre de questions[30], pour la plupart des groupes il ne semble pas, en tout cas, que même l'opposition libre/esclave ait été au moins théoriquement acceptée. Les textes des épicuriens et des stoïciens sont là-dessus nombreux et itératifs : après tout, un esclave peut être plus libre qu'un homme libre, si celui-ci ne s'est pas affranchi de tous les vices, passions, dépendances, etc., à l'intérieur desquels il était pris[31]. Par conséquent, puisqu'il n'y a pas de différence de statut, on peut dire que tous les individus sont en général « capables » : capables de se pratiquer eux-mêmes, capables d'exercer cette pratique de soi. Il n'y a pas de disqualification *a priori* de tel individu pour cause de naissance ou de statut. Mais, d'un autre côté, si tous sont capables en principe d'accéder à la pratique de soi, c'est un fait absolument général que bien peu sont en effet capables de s'occuper de soi. Manque de courage, manque de force, manque d'endurance – incapables de saisir l'importance de cette tâche, incapables de la mener à bien : tel est en effet le destin de la majorité. Le principe de s'occuper de soi (obligation de *epimeleisthai heautou*) pourra bien être répété partout et à tous. L'écoute, l'intelligence, la mise en œuvre de cette pratique sera, de toute façon, faible. Et c'est même parce que l'écoute est faible et parce que de toute façon bien peu sauront l'écouter, c'est à cause de cela même qu'il faut que le principe soit répété partout. Et là-dessus on a un texte d'Épictète qui est très intéressant. Il évoque à nouveau le *gnôthi seauton* (le précepte delphique) et il dit : Regardez ce qui se passe avec ce précepte delphique. Il est inscrit, il a été marqué, gravé dans la pierre au centre du monde civilisé (il emploie le mot *oikoumenê*). Il est au centre de l'*oikoumenê*, c'est-à-dire : de ce monde lisant et écrivant, parlant grec, ce monde cultivé qui constitue la seule communauté humaine recevable. Il a été écrit là donc, tout le monde peut le voir, en ce centre de l'*oikoumenê*. Mais le *gnôthi seauton*, placé par le dieu au centre géographique de la communauté humaine recevable, eh bien il est inconnu et il est incompris. Et passant de cette loi générale, de ce principe général à l'exemple de Socrate, il dit : Regardez Socrate. Combien de jeunes gens Socrate a-t-il dû interpeller dans la rue pour qu'il y en ait malgré tout quelques-uns qui veuillent bien finir par l'écouter et s'occuper d'eux-mêmes ? Socrate, dit Épictète, réussissait-il à persuader tous ceux qui venaient à lui de prendre soin d'eux-mêmes ? Pas même un sur mille[32]. Eh bien, vous voyez qu'on retrouve là, dans cette affirmation que le principe est donné à tous mais que bien peu sont ceux qui peuvent l'écouter, la forme bien connue, traditionnelle, du partage qui a été si important, si décisif dans toute la culture antique, entre quelques-uns et les autres, entre les premiers et la masse, entre les meilleurs et la foule (entre *oi prôtoi* et *oi pôlloi* : les premiers et puis les nombreux). Cet axe de partage était dans la culture grecque, hellénistique, romaine, un axe permettant le partage hiérarchique entre les premiers – des privilégiés dont le privilège n'avait pas à être mis en question, même si on pouvait questionner la manière dont ils l'exerçaient – et puis les autres. Vous voyez que maintenant on va encore retrouver l'opposition entre quelques-uns et tous les autres, mais le partage n'est plus un partage hiérarchique : c'est un partage opératoire entre ceux qui sont capables et ceux qui ne sont pas capables [de soi]. Ce n'est plus le statut de l'individu qui définit, à l'avance et par sa naissance, la différence qui va l'opposer à la masse et aux autres. C'est le rapport à soi, c'est la modalité et le type de rapport à soi, c'est la manière dont il se sera effectivement élaboré lui-même comme objet de son soin : c'est là que va se faire le partage entre les quelques-uns et les plus nombreux. L'appel doit être lancé à tous parce que seuls quelques-uns seront capables effectivement de s'occuper d'eux-mêmes. Et vous voyez qu'on reconnaît là la grande forme de la voix qui s'adresse à tous et qui n'est entendue que par bien peu, la grande forme de l'appel universel et qui n'assure le salut que de quelques-uns. Vous retrouvez ici cette forme qui aura une si grande importance dans toute notre culture. Il faut bien dire que cette forme n'a pas été exactement inventée là. Et en fait, dans tous ces groupes cultuels dont je vous parlais, dans certains au moins, on trouvait bien le principe que l'appel était lancé à tous, mais que bien peu nombreux étaient les vrais bacchants[33].

C'est cette forme que l'on va retrouver au cœur même du christianisme, réarticulée dans le christianisme autour du problème de la Révélation, de la foi, du Texte, de la grâce, etc. Mais ce qui est, je crois, important, et c'est ça que je voulais souligner aujourd'hui, c'est que c'est déjà dans cette forme à deux éléments (universalité de l'appel et rareté du salut) que s'est problématisée en Occident la question du soi et du rapport à soi. Disons en d'autres termes que le rapport à soi, le travail de soi sur soi, la découverte de soi par soi, ont été en Occident conçus et déployés comme la voie, la seule voie possible qui mène de l'universalité d'un appel qui ne peut être, de fait, entendu que par quelques-uns, à la rareté du salut dont nul pourtant n'était originairement exclu. Ce jeu entre un principe universel qui ne peut être entendu que par quelques-uns, et ce rare salut dont pourtant personne n'est *a priori* exclu, c'est cela qui va être, vous le savez bien, au cœur même de la plupart des problèmes théologiques, spirituels, sociaux, politiques du christianisme. Or cette forme-là, vous la voyez très nettement articulée ici, articulée dans cette technologie du soi, ou plutôt (car ce n'est plus de technologie seulement qu'il faut parler) : la civilisation grecque, hellénistique et romaine a donné lieu à une véritable culture du soi qui a pris, je crois, aux Ier et IIe siècles de notre ère, des dimensions considérables. C'est à l'intérieur de cette culture de soi que l'on voit jouer à plein cette forme, encore une fois si fondamentale dans notre culture, entre l'universalité de l'appel et la rareté du salut. Cette notion de salut, d'ailleurs (se sauver, faire son salut), est absolument centrale dans tout cela. Je ne vous en ai pas encore parlé, parce que précisément on y arrive, mais vous voyez que le déplacement chronologique qui nous a menés du souci de soi adolescent au souci de soi pour devenir vieux, pose le problème de savoir quel est l'objectif et le but de ce souci de soi ; en quoi est-ce qu'on peut être sauvé ? Vous voyez aussi que le rapport médecine/pratique de soi nous renvoie à ce problème du « se sauver et faire son salut » : qu'est-ce que c'est qu'être en bonne santé, échapper aux maladies, à la fois être conduit à la mort et se sauver d'une certaine façon de la mort ? Alors, vous voyez que tout ceci nous conduit à une thématique du salut, dont la forme est définie clairement dans un texte comme celui d'Épictète, que je vous citais tout à l'heure. Un salut qui, encore une fois, doit répondre à un appel universel mais ne peut être, de fait, réservé qu'à quelques-uns.

Eh bien, écoutez alors, la prochaine fois je tâcherai de vous parler d'un autre aspect de cette culture de soi : celui qui concerne la manière dont « se cultiver soi-même », « se soucier de soi-même » a donné lieu à des formes de rapports, à une élaboration de soi comme objet de savoir et de connaissance possibles, tout à fait différentes de ce que l'on pouvait trouver dans le platonisme.

*

NOTES

1. Cf. par exemple ce que rapporte Stobée : « De même que la force du corps est une tension *(tonos)* suffisante dans les nerfs, de même la force de l'âme est une tension suffisante de l'âme dans le jugement ou l'action » *(Florilegium,* II, 564). Sur

cette problématique de la tension *(tonos)* dans le stoïcisme et son cadre moniste (« le *tonos* est la tension interne qui unifie un être dans sa totalité », p. 90), la référence essentielle reste l'ouvrage de A.J. Voelke, *L'Idée de volonté dans le stoïcisme, op. cit.,* après les classiques analyses de E. Bréhier dans son *Chrysippe et l'ancien stoïcisme,* Paris, PUF, 1910 (1950²).

2. À propos des lettres 55, 57, 78, Foucault écrit : « Les lettres de Sénèque offriraient bien des exemples de cette attention portée à la santé, au régime, aux malaises et à tous les troubles qui peuvent circuler entre corps et âme » (*Le Souci de soi, op. cit.,* p. 73).

3. Marcus Cornelius Fronto (100-166), natif de Numidie, consul en 143, est surtout connu pour avoir été le maître de rhétorique de Marc Aurèle. Il semble qu'il ait été un bon orateur, mais il ne nous reste pour en juger que sa correspondance avec le futur empereur. Cette correspondance dure de 139 à 166 (mort de Fronton). Cf. l'analyse par Foucault de cette correspondance, cours du 27 janvier, deuxième heure.

4. Ælius Aristide est l'auteur de six *Discours sacrés* consacrés à ses maladies et à ses cures (trad. A.-J. Festugière, Paris, Macula, 1986). Cf., sur le même, *Le Souci de soi,* p. 73.

5. Référence au début de *La République* de Platon, au moment où Céphale, interrogé sur les désagréments de la vieillesse, répond : « J'ai rencontré au contraire des vieillards animés de sentiments bien différents, entre autres le poète Sophocle. J'étais un jour près de lui, quand on lui demanda : "Où en es-tu, Sophocle, à l'égard de l'amour ? Es-tu encore capable d'entreprendre une femme ? – Tais-toi, l'ami, répondit Sophocle ; je suis enchanté d'être échappé de l'amour, comme si j'étais échappé des mains d'un être enragé et sauvage." » (*La République,* livre I, 329b-c, *in* Platon, *Œuvres complètes,* t. VI, trad. E. Chambry, éd. citée, p. 6.)

6. Dans toute la description qui suit, Foucault va en fait confondre deux textes de Sénèque : un passage de l'entretien sur *La Tranquillité de l'âme* : « Ajoutes-y ceux qui, se tournant et retournant comme les gens qui n'arrivent pas à dormir, essayent successivement toutes les postures jusqu'à ce que la fatigue leur fasse trouver le repos : après avoir cent fois modifié l'assiette de leur existence, ils finissent par rester dans la position où les saisit non pas l'impatience du changement, mais la vieillesse » (II, 6, trad. R. Waltz, éd. citée, p. 76) et la lettre 32 : « Cette vie est si courte ! Et nous l'abrégeons par notre légèreté, passant coup sur coup avec elle de recommencement en recommencement. Nous morcelons, nous émiettons la vie » (*Lettres à Lucilius,* t. I, livre IV, lettre 32, 2, éd. citée, p. 142). Cf. aussi : « Tu comprendras ce qu'a de révoltant la frivolité des hommes, qui, chaque jour, établissent leur vie sur une base nouvelle » (*id.,* livre II, lettre 13, 16, p. 51) et la lettre 23, 9.

7. « Hâte-toi donc, mon bien cher Lucilius. Songe comme tu devrais redoubler de vitesse, si tu avais l'ennemi à dos, si tu soupçonnais l'approche d'une cavalerie pourchassant les fuyards. Tu en es là : on te pourchasse. Allons vite ! » (*id.,* 32, 3, p. 142).

8. *Id.,* 32, 4 (p. 143).

9. Cf. cours du 24 mars, deuxième heure.

10. Cf., pour un nouvel examen de la nature immortelle ou non de l'âme chez les stoïciens (et particulièrement Sénèque), cours du 17 mars, deuxième heure.

11. Cf. l'analyse de cette sentence dans le cours du 6 janvier, deuxième heure.

12. Cf. J.-M. André, *L'Otium dans la vie morale et intellectuelle romaine, des origines à l'époque augustéenne,* Paris, PUF, 1966.

13. Divinité égyptienne, Isis est surtout connue pour avoir rassemblé les morceaux du corps d'Osiris dans une légende fameuse dont on trouve un récit complet chez Plutarque (*Isis et Osiris, in* Plutarque, *Œuvres morales,* t. V-2, trad. C. Froidefond, Paris, Les Belles Lettres, 1988). Aux premiers siècles de notre ère, son culte (elle est à la fois la femme rouée, l'épouse dévouée et la mère couveuse) connaît une forte expansion et un succès populaire grandissant, jusqu'à rencontrer l'engouement des empereurs romains (ainsi Caligula qui fait construire à Rome un temple d'Isis) et devenir même une entité philosophico-mystique chez les gnostiques. À propos des abstinences et confessions dans ces rites, cf. F. Cumont, *Les Religions orientales dans le paganisme romain,* Paris, E. Leroux, 1929, p. 36-37 et 218 n. 40, et R. Turcan, *Les Cultes orientaux dans le monde romain,* Paris, Les Belles Lettres, 1989, p. 113 (je dois ces références à P. Veyne).

14. Cf. *Le Souci de soi,* p. 68.

15. Cf. *id.,* p. 69.

16. Sur la vie et l'organisation sociale dans les écoles de philosophie antique, cf. Carlo Natali, « Lieux et École de savoir », in *Le Savoir grec,* s.dir. J. Brunschwig & G. Lloyd, Paris, Flammarion, 1996, p. 229-248. On trouve aussi des indications générales dans P. Hadot, *Qu'est-ce que la philosophie antique ?, op. cit.,* p. 154-158.

17. Concernant l'organisation du Cercle de Mécène (regroupant Virgile, Horace, Properce, etc.) à la cour d'Auguste à la fin des années trente av. J.-C., cf. J.-M. André, *Mécène. Essai de biographie spirituelle,* Paris, Les Belles Lettres, 1967.

18. Sur l'épicurisme romain en Campanie, notamment autour de Philodème de Gadara et de Lucius Calpurnius Piso Caesoninus, cf. l'ouvrage fondamental du spécialiste en la matière : M. Gigante, *La Bibliothèque de Philodème et l'épicurisme romain,* Paris, Les Belles Lettres, 1987.

19. On distingue ordinairement (cf. l'introduction de F. Daumas à sa traduction du *De Vita contemplativa* de Philon, éd. citée, ainsi que la bibliographie très complète de R. Radice : *Filone di Alessandria,* Naples, Bibliopolis, 1983) trois « périodes » de la critique : la période ancienne (d'Eusèbe de Césarée au IIIe siècle à B. de Montfaucon au XVIIIe siècle) assimile les « Thérapeutes » à une communauté chrétienne ; la période moderne au XIXe siècle (avec Renan et le P. Lagrange) considère la description philonienne comme une peinture idéale ; enfin la critique contemporaine atteste, par recoupements, l'existence réelle du groupe des Thérapeutes, et se prononce pour un rapprochement avec les Esséniens (cf. M. Delcor, etc.).

20. C'est dans le cours du 19 mars 1980 que Foucault élabore sa grande thèse d'une reprise des techniques philosophiques et païennes de direction et d'examen dans le christianisme chez Cassien, à partir du problème qui se trouvait posé de la formation de l'anachorète avant son départ pour le désert.

21. « Les mains sous les vêtements, la droite entre la poitrine et le menton, la gauche pendant sur le côté » (Philon, *De Vita contemplativa,* 476M, trad. P. Miquel, éd. citée, § 30, p. 99-101).

22. *Id.,* 471M, § 2 (p. 81).

23. « Sur la base du contrôle de soi *(egkrateian),* ils édifient les autres vertus de l'âme » (*id.,* 476M, § 34, p. 103).

24. « Considérant le septième jour comme un jour très saint, ils l'ont favorisé d'un honneur insigne : ce jour-là, après les soins de l'âme *(tên tês psukhês epimeleian),* c'est le corps qu'ils frottent d'huile » (*id.,* 477M, § 36, p. 105).

25. « La race des Thérapeutes, dont l'effort constant est d'apprendre à voir clair, s'attache à la contemplation de l'Être » (*id.,* 473M, § 10, p. 85).

26. *Id.,* 476M, § 35 (p. 103-104).

27. *Id.,* 475M, § 28 (p. 97-98).

28. *Id.,* § 26 (p. 97).

29. Cf. cours du 12 janvier, première heure, et du 24 mars, deuxième heure.

30. Sur l'organisation politique de la société pythagoricienne et ses tendances aristocratiques, cf. la présentation classique et précieuse de A. Delatte dans son chapitre « Organisation politique de la société pythagoricienne », in *Essai sur la politique pythagoricienne* (1922), Genève, Slatkine Reprints, 1979, p. 3-34.

31. Cf. les textes décisifs d'Épictète dans les *Entretiens* (tout le chapitre I du livre IV et surtout le livre II, I, 22 à 28, démontrant qu'il ne suffit pas d'être affranchi devant le préteur pour n'être plus esclave) et le *Manuel* (XIV), ainsi que, sur la liberté du sage, les Sentences Vaticanes 67 et 77 d'Épicure.

32. « Et pourquoi est-il Apollon ? Et pourquoi rend-il des oracles ? Et pourquoi s'est-il établi en un lieu qui fît de lui le prophète et la source de la vérité et le rendez-vous de tous les habitants du monde civilisé *(ek tês oikoumenês)* ? Et pourquoi est-il inscrit sur le temple "Connais-toi toi-même", bien que personne ne comprenne ce mot ? Socrate réussissait-il à persuader tous ceux qui venaient à lui de prendre soin d'eux-mêmes ? Pas même un sur mille » (*Entretiens,* III, 1, 18-19, éd. citée, p. 8).

33. Allusion à une célèbre formule initiatique orphique, relative au petit nombre d'élus ; cf. « nombreux sont les porteurs de thyrse, rares les bacchants » (Platon, *Phédon,* 69c, trad. L. Robin, éd. citée, p. 23).

COURS DU 27 JANVIER 1982

Première heure

Rappel sur des caractères généraux des pratiques de soi au Ier-IIe siècle. –
La question de l'Autre : les trois types de maîtrise dans les dialogues plato-
niciens. – Période hellénistique et romaine : la maîtrise de subjectivation. –
Analyse de la stultitia *chez Sénèque. – La figure du philosophe comme*
maître de subjectivation. – La forme institutionnelle hellénique : l'école
épicurienne et la réunion stoïcienne. – La forme institutionnelle romaine : le
conseiller privé d'existence.

Je vais donc essayer de décrire un petit peu quelques-uns des traits
qui me paraissent les plus caractéristiques de cette pratique de soi, pour
l'Antiquité au moins, et sans préjuger ce qui a pu se passer par la suite,
par exemple au XVIe ou au XXe siècle, dans nos civilisations. Donc : traits
caractéristiques que, pendant le Ier-IIe siècle de notre ère, a pris cette
pratique de soi.

Premier caractère, que j'avais relevé la dernière fois, c'était donc
l'intégration, l'intrication de la pratique de soi avec cette formule générale de l'art de vivre *(tekhnê tou biou),* intégration qui faisait que le
souci de soi n'apparaissait plus comme une sorte de condition préliminaire à ce qui serait, par la suite, un art de vivre. La pratique de soi
n'était plus cette sorte de point charnière entre l'éducation des pédagogues et la vie adulte, c'était au contraire une sorte d'exigence qui
devait courir tout au long de l'existence, trouvant son centre de gravité
à l'âge adulte, ce qui entraînait évidemment, pour cette pratique de soi,
un certain nombre de conséquences. Premièrement, une fonction plus
nettement critique que formatrice : il s'agissait de corriger plutôt que
d'instruire. De là, une parenté beaucoup plus nette avec la médecine, ce
qui dégage un petit peu la pratique de soi de la pédagogie [...*]. Enfin,

---

* On entend seulement : « même si le mot *paideia* [...] c'est dans l'expérience
individuelle [...] finalement la culture ».

un rapport privilégié entre la pratique de soi et la vieillesse, la pratique de soi et par conséquent la vie elle-même, puisque la pratique de soi fait corps avec la vie ou s'incorpore à la vie même. La pratique de soi a donc pour objectif la préparation à la vieillesse, laquelle apparaît comme un moment privilégié de l'existence et, à dire vrai, comme le point idéal de l'accomplissement du sujet. Pour être sujet, il faut être vieux.

Deuxième caractère de cette pratique de soi, telle qu'elle se formule dans la période hellénistique et romaine. Encore une fois, quand je prends le Ier-IIe siècle, ce n'est pas tellement que je situe, là, dans cette période, tous les phénomènes et l'émergence de tous les phénomènes que j'essaie de décrire. J'ai pris cette période dans la mesure où elle représente un sommet dans une évolution qui a sans doute été fort longue tout au cours de la période hellénistique. Donc, second trait : le souci de soi se formule comme un principe inconditionné. « Comme un principe inconditionné », cela veut dire qu'il se présente comme une règle applicable à tous, praticable par tous, sans aucune condition préalable de statut et sans aucune finalité technique, professionnelle ou sociale. L'idée qu'il faudrait se soucier de soi parce que l'on est quelqu'un qui, par statut, est destiné à la politique, et pour pouvoir en effet gouverner comme il faut les autres, cela est une idée qui n'apparaît plus, ou en tout cas qui recule beaucoup (il faudra revenir là-dessus pour un peu plus de détails). Donc : pratique inconditionnée, mais pratique inconditionnée qui se trouvait toujours, de fait, mise en œuvre dans des formes exclusives. De fait, seuls quelques-uns peuvent avoir accès à cette pratique de soi, ou seuls quelques-uns en tout cas peuvent mener cette pratique de soi jusqu'au but qui est le sien. Et le but de la pratique de soi, c'est le soi. Seuls quelques-uns sont capables du soi, même s'il est vrai que la pratique de soi est un principe qui s'adresse à tous. Et les deux formes d'exclusion, de raréfaction si vous voulez, par rapport à l'inconditionnalité du principe, c'était : soit l'appartenance à un groupe fermé – en général c'était le cas dans les mouvements religieux –, soit encore la capacité de pratiquer l'*otium,* la *skholê,* le loisir cultivé, ce qui représente une ségrégation plutôt de type économique et social. Il y a en gros : la fermeture autour du groupe religieux, ou la ségrégation par la culture. C'était ça, les deux grandes formes à partir de quoi on définissait ou on donnait les instruments pour que certains individus, et eux seulement, puissent accéder par la pratique de soi au statut plein et entier de sujet. Je vous avais indiqué d'ailleurs que ces deux principes n'étaient pas représentés, ne jouaient pas à l'état pur, mais toujours dans une certaine combinaison entre eux : pratiquement, les groupes religieux impliquaient toujours une certaine forme d'activité culturelle – et parfois même très haute comme dans ce groupe des Thérapeutes décrit par Philon d'Alexandrie – et inversement, il y avait dans la sélection, si vous voulez : sociale, par la culture, des éléments de constitution d'un groupe à religiosité plus ou moins intense, comme par exemple chez les pythagoriciens. En tout cas nous en étions arrivés à ceci, c'est que le rapport à soi apparaît désormais comme l'objectif de la pratique de soi. Cet objectif, c'est le but terminal de la vie, mais c'est en même temps une forme rare d'existence. But terminal de la vie pour tout homme, forme rare d'existence pour quelques-uns, et pour quelques-uns seulement : on a là, si vous voulez, la forme vide de cette grande catégorie trans-historique qui est celle du salut. Cette forme vide du salut, vous voyez qu'elle apparaît à l'intérieur de la culture antique, à coup sûr en écho, en corrélation, dans une liaison qu'il faudra un peu mieux définir bien sûr, avec les mouvements religieux, mais il faut bien dire aussi qu'elle apparaît dans une certaine mesure par elle-même, pour elle-même, qu'elle n'est pas simplement un phénomène ou un aspect de la pensée ou de l'expérience religieuses. Cette forme vide du salut, il faut maintenant voir quel contenu la culture, la philosophie, la pensée antiques vont lui donner.

Mais avant d'en arriver là, je voudrais poser un problème préalable qui est la question de l'Autre, la question d'autrui, la question du rapport à l'autre, à l'autre comme médiateur entre cette forme du salut et le contenu qu'il va falloir lui donner. C'est à ça que je voudrais m'arrêter aujourd'hui : le problème de l'autre comme étant le médiateur indispensable entre cette forme que j'ai essayé d'analyser la dernière fois, et le contenu que je voudrais analyser la prochaine fois. Autrui, l'autre, est indispensable dans la pratique de soi, pour que la forme que définit cette pratique atteigne effectivement, et se remplisse effectivement de son objet, c'est-à-dire le soi. Pour que la pratique de soi arrive à ce soi qu'elle vise, l'autre est indispensable. Voilà la formule générale. C'est ça qu'il faut un petit peu analyser maintenant. Prenons, à titre de point de repère, la situation telle qu'elle peut apparaître en gros, soit dans l'*Alcibiade,* soit en tout cas d'une façon générale dans les dialogues socratico-platoniciens. On peut reconnaître facilement à travers les différents personnages – valorisés positivement ou négativement, peu importe – qui apparaissent dans ce type-là de dialogue, trois types de maîtrise, trois types de relation à autrui comme indispensable à la formation du jeune homme. Premièrement, la maîtrise d'exemple. L'autre est un modèle de comportement, un modèle de comportement qui est transmis et proposé au plus jeune et qui est indispensable pour sa formation. Cet exemple, il peut être transmis par la tradition : ce sont les héros, ce sont les grands hommes qu'on apprend à connaître à travers les récits, les épopées, etc. La maîtrise d'exemple est aussi assurée par la présence des grands aînés prestigieux, des vieillards glorieux de la cité. Cette maîtrise d'exemple est aussi assurée d'une façon plus proche par les amoureux qui, tout autour du jeune garçon, lui proposent un modèle – doivent, devraient en tout cas, lui proposer un modèle – de comportement. Deuxième type de maîtrise, c'est la maîtrise de compétence, c'est-à-dire tout simplement celle qui transmet au plus jeune des connaissances, des principes, des aptitudes, des savoir-faire, etc. Enfin, troisième type de maîtrise : bien sûr, c'est la maîtrise socratique qui est la maîtrise de l'embarras et de la découverte, et qui s'exerce à travers le dialogue. Ce qu'il faut remarquer, je crois, c'est que ces trois maîtrises reposent les unes et les autres sur un certain jeu de l'ignorance et de la mémoire. Le problème, dans cette maîtrise, c'est : comment faire sortir le jeune homme de son ignorance ? Il a besoin d'avoir sous les yeux des exemples qu'il puisse honorer dans sa vie. Il a besoin d'acquérir les techniques, le savoir-faire, les principes, les connaissances qui lui permettront de vivre comme il faut. Il a besoin de savoir – et c'est ce qui se produit dans le cas de la maîtrise socratique – le fait qu'il ne sait pas, et en même temps qu'il en sait plus qu'il ne sait. Ces maîtrises fonctionnent donc à l'ignorance, et elles fonctionnent aussi à la mémoire dans la mesure où il s'agit soit de mémoriser un modèle, soit de mémoriser, d'apprendre, de se familiariser avec un savoir-faire, soit encore de découvrir que le savoir qui nous manque, eh bien, on le retrouve tout simplement dans la mémoire elle-même, et que, par conséquent, s'il est vrai qu'on ne savait pas qu'on ne savait pas, il est tout aussi vrai qu'on ne savait pas que l'on savait. Peu importent les différences entre ces trois catégories de maîtrise. Laissons de côté la spécificité, la singularité, le rôle capital qu'a pu jouer la maîtrise de type socratique par rapport aux deux autres. Je crois qu'elles ont au moins ceci de commun, celle de Socrate et les deux autres, que c'est toujours d'ignorance et de mémoire qu'il est question, la mémoire étant précisément ce qui permet de passer de l'ignorance à la non-ignorance, de l'ignorance au savoir, étant entendu que l'ignorance n'est pas par elle-même capable de sortir de soi. Et la maîtrise socratique est intéressante dans la mesure où le rôle de Socrate est de montrer que l'ignorance, en fait, ignore qu'elle sait, donc que jusqu'à un certain point le savoir peut sortir de l'ignorance même. Mais le fait de l'existence de Socrate, et la nécessité du questionnement de Socrate prouvent que, pourtant, ce mouvement ne peut pas être fait sans un autre.

Dans la pratique de soi telle que je voudrais l'analyser beaucoup plus tard, à la période hellénistique et romaine, au début de l'Empire, le rapport à l'autre est tout aussi nécessaire qu'à l'époque classique que j'évoquais tout à l'heure, mais évidemment sous une tout autre forme. Cette nécessité de l'autre se fonde encore, toujours, jusqu'à un certain point, sur le fait de l'ignorance. Mais elle se fonde surtout sur ces autres éléments dont je vous parlais la dernière fois : essentiellement sur le fait que le sujet est moins ignorant que mal formé, ou plutôt déformé, vicieux, pris dans de mauvaises habitudes. Elle est surtout fondée sur le fait que l'individu, même à l'origine, même au moment de sa naissance, même, comme le dit Sénèque, quand il était dans le ventre de sa mère, n'a jamais eu à la nature le rapport de volonté rationnelle qui caractérise l'action moralement droite et le sujet moralement valable[1]. Par conséquent, ce vers quoi le sujet doit tendre, ce n'est pas un savoir qui se substituera à son ignorance. Ce vers quoi l'individu doit tendre, c'est un statut de sujet qu'il n'a jamais connu à aucun moment de son existence. Il a à substituer au non-sujet le statut de sujet, défini par la plénitude du rapport de soi à soi. Il a à se constituer comme sujet, et c'est là où l'autre a à intervenir. Je crois qu'on a là un thème qui est assez important dans toute l'histoire de cette pratique de soi et, d'une façon plus générale, de la subjectivité dans le monde occidental. Désormais le maître n'est plus le maître de mémoire. Ce n'est plus celui qui, sachant ce que l'autre ne sait pas, le lui transmet. Il n'est même plus celui qui, sachant que l'autre ne sait pas, sait lui montrer comment il sait en réalité ce qu'il ne sait pas. Ce n'est plus dans ce jeu-là que le maître va s'inscrire. Désormais, le maître est un opérateur dans la réforme de l'individu et dans la formation de l'individu comme sujet. Il est le médiateur dans le rapport de l'individu à sa constitution de sujet. De cela on peut dire que, d'une façon ou d'une autre, toutes les déclarations des philosophes, directeurs de conscience, etc., du Ier-IIe siècle, donnent témoignage. Prenez par exemple le fragment de Musonius (c'est dans l'édition Hense des *Œuvres* de Musonius, le fragment 23) où il dit ceci qui est très intéressant. Il dit : Vous voyez, quand il s'agit d'apprendre quelque chose qui est de l'ordre de la connaissance ou des arts *(tekhnai),* on a toujours besoin d'un entraînement, on a toujours besoin d'un maître. Et pourtant, dans ces domaines-là (les connaissances, les sciences, les arts), on n'a pas pris de mauvaises habitudes. Simplement on ignore. Eh bien, même à partir de ce statut d'ignorance, on a besoin d'être entraîné et on a besoin d'un maître. Eh bien, dit-il, lorsqu'il s'agira de transformer les mauvaises habitudes, lorsqu'il s'agira de transformer l'*hexis,* la manière d'être de l'individu, lorsqu'il faudra se corriger, alors *a fortiori* on aura besoin d'un maître. Passer de l'ignorance au savoir implique le maître. Passer d'un statut « à corriger » au statut « corrigé », cela suppose *a fortiori* un maître. L'ignorance ne pouvait pas être opératrice de savoir, c'était là, sur ce point, que se fondait la maîtrise dans la pensée classique. Désormais le sujet ne peut plus être opérateur de sa propre transformation, et c'est là où s'inscrit maintenant la nécessité du maître[2].

À titre d'exemple, je voudrais prendre un petit passage de Sénèque au début de la lettre 52 à Lucilius. Au début de cette lettre, il évoque rapidement l'agitation de la pensée, l'irrésolution dans laquelle on se trouve tout naturellement. Et il dit ceci : Cette agitation de la pensée, cette irrésolution, c'est en somme ce qu'on appelle la *stultitia*[3]. La *stultitia* qui est quelque chose qui ne se fixe à rien et qui ne se plaît à rien. Or, dit-il, personne n'est assez en bonne santé *(satis valet)* pour sortir par lui-même de cet état (sortir : *emergere*). Il faut que quelqu'un lui tende la main, et que quelqu'un le tire dehors : *oportet aliquis educat*[4]. Eh bien, de ce petit passage, je voudrais retenir deux éléments. Premièrement, vous voyez que ce dont il s'agit dans cette nécessité du maître, ou de l'aide, c'est de bonne et de mauvaise santé, donc en effet de correction, de rectification, de réformation. Cet état pathologique, cet état morbide dont il faut sortir, qu'est-ce que c'est ? Le mot est donc prononcé : c'est la *stultitia*. Or vous savez que la description de la *stultitia* est une sorte de lieu commun dans la philosophie stoïcienne, surtout à partir de Posidonius[5]. On la trouve en tout cas décrite plusieurs fois dans Sénèque. On la trouve évoquée au début de cette lettre 52, on la trouve surtout décrite au début du *De Tranquillitate*[6]. Vous savez, lorsque Serenus demande consultation à Sénèque, Sénèque lui dit : Bon, je vais te donner le diagnostic qui te convient, je vais te dire exactement où tu en es. Mais pour bien te faire comprendre où tu en es, je vais d'abord te donner la description de l'état le plus mauvais dans lequel on peut être, et à dire vrai : l'état dans lequel on se trouve lorsqu'on n'a pas encore commencé le cheminement de la philosophie, ni le travail de la pratique de soi[7]. Lorsqu'on n'a pas encore pris soin de soi-même, on est dans cet état de *stultitia*. La *stultitia* est donc, si vous voulez, l'autre pôle par rapport à la pratique de soi. La pratique de soi, elle a affaire – comme matière première, si vous voulez, – à la *stultitia,* et son objectif c'est d'en sortir. Or qu'est-ce que c'est que la *stultitia* ? Le *stultus,* c'est celui qui n'a pas souci de lui-même. Comment est-ce que le *stultus* se caractérise ? En se référant en particulier à ce texte du début du *De Tranquillitate*[8], on peut dire ceci : le *stultus,* c'est d'abord celui qui est ouvert à tous les vents, ouvert au monde extérieur, c'est-à-dire celui qui laisse entrer dans son esprit toutes les représentations qui peuvent lui être offertes par le monde extérieur. Ces représentations, il les accepte sans les examiner, sans savoir analyser ce qu'elles représentent. Le *stultus* est ouvert au monde extérieur dans la mesure où il laisse ces représentations en quelque sorte se mêler à l'intérieur de son propre esprit – avec ses passions, ses désirs, son ambition, ses habitudes de pensée, ses illusions, etc. –, de sorte que le *stultus* est celui qui est donc ouvert à tous les vents des représentations extérieures et qui n'est pas ensuite capable, une fois qu'elles sont entrées dans son esprit, de faire le partage, la *discriminatio* entre ce qui est le contenu de ces représentations et les éléments que nous appellerions, si vous voulez, subjectifs, qui viennent se mêler à lui[9]. C'est là le premier caractère du *stultus.* Le *stultus,* d'autre part, et en conséquence de cela, est celui qui est dispersé dans le temps : non seulement ouvert à la pluralité du monde extérieur, mais dispersé dans le temps. Le *stultus,* c'est celui qui ne se souvient de rien, qui laisse sa vie s'écouler, qui n'essaie pas de la ramener à une unité en remémorisant ce qui mérite d'être mémorisé, et [qui ne dirige] pas son attention, son vouloir, vers un but précis et bien fixé. Le *stultus* laisse la vie s'écouler, change d'avis sans arrêt. Sa vie, son existence par conséquent, s'écoule sans mémoire ni volonté. De là, chez le *stultus,* le perpétuel changement de mode de vie. Vous vous souvenez peut-être, la dernière fois, que j'avais évoqué ce texte de Sénèque où il disait : Rien n'est plus nocif au fond que de changer de mode de vie avec son âge, et d'avoir un certain mode de vie quand on est adolescent, un autre quand on est adulte, un troisième quand on est vieux[10]. Il faut en réalité faire tendre sa vie le plus vite possible vers son objectif qui est l'accomplissement de soi dans la vieillesse. « Hâtons-nous d'être vieux », disait-il en somme, la vieillesse étant ce point de polarisation qui permet de tendre la vie en une seule unité. Le *stultus,* c'est tout le contraire. Le *stultus* est celui qui ne pense pas à sa vieillesse, qui ne pense pas à la temporalité de sa vie telle qu'elle doit être polarisée dans l'achèvement de soi à la vieillesse. C'est celui qui change de vie sans arrêt. Et là, alors, bien pire que le choix d'un mode de vie différent pour chaque âge, il évoque ceux qui changent de mode de vie tous les jours et voient arriver la vieillesse sans y avoir pensé un instant. Ce passage est important, et se trouve donc au début du *De Tranquillitate*[11]. Et la conséquence alors – à la fois conséquence et principe – de cette ouverture aux représentations qui viennent du monde extérieur, et de cette dispersion dans le temps, c'est que l'individu *stultus* n'est pas capable de vouloir comme il faut. Vouloir comme il faut, qu'est-ce que c'est ? Eh bien là, c'est un passage au tout début de cette lettre 52 qui va nous dire ce que c'est que la volonté du *stultus*, et par conséquent ce que doit être la volonté de celui qui sort de l'état de *stultitia*. La volonté du *stultus,* c'est une volonté qui n'est pas libre. C'est une volonté qui n'est pas une volonté absolue. C'est une volonté qui ne veut pas toujours. Vouloir librement, ça veut dire quoi ? Ça veut dire qu'on veut, sans que ce qu'on veut soit déterminé par tel ou tel événement, par telle ou telle représentation, par telle ou telle inclination. Vouloir librement, c'est vouloir sans aucune détermination et le *stultus,* lui, est déterminé à la fois par ce qui vient de l'extérieur et par ce qui vient de l'intérieur. Deuxièmement, vouloir comme il faut, c'est vouloir absolument *(absolute)*[12]. C'est-à-dire que le *stultus,* lui, veut plusieurs choses à la fois, et ces choses sont divergentes sans être contradictoires. Il n'en veut donc pas une et une seule absolument. Le *stultus* veut quelque chose, et en même temps il le regrette. C'est ainsi que le *stultus* veut la gloire et, en même temps, il regrette de ne pas mener une vie tranquille, voluptueuse, etc. Troisièmement, le *stultus* est celui qui veut, mais il veut aussi avec inertie, il veut avec paresse, sa volonté s'interrompt sans arrêt, change d'objectif. Il ne veut pas toujours. Vouloir librement, vouloir absolument, vouloir toujours : c'est cela qui caractérise l'état opposé à la *stultitia*. Et la *stultitia*, elle, c'est cette volonté, volonté en quelque sorte limitée, relative, fragmentaire et changeante.

Or, quel est l'objet que l'on peut vouloir librement, absolument et toujours ? Quel est l'objet vers lequel la volonté va pouvoir être polarisée de telle sorte qu'elle pourra s'exercer sans être déterminée par quoi que ce soit d'extérieur ? Quel est l'objet que la volonté pourra vouloir d'une façon absolue, c'est-à-dire en ne voulant rien d'autre ? Quel est l'objet que la volonté pourra, quelles que soient les circonstances, vouloir toujours, sans avoir à se modifier au gré des occasions et du temps ? L'objet, le seul objet que l'on peut vouloir librement, sans avoir à tenir compte des déterminations extérieures, cela va de soi : c'est le soi. Quel est l'objet que l'on peut vouloir absolument, c'est-à-dire sans le mettre en relation avec quoi que ce soit d'autre ? C'est le soi. Quel est l'objet que l'on peut vouloir toujours, sans avoir à en changer au cours du temps ou au fil des occasions ? C'est le soi. Quelle est donc la définition du *stultus,* que l'on peut extraire – je crois, sans trop d'extrapolation – de ces descriptions que Sénèque en fait ? Le *stultus,* c'est essentiellement celui qui ne veut pas, qui ne se veut pas lui-même, qui ne veut pas le soi, dont la volonté n'est pas dirigée vers ce seul objet qu'on peut vouloir librement, absolument et toujours, et qui est le soi-même. Dans la *stultitia,* il y a entre la volonté et le soi une déconnexion, une non-connexion, une non-appartenance, qui est caractéristique de la *stultitia,* qui en est à la fois l'effet le plus manifeste et la racine la plus profonde. Sortir de la *stultitia,* ce sera justement faire en sorte que l'on puisse vouloir le soi, qu'on puisse se vouloir soi-même, que l'on puisse tendre vers soi comme étant le seul objet qu'on peut vouloir librement, absolument, toujours. Or vous voyez bien que la *stultitia* ne peut pas vouloir cet objet, puisque ce qui la caractérise, c'est précisément qu'elle ne le veut pas.

Sortir de la *stultitia,* dans la mesure même où elle se définit par ce non-rapport au soi, ne peut pas être fait par l'individu lui-même. La constitution de soi comme objet susceptible de polariser la volonté, de se présenter comme l'objet, la fin libre, absolue, permanente de la volonté, cela ne peut se faire que par l'intermédiaire de quelqu'un d'autre. Entre l'individu *stultus* et l'individu *sapiens,* l'autre est néces-saire. Ou encore : entre l'individu qui ne veut pas son propre soi et celui qui sera arrivé à un rapport de maîtrise sur soi, de possession de soi, de plaisir à soi, qui est bien en effet l'objectif de la *sapientia,* il faut que l'autre intervienne. Car structurellement si vous voulez, la volonté, caractéristique de la *stultitia,* ne peut pas vouloir se soucier de soi. Le souci de soi par conséquent nécessite bien, vous le voyez, la présence, l'insertion, l'intervention de l'autre. Voilà un premier élément que je voulais faire ressortir de ce petit passage du début de la lettre 52.

En dehors de cette définition de la *stultitia* et de son rapport à la volonté, le second élément que je voulais faire ressortir c'est que, vous le voyez, il faut quelqu'un d'autre. Mais ce quelqu'un d'autre, sans que son rôle soit très clairement défini dans le passage, il est clair que ce n'est pas un éducateur au sens traditionnel du terme, qui va enseigner des vérités, des données et des principes. Il est évident aussi que ce n'est pas un maître de mémoire. Le texte ne dit pas du tout ce que va être cette action, mais les expressions qu'il emploie (pour caractériser cette action, ou plutôt pour l'indiquer de loin) sont caractéristiques. Il y a l'expression : *porrigere manum,* il y a l'expression : *oportet educat*[13]. Pardonnez un rien de grammaire : *educat,* bien sûr, est un impératif. Donc ce n'est pas *educare,* c'est *educere* : tendre la main, sortir de là, conduire hors de là. Vous voyez donc que ce n'est pas du tout un travail d'instruction, ou d'éducation au sens traditionnel du terme, de transmis-sion d'un savoir théorique ou d'un savoir-faire. Mais c'est bien en effet une certaine action qui va être opérée sur l'individu, individu auquel on va tendre la main et que l'on va sortir de l'état, du statut, du mode de vie, du mode d'être dans lequel il est [...]. C'est une sorte d'opération qui porte sur le mode d'être du sujet lui-même, ce n'est pas simplement la transmission d'un savoir qui pourrait venir prendre la place de, ou se substituer à, l'ignorance.

Alors la question qui se pose est celle-ci : quelle est donc cette action de l'autre qui est nécessaire à la constitution du sujet par lui-même ? Comment cette action de l'autre vient-elle s'inscrire comme élément indispensable dans le souci de soi ? Qu'est-ce que c'est, si vous voulez, que cette main tendue, que cette « éduction » qui n'est pas une éduca-tion, qui est autre chose ou quelque chose de plus que l'éducation ? Eh bien, vous imaginez bien, le médiateur qui se présente immédiatement, l'opérateur qui vient s'imposer ici dans le rapport, dans l'édification du rapport du sujet à lui-même, ce médiateur, cet opérateur, bien sûr vous le connaissez. Il se présente de lui-même, il s'impose bruyamment, il proclame qu'il est, lui et lui seul, capable de faire cette médiation et d'opérer ce passage de la *stultitia* à la *sapientia*. Il proclame qu'il est le seul à faire en sorte que l'individu puisse se vouloir lui-même – et peut finalement s'atteindre lui-même, exercer sur soi sa souveraineté et trou-ver dans ce rapport la plénitude de son bonheur. Cet opérateur qui vient se présenter, c'est bien entendu le philosophe. Le philosophe est donc cet opérateur. Et ceci est une idée que vous trouvez dans tous les cou-rants philosophiques quels qu'ils soient. Chez les épicuriens : Épicure lui-même disait qu'il n'y a que le philosophe qui soit capable de diriger les autres[14]. Autre texte – mais on en trouverait bien entendu des dizaines – chez le stoïcien Musonius qui dit : « Le philosophe est celui qui est l'*hêgemôn* (le guide) pour tous les hommes, en ce qui concerne les choses qui conviennent à leur nature[15]. » Et puis, bien entendu, passons à la limite avec Dion de Pruse, cet ancien rhéteur si hostile aux philosophes, converti à la philosophie, ayant mené une vie de cynique et présentant dans sa pensée un certain nombre de traits assez caracté-ristiques de la philosophie cynique. Dion de Pruse, [au] tournant du Ier-IIe siècle, dit : C'est auprès des philosophes qu'on trouve tout conseil sur ce qu'il convient de faire ; c'est en consultant le philosophe que l'on peut déterminer s'il faut ou non se marier, prendre part à la vie poli-tique, établir la royauté ou la démocratie, ou quelque autre forme de constitution[16]. Vous voyez que, dans cette définition de Dion de Pruse, ce n'est pas simplement le rapport à soi qui est du ressort du philosophe : c'est l'existence tout entière des individus. C'est aux philosophes qu'il faut demander comment on doit se conduire, et ce sont les philosophes qui disent non seulement comment on doit se conduire, mais même comment on doit conduire les autres hommes, puisqu'ils disent quelle est la constitution qu'il faut adopter dans la cité, s'il vaut mieux une monarchie qu'une démocratie, etc. Le philosophe se présente donc, bruyamment, comme étant celui qui est seul capable de gouverner les hommes, de gouverner ceux qui gouvernent les hommes et de constituer ainsi une pratique générale du gouvernement à tous les degrés possibles : gouvernement de soi, gouvernement des autres. Il est celui qui gouverne ceux qui veulent se gouverner eux-mêmes, et il est celui qui gouverne ceux qui veulent gouverner les autres. On a là, je crois, le grand point essentiel de divergence entre la philosophie et la rhétorique telle qu'elle éclate et se manifeste à cette époque[17]. La rhétorique, c'est l'inventaire et l'analyse des moyens par lesquels on peut agir sur les autres par le moyen du discours. La philosophie, c'est l'ensemble des principes et des pratiques qu'on peut avoir à sa disposition, ou mettre à la disposition des autres, pour prendre comme il faut soin de soi-même ou soin des autres. Or, concrètement, pratiquement, comment les philosophes, comment la philosophie articule-t-elle la nécessité de sa propre présence et la constitution, le développement, l'organisation chez l'individu de la pratique de lui-même ? Qu'est-ce qu'elle propose comme instrument ? Ou plutôt : à travers quelles médiations institutionnelles prétend-elle que le philosophe, dans son existence, dans sa pratique, dans son discours, dans les conseils qu'il va donner, va permettre à ceux qui l'écoutent de se pratiquer eux-mêmes, de prendre souci d'eux-mêmes, et de parvenir enfin à cet objet et à ce but qui leur est proposé et qui est eux-mêmes ?

Je crois qu'il y a deux grandes formes institutionnelles que l'on peut regarder rapidement. La forme de type hellénique, si vous voulez, et la forme de type romain. Forme hellénique, c'est bien entendu l'école, la *skholê*. L'école peut avoir un caractère fermé, impliquant une existence communautaire des individus. C'était le cas par exemple des écoles pythagoriciennes[18]. C'était aussi le cas des écoles épicuriennes. Et dans les écoles épicuriennes, pythagoriciennes aussi d'ailleurs, le guidage spirituel avait un très grand rôle. Un certain nombre de commentateurs – en particulier De Witt, dans une série d'articles consacrés aux écoles épicuriennes[19] – affirment que l'école épicurienne était organisée selon une hiérarchie très complexe et très rigide, qu'il y avait toute une série d'individus, dont le premier bien sûr était le sage, le seul sage qui n'avait jamais eu besoin de directeur : Épicure lui-même. Épicure, c'est l'homme divin (le *theios anêr*) dont la singularité – et la singularité sans exception aucune – consiste en ceci que lui et lui seul a été capable de se sortir de la non-sagesse et d'y parvenir par lui-même. Mais en dehors de ce *sophos*, alors tous les autres ont eu besoin de directeurs, et De Witt propose une hiérarchie : les *philosophoi*, les *philologoi*, les *kathêgêtai*, les *sunêtheis*, les *kataskeuazomenoi*, etc.[20], qui auraient eu dans l'école des positions et des fonctions particulières, avec, pour chacune de ces positions et de ces valeurs, un rôle particulier dans la pratique de la direction (les uns ne dirigeant que des groupes assez larges, les autres au contraire ayant le droit de pratiquer la direction individuelle et de guider les individus, au moment où ils sont déjà suffisamment formés, vers cette pratique de soi qui est indispensable pour faire parvenir au bonheur cherché). En fait, il semble que cette hiérarchie, proposée donc par des gens comme De Witt, ne corresponde pas tout à fait à la réalité. Vous avez une série de critiques qui ont été faites contre cette thèse. Vous pouvez vous reporter, si vous voulez, au volume fort intéressant dans les colloques de l'association Guillaume Budé, qui est consacré à l'épicurisme grec et romain[21].

Il faut donc sans doute être beaucoup moins sûr que De Witt de la structure hiérarchique fermée, très fortement institutionnalisée qu'il présente. On peut retenir de la pratique de la direction de conscience dans l'école [épicurienne] un certain nombre de choses. Premièrement ceci, qui est attesté par un texte important sur lequel il faudra revenir, texte écrit par Philodème[22] (épicurien qui a vécu à Rome, qui était le conseiller de Lucius Piso et qui a écrit un texte dont on ne connaît que des fragments malheureusement, et qui s'appelle la *Parrhêsia* – on reviendra sur cette notion tout à l'heure) : Philodème montre bien que, dans l'école épicurienne, il fallait de toute nécessité que chacun ait un *hêgemôn*, un guide, un directeur qui assurait sa direction individuelle. Deuxièmement, toujours d'après ce texte de Philodème, cette direction individuelle était organisée autour de, ou devait obéir à, deux principes. Cette direction individuelle ne pouvait pas se faire sans qu'il y ait entre les deux partenaires, le directeur et le dirigé, un rapport affectif intense, un rapport d'amitié. Et cette direction impliquait une certaine qualité, une certaine, à dire vrai, « manière de dire », je dirai une certaine « éthique de la parole », que j'essaierai d'analyser dans l'heure suivante et qui s'appelle la *parrhêsia* justement[23]. La *parrhêsia*, c'est l'ouverture de cœur, c'est la nécessité pour les deux partenaires de ne rien cacher l'un à l'autre de ce qu'ils pensent et de se parler franchement. Notion encore une fois à élaborer, mais dont il est certain qu'elle a été pour les épicuriens, avec l'amitié, une des conditions, un des principes éthiques fondamentaux de la direction. Autre chose, dont on peut être sûr également d'après un texte de Sénèque. Dans cette même lettre 52 que je commentais tout à l'heure, le passage qui suit aussitôt celui que j'essayais d'analyser se réfère aux épicuriens. Et il dit que pour les épicuriens, il y avait au fond deux catégories d'individus : ceux qu'il suffit de guider parce qu'ils ne rencontrent guère de difficultés intérieures au guidage qu'on leur propose ; et puis il y a ceux qu'il faut tirer de force, qu'il faut pousser hors de l'état où ils sont, à cause d'une certaine malignité de nature. Et Sénèque ajoute (ce qui est intéressant) que, pour les épicuriens, entre ces deux catégories de disciples, de dirigés, il n'y avait pas une différence de valeur, il n'y avait pas une différence de qualité – les uns, au fond, n'étaient pas meilleurs que les autres et n'occupaient pas un rang plus avancé que les autres – mais que c'était essentiellement une différence de technique : on ne pouvait pas diriger les uns comme les autres, étant entendu que, une fois le travail de direction achevé, la vertu qui serait la leur serait de même type, de même niveau en tout cas[24].

Chez les stoïciens, il semble que la pratique de la direction de conscience ait été moins liée à l'existence d'un groupe un peu fermé sur lui-même et menant une existence communautaire et, en particulier, l'exigence d'amitié apparaît d'une façon beaucoup moins claire. D'après les textes d'Épictète rapportés par Arrien, on peut se faire une idée de ce que pouvait être l'école d'Épictète à Nicopolis[25]. D'abord, il semble que ce n'était pas un lieu véritablement de coexistence, mais simplement de réunions, réunions assez fréquentes, assez exigeantes. Il y a dans l'entretien 8 du livre II une petite notation sur les élèves qu'on envoie pour faire en quelque sorte des courses et des commissions en ville ; ce qui implique donc malgré tout, malgré le non-partage de l'existence, une certaine forme, j'allais dire : d'internat[26]. Les élèves étaient sans doute tenus à rester, tout au cours de la journée, dans un lieu qui était certainement en ville, mais qui ne communiquait pas, ou qu'on ne laissait pas communiquer très facilement avec la vie quotidienne. En ce lieu, il y avait plusieurs catégories d'élèves. D'abord, les élèves réguliers. Ces élèves réguliers eux-mêmes se distinguaient en deux catégories. Il y avait ceux qui venaient là pour compléter en quelque sorte leur formation, avant d'entrer dans une vie politique, dans une vie civile [...**].

** On entend seulement : « ... qui seraient vraisemblablement des jeunes gens, disons [...] vous, les riches ».

[Épictète] évoque aussi le moment où ils auront à exercer des charges, où ils se présenteront à l'Empereur, où ils auront à choisir entre la flatterie ou la sincérité, où ils auront à affronter les condamnations aussi. Donc, vous avez ces élèves qui viennent en quelque sorte en stage, en stage préalable à la vie. C'est vraisemblablement un cas de ce genre qui se présente dans l'entretien 14 du livre II, où on voit un Romain qui arrive avec son jeune fils devant Épictète. Et Épictète, aussitôt, explique comment il conçoit, lui, la philosophie, ce qu'est à son sens la tâche du philosophe, et ce qu'est l'enseignement de la philosophie[27]. Il fait en quelque sorte l'exposé au père du type de formation qu'il est prêt à donner à son fils. Donc élèves, si vous voulez, stagiaires. Il y a aussi des élèves réguliers, élèves réguliers qui sont là, non pas simplement pour compléter leur formation et leur culture, mais qui veulent devenir eux-mêmes philosophes. C'est manifestement à cette catégorie-là d'élèves que s'adresse l'entretien 22 du livre III, qui est le fameux entretien sur le portrait du cynique. Et il est dit que l'un des *gnôrimoi* (des élèves, des disciples d'Épictète) pose la question, enfin, plutôt, fait valoir son désir de passer à la vie cynique[28], c'est-à-dire : de se vouer totalement à la philosophie et à cette forme extrême, militante de la philosophie en quoi consistait le cynisme, c'est-à-dire : partir, partir avec le vêtement du philosophe, et là, de ville en ville, interpeller les gens, tenir des discours, mener des diatribes, donner un enseignement, secouer l'inertie philosophique du public, etc. Et c'est à propos de ce désir de l'un de ses élèves qu'Épictète fait ce portrait fameux de la vie cynique, portrait où la vie cynique est très positivement valorisée et où, en même temps, on en montre toutes les difficultés et tout l'ascétisme nécessaire.

Mais vous avez aussi d'autres passages qui se rapportent très manifestement à cette formation du futur philosophe professionnel. En cette mesure l'école d'Épictète se présente comme une sorte d'École Normale pour les philosophes, où on leur explique comment ils devront faire. Très intéressant, un passage dans l'entretien 26 du livre II : c'est un tout petit chapitre qui se divise en deux parties, où vous avez la reformulation, légèrement modifiée, de la vieille thèse socratique à laquelle Épictète fait si souvent allusion, à savoir que lorsqu'on fait le mal, c'est qu'on commet une faute, une faute de raisonnement, une faute intellectuelle[29]. Et il dit que, quand on fait le mal, c'est en réalité qu'il y a une *makhê* : une bataille, un combat chez celui qui commet le mal[30]. Et ce combat consiste en ceci : c'est que, d'une part, celui qui fait le mal est comme tout le monde, il cherche l'utilité. Mais il ne s'aperçoit pas que ce qu'il fait, en réalité, loin d'être utile, est nuisible. Par exemple, le voleur est absolument comme tout le monde : il cherche son utilité. Et il ne voit pas que voler, c'est nuisible. Alors, dit Épictète – dans une expression qui est, je crois, intéressante et qu'il faut souligner –, quand un individu commet une erreur comme celle-là, c'est donc parce qu'il croit vrai quelque chose qui n'est pas vrai, et il faut lui faire comprendre la *pikra anagkê,* la nécessité amère, nécessité amère de renoncer à ce qu'il croit vrai[31]. Et cette nécessité amère, comment est-ce qu'on peut la faire apparaître, ou plutôt l'imposer à celui qui fait ainsi cette erreur et qui a cette illusion ? Eh bien, il faut lui montrer qu'en réalité il fait ce qu'il ne veut pas, et il ne fait pas ce qu'il veut. Il fait ce qu'il ne veut pas, c'est-à-dire qu'il fait quelque chose de nuisible. Et il ne fait pas ce qu'il veut, c'est-à-dire qu'il ne fait pas la chose utile qu'il croyait faire. Et celui qui est capable de montrer dans cette *makhê,* dans ce combat entre ce qu'on fait sans le vouloir et ce qu'on ne fait pas alors qu'on le veut, celui qui est capable de faire comprendre à l'autre, à celui qu'il dirige, en quoi consiste ce combat, celui-là il est, dit Épictète, *deinos en logô* (il est vraiment fort, habile dans l'art du discours). Il est *protreptikos* et *elegktikos.* Ce sont deux termes absolument techniques. *Protreptikos* : c'est celui qui est capable de donner un enseignement protreptique, c'est-à-dire un enseignement qui est capable de tourner l'esprit dans la bonne direction. Et d'autre part il est *elegktikos* : il est bon dans l'art de la discussion, du débat intellectuel qui permet de dégager la vérité de l'erreur, de réfuter l'erreur et de lui substituer une proposition vraie[32]. L'individu qui est capable de faire cela, qui a donc ces deux qualités qui sont typiquement des qualités d'enseignant – ou disons, plus exactement, les deux grandes qualités du philosophe : réfuter et tourner l'esprit de l'autre –, celui-là parviendra à transformer l'attitude de celui qui ainsi se trompe. Car, dit-il, l'âme est comme une balance, elle incline dans un sens ou dans l'autre. Qu'on le veuille ou non, elle s'incline selon la vérité qu'elle est amenée à reconnaître. Et lorsqu'on sait ainsi [manœuvrer] dans le combat (la *makhê*) qui se déroule dans l'esprit de l'autre, quand on est capable de mener, par un art suffisant du discours, cette action qui consiste à réfuter la vérité qu'il croit et à tourner dans le bon sens son esprit, alors à ce moment-là on est véritablement un philosophe : on arrivera à diriger comme il faut l'autre. Et, en revanche, si on n'y arrive pas, eh bien il ne faut pas croire que ce sera celui qu'on dirige qui est fautif : c'est soi-même. Il faudra s'accuser soi-même et non pas celui qu'on n'arrive pas à convaincre[33]. On a là, si vous voulez, un très joli petit exemple d'indication d'un enseignement qui s'adresse à ceux qui auront à leur tour à enseigner, ou plutôt à diriger les consciences. Donc, première catégorie d'élèves : ceux qui sont là en stage.

Deuxièmement : ceux qui sont là pour devenir philosophes. Et puis, bien entendu, il y a des gens de passage, gens de passage qui jouent, dans les différentes scènes qui sont évoquées dans les *Entretiens* d'Arrien, des rôles qui sont assez intéressants à observer. Par exemple dans l'entretien 11 du livre I : vous voyez passer dans l'auditoire d'Épictète un homme qui exerce une charge, qui semble donc être un notable de la ville ou des environs. Et puis, il a des ennuis de famille : sa fille est malade. Et à cette occasion, Épictète lui explique quelle est la valeur et la signification des relations de famille. Il lui explique en même temps qu'il ne faut pas s'attacher aux choses que l'on ne peut pas contrôler ou maîtriser, mais qu'il faut s'attacher à la représentation qu'on se fait des choses, car c'est elle que l'on peut effectivement contrôler et maîtriser, c'est elle dont on peut se servir *(khrêstai)*[34]. Et l'entretien se termine par cette notation importante : pour être capable d'examiner ainsi ses représentations, il faut devenir *skholastikos* (c'est-à-dire : il faut passer à l'école)[35]. Ce qui montre bien que même à cet homme déjà installé dans la vie, déjà doté de charges et ayant une famille, eh bien, Épictète propose de venir faire un temps de stage et de formation philosophique à l'école. Il y a aussi l'entretien 4 du livre II, où on voit un *philologos* – là, toutes les représentations de ceux qui sont du côté de la rhétorique, c'est important dans ces entretiens – qui est adultère et qui fait valoir que par nature les femmes doivent être communes, et que par conséquent ce qu'il fait n'est pas véritablement un adultère. Et, à la différence du précédent – qui sentait à l'égard de sa fille malade un attachement sur la nature et les effets duquel il s'interrogeait : celui-là avait le droit de devenir *skholastikos* –, au contraire le *philologos* adultère est rejeté et ne doit plus se présenter à l'école[36]. Vous avez des personnages aussi qui viennent parce qu'ils ont des affaires, et ils viennent soumettre à Épictète leurs affaires. Dans certains cas, Épictète va transformer cette demande de consultation utilitaire en déplaçant la question, et en disant : non, je n'ai pas à répondre à cela, je ne suis pas comme un cordonnier qui vient réparer les chaussures. Si on veut me consulter, il faut m'interroger sur ce dont je suis capable, c'est-à-dire : ce qui concerne la vie, ce qui concerne les choix de l'existence et ce qui concerne les représentations. C'est ce que vous trouvez dans l'entretien 9 du livre III[37]. Vous avez aussi des critiques, alors là proprement philosophiques, par exemple lorsque dans l'entretien 7 du livre III vous voyez un inspecteur des villes, une sorte de procureur fiscal, qui vient et qui est épicurien, et à propos duquel Épictète lance un certain nombre d'interrogations sur les devoirs sociaux que les épicuriens seraient censés refuser, tout en les pratiquant comme cet individu-là[38]. Et c'est dans cette contradiction qu'il va déployer une critique de l'épicurisme en général. Donc vous voyez, là, dans cette forme scolaire très nettement affirmée autour d'Épictète, on a en réalité toute une série de formes diverses de directions, de formulations de l'art même de diriger et de modalités très diverses de la direction.

En face de cette forme, si vous voulez hellénique ou scolaire, dont Épictète donne sans doute l'exemple le plus développé, vous avez la forme que j'appellerai romaine. La forme romaine, c'est la forme du conseiller privé. Je dis qu'elle est romaine dans la mesure où, manifestement, elle ne dérive pas du tout de la structure de l'école, mais elle s'intègre aux relations assez typiquement romaines de la clientèle, c'est-à-dire : une sorte de dépendance semi-contractuelle impliquant, entre deux individus, un échange dissymétrique de services, ces deux individus ayant un statut social toujours inégal. Dans cette mesure-là on peut dire que le conseiller privé représente une formule presque inverse de l'école. Dans l'école, le philosophe est là : on vient à lui et on le sollicite. Dans la formule du conseiller privé, au contraire, il y a la grande famille aristocratique, il y a le chef de famille, il y a le grand responsable politique qui accueille chez lui et qui vient domicilier auprès de lui un philosophe qui va lui servir de conseiller. De cela, vous avez des dizaines d'exemples dans la Rome républicaine et impériale. Je vous parlais tout à l'heure de ce Philodème, cet épicurien qui a joué un rôle important auprès de Lucius Piso[39]. Vous avez Athénodore qui joue auprès d'Auguste [le rôle d']une sorte de chapelain pour les choses culturelles[40]. Vous avez Demetrius le cynique[41] qui, un peu plus tard, joue auprès de Thrasea Paetus puis d'Helvidius Priscus[42] un rôle politiquement important sur lequel il faudra revenir. Demetrius, par exemple, a accompagné Thrasea Paetus pendant toute une partie de son existence, et lorsque Thrasea Paetus a été obligé de se suicider, il a, bien entendu, comme beaucoup de gens à cette époque, mis en scène son suicide d'une façon très solennelle. Il a appelé autour de lui son entourage, sa famille, etc. Puis, petit à petit, il a écarté tout le monde. Et le dernier avec lequel il est resté au moment même où il était le plus proche de la mort, le seul qu'il ait gardé à côté de lui, c'était précisément Demetrius. Et au moment où le poison a fait son effet, et où il a commencé à perdre conscience, il a tourné les yeux vers Demetrius, qui a donc été la dernière figure qu'il a vue. Bien entendu, les derniers propos tenus entre

Thrasea Paetus et Demetrius concernaient la mort, l'immortalité, la survie de l'âme, etc.[43] (reconstitution, vous le voyez, de la mort de Socrate, mais une mort dans laquelle Thrasea Paetus n'était pas entouré d'une foule de disciples; il était simplement accompagné de son seul conseiller). Ce rôle de conseiller, vous le voyez, ce n'est pas le rôle de précepteur, ce n'est pas non plus tout à fait le rôle de confident amical. C'est plutôt ce qu'on pourrait appeler un conseiller d'existence, conseiller d'existence qui donne des avis sur des circonstances déterminées. C'est lui qui guide et initie celui qui est à la fois son patron, presque son employeur, et son ami, mais son ami supérieur. Il l'initie à une forme particulière d'existence, parce qu'on n'est pas philosophe en général. On ne peut être que : ou stoïcien, ou épicurien, ou platonicien, ou péripatéticien, etc. Ce conseiller est aussi une sorte d'agent culturel pour tout un cercle dans lequel il introduit et des connaissances théoriques et des schémas pratiques d'existence, et aussi des choix politiques, en particulier les grands choix, au début de l'Empire, entre ce que peut être le despotisme de type monarchique, la monarchie éclairée et modérée, la revendication républicaine; problème aussi de l'hérédité de la monarchie – tout ceci va être un des grands objets de la discussion et des choix qui sont faits par ces philosophes dans leur rôle de conseiller. De sorte qu'on va les retrouver partout mêlés à la vie politique et aux grands débats, aux grands conflits, aux assassinats, aux exécutions et aux révoltes qui vont marquer le milieu du Ier siècle, et on les retrouvera d'ailleurs, quoique avec un rôle plus effacé, à partir du début du IIIe siècle quand la crise se rouvrira[44]. Donc, à mesure qu'on voit se développer ce personnage du philosophe, à mesure qu'on voit l'importance de ce personnage du philosophe se marquer davantage, vous voyez aussi qu'il perd de plus en plus sa fonction singulière, irréductible, extérieure à la vie quotidienne, à la vie de tous les jours, à la vie politique. On le voit au contraire qui s'intègre dans les conseils, les avis. La pratique vient s'intriquer avec les problèmes essentiels qui se posent aux individus, de sorte que la profession de philosophe se dé-professionnalise à mesure même qu'elle devient plus importante[***]. Plus on a besoin d'un conseiller pour soi-même, plus on a besoin dans cette pratique de soi d'avoir recours à l'Autre, plus par conséquent la nécessité de la philosophie s'affirme, plus aussi la fonction proprement philosophique du philosophe va s'estomper, et plus le philosophe va apparaître

***

[***] Dans le manuscrit, après avoir précisé que les formes qu'il décrit ne sont jamais pures, Foucault cite deux autres exemples de relations : Demonax et Apollonius de Tyane ; Musonius Rufus et Rubellius Plautus.

comme un conseiller d'existence qui – à propos de tout et de rien : à propos de la vie particulière, des comportements familiaux, à propos aussi des comportements politiques – va donner non pas les modèles généraux que pouvaient par exemple proposer Platon ou Aristote, mais des conseils, conseils de prudence, conseils circonstanciels. Ils vont véritablement s'intégrer au mode d'être quotidien. Et ceci va nous mener à quelque chose dont je voulais vous parler tout à l'heure, à savoir : la pratique de la direction de conscience, hors même du champ professionnel des philosophes, comme forme de relation sociale entre des individus quelconques. Bon, alors, cinq minutes si vous voulez pour se reposer, et on reprend tout à l'heure.

*

NOTES

1. Sur la nature première du vice, cf. lettres de Sénèque à Lucilius 50, 7 ; 90, 44 ; et 75, 16.

2. Il n'existe pas de fragment 23 de Musonius, mais tout porte à croire que Foucault renvoie ici plutôt au fragment II, 3. Pour autant l'argumentation de Musonius n'est pas exactement celle que reproduit Foucault. Il s'agit plutôt pour Musonius d'établir l'universalité des dispositions naturelles à la vertu. Cette universalité s'établit par comparaison avec les « autres arts » *(allas tekhnas)* : pour ceux-là l'erreur n'est reprochée qu'au spécialiste, tandis que la perfection morale n'est pas exigée du seul philosophe mais de tous : « À cette heure, dans le soin des malades, on ne demande à personne d'être sans erreur qu'au médecin, et dans le jeu de la lyre on ne le demande à personne qu'au musicien, et dans le maniement du gouvernail on ne le demande à personne qu'au pilote : mais dans l'art de vivre *(en de tô biô)* on ne demande plus au seul philosophe d'être sans erreur, qui pourtant semble seul prendre soin de la vertu *(epimeleisthai aretês),* mais on le demande à tous également » *(Deux prédicateurs dans l'Antiquité, Télès et Musonius,* trad. et éd. A.-J. Festugière, Paris, Vrin, 1978, p. 54). Musonius en appelle moins alors à la nécessité d'un maître de vertu, qu'il ne prend pour exemple, afin d'établir la naturalité de la disposition à la vertu, la prétention à pouvoir se passer d'un maître : « Car enfin, pourquoi, par les dieux, quand il s'agit de lettres, ou de musique, ou d'art de la lutte, nul, s'il n'a pas appris *(mê mathôn),* ne dit qu'il sait ni ne prétend posséder ces arts *(ekhein tas tekhnas)* s'il ne peut nommer un maître *(didaskalon)* à l'école duquel il les ait appris, mais quand il s'agit de vertu tout un chacun fait profession qu'il la possède ? » *(id.,* p. 55). Il est à noter enfin qu'on retrouve ce même thème du caractère inné des notions morales, mais acquis des compétences techniques chez Épictète (cf. par exemple *Entretiens,* II, 11, 1-6).

3. Sénèque, *Lettres à Lucilius,* t. II, livre V, lettre 52, éd. citée, p. 41-46.

4. « Comment, Lucilius, désigner ce mobile qui, si nous tendons en un sens, nous entraîne dans un autre et nous pousse du côté que nous désirons fuir ? Quel est cet antagoniste de notre âme, qui nous défend de jamais rien vouloir une bonne fois ? Nous flottons entre des résolutions diverses ; nous ne voulons pas d'une volonté libre, absolue *(absolute),* arrêtée pour toujours. "C'est, réponds-tu, la déraison *(stultitia),* pour qui il n'y a rien de constant, que rien ne satisfait longtemps". Mais comment, quand nous arracherons-nous à ses prises ? Nul n'est par lui-même de force à émerger des flots *(nemo per se satis valet ut emergat).* Il faut quelqu'un qui lui tende la main *(oportet manum aliquis porrigat),* quelqu'un qui le tire à la rive *(aliquis educat)* » *(id.,* lettre 52, 1-2, p. 41-42).

5. Cf. cours du 20 janvier, première heure, note 54 *(supra,* p. 102) sur cet auteur (à partir de Posidonius, les fonctions irrationnelles de l'*hêgemonikon* se donnent comme irréductibles aux fonctions rationnelles).

6. Sénèque, *De la tranquillité de l'âme,* I (description par Serenus à Sénèque de son état), trad. R. Waltz, éd. citée, p. 71-75.

7. On trouve cette description dans le chapitre II, 6-15 *(id.,* p. 76-79).

8. Foucault ici, plutôt que de décrire l'état de *stultitia* à partir du seul texte du *De Tranquillitate,* opère comme une synthèse des grandes analyses de la *stultitia* à travers toute l'œuvre de Sénèque. Cf. sur ce thème, hormis les deux textes cités par Foucault, les lettres à Lucilius 1, 3 (sur la dispersion dans le temps), 9, 22 (sur l'usure du soi), 13, 16 (sur l'émiettement d'une vie sans cesse en partance pour elle-même), 37, 4 (sur la perméabilité aux passions).

9. Ce terme *discriminatio* fait l'objet par Foucault d'une analyse dans le cours du 26 mars 1980 consacré à Cassien (cf. les métaphores du meunier, du centenier et du changeur) : il désigne l'opération de tri des représentations après épreuve, dans le cadre de l'examen de conscience (cf. cours du 24 février, première heure, pour une présentation de ces techniques).

10. Cf. l'analyse de la lettre 32, cours du 20 janvier, deuxième heure.

11. Au chapitre III on trouve cette citation d'Athénodore : « Que de fois un vieillard chargé d'années serait incapable de prouver qu'il a longtemps vécu, s'il n'avait son âge à invoquer ! » (Sénèque, *De la tranquillité de l'âme,* III, 8, p. 81). Mais Foucault fait ici aussi référence à un passage du chapitre II : « Ajoutes-y ceux qui, se tournant et retournant comme les gens qui n'arrivent pas à dormir, essayent successivement toutes les postures jusqu'à ce que la fatigue leur fasse trouver le repos : après avoir cent fois modifié l'assiette de leur existence, ils finissent par rester dans la position où les saisit non pas l'impatience du changement, mais la vieillesse » *(id.,* II, 6, p. 76).

12. Cf. *supra,* note 4, la citation de Sénèque.

13. Sénèque, *Lettres à Lucilius,* t. II, livre V, lettre 52, 2 (p. 42).

14. Foucault veut évoquer sans doute ici, plus que l'exemple d'Épicure lui-même, l'organisation hiérarchique des écoles épicuriennes (cf. sur ce point, évoqué plus bas, le débat De Witt/Gigante à propos de fragments de Philodème).

15. Fragment XIV : « *hêgemon tois anthrôpois esti tôn kata phusin anthrôpô prosêkontôn* » (C. Musonius Rufus, *Reliquiae,* éd. citée (O. Hense), p. 71).

16. Sur la figure du philosophe-conseiller chez Dion de Pruse, cf. discours 22 : « Sur la paix et la guerre » *(Discourses,* t. II, trad. J.W. Cohoon, éd. citée, p. 296-298), ainsi que le discours 67 : « Sur le philosophe » *(id.,* t. V, p. 162-173) et le discours 49 *(id.,* t. IV, p. 294-308).

17. Voir les mises au point anciennes mais décisives de H. von Arnim, *Leben und Werke des Dio von Prusa. Mit einer Einleitung. Sophistik Rhetorik, Philosophie in ihrem Kampf um die Jugendbildung*, Berlin, 1898. Ce rapport rhétorique/philosophie tel qu'il se problématise à l'époque romaine a fait l'objet d'une thèse de A. Michel, *Rhétorique et Philosophie chez Cicéron*, Paris, PUF, 1960. Cf. aussi P. Hadot, « Philosophie, dialectique et rhétorique dans l'Antiquité », *Studia philosophica*, 39, 1980, p. 139-166. Pour une présentation précise et générale de la rhétorique, cf. F. Desbordes, *La Rhétorique antique*, Paris, Hachette Supérieur, 1996.

18. Sur l'existence communautaire des pythagoriciens, cf. les descriptions de Jamblique (*Vie de Pythagore*, trad. L. Brisson & A.-Ph. Segonds, éd. citée, § 71-110, p. 40-63) et de Diogène Laërce (*Vies et Doctrines des philosophes illustres*, VIII, 10, trad. s.dir. M.-O. Goulet-Cazé, éd. citée, p. 949), et cours du 13 janvier, première heure, p. 60-61, notes 6-8 (surtout note 7, sur la vie des sectes pythagoriciennes).

19. Articles repris *in* N.W. De Witt, *Epicurus and his Philosophy*, Minneapolis, University of Minnesota Press, 1954 (2ᵉ éd. Wetsport, Conn., 1973).

20. N.W. De Witt, « Organisation and procedure in Epicurean groups », *Classical Philology*, 31, 1936, p. 205 *sq.*; repris in *Epicurus...*

21. *Association Guillaume Budé, Actes du VIIIᵉ congrès, Paris, 5-10 avril 1968*, Paris, Les Belles Lettres, 1970; cf. la critique de Gigante à l'encontre de la hiérarchisation de De Witt, p. 215-217.

22. Philodème de Gadara, grec originaire du Proche-Orient, se rend d'abord à Athènes auprès de l'épicurien Zénon de Sidon, puis à Rome dans les années soixante-dix av. J.-C., où il devient l'ami, le confident et le directeur de conscience de L. Calpurnius Piso Caesonius, beau-père de César et consul en 58 av. J.-C. (sur cette relation, cf. Gigante, *La Bibliothèque de Philodème et l'épicurisme romain, op. cit.*, chap. V), avant de s'installer définitivement à Herculanum dans la Villa dite aujourd'hui « des Papyri », propriété de Lucius Piso, dont la bibliothèque renfermait de nombreux et importants textes épicuriens (cf. *id.*, chap. II).

23. Sur la nécessité d'un guide (appelé plutôt *kathêgêtês*), le principe de l'amitié et du franc-parler entre directeur et dirigé, cf. les analyses par Foucault du *Peri parrhêsias* de Philodème, dans le cours du 10 mars, première heure.

24. « Certains, dit Épicure, sont parvenus à la vérité sans l'assistance de personne ; ils se sont fait eux-mêmes leur chemin. Ceux-là, il les honore par-dessus tous, car l'élan est venu d'eux-mêmes, car ils se sont produits par leurs propres moyens. Certains, dit-il, ont besoin d'aide : ils n'avanceront pas, si personne n'a marché devant eux, mais ils sauront suivre » (Sénèque, *Lettres à Lucilius*, t. II, livre V, lettre 52, 3, p. 42).

25. Né en Phrygie vers 50, esclave d'Epaphrodite (affranchi de Néron, patron brutal, il est souvent mis en scène dans les *Entretiens*), ancien disciple de Musonius Rufus, Épictète ouvre, une fois affranchi, une école de philosophie à Rome avant de subir, au début des années quatre-vingt-dix, les mesures d'exclusion de l'empereur Domitien chassant les philosophes d'Italie. C'est alors qu'il s'établit dans la ville grecque de Nicopolis (Épire) où il fonde une nouvelle école. Il y demeurera jusqu'à sa mort (autour de 125-130), malgré les faveurs nouvelles d'Hadrien.

26. « Au reste, quand nous envoyons un jeune homme hors de l'école pour des affaires *(epi tinas praxeis)*, pourquoi craignons-nous qu'il ne se conduise mal ? » (Épictète, *Entretiens*, II, 8, 15, éd. citée, p. 31).

27. « Un jour qu'un Romain était entré avec son fils et écoutait une de ses leçons : "Tel est, dit Épictète, le mode de mon enseignement" » (*id.*, 14, 1, p. 54).

28. « Un de ses disciples (*gnôrimôn*), qui paraissait avoir du penchant pour la profession de Cynique, lui demandait : "Quelle sorte d'homme doit être le Cynique, et comment faut-il concevoir cette profession ?" » (*Entretiens,* III, 22, 1, p. 70).

29. Cf. par exemple *Entretiens,* I, 28, 4-9, ainsi que II, 22, 36 : « il sera tolérant, condescendant, doux, indulgent, comme envers un ignorant qui se fourvoie » (p. 101).

30. « Toute faute implique une contradiction (*makhên periekhei*) » (*Entretiens,* II, 26, 1, p. 117).

31. « Une dure nécessité (*pikra anagkê*) oblige à y renoncer celui qui s'aperçoit de cette erreur, mais aussi longtemps qu'elle n'apparaît pas, il y adhère comme au vrai » (*id.*, 26, 3, p. 117).

32. « Il est donc habile à raisonner (*deinos en logô*) et il sait en même temps réfuter (*protreptikos*) et convaincre (*elegktikos*), celui qui est capable de montrer à chacun la contradiction qui est la cause de sa faute » (*id.*, 26, 4, p. 117).

33. « C'est qu'il [Socrate] savait ce qui met en branle l'âme raisonnable : semblable à une balance, elle s'inclinera, qu'on le veuille ou non. Montre à la partie maîtresse de l'âme la contradiction et elle y renoncera. Mais si tu ne la montres pas, accuse-toi toi-même plutôt que celui que tu n'arrives pas à convaincre » (*id.*, 26, 7, p. 118).

34. « Quand donc, reprit Épictète, tu auras bien compris cela, tu n'auras dans la suite rien de plus à cœur, et ce sera ton unique préoccupation, que d'apprendre à connaître le critère de ce qui est conforme à la nature, puis de t'en servir (*proskhrô-menos*) pour juger chaque cas particulier » (*Entretiens,* I, 11, 14-15, p. 46).

35. « Tu vois donc qu'il te faut te faire écolier (*skholastikon se dei genesthai*) et devenir cet animal dont tout le monde rit, si toutefois tu veux entreprendre l'examen de tes propres opinions » (*id.*, 11, 39, p. 49).

36. « Que veux-tu que nous fassions de toi ? Il n'y a aucune place où l'on puisse t'installer » (*Entretiens,* II, 4, 7, p. 17).

37. « Quelqu'un se rendait à Rome pour un procès [...] Il entra chez Épictète [...] : "Viens à mon secours dans cette affaire. – Je n'ai aucune règle à te donner à ce sujet. Et toi-même, si tu es venu à moi dans ce dessein, ce n'est pas comme à un philosophe que tu es venu, mais comme à un marchand de légumes, comme à un cordonnier. – En vue de quoi donc les philosophes ont-ils des règles ? – Pour ceci : quoi qu'il arrive, conserver et diriger la partie maîtresse de notre âme en conformité avec la nature" » (*Entretiens,* III, 9, 1-11, p. 34-35).

38. « Tu vis dans une cité d'Empire : tu dois exercer une charge, juger suivant la justice [...]. Recherche des principes en accord avec ces manières d'agir » (*id.*, 7, 20-22, p. 29-30).

39. Cf. cours du 10 mars, première heure.

40. Athénodore de Tarse (autour de 85-30 av. J.-C. ; il est appelé régulièrement « fils de Sandon » pour le distinguer d'un autre Athénodore de Tarse qui fut longtemps à la tête de la bibliothèque de Pergame), philosophe péripatéticien (on suppose qu'il suivit à Rhodes les leçons de Posidonius), fut le précepteur d'Octave (avant que ce dernier ne devienne Auguste). Cf. P. Grimal, « Auguste et Athénodore », *Revue des études anciennes,* 47, 1945, p. 261-273 ; 48, 1946, p. 62-79 (repris in *Rome, la littérature et l'histoire,* École française de Rome, Palais Farnèse, 1986, p. 1147-1176). Cf. la reprise plus élaborée de ce même exemple dans la deuxième heure de ce cours.

41. Demetrius de Corinthe, ami de Sénèque et de Thrasea Paetus, fut un temps fameux pour ses discours contre la monarchie (Caligula tenta en vain de se le concilier pour de l'argent, cf. le récit de Sénèque in *Des bienfaits*, VII, 11). Après la mort de Thrasea, il s'exile en Grèce, mais revient à Rome sous Vespasien. Il fut, avec d'autres, banni de Rome par ce dernier, vers 71 (cf. la notice de M. Billerbeck, in *Dictionnaire des philosophes antiques*, t. I, éd. citée, p. 622-623).

42. Thrasea Paetus est originaire de Padoue. On le trouve au Sénat, de 56 à 63, où il jouit d'une grande influence. Il fédère autour de lui l'opposition républicaine sous la bannière spirituelle du stoïcisme (il écrit même une vie de Caton d'Utique). Il sera contraint de s'ouvrir les veines en 66, sous Néron. Son gendre Helvidius Priscus est légat de légion en 51 et tribun de la plèbe en 56. En 66, la condamnation de son beau-père l'oblige à s'enfuir de Rome. Rappelé d'exil sous Galba, il reprend une attitude frondeuse et vante les mérites de la République. Puis, exilé par Vespasien en 74, Helvidius Priscus est condamné à mort et exécuté malgré le contrordre impérial, trop tard parvenu. Sur ces opposants malheureux, cf. Dion Cassius, *Histoire romaine*, trad. E. Gros, Paris, Didot frères, 1867, livre 66 (chap. 12 et 13, p. 302-307) et livre 67 (chap. 13, p. 370-373), ainsi que les *Annales* de Tacite (livre XVI). On n'oubliera pas que ces deux grandes figures sont présentées par Épictète comme des modèles de vertu et de courage (*Entretiens*, I, 2, 19 et IV, 1, 123). Cf. aussi *Le Souci de soi*, *op. cit.*, p. 68.

43. Cf. le récit classique de Tacite, *Annales*, livre XVI, chap. 34-35, trad. P. Grimal, éd. citée, p. 443.

44. Le rapport des philosophes aux tenants du pouvoir à Rome (entre la persécution et la flatterie), leurs constructions idéologiques en matière de philosophie politique (entre la justification et la réserve), tout cela a fait, et depuis longtemps, l'objet de très nombreuses publications, surtout concernant le stoïcisme, sous la bannière duquel une franche opposition républicaine et sénatoriale se constitua. Cf. par exemple : I. Hadot, « Tradition stoïcienne et idées politiques au temps des Gracques », *Revue des études latines*, 48, 1970, p. 133-179; J. Gagé, « La propagande sérapiste et la lutte des empereurs flaviens avec les philosophes (Stoïciens et Cyniques) », *Revue philosophique*, 149, 1959-1, p. 73-100; L. Jerphagnon, *Vivre et Philosopher sous les Césars*, Toulouse, Privat, 1980; J.-M. André, *La Philosophie à Rome*, Paris, PUF, 1977; A. Michel, *La Philosophie politique à Rome, d'Auguste à Marc Aurèle*, Paris, Armand Colin, 1969; et surtout R. MacMullen, *Enemies of the Roman Order*, Cambridge, Mass., Harvard University Press, 1966.

COURS DU 27 JANVIER 1982

Deuxième heure

Le philosophe professionnel du Ier-IIe siècle et ses choix politiques. – L'Eu-phratès des Lettres *de Pline : un anti-cynique. – La philosophie hors de l'école comme pratique sociale : l'exemple de Sénèque. – La correspondance entre Fronton et Marc Aurèle : systématisation de la diététique, de l'économique et de l'érotique dans la direction d'existence. – L'examen de conscience.*

Je vous dois des excuses. Je m'étais imaginé, d'une façon un peu pré-tentieuse et chimérique, que si je me donnais deux heures pour dire ce que je voulais dire, je ne traînerais plus, puisque j'aurais assez de temps. Mais traîner doit m'être un mode d'existence : j'ai beau faire, je n'arrive pas à tenir mon emploi du temps et la chronologie que je m'étais fixée. Enfin tant pis. Je voudrais vous parler là un petit peu, en m'appuyant sur un certain nombre de textes, [de la manière dont] la pratique de soi-même a été un impératif, une règle, une manière de faire qui a eu, avec la philosophie, les philosophes, l'institution philosophique elle-même, des rapports très privilégiés. Ce sont évidemment les philosophes qui ont diffusé la règle même [de cette pratique de soi], qui en ont fait circu-ler les notions et les méthodes, qui ont proposé des modèles. Ce sont eux qui sont, dans la plupart des cas, à l'origine des textes qui ont été publiés, qui ont circulé, et qui servaient en quelque sorte de manuels pour la pratique de soi. Il ne s'agit absolument pas de le nier. Mais il faut, je crois, aussi souligner une chose : c'est que, dans la mesure même où cette pratique de soi se diffusait, le personnage du philosophe professionnel – qui avait toujours été accueilli, au moins depuis Socrate, vous le savez bien, avec passablement de méfiance, et qui avait suscité pas mal de réactions négatives –, ce personnage devient de plus en plus ambigu. Objet, bien entendu, des critiques des rhétoriciens et aussi – ce qui va être encore plus net à partir du développement de ce qu'on appelle la seconde sophistique[1], au IIe siècle de notre ère – objet de méfiance pour des raisons politiques. D'abord, bien entendu, à cause des choix qu'il fait, en faveur de ceux-ci ou de ceux-là. Il y a eu tout un courant, par exemple, de néo-républicanisme au début de l'Empire romain, dans lequel les stoïciens, et sans doute les cyniques aussi, ont joué un rôle important[2]. Donc, à cause de ça, une série de résistances. Mais d'une façon plus générale, l'existence même de philosophes professionnels, prêchant, demandant, insistant pour que l'on s'occupe de soi, n'était pas sans poser un certain nombre de problèmes politiques, sur lesquels il y a eu des discussions très intéressantes. Il semble en particulier que dans l'entourage même d'Auguste, tout à fait au début de l'Empire, le problème [se posait] de savoir si la philosophie, en se présentant comme un art de soi-même et en invitant les gens à s'occuper d'eux-mêmes, était ou non utile. Jean-Marie André, qui a publié, sur l'*otium* et sur le personnage de Mécène, deux études très intéressantes[3], [a émis un certain nombre] d'hypothèses. En suivant ce qu'il dit, il semble qu'il y ait eu, autour d'Auguste, des tendances différentes, avec des changements d'attitude de la part des uns et des autres, de la part d'Auguste lui-même. Il semble qu'Athénodore, par exemple, représentait un courant de dépolitisation assez net : ne vous occupez de politique que vraiment si vous le devez, si vous en avez envie, si les circonstances l'imposent, mais le plus vite possible retirez-vous de la politique. Et il semble que, à un moment donné au moins, Auguste ait été favorable à cette sorte de dépolitisation. En revanche, Mécène et les épicuriens autour de lui auraient représenté au contraire un mouvement dans lequel on cherchait un équilibre entre l'activité politique autour du Prince, au profit du Prince, et la vie de loisirs cultivés qui était nécessaire. L'idée d'un Principat[4] dans lequel l'essentiel du pouvoir serait entre les mains du Prince, où il n'y aurait pas de luttes politiques, comme on pouvait les trouver dans la République, où tout serait bien en ordre, mais où pourtant il faudrait s'occuper de l'Empire, aurait représenté aux yeux de ces gens-là (Mécène et les épicuriens, qui pourtant étaient méfiants à l'égard de l'activité politique) la formule la plus adéquate : on peut s'occuper des choses de la cité, de l'Empire, des choses politiques, des affaires, à l'intérieur de ce cadre dont la tranquillité est assurée par l'ordre politique, par le Principat ; et puis on peut, à côté, avoir tout de même dans sa vie suffisamment de loisirs pour s'occuper de soi-même. Enfin, il y a donc là, autour de l'activité professionnelle des philosophes, toute une série de discussions intéressantes. Je reviendrai, alors beaucoup plus longuement, plus tard sur le problème : « activité de soi-même/ activité politique[5] ». Sur l'hostilité ou la méfiance à l'égard des philosophes, je voudrais vous renvoyer très précisément à un texte. J'avais

l'intention de vous en citer plusieurs : j'aurais pu vous citer – mais j'en
ai parlé déjà la dernière fois – ces textes satiriques de Lucien où on voit
le personnage du philosophe caricaturé sous la forme d'individus avides
d'argent, qui demandent de grosses sommes d'argent en promettant le
bonheur, qui vendent des modes de vie au marché et qui, se prétendant
parfaits, parvenus au sommet de la philosophie, sont en même temps
des gens qui pratiquent l'usure, se battent contre leurs adversaires,
s'emportent, etc., et n'ont aucune des vertus qu'ils prétendent posséder[6].
Bon, je passe sur tous ces textes.

Je voudrais attirer l'attention sur un autre texte qui me paraît assez
intéressant, qui est connu mais sur l'interprétation duquel, je crois, il
faut s'arrêter un peu. C'est le fameux passage dans la dixième lettre du
premier livre des *Lettres* de Pline[7], passage consacré à Euphratès[8].
Euphratès a été un philosophe stoïcien important, que l'on voit intervenir à plusieurs reprises dans plusieurs textes. Vous avez, dans la *Vie
d'Apollonios de Tyane* par Philostrate, une très curieuse, très intéressante confrontation entre Apollonios et Euphratès[9] – et on reviendra
éventuellement sur la question du Prince et du philosophe comme
conseiller du Prince. En tout cas, dans cette lettre de Pline, à propos
de cet important personnage, de cet important philosophe qu'a été
Euphratès, on lit ceci : Euphratès vivait en Syrie ; Pline fit sa connaissance lorsque « *adulescentulus militarem* », c'est-à-dire lorsque, tout
jeune homme, il était en train, non pas exactement de faire son service
militaire, mais d'occuper une charge militaire. Donc il est jeune, mais ce
n'est tout de même pas un enfant ou un adolescent à l'âge scolaire. Dans
ce même texte vous voyez que Pline l'a fréquenté, et l'a fréquenté inti-
mement. « *Penitus et domi inspexi* » : je l'ai vu, j'ai pu le regarder,
l'examiner *penitus* (à fond) *et domi* (à la maison). C'est donc qu'il a,
sinon partagé son existence, du moins eu avec lui une fréquentation
continue qui l'a amené à partager un certain nombre de moments de vie,
de phases d'existence avec lui. Troisièmement, il est très clair qu'il y a
eu entre eux un rapport affectif intense, puisqu'il est dit que : « *Amari ab
eo laboravi, etsi non erat laborandum*[10]. » C'est-à-dire : J'ai travaillé à
être aimé par lui, bien qu'il n'y eût pas à travailler pour cela. Il est intéressant de voir qu'il ne mentionne même pas le fait qu'il l'aimait. Je
crois que ça se dégage de l'ensemble du texte, et de l'éloge très intense
qu'il fait [de lui]. Il dit qu'il a travaillé à en être aimé, et ceci est assez
intéressant parce qu'il me semble qu'on a là une notion typiquement
romaine, qu'on peut recouper avec un certain nombre de choses. En particulier dans le *De Beneficiis* de Sénèque, il est dit que, dans une amitié,

il faut non seulement se rendre des services, mais qu'il y a encore tout un travail, tout un labeur par lequel on se fait aimer de celui dont on désire l'amitié. Et ce travail se déroule selon un certain nombre de phases, et en appliquant un certain nombre de règles qui sont sanctionnées par la position relative des uns et des autres dans le cercle d'amitiés de celui dont on désire l'amitié[11]. Autrement dit, l'amitié ce n'est pas exactement un rapport de un à un, ce n'est pas la communication immédiate entre deux individus, ce qui était la formule épicurienne. On a là une structure sociale de l'amitié qui pivote autour d'un individu, mais où il y a plusieurs [autres] qui l'entourent et qui ont leur place, et une place qui change selon l'élaboration, le labeur qui a été fait par l'un et par l'autre. Alors ce labeur, il faut considérer ici vraisemblablement que c'est l'application aux leçons, le zèle avec lequel Pline acceptait l'enseignement, le modèle, les exemples, les recommandations d'Euphratès. Il s'agit vraisemblablement aussi, dans une forme assez proche de l'amitié romaine, d'un certain nombre de services qui étaient rendus par l'un et par l'autre. Bref, Pline a avancé dans cette amitié qui, vous le voyez, n'a plus du tout la forme « amitié amoureuse » (je dis ça pour employer les termes contemporains qui ne coïncident absolument pas avec l'expérience de l'époque). Rien à voir – enfin, quelque chose de très différent en tout cas – avec ce qu'il pouvait y avoir d'amour, d'*erôs* entre Socrate et ses disciples, ou ce qu'il pouvait y avoir aussi d'*erôs* dans l'amitié épicurienne. Quant au personnage d'Euphratès, le texte est aussi intéressant. La description qu'il en donne est à la fois familière, vous me direz même : banale, écœurante par sa fadeur, et pourtant quand on la regarde [de près], les éléments sont intéressants[12]. Il est dit qu'Euphratès est un homme d'une grande prestance physique – il a la barbe, la fameuse barbe des philosophes – et que ses vêtements sont tout à fait propres. On dit aussi qu'il parle d'une façon ornée, agréable et convaincante ; que, d'ailleurs, c'est si convaincant qu'une fois qu'on a été convaincu, on regrette d'avoir été convaincu parce qu'on voudrait pouvoir l'écouter encore pour pouvoir être convaincu à nouveau. Il est dit aussi qu'il fait penser à Platon par l'ampleur de ses vues, qu'il pratique les vertus qu'il enseigne et qu'il est d'une grande libéralité dans l'accueil. En particulier, il ne maltraite pas ceux qui ont commis des fautes, ceux qui ne sont pas dans l'état moral souhaitable. Ceux-là, il ne les maltraite pas, il ne les gronde pas. Il est au contraire d'une grande indulgence et d'une grande *liberalitas* avec eux. Et enfin, son enseignement est caractérisé par le fait qu'il dit sans cesse à ses disciples que rendre la justice, administrer les choses de la ville – bref, en gros : faire son métier ou de notable local ou de représentant de l'autorité romaine et impériale –, eh bien, faire tout cela, c'est faire œuvre de philosophe [13]. Alors, sous cette fadeur un peu écœurante du portrait, il me semble qu'on peut retenir ceci : c'est que, d'un côté, vous avez une exaltation très marquée, très appuyée (il faut se souvenir que Pline, bien sûr, n'est pas un philosophe, et qu'il a de la philosophie une teinture assez vague, très vaguement stoïcienne, qu'il a empruntée sans doute à Euphratès, d'ailleurs). Pline, qui n'est pas un philosophe, exalte beaucoup ce personnage d'Euphratès, il le pare de toutes les qualités, il en fait une sorte de personnage d'exception avec lequel on peut nouer des liens affectifs très intenses ; aucune mention d'argent, d'ailleurs, n'est faite dans toute cette affaire, sans qu'on sache s'il y en a eu ou pas. Et en tout cas c'est à partir de lui, à partir de ce personnage-là qu'on peut avoir à la philosophie le meilleur rapport possible. Or, quand [on voit] par quels traits de caractère, traits de description, cette exaltation est faite, on s'aperçoit qu'elle se fait par l'exclusion systématique de tous les traits par lesquels, traditionnellement, se caractérise le philosophe de profession. Avoir une belle barbe bien peignée et des vêtements tout propres, c'est évidemment s'opposer, ou être opposé à ces philosophes de profession à la barbe mal soignée, aux vêtements un peu dégoûtants, qui courent dans les rues : c'est le personnage cynique, ce personnage cynique qui est à la fois le point extrême et, aux yeux des gens, le modèle négatif de la philosophie. Quand Pline explique combien Euphratès parle bien, combien son langage est orné, comment il convainc tellement bien qu'une fois qu'on est convaincu on voudrait continuer à l'entendre encore, bien qu'on n'ait plus besoin d'être convaincu, qu'est-ce qu'il fait sinon montrer qu'Euphratès n'est pas ce philosophe au langage rude, râpeux, limité à son seul objectif : convaincre et changer l'âme de son auditeur, mais qu'il est en même temps un peu rhéteur, qu'il a su intégrer [...] les plaisirs propres [...] au discours rhétorique à l'intérieur de la pratique philosophique ? C'est donc gommer ce fameux partage entre rhéteur et philosophe, qui était un des traits les plus caractéristiques de la professionnalisation du philosophe. Et enfin, troisièmement, en ne rudoyant pas, en accueillant généreusement, libéralement, tous ceux qui se présentent à lui sans les secouer, il ne joue pas ce rôle un peu agressif qui était celui d'Épictète, qui était *a fortiori* celui des cyniques, et qui avait pour fonction de déséquilibrer en quelque sorte, de troubler l'individu dans son mode d'existence, et de le forcer, en le tirant, en le poussant, à adopter un autre mode d'existence. Enfin et surtout, en disant que rendre la justice et administrer les choses de la cité c'était faire de la philosophie, vous voyez bien que, là aussi, c'est l'effacement de la vie philosophique dans ce qu'elle pouvait avoir de singulier, c'est la retraite de la philosophie par rapport à la vie politique qui se trouvent ainsi mis entre parenthèses. Euphratès, c'est celui qui justement ne fait pas le partage entre la pratique philosophique et la vie politique. Donc, dans ce texte célèbre de Pline à propos d'Euphratès, toute la valorisation de la philosophie ne renvoie pas, à mon sens, à une sorte d'hommage que Pline rendrait comme ça à son vieux maître de jeunesse, montrant la fascination que Pline, comme tout jeune noble romain, aurait eue à l'égard d'un philosophe prestigieux au Moyen-Orient. Ce n'est pas ça. Cet éloge est à prendre dans tous ses éléments, avec toutes ses notations. C'est une valorisation qui se fait en quelque sorte en rapatriant la philosophie dans une manière d'être, dans un mode de conduite, dans un ensemble de valeurs, dans un ensemble aussi de techniques – qui sont ceux, non pas de la philosophie traditionnelle, mais de tout un ensemble de culture où figurent les vieilles valeurs de la libéralité romaine, les pratiques de la rhétorique, les responsabilités politiques, etc. Pline, au fond, ne fait l'éloge d'Euphratès qu'en le déprofessionnalisant par rapport à ce qu'est le portrait traditionnel du philosophe qui ne fait que de la philosophie. Il le fait apparaître comme une sorte de grand seigneur de la sagesse socialisée.

Je crois que ce texte ouvre, si vous voulez, une piste, que je n'ai pas du tout l'intention de suivre dans le détail, mais il me semble qu'[il s'agit là] d'un des traits les plus caractéristiques de l'époque dont je vous parle, Iᵉʳ-IIᵉ siècle : c'est qu'en dehors même des institutions, des groupes, des individus qui, au nom de la philosophie, réclamaient le magistère de la pratique de soi, eh bien, cette pratique de soi est devenue une pratique sociale. Elle a commencé à se développer entre des individus qui n'étaient pas à proprement parler des gens de métier. Il y a eu toute une tendance à pratiquer, à diffuser, à développer la pratique de soi en dehors même de l'institution philosophique, en dehors même de la profession philosophique, et à en faire un certain mode de relation entre les individus, en en faisant une sorte de principe de contrôle de l'individu par les autres, de formation, de développement, d'établissement pour l'individu d'un rapport à lui-même qui va trouver son point d'appui, son élément de médiation dans un autre, un autre qui n'est pas forcément un philosophe de profession, même si, bien sûr, être passé par la philosophie et avoir des notions philosophiques est indispensable. Autrement dit, je crois que c'est le problème de la figure, de la fonction du maître qui est là en question. Au temps des sophistes, au temps de Socrate, au temps de Platon encore, c'était un maître [pris] dans sa singularité, appuyé soit sur sa compétence et son savoir-faire sophistiques, soit sur sa vocation de *theios anêr* (homme divin et inspiré) chez Socrate, soit sur le fait que, lui, déjà, était parvenu à la sagesse, comme dans le cas de Platon. Eh bien, ce maître-là est en train non pas exactement de disparaître mais d'être débordé, d'être entouré, d'être concurrencé par toute une pratique de soi qui est en même temps une pratique sociale. La pratique de soi vient se lier à la pratique sociale, ou si vous voulez : la constitution d'un rapport de soi à soi se branche, de façon très manifeste, avec les relations de soi à l'Autre.

On peut prendre comme exemple toute la série des interlocuteurs de Sénèque. Sénèque est un personnage qui est très intéressant à ce point de vue-là ; on peut dire qu'il est un philosophe de profession, enfin « profession » au sens évidemment très large que ce mot pouvait avoir à ce moment-là. Il a commencé sa carrière, surtout quand il était en exil, en écrivant des traités, des traités de philosophie. Et c'est bien comme philosophe que, rappelé de son exil de Sardaigne, il est devenu précepteur, ou en tout cas conseiller de Néron. Mais enfin, on ne peut tout de même pas le comparer à un professeur de philosophie au sens où l'était Épictète, au sens aussi où l'était Euphratès. Il a eu toute une activité politique, toute une activité administrative. Et quand on voit quels sont les gens auxquels il s'est adressé, auxquels il a donné des conseils, et par rapport auxquels il a joué le rôle de maître de conscience, de directeur de conscience, on s'aperçoit que [ce sont] toujours des gens avec lesquels il avait par ailleurs d'autres relations. Que ce soit des relations de famille : c'est à sa mère, Helvia, qu'il écrit une consolation au moment où lui-même est envoyé en exil. Quand il adresse une consolation à Polybe, Polybe est pour lui une sorte de protecteur ambigu et lointain, dont il sollicite l'amitié et la protection pour se faire rapatrier d'exil[14]. Serenus[15], auquel alors il va adresser une série de traités – le *De Tranquillitate,* peut-être le *De Otio,* et il y en a un troisième[16] –, pour lequel il écrit ces traités, eh bien, c'est un parent éloigné qui vient d'Espagne, qui vient faire carrière à la cour, qui est en train de devenir le confident de Néron. Et c'est sur ce fond à la fois de semi-parenté/semi-clientélisme que Sénèque s'adresse à Serenus, ou écoute sa demande et vient lui donner des conseils. Quant à Lucilius, qui est un peu plus jeune que lui mais qui a déjà des hautes fonctions administratives, c'est une sorte d'ami, peut-être client, ancien protégé, en tout cas quelqu'un qui est assez proche de lui et avec lequel il a eu de tout autres relations que la relation professionnelle de direction de conscience[17]. On pourrait démontrer la même chose à propos de

Plutarque qui, chaque fois qu'il intervient pour diriger quelqu'un, lui donner des conseils, au fond ne fait que moduler une relation mondaine ou une relation statutaire, une relation politique[18]. Et c'est sur ces relations qu'il vient brancher, qu'il vient greffer cette activité qui consiste à diriger sa conscience. Ce n'est donc pas, si vous voulez, en tant que philosophe professionnel que Sénèque, Plutarque interviennent pour guider les autres. C'est dans la mesure où les relations sociales qu'ils ont avec tel ou tel (amitié, clientélisme, protection, etc.) impliquent à titre de dimension – et en même temps : à titre de devoir, d'obligation – le service de l'âme, et la possibilité de fondement d'une série d'interventions, de conseils qui vont permettre à l'autre de se diriger comme il faut. Et c'est là où j'en arriverai à un dernier texte que je voudrais analyser d'un peu plus près, parce qu'il me paraît être intéressant et très significatif dans cette histoire de la pratique de soi. Parce que la plupart des textes que nous avons concernant la pratique de soi ne viennent que d'un côté : du côté des directeurs, de ceux qui donnent des conseils. Et par conséquent, dans la mesure où ils donnent des conseils, où il s'agit donc de textes prescriptifs, on peut toujours supposer, et on est tout à fait fondé à penser, que c'était des recommandations qui restaient vaines, vides, qui ne s'inscrivaient pas en réalité dans le comportement et l'expérience des gens, que c'était une sorte de code sans contenu et sans application réelle : au fond, une certaine manière d'élaborer la pensée philosophique en règle morale quotidienne, sans que le quotidien des gens en soit pour autant affecté. On a bien dans Sénèque, au début du *De Tranquillitate,* une confession de Serenus, Serenus qui vient justement demander conseil à Sénèque et qui lui expose son état d'âme[19]. On peut dire qu'on a là un témoignage d'une expérience que quelqu'un fait de lui-même, et de la manière dont par conséquent il se réfléchit à travers les yeux d'un directeur possible, et en fonction d'une direction possible. Mais, après tout, ce texte figure dans le traité de Sénèque. Même s'il a été écrit effectivement par Serenus, même s'il n'a pas été, ce qui est vraisemblable, réécrit pour une bonne part par Sénèque, on peut dire qu'il fait partie du traité même du *De Tranquillitate*. Il fait partie du jeu de Sénèque et ne pourrait passer qu'assez difficilement, assez indirectement, pour un témoignage de ce qui se passe du côté du dirigé.

Or on a tout de même quelques documents qui montrent l'autre face, ainsi la correspondance de Fronton avec Marc Aurèle[20] [...*]. Quand

* On entend seulement : « et ces documents montrent parfaitement de quelle manière [...] édition française à la traduction, et qui est la correspondance de Fronton avec Marc Aurèle ».

on se demande pourquoi cette correspondance de Fronton avec Marc Aurèle n'a pas été publiée – elle est pratiquement inaccessible en France [...] –, on comprend assez facilement : elle est tout de même assez étrange. Alors si vous vous intéressez à ce texte, vous en avez heureusement une édition anglaise dans la série des éditions Loeb, où vous avez la correspondance Fronton-Marc Aurèle qu'il faut lire[21]. Et vous allez voir pourquoi. Fronton, c'est (il faut s'en souvenir, bien sûr) le maître de Marc Aurèle[22]. Mais ce n'est pas le maître de philosophie. C'est un maître de rhétorique. Fronton était un rhéteur, et, dans le premier chapitre des *Pensées,* vous savez qu'il y a l'évocation des différentes personnes auxquelles Marc Aurèle doit telle et telle chose, et qui ont été en quelque sorte les modèles de sa vie, qui ont apporté en sa vie un certain nombre d'éléments dont il a composé son comportement et ses principes de conduite. Et alors il y a un passage, d'ailleurs assez bref, sur Fronton. Il y a toute une série de portraits qui sont très impressionnants et très beaux : il y a le fameux portrait d'Antonin qui est superbe et qui est en même temps une petite théorie, non pas tellement du pouvoir impérial que du personnage impérial[23]. Il y a donc de grands développements, et puis il y a un tout petit développement, une simple évocation de Fronton dont il dit : À Fronton, moi je dois d'avoir compris combien l'exercice du pouvoir entraînait d'hypocrisie, et d'avoir compris aussi combien, dans l'aristocratie de chez nous, on est « incapable d'affection[24] ». Ces deux éléments montrent en Fronton un être de la franchise – par opposition à l'hypocrisie, la flatterie, etc. – ; c'est cette notion de *parrhêsia* sur laquelle je reviendrai. Et puis, d'autre part, l'affection ; affection qui est le socle sur lequel Marc Aurèle et Fronton développent leur relation. Alors je vais vous citer une lettre : la lettre, à mon sens, la plus caractéristique de ce que peut, de ce que pouvait être, si vous voulez, la direction de conscience, vécue du côté du dirigé. C'est, au livre IV des lettres de Marc Aurèle, la lettre 6 de Marc Aurèle à Fronton. Il lui écrit[25] : « Nous nous portons bien. Moi j'ai peu dormi à cause d'un petit frisson qui cependant paraît calmé. J'ai donc passé le temps, depuis la onzième heure de la nuit jusqu'à la troisième du jour, pour une part à lire l'*Agriculture* de Caton, et pour une part aussi à écrire ; heureusement moins qu'hier. Puis j'ai salué mon père, j'ai avalé de l'eau miellée jusqu'au gosier, et puis je l'ai rejetée de sorte que je me suis adouci la gorge plutôt que je ne l'ai réellement gargarisée ; car je peux employer sous l'autorité de Novius et d'autres ce mot "gargarisé". Mais une fois la gorge restaurée, je me suis rendu auprès de mon père. J'ai assisté à son sacrifice et ensuite on est allés manger. Avec quoi penses-tu que j'ai dîné ? Avec un peu de pain, pendant que je voyais les autres dévorer des huîtres, des oignons et des sardines bien grasses. Après quoi nous nous sommes mis à moissonner les raisins ; nous avons bien sué, bien crié[26]. À la sixième heure nous sommes revenus à la maison. J'ai un peu étudié, et cela sans fruit. Ensuite j'ai beaucoup causé avec ma mère qui était assise sur le lit [...][27]. Pendant que nous causions ainsi et que nous nous disputions à qui des deux aimerait mieux l'un de vous [c'est-à-dire : si Marc Aurèle aime mieux Fronton que la mère de Marc Aurèle n'aime Gratia, la fille de Fronton je crois ; M.F.], le disque retentit, et on annonça que mon père s'était mis dans le bain. Ainsi nous avons soupé après nous être baignés dans le pressoir. Je ne veux pas dire que nous nous sommes baignés dans le pressoir, mais après nous être baignés nous avons soupé dans le pressoir, et entendu avec plaisir les joyeux propos des villageois. Rentré chez moi, avant de me tourner sur le côté pour dormir, je déroule ma tâche *(meum pensum expliquo)* et je rends compte de ma journée à mon très doux maître *(diei rationem meo suavissimo magistro reddo)*. Ce maître, que je voudrais, au prix même de ma santé, de mon bien être physique, désirer, regretter plus encore que je ne le fais. Porte-toi bien, cher Fronton, toi qui es *meus amor mea voluptas* (toi mon amour, toi ma volupté). Je t'aime[28]. » Voilà. Alors d'une part, à propos de ce texte il faut rappeler, je vous l'ai dit, que Fronton n'est pas le maître de philosophie. Ce n'est pas le philosophe professionnel, c'est un rhéteur, un *philologos,* comme le rappelle dans la lettre même la petite remarque philologique sur l'usage du mot « gargarisé ». Donc, cette lettre, elle n'est pas à placer à l'intérieur d'une relation professionnelle et technique sur la direction de conscience. En réalité, ce qui lui sert de support c'est l'amitié, l'affection, la tendresse qui, vous le voyez, jouent un rôle majeur. Ce rôle apparaît ici dans toute son ambiguïté, et demeure difficile à déchiffrer, d'ailleurs, dans les autres lettres, où il est sans cesse question de l'amour pour Fronton, de leur amour réciproque, du fait qu'ils se regrettent l'un l'autre quand ils sont séparés, qu'ils s'envoient des baisers dans le cou, etc.[29] Rappelons que Marc Aurèle, à cette époque-là, doit avoir entre dix-huit et vingt ans, et que Fronton est un peu son aîné. Relation « affective » : encore une fois, je crois qu'il serait tout a fait déplacé – je veux dire : tout à fait historiquement inadéquat – de poser la question de savoir quelle est la nature sexuelle ou non de ce rapport. C'est un rapport d'affection, c'est un rapport d'amour qui implique par conséquent tout un tas de choses. Il faut simplement noter que ces choses ne sont jamais dites, débrouillées ou analysées à l'intérieur de ces affirmations répétées, intenses, affectives, d'amour : « toi mon amour, toi ma volupté ». Or, si on regarde maintenant sur ce fond-là, qui encore une fois n'est pas un fond de relation philosophique, technique, mais une relation d'affection avec un maître, si on regarde comment est faite cette lettre, on s'aperçoit qu'il s'agit tout simplement du récit très méticuleux d'une journée, depuis le moment du réveil jusqu'au moment de l'endormissement. C'est en somme le récit de soi à travers le récit de la journée. Et quels sont les éléments de cette journée qui sont ainsi décrits, quels sont ceux qui sont considérés comme pertinents par Marc Aurèle pour faire son récit, pour en rendre compte à Fronton ? Je crois qu'on peut, très schématiquement mais sans fausser les choses, faire rentrer tout ce qui est dit dans cette lettre sous trois catégories.

Premièrement les détails de santé, les détails de régime. Ça commence par des petits frissons et des médications. Or vous trouvez ces indications à plusieurs reprises dans les lettres de Sénèque, où il dit : Oh ! là, là, cette nuit je n'ai pas bien dormi, j'ai eu un petit frisson. Ou bien : Je me suis mal réveillé ce matin, j'avais un peu la nausée, j'ai eu des frissons, etc. Donc une notation qui est traditionnelle : notation des frissons, des médicaments absorbés (il s'est gargarisé, il a pris de l'eau miellée, etc.). Ce sont, d'une façon générale, des notations sur le sommeil. Notez par exemple : « dormir sur le côté », ce qui est un précepte médico-éthique important à l'époque. Dormir sur le dos, c'est s'exposer à des visions érotiques ; dormir sur le côté, c'est la promesse d'un sommeil chaste. Notations sur la nourriture : il n'a mangé que du pain pendant que les autres mangeaient…, etc. Notations sur le bain, sur les exercices. Sommeil, éveil, nourriture, bain, exercices, et puis bien entendu les médications : c'est très exactement les éléments qui, depuis Hippocrate, sont caractérisés comme les éléments du régime, du régime médical, du régime diététique[30]. Il rend compte donc de son régime médical.

Deuxièmement, il rend compte de ses devoirs familiaux et religieux. Il s'est rendu auprès de son père, il a assisté à son sacrifice, il a parlé avec sa mère, etc. Et à ses devoirs familiaux sont jointes, ou on peut joindre, les occupations agricoles. C'est une vie de fermier que Marc Aurèle est en train de décrire. Et il faut bien comprendre que cette vie de fermier, elle est en relation directe avec un certain nombre de modèles. L'un est cité, l'autre est implicite. Celui qui est cité, c'est le *De Agricultura* de Caton[31]. Caton avait écrit un livre d'agriculture, qui était un livre d'économie domestique indiquant, à l'époque où il était écrit, quel était le comportement que devait avoir, ce que devait être un propriétaire agricole à Rome, pour sa plus grande prospérité, pour sa meilleure formation éthique et en même temps pour le plus grand bien de la cité. Derrière ce modèle-là, il faut penser, bien sûr, à ce qui était le modèle même du texte de Caton, c'est-à-dire l'*Économique* de Xénophon[32] qui, lui, racontait ce que devait être aux Ve-IVe siècles la vie d'un gentilhomme campagnard en Attique. Or ces modèles, là, sont très importants. Bien sûr Marc Aurèle, destiné à l'Empire, fils adoptif d'Antonin, n'avait absolument pas besoin de mener une telle vie : ce n'était pas sa vie normale que celle de gentilhomme campagnard. Mais – c'est très net depuis la fin de la République, plus encore depuis l'Empire – la vie agricole, le stage en quelque sorte dans la vie agricole constituait, non pas exactement une vacance, mais un moment qu'il fallait se ménager dans l'existence pour avoir précisément une sorte de repère dans la vie de tous les jours, repère politico-éthique. Dans cette vie campagnarde, en effet, d'une part on est au plus proche des besoins élémentaires et fondamentaux de l'existence ; on est au plus proche aussi de cette vie archaïque, ancienne, des siècles passés, qui doit nous servir de modèle. Dans cette vie-là, aussi, on a la possibilité de pratiquer une sorte d'*otium* cultivé. C'est-à-dire que l'on fait [également] des exercices physiques : vous voyez qu'il pratique la vendange ; la vendange lui permet d'ailleurs de bien suer et de bien crier, exercices qui font partie du régime. Il mène donc cette vie d'*otium* qui a des éléments physiques, qui lui laisse suffisamment de temps aussi pour lire et pour écrire. Donc, si vous voulez, le stage campagnard est une sorte de réactivation du vieux modèle de Xénophon ou du vieux modèle de Caton : modèle social, éthique et politique, qui est repris maintenant, mais à titre d'exercice. Une sorte de retraite que l'on fait avec les autres, mais pour soi-même et pour mieux se former, pour avancer dans ce travail que l'on fait sur soi-même, pour s'atteindre soi-même. C'est là, si vous voulez, l'aspect de la vie économique, au sens où Xénophon employait ce terme, c'est-à-dire : les relations familiales, l'activité du maître de maison qui a à s'occuper de son entourage, et des siens, et de ses biens, et de ses serviteurs, etc. C'est tout ce paysage-là qui est réutilisé, mais encore une fois à des fins d'exercice personnel.

Le troisième élément qui est mentionné dans cette lettre, c'est bien entendu les éléments concernant l'amour. Dans cette conversation sur l'amour, on discute d'une question qui, là, est assez étrange, vous le voyez, puisqu'il ne s'agit plus de la question traditionnelle : « Quel est le véritable amour ?[33] » – cette question, vous savez, qui d'ordinaire faisait jouer les quatre éléments habituels : est-ce que c'est l'amour pour les garçons ou l'amour pour les femmes ; est-ce que c'est l'amour qui

comporte une consommation sexuelle ou non ? Ce problème-là, du véritable amour, n'est pas présent. Il s'agit d'une sorte de question individuelle assez étrange, où l'on compare l'intensité, la valeur, la forme de
cet amour – sur la nature duquel il est encore une fois complètement chimérique de vouloir discuter – de deux hommes (Fronton et Marc Aurèle),
et l'amour de deux femmes (la mère de Marc Aurèle et puis Gratia).

Le corps ; l'entourage et la maison ; l'amour. Diététique, économique,
érotique. Ce sont là les trois grands domaines où s'actualise la pratique
de soi à cette époque, avec, on le voit, un renvoi perpétuel de l'un à
l'autre. C'est par souci du régime et de la diététique que l'on pratique la
vie agricole, que l'on va faire les moissons, etc., c'est-à-dire que l'on
passe à l'économique. Et c'est à l'intérieur des relations de famille,
c'est-à-dire à l'intérieur de ces relations qui définissent l'économique,
que l'on va rencontrer la question de l'amour. Le premier point, c'est
l'existence de ces trois domaines : c'est le lien, le renvoi très fort, très
manifeste de l'un à l'autre, la diététique à l'économique, l'économique à
l'érotique. Et d'autre part, ce qu'il faut se rappeler, c'est que ces trois
éléments, on les avait déjà rencontrés, si vous vous souvenez, dans un
passage de l'*Alcibiade*. Vous vous souvenez qu'à un moment donné,
Socrate venait tout juste de parvenir à définir quel était ce soi dont il fallait se soucier. Et il avait montré que ce soi dont il fallait se soucier,
c'était l'âme. Or, à partir de cette définition, il avait dit : Si c'est l'âme
dont il faut s'occuper, vous voyez bien que ce souci de soi n'est pas le
souci du corps, qu'il n'est pas non plus le souci des biens et qu'il n'est
pas non plus le souci amoureux, tel du moins que les amoureux, les
poursuivants d'Alcibiade le conçoivent. C'est-à-dire que le souci de soi
avait été, dans ce texte de Platon, dans l'intervention de Socrate, parfaitement distingué du souci du corps, c'est-à-dire de la diététique, du
souci des biens, c'est-à-dire de l'économique, et du souci de l'amour,
c'est-à-dire de l'érotique. Eh bien, vous voyez que maintenant, ces trois
domaines au contraire (diététique, économique, érotique) sont réin-
tégrés, mais comme surface de réflexion : occasion en quelque sorte
pour le moi de s'éprouver, de s'exercer, de développer la pratique de
soi-même qui est sa règle d'existence et qui est son objectif. La diététique, l'économique et l'érotique apparaissent comme les domaines
d'application de la pratique de soi.

Voilà, me semble-t-il, ce qu'on peut tirer du contenu même de la
lettre, mais évidemment on ne peut pas terminer là le commentaire de
cette lettre sans revenir à ces lignes que je vous ai rappelées, et dans lesquelles il dit ceci : « Rentré chez moi, avant de me tourner sur le côté

pour dormir, j'ai déroulé ma tâche et je rends compte de ma journée à mon très doux maître que je regrette, etc. » Qu'est-ce que c'est que cela ? Rentré chez soi, il va s'endormir, et avant de se tourner sur le côté, c'est-à-dire de prendre la position du sommeil, il « déroule sa tâche ». C'est évidemment l'examen de conscience, examen de conscience tel qu'il avait été décrit par Sénèque. Et ces deux textes (celui du *De Ira* et le texte de Marc Aurèle) sont extraordinairement proches l'un de l'autre. Sénèque, vous vous souvenez, disait : Tous les soirs j'éteins la lampe, et quand ma femme s'est tue, je me recueille en moi-même et je me rends compte de ma journée (il emploie exactement la même expression : il « se rend compte[34] »). Et dans un autre texte – malheureusement je n'ai pas pu retrouver la référence hier soir, mais enfin peu importe – Sénèque évoque la nécessité, de temps en temps, de dérouler devant soi le rouleau (le *volumen*) de sa vie et du temps passé[35]. Eh bien, c'est ce déroulement de la tâche, de ce qu'on avait à faire et de la manière dont on l'a fait, c'est cela que fait, vous le voyez, Marc Aurèle dans cette évocation. Il déroule sa tâche, il déroule le livre de la journée où étaient écrites les choses qu'il avait à faire, livre qui est vraisemblablement le livre de sa mémoire et pas un livre sur lequel il avait réellement écrit, quoique cela pouvait l'être aussi, mais après tout, ça n'a pas énormément d'importance. L'essentiel, si vous voulez, que ce soit de l'ordre de la mémoire ou de l'ordre de la lecture, c'est cette revue de la journée passée, revue qui est obligatoire à la fin, au moment où on va s'endormir, et qui permet de faire le bilan des choses qu'on avait à faire, de celles qu'on a faites et de la manière dont on les a faites par rapport à la manière dont on aurait dû les faire. Et on en rend raison. Et on en rend raison à qui ? Eh bien, à celui qui est, là, « son très doux maître ». Et vous voyez qu'on a là la traduction exacte du principe fondamental de l'examen de conscience. Et qu'est-ce que c'est au fond que cette lettre ? La lettre elle-même, écrite le lendemain matin, n'est rien d'autre que ce que Marc Aurèle a fait le soir quand il s'est couché avant de s'endormir. Il a déroulé le *volumen* de sa journée. Il a repris sa journée et l'a déroulée. Il l'a fait le soir pour lui-même, il le fait le lendemain matin en écrivant à Fronton. Donc vous voyez qu'on a là tout de même un exemple assez intéressant de la manière dont la direction devenait, était en train de devenir, était sans doute devenue depuis un certain temps déjà, une expérience, expérience toute normale et toute naturelle. À un ami, à un ami qui est cher, à un ami avec lequel on a ces rapports affectifs si intenses, eh bien, on fait son examen de conscience. On le prend comme directeur de conscience, et il est tout normal de le prendre comme directeur en dehors même de sa qualification de philosophe – et, là, ce n'est pas un philosophe – simplement parce qu'il est un ami. Et soi-même, on a à l'égard de soi (de la journée qu'on a passée, du travail qu'on a fait, des distractions qu'on a prises) cette attitude, cette position de quelqu'un qui aura à en rendre compte à quelqu'un, et qui vit sa journée comme pouvant être, et comme devant être de toute façon, présentée, offerte, déchiffrée à quelqu'un d'autre – qui en sera quoi ? Eh bien, on verra plus tard : le juge ou l'inspecteur, le maître, etc. Alors, j'aurais voulu vous dire autre chose, mais malheureusement il est trop tard. C'est qu'à travers ce développement de la pratique de soi, à travers le fait que la pratique de soi devient ainsi une sorte de relation sociale – sinon universelle, bien sûr, du moins toujours possible entre des individus, quand même ils ne sont pas dans un rapport de maître de philosophie à élève –, [il] se développe, je crois, quelque chose de très nouveau et de très important, qui est une nouvelle éthique, non pas tellement du langage ou du discours en général, mais du rapport verbal avec l'Autre. Et cette nouvelle éthique du rapport verbal avec l'autre, c'est elle qui est désignée par cette notion fondamentale de la *parrhêsia*. La *parrhêsia,* que l'on traduit en général par « franchise », c'est une règle de jeu, c'est un principe de comportement verbal que l'on doit avoir avec l'autre dans la pratique de la direction de conscience. Alors c'est ça que, la prochaine fois, je commencerai par vous expliquer (cette *parrhêsia*), avant de voir ensuite comment et sous quelle forme se technicise cette relation verbale à l'autre dans la direction de conscience.

*

NOTES

1. La seconde sophistique doit son existence culturelle aux *Vies des sophistes* de Philostrate de Lemnos (début du IIIe siècle). Les sophistes, depuis les grandes fresques de Platon, sont toujours ces orateurs et professeurs errant de ville en ville et distribuant des leçons de sagesse. Mais la comparaison s'arrête là car les « seconds » sophistes se dispersent (au lieu de se concentrer sur Athènes) et s'exhibent dans des théâtres et autres auditoriums (plutôt que chez de riches particuliers). Par ailleurs, « la seconde sophistique incarne plus que tout autre genre le compromis historique entre la culture grecque et le pouvoir romain », puisqu'on voit parfois le sophiste qui « tente sur place d'apaiser les conflits qui pourraient surgir avec le gouverneur local et prêche aux cités une concorde conforme aux vœux des Romains » (*Histoire de la*

littérature grecque, s.dir. S. Saïd, Paris, PUF, 1997). On notera enfin que le complexe relativement à la philosophie semble renversé par rapport à la période athénienne : dans ses *Dissertations,* Ælius Aristide réprouve fortement la condamnation par Platon de la rhétorique *(Gorgias),* et place au-dessus de tout l'apprentissage formel du rhéteur. La supériorité de la rhétorique est assumée, revendiquée, et c'est la philosophie qui passe alors pour un jeu inutile et incertain. Sur cette seconde sophistique, cf. : G. Bowersock, *Greek Sophists in the Roman Empire,* Oxford, Clarendon Press, 1969 ; G. Anderson, *The Second Sophistic : A Cultural Phenomenon in the Roman Empire,* Londres, Routledge, 1993 ; B. Cassin, *L'Effet sophistique,* Paris, Gallimard, 1995 (cf. dans ce livre le lien établi entre la seconde sophistique et la naissance du roman grec).

2. « Aussi n'était-ce pas des orateurs que se méfiaient surtout les Césars ; les philosophes leur étaient plus suspects, et ils les regardaient comme les véritables ennemis de l'Empire. À partir de Tibère, une sorte de persécution fut organisée contre eux, et elle continua sans relâche jusqu'aux Antonins. Ils furent souvent atteints isolément, quelquefois frappés en masse : sous Néron, sous Vespasien, sous Domitien, on les exila tous de Rome et de l'Italie. Qu'avaient-ils fait pour mériter ces rigueurs ? Ils passaient pour être mécontents du régime nouveau et pour regretter l'ancien. On les accusait de prendre pour modèles [...] les républicains les plus décidés » (G. Boissier, *L'Opposition sous les Césars,* Paris, Hachette, 1885, p. 97). Cf. *supra,* p. 143, note 44, sur l'opposition stoïco-républicaine aux Césars.

3. J.-M. André, *Recherches sur l'*Otium *romain,* Paris, Les Belles Lettres, 1962, et *Mécène. Essai de biographie spirituelle,* éd. citée.

4. Sur le Principat comme nouvelle organisation des pouvoirs à Rome à partir d'Auguste, cf. J. Béranger, *Recherches sur les aspects idéologiques du Principat,* Bâle, F. Reinhardt, 1953.

5. Foucault n'aura pas le temps d'aborder ce problème, et ce n'est que dans certains dossiers préparatoires (par exemple celui intitulé « Rapports sociaux ») que l'on trouve une étude du rapport souci de soi/devoirs civiques, s'appuyant sur trois références essentielles : Plutarque, Dion de Pruse et Maxime de Tyr.

6. Cf. le dialogue *Philosophes à l'encan* (trad. Th. Beaupère, éd. citée), présenté dans le cours du 20 janvier, première heure.

7. Pline le Jeune, *Lettres,* t. I, trad. A.-M. Guillemin, Paris, Les Belles Lettres, 1927 [ultérieurement : référence à cette édition], livre I, lettre 10, p. 21-23. Cf. l'analyse de ce texte dans *Le Souci de soi, op. cit.,* p. 63.

8. Euphratès de Tyr, philosophe stoïcien du Ier siècle apr. J.-C., fut l'élève de Musonius Rufus. Philostrate le présente comme un personnage peu sympathique : républicain douteux, grand flatteur et bas calculateur. On sait qu'il dut s'exiler au début des années soixante-dix, quand Vespasien chassa les philosophes hors de Rome. Apulée raconte enfin qu'il se suicida à l'âge de quatre-vingt-dix ans, non sans en avoir auparavant demandé l'autorisation à l'empereur Hadrien.

9. Philostrate, *Vie d'Apollonius de Tyane,* in *Romans grecs et latins,* éd. P. Grimal, Paris, Gallimard/« Bibliothèque de la Pléiade », 1963 (sur la confrontation des deux hommes, cf. livre V, chap. 33-38, p. 1198-1208 : Euphratès, qui affirme son adhésion aux dogmes stoï-ciens, ne reconnaît comme guide que l'immanence naturelle, et se fait le défenseur de la démocratie et de la liberté politique, quand Apollonius de Tyane – école platonicienne – en appelle à des leçons supra-sensibles et prononce son adhésion à l'ordre impérial, en lequel il voit un garant de la propriété et de la sécurité).

10. Pline le Jeune, *Lettres*, t. I, lettre 10, 2 (p. 21).

11. Cf. Sénèque, *Des bienfaits*, II, XV, 1-2 et XVIII, 3-5 (cf. aussi pour une même thématique, Cicéron, *Laelius de Amicitia*, XVII, 63). Sur ce point délicat de la mentalité romaine, voir l'introduction de P. Veyne (Sénèque, *Entretiens, Lettres à Lucilius*, éd. citée, p. 391-403) au traité sur les *Bienfaits*.

12. Foucault, dans tout le déroulement qui suit, résume la description donnée par Pline dans les paragraphes 5 à 8 (*Lettres*, p. 22).

13. « C'est encore de la philosophie, et même la plus belle portion de la philosophie, que d'exercer une fonction publique » (*id., § 10*, p. 23).

14. *Consolation à Helvia, Consolation à Polybius, in* Sénèque, *Dialogues*, t. III, trad. R. Waltz, Paris, Les Belles Lettres, 1923.

15. Cf. cours du 20 janvier, première heure, *supra*, p. 99, note 24 sur la relation entre Serenus et Sénèque.

16. Il s'agit du *De Constantia, in* Sénèque, *Dialogues*, t. IV, éd. citée, p. 36-60.

17. Cf. cours du 20 janvier, première heure, *supra*, p. 99, note 26 sur la relation entre Lucilius et Sénèque.

18. Né à Chéronée (autour de 46) d'une famille riche et cultivée, Plutarque entame son apprentissage par des voyages culturels (Athènes, Éphèse, Smyrne, Alexandrie) dont il retire un impressionnant bagage philosophique, rhétorique et scientifique. Il se rend par deux fois (sous Vespasien et sous Domitien) à Rome pour y donner des conférences qui connaissent un grand succès, succès qui fait de lui un directeur de conscience recherché. Il revient dans les années quatre-vingt-dix s'établir dans sa ville natale, où il professe la philosophie et rédige l'essentiel de son œuvre. Les préfaces à ses traités nous montrent bien que ses interlocuteurs sont soit des proches (famille ou voisinage), soit des dignitaires grecs ou romains.

19. Cette exposition couvre le premier chapitre du traité (Sénèque, *De la tranquillité de l'âme*, trad. R. Waltz, éd. citée, p. 71-75). Pour l'analyse par Foucault de la réponse de Sénèque, cf. la première heure de ce cours.

20. Cf. *Le Souci de soi*, p. 73.

21. *The Correspondence of Marcus Cornelius Fronto with Aurelius Antoninus*, trad. C.R. Haines, Londres, Loeb Classical Library, 1919-1920.

22. Cf. cours du 20 janvier, deuxième heure, *supra*, p. 118, note 3 sur Fronton.

23. Marc Aurèle, *Pensées*, I, 16 (p. 5-7). Cf. *Le Souci de soi*, p. 111.

24. « De Fronton : avoir observé à quel degré d'envie, de duplicité, de dissimulation en viennent les tyrans ; et que, presque toujours, ces personnages qu'on appelle chez nous les patriciens sont, en un sens, incapables d'affection » (Marc Aurèle, *Pensées*, I, 11, p. 3).

25. Foucault suit littéralement ici une vieille traduction de A. Cassan (*Lettres inédites de Marc Aurèle et de Fronton*, Paris, A. Levavasseur, 1830, t. I, livre IV, lettre VI, p. 249-251).

26. Foucault ici laisse de côté la fin de la phrase : « et nous avons laissé, comme dit un auteur, pendre aux treillis quelques survivants de la vendange » (*id.*, p. 251).

27. Foucault ne lit pas le début du dialogue qui s'engage entre Marc Aurèle et sa mère : « Voici ce que je disais : Que penses-tu que fasse mon Fronton à cette heure ? Et elle : Que penses-tu que fasse ma Gratia ? – Qui ? répliquai-je. Notre fauvette mignonne, la toute petite Gratia ? »

28. En fait la dernière phrase de la lettre est celle-ci : « Quel rapport entre toi et moi ? J'aime un absent *(Quid mihi tecum est ? amo absentem)*. »

29. On peut préciser cependant ici que le baiser entre hommes est usuel sous l'Empire, y compris sur la bouche ; il avait d'ailleurs valeur hiérarchique : un plébéien ne baise que la main d'un grand, ce n'est qu'entre grands qu'on se baise sur la bouche ou sur la poitrine. Ce qui signifie surtout, pour notre passage, qu'est abolie toute supériorité hiérarchique entre Marc Aurèle et son précepteur. Cf. L. Friedländer, *Sittengeschichte Roms*[9], Leipzig, 1919, t. I, p. 93-94, et A. Alföldi, *Die monarchische Repräsentation im römischen Kaiserreiche,* Darmstadt, Wissenschaftliche Buchgesellschaft, 1980, p. 27, 41-42, 64 (je dois ces indications à P. Veyne).

30. Cf. l'analyse par Foucault du traité hippocratique *Du régime* dans *L'Usage des plaisirs, op. cit.,* p. 124-132.

31. Caton, *De l'agriculture,* trad. R. Goujard, Paris, Les Belles Lettres, 1975.

32. Xénophon, *Économique,* trad. P. Chantraine, éd. citée.

33. Allusion au *Banquet* de Platon comme texte fondateur ; cf. chap. : « Le véritable amour », in *L'Usage des plaisirs,* p. 251-269.

34. *De la colère,* III, XXXVI, *in* Sénèque, *Dialogues,* t. I, trad. A. Bourgery, Paris, Les Belles Lettres, 1922, p. 102-103. Pour une étude plus développée du même texte, cf. le cours du 24 mars, deuxième heure, ainsi que le séminaire sur les « Techniques de soi » à l'université du Vermont en octobre 1982 (*Dits et Écrits, op. cit.,* IV, n° 363, p. 797-799).

35. Référence introuvable. Aucun texte de Sénèque ne correspond à cette description.

COURS DU 3 FÉVRIER 1982

Première heure

*Les commentaires néo-platoniciens de l'*Alcibiade : *Proclus et Olympiodore. – La dissociation néo-platonicienne du politique et du cathartique. – Étude du lien entre souci de soi et souci des autres chez Platon : finalité ; réciprocité ; implication essentielle. – Situation au Ier-IIe siècle : l'auto-finalisation du soi. – Conséquences : un art philosophique de vivre ordonné au principe de conversion ; le développement d'une culture du soi. – Signification religieuse de l'idée de salut. – Significations de* sôtêria *et de* salus.

La dernière fois, j'avais laissé en plan, faute de temps, l'analyse de cette notion qui est, je crois, fort importante dans la pratique de soi, dans la technologie du sujet : cette notion de *parrhêsia,* à comprendre grossièrement comme franchise, ouverture de cœur, ouverture de la pensée, etc. Je voulais commencer par reprendre un peu cette question, et puis, pour plusieurs raisons, je préférerais retrouver ce problème un peu plus tard, quand on parlera plus précisément d'un certain nombre de techniques du sujet dans cette philosophie, dans cette pratique, dans cette culture du Ier-IIe siècle, quand on parlera du problème en particulier de l'écoute et du rapport maître-disciple. Bon, alors j'en reparlerai à ce moment-là. Et, de toute façon, quelqu'un m'a posé une question. Malheureusement les questions ne viennent pas souvent, peut-être parce qu'on n'a pas beaucoup l'occasion de se rencontrer. Enfin il m'est venu une question, à laquelle je voudrais répondre parce que je crois qu'elle servira de toute façon assez bien d'introduction au cours que je voudrais faire aujourd'hui.

La question, c'est tout simplement ceci : pourquoi prendre ce dialogue de l'*Alcibiade,* qui n'a pas d'ordinaire chez les commentateurs une importance si grande dans l'œuvre de Platon ? Pourquoi le prendre comme repère, ce dialogue, non seulement pour parler de Platon, mais finalement pour mettre en perspective tout un pan de la philosophie ancienne ? Justement, j'avais depuis un certain temps l'intention de me référer à deux ou trois textes tardifs mais, je crois, très éclairants sur ce problème de l'*Alcibiade* et sur la place qu'il occupe dans la pensée antique. Alors je vais donc faire une rocade. Au lieu de vous parler de la *parrhêsia* maintenant et des commentateurs néo-platoniciens plus tard, je voudrais donc tout de suite évoquer un peu ce problème des commentaires néo-platoniciens de l'*Alcibiade*. Vous savez qu'à partir du grand retour du néo-platonisme dans la culture, dans la pensée, dans la philosophie antiques – en gros, à partir du IIᵉ siècle – un certain nombre de problèmes se sont posés, et en particulier la question de la systématisation des œuvres de Platon. Disons, tout simplement, le problème de leur édition : leur édition sous une forme et dans un ordre qui soient tels que les problèmes de la philosophie y soient abordés successivement, à la place qui convient, et de manière à constituer un ensemble à la fois clos en lui-même et utilisable dans l'enseignement et la pédagogie. Alors ce problème du classement des œuvres de Platon, il a été abordé par un certain nombre de commentateurs, et en particulier par Proclus et Olympiodore[1]. Or ces deux commentateurs, sur la place à accorder à ce dialogue de l'*Alcibiade* que j'avais pris pour point de départ, s'accordent l'un et l'autre à considérer que ce dialogue doit effectivement être placé en tête des œuvres de Platon, que c'est par lui que l'on doit aborder l'étude de Platon ou du platonisme, et par là même l'étude de la philosophie en général. Si vous voulez, trois grands principes en effet permettent à Proclus et à Olympiodore de donner à l'*Alcibiade* cette place première, cette place initiale, de le mettre en quelque sorte en propylée de la philosophie. Premièrement, l'*Alcibiade* est à leurs yeux le résumé même de la philosophie de Platon. Deuxièmement, il est l'introduction, première et solennelle dans la philosophie, du *gnôthi seauton* comme condition première de la pratique philosophique. Et enfin, ils y voient la première apparition de l'embranchement entre le politique et le cathartique. Revenons un petit peu sur ces points. Je vous signale que, de toute façon, premièrement je n'aurais pas pu vous dire ça si Festugière n'avait écrit sur le classement des œuvres de Platon chez les néo-platoniciens un article intéressant, et s'il n'en avait extrait les textes principaux. C'est un article qui avait paru je ne sais plus où, mais que vous trouvez de toute façon dans les *Études de philosophie grecque*[2]. Alors là, vous avez toute une série de textes qui sont cités.

Texte de Proclus[3] (donc : Vᵉ siècle) à propos du classement des œuvres de Platon : « Ce dialogue [dit-il en parlant de l'*Alcibiade* ; M.F.] est le principe de toute la philosophie [*arkhê hapasês philosophias* : le début, le principe de la philosophie ; M.F.], comme l'est aussi précisément la connaissance de nous-mêmes [tout comme la connaissance de nous-mêmes – le *gnôthi seauton* – est la condition pour pouvoir commencer à philosopher, de la même façon l'*Alcibiade* est le principe même de la philosophie ; M.F.]. C'est pourquoi maintes considérations logiques y sont disséminées et livrées en tradition, maintes considérations morales contribuant à toute notre enquête sur l'eudémonie y trouvent leur éclaircissement, maintes doctrines propres à nous conduire à l'étude de la nature ou même à la vérité touchant les êtres divins eux-mêmes y sont sommairement exposées, afin que soit contenue dans ce dialogue, comme en modèle, une seule et même esquisse générale et totale de toute la philosophie, esquisse qui se révèle à nous grâce précisément à ce premier retour sur nous-mêmes[4]. » Texte intéressant, d'abord parce qu'on y voit une distinction qui n'est absolument pas platonicienne, qui a été introduite après, qui correspond tout à fait à ce qu'était l'enseignement et la distribution de la philosophie au cours de l'époque hellénistique, impériale, et à l'époque de l'Antiquité tardive. Voyez la distinction entre : considérations logiques ; considérations morales ; doctrines de la nature ; vérités touchant les êtres divins. Logique, morale, étude de la nature, théologie – ou discours sur le divin – sont les quatre éléments fondamentaux entre lesquels la philosophie se distribue. Alors, donc, Proclus suppose que ces quatre éléments se trouvent en effet disséminés, à la fois présents et un peu cachés discrètement dans le texte de l'*Alcibiade,* mais que tous ces éléments sont présentés à partir de ce qui doit en faire le fondement, et qui est le retour sur soi-même. Cette esquisse de la philosophie se révèle à nous, grâce précisément à ce premier retour sur nous-même. Revenons sur nous-même, prenons conscience de ce que nous sommes, et nous verrons, dans ce retour même, commencer à se déployer ce que doit être le savoir philosophique. « Et c'est pour cela aussi, me semble-t-il [ajoute Proclus ; M.F.], que le divin Jamblique donne à l'*Alcibiade* le premier rang parmi les dix dialogues dans lesquels est contenue selon lui toute la philosophie de Platon [référence à un texte perdu de Jamblique[5] qui semble indiquer qu'avant même Proclus, par conséquent, et ce problème des classifications des œuvres platoniciennes, l'*Alcibiade* était bien considéré comme le premier des dialogues de Platon, en tout cas celui qu'il fallait placer en tête des dialogues de Platon ; M.F.][6] »

Olympiodore, dans un autre commentaire, dit à propos de l'*Alcibiade* : « Touchant le rang [de l'*Alcibiade* ; M.F.], il faut dire qu'on doit le mettre en tête de tous les dialogues platoniciens. Car, comme Platon le dit dans le *Phèdre,* il est absurde de s'ignorer soi-même si l'on aspire à connaître tout le reste. En second lieu, c'est socratiquement qu'il faut aborder la doctrine socratique : or, dit-on, c'est par le précepte "connais-toi toi-même" que Socrate est allé à la philosophie. On doit estimer d'ailleurs que ce dialogue ressemble à un propylée, et que de même que le propylée précède l'adyton du temple, de même aussi doit-on comparer l'*Alcibiade* à un propylée, et à l'adyton le *Parménide*[7]. » Vous le voyez, Olympiodore fait de l'*Alcibiade* le propylée, et du *Parménide* le cœur même de la philosophie platonicienne. Et vous voyez que, très explicitement aussi, Olympiodore fait du « connais-toi toi-même », qui est donc formulé dans l'*Alcibiade,* non seulement le fondement de tout savoir philosophique, mais le modèle même de la pratique de celui qui veut philosopher. Il faut, dit-il, « aborder socratiquement la doctrine socratique », c'est-à-dire que l'on doit reproduire soi-même, pour s'initier à la philosophie de Socrate et de Platon, la démarche socratique. Et c'est au prix de ce travail exercé sur soi-même, dans la forme de la connaissance de soi, que l'on pourra s'acheminer dans le savoir philosophique. Et ceci nous conduit à ce troisième élément dont je voulais vous parler, et qui va nous servir directement d'introduction : c'est le problème de la distinction entre le politique et le cathartique. Le même Olympiodore en effet, toujours dans le commentaire sur l'*Alcibiade,* dit ceci : « Puisque le but de ce dialogue [l'*Alcibiade* ; M.F.] est de se connaître soi-même, non selon le corps, non selon les objets extérieurs – le titre, de fait, est : *Alcibiade, ou Sur la nature de l'homme* [ce qui prouve qu'à l'époque d'Olympiodore déjà ce titre, évidemment non platonicien, avait été ajouté à l'*Alcibiade* ; M.F.] –, mais selon l'âme ; et cette âme, non la végétative, non l'irraisonnable, mais la raisonnable ; et se connaître selon cette âme, non assurément en tant que nous agissons de manière cathartique, ou théorique, ou théologique, ou théurgique, mais de manière politique[8]. » Et un peu plus loin (cette fois c'est dans le commentaire sur le *Gorgias*), il dit ceci : « Du même coup se manifeste aussi la suite des dialogues. Une fois appris en effet, dans l'*Alcibiade,* que nous sommes âme et que cette âme est raisonnable, nous devons mener à bien et les vertus politiques et les cathartiques. Puisque donc il faut savoir d'abord ce qui concerne la politique, nécessairement on explique ce dialogue-ci (le *Gorgias*) après celui-là (l'*Alcibiade*) et puis, après celui-ci, le *Phédon* en tant qu'il contient les vertus cathartiques[9]. » Alors je crois que là on a un point qui est très important pour toute l'histoire, au fond, de cette tradition du *gnôthi seauton,* et par conséquent de l'*Alcibiade,* à travers la tradition platonicienne mais vraisemblablement aussi dans la pensée antique. C'est ceci : dans cet *Alcibiade,* posant donc le principe « connais-toi toi-même », on voit le germe de la grande différenciation qu'il doit y avoir entre l'élément du politique (c'est-à-dire le « connais-toi toi-même » en tant qu'il introduit à un certain nombre de principes, de règles qui doivent permettre à l'individu, ou d'être le citoyen qu'il doit être, ou d'être le gouvernant qui convient) et puis, d'un autre côté, le « connais-toi toi-même » [qui] appelle à un certain nombre d'opérations par lesquelles le sujet doit se purifier lui-même et devenir dans sa nature propre capable d'être en contact avec l'élément divin et de reconnaître en lui l'élément divin. L'*Alcibiade* est donc au principe de cette fourche. Et dans la classification qu'Olympiodore propose des dialogues de Platon, ou plutôt : dans l'ordonnancement qu'il propose, il met donc l'*Alcibiade* au départ. Avec un côté qui irait dans le sens du politique, et par conséquent le *Gorgias* fait suite à l'*Alcibiade*. Et puis, d'un autre côté, la dimension du cathartique, de la purification de soi-même, et là on a le *Phédon*. Par conséquent la série selon Olympiodore devrait être : *Alcibiade* ; *Gorgias* pour la filiation politique ; *Phédon* pour la filiation cathartique.

[Reprenons ces éléments.] Premièrement, le privilège du « connais-toi toi-même » comme fondement même de la philosophie avec, vous le voyez, dans cette tradition néo-platonicienne, l'absorption du souci de soi-même dans la forme de la connaissance de soi. Donc, premièrement : privilège du « connais-toi toi-même » comme forme par excellence du souci de soi ; deuxièmement, le thème que ce « connais-toi toi-même » introduit à la politique ; troisièmement, le thème que ce « connais-toi toi-même » introduit aussi à une cathartique. Enfin, ce serait la quatrième chose : c'est qu'entre ce politique et ce cathartique se posent un certain nombre de problèmes. Le rapport du cathartique et du politique fait, dans la tradition néo-platonicienne, un certain problème. Alors que – je vais vous le montrer à l'instant – il n'y a pas pour Platon, en réalité, de différence d'économie entre la procédure cathartique et le chemin du politique, en revanche dans la tradition néo-platonicienne, on voit que les deux tendances se sont dissociées, et que l'usage du « connais-toi toi-même » à fin politique et l'usage du « connais-toi toi-même » à fin cathartique – ou encore : l'usage du souci de soi à fin politique et l'usage du souci de soi à fin cathartique – ne coïncident plus, et qu'ils constituent un embranchement [où] il faut choisir. Voilà pour la manière dont – dans au moins une des traditions de la philosophie grecque : platonisme et néo-platonisme – on replaçait l'*Alcibiade* et de quelle manière on lui attribuait une importance initiatrice et fondamentale. Eh bien, revenons un petit peu à ça, et précisément à ce problème

« souci de soi » et « connaissance de soi » (qui, encore une fois, ne sont pas identiques, mais sont identifiés dans la tradition platonicienne), et sur le problème « cathartique » et « politique », qui, eux, sont identifiés chez Platon mais ne le sont plus dans la tradition platonicienne et néo-platonicienne.

Je voudrais rappeler un certain nombre de choses que j'avais dites à propos de l'*Alcibiade* dans le premier cours. Vous vous souvenez qu'il s'agissait, dans ce dialogue, de montrer qu'Alcibiade devait se soucier de lui-même. Et vous savez pourquoi il devait se soucier de lui-même, dans les deux sens de l'interrogation du « pourquoi » ? À la fois parce qu'il ne savait pas ce qu'était, au juste, le bien pour la cité et ce en quoi consistait la concorde des citoyens. Et d'autre part, pour pouvoir gouverner la cité, pour pouvoir s'occuper de ses concitoyens comme il fallait. Il devait donc s'occuper de lui-même pour pouvoir s'occuper des autres. Et vous vous souvenez aussi, je vous l'avais signalé, qu'à la fin du dialogue, Alcibiade s'engageait à « s'occuper » *(epimeleisthai)*. Il reprend le mot qui avait été celui de Socrate. Il dit : C'est entendu, je vais m'occuper. Mais m'occuper de quoi ? Eh bien, il ne dit pas : Je vais m'occuper de moi-même ; il dit : Je vais m'occuper de la *dikaiosunê* (de la justice). Inutile de vous rappeler que cette notion chez Platon est une notion à double champ d'application : à l'âme et à la cité[10]. Lorsque Alcibiade, suivant la leçon de Socrate, va donc, s'il tient sa promesse, s'occuper de la justice, d'une part il s'occupera de son âme, de la hiérar-chie intérieure de son âme, de l'ordre et de la subordination qui doit régner entre les parties de son âme ; et puis en même temps, et par le fait même, il se rendra capable de veiller sur la cité, d'en sauvegarder les lois, la constitution (la *politeia*), d'équilibrer comme il faut les justes rapports entre les citoyens. Le souci de soi est donc, tout au long de ce texte, clairement instrumental par rapport au souci des autres. Et que ce soit bien là le rapport qui est défini dans l'*Alcibiade,* on en trouverait la preuve dans cette autre image en quelque sorte négative, image en tout cas plus tardive et déjà flétrie d'Alcibiade : l'Alcibiade du *Banquet.* Au milieu des invités discutant, il fait irruption, un peu vieilli déjà et en tout cas complètement ivre. Il chante les louanges de Socrate et, tout envoûté qu'il soit encore par les leçons de Socrate, il déplore, il regrette de ne les avoir pas écoutées. Et il dit : En dépit de tout ce qui me manque, je continue pourtant à n'avoir pas souci de moi-même *(epimeleisthai emautou),* tandis que je m'occupe des affaires des Athéniens[11]. Cette phrase fait manifestement écho au thème de l'*Alcibiade* lui-même. Il s'était engagé dans l'*Alcibiade* à s'occuper de lui-même pour pouvoir s'occuper des citoyens en plaçant la *dikaiosunê* au centre même de son souci. Eh bien, finalement il s'est occupé des citoyens sans s'occuper de lui-même. Il ne sait donc pas ce qu'est la *dikaiosunê*, etc. Et tous les drames et catastrophes de l'Alcibiade réel sont dessinés dans ce petit écart entre la promesse de l'*Alcibiade* et l'ivresse du *Banquet*.

On pourrait dire que, d'une façon générale chez Platon, le lien entre souci de soi et souci des autres s'établit de trois manières. Ou encore, pour revenir à ce que je vous disais tout à l'heure, chez Platon la connaissance de soi est un aspect, un élément, une forme – capitale sans doute, mais une forme seulement – de l'impératif fondamental et général du « soucie-toi de toi-même ». Le néo-platonisme renverserait ce rapport. Mais inversement, chez Platon, le cathartique et le politique ne sont pas différenciés l'un de l'autre. Ou plutôt, c'est la même démarche qui sera à la fois et cathartique et politique. Et ceci de trois manières. Parce qu'en s'occupant de soi-même – c'est ce que je viens de vous dire à l'instant – on va se rendre capable de s'occuper des autres. Il y a, si vous voulez, un lien de finalité entre s'occuper de soi et s'occuper des autres. Je m'occupe de moi pour pouvoir m'occuper des autres. Je vais pratiquer sur moi ce que les néo-platoniciens appelleront la *katharsis,* je vais pratiquer cet art de la cathartique pour pouvoir justement devenir un sujet politique. Sujet politique entendu comme : celui qui sait ce que c'est que la politique, et qui par conséquent peut gouverner. Premier lien : lien de finalité. Deuxièmement, un lien de réciprocité. Parce que si, en m'occupant de moi, en pratiquant la cathartique au sens néo-platonicien, je fais, comme je le souhaite, du bien à la cité que je gouverne – si, par conséquent, en m'occupant de moi-même j'assure à mes concitoyens leur salut, leur prospérité, la victoire de la cité –, en retour cette prospérité de tous, ce salut de la cité, cette victoire que je lui assure, eh bien, j'en profiterai dans la mesure où je fais partie de la communauté même de la cité. Dans le salut de la cité, le souci de soi trouve donc sa récompense et sa garantie. On se sauve soi-même dans la mesure où la cité se sauve, et dans la mesure où on a permis à la cité de se sauver en s'occupant de soi-même. Cette circularité, vous la trouvez évidemment déployée tout au long de l'édifice de *La République*. Enfin troisièmement, troisième lien, après celui de finalité et celui, si vous voulez, de réciprocité : ce qu'on pourrait appeler un lien d'implication essentielle. Car c'est en s'occupant d'elle-même, en pratiquant la « cathartique de soi » (terme non platonicien mais néo-platonicien) que l'âme découvre à la fois et ce qu'elle est et ce qu'elle sait, ou plutôt : ce qu'elle a toujours su. Et elle découvre à la fois son être et son savoir. Elle découvre ce qu'elle est, et elle découvre ce qu'elle a contemplé dans la forme de la mémoire. Elle peut ainsi, dans cet acte de mémoire, remonter jusqu'à la contemplation des vérités qui permettent de fonder à nouveau, en toute justice, l'ordre de la cité. Donc vous voyez, il y a chez Platon trois manières de lier, d'arrimer solidement ce que les néo-platoniciens appelleront le cathartique et le politique : lien de finalité dans la *tekhnê* politique (je dois m'occuper de moi-même pour savoir, pour connaître comme il faut la *tekhnê* politique qui me permettra de m'occuper des autres) ; lien de réciprocité dans la forme de la cité, puisqu'en me sauvant moi-même je sauve la cité, et qu'en sauvant la cité je me sauve moi-même ; enfin, troisièmement, lien d'implication dans la forme de la réminiscence. Voilà, très grossièrement si vous voulez, le lien entre souci de soi et souci des autres, tel qu'il est établi chez Platon, et établi d'une façon telle que la dissociation en est fort difficile.

Or si maintenant on se place à l'époque que j'ai prise pour repère, c'est-à-dire au Ier-IIe siècle, cette dissociation est déjà très largement faite. C'est vraisemblablement un des phénomènes les plus importants dans l'histoire de la pratique de soi, et peut-être dans l'histoire de la culture antique, que de voir le soi – et par conséquent les techniques du soi, et par conséquent toute cette pratique de soi-même que Platon désignait comme souci de soi – se dégager peu à peu comme une fin qui se suffit à elle-même, sans que le souci des autres constitue la fin ultime et l'index qui permet de valoriser le souci de soi. Premièrement, le soi dont on se soucie n'est plus un élément parmi d'autres ou, s'il apparaît comme un élément parmi d'autres, vous le verrez tout à l'heure, c'est à la suite d'un raisonnement ou d'une forme de connaissance particulière. En lui-même, ce soi dont on se soucie n'est plus une charnière. Il n'est plus un relais. Il n'est plus un élément de transition vers autre chose qui serait la cité ou les autres. Le soi est le but définitif et unique du souci de soi. Et par conséquent cette activité même, cette pratique du souci de soi, ne peut en aucun cas être considérée comme purement et simplement préliminaire et introductive au souci des autres. C'est une activité qui n'est centrée que sur le soi, c'est une activité qui ne trouve son aboutissement, son accomplissement et sa satisfaction, au sens fort du terme, que dans le soi, c'est-à-dire dans l'activité même qui est exercée sur le soi. On se soucie de soi pour soi-même, et c'est dans le souci de soi que ce souci trouve sa propre récompense. Dans le souci de soi on est son propre objet, on est sa propre fin. Il y a, si vous voulez, à la fois une absolutisation (pardonnez le mot) de soi comme objet du souci, et une auto-finalisation de soi par soi dans la pratique qu'on appelle le souci de soi. En un mot, le souci de soi qui était chez Platon très manifestement ouvert sur la question de la cité, des autres, de la *politeia,* de la *dikaiosunê,* etc., apparaît – au premier regard du moins, dans la période dont je parle, Ier-IIe siècle – comme refermé sur lui-même. Voilà, si vous voulez, pour la courbe générale du phénomène qu'il va falloir maintenant analyser en détail, parce que ce que je vous ai dit est, à la fois, vrai et pas vrai. Disons que c'est ce qui peut apparaître comme vrai à un certain niveau, sous un certain angle, et en pratiquant un certain type de survol. En tout cas, je crois que c'est un phénomène important que ce détachement de ce qu'encore une fois les néo-platoniciens appelaient le cathartique, par rapport à ce qu'ils appelaient le politique. C'est un phénomène important pour deux ou trois raisons.

La première ce serait celle-ci : pour la philosophie elle-même, le phénomène est important. Il faut bien se rappeler en effet que, depuis au moins les cyniques – les post-socratiques : les cyniques, les épicuriens, les stoïciens, etc. –, la philosophie avait de plus en plus cherché sa définition, son centre de gravité, fixé son objectif autour de quelque chose qui s'appelait la *tekhnê tou biou,* c'est-à-dire : l'art, la procédure réfléchie d'existence, la technique de vie. Or, à mesure que le soi s'affirme comme étant et comme devant être l'objet d'un souci – vous vous souvenez, la dernière fois j'essayais de vous montrer qu'il devait traverser toute l'existence, et conduire l'homme jusqu'au point d'accomplissement de sa vie –, eh bien, vous voyez qu'entre l'art de l'existence (la *tekhnê tou biou*) et le souci de soi – ou encore, pour dire les choses d'une façon plus resserrée, entre l'art de l'existence et l'art de soi-même – il y a une identification de plus en plus marquée. La question : « Comment faire pour vivre comme il faut ? », c'était la question de la *tekhnê tou biou* : quel est le savoir qui va me permettre de vivre comme je dois vivre, comme je dois vivre en tant qu'individu, en tant que citoyen, etc. ? Cette question (« Comment faire pour vivre comme il convient ? ») va devenir de plus en plus identique à la question, ou va être de plus en plus nettement absorbée par la question : « Comment faire pour que le soi devienne et demeure ce qu'il doit être ? » Ce qui, évidemment, va entraîner un certain nombre de conséquences. D'abord bien sûr l'absorption, de plus en plus marquée au cours de l'époque hellénistique et romaine, de la philosophie, comme pensée de la vérité, dans la spiritualité, comme transformation du mode d'être du sujet par lui-même. Avec, bien sûr, la croissance du thème cathartique. Ou encore, si vous voulez : l'apparition ou le développement de ce problème dont je vous parlerai aujourd'hui et la prochaine fois, qui est le problème

fondamental de la conversion (de la *metanoia*). De plus en plus maintenant la *tekhnê tou biou* (l'art de vivre) va tourner autour de la question :
comment est-ce que je dois transformer mon propre moi pour être
capable d'accéder à la vérité ? De là aussi, vous le comprenez, le fait
que tout naturellement la spiritualité chrétienne, quand elle se dévelop-
pera sous sa forme la plus rigoureuse, à partir du IIIe-IVe siècle, dans
l'ascétisme et dans le monachisme, pourra se présenter comme l'accomplissement d'une philosophie antique, d'une philosophie païenne qui
était déjà, à la suite de ce mouvement que je viens de vous indiquer,
entièrement dominée par le thème de la cathartique, ou par le thème de
la conversion et de la *metanoia*. La vie d'ascèse, la vie monastique sera
la vraie philosophie, le monastère sera la véritable école de philosophie ;
cela étant, encore une fois, dans le droit fil d'une *tekhnê tou biou* qui
était devenue un art de soi-même*.

Mais en dehors de cette évolution à longue portée et globale de la
philosophie, je crois qu'il faut dire aussi que cette auto-finalisation de
soi dans le souci de soi n'a pas eu simplement des conséquences dans la
philosophie. On peut, me semble-t-il, assez facilement en repérer, non
seulement à travers la littérature, mais à travers un certain nombre de
pratiques qui sont attestées par l'histoire et [par] différents documents. Il
me semble que cette auto-finalisation de soi a eu des effets plus larges
qui touchent à toute une série de pratiques, à toute une série de formes
de vie, à des modes d'expérience des individus sur eux-mêmes, par eux-
mêmes, modes d'expérience qui, sans doute, n'ont pas été universels,
mais ont été tout de même très largement [répandus]. Je crois que l'on
peut dire, en butant bien sûr sur le mot que je vais employer, en le mettant entre beaucoup de guillemets, de guillemets ironiques, qu'à partir
de cette époque hellénistique et romaine, on assiste à un véritable développement de la « culture » de soi. Enfin, j'emploie le mot culture dans
un sens que je ne voudrais tout de même pas trop flottant, et je dirai
ceci : il me semble qu'on peut parler de culture à un certain nombre de
conditions. Premièrement, quand vous avez un ensemble de valeurs qui
ont entre elles un minimum de coordination, de subordination et de hiérarchie. On peut parler de culture quand une seconde condition est
apportée, qui serait que ces valeurs soient données à la fois comme étant

---

* Le manuscrit ici précise : « De là enfin que la philosophie occidentale peut être
lue dans toute son histoire comme le lent désengagement de la question : comment, à
quelles conditions peut-on penser la vérité ? – par rapport à la question : comment,
à quel prix, selon quelle procédure faut-il changer le mode d'être du sujet pour qu'il
accède à la vérité ? »

universelles, mais comme n'étant accessibles qu'à quelques-uns. Troisième condition pour qu'on puisse parler de culture : ces valeurs, pour être atteintes par les individus, il y faut un certain nombre de conduites précises et réglées. Il y faut plus que cela : il y faut des efforts et des sacrifices. Enfin même, il faut pouvoir consacrer sa vie tout entière à ces valeurs pour pouvoir y avoir accès. Enfin, quatrième condition pour qu'on puisse parler de culture, c'est que l'accès à ces valeurs soit conditionné par des procédures et des techniques plus ou moins réglées, qui ont été élaborées, validées, transmises, enseignées, et qui sont, aussi, associées à tout un ensemble de notions, concepts, théories, etc. : à tout un champ de savoir. Bien. Il me semble que si on appelle culture, donc, une organisation hiérarchique de valeurs, accessible à tous mais en même temps occasion d'un mécanisme de sélection et d'exclusion ; si on appelle culture le fait que cette organisation hiérarchique de valeurs appelle chez l'individu des conduites réglées, coûteuses, sacrificielles, qui polarisent toute la vie ; et, enfin, que cette organisation du champ de valeurs et cet accès à ces valeurs ne puissent se faire qu'à travers des techniques réglées, réfléchies, et un ensemble d'éléments constituant un savoir : dans cette mesure-là, on peut dire qu'il y a eu véritablement, à l'époque hellénistique et romaine, une culture de soi. Le soi a effectivement, me semble-t-il, organisé ou réorganisé le champ des valeurs traditionnelles du monde hellénique classique. Le soi, vous vous souvenez – j'ai essayé de vous l'expliquer la dernière fois –, se présente comme une valeur universelle, mais qui n'est de fait accessible qu'à quelques-uns. Ce soi ne peut être effectivement atteint comme valeur qu'à la condition d'un certain nombre de conduites réglées, exigeantes et sacrificielles, on y reviendra. Et enfin, cet accès au soi est associé à un certain nombre de techniques, de pratiques relativement bien constituées, relativement bien réfléchies, et de toute façon associées à un domaine théorique, à un ensemble de concepts et de notions qui l'intègrent réellement à un mode de savoir. Bon, enfin, tout ça nous permet de dire, je crois, que s'est développée à partir de la période hellénistique une culture de soi. Et il me semble qu'il n'est guère possible de faire l'histoire de la subjectivité, l'histoire des rapports entre le sujet et la vérité, sans l'inscrire dans le cadre de cette culture de soi, qui connaîtra ensuite dans le christianisme – le christianisme primitif puis médiéval –, et puis ensuite à la Renaissance et au XVIIᵉ siècle, toute une série d'avatars et de transformations.

Eh bien, maintenant, cette culture de soi. J'avais essayé jusqu'à présent de vous montrer comment se formait cette pratique de soi.

Je voudrais maintenant reprendre la question plus généralement, en posant la question de ce que c'est que cette culture de soi comme champ de valeurs organisé, avec ses exigences de comportements et son champ technique et théorique associé. Première question dont je voudrais vous parler, parce que je crois que c'est un élément très important dans cette culture de soi : c'est la notion de salut. Salut de soi et salut des autres. Le terme de salut est un terme qui est tout à fait traditionnel. Vous le trouvez en effet chez Platon, et vous le trouvez précisément associé à ce problème du souci de soi et du souci des autres. Il faut se sauver, se sauver pour sauver les autres. Cette notion de salut ne semble pas, chez Platon au moins, avoir un sens technique très particulier et très intense. En revanche, quand vous retrouvez cette notion au Ier-IIe siècle, vous vous apercevez non seulement que son étendue, son champ d'application est infiniment plus large, mais qu'elle a pris une valeur et une struture tout à fait particulières. C'est un peu de cela que je voudrais vous parler. Si on prend cette notion de salut de façon rétrospective – c'est-à-dire à travers nos grilles ou nos schémas plus ou moins formés à travers le christianisme –, il est clair que nous associons l'idée de salut à un certain nombre d'éléments qui nous paraissent constitutifs même de cette notion. Premièrement, le salut pour nous s'inscrit d'ordinaire dans un système binaire. Il se situe entre la vie et la mort, ou entre la mortalité et l'immortalité, ou entre ce monde-ci et l'autre. Le salut fait passer : il fait passer de la mort à la vie, de la mortalité à l'immortalité, de ce monde-ci à l'autre. Ou encore, il fait passer du mal au bien, d'un monde de l'impureté à un monde de la pureté, etc. Il est donc toujours à la limite, et il est un opérateur de passage. Deuxièmement, pour nous le salut est toujours lié à la dramaticité d'un événement, événement qui peut être situé dans la trame temporelle des événements du monde, ou qui peut se situer dans une autre temporalité, qui sera celle de Dieu, de l'éternité, etc. En tout cas ce sont ces événements – encore une fois, historiques ou métahistoriques – qui sont mis en jeu dans le salut : c'est la transgression, c'est la faute, la faute originelle, c'est la chute qui rendent nécessaire le salut. Et, au contraire, ça va être la conversion, le repentir, ou ça va être l'Incarnation du Christ, etc., qui vont – encore une fois : événements individuels, historiques, ou événements métahistoriques – organiser et rendre possible le salut. Le salut est donc lié à la dramaticité d'un événement. Enfin il me semble que, quand nous parlons du salut, nous pensons toujours à une opération complexe dans laquelle le sujet qui fait son salut, bien sûr, est lui-même l'agent et l'opérateur de son salut, mais où toujours quelqu'un d'autre (un autre, l'Autre) est requis, avec un rôle qui précisément est très variable et difficile à définir. En tout cas on a là, dans ce jeu entre le salut que l'on opère soi-même et celui qui vous sauve, le point de précipitation d'un certain nombre de théories et d'analyses que vous connaissez bien. Si bien qu'à travers ces trois éléments – celui de la binarité, celui de la dramaticité d'un événement et celui de l'opération à deux termes –, il me semble que le salut est pour nous toujours considéré comme une idée religieuse. Au point même d'ailleurs qu'on a l'habitude de distinguer, dans les religions, les religions de salut et les religions sans salut. Au point que, lorsqu'on rencontre le thème du salut dans la pensée hellénistique, romaine ou dans la pensée de l'Antiquité tardive, on y voit toujours l'influence d'une pensée religieuse. C'est un fait d'ailleurs que chez les pythagoriciens, dont le rôle a été si important et long, tout au long de la pensée philosophique grecque, la notion de salut est importante[12]. Mais moi, ce que je voudrais souligner, et qui me paraît, pour ce que je voudrais dire, l'essentiel, c'est que cette notion de salut, quelle qu'en ait été l'origine, quel qu'ait été sans doute le renforcement qu'elle a pu recevoir de la thématique religieuse à l'époque hellénistique et romaine, fonctionne, effectivement et sans hétérogénéité, comme notion philosophique, dans le champ même de la philosophie. Le salut est devenu et apparaît comme un objectif même de la pratique et de la vie philosophiques.

Il faut rappeler un certain nombre de choses. Ce verbe *sôzein* (sauver) ou le substantif *sôtêria* (salut) ont en grec un certain nombre de significations. *Sôzein* (sauver), c'est d'abord délivrer d'un danger qui menace. On dira par exemple : sauver d'un naufrage, sauver d'une défaite, sauver d'une maladie**. *Sôzein* veut dire aussi (deuxième grand champ de significations) : garder, protéger, maintenir autour d'une chose une protection qui lui permettra de se maintenir dans l'état où elle est. Il y a un texte de Platon dans le *Cratyle* qui est d'ailleurs très curieux à ce sujet, où il dit que chez les pythagoriciens le corps est considéré comme une enceinte de l'âme. Non pas le corps comme prison ou tombeau de l'âme qu'il enferme, mais au contraire comme un *peribolon tês psukhês* (une enceinte pour l'âme) *hina sôzêtai* (afin que l'âme soit sauvée)[13]. C'est

---

** Le manuscrit donne un exemple chez Plutarque : « On ne doit pas détruire une amitié en faisant de la peine, mais recourir aux paroles mordantes comme à un remède qui sauve et préserve ce à quoi il s'applique *(all'ôs pharmakô tô daknonti khrêsthai sôzonti kai phulattonti to therapeuomenon)* » (*Comment distinguer le flatteur de l'ami*, 55c, in Plutarque, *Œuvres morales*, t. I-2, trad. A. Philippon, Paris, Les Belles Lettres, 1989, § 11, p. 98).

la seconde grande signification du *sôzein*. Troisièmement, en un sens proche mais nettement plus moral, *sôzein* veut dire : conserver, protéger quelque chose comme la pudeur, l'honneur ou éventuellement le souvenir. *Sôtêria mnêmês* (garder le souvenir)[14], c'est une expression qu'on trouve chez Plutarque. Mais on trouvera chez Épictète, par exemple, l'idée de la conservation de la pudeur[15]. Quatrième signification : le sens juridique. Sauver [quelqu'un] pour un avocat, par exemple (ou pour quelqu'un qui parle en tout cas pour un autre), c'est évidemment : le faire échapper à l'accusation portée contre lui. C'est en même temps le blanchir. C'est montrer qu'il est innocent. Cinquièmement, *sôzesthai* (forme passive) veut dire à ce moment-là être sauvé, c'est-à-dire : subsister, se maintenir tel qu'on est dans son état antérieur. On dira par exemple que le vin se conserve, se maintient dans son état de fraîcheur, sans altération. Ou encore, Dion de Pruse examine comment un tyran pourra être sauvé, au sens de : comment il pourra maintenir son pouvoir et le maintenir dans le temps [...][16]. [Ou encore, on dira :] une ville ne peut être sauvée *(sothênai),* elle ne peut se conserver, être conservée que si ses lois ne se relâchent pas[17]. Donc, si vous voulez : idée d'un maintien en l'état antérieur, en l'état primitif ou en l'état de pureté originelle. Enfin sixièmement, *sôzein* a un sens encore plus positif. *Sôzein,* ça veut dire : faire du bien. Ça veut dire assurer le bien-être, assurer le bon état de quelque chose, de quelqu'un ou d'une collectivité. Par exemple Plutarque, dans la *Consolation à Apollonius* dit que, lorsqu'on a subi un deuil, il ne faut pas se relâcher, s'enfermer dans la solitude et le silence, négliger toutes ses occupations. Il faut continuer, dit-il, à assurer l'*epimeleia tou sômatos* (le soin du corps) et *sôtêria tôn sumbiountôn* (le « salut » de ceux qui vivent avec vous)[18] : il s'agit là bien sûr du père de famille, de celui qui a une responsabilité, et qui doit par conséquent, continuer à faire vivre sa famille, à en assurer le statut, le bon état, le bien-être, etc., et ne pas prendre prétexte d'un deuil pour négliger tout cela. Dion de Pruse (discours 64) dit que le roi, c'est celui *ho ta panta sôzôn*[19]. Si on traduit mot à mot *sôzein* par sauver, ça voudrait dire : celui qui sauve tout. En réalité le roi c'est celui qui répand ses bienfaits sur toutes choses, et à propos de toutes choses. C'est le principe du bien-être, dans l'État ou dans l'Empire. Enfin, vous avez l'expression latine qui, elle, est une expression politico-juridique très significative : c'est l'expression de *salus augusta*. Le salut augustéen, cela veut dire, non pas qu'Auguste a sauvé l'Empire, [mais] qu'il est le principe du bien public, du bien-être de l'Empire en général. Il est donc le principe du bien. Voilà tout un paquet de significations que l'on peut retrouver autour du verbe *sôzein* ou du substantif *sôtêria*.

À partir de là il faut bien comprendre que « se sauver soi-même » ne peut pas du tout se réduire, quant à sa signification, à quelque chose comme la dramaticité d'un événement qui permet de commuer son existence de la mort à la vie, de la mortalité à l'immortalité, du mal au bien, etc. Il ne s'agit pas simplement de se sauver par rapport à un danger. *Sôtêria, sôzein* ont des sens beaucoup plus larges. Se sauver soi-même n'a pas simplement la valeur négative de : échapper au danger, échapper à la prison du corps, échapper à l'impureté du monde, etc. Se sauver a des significations positives. Tout comme une cité se sauve en aménageant autour d'elle les défenses, les forteresses, les fortifications, etc., dont elle a besoin – vous vous souvenez, l'idée du corps comme *peribolon tês psukhês hina sôzêtai*[20] –, de la même façon on dira qu'une âme se sauve, que quelqu'un se sauve, lorsqu'il s'est armé convenablement, qu'il s'est équipé de telle façon qu'il puisse, effectivement, se défendre le cas échéant. Celui qui se sauve, c'est celui qui est dans un état d'alerte, dans un état de résistance, dans un état de maîtrise et de souveraineté sur soi qui lui permet de repousser toutes les attaques et tous les assauts. De même « se sauver soi-même » voudra dire : échapper à une domination ou à un esclavage ; échapper à une contrainte par laquelle on est menacé, et être rétabli dans ses droits, retrouver sa liberté, retrouver son indépendance. « Se sauver » voudra dire : se maintenir dans un état continu que rien ne pourra altérer, quels que soient les événements qui se passent autour de soi, comme un vin se conserve, se sauve. Et enfin « se sauver » voudra dire : accéder à des biens que l'on ne possédait pas au départ, bénéficier d'une sorte de bienfait que l'on se fait à soi-même, dont on est soi-même l'opérateur. « Se sauver » voudra dire : assurer à soi-même son bonheur, sa tranquillité, sa sérénité, etc. Mais vous voyez que si « se sauver » a donc ces significations positives et ne renvoie pas à la dramaticité d'un événement qui nous fait passer du négatif au positif, d'un autre côté ce terme de salut ne renvoie pas à autre chose que la vie elle-même. Dans cette notion de salut que l'on trouve dans les textes hellénistiques et romains, on ne trouve pas de référence à quelque chose comme la mort, ou l'immortalité ou un autre monde. Ce n'est pas par référence à un événement dramatique ou à un opérateur autre que l'on se sauve. Se sauver est une activité qui se déroule tout au long de la vie, dont le seul opérateur est le sujet lui-même. Et si finalement cette activité de « se sauver » mène bien à un certain effet terminal qui en est le but, qui en est la fin, cet effet consiste en ceci qu'on est, par ce salut, rendu inaccessible aux malheurs, aux troubles, à tout ce qui peut être induit dans l'âme par les accidents, les événements extérieurs, etc. Et à partir du moment où on a atteint ce qui était le terme, l'objet du salut, on n'a besoin de rien d'autre, ni de personne que soi. Les deux grands thèmes de l'ataraxie (l'absence de trouble, la maîtrise de soi qui fait qu'on n'est troublé par rien) et, d'autre part, de l'autarcie (l'autosuffisance qui fait qu'on n'a besoin de rien d'autre que soi) sont les deux formes dans lesquelles le salut, les actes de salut, l'activité de salut que l'on a menée toute sa vie, trouvent leur récompense. Le salut est donc une activité, activité permanente du sujet sur lui-même qui trouve sa récompense dans un certain rapport du sujet à lui-même, lorsqu'il est devenu inaccessible aux troubles extérieurs et lorsqu'il trouve en lui-même une satisfaction qui n'a besoin de rien d'autre que de lui-même. Disons, d'un mot, que le salut est la forme à la fois vigilante, continue et accomplie du rapport à soi se bouclant sur soi-même. On se sauve pour soi, on se sauve par soi, on se sauve pour n'aboutir à rien d'autre que soi-même. Dans ce salut – que j'appellerai hellénistique et romain –, ce salut de la philosophie hellénistique et romaine, le soi est l'agent, l'objet, l'instrument et la finalité du salut. Vous voyez que l'on est très loin du salut médiatisé par la cité que l'on trouvait chez Platon. On est aussi très loin de ce salut à forme religieuse, référé à un système binaire, à une dramaticité événementielle, à un rapport à l'Autre, et qui impliquera dans le christianisme une renonciation à soi[21]. C'est au contraire l'accès à soi qui est assuré par le salut, un accès à soi qui est indissociable, dans le temps et à l'intérieur même de la vie, du travail que l'on opère soi-même sur soi-même. Je vais m'arrêter là, si vous voulez. On va se reposer cinq minutes. Et alors j'essaierai de vous montrer, maintenant, comment le salut de soi se trouve, malgré tout et malgré ces thèses générales, lié dans cette pensée hellénistique et romaine à la question du salut des autres.

*

NOTES

1. Proclus (412-485), né à Byzance d'une famille de magistrats, se trouve converti par Plutarque à la philosophie platonicienne et devient le nouveau maître de l'École d'Athènes. En maître austère, il y dispensera jusqu'à la fin de ses jours son enseignement, tout en rédigeant de nombreux ouvrages, dont la *Théologie platonicienne*. Philosophe néo-platonicien du VIe siècle, Olympiodore dirigea l'École d'Alexandrie, et rédigea de nombreux commentaires de Platon et d'Aristote.

2. Il s'agit de A.-J. Festugière, « L'ordre de lecture des dialogues de Platon aux vᵉ/vıᵉ siècles », in *Études de philosophie grecque,* Paris, Vrin, 1971, p. 535-550 (première parution : *Museum Helveticum,* 26-4, 1969).

3. Foucault ne fait ici que reprendre les traductions proposées par Festugière.

4. *Id.,* p. 540.

5. Jamblique (autour de 240-325), né à Chalcis en Syrie d'une famille princière influente, dispense son enseignement en Asie mineure (il aurait fondé une école à Apamée, en Syrie). Il ouvre délibérément le néo-platonisme à la dimension théurgique ; il met au point un ordre spirituel de lecture des dialogues de Platon qui fera autorité.

6. A.-J. Festugière, « L'ordre de lecture... ».

7. *Id.,* p. 540-541.

8. *Id.,* p. 541.

9. *Ibid.*

10. Sur le rapport d'analogie entre l'âme et la cité dans l'*Alcibiade* et *La République,* cf. cours du 13 janvier, première heure, et *supra,* p. 62-63, note 28 : citation de *La République.*

11. « Il me contraint à m'avouer à moi-même que, alors que tant de choses me manquent, je persiste à n'avoir point, moi, souci de moi-même *(eti emautou men amelô),* pour me mêler plutôt des affaires d'Athènes » (Platon, *Le Banquet,* 216a, trad. L. Robin, éd. citée, p. 78-79).

12. Sur la notion de salut chez les pythagoriciens, et particulièrement le rapport du salut avec les exercices de mémoire, cf. M. Détienne, *Les Maîtres de vérité dans la Grèce archaïque* (1967), Paris, La Découverte, 1990, p. 128-129.

13. « [Pour les Orphiques] l'âme expie les fautes pour lesquelles elle est punie [...], pour la garder *(hina sôzêtai),* elle a comme enceinte *(peribolon)* ce corps qui figure une prison » (Platon, *Cratyle,* 400c, trad. L. Méridier, éd. citée, p. 76).

14. « Il serait alors réellement nécessaire, d'abord et avant tout, d'habiter une "ville célèbre" [...] afin [...] de recueillir, en écoutant et en questionnant, tous les détails qui ont échappé aux écrivains et qui, conservés dans la mémoire des hommes *(sôtêria mnêmês),* ont une autorité plus manifeste » (*Vie de Démosthène,* 846d, in Plutarque, *Vies,* t. XII, trad. R. Flacelière & E. Chambry, Paris, Les Belles Lettres, 1976, chap. 2, 1, p. 17).

15. « Si on sauvegarde *(sôzêtai)* cet élément distinctif [...], si on ne laisse pas se corrompre la pudeur, la loyauté, l'intelligence, c'est alors l'homme, lui-même, qui est sauvegardé *(sôzetai)* » (Épictète, *Entretiens,* I, 28, 21, éd. citée, p. 103).

16. Troisième des discours de Dion *Sur la royauté* : « *Ei sôthêsetai tina khronon* », in Dion Chrysostom, *Discourses,* t. I, trad. J.W. Cohoon, éd. citée, p. 130.

17. Discours 75 *(Sur la loi),* in Dion Chrysostom, *Discourses,* t. V, p. 248 (« *polin d'ouk eni sôthênai tou nomou luthentos* »).

18. « Rejetons les signes extérieurs du deuil, et songeons à prendre soin de notre corps *(tês tou sômatos epimeleias)* et à assurer la sauvegarde des personnes qui vivent avec nous *(tês tôn sumbiountôn hêmin sôtêria)* » (*Consolation à Apollonios,* 118b, in Plutarque, *Œuvres morales,* t. II, trad. J. Defradas & R. Klaerr, éd. citée, § 32, p. 80).

19. On trouve bien dans le discours 64 le verbe *sôzein,* mais avec pour sujet, non pas le Roi, mais la Fortune dont Dion de Pruse nous dit que, telle un bon navire, elle sauve tous ses passagers : « *pantas sôzei tous empleontas* » (*Discourses,* t. V, p. 48).

20. Cf. *supra,* note 13 : citation du *Cratyle* de Platon.

21. Cf. cours du 24 février, première heure.

COURS DU 3 FÉVRIER 1982

Deuxième heure

Questions venant du public autour de : subjectivité et vérité. – Souci de soi et souci des autres : une inversion de rapports. – La conception épicurienne de l'amitié. – La conception stoïcienne de l'homme comme être communautaire. – La fausse exception du Prince.

Une simple question technique et d'emploi du temps. On m'a demandé tout à l'heure si je faisais cours la semaine prochaine, qui doit être une semaine de vacances dans les universités. Est-ce que ça vous gêne ou pas ? Ça vous est égal ? Bon, j'ai toujours dans la tête l'idée que si éventuellement vous avez des questions à poser, ça serait peut-être pas mal que vous les posiez. Le cours que je fais, puisque je fais deux heures de suite, prend un peu plus la forme d'un séminaire[1]. Enfin, j'essaie d'apporter un type de matériel, ou de faire un certain nombre de références qui d'ordinaire prennent plus difficilement place dans un cours. Je voudrais rapprocher ça un petit peu de ce que pourrait être un séminaire. Seulement un séminaire, ça implique qu'il y ait tout de même un peu de réponses, ou de questions, ou de questions-réponses. Alors est-ce que, par exemple actuellement, il y a des gens qui voudraient poser des questions, qui sont soit des questions purement techniques, soit des questions générales sur le sens de ce que je fais ? Oui ?

[Question dans le public :] Moi, si vous permettez. Est-ce qu'on ne peut pas voir poindre, comme opérateurs dans ce que vous dites, certains concepts authentiquement lacaniens ?

– Vous voulez dire, dans le discours que je tiens, c'est-à-dire dans la manière dont je parle de ce dont je parle, ou bien dans les choses dont je parle ?

– *C'est indissociable.*

– Oui, en un sens. Simplement ma réponse ne peut pas être la même dans un cas ou dans l'autre. Car, dans un cas, la réponse que je devrais donner devrait se soucier de moi-même. Je veux dire : je devrais m'interroger moi-même sur ce que je fais. Dans l'autre cas, ce serait interroger Lacan, et savoir ce qui effectivement dans une pratique, dans un champ conceptuel comme celui de la psychanalyse, et de la psychanalyse lacanienne, relève d'une manière ou d'une autre de cette problématique du sujet, du rapport du sujet à lui-même, du rapport du sujet à la vérité, etc., telle qu'elle a été constituée historiquement, dans cette longue généalogie que j'essaie de retracer depuis l'*Alcibiade* jusqu'à saint Augustin. Voilà. Alors c'est pourquoi j'aimerais que...

– *Excluons le sujet. Et tenons compte simplement des concepts laca-niens. Prenons en considération la fonction des concepts lacaniens...*

– Dans mon discours à moi ?

– *Oui.*

– Alors là, je vous répondrai que c'est à vous de le dire. Les idées, dont je ne peux même pas dire que je les ai derrière la tête parce qu'elle sont tellement devant, dans ce que je dis, de la façon la plus manifeste, montrent bien, malgré tout, ce que je veux faire. C'est-à-dire : essayer de replacer, à l'intérieur d'un champ historique aussi précisément articulé que possible, l'ensemble de ces pratiques du sujet qui se sont développées depuis l'époque hellénistique et romaine jusqu'à maintenant. Et je crois que si on ne reprend pas l'histoire des rapports entre sujet et vérité du point de vue de ce que j'appelle, en gros, les techniques, technologies, pratiques, etc., qui les ont noués et qui les ont normés, on comprendrait mal ce qu'il en est, et des sciences humaines, si on veut employer ce mot-là, et de la psychanalyse en particulier. Donc, c'est bien de cela que je parle en un sens. Maintenant, ce qui dans la manière dont je l'aborde vient de Lacan, ça encore une fois, ce n'est sans doute pas à moi de le dire. Je ne saurais pas le dire.

– *Par exemple, lorsque vous dites « ceci est vrai », et « ceci n'est pas vrai en même temps ». Est-ce que ce « n'est pas vrai »-là n'a pas une fonction économique d'après-coup ?*

– Vous voulez dire quoi ? *[rires]*

– *Que comme présupposé là-dessous (que : ce qui est dit, ce n'est pas vrai comme tout à l'heure), est-ce qu'il n'y a pas la fonction implicite*

de concepts lacaniens qui viennent précisément apporter cette espèce
d'écart entre ce qui est dit et ce qui n'est pas encore ou peut-être
jamais dit ?

– On peut dire lacanien, on peut dire nietzschéen aussi. Enfin, toute
problématique de la vérité comme jeu, disons, amène en effet à ce genre
de discours. Bon, prenons les choses tout autrement. Disons ceci : il n'y
a pas eu tellement de gens qui, dans les dernières années – je dirais : au
XXe siècle –, ont posé la question de la vérité. Il n'y a pas tellement de
gens qui ont posé la question : qu'en est-il du sujet et de la vérité ? Et :
qu'est-ce que c'est que le rapport du sujet à la vérité ? Qu'est-ce que c'est
que le sujet de vérité, qu'est-ce que c'est que le sujet qui dit vrai, etc. ?
Moi, je n'en vois que deux. Je ne vois que Heidegger et Lacan. Person-
nellement, moi, c'est plutôt, vous avez dû le sentir, du côté de Heidegger
et à partir de Heidegger que j'ai essayé de réfléchir à tout ça. Voilà.
Mais c'est certain qu'on ne peut pas ne pas croiser Lacan dès lors qu'on
pose ce genre-là de questions. D'autres questions éventuelles ?

[On lui fait passer un papier.]

La question est celle-ci : *Dans la première leçon, vous avez mis en*
rivalité le souci de soi et le modèle cartésien. Dans les leçons suivantes
cette rivalité n'a plus été évoquée, me semble-t-il. Pourquoi ?

C'est drôle que vous me posiez cette question aujourd'hui, parce
qu'en fait j'avais pensé reprendre un peu ça précisément aujourd'hui, à
propos de cathartique, etc. C'est vrai que c'est la question fondamentale
que je voudrais poser. Cette question, qui est à la fois une question historique et qui est la question de notre rapport à la vérité, c'est que,
semble-t-il, depuis Platon, depuis cet *Alcibiade* fondateur, aux yeux de
la tradition platonicienne, de toute la philosophie, se pose la question
suivante : à quel prix est-ce que je peux avoir accès à la vérité ? Ce prix
étant placé dans le sujet lui-même sous la forme de : quel est donc le
travail que je dois opérer sur moi-même, quelle est l'élaboration que je
dois faire de moi-même, quelle est la modification d'être que je dois
effectuer pour pouvoir avoir accès à la vérité ? Il me semble que c'est un
thème fondamental du platonisme, mais ça l'est également du pythagorisme, etc., on peut dire, je crois : de toute la philosophie antique, avec
l'énigmatique exception d'Aristote, qui de toute façon fait toujours
exception quand on étudie la philosophie antique. C'est un trait général,
c'est un principe fondamental que le sujet en tant que tel, tel qu'il est
donné à lui-même, n'est pas capable de vérité. Et il n'est pas capable

de vérité sauf s'il opère, s'il effectue sur lui-même un certain nombre d'opérations, un certain nombre de transformations et de modifications qui le rendront capable de vérité. Je crois que ça, c'est un thème fonda-mental, et dans lequel le christianisme va trouver très facilement sa place, en y ajoutant bien entendu un élément *nouveau*, qu'on ne trouvait pas dans l'Antiquité, qui est que, parmi les conditions, il y a celle du rapport au Texte et de la foi dans un Texte révélé, ça, évidemment vous ne l'aurez pas. Mais en dehors de ça, l'idée d'une conversion par exemple qui est seule capable de donner accès à la vérité, vous la retrou-vez dans toute la philosophie antique. On ne peut pas avoir accès à la vérité si on ne change pas son mode d'être. Alors mon idée, ça serait qu'en prenant Descartes comme repère, mais évidemment sous l'effet de toute une série de transformations complexes, il est venu un moment où le sujet comme tel est devenu capable de vérité. Il est très évident que le modèle de la pratique scientifique a joué considérablement : il suffit d'ouvrir les yeux, il suffit de raisonner sainement, de façon droite, et en tenant la ligne de l'évidence tout au long et sans la lâcher jamais, pour qu'on soit capable de vérité. Ce n'est donc pas le sujet qui doit se transformer lui-même. Il suffit que le sujet soit ce qu'il est pour avoir, dans la connaissance, un accès à la vérité qui lui est ouvert par sa struc-ture propre de sujet. Alors il me semble qu'on a ça chez Descartes d'une façon très claire, avec, si vous voulez, chez Kant le tour de spire supplé-mentaire qui consiste à dire : ce que nous ne sommes pas capables de connaître fait précisément la structure même du sujet connaissant, qui fait que nous ne pouvons pas le connaître. Et par conséquent l'idée d'une certaine transformation spirituelle du sujet, qui lui donnerait enfin accès à quelque chose à quoi précisément il n'a pas accès pour l'instant, est chimérique et paradoxale. Alors la liquidation de ce qu'on pourrait appeler la condition de spiritualité pour l'accès à la vérité, cette liquida-tion se fait avec Descartes et avec Kant ; Kant et Descartes me paraissent les deux grands moments.

– Ce qui me surprend un peu, c'est qu'on a l'impression qu'avant Descartes il n'y ait eu que l'apparition fugace d'Aristote, mais qu'il n'y ait pas une espèce de continuité…

– Alors, si vous voulez, il y a eu Aristote. Vous avez eu, je l'avais mentionné, je crois, au premier cours, le problème de la théologie[2]. La théologie est précisément un type de connaissance de structure ration-nelle qui permet au sujet – en tant que sujet rationnel et seulement en tant que sujet rationnel – d'avoir accès à la vérité de Dieu, sans condition de spiritualité. Vous avez eu ensuite toutes les sciences empiriques (sciences d'observation, etc.). Vous avez eu les mathématiques, enfin tout un tas de processus qui ont travaillé. C'est-à-dire que la scolastique, d'une façon générale, était déjà un effort pour lever la condition de spiritualité qui avait été posée dans toute la philosophie antique et dans toute la pensée chrétienne (saint Augustin et ainsi de suite). Vous voyez un peu ce que je veux dire.

— *Ces deux régimes de la vérité dont vous parlez, entre lesquels le moment cartésien opère le partage dans l'histoire (le premier exigeant toute une transformation du sujet, etc., et le deuxième dans lequel le sujet est de lui-même capable d'accéder à la vérité), est-ce de la même vérité qu'il s'agit dans les deux cas ? C'est-à-dire une vérité purement de l'ordre de la connaissance, et une vérité qui entraîne tout un travail sur le sujet lui-même, est-ce de la même vérité... ?*

— Absolument pas. Oui, vous avez tout à fait raison parce que, parmi toutes les transformations qu'il y a eu, il y a eu celle concernant ce que j'appelle la condition de spiritualité pour l'accès à la vérité. Deuxièmement : transformation même de cette notion d'accès à la vérité qui prend la forme de la connaissance, avec ses règles propres et ses critères propres. Et enfin troisièmement : la notion même de la vérité. Car, là encore, prenons les choses très grossièrement, avoir accès à la vérité, c'est avoir accès à l'être lui-même, accès qui est tel que l'être auquel on a accès sera en même temps, et par contre-coup, l'agent de transformation de celui qui a accès à lui. Et c'est ça, le cercle platonicien, ou en tout cas le cercle néo-platonicien : en me connaissant moi-même, j'accède à un être qui est la vérité, et dont la vérité transforme l'être que je suis et m'assimile à Dieu. L'*homoiôsis tô theô* est là[3]. Vous voyez ce que je veux dire. Alors qu'il est bien évident que la connaissance de type cartésien ne pourra pas être définie comme l'accès à la vérité : mais ça sera la connaissance d'un domaine d'objets. Alors là, si vous voulez, la notion de connaissance de l'objet vient se substituer à la notion d'accès à la vérité. J'essaie de situer là l'énorme transformation qui est, je crois, tout de même essentielle pour comprendre, et ce qu'est la philosophie et ce qu'est la vérité et ce que sont les rapports du sujet à la vérité, énorme transformation que j'essaie d'étudier, cette année, selon l'axe de « philosophie et spiritualité », en laissant de côté le problème « connaissance de l'objet ». Vous voulez qu'on continue le cours, là, maintenant ? Bien.

Voilà donc, je crois, comment la notion de salut s'organise dans cette pensée hellénistique et romaine. Ainsi défini, est-ce que le salut, comme objectif d'un rapport à soi qui y trouve son accomplissement – idée d'un salut qui n'est rien d'autre que l'accomplissement même du rapport à soi –, devient à ce moment-là complètement exclusif du problème du rapport à l'Autre ? Est-ce que « salut de soi », « salut des autres » sont définitivement déconnectés, ou est-ce que, encore une fois pour employer le vocabulaire néo-platonicien, le politique et le cathartique sont définitivement dissociés ? Il est bien évident que non, au moins dans la période et dans les formes de pensée que j'étudie ici, au Iᵉʳ-IIᵉ siècle. Ce sera sans doute différent plus tard. En tout cas, beaucoup plus qu'une déconnexion entre le cathartique et le politique, il s'agit, me semble-t-il, plutôt d'une inversion de rapport. Vous vous souvenez que pour Platon, c'était le salut de la cité qui enveloppait, à titre de conséquence, le salut de l'individu. Ou encore, pour dire les choses un peu plus précisément – quoique toujours d'une façon très globale et schématique –, chez Platon on se souciait de soi parce qu'il fallait s'occuper des autres. Et quand on sauvait les autres, alors on se sauvait du même coup soi-même. Eh bien, il me semble que maintenant la relation est inverse : il faut se soucier de soi parce qu'on est soi, et simplement pour soi. Et le bénéfice pour les autres, le salut des autres, ou cette manière de se soucier des autres qui permettra leur salut, ou qui les aidera dans leur propre salut, eh bien, ceci viendra à titre de bénéfice supplémentaire ou, si vous voulez, découlera à titre d'effet – effet nécessaire sans doute, mais simplement connexe – du souci que l'on doit prendre de soi-même, de la volonté et de l'application que l'on met à faire son propre salut. Le salut des autres est comme une récompense supplémentaire à l'opération et à l'activité de salut qu'on exerce obstinément sur soi-même. Il me semble que cette inversion du rapport, on la trouve illustrée de bien des façons. Pour m'en tenir à deux ou trois exemples précis, je prendrai la conception épicurienne de l'amitié, la conception stoïcienne, ou propre à Épictète si vous voulez, du rapport de soi aux autres (devoirs envers soi-même, devoirs envers les citoyens). Et puis, si j'ai le temps, aussi le problème de l'exercice de l'Empire chez Marc Aurèle.

Premièrement, la conception épicurienne de l'amitié. Vous savez que cette conception épicurienne pose un certain nombre de problèmes, problèmes qui révèlent assez curieusement l'inquiétude moralisante qui est la nôtre. En effet, on sait d'une part qu'Épicure exalte l'amitié et on sait d'autre part, les textes sont célèbres, qu'Épicure fait toujours dériver l'amitié de l'utilité. C'est la fameuse Sentence Vaticane 23⁴ : « Toute amitié est par elle-même désirable ; pourtant elle a eu son commencement de l'utilité⁵. » Faut-il dire par conséquent que cette amitié épicurienne, telle qu'elle est exaltée par Épicure et tous ses disciples, n'est pas autre chose que l'utilité, c'est-à-dire qu'elle serait entièrement commandée par un souci de soi qui serait le souci de l'utilité ? Je pense que c'est autour de la notion, du sens très particulier de l'utilité qu'il faut examiner d'un peu plus près cette conception. [Il faudrait en effet] montrer à la fois que l'amitié épicurienne n'est rien d'autre qu'une forme du souci de soi, mais que ce souci de soi n'est pas pour autant la préoccupation de l'utilité. Reprenons la Sentence Vaticane 23 : « Toute amitié est par elle-même désirable » ; « *di' heautên hairetê* » : elle doit être choisie pour elle-même, à cause d'elle-même ; « *arkhên de eilêphen apo tês ôpheleias* » : « pourtant, [donc opposition ; M.F.] elle a eu son commencement de l'utilité ». Il y a donc une opposition très nette entre le fait qu'elle est désirable, et pourtant qu'elle a commencé par l'utilité. Comme si elle avait dû être d'autant moins désirable qu'elle était plus utile. Ou encore, comme s'il y avait une [relation d']exclusion entre l'utilité de l'amitié (qui en est pourtant le début) et puis sa désirabilité intrinsèque. Je crois que ce n'est pas très difficile d'interpréter ce texte et ce qu'il veut dire. L'utilité c'est l'*ôpheleia,* c'est-à-dire quelque chose qui désigne un rapport externe entre ce qu'on fait et ce pourquoi on le fait. L'amitié est utile. Elle est utile parce qu'elle peut m'aider, par exemple si j'ai des dettes et si je veux me faire aider financièrement. Elle peut être utile dans la carrière politique, etc. C'est bien comme ça, dit Épicure, que l'amitié commence. C'est-à-dire que, de fait, elle s'inscrit dans le régime des échanges sociaux et des services qui lient les hommes. Mais si, de fait, elle a son commencement là, en revanche – c'est là où est l'opposition – elle est « *hairetê di' heautên* », c'est-à-dire que c'est pour elle-même qu'elle doit être choisie. Et elle doit être choisie pour elle-même, pourquoi ? La raison, je crois, on la trouve facilement dans la Sentence Vaticane 39 : « N'est ami ni celui qui cherche toujours l'utile, ni celui qui jamais ne le joint à l'amitié : car le premier, avec le bienfait, fait trafic de ce qui se donne en échange, l'autre coupe le bon espoir pour l'avenir[6]. » C'est-à-dire que l'amitié va devenir *hairetê* (désirable) en elle-même, non pas par une suppression de l'utilité, mais au contraire par un certain équilibre entre l'utilité et quelque chose d'autre que l'utilité. N'est pas ami, dit cette Sentence Vaticane 39, celui qui cherche toujours l'utile et ne cherche que l'utile. Mais il ne faudrait pas croire non plus qu'est ami celui qui aurait banni entièrement l'utilité du rapport d'amitié. Car si on balaie l'utilité du rapport d'amitié, si on l'exclut, eh bien à ce moment-là on coupe tout bon espoir pour l'avenir. Donc nous avons, comme problème de l'amitié épicurienne, ceci : premièrement, naissance dans l'utilité ; deuxièmement, opposition entre l'utilité et la désirabilité de l'amitié ; troisièmement enfin, le fait que, malgré cette opposition, l'amitié n'est désirable que si elle maintient perpétuellement un certain rapport utile. Et cette combinaison entre l'utilité et la désirabilité, elle réside en ceci, et s'équilibre de la manière suivante : « De tous les biens que la sagesse procure pour la félicité de la vie tout entière, de beaucoup le plus grand est la possession de l'amitié[7]. » Et Sentence Vaticane 34 : « Nous ne recevons pas autant d'aide de la part des amis, de l'aide qui nous vient d'eux, que de la confiance au sujet de cette aide[8]. » C'est-à-dire que l'amitié est désirable parce qu'elle fait partie de la félicité. Elle fait partie de la félicité *(makariotês),* félicité qui consiste en quoi ? En ceci que nous savons que nous sommes, contre les maux qui peuvent nous venir du monde, aussi bien protégés que possible, et que nous en sommes tout à fait indépendants. La *makariotês,* c'est la certitude de cette indépendance à l'égard des maux. Et cette indépendance à l'égard des maux, elle nous est assurée par un certain nombre de choses, parmi lesquelles celle-ci : de l'existence de nos amis nous recevons non pas tellement une aide réelle, que la certitude et la confiance que nous pouvons recevoir de cette aide. À ce moment-là, la conscience de l'amitié, le savoir du fait que nous sommes entourés d'amis et que ces amis auront à notre égard l'attitude de réciprocité qui répondra à l'amitié que nous leur portons, c'est cela qui a constitué pour nous une des garanties du bonheur. La sagesse s'entoure d'amis dans la mesure où, la sagesse ayant pour objectif d'établir l'âme dans un état de *makariotês* – donc dans un état qui dépend de l'ataraxie, c'est-à-dire de l'absence de trouble –, nous trouvons dans ces amis, et dans la confiance que nous faisons à l'amitié de ces amis, une des garanties de cette ataraxie et de cette absence de trouble. Vous voyez donc que dans cette conception de l'amitié épicurienne vous avez le maintien jusqu'au bout du principe que, dans l'amitié, on ne cherche rien d'autre que soi-même ou son propre bonheur. L'amitié n'est rien d'autre qu'une des formes que l'on donne au souci de soi. Tout homme qui a réellement souci de soi doit se faire des amis. Ces amis viennent occasionnellement à l'intérieur du réseau des échanges sociaux et de l'utilité. Cette utilité, qui est une occasion de l'amitié, ne doit pas être effacée. Il faut la maintenir jusqu'au bout. Mais ce qui va donner à cette utilité sa fonction à l'intérieur du bonheur, c'est la confiance que nous faisons à nos amis qui sont, pour nous, capables de réciprocité. Et c'est la réciprocité de ces comportements qui fait figurer l'amitié comme un des éléments de la sagesse et du bonheur. Vous voyez donc l'articulation complexe entre utilité et désirabilité, entre la réciprocité de l'amitié et la singularité du bonheur et de la tranquillité qui m'est assurée. Et vous voyez que l'amitié est bien entièrement de l'ordre du souci de soi, et que c'est bien par souci de soi qu'il faut avoir des amis. Mais l'utilité que nous tirons de notre amitié, et par conséquent l'utilité que nos amis tirent de celle que nous leur portons, sont un plus à l'intérieur de cette recherche de l'amitié pour soi-même. Vous voyez cette localisation du rapport de réciprocité (utilité de soi pour les autres et des autres pour soi) à l'intérieur de l'objectif général du salut de soi-même et du souci de soi. C'est, si vous voulez, la figure inverse de la réciprocité plato-nicienne dont je vous parlais tout à l'heure[9], lorsque, pour Platon, on devait se soucier de soi pour les autres, et c'était les autres qui, dans la communauté formée par la cité, vous assuraient votre propre salut. Main-tenant l'amitié épicurienne reste à l'intérieur de ce souci de soi, et elle inclut comme garantie de l'ataraxie et du bonheur la nécessaire récipro-cité des amitiés. Voilà pour l'amitié épicurienne.

Deuxièmement, deuxième indication de cette inversion des rapports entre salut de soi et salut des autres : la conception stoïcienne de l'homme comme être communautaire[10]. Et là, vous la trouvez déve-loppée très facilement dans un certain nombre de textes. On va prendre Épictète comme exemple. Chez Épictète cette conception du lien entre souci de soi et souci des autres se développe à deux niveaux. Premiè-rement, à un niveau naturel. C'est la conception du lien providentiel. En effet, dit Épictète, l'ordre du monde est organisé de telle sorte que tous les être vivants, quels qu'ils soient (les animaux, les hommes, peu importe), tous cherchent leur propre bien. Or la Providence, Zeus, le Dieu, la rationalité du monde, etc., ont fait en sorte que chaque fois que l'un de ces êtres vivants, quel qu'il soit, cherche son propre bien, il fait en même temps et par là même, sans le vouloir et sans le chercher, le bien des autres. La thèse est expliquée très clairement dans l'entre-tien 19 du livre I : « Zeus a disposé la nature de l'animal raisonnable de telle sorte qu'elle ne puisse obtenir aucun bien particulier sans entraîner l'utilité commune. Ainsi n'est-il pas antisocial *(akoinônêton)* de tout faire pour soi-même *(panta hautou heneka poiein)*[11]. » Donc tout faire pour soi-même, ce n'est pas asocial, ce n'est pas antisocial. Vous me direz que, dans ce texte, il est dit que Zeus a disposé la nature de l'ani-mal raisonnable. [...*] [Mais, plus généralement, Épictète établit le lien]

---

* On entend seulement : « ...là malheureusement j'ai oublié la référence ; si vous voulez, je vous la donnerai la prochaine fois... »

naturel de la recherche égoïste de ce qui est utile ou indispensable à chacun, avec l'utilité pour les autres. Deuxièmement et d'autre part, ce lien se retrouve transposé lorsqu'il s'agit de l'être raisonnable proprement dit et de l'être humain. Le lien, à ce moment-là, s'établit à un niveau réflexif. C'est en effet que selon Épictète, vous le savez, si les animaux cherchent leur propre bien et l'obtiennent, ils ne l'obtiennent pas parce qu'ils se sont occupés d'eux-mêmes. C'est précisément un des autres aspects de la Providence d'avoir fait que non seulement les animaux font le bien des autres en faisant leur propre bien, mais que, pour faire leur propre bien, ils n'ont pas à s'occuper d'eux-mêmes[12]. Ils ont été dotés d'un certain nombre d'avantages comme, par exemple, la fourrure qui leur permet de n'avoir pas à se tisser leurs propres vêtements, etc. – vieux lieux communs sur les avantages des animaux sur les hommes. Les hommes, eux, en revanche n'ont pas été dotés de tous ces avantages qui les dispenseraient de s'occuper d'eux-mêmes. Les hommes se sont vu confiés eux-mêmes à eux-mêmes par Zeus. Zeus a fait en sorte qu'à la différence des animaux – et c'est cela un des points fondamentaux de la différence entre animal raisonnable et animal non raisonnable – les hommes sont confiés à eux-mêmes, ils ont à s'occuper d'eux-mêmes. C'est-à-dire que l'homme, pour accomplir sa nature d'être raisonnable, pour remplir cette différence qui l'oppose aux animaux, doit en effet se prendre lui-même comme objet de son souci. Se prenant comme objet de son souci, il a à s'interroger sur ce qu'il est lui-même, sur ce qu'il est lui et ce que sont les choses qui ne sont pas lui. Il a à s'interroger sur ce qui dépend de lui, et sur ce qui ne dépend pas de lui. Il a enfin à s'interroger sur ce qu'il convient de faire ou de ne pas faire, selon les catégories soit des *kathêkonta* soit des *proêgmena*, etc.[13] Et par conséquent celui qui se sera occupé de lui-même comme il faut – c'est-à-dire celui qui aura bien en effet analysé quelles sont les choses qui dépendent de lui et quelles sont les choses qui ne dépendent pas de lui –, lorsqu'il aura pris soin de lui-même de telle manière que, lorsque quelque chose viendra à sa représentation, il saura ce qu'il faut faire et ce qu'il ne faut pas faire, eh bien celui-là, en même temps, saura remplir les devoirs qui sont les siens en tant qu'il fait partie de la communauté humaine. Il saura remplir ses devoirs de père, de fils, d'époux, de citoyen, etc., et ceci parce que, précisément, il se sera occupé de lui-même. Cette thèse est répétée bien des fois par Épictète. Regardez par exemple l'entretien 14 du livre II : ceux qui ont su s'occuper d'eux-mêmes « passent une vie exempte de peine, de crainte, de trouble, et observent l'ordre des relations naturelles et acquises :

relations de fils, de père, de frère, de citoyen, d'époux, de voisin, de compagnon de route, de sujet, de chef[14] ». Et je vous renvoie à un entretien très intéressant qui se trouve au livre I. C'est le onzième entretien, où il s'agit justement d'un exemple concernant ce problème-là, souci de soi/souci des autres[15]. C'est un exemple très concret. C'est l'histoire d'un père de famille, père de famille qui a des ennuis parce que sa fille est malade. Elle est tombée gravement malade, alors il a pris ses jambes à son cou et il a quitté le chevet de sa fille et sa maison, la laissant par conséquent au soin des autres, c'est-à-dire des femmes, des domestiques, etc. Pourquoi est-ce qu'il a fait ça ? Par égoïsme ? Pas du tout. Il a fait ça au contraire parce qu'il aimait sa fille. Et il l'aimait tellement qu'il s'est senti troublé dans son affection par la maladie de sa fille, et c'est donc par souci de sa fille qu'il a abandonné l'enfant malade au soin des autres. Épictète va évidemment critiquer cette attitude. Et il va critiquer cette attitude en faisant valoir quoi ? Eh bien, en faisant valoir que l'amour de la famille est un élément naturel – naturel au sens prescriptif tout autant que descriptif du mot –, il est naturel d'aimer sa famille. Il faut aimer sa famille parce qu'on aime sa famille, et parce qu'il est inscrit dans la nature qu'on l'aime. Parce qu'il est naturel d'aimer sa famille, il est raisonnable de suivre les principes mêmes qui régissent les liens entre les individus à l'intérieur d'une famille. Et, dit Épictète, imagine que tous ceux qui aiment effectivement ta fille comme toi l'aient abandonnée, eh bien, elle serait morte maintenant. Ni sa mère ni les domestiques ne seraient restés. Bref, dit Épictète, tu as commis une erreur. Tu as commis une erreur qui consistait en ceci que, au lieu de considérer que tes rapports avec ta fille étaient inscrits et prescrits dans la nature – au lieu par conséquent de te conduire en fonction de cet impératif qui t'était dicté et par la nature et par ta raison d'individu naturel, d'animal raisonnable –, tu ne t'es occupé que de ta fille, tu n'as pensé qu'à elle, et tu t'es laissé émouvoir par sa maladie, si bien que tu as été troublé par cette maladie et que, ne pouvant pas en supporter le spectacle, tu es parti. Tu as commis une erreur, erreur qui consistait en ceci que tu as oublié de te soucier de toi-même pour te soucier de ta fille. Si tu t'étais soucié de toi-même, si tu t'étais pris en compte comme individu raisonnable, si tu avais examiné les représentations qui te venaient à l'esprit à propos de la maladie de ta fille, si tu avais scruté un peu ce que tu es, ce qu'est ta fille, la nature et le fondement des liens qui s'établissent entre elle et toi, eh bien, tu ne te serais pas laissé troubler par la passion et l'affection de ta fille. Tu n'aurais pas été passif devant ces représentations. Tu aurais su au contraire choisir quelle était l'attitude convenable à avoir. Tu serais resté froid devant la maladie de ta fille, c'est-à-dire que tu serais resté pour la soigner. Il faut donc, conclut Épictète, que tu deviennes *skholastikos,* c'est-à-dire que tu viennes un peu à l'école et que tu apprennes à faire l'examen systématique de tes opinions. Ce n'est pas l'affaire d'une heure ou d'un jour, c'est un travail très long[16]. Donc, vous le voyez, Épictète, à propos de cette affaire, montre qu'une conduite comme celle de ce père de famille, qui apparemment serait de l'ordre de l'égoïsme, en fait est au contraire un comportement qui n'avait pour raison d'être que le souci en quelque sorte irrégulier, ou la préoccupation irrégulière pour l'autre ; que si le père de famille s'occupe effectivement de lui-même comme il devrait le faire, et s'il suit le conseil d'Épictète et qu'il apprend à l'école à s'occuper de lui-même comme il faut, premièrement il ne sera pas ému par la maladie de sa fille, et deuxièmement il restera pour la soigner. On voit là, sur un exemple très concret, comment c'est bien le souci de soi qui, en lui-même et à titre de conséquence, doit produire, induire les conduites par lesquelles on pourra effectivement se soucier des autres. Mais commencez par vous soucier des autres, et tout est perdu.

Alors, vous me direz, il y a au moins un cas dans la société où le souci des autres doit, ou devrait, l'emporter sur le souci de soi, parce qu'il y a au moins un individu dont l'être tout entier doit être tourné vers les autres, et c'est évidemment le Prince. Le Prince, l'homme politique par excellence, le seul dans le champ politique du monde romain, par opposition à ce qui se passait dans la cité grecque, qui ait à s'occuper entièrement des autres, [pour] celui-là, est-ce que le souci qu'il a de soi ne doit pas être, comme dans l'*Alcibiade* de Platon, simplement commandé par le souci qu'il doit avoir des autres ? Est-ce que le Prince n'est pas le seul dans la société, le seul parmi les êtres humains, qui ne doive se soucier de lui-même que dans la mesure où [il doit] – et pour pouvoir en effet – s'occuper des autres ? Eh bien, on rencontre là ce personnage, qu'on rencontrera sans doute un certain nombre de fois dans cette étude sur le souci de soi, qui est ce personnage du Prince. Personnage paradoxal, personnage qui est central dans toute une série de réflexions, personnage qui, hors du commun et exerçant sur les autres un pouvoir qui constitue tout son être, pourrait en principe avoir à lui-même et aux autres un tout autre type de rapport que n'importe qui. On aura l'occasion de revoir sans doute un certain nombre de ces textes, que ce soient ceux de Sénèque dans le *De Clementia,* que ce soient surtout les discours de Dion de Pruse sur la monarchie[17]. Mais je voudrais m'arrêter aux textes de Marc Aurèle, dans la mesure où on a là – *in concreto,* dans le cas de quelqu'un qui était effectivement le Prince – la manière même dont il concevait la relation entre « s'occuper des autres », parce qu'il est empereur, et « s'occuper de soi »[18]. Vous savez très bien que, dans les *Pensées* de Marc Aurèle – ce texte qu'on appelle les *Pensées*[19] –, les références très directes à l'exercice du pouvoir impérial sont relativement peu nombreuses ; et qu'en fait, quand il en parle, c'est toujours à propos de questions qui sont en quelque sorte des questions quotidiennes. Vous avez par exemple le long et fameux développement sur la manière d'accueillir les autres, de parler au subordonné, d'avoir rapport à ceux qui viennent solliciter, etc. Et, dans ce long passage, il n'est absolument pas question pour Marc Aurèle de faire valoir les tâches spécifiques du Prince. Mais il propose, comme règle de conduite à l'égard des autres – des subordonnés, des solliciteurs, etc. –, des règles qui pourraient absolument être communes au Prince et à n'importe qui d'autre. Le principe général de conduite, pour celui qui veut être Prince comme veut l'être Marc Aurèle, c'est précisément de gommer de son comportement tout ce qui pourrait se référer à la spécificité d'une tâche princière, à la spécificité d'un certain nombre de fonctions, privilèges ou même devoirs. Il faut oublier que l'on est César, et on ne fera son travail, sa tâche, on ne remplira ses obligations césariennes qu'à la condition de se comporter comme un homme quelconque : « Prends garde de te césariser à fond, et de t'imprégner de cet esprit. Conserve-toi donc simple, honnête, pur, grave, naturel, ami de la justice, pieux, bienveillant, affectueux, ferme dans l'accomplissement des devoirs[20]. » Or tous ces éléments de la bonne conduite du Prince, vous voyez que ce sont les éléments de la conduite quotidienne d'un homme quelconque. Très intéressant, aussi, le passage où Marc Aurèle fait son examen de conscience du matin[21]. Vous savez – on y reviendra d'ailleurs – que l'examen de conscience dans la pratique stoïcienne, dans la pratique pythagoricienne aussi, avait deux formes et deux moments : l'examen du soir où l'on relève les faits de la journée pour les mesurer à l'aune de ce qu'on aurait dû faire[22]. Et puis l'examen du matin où, au contraire, on se prépare aux tâches que l'on doit faire. On fait la revue de son emploi du temps futur, et on s'équipe, on réactive les principes que l'on aura besoin de mettre en œuvre pour exercer son devoir. Alors vous avez un examen du matin chez Marc Aurèle, et cet examen du matin est intéressant parce que Marc Aurèle dit : Chaque matin, quand je me réveille, je me rappelle ce que j'ai à faire. Et, dit-il, je me rappelle que tout le monde a quelque chose à faire. Le danseur, le matin, doit se rappeler les exercices qu'il doit faire pour devenir un bon danseur. Le cordonnier ou l'artisan (je ne sais plus quel exemple il a pris[23]) lui aussi doit se rappeler les différentes choses qu'il a à faire dans la journée. Eh bien, il faut que moi aussi je le fasse, que je le fasse d'autant mieux que les choses que j'ai à faire sont plus importantes que la danse ou qu'un métier d'artisan. Plus d'importance oui, mais pas de différence de nature, pas de spécificité. Il y a simplement une charge, une charge lourde qui est du même type que n'importe quelle profession, n'importe quel métier, avec, simplement, un supplément en quelque sorte quantitatif. Et c'est là où on voit, sans doute pour la première fois, apparaître très clairement la question qui aura ensuite, dans les monarchies européennes et surtout dans la problématisation des monarchies au XVIe siècle, une très grande importance : celle de la souveraineté comme métier, c'est-à-dire comme une tâche dont la structure morale, les principes fondamentaux sont ceux de n'importe quelle activité professionnelle. L'idée qu'être empereur – ou être le chef, ou être celui qui commande – non seulement bien sûr impose des devoirs, on le savait, mais que ces devoirs doivent être traités, accomplis et exécutés à partir d'une attitude morale qui est celle de n'importe quel homme à l'égard des tâches qui sont les siennes, cette idée se trouve très clairement formulée par [Marc Aurèle]. L'Empire, la principauté devient métier et profession. Et il devient métier et profession, pourquoi ? Tout simplement parce que l'objectif premier de Marc Aurèle, ce qui est pour lui la fin même de son existence, la cible vers laquelle il doit toujours tendre, ce n'est pas être empereur, c'est être lui-même. Et c'est dans la mesure où il aura souci de lui-même, c'est dans la mesure où il ne cessera de se préoccuper de lui-même, que là, dans cette préoccupation, il rencontrera toute la série des occupations qui sont celles de lui-même comme Empereur. Et tout comme le philosophe qui a souci de lui-même doit penser à ses obligations de philosophe – à l'enseignement qu'il doit donner, à la direction de conscience qu'il doit exercer, etc. – ou tout comme le cordonnier qui a souci de lui-même doit penser, dans ce souci de lui-même, à ce qui constitue sa tâche de cordonnier, de la même façon l'empereur, parce qu'il aura souci de lui-même, rencontrera et accomplira des tâches, tâches qui ne doivent être accomplies d'une façon impérative que dans la mesure où elles font partie de cet objectif général qu'est : lui-même pour lui-même. Livre VIII : « Tenant les yeux fixés sur ta besogne, observe-la bien et, te rappelant qu'il faut être un honnête homme et ce que réclame la nature [de l'homme], fais-le sans jeter de regard en arrière[24]. » Ce texte est important. Vous en voyez les éléments. Premièrement : tenir les yeux fixés sur la besogne. L'Empire, la souveraineté n'est pas privilège. Ce n'est pas la conséquence d'un statut. C'est une tâche, c'est un travail comme les autres. Deuxièmement : cette besogne, il faut bien l'observer, mais – et c'est là où on rencontre ce qu'il peut y avoir de particulier, de singulier dans cette tâche – elle est singulière parce qu'il se trouve que, dans l'ensemble des travaux, professions, etc., métiers que l'on peut exercer, l'Empire ne peut être exercé que par quelqu'un et un seul. Donc il faut l'observer, mais comme on observerait n'importe quelle besogne avec ses traits particuliers. Et finalement, cette observation de la tâche doit être indexée, orientée par quelque chose [que l']on se rappelle toujours. Ce dont on se [souvient] toujours, c'est quoi ? Qu'il faut être un bon empereur ? Non. Qu'on doit sauver l'humanité ? Non. Que l'on se doit au bien public ? Non. Il faut se rappeler toujours qu'on doit être honnête homme et se rappeler ce que réclame la nature. L'honnêteté morale, honnêteté morale qui n'est pas, dans le cas de l'empereur, définie par la tâche spécifique ou les privilèges qui sont les siens, mais par la nature – une nature humaine qu'il partage avec n'importe qui –, c'est cela qui doit constituer le fondement même de sa conduite d'empereur, et par conséquent qui doit définir de quelle manière il se soucie des autres. Et il doit faire cela sans jeter de regard en arrière, c'est-à-dire que l'on retrouve cette image, sur laquelle on reviendra souvent, à savoir que l'homme qui est moralement bon, c'est celui qui s'est fixé une fois pour toutes dans sa vie un certain objectif, qui ne doit s'en détourner d'aucune manière : en ne portant ses regards ni à droite ni à gauche, sur le comportement des hommes, sur les sciences inutiles, sur tout un savoir du monde qui est sans importance pour lui ; il ne doit pas regarder non plus en arrière pour trouver derrière lui des fondements à son action. Les fondements de son action, c'est son objectif. Son objectif, qu'est-ce que c'est ? C'est lui-même. Et c'est donc dans ce souci de soi, c'est dans ce rapport de soi à soi comme rapport d'effort de soi vers soi-même, que l'empereur va faire non seulement son propre bien, mais le bien des autres. C'est en se souciant de soi qu'il aura forcément souci [des autres]. Bon. Voilà. Alors la prochaine fois, on parlera du problème : conversion de soi et connaissance de soi.

*

NOTES

1. Cf. cours du 6 janvier, première heure, *supra*, p. 21, note 1.

2. Cf. même cours, deuxième heure.

3. Expression que l'on rencontre dans le *Théétète* de Platon, en 176a-b, et qui signifie « l'assimilation au divin » ; cf. cours du 17 mars, première heure, *infra*, p. 415-416, note 7.

4. Les Sentences Vaticanes sont ainsi nommées pour avoir été découvertes dans un manuscrit du Vatican qui comprenait une compilation de 81 sentences de caractère éthique. Les Maximes Capitales, quant à elles, regroupent un ensemble d'énoncés décisifs qui a pu être constitué, du moins au départ, par Épicure lui-même.

5. Épicure, Sentence Vaticane 23, in *Lettres et Maximes*, éd. citée, p. 253.

6. Sentence Vaticane 39, in *Lettres et Maximes*, p. 257.

7. Maxime Capitale 27, in *Lettres et Maximes*, p. 239.

8. Sentence Vaticane 34, in *Lettres et Maximes*, p. 257.

9. Cf. première heure de ce cours, *supra*, p. 169.

10. Cf. par exemple les textes classiques de Cicéron (*Traité des devoirs*, III, V) ou de Marc Aurèle (*Pensées*, V, 16 et VI, 54)

11. Épictète, *Entretiens*, I, 19, 13-15, éd. citée, p. 74.

12. « Les animaux n'existent pas pour eux-mêmes, mais pour servir, et cela n'eût point été avantageux de les créer avec tous ces besoins. Pense un peu, quel ennui pour nous, si nous eussions dû veiller non seulement sur nous-même, mais encore sur nos brebis et nos ânes » (*id.*, 16, 3, p. 61). Cf. l'analyse de ce texte dans le cours du 24 mars, première heure.

13. Les *kathêkonta* (traduit par Cicéron en *officia* : devoirs, fonctions, offices) désignent dans le stoïcisme des activités conformes à la nature d'un être, et qui l'accomplissent ; les *proêgmena* renvoient à ces actions qui, bien que n'ayant pas de valeur absolue au point de vue moral, sont susceptibles d'être préférées à leurs contraires (sur ces notions, cf. Cicéron, *Des fins des biens et des maux*, livre III, VI et XVI, in *Les Stoïciens*, trad. E. Bréhier, Paris, Gallimard/« Bibliothèque de la Pléiade », 1962, p. 268-269 et 281-282).

14. Épictète, *Entretiens*, II, 14 (p. 55).

15. *Entretiens*, I, 11 (p. 44-49). Pour une première analyse par Foucault de ce même passage, cf. cours du 27 janvier, première heure.

16. « Tu vois donc qu'il te faut te faire écolier *(skholastikon)* et devenir cet animal dont tout le monde rit, si toutefois tu veux entreprendre l'examen de tes propres opinions. Et ce n'est pas l'affaire d'une heure ou d'un jour, tu t'en rends bien compte, toi aussi » (*id.*, 11, 39-40, p. 49).

17. De fait, Foucault ne reviendra pas sur ce point. Un certain nombre de dossiers retrouvés avec les manuscrits indiquent cependant combien Foucault avait travaillé l'articulation du souci de soi et du souci des autres dans le cadre d'une politique générale du Prince. On trouve trace de ces réflexions dans *Le Souci de soi*, éd. citée, p. 109-110.

18. *Le Souci de soi*, p. 110-112.

19. « Il est extrêmement probable que, lorsque Marc Aurèle écrivait ce que nous appelons maintenant les *Pensées*, il ne songeait absolument pas à donner un

nom à ces notes qui n'étaient destinées qu'à lui-même. D'ailleurs, d'une manière générale, dans l'Antiquité, tant qu'un livre n'était pas publié, par exemple grâce à une lecture publique, il arrivait toujours que l'auteur ne lui donnait pas de titre. […]. Le manuscrit du Vatican ne donne aucun titre à l'œuvre de l'Empereur. Certains recueils manuscrits d'extraits de celle-ci portent la mention : *ta kath' heauton,* que l'on peut traduire : "Écrit concernant lui-même" ou "Écrit en privé". L'*editio princeps* propose le titre : "Écrit pour lui-même" *(ta eis heauton)* » (P. Hadot, *La Citadelle intérieure,* Paris, Fayard, 1992, p. 38).

20. Marc Aurèle, *Pensées,* VI, 30, éd. citée, p. 60.

21. Foucault va concentrer son analyse sur deux passages du premier paragraphe du livre V des *Pensées* : « Le matin, quand il te coûte de te réveiller, que cette pensée te soit présente : c'est pour faire œuvre d'homme que je m'éveille. […] D'autres, qui aiment leur métier, se consument aux travaux qui s'y rapportent, sans se baigner et sans manger. Toi, estimes-tu moins ta nature que le ciseleur son art, le danseur la danse ? » (p. 41-42).

22. Cf. cours du 24 mars, deuxième heure.

23. Celui du ciseleur.

24. Marc Aurèle, *Pensées,* VIII, 5 (p. 84).

COURS DU 10 FÉVRIER 1982

Première heure

*Rappel du double désenclavement du souci de soi : par rapport à la pédagogie et à l'activité politique. — Les métaphores de l'auto-finalisation du soi. — L'invention d'un schéma pratique : la conversion à soi. — L'*epistrophê *platonicienne et son rapport à la conversion à soi. — La* metanoia *chrétienne et son rapport à la conversion à soi. — Le sens grec classique de* metanoia. — *Défense d'une troisième voie, entre* epistrophê *platonicienne et* metanoia *chrétienne. — La conversion du regard : critique de la curiosité. — La concentration athlétique.*

Jusqu'à présent j'avais essayé un peu de suivre l'élargissement de ce thème du souci de soi qu'on avait pu repérer dans l'*Alcibiade*, de le suivre jusqu'au moment où il débouche sur une véritable culture de soi. Culture de soi qui prend, je crois, toutes ses dimensions au début de l'époque impériale. Alors cet élargissement, il se manifeste, si vous voulez, de deux grandes manières, c'est ce que j'avais essayé de vous montrer dans les cours précédents. Premièrement : le désenclavement de la pratique de soi par rapport à la pédagogie. C'est-à-dire que la pratique de soi n'apparaît plus, comme elle l'était dans l'*Alcibiade,* comme un complément, une pièce indispensable ou substitutive à la pédagogie. Désormais la pratique de soi, au lieu d'être un précepte qui s'impose à l'adolescent au moment où il va entrer dans la vie adulte et politique, est une injonction, injonction qui vaut pour le déroulement entier de l'existence. La pratique de soi s'identifie et doit faire corps avec l'art même de vivre (la *tekhnê tou biou*). Art de vivre, art de soi-même sont identiques, deviennent identiques, ou tendent à l'être en tout cas. Ce désenclavement par rapport à la pédagogie a une seconde conséquence aussi, qu'on a vue : c'est que désormais la pratique de soi n'est plus simplement une sorte de petite affaire à deux, qui s'inscrirait dans le rapport singulier et dialectiquement amoureux entre le maître et le disciple. Désormais la pratique de soi s'intègre, se mêle, s'entrelace avec tout un réseau de relations sociales diverses, où la maîtrise au sens strict existe encore, mais où vous trouvez également beaucoup d'autres formes relationnelles possibles. Donc, premièrement : désenclavement par rapport à la pédagogie. Deuxième désenclavement : celui qui joue par rapport à l'activité politique. Vous vous souvenez qu'il s'agissait dans l'*Alcibiade* de veiller sur soi pour pouvoir s'occuper comme il faut des autres et de la cité. Maintenant il faut s'occuper de soi pour soi-même, le rapport aux autres se déduisant, étant impliqué dans le rapport que l'on établit de soi à soi. Vous vous souvenez : Marc Aurèle lui-même ne veille pas sur soi pour pouvoir être plus sûr de veiller comme il faut à l'Empire, c'est-à-dire en somme au genre humain. Mais il sait bien qu'il saura veiller comme il faut au genre humain qui lui a été confié, dans la mesure où il saura d'abord, avant tout, finalement et au bout du compte, se soucier comme il faut de lui-même. C'est dans le rapport de soi à soi que l'empereur trouve la loi et le principe de l'exercice de sa souveraineté. On se soucie de soi pour soi. C'est dans cette auto-finalisation – c'est ce que j'avais essayé de vous montrer la dernière fois – que se fonde, je crois, la notion de salut.

Eh bien, je crois que maintenant tout ceci nous renvoie, vous le voyez, non pas exactement à une notion, j'insiste là-dessus, mais à ce que j'appellerai, provisoirement si vous voulez, une sorte de noyau, de noyau central. Peut-être même un ensemble d'images. Ces images, vous les connaissez bien. On les a d'ailleurs rencontrées bien des fois. Ce sont celles-ci, que j'énumère en vrac : il faut bien sûr s'appliquer à soi-même, c'est-à-dire qu'il faut se détourner des choses qui nous entourent. Il faut se détourner de tout ce qui risque d'attirer notre attention, notre application, de susciter notre zèle, et qui n'est pas nous. Il faut s'en détourner pour se retourner vers soi. Il faut avoir tout au long de sa vie l'attention, les yeux, l'esprit, finalement son être tout entier, tourné vers soi. Nous détourner de tout ce qui nous détourne de nous, pour nous retourner vers nous-même. C'est cette grande image de la volte vers soi-même qui est sous-jacente, à travers toutes ces analyses dont je vous ai parlé jusqu'à présent. Il y a d'ailleurs, sur ce problème de la volte sur soi-même, toute une série d'images, dont certaines ont été analysées. En particulier l'une qui est très intéressante, qui a été étudiée par Festugière – il y a maintenant bien longtemps. Vous en trouvez l'analyse, ou plutôt le schéma, dans un compte rendu des cours des Hautes Études. C'est l'histoire de l'image de la toupie[1]. La toupie, c'est bien quelque chose qui tourne sur soi, mais justement qui tourne sur soi comme il ne faut pas que nous nous tournions vers nous-même. Car la toupie, qu'est-ce que c'est ? Eh bien, la toupie, c'est quelque chose qui tourne sur soi à la sollicitation et sous l'impulsion d'un mouvement extérieur. D'autre part la toupie, en tournant sur elle-même, présente successivement des faces différentes aux différentes directions et différents éléments qui lui servent d'entourage. Et enfin la toupie, si elle reste apparemment immobile, est en réalité toujours en mouvement. Or, par rapport à ce mouvement de la toupie, la sagesse consistera au contraire à ne se laisser jamais induire à un mouvement involontaire par la sollicitation ou l'impulsion d'un mouvement extérieur. Au contraire, il faudra chercher au centre de soi-même le point auquel on se fixera et par rapport auquel on restera immobile. C'est vers soi-même, c'est vers le centre de soi-même, c'est dans le centre de soi-même que l'on doit se fixer son but. Et le mouvement que l'on doit faire doit être de revenir à ce centre de soi-même pour s'y immobiliser, et de façon définitive.

Toutes ces images donc du retournement – du retournement vers soi en se détournant de ce qui nous est extérieur –, tout ceci nous approche évidemment de quelque chose que l'on pourrait appeler, peut-être en anticipant un peu : la notion de conversion. Et c'est un fait qu'on trouve très régulièrement toute une série de mots qui peuvent se traduire, et se traduisent légitimement, par « conversion ». Vous avez par exemple cette expression – que vous trouvez chez Épictète[2], que vous trouvez chez Marc Aurèle[3], que vous trouvez aussi chez Plotin[4] – qui est : *epistrephein pros heauton* (se tourner vers soi, se convertir à soi). Vous trouvez chez Sénèque une expression comme *[se] convertere ad se* (se convertir à soi)[5]. Se convertir à soi, c'est-à-dire encore une fois : faire volte vers soi-même. Mais il me semble – c'est ce que je vais essayer de vous montrer – qu'en fait on n'a pas affaire, à travers toutes ces images, à une notion très stricte, à une notion « construite » de la conversion. Mais c'est beaucoup plutôt une sorte de schéma pratique, schéma pratique qui a d'ailleurs sa construction rigoureuse, mais qui n'a pas donné lieu à quelque chose comme le « concept » ou la notion de conversion. En tout cas – c'est un petit peu là-dessus que je voudrais m'arrêter aujourd'hui – cette notion de conversion, de retour à soi, de la volte vers soi-même, je m'y arrêterai évidemment pour la raison qu'elle est certainement, dans les technologies du soi qu'a connues l'Occident, une des plus importantes. Et quand je dis que c'est une des plus importantes, je pense bien entendu à son importance dans le christianisme. Mais ce serait tout à fait inexact de ne voir et de ne mesurer l'importance de la notion de conversion que dans l'ordre de la religion, et de la religion chrétienne. Après tout, la notion de conversion est aussi une notion philosophique importante, et qui a joué dans la philosophie, dans la pratique philosophique, un rôle décisif. La notion de conversion a aussi dans l'ordre de la morale une importance capitale. Et puis enfin il ne faut pas oublier que la notion de conversion s'est introduite de façon spectaculaire, et on peut dire dramatique, dans la pensée, dans la pratique, dans l'expérience, dans la vie politique à partir du XIXe siècle. Il faudra bien un jour faire l'histoire de ce qu'on pourrait appeler la subjectivité révolutionnaire. Et ce qui est intéressant, me semble-t-il, là-dedans, c'est qu'au fond, c'est une hypothèse ; je n'ai pas l'impression que, au cours ni de ce qu'on a appelé la révolution anglaise ni de ce qui s'est appelé « la Révolution » en France en [17]89, il y ait jamais eu quelque chose qui soit de l'ordre de la conversion. Il me semble que c'est à partir du XIXe siècle – encore une fois tout ça serait à vérifier de près –, vers les années 1830-1840 sans doute, et en référence justement à cet événement fondateur, historico-mythique, qu'a été, [pour le] XIXe siècle, la Révolution française, c'est par rapport à cela qu'on a commencé à définir des schémas d'expérience individuelle et subjective qui seraient : la « conversion à la révolution ». Et il me semble que, tout au long du XIXe siècle, on ne peut pas comprendre ce qu'a été la pratique révolutionnaire, on ne peut pas comprendre ce qu'a été l'individu révolutionnaire et ce qu'a été pour lui l'expérience de la révolution si on ne tient pas compte de la notion, du schéma fondamental de la conversion à la révolution. Alors le problème serait à la fois de voir comment s'est introduit cet élément qui relevait de la technologie de soi la plus traditionnelle – je dirais : la plus historiquement épaisse et dense puisqu'elle remonte jusqu'à l'Antiquité –, comment cet élément de technologie de soi qu'est la conversion s'est branché sur ce domaine nouveau et ce champ d'activité nouvelle qu'était la politique, comment cet élément de la conversion s'est nécessairement, ou en tout cas exclusivement, lié au choix révolutionnaire, à la pratique révolutionnaire. Il faudrait voir aussi comment cette notion de conversion a été petit à petit validée – puis absorbée, puis épongée, et enfin annulée – par l'existence même d'un parti révolutionnaire. Et comment on est passé de l'appartenance à la révolution par le schéma de conversion, à l'appartenance à la révolution par l'adhésion à un parti. Et vous savez bien que maintenant, dans notre expérience quotidienne – peut-être un peu fade : celle, je veux dire, de nos contemporains immédiats –, on ne se convertit plus de nos jours qu'au renoncement à la révolution. Les grands convertis d'aujourd'hui sont ceux qui ne croient plus à la révolution. Bon. Enfin il y aurait là toute une histoire à faire. Revenons à cette notion de conversion et à la manière dont elle s'élabore et se transforme à l'époque dont je parle, c'est-à-dire [au] Iᵉʳ-IIᵉ siècle de notre ère. Donc présence très importante, très constante de cette image du retour à soi *([se] convertere ad se)*.

Première chose que je voudrais souligner, c'est ceci : c'est que, bien sûr, à l'époque dont je parle, le thème de la conversion n'est évidemment pas nouveau puisque vous savez que vous le trouvez développé de façon très importante chez Platon. Chez Platon vous le trouvez sous la forme de la notion d'*epistrophê*. Cette *epistrophê* platonicienne se caractérise – là, je parle évidemment de façon très schématique – de la manière suivante : elle consiste premièrement à se détourner des apparences[6]. Et vous trouvez bien cet élément de la conversion comme manière de se détourner de quelque chose (se détourner des apparences). Deuxièmement : faire retour sur soi en constatant sa propre ignorance, et en se décidant justement à avoir souci de soi, et à s'occuper de soi[7]. Et enfin, troisième moment, à partir de ce retour à soi qui va nous mener à la réminiscence, on va pouvoir faire retour à sa patrie, patrie qui est celle des essences, de la vérité et de l'Être[8]. « Se détourner de », « se retourner vers soi », « faire acte de réminiscence », « faire retour à sa patrie (à sa patrie ontologique) » – voilà quatre éléments dans ce schéma très grossier de l'*epistrophê* platonicienne. Vous voyez en tout cas que cette *epistrophê* platonicienne est commandée, premièrement, par une opposition fondamentale entre ce monde-ci et l'autre. Deuxièmement, elle est commandée par le thème d'une libération, d'un dégagement de l'âme par rapport au corps, au corps-prison, au corps-tombeau, etc.[9] Et enfin troisièmement, cette *epistrophê* platonicienne est, je crois, commandée par le privilège du connaître. Se connaître, c'est connaître le vrai. Connaître le vrai, c'est se libérer. Et c'est dans l'acte de réminiscence, comme forme fondamentale de la connaissance, que ces différents éléments viennent se nouer.

Il me semble que ce thème, que l'on trouve au cœur de la culture de soi hellénistique et romaine, de la « conversion » – encore une fois entre guillemets, car je ne crois pas qu'il faille la prendre comme une notion construite, fermée sur elle-même, close et bien définie – est fort différent de l'*epistrophê* platonicienne. Je mets bien entendu à part les courants qui, eux, sont proprement platoniciens, et qui restent fidèles à cette notion de l'*epistrophê*. La conversion que l'on trouve dans la culture et pratique de soi hellénistique et romaine, premièrement, ne joue pas sur l'axe d'opposition entre ce monde-ci et l'autre, comme l'*epistrophê* platonicienne. Au contraire, c'est un retour qui va se faire en quelque sorte dans l'immanence même du monde, ce qui pourtant ne veut pas dire qu'il n'y aura pas d'opposition essentielle – et même une opposition essentielle – entre ce qui ne dépend pas de nous et ce qui dépend de nous. Mais alors que l'*epistrophê* platonicienne consistait dans ce mouvement qui pouvait nous conduire de ce monde-ci à l'autre – du monde d'en-bas au monde d'en-haut –, la conversion dont il est question maintenant, dans cette culture de soi hellénistique et romaine, amène à nous déplacer de ce qui ne dépend pas de nous à ce qui dépend de nous[10]. Il s'agit plutôt d'une libération à l'intérieur même de cet axe d'immanence, libération par rapport à ce dont nous ne sommes pas maître, pour parvenir enfin à ce dont nous pouvons être maître. Ce qui par conséquent nous mène à cet autre caractère de la conversion hellénistique et romaine : elle ne prend pas l'allure d'une libération par rapport au corps, mais plutôt de l'établissement d'un rapport complet, achevé, adéquat de soi à soi. Ce n'est donc pas dans la césure à mon corps, mais plutôt dans l'adéquation de soi à soi, que la conversion va se faire : seconde grande différence avec l'*epistrophê* platonicienne. Enfin, troisième grande différence, c'est que si la connaissance joue certainement un rôle important, elle ne joue pas pourtant un rôle aussi décisif, fondamental que dans l'*epistrophê* platonicienne. Dans l'*epistrophê* platonicienne c'est le connaître, le connaître dans la forme même de la réminiscence, qui constitue l'élément essentiel, fondamental de la conversion. Maintenant, dans ce processus du *[se] convertere ad se,* ça va être beaucoup plus l'exercice, la pratique, l'entraînement, l'*askêsis* que la connaissance, qui vont être l'élément essentiel. Si vous voulez, tout ça c'est très schématique, ce sera à élaborer de plus près tout à l'heure. Mais c'est simplement pour situer ce thème de la conversion, qu'il va falloir analyser par rapport à la grande *epistrophê* platonicienne.

Deuxièmement, je voudrais maintenant situer [la conversion hellénistique] par rapport à un thème, une forme et une notion cette fois très précis de la conversion, que l'on va trouver non plus avant mais après, ultérieurement : dans la culture chrétienne. C'est-à-dire : la notion de conversion *(metanoia)* telle qu'elle va être développée dans le christianisme à partir du IIIe et surtout du IVe siècle. Cette conversion chrétienne, pour laquelle les chrétiens emploient le mot *metanoia,* est évidemment très différente de l'*epistrophê* platonicienne. Vous savez que le mot même de *metanoia* veut dire deux choses : la *metanoia* c'est la pénitence et c'est aussi le changement, changement radical de la pensée et de l'esprit. Or – là encore en parlant tout aussi schématiquement que je le faisais à l'instant à propos de l'*epistrophê* – il me semble que cette *metanoia* chrétienne présente les caractères suivants[11]. Premièrement, la conversion chrétienne implique une mutation soudaine. Quand je dis soudaine, je ne veux pas dire qu'elle ne peut pas avoir été, ou même qu'elle n'ait pas dû être préparée, et fort longtemps, par tout un cheminement. Il n'en reste pas moins que – préparation ou non, cheminement ou pas, effort ou non, ascèse ou absence d'ascèse – de toute façon il faut, pour qu'il y ait conversion, un événement unique, soudain, à la fois historique et métahistorique, qui bouleverse et transforme d'un coup le mode d'être du sujet. Deuxièmement, toujours dans cette conversion, cette *metanoia* chrétienne – ce bouleversement soudain, dramatique, historico-métahistorique du sujet –, vous avez un passage : passage d'un type d'être à l'autre, de la mort à la vie, de la mortalité à l'immortalité, de l'obscurité à la lumière, du règne du démon à celui de Dieu, etc. Et enfin troisièmement, vous avez dans cette conversion chrétienne un élément qui est la conséquence des deux autres, ou qui est au point de croisement des deux autres, à savoir qu'il ne peut y avoir conversion que dans la mesure où il y a, à l'intérieur même du sujet, une rupture. Le soi qui se convertit est un soi qui a renoncé à lui-même. Renoncer à soi-même, mourir à soi, renaître dans un autre soi et sous une forme nouvelle, qui n'a en quelque sorte plus rien à voir, ni dans son être, ni dans mode d'être, ni dans ses habitudes, ni dans son *êthos,* avec celui qui a précédé, c'est cela qui constitue un des éléments fondamentaux de la conversion chrétienne.

Si nous regardons en face de cela comment est décrite la conversion, dans cette philosophie, cette morale, cette culture de soi dont je vous parle à l'époque hellénistique et romaine, si nous regardons comment est décrite cette *conversio ad se*[12] (cette *epistrophê pros heauton*[13]), je crois que ce sont des processus tout à fait différents de ceux de la conversion chrétienne que l'on voit jouer. Premièrement, il n'y a pas exactement rupture. Enfin, là il faut être un peu plus précis, j'essaierai d'ailleurs de développer ça un peu plus tard. Vous trouvez bien un certain nombre d'expressions qui semblent indiquer quelque chose comme une rupture entre soi et soi, et comme une mutation, une transfiguration soudaine et radicale de soi. Vous trouvez chez Sénèque – mais pratiquement chez le seul Sénèque – l'expression *fugere a se* : se fuir soi-même, s'échapper à soi-même[14]. Vous trouvez chez le même Sénèque aussi, dans la lettre 6 à Lucilius par exemple, des expressions intéressantes. Il dit : C'est fou ce que je sens que je suis en train de faire des progrès actuellement. Ce n'est pas simplement une *emendatio* (une correction). Je ne me contente pas de m'amender, j'ai l'impression que je suis en train de me transfigurer *(transfigurari)*[15]. Et un peu plus tard, dans cette même lettre, il parle de mutation de moi-même *(mutatio mei)*[16]. Mais en dehors de ces quelques indications, ce qui me paraît essentiel, ou en tout cas caractéristique, dans cette conversion hellénistique et romaine, c'est que, s'il y a rupture, la rupture ne se produit pas dans le soi. Elle n'est pas, à l'intérieur du soi, cette césure par laquelle le soi s'arrache à lui-même, renonce à soi-même pour renaître, après une mort figurée, autre que lui. Si rupture il y a – et il y a rupture –, c'est une rupture qui se fait par rapport à ce qui entoure le soi. C'est autour du soi, pour que le soi ne soit plus esclave, dépendant et contraint, qu'il faut opérer cette rupture. On a donc toute une série de termes, de notions qui renvoient à cette rupture du soi par rapport au reste mais qui n'est pas une rupture de soi par rapport au soi. Vous avez tous les termes qui désignent la fuite *(pheugein)*[17], la retraite *(anakhôrêsis)*. L'*anakhôrêsis,* vous le savez, a deux sens : retraite d'une armée devant l'ennemi (quand une armée décroche par rapport à l'ennemi : *anakhôrei,* elle s'en va, elle fait retraite, elle décroche) ; ou encore l'*anakhôrêsis,* c'est la fuite de l'esclave qui s'en va dans la *khôra,* dans la campagne, échappant ainsi à la sujétion et à son statut d'esclavage. C'est de ces ruptures-là qu'il est question. Et cette libération du soi, on le verra, a chez Sénèque (par exemple dans la préface à la troisième partie des *Questions naturelles*[18] ou dans les lettres 1[19], 32[20], 8[21], etc.) tout un tas d'équivalents, tout un tas d'expressions qui toutes renvoient encore une fois à la rupture du soi par rapport au reste. Je vous signale l'intéressante métaphore de Sénèque ; elle est d'ailleurs très connue et nous renvoie à la pirouette, mais en un autre sens que la pirouette de la toupie de tout à l'heure. C'est dans la lettre 8 : Sénèque dit que la philosophie fait tourner le sujet sur lui-même, c'est-à-dire qu'elle lui fait faire le geste par lequel, traditionnellement et juridiquement, le maître affranchit son esclave. Il y avait un geste rituel dans lequel le maître, pour montrer, manifester, effectuer la libération de l'esclave par rapport à sa sujétion, le faisait tourner sur lui-même[22]. Sénèque reprend cette image et dit que la philosophie fait tourner le sujet sur lui-même, mais pour le libérer[23]. Donc rupture pour le soi, rupture tout autour du soi, rupture au profit du soi, mais non pas rupture dans le soi.

Deuxième thème important de cette conversion, et qui l'oppose à la *metanoia* future des chrétiens, c'est que dans cette conversion hellénistique et romaine, c'est vers le soi qu'il faut tourner les yeux. Il faut avoir le soi en quelque sorte sous les yeux, sous le regard, il faut l'avoir en vue. Et, de là, toute une série d'expressions comme *blepe se* (regarde-toi, vous trouvez ça chez Marc Aurèle[24]), ou *observa te* (observe-toi

toi-même)[25], *se respicere* (se regarder, retourner le regard vers soi)[26], appliquer son esprit à soi *(prosekhein ton noun heautô)*[27], etc. Il faut donc avoir le soi devant les yeux.

Et enfin troisièmement, il faut aller vers le soi comme on va vers un but. Et là ce n'est plus simplement un mouvement des yeux, c'est un mouvement de l'être tout entier, mouvement de l'être tout entier qui doit se porter vers le soi comme seul objectif. Aller vers le soi, c'est en même temps un retour à soi : comme on revient au port ou encore comme une armée regagne la ville et la forteresse qui la protège. Là encore toute une série de métaphores sur le soi-forteresse[28] – le soi qui est le port où l'on trouve enfin l'abri, etc.[29] – et qui montrent bien que ce mouvement par lequel on se dirige vers le soi est en même temps un mouvement par lequel on revient vers le soi. On a là d'ailleurs, dans ces images qui ne sont pas immédiatement cohérentes, tout un problème ; problème qui, je crois, marque la tension de cette notion, de cette pratique, de ce schéma pratique de la conversion – dans la mesure où je crois que jamais, dans cette pensée hellénistique et romaine, il n'est tout à fait clair ni tout à fait décidé si le soi est quelque chose auquel on fait retour parce qu'il serait donné d'avance, ou si le soi est un but que l'on doit se proposer et auquel éventuellement, si on parvient à la sagesse, on aura enfin accès. Est-ce que le soi est le point auquel on revient à travers le long circuit de l'ascèse et de la pratique philosophique ? Est-ce que le soi est un objet que l'on garde toujours devant les yeux, et que l'on atteint à travers un mouvement que seule la sagesse pourra enfin donner ? Je crois qu'on a là un des éléments de l'incertitude fondamentale, ou de l'oscillation fondamentale, dans cette pratique du soi.

En tout cas – et ce serait là le dernier caractère que je voudrais souligner à propos de cette notion de conversion –, avec ce moi auquel on fait retour, ou vers lequel on se dirige, il s'agit d'établir finalement un certain nombre de rapports qui caractérisent, non pas le mouvement de la conversion, mais du moins son point d'arrivée et son point d'accomplissement. Ces rapports que l'on a de soi à soi, ils peuvent avoir la forme d'actes. Par exemple : on protège le soi, on défend le soi, on l'arme, on l'équipe[30]. Ces rapports peuvent aussi prendre la forme de rapports d'attitudes : on respecte le soi, on l'honore[31]. Et enfin ils peuvent prendre la forme d'un rapport d'état, en quelque sorte : on est maître de soi, on le possède, on l'a à soi (rapport juridique[32]). Ou encore : on éprouve à soi-même un plaisir, une jouissance ou une volupté[33]. Vous voyez que la conversion qui est ici définie, cette conversion est un mouvement qui se dirige vers le soi, qui ne le quitte pas des yeux, qui le fixe une fois pour toutes comme un objectif, et qui finalement l'atteint ou y fait retour. Si la conversion (la *metanoia* chrétienne ou post-chrétienne) est en forme de rupture et de mutation à l'intérieur même du soi, si par conséquent on peut dire qu'elle est une sorte de trans-subjectivation, eh bien, je vous proposerai de dire que cette conversion dont il est question dans la philosophie des premiers siècles de notre ère n'est pas une trans-subjectivation. Elle n'est pas une manière d'introduire dans le sujet, de marquer dans le sujet, une césure essentielle. La conversion est un processus long et continu que j'appellerai, plutôt donc que de trans-subjectivation, d'auto-subjectivation. Comment établir, en se fixant soi-même comme objectif, un rapport adéquat et plein de soi à soi? C'est cela qui est en jeu dans cette conversion.

Et vous voyez par conséquent que l'on est très loin, me semble-t-il, de la notion chrétienne de *metanoia*. En tout cas le terme même de *metanoia* (que vous rencontrez dans la littérature, dans les textes de la Grèce classique, bien sûr, mais également de l'époque dont je vous parle) n'a jamais le sens de conversion. Vous en trouvez un certain nombre d'usages qui renvoient premièrement à l'idée d'un changement d'opinion. Lorsque l'on a été persuadé par quelqu'un, à ce moment-là on *metanoei* (on change d'opinion)[34]. Vous trouvez également la notion de *metanoia*, l'idée d'un *metanoein* avec le sens de regret, éprouver du remords (vous trouvez cet usage dans Thucydide au livre III[35]). Et dans cet usage-là, c'est toujours une connotation négative, une valorisation négative qui est présente. La *metanoia* n'a pas de sens positif dans la littérature grecque de cette époque-là, mais toujours un sens négatif. Ainsi vous trouvez chez Épictète ceci: qu'il faut chasser les jugements erronés que l'on peut avoir dans la tête. Il faut chasser ces jugements erronés, pourquoi? Parce que sans ça on serait obligé, à cause et en conséquence de ces jugements, de s'adresser à soi-même des reproches, de se combattre soi-même, de se repentir (alors, vous avez les verbes: *makhestai, basanizein,* etc.). Et on serait obligé de se repentir: *metanoein*[36]. Donc: n'avoir pas de jugement faux pour ne pas *metanoein* (pour ne pas se repentir). Vous trouvez également dans le *Manuel* d'Épictète ceci: il ne faut pas se laisser emporter par ce genre de plaisirs qui provoqueraient après ça du repentir *(metanoia)*[37]. Chez Marc Aurèle vous avez ce conseil: « Il faut à propos de chaque action se demander: "est-ce que par hasard je n'aurai pas à m'en repentir?" [*mê metanoêsô ep'autê*: est-ce que, de cette action, je ne me repentirai pas? M.F.][38] » Le repentir est donc quelque chose qu'il faut éviter, et c'est parce qu'il faut éviter ce repentir qu'il y a un certain nombre de choses à ne pas faire, de plaisirs à refuser, etc. Donc la *metanoia* comme repentir est bien ce qu'il faut éviter. Tout ceci pour vous dire que je ne crois pas que l'on puisse assimiler ce dont il est question dans cette thématique de la conversion à soi, du retour à soi, à une *metanoia* comme conversion fondatrice par un bouleversement entier du sujet lui-même, renonçant à soi et renaissant à partir de lui-même. Ce n'est pas cela qui est en question. On trouvera la *metanoia* en ce sens d'une rupture à soi, d'un renouvellement de soi avec une valeur positive, dans des textes beaucoup plus tardifs. Je ne parle pas, bien sûr, des textes chrétiens qui eux, à partir du IIIᵉ siècle, ou à partir de l'instauration au moins des grands rites de pénitence, ont donné à la *metanoia* un sens positif. Vous ne trouvez le terme de *metanoia* dans le vocabulaire philosophique, avec un sens positif et avec le sens d'un renouvellement du sujet par lui-même, qu'au IIIᵉ-IVᵉ siècle. Vous le trouvez, par exemple, dans les textes pythagoriciens de Hiéroclès où il dit : La *metanoia*, c'est l'*arkhê tês philosophias* (c'est le début de la philosophie). C'est la fuite *(phugê)* de tout ce qui est action et discours déraisonnables. Et c'est la préparation primordiale à une vie sans regrets. Alors là, en effet, vous avez la *metanoia* au sens, si vous voulez, nouveau du terme, au sens qui a été en partie au moins élaboré par les chrétiens : c'est l'idée d'une *metanoia* comme changement, bouleversement, modification de l'être du sujet, et accès à une vie où il n'y a pas de regrets[39].

Vous voyez par conséquent que nous sommes, dans ce secteur que je voudrais maintenant étudier, entre l'*epistrophê* platonicienne et la *metanoia* chrétienne (*metanoia* au sens nouveau du terme). Je crois qu'en fait ni l'une ni l'autre – ni l'*epistrophê* platonicienne ni cette *metanoia* qu'on peut appeler, schématiquement, chrétienne – ne conviendraient tout à fait pour décrire cette pratique et ce mode d'expérience que l'on trouve si constamment présents, si constamment évoqués dans les textes du Iᵉʳ-IIᵉ siècle. Toute cette préparation, toutes ces précautions que j'ai prises à propos de l'analyse de cette conversion, entre l'*epistrophê* et la *metanoia,* se réfèrent bien entendu à un texte essentiel qui a été écrit par Pierre Hadot, il y a maintenant une vingtaine d'années[40]. C'était dans un congrès philosophique où il a fait sur *epistrophê* et *metanoia,* à propos d'*epistrophê* et de *metanoia,* une analyse que je crois tout à fait fondamentale et importante, où il disait que la conversion avait deux grands modèles dans la culture occidentale : le modèle de l'*epistrophê* et le modèle de la *metanoia.* L'*epistrophê,* dit-il, c'est une notion, une expérience de la conversion qui implique le retour de l'âme vers sa source, le mouvement par lequel elle fait retour vers la perfection de l'être et

par lequel elle se replace dans le mouvement éternel de l'être. Cette *epistrophê* a en quelque sorte pour modèle l'éveil, avec l'*anamnêsis* (la
réminiscence) comme mode fondamental de l'éveil. On ouvre les yeux,
on découvre la lumière et on fait retour à la source même de la lumière,
qui est en même temps la source de l'être. Voilà l'*epistrophê.* Quant à la
metanoia, dit-il, elle est d'un autre modèle, elle obéit à un autre schéma.
Il s'agit d'un bouleversement de l'esprit, d'un renouveau radical, il
s'agit d'une sorte de ré-enfantement du sujet par lui-même, avec, au
centre, la mort et la résurrection comme expérience de soi-même et de
renoncement de soi à soi. Il fait de l'*epistrophê* et de la *metanoia,* de
leur opposition même, une polarité permanente dans la pensée occidentale, dans la spiritualité occidentale et dans la philosophie occidentale.
Alors je crois que cette opposition entre *epistrophê* et *metanoia* est tout
à fait efficace, qu'elle constitue en effet une très bonne grille d'analyse
pour la conversion telle qu'elle existe et telle qu'elle a été pratiquée et
éprouvée, à partir du christianisme lui-même. Et que, dans l'expérience
de ce que nous pouvons appeler d'un seul mot maintenant : la conversion, ces deux modes de transformation, de transfiguration du sujet
constituent en effet deux formes fondamentales. Mais j'ai tout de même
envie de dire ceci : c'est que si l'on prend les choses dans leur développement diachronique, et si l'on suit le cheminement du thème de la
conversion tout au long de l'Antiquité, il me paraît très difficile de faire
valoir ces deux modèles, ces deux schémas, comme étant la grille
d'explication et d'analyse qui permettrait de comprendre ce qui s'est
passé dans la période qui va, en gros, de Platon au christianisme. Il me
semble que si, en effet, la notion d'*epistrophê,* qui est une notion platonicienne, ou peut-être pythagorico-platonicienne, est déjà en effet
clairement élaborée dans les textes platoniciens (donc au ive siècle
[avant Jésus-Christ]), je crois que ces éléments ont été très profondément modifiés dans la pensée ultérieure, en dehors même des courants
proprement pythagoriciens et platoniciens. La pensée épicurienne, la
pensée cynique, la pensée stoïcienne, etc., ont essayé de – et sont je
crois parvenues à – penser la conversion autrement que sur le modèle de
l'*epistrophê* platonicienne. Mais pourtant, à cette époque dont je vous
parle, dans cette pensée hellénistique et romaine, on a un autre schéma
de la conversion que celui de la *metanoia,* de cette *metanoia* chrétienne
qui s'organise autour du renoncement à soi et du bouleversement soudain, dramatique, de l'être du sujet. Ce que je voudrais donc essayer
maintenant d'étudier avec un peu plus de précision, c'est, entre cette
epistrophê platonicienne et avant la mise en place de la *metanoia*

chrétienne, comment a été conçu le mouvement par lequel le sujet est appelé à se convertir à soi, à se diriger vers soi-même, ou à faire retour vers soi-même. C'est cette conversion, qui n'est ni *epistrophê* ni *metanoia*, que je voudrais étudier. Je l'étudierai de deux façons.

Premièrement et aujourd'hui, j'essaierai d'étudier le problème de la conversion du regard. Je voudrais essayer de voir comment s'établit, dans le thème général de la conversion (de la conversion à soi), la question du « tourner son regard vers soi-même » et « se connaître soi-même ». Étant donné l'importance du thème – il faut se regarder soi-même, il faut tourner vers soi-même ses propres yeux, il faut ne jamais se quitter des yeux, il faut avoir toujours soi-même sous les yeux –, il semble qu'on a là quelque chose qui nous approche de très près de l'impératif : « connais-toi toi-même ». Et que c'est bien la connaissance du sujet par lui-même qui est impliquée par [...] l'impératif : « tourne les yeux vers toi ». Lorsque Plutarque, Épictète, Sénèque, Marc Aurèle disent qu'il faut s'examiner soi-même, se regarder soi-même, au fond, de quel type de savoir s'agit-il ? Est-ce qu'il s'agit d'un appel à se constituer comme objet [...] [de connaissance ? Est-ce que c'est un appel « platonicien » ? Est-ce que ce n'est pas un appel assez semblable à celui qu'on trouvera dans la littérature*] chrétienne et monastique ultérieure, sous la forme d'une consigne de vigilance, consigne de vigilance qui se traduira par un certain nombre de préceptes et de conseils comme : fais attention à toutes les images et représentations qui peuvent t'entrer dans l'esprit ; ne cesse pas d'examiner chacun des mouvements qui se produisent dans ton cœur pour essayer d'y déchiffrer les signes ou les traces d'une tentation ; essaie de déterminer si ce qui te vient à l'esprit t'a été envoyé par Dieu, ou par le démon, ou encore par toi-même ; est-ce qu'il n'y a pas une trace de concupiscence dans les idées apparemment les plus pures qui te viennent à l'esprit ? Bref, on a là, à partir de la pratique monastique, un certain type de regard sur soi-même très différent du regard platonicien[41]. Et la question qu'il faut poser je crois, c'est [celle-ci] : lorsque Épictète, Sénèque, Marc Aurèle, etc., posent comme impératif « regarde-toi toi-même », est-ce qu'il s'agit donc du regard platonicien – regarde en toi-même pour découvrir en toi les semences de la vérité –, ou : il faut te regarder toi-même pour détecter en toi les traces de la concupiscence et lever, explorer les secrets de ta conscience (les *arcana conscientiae*) ? Eh bien, je crois que, là aussi, ce n'est ni l'un ni l'autre, et que la consigne « tourner son

---

* Restitution d'après le manuscrit.

regard vers soi-même » a un sens tout à fait particulier et distinct du
« connais-toi toi-même » platonicien et du « examine-toi toi-même » de
la spiritualité monastique. Qu'est ce que veut dire « tourner son regard
vers soi-même » dans ces textes qui sont ceux, encore une fois, de
Plutarque, de Sénèque, d'Épictète, de Marc Aurèle, etc. ? Je crois que,
pour comprendre ce que veut dire « tourner le regard vers soi », il faut
d'abord poser la question : de quoi le regard doit-il se détourner lorsqu'on reçoit la consigne qu'il faut le tourner vers soi ? Tourner le regard
vers soi, ça veut dire d'abord : le détourner des autres. Cela veut dire
ensuite : le détourner des choses du monde.

Premièrement : tourner son regard vers soi, c'est le détourner des
autres. Le détourner des autres, c'est-à-dire : le détourner de l'agitation
quotidienne, de la curiosité qui nous fait nous intéresser à autrui, etc.
Vous avez un texte qui est très intéressant à ce sujet, un petit texte,
comme tous les textes de Plutarque, un peu banal et qui, comme ça, ne
va pas très loin, mais qui est, je pense, très significatif de ce qu'il faut
entendre par ce détournement du regard par rapport aux autres. C'est un
traité qui s'appelle justement *Traité de la curiosité* et dans lequel vous
trouvez, d'entrée de jeu, deux métaphores qui sont intéressantes. Tout à
fait au début du texte, Plutarque se réfère à ce qui se passe dans les
villes[42]. Et il dit : Autrefois les villes ont été construites tout à fait au
hasard, dans les plus mauvaises conditions et de sorte que l'inconfort y
était grand, à cause des vents mauvais qui traversaient la ville, à cause
de l'ensoleillement qui n'était pas le bon, etc. Et il est venu un moment
où on a eu à choisir entre déplacer entièrement les villes, ou bien
les réorganiser, les réaménager, comme nous dirions, les « réorienter ».
Et il emploie précisément pour cela l'expression *strephein*[43]. On fait
tourner les maisons sur elles-mêmes, on les oriente autrement, on ouvre
autrement les fenêtres et les portes. Ou encore, dit-il, on peut abattre
des montagnes ou édifier des murs pour que les vents ne battent plus la
ville et ses habitants d'une façon qui peut être nocive, périlleuse,
désagréable, etc. [Donc :] réorientation d'une ville. Deuxièmement, un
peu plus bas (en 515e), il dit, reprenant alors la métaphore de la maison :
il ne faut pas que les fenêtres d'une maison soient ouvertes sur celles
des voisins. Ou en tout cas, si on a des fenêtres qui donnent sur le voisin, il faut prendre soin de les fermer et ouvrir au contraire celles qui
donnent sur l'appartement des hommes, sur le gynécée, sur le quartier
des domestiques, pour savoir ce qui s'y passe et pouvoir les surveiller en
permanence. Eh bien, dit-il, c'est cela qu'il faut faire avec soi-même : ne
pas regarder ce qui se passe chez les autres, mais plutôt regarder ce qui

se passe chez soi. Et on a l'impression – première impression, du moins – qu'il s'agit bien de substituer à la connaissance des autres, ou à la curiosité malsaine pour les autres, un examen un peu sérieux de soi-même. Même chose chez Marc Aurèle où à plusieurs reprises vous voyez cette consigne : ne vous occupez donc pas des autres, il vaut beaucoup mieux s'occuper de soi-même. Ainsi en II, 8 vous avez ce principe : en général, on n'est jamais malheureux parce qu'on ne prête pas attention à ce qui se passe dans l'âme d'autrui[44]. En III,4 : « N'use pas de la part de vie qui t'est laissée à imaginer ce que fait autrui[45]. » En IV,18 : « Que de loisirs on gagne si l'on ne regarde pas ce que le voisin a dit, fait, ou pensé, mais seulement ce qu'on fait soi-même *(ti autos poiei)*[46]. » Donc ne pas regarder ce qui se passe chez les autres, mais plutôt s'intéresser à soi.

Mais il faut regarder un peu en quoi consiste justement ce retournement du regard, et ce qu'il faut regarder en soi dès lors qu'on ne regarde plus les autres. Il faut d'abord rappeler que le mot curiosité, c'est *polupragmosunê,* c'est-à-dire non pas tellement le désir de savoir, mais plutôt l'indiscrétion. C'est se mêler de ce qui ne nous regarde pas. Très exactement Plutarque en donne la définition au début de son traité : « *philomatheia allotriôn kakôn*[47] ». C'est le désir, le plaisir d'apprendre les maux d'autrui, ce qui va mal chez autrui. C'est s'intéresser à ce qui ne va pas chez les autres. C'est s'intéresser à leurs défauts. C'est prendre plaisir à connaître les fautes qu'ils commettent. D'où le conseil inverse de Plutarque : ne sois pas curieux. C'est-à-dire : au lieu de t'occuper des défauts des autres, occupe-toi plutôt de tes propres défauts et fautes, de tes *hamartêmata*[48]. Regarde les défauts qui sont en toi. Mais en fait, quand on regarde le développement même du texte de Plutarque, on s'aperçoit que la manière dont doit se faire ce détournement du regard des autres vers soi[49] ne consiste pas du tout à substituer soi-même à autrui, comme objet d'une connaissance possible ou nécessaire. Plutarque emploie des mots qui désignent bien ce retournement : il emploie le mot, par exemple, de *perispasmos,* ou *metholkê* qui est le déplacement. Ce déplacement de la curiosité consiste en quoi ? Eh bien, il faut, dit-il, *trepein tên psukhên* (tourner son âme) vers des choses qui sont plus agréables que les maux ou les malheurs d'autrui[50]. Et ces choses plus agréables, c'est quoi ? Il en donne trois exemples, en signale trois domaines[51]. Premièrement, il vaut mieux étudier les secrets de la nature *(aporrêta phuseôs).* Deuxièmement, il vaut mieux lire les histoires écrites par les historiens, malgré tout un tas de vilenies qu'on y lit et malgré tous les malheurs d'autrui qu'on y voit. Mais comme ces malheurs d'autrui sont maintenant reculés dans le temps, on n'y prend pas un plaisir aussi malsain. Et enfin troisièmement, il faut se retirer à la campagne et prendre plaisir au spectacle calme, réconfortant que l'on peut voir autour de soi quand on est à la campagne. Secrets de la nature ; lecture de l'histoire ; *otium,* comme diraient les Latins, cultivé à la campagne : voilà ce qu'il faut substituer à la curiosité. Et en plus de ces trois domaines – secrets de la nature, histoire, calme de la vie campagnarde –, il faut ajouter des exercices. Plutarque énumère les exercices anti-curiosité qu'il propose : d'abord, des exercices de mémoire. Vieux thème évidemment traditionnel dans toute l'Antiquité depuis les pythagoriciens au moins : ne [pas] cesser de se rappeler ce qu'on a dans la tête, ce qu'on a appris[52]. Il faut – et alors là il cite une expression proverbiale – « ouvrir ses propres coffres[53] », c'est-à-dire : régulièrement, dans la journée, se réciter ce qu'on a appris par cœur, se rappeler les sentences fondamentales qu'on a pu lire, etc. Deuxièmement, s'exercer à se promener sans regarder de-ci de-là. Et en particulier, dit-il, sans s'amuser à regarder les inscriptions qu'il y a sur les tombeaux et qui donnent des renseignements sur la vie des gens, leur mariage, etc. : il faut se promener en regardant tout droit, un peu, dit-il, comme les chiens qui sont en laisse et à qui leur maître a appris à suivre une ligne droite, au lieu de se disperser en courant à droite et à gauche. Enfin, dit-il, comme autre exercice, il faut, lorsque l'occasion survient, à la suite d'un événement quelconque, de voir sa curiosité attisée, se refuser à la satisfaire. Tout comme ailleurs le même Plutarque disait que c'était un très bon exercice de se faire mettre sous les yeux des mets tout à fait désirables et agréables, et d'y résister[54] – tout comme Socrate aussi résistait lorsque Alcibiade venait s'allonger auprès de lui –, eh bien, dit-il, il faut par exemple, quand on reçoit une lettre et qu'on suppose qu'elle contient une nouvelle importante, s'abstenir de l'ouvrir et la laisser à côté de soi le plus longtemps possible[55]. Voilà les exercices de non-curiosité (de non-*polupragmosunê*) qu'il évoque : être comme un chien qu'on tient en laisse, avoir le regard bien droit, ne penser qu'à un objectif et un but. Vous voyez par conséquent que ce qui est reproché par Plutarque à la curiosité, à ce désir de savoir ce qui se passe de mal chez autrui, ce n'est pas tellement que, dans cette curiosité, on néglige de regarder ce qui se passe en soi. Ce qu'il oppose à la curiosité, ce ne serait pas un mouvement de l'esprit ou de l'attention qui ferait que l'on essaierait de détecter en soi-même tout ce qu'il peut y avoir de mal. Il ne s'agit pas de déchiffrer les faiblesses, les défauts, les fautes passés. S'il faut se détacher de ce regard malin, malicieux, malveillant sur autrui, c'est pour pouvoir se concentrer soi-même dans la marche droite que l'on doit observer, que l'on doit maintenir en se dirigeant vers son but. Il faut se concentrer sur soi-même. Il ne s'agit pas de se déchiffrer soi-même. Exercice de concentration du sujet, exercice par lequel on doit ramener toute l'activité et toute l'attention du sujet vers cette tension qui le mène vers son but. Il ne s'agit aucunement d'ouvrir le sujet comme un champ de connaissances, et d'en faire l'exégèse et le déchiffrement. C'est de la même façon que, chez Marc Aurèle, on voit ce qui s'oppose à la *polupragmosunê*. Quand il dit qu'il ne faut pas regarder, faire attention à ce qui se passe chez les autres, c'est, dit-il, pour mieux concentrer sa pensée sur sa propre action, pour courir au but sans jeter les yeux de côté[56]. Ou encore il dit : C'est pour ne pas se laisser entraîner par le tourbillon des pensées futiles et méchantes. S'il faut se détourner des autres, c'est pour mieux écouter seulement le guide intérieur[57].

Vous voyez par conséquent, et j'insiste beaucoup là-dessus, que cette inversion du regard qui est demandée, par opposition à la curiosité malsaine à l'égard des autres, n'induit pas la constitution de soi-même comme un objet d'analyse, de déchiffrement, de réflexion. Il s'agit beaucoup plutôt d'inviter à une concentration téléologique. Il s'agit pour le sujet de bien regarder son propre but. Il s'agit d'avoir sous les yeux, de la façon la plus claire, ce vers quoi on tend et d'avoir en quelque sorte une conscience claire de ce but, de ce qu'il faut faire pour avoir ce but, des possibilités que l'on a de l'atteindre. Il faut avoir conscience, une conscience en quelque sorte permanente de son effort. [Il ne s'agit pas] d'avoir soi-même comme objet de connaissance, comme champ de conscience et d'inconscience, mais une conscience permanente et toujours éveillée de cette tension par laquelle on va vers son but. C'est ce qui nous sépare du but, c'est cette distance entre soi-même et le but qui doit être l'objet, non pas encore une fois d'un savoir de déchiffrement, mais d'une conscience, d'une vigilance, d'une attention. Vous voyez par conséquent que ce à quoi il faut penser, c'est bien entendu à la concentration de type athlétique. Il faut penser à la préparation à la course. Il faut penser à la préparation à la lutte. Il faut penser à ce geste par lequel le tireur à l'arc va lancer sa flèche vers son but. Nous sommes ici beaucoup plus près de ce fameux exercice du tir à l'arc qui est, vous le savez, si important chez les Japonais par exemple[58]. Il faut penser beaucoup plus à cela qu'à quelque chose comme un déchiffrement de soi comme on en trouvera dans la pratique monastique. Faire le vide autour de soi, ne pas se laisser entraîner, distraire par tous les bruits, par tous les visages, par toutes les personnes qui vous entourent. Faire le vide autour de soi, penser au but, ou plutôt au rapport entre soi-même et le but. Penser à cette trajectoire qui vous sépare de ce vers quoi on veut aller, ou de ce qu'on veut atteindre. Cette trajectoire de soi à soi, c'est ce sur quoi on doit concentrer toute son attention. Présence de soi à soi, à cause même de cette distance qu'il y a encore entre soi et soi, présence de soi à soi dans la distance de soi à soi : c'est cela, je crois, qui doit être l'objet, le thème de ce retour du regard qui était porté sur les autres et que l'on doit maintenant ramener, ramener précisément non pas à soi comme objet de connaissance, mais à cette distance à soi-même en tant que l'on est le sujet d'une action qui a, pour l'atteindre, des moyens, mais qui a surtout pour impératif de l'atteindre. Et ce quelque chose qu'il doit atteindre, c'est le soi.

Voilà je crois, ce qu'on peut dire sur cet aspect du retour du regard vers soi-même, [en le différenciant du] regard porté sur les autres. Alors dans la seconde heure, j'essaierai de vous montrer ce que signifie, quelle forme prend le report du regard sur soi quand on l'oppose au regard porté sur les choses du monde et sur les connaissances de la nature. Bon, alors quelques minutes de repos, s'il-vous-plaît.

*

NOTES

1. « Une expression hellénistique de l'agitation spirituelle », *Annuaire de l'École des Hautes Études,* 1951, p. 3-7 (repris in A.-J. Festugière, *Hermétisme et Mystique païenne,* Paris, Aubier-Montaigne, 1967, p. 251-255).

2. « Aucune bonne habitude en vous, aucune attention, aucun retour sur vous-mêmes *(out' epistrophê eph' hauton)* et aucun soin à vous observer » (Épictète, *Entretiens,* III, 16, 15, éd. citée, p. 57) ; « revenez en vous-mêmes *(epistrepsate autoi),* comprenez les prénotions que vous portez en vous » *(id.,* 22, 39, p. 75) ; « Dis-moi qui, en entendant ta lecture ou ton discours, a été saisi d'angoisse, a fait un retour sur lui-même, ou est sorti en disant : "Le philosophe m'a bien touché ; je ne dois plus agir ainsi" ? » *(id.,* 23, 37, p. 93) ; « Ensuite, si tu rentres en toi-même *(epistrephês kata sauton)* et recherches à quel domaine appartient l'événement, tu te souviendras aussitôt que c'est "au domaine des choses indépendantes de nous" » *(id.,* 24, 106, p. 110).

3. « Et surtout, quand tu reproches à un homme sa déloyauté ou son ingratitude, fais un retour sur toi-même *(eis heauton epistrephou)* » (Marc Aurèle, *Pensées,* IX, 42, éd. citée, p. 108).

4. Plotin, *Ennéades,* IV, 4, 2.

5. Pour cet engagement à la conversion, cf. les lettres à Lucilius 11,8 ; 53,11 ; 94,67.

6. « Le discours présent fait voir que toute âme a en elle cette faculté d'apprendre et un organe à cet usage, et que, comme un œil qu'on ne pourrait tourner *(strephein)* de l'obscurité vers la lumière qu'en tournant en même temps tout le corps, cet organe doit être détourné avec l'âme tout entière des choses périssables, jusqu'à ce qu'il devienne capable de supporter la vue de l'être et de la partie la plus brillante de l'être, et cela, nous l'appelons le bien [...]. L'éducation est l'art de tourner cet organe même et de trouver pour cela la méthode la plus facile et la plus efficace ; elle ne consiste pas à mettre la vue dans l'organe, puisqu'il la possède déjà ; mais comme il est mal tourné et regarde ailleurs, elle en ménage la conversion » *(La République,* livre VII, 518c-d, *in* Platon, *Œuvres complètes,* t. VII-1, trad. E. Chambry, éd. citée, p. 151). C'est dans le néo-platonisme surtout que le terme d'*epistrophê* prend une valeur conceptuelle directe et centrale (cf. par exemple Porphyre : « le seul salut est la conversion vers Dieu *(monê sôtêria hê pros ton theon epistrophê)* » *(À Marcella,* 289N, trad. E. des Places, Paris, Les Belles Lettres, 1982, § 24, p. 120). Dans le néo-platonisme, la notion de conversion prend une importance ontologique, et non plus seulement anthropologique. Elle déborde le cadre de l'aventure d'une âme pour désigner un processus ontologique : dans le néo-platonisme, un être ne prend sa consistance propre que dans le mouvement qui le fait « se retourner » vers son principe. Cf. P. Aubin, *Le Problème de la conversion,* Paris, Beauchesne, 1963, et A.D. Nock, *Conversion : The Old and the New in Religion from Alexander the Great to Augustine of Hippo,* Oxford, Oxford University Press, 1933 (1961²).

7. Cf. cours du 6 janvier, deuxième heure : le passage de l'*Alcibiade* (127e) où Socrate, démontrant à Alcibiade son ignorance, l'engage à avoir souci de lui-même.

8. Sur la réminiscence, cf. les textes essentiels du *Phèdre,* 249b-c : « Une intelligence d'homme doit s'exercer selon ce qu'on appelle Idée, en allant d'une multiplicité de sensations vers une unité, dont l'assemblage est un acte de réflexion. Or cet acte consiste en un ressouvenir *(anamnêsis)* des objets que jadis notre âme a vus, lorsqu'elle s'associait à la promenade d'un dieu » (trad. L. Robin, éd. citée, p. 42) ; du *Ménon,* 81d : « La nature entière étant homogène et l'âme ayant tout appris, rien n'empêche qu'un seul ressouvenir (c'est ce que les hommes appellent savoir) lui fasse retrouver tous les autres » *(in* Platon, *Œuvres complètes,* t. III-2, trad. A. Croiset, Paris, Les Belles Lettres, 1923, p. 250-251) ; du *Phédon,* 75e : « Ce que l'on nomme "s'instruire" ne consisterait-il pas à ressaisir un savoir qui nous appartient ? Et sans doute, en donnant à cela le nom de "se ressouvenir" *(anamimnêskesthai),* n'emploierions-nous pas la dénomination correcte » (trad. L. Robin, éd. citée, p. 31).

9. Le thème du corps-tombeau se présente d'abord chez Platon comme un jeu de mots entre *sôma* (corps) et *sêma* (tombeau et signe). On le trouve présent dans *Cratyle,* 400c ; *Gorgias,* 493a : « Un jour, j'ai entendu dire à un savant homme que notre vie présente est une mort, que notre corps est un tombeau » *(in* Platon, *Œuvres complètes,* t. III-2, trad. A. Croiset, éd. citée, p. 174-175) : *Phèdre,* 250c : « Nous étions purs et ne portions pas la marque de ce sépulcre que, sous le nom de corps, nous promenons actuellement avec nous » (trad. L. Robin, éd. citée, p. 44). Sur ce thème on peut se référer à P. Courcelle, « Tradition platonicienne et Tradition chrétienne du corps-prison », *Revue des études latines,* 1965, p. 406-443, et « Le Corps-tombeau », *Revue des études anciennes,* 68, 1966, p. 101-122.

10. Cette distinction est capitale chez Épictète, et constitue pour lui le nerf de la guerre, la boussole absolue ; cf. *Manuel* et *Entretiens,* notamment I, 1, et III, 8.

11. C'est au cours de l'année 1980 (cours des 13, 20 et 27 février) que Foucault analyse le thème de la *paenitentia* (traduction latine de *metanoia*), en prenant comme point essentiel de repère le *De Paenitentia* de Tertullien (autour de 155-225). Il s'agit dans ces cours d'opposer la conversion chrétienne à la conversion platonicienne en montrant comment, alors que chez Platon la conversion permettait par un même mouvement de connaître la Vérité et celle de l'âme en tant que nativement liée à la première, Tertullien opère, dans la pénitence, une dissociation entre l'accès à une Vérité instituée (la foi) et la quête d'une vérité obscure de son âme à délivrer (aveu).

12. Cf. *Le Souci de soi, op. cit.,* p. 82.

13. Cf. Épictète, *Entretiens,* III, 22, 39 ; I, 4, 18 ; III, 16, 15 ; III, 23, 37 ; III, 24, 106.

14. Cf., dans le cours du 17 février, deuxième heure, l'analyse de la préface au livre III des *Questions naturelles* de Sénèque (à propos de l'esclavage de soi – *servitus sui* – dont il s'agirait de se libérer).

15. « Lucilius, je sens que je m'améliore ; c'est peu dire : une métamorphose s'opère en moi *(intellego, Lucili, non emendari me tantum sed transfigurari)* » (Sénèque, *Lettres à Lucilius,* t. I, livre I, lettre 6, 1, éd. citée, p. 16).

16. « Ah ! Je voudrais te communiquer les effets d'une transformation si soudaine *(tam subitam mutationem mei)* » *(id.,* lettre 6, 2, p. 17).

17. « Si vous ne possédez pas encore ces dispositions [déclarer aux choses qui ne dépendent pas de moi qu'elles ne sont rien pour moi], fuyez vos anciennes habitudes, fuyez les profanes si vous voulez jamais commencer à être quelqu'un » (Épictète, *Entretiens,* III, 15, p. 57).

18. Pour l'analyse de ce texte, cf. cours du 17 février, deuxième heure.

19. « Mon cher Lucilius : revendique tes droits sur toi-même *(vindica te tibi)* » (Sénèque, *Lettres à Lucilius,* t. I, livre I, lettre 1, 1, p. 3).

20. « Hâte-toi donc, mon bien cher Lucilius. Songe comme tu devrais redoubler de vitesse, si tu avais l'ennemi à dos, si tu soupçonnais l'approche d'une cavalerie pourchassant les fuyards. Tu en es là : on te pourchasse. Allons vite ! Échappe *(adcelera et evade)* » *(id.,* lettre 32, 3, p. 142).

21. « Je me suis retiré et du monde et des affaires de ce monde *(secessi non tantum ab hominibus, sed a rebus)* » *(id.,* lettre 8, 2, p. 23).

22. Cf. la reprise de cette gestuelle dans Épictète, pour montrer que la véritable libération n'est pas de l'ordre de l'affranchissement objectif mais du renoncement aux désirs : « Quand on a fait tourner son esclave devant le préteur, n'a-t-on rien fait ? […] Celui qui a été l'objet de cette cérémonie n'est pas devenu libre ? – Pas plus qu'il n'a acquis la tranquillité de l'âme » *(Entretiens,* II, 1, 26-27, p. 8).

23. « Voici une sentence que j'ai trouvée chez lui [Épicure] aujourd'hui : "Fais-toi l'esclave de la philosophie, et tu posséderas la vraie liberté". En effet, la philosophie n'ajourne pas celui qui s'est soumis, qui s'est livré à elle : l'affranchissement a lieu sur l'heure *(statim circumagitur)*. Qui dit servitude philosophique dit précisément liberté » (Sénèque, *Lettres à Lucilius,* t. I, livre I, lettre 8, 7, p. 24).

24. Marc Aurèle, *Pensées,* VII, 55 et VIII, 38.

25. « Épluche ta vie, fouille en divers sens et regarde partout *(excute te et varie scrutare et observa)* » (Sénèque, *Lettres à Lucilius,* t. I, livre II, lettre 16, 2, p. 64) ; « ainsi donc, examine-toi *(observa te itaque)* » *(id.,* lettre 20, 3, p. 82).

26. « Je m'examinerai dès l'instant même et, suivant une pratique des plus salutaires, je ferai la revue de ma journée. Pourquoi sommes-nous si mauvais ? C'est que nul d'entre nous ne jette sur sa vie un coup d'œil rétrospectif *(nemo vitam suam respicit)* » (Sénèque, *Lettres à Lucilius*, t. III, livre X, lettre 83, 2, p. 110).

27. Cf. cours du 20 janvier, première heure.

28. Cf. même cours, *supra*, p. 98, note 10.

29. « Dégage-toi donc du vulgaire, très cher Paulinus, et, trop ballotté pour la durée de ton existence, retire-toi enfin en un port plus tranquille » (*De la brièveté de la vie*, XVIII, 1, in Sénèque, *Dialogues*, t. II, trad. A. Bourgery, Paris, Les Belles Lettres, 1923, p. 74).

30. Cf. cours du 24 février, deuxième heure, sur la notion d'équipement *(paraskeuê)*.

31. Cf. cours du 20 janvier, première heure, à propos du *therapeuein heauton*.

32. Cf. *Le Souci de soi*, p. 82-83 : référence à Sénèque (lettres à Lucilius 32 et 75 ; *De la brièveté de la vie*, V, 3).

33. Cf. *Le Souci de soi* (p. 83-84), où Foucault oppose, en faisant référence à Sénèque, la *voluptas* aliénante à l'authentique *gaudium* (ou *laetitia*) du soi : « Je veux qui tu n'aies jamais manque d'allégresse. Je veux qu'elle foisonne en ton logis. Elle foisonnera, à condition d'être au-dedans de toi-même [...]. Elle ne cessera jamais, quand tu auras une fois trouvé d'où on la prend [...]. Tourne ton regard vers le bien véritable ; sois heureux de ton propre fonds *(de tuo)*. Mais ce fonds, quel est-il ? Toi-même *(te ipso)* et la meilleure partie de toi » (*Lettres à Lucilius*, t. I, livre III, lettre 23, 3-6, p. 98-99).

34. Cf. par exemple en ce sens : « Lorsque nous eûmes considéré qu'il a existé quelqu'un, le Perse Cyrus, qui se rendit maître d'un très grand nombre d'hommes [...] revenant sur notre opinion, nous fûmes obligé de reconnaître *(ek toutou dê ênagkazometha metanoein)* que ce n'est une tâche ni impossible ni difficile de commander à des hommes, si l'on sait s'y prendre » (Xénophon, *Cyropédie*, t. I, 1-3, trad. M. Bizos & E. Delebecque, Paris, Les Belles Lettres, 1971, p. 2).

35. « Mais dès le lendemain, des regrets se manifestèrent *(metanoia tis euthus en autois)* avec la réflexion que la résolution prise était cruelle et grave » (Thucydide, *La Guerre du Péloponnèse*, t. II-1, livre III, XXXVI, 4, trad. R. Weil & J. de Romilly, Paris, Les Belles Lettres, 1967, p. 22).

36. « De la sorte il n'aura point tout d'abord à s'adresser à lui-même de reproches, à lutter contre lui-même *(makhomenos)*, à se repentir *(metanoôn)*, à se tourmenter *(basanizôn heauton)* » (Épictète, *Entretiens*, II, 22, 35, p. 101).

37. « Tu en viendras à te repentir et à te faire à toi-même des reproches *(husteron metanoêseis kai autos seautô loidorêsê)* » (Épictète, *Manuel*, 34, trad. E. Bréhier, in *Les Stoïciens, op. cit.*, p. 1126).

38. Marc Aurèle, *Pensées*, VIII, 2 (p. 83).

39. « *Hê de metanoia hautê philosophias arkhê ginetai kai tôn anoêtôn ergôn te kai logôn phugê kai tês ametamelêtou zôês hê prôtê paraskeuê* » (Hiéroclès, *Aureum Pythagoreorum Carmen Commentarius*, XIV-10, éd. F.G. Koehler, Stuttgart, Teubner, 1974, p. 66 ; je dois à R. Goulet d'avoir retrouvé cette citation). Dans une édition de 1925 (Paris, L'Artisan du livre), M. Meunier traduit : « Le repentir est donc le commencement de la philosophie, et s'abstenir des paroles et des actions insensées est la première condition qui nous prépare à une vie qui soit exempte de repentir » (p. 187).

40. P. Hadot, « *Epistrophè* et *metanoia* », in *Actes du XIe congrès international de Philosophie, Bruxelles, 20-26 août 1953*, Louvain-Amsterdam, Nauwelaerts, 1953, vol. XII, p. 31-36 (cf. reprise dans l'article « Conversion » rédigé pour l'*Encyclopaedia Universalis* et republié dans la première édition de *Exercices spirituels et Philosophie antique, op. cit.,* p. 175-182).

41. Pour une présentation de la mise en place des techniques de déchiffrement des secrets de la conscience dans le christianisme, cf. cours du 26 mars 1980 (dernier cours de l'année au Collège de France), où Foucault s'appuie sur les pratiques de direction de conscience chez Cassien.

42. Plutarque, *De la curiosité,* 515 b-d, trad. J. Dumortier & J. Defradas, éd. citée, p. 266-267.

43. « Ainsi ma patrie, exposée au Zéphyr, subissait l'après-midi toute la force du soleil venant du Parnasse ; on dit qu'elle fut réorientée *(trapênai)* vers le levant par Chéron » *(id.,* 515b, p. 266).

44. « Il n'est pas facile de voir un homme qui soit malheureux faute de prêter attention à ce qui se passe dans l'âme d'autrui. Quant à ceux qui n'observent pas les mouvements de leur âme propre, il est fatal qu'ils soient malheureux » (Marc Aurèle, *Pensées,* II, 8, p. 12).

45. *Pensées,* III, 4 (p. 20). La phrase se termine ainsi : « à moins que tu ne te proposes quelque fin utile à la communauté ».

46. *Pensées,* IV, 18 (p. 31).

47. Plutarque, *De la curiosité,* 515d, § 1 (p. 267).

48. *Id.,* 515d-e (p. 267).

49. « Détourne cette curiosité du dehors pour la ramener au dedans » *(ibid.).*

50. « Quel est le moyen de fuir ? La conversion *(perispasmos),* comme il a été dit, et le transfert *(metholkê)* de la curiosité, en tournant de préférence son âme *(trepsanti tên psukhên)* vers des sujets plus honnêtes et plus agréables » *(id.,* 517c, § 5, p. 271).

51. *Id.,* successivement § 5, 6 et 8, 517c à 519c (p. 271-275).

52. « Ils pensaient qu'il faut garder et conserver en mémoire tout ce qui a été enseigné et dit, et qu'il faut acquérir des connaissances et du savoir, aussi longtemps que la faculté d'apprendre et de se souvenir le peut, parce que c'est grâce à elle qu'il faut apprendre et c'est en elle qu'il faut garder le souvenir. Toujours est-il qu'ils estimaient grandement la mémoire et ils passaient un temps considérable à l'entraîner et à s'occuper d'elle [...]. Les Pythagoriciens s'efforçaient d'entraîner largement leur mémoire, car il n'y a rien de meilleur pour acquérir science, expérience et sagesse que de pouvoir se rappeler » (Jamblique, *Vie de Pythagore,* trad. L. Brisson & A.-Ph. Segonds, éd. citée, § 164, p. 92).

53. Plutarque, *De la curiosité,* 520a, § 10 (p. 276-277).

54. Plutarque, *Le Démon de Socrate,* 585a, trad. J. Hani, éd. citée ; cf., pour une première analyse du texte, cours du 12 janvier, première heure.

55. *De la curiosité,* 522d, § 15 (p. 283).

56. « Ne prends pas garde au caractère méchant, mais cours droit à la ligne de but, sans jeter les yeux de tous côtés » (Marc Aurèle, *Pensées,* IV, 18, p. 31) ; « Ne te laisse pas distraire par les incidents qui surviennent du dehors ! Donne-toi du loisir pour apprendre encore quelque chose de bon et cesse de tourbillonner » (*Pensées,* II, 7, p. 12).

57. « […] en cherchant à imaginer ce que fait un tel, et pourquoi, ce qu'il dit, ce qu'il pense, les plans qu'il combine, et autres occupations de ce genre, qui te font tourbillonner et négliger ton guide intérieur. Il faut donc éviter de laisser passer dans la chaîne de nos idées ce qui est téméraire et vain et, avant tout, la futilité et la méchanceté » (*Pensées,* III, 4, p. 20).

58. Il faut rappeler que Foucault était grand lecteur d'E. Herrigel : cf., de cet auteur, *Le Zen dans l'art chevaleresque du tir à l'arc* (1978), Paris, Dervy, 1986 (je dois cette indication à D. Defert).

COURS DU 10 FÉVRIER 1982

Deuxième heure

Cadre théorique général : véridiction et subjectivation. – Savoir du monde et pratique de soi chez les cyniques : l'exemple de Demetrius. – Caractérisation des connaissances utiles chez Demetrius. – Le savoir éthopoiétique. – La connaissance physiologique chez Épicure. – La parrhêsia *du physiologue épicurien.*

On a vu tout à l'heure ce que voulait dire chez Plutarque et Marc Aurèle « détourner son regard et son attention des autres pour les reporter sur soi ». Maintenant je voudrais envisager une question au fond beaucoup plus importante, et qui a prêté à bien plus de discussions, qui est la question de savoir ce que veut dire « détourner son regard des choses du monde pour les reporter vers soi ». En fait, c'est là une question difficile, complexe, sur laquelle je m'attarderai un peu plus, dans la mesure où elle est exactement au cœur du problème que je voulais poser cette année – que j'ai voulu poser depuis un certain temps, d'ailleurs –, qui est au fond : comment s'établit, comment se fixe et se définit le rapport qu'il y a entre le dire-vrai (la véridiction[1]) et la pratique du sujet ? Ou encore, plus généralement : comment dire-vrai et gouverner (soi-même et les autres) se lient et s'articulent l'un avec l'autre ? C'est ce problème-là que j'ai essayé d'envisager sous tout un tas d'aspects et de formes – que ce soit à propos de la folie, de la maladie mentale, à propos des prisons, de la délinquance, etc. – et que je voudrais maintenant, à partir de la question que je m'étais posée concernant la sexualité, formuler autrement, d'une manière à la fois plus strictement définie et légèrement déplacée par rapport au domaine que j'avais choisi, et [en convoquant des périodes] historiquement plus archaïques et plus anciennes. Je veux dire ceci : c'est que cette question du rapport entre le dire-vrai et le gouvernement du sujet, je voudrais la poser maintenant, vous le voyez, dans la pensée ancienne avant même le christianisme. Je voudrais la poser aussi sous la forme et dans le cadre de la constitution d'un rapport de soi à soi, pour montrer comment, dans ce rapport de soi à soi, a pu se former un certain type d'expérience de soi qui est, me semble-t-il, caractéristique de l'expérience occidentale, de l'expérience occidentale du sujet par lui-même mais également de l'expérience occidentale que le sujet peut avoir ou peut se faire des autres. C'est donc cette question-là que je veux en général aborder. Et cette question de savoir comment se lient le savoir des choses et le retour à soi, c'est cela que l'on voit apparaître dans un certain nombre de textes de l'époque hellénistique et romaine dont je voudrais vous parler, autour de ce très vieux, très ancien thème que Socrate déjà évoquait dans le *Phèdre,* vous savez, quand il disait : est-ce qu'il faut choisir plutôt la connaissance des arbres ou la connaissance des hommes ? Et il choisissait la connaissance des hommes[2]. C'est un thème que l'on va retrouver ensuite chez les socratiques lorsqu'ils disent, les uns après les autres, que ce qui est intéressant, important, décisif, ce n'est pas de connaître les secrets du monde et de la nature, c'est de connaître l'homme lui-même[3]. C'est un thème que l'on retrouve dans les grandes écoles philosophiques cyniques, épicuriennes, stoïciennes, et c'est là que je voudrais, dans la mesure où on a des textes plus nombreux et plus explicites, essayer de voir comment le problème se pose, comment il est défini. Premièrement, les cyniques. Ensuite, les épicuriens. Troisièmement, enfin, les stoïciens.

Premièrement, les cyniques. Enfin, du moins les cyniques tels qu'on peut les connaître à travers un certain nombre d'éléments et d'indications indirects qui nous ont été transmis, pour la période en question, par d'autres auteurs. La position, en fait, du mouvement cynique ou des cyniques à l'égard de cette question du rapport connaissance de la nature/connaissance de soi (retour à soi, conversion à soi) est certainement beaucoup plus compliquée qu'il n'y paraît. Il faut se souvenir, par exemple, de Diogène Laërce. Quand il écrit la vie de Diogène, il explique que Diogène est nommé précepteur des enfants de... je ne sais plus qui[4]. Il a donné à ces enfants une éducation dans laquelle il leur a enseigné toutes les sciences, et dans laquelle il a veillé à ce qu'ils connaissent, de ces sciences, un résumé assez précis et assez familier pour qu'ils puissent s'en souvenir toute leur vie, dans toutes les occasions qui pourraient se présenter. Donc, le refus cynique de la connaissance des choses de la nature est sans doute à nuancer considérablement. En revanche et pour la période dont je parle – c'est-à-dire : début de l'Empire romain –, on a, vous le savez, un texte relativement long qui est cité par Sénèque dans le *De Beneficiis* au livre VII, texte de Demetrius qui était un philosophe cynique, disons acclimaté à Rome, acclimaté aussi au milieu aristocratique[5]. C'est ce fameux Demetrius qui était le confident de Thrasea Paetus et qui a été le témoin, l'organisateur en quelque sorte philosophique de son suicide : quand Thrasea Paetus s'est suicidé, il a appelé à ses derniers moments auprès de lui Demetrius. Il a renvoyé tout le monde, et il a engagé avec Demetrius un dialogue sur l'immortalité de l'âme. Et c'est en dialoguant de cette manière socratique avec Demetrius qu'il a fini par mourir[6]. Donc Demetrius est un cynique, mais un cynique bien élevé, un cynique acclimaté. Sénèque cite souvent Demetrius, et le cite toujours avec beaucoup d'éloges et de déférence. Dans ce passage cité par Sénèque, Demetrius commence par dire qu'il faut garder à l'esprit le modèle, l'image de l'athlète. Ça, c'est un thème sur lequel il faudra revenir – j'essaierai de vous l'expliquer un petit peu – qui est absolument constant, mais qui avait chez les cyniques un rôle, une valeur plus importante, semble-t-il, que partout ailleurs[7]. Donc il faut être un bon athlète. Et qu'est-ce que c'est qu'un bon athlète ? Le bon athlète, dit-il, ce n'est absolument pas celui qui a appris tous les gestes possibles, dont on peut éventuellement avoir besoin, ou tous les gestes que l'on pourrait être capable de faire. Il suffit au fond, pour être un bon athlète, de connaître les gestes – et les gestes seulement – qui sont effectivement utilisables, et utilisables le plus fréquemment dans la lutte. Et il faut que ces quelques gestes, que l'on connaît bien, soient devenus assez familiers pour qu'on les ait toujours à sa disposition et qu'on puisse y avoir recours dès que l'occasion s'en présente[8].

À partir de ce modèle vous voyez se présenter ce qui pourrait être, semble-t-il, un critère d'utilité. Négligeons toutes les connaissances qui sont comme ces gestes plus ou moins acrobatiques qu'on pourrait apprendre, tout à fait inutiles et sans utilisation possible dans les combats réels de la vie. Ne retenons, par conséquent, que les connaissances qui seront utilisables, auxquelles on pourra avoir recours, et recours facilement dans les différentes occasions de la lutte. On a donc, semble-t-il, encore une fois l'impression d'un partage dans le contenu même des connaissances, entre connaissances inutiles, qui pourraient être celles du monde extérieur, etc., et connaissances utiles, qui touchent directement à l'existence humaine. En fait, à partir de cette référence [et de ce] modèle, il faut voir comment Demetrius distingue ce qui mérite d'être connu et ce qui ne mérite pas d'être connu. Est-ce bien une pure et simple différence de contenu : connaissance utile/connaissance inutile, avec, du côté des connaissances inutiles, les connaissances du monde, les choses du monde, et, du côté des connaissances utiles, celles de l'homme et de l'existence humaine ? Regardons le texte ; la traduction que je vous cite est ancienne, mais peu importe. Il dit ceci : « Tu peux ignorer quelle cause soulève l'Océan et le rappelle dans son lit, tu peux ignorer pourquoi chaque septième année imprime un nouveau caractère à la vie de l'homme [idée, donc, que tous les sept ans on aborde une nouvelle phase de l'existence, un nouveau caractère et que, par conséquent, il faut y adapter un nouveau mode de vie ; M.F.] ; pourquoi, vue de loin, la largeur d'un portique ne conserve pas ses proportions, les extrémités se rapprochant et se resserrant, et les colonnes se touchant dans leurs derniers intervalles ; pourquoi les jumeaux, séparés dans la conception, sont réunis dans l'enfantement, si une conception se partage en deux êtres, ou s'il y a eu double conception ; pourquoi, nés en même temps, le destin des jumeaux est si divers ; pourquoi les événements mettent entre eux de si grandes distances, lorsque leur naissance est si rapprochée. Tu ne perdras rien à négliger des choses dont la connaissance nous est interdite et inutile. L'obscure vérité se cache dans un abîme. Et nous ne pouvons accuser la malveillance de la nature. Car il n'y a de difficile à découvrir que les choses dont la découverte ne rapporte d'autre fruit que la découverte elle-même. Tout ce qui peut nous faire meilleurs ou heureux, elle l'a placé sous nos yeux et à notre portée[9]. » Et voilà maintenant l'énumération des choses qu'il faut connaître, par opposition à celles qui étaient inutiles : « Si l'homme s'est fortifié contre les hasards, s'il s'est élevé au-dessus de la crainte, si, dans l'avidité de son espoir, il n'embrasse pas l'infini mais apprend à chercher ses richesses en lui-même ; s'il a borné la terreur des dieux et des hommes, persuadé qu'il a peu à craindre de l'homme, et rien à craindre de Dieu ; si, méprisant toutes les frivolités qui sont aussi bien le tourment que l'ornement de la vie, il est parvenu à comprendre que la mort ne produit aucuns maux, et en termine beaucoup ; s'il a dévoué son âme à la vertu, et trouve le chemin facile partout où elle l'appelle ; s'il se regarde comme un être social né pour vivre en communauté ; s'il voit le monde comme la demeure commune de tous ; s'il a ouvert sa conscience aux dieux et vit toujours comme en public – alors, se respectant plus que les autres [se respectant lui-même plus que les autres ; M.F.], échappé aux tempêtes, il s'est fixé dans un calme inaltérable ; alors, il a rassemblé en lui toute la science vraiment utile et nécessaire : le reste n'est que l'amusement du loisir[10]. »

Eh bien, vous voyez que c'est la liste, la double liste des choses qu'il est inutile de connaître, et des choses qu'il est utile de connaître. Parmi les choses qu'il est inutile de connaître, vous voyez qu'il y a la cause des raz-de-marée, la cause du rythme des sept ans qui scanderaient la vie humaine, la cause des illusions d'optique, le pourquoi de la gémellité et le paradoxe de ces deux existences différentes et nées sous le même signe, etc. Or vous voyez bien que toutes ces choses qu'il est inutile de connaître, ce ne sont pas les choses éloignées d'un monde éloigné. Bien sûr vous avez, à la limite, la cause des raz-de-marée, quoique, après tout, on pourrait dire que ceci n'est pas si loin de l'existence humaine. Mais en fait, ce dont il est question dans toutes ces choses, c'est par exemple : le problème de la santé, du mode de vie, du rythme des sept ans qui touchent à l'existence humaine directement. Les illusions d'optique, c'est la question des erreurs, des erreurs humaines. La question de la gémellité et de ses paradoxes fait que deux existences nées sous le même signe ont deux destins différents : c'est la question du destin, c'est la question de la liberté, la question de ce qui dans le monde détermine notre existence et nous laisse pourtant être libre. Ce sont toutes ces questions-là qui sont évoquées dans la liste de ces choses qu'il n'est pas nécessaire de connaître. Vous voyez par conséquent qu'on n'est pas là dans l'ordre de l'opposition entre le loin et le proche, le ciel et la terre, les secrets de la nature et puis les choses qui touchent à l'existence humaine. En fait, ce qui caractérise toute cette liste des choses qu'il est inutile de connaître, ce qui constitue leur caractère commun, ce n'est pas, je crois, que ce serait donc des choses qui ne toucheraient pas à l'existence humaine. Elles y touchent, et elles y touchent de très près. Ce qui est leur trait commun et ce qui va les rendre inutiles, c'est que, vous le voyez, ce sont des connaissances par les causes. C'est la cause de la gémellité, la cause du rythme des sept ans, la cause des illusions d'optique, la cause aussi des raz-de-marée, c'est cela qui n'a pas besoin d'être connu. Car ces causes, justement la nature, tout en en faisant jouer les effets, les a cachées. Et pour Demetrius, si la nature avait considéré que ces causes puissent, d'une manière ou d'une autre, être importantes à l'existence humaine et à la connaissance humaine, elle les aurait montrées, elle les aurait rendues visibles. Si elle les a cachées, ce n'est pas parce qu'il y aurait quelque chose comme une transgression, un interdit à franchir pour les connaître. C'est tout simplement que la nature a montré à l'homme qu'il n'était pas utile de connaître la cause de ces choses. Ce qui ne veut pas dire qu'il est inutile de connaître ces choses et d'en tenir compte. Ces causes, on pourra les connaître si on veut. On pourra les connaître dans une certaine mesure, et c'est ce qui intervient à la fin du texte où il dit : « Il est permis à une âme déjà retirée à l'abri de s'égarer quelquefois dans ces spéculations qui servent à orner l'esprit plutôt qu'à le fortifier. » Il faut rapprocher ce texte de ce qui est dit au milieu et que je vous avais déjà lu, à savoir que la découverte de ces choses n'a d'autre fruit que la découverte même. Ces causes sont donc cachées. Elles sont cachées parce qu'il est inutile de les connaître. Inutile de les connaître, cela veut dire non pas donc que c'est interdit mais qu'on n'aura à les connaître, si on veut les connaître, que, en quelque sorte, en supplément lorsque l'âme, étant *in tutum retracto*[11] (retirée dans cette région de sécurité que lui fournit la sagesse) voudra en plus, à titre de distraction et pour trouver un plaisir qui réside précisément seulement dans la découverte elle-même, chercher ces causes. Plaisir de culture par conséquent, plaisir supplémentaire, plaisir inutile et ornemental : c'est ce que la nature nous a signifié en nous montrant que toutes ces choses, qui, encore une fois, nous touchent dans notre existence même, n'ont pas à être investiguées, n'ont pas à être recherchées au niveau de la cause. C'est la connaissance par la cause comme connaissance de culture, comme connaissance ornementale qui est ainsi dénoncée, critiquée, rejetée par Demetrius.

Et en face de cela, quelles sont les choses qu'il faut connaître ? Qu'il y a peu de choses à craindre des hommes, qu'il n'y a rien du tout à craindre des dieux, que la mort ne produit aucun mal, qu'il est facile de trouver le chemin [de] la vertu, qu'il faut considérer que l'on est soi-même un être social né pour la communauté. C'est enfin : savoir que le monde est un habitat commun, où tous les hommes sont réunis pour constituer justement cette communauté. Vous voyez que cette série de connaissances qu'il faut avoir n'est pas du tout de l'ordre de ce qu'on pourrait appeler, de ce qui sera appelé dans la spiritualité chrétienne, les *arcana conscientiae* (les secrets de la conscience)[12]. Vous voyez que Demetrius ne dit pas : néglige la connaissance de ces choses extérieures et essaie de savoir exactement qui tu es ; fais l'inventaire de tes désirs, de tes passions, de tes maladies. Il ne dit même pas : fais un examen de conscience. Il ne propose pas une théorie de l'âme, il n'expose pas ce qu'est la nature humaine. Il parle de la même chose au niveau du contenu, c'est-à-dire : des dieux, du monde en général, des autres hommes. C'est de cela qu'il parle, et qui encore une fois n'est pas l'individu lui-même. Il ne demande pas de reporter le regard des choses extérieures vers le monde intérieur. Il ne demande pas de porter le regard de la nature vers la conscience, ou vers soi-même, ou vers les profondeurs de l'âme. Il ne veut pas substituer aux secrets de la nature les secrets de la conscience. Il n'est jamais question que du monde. Il n'est jamais question que des autres. Il n'est jamais question que de ce qui nous entoure. Il s'agit simplement de les savoir autrement. C'est d'une autre modalité de savoir, que parle Demetrius. Et ce qu'il oppose, ce sont deux modes de savoir : l'un par les causes, dont il nous dit qu'il est inutile ; et un autre mode de savoir, qui est quoi ? Eh bien, je crois qu'on pourrait l'appeler tout simplement un mode de savoir relationnel, parce que ce qu'il s'agit de prendre en compte maintenant, quand on considère les dieux, les autres hommes, le *kosmos,* le monde, etc., c'est la relation entre d'une part les dieux, les hommes, le monde, les choses du monde, et puis nous. C'est en nous faisant apparaître nous-même comme le terme récurrent et constant de toutes ces relations qu'il faudra porter son regard sur les choses du monde, sur les dieux et sur les hommes. C'est dans ce champ de la relation entre toutes ces choses et soi-même que le savoir pourra et devra se déployer. Savoir relationnel : c'est, me semble-t-il, le premier caractère de cette connaissance qui est validée par Demetrius.

C'est aussi une connaissance qui a pour propriété d'être, si vous voulez, immédiatement transcriptible – et d'ailleurs immédiatement transcrite dans le texte de Demetrius – en prescriptions. Il s'agit, dit Demetrius, de savoir que l'homme a très peu à craindre des hommes, qu'il n'a pas à craindre des dieux, qu'il faut mépriser les ornements, les frivolités – aussi bien le tourment que l'ornement de la vie –, qu'il faut qu'il sache que « la mort ne produit aucuns maux, et en termine beaucoup ». C'est-à-dire que ce sont des connaissances qui, tout en s'établissant, se formulant comme principes de vérité, se donnent en même temps, solidairement, sans distance ni médiation aucune, comme des prescriptions. Ce sont des constatations prescriptives. Ce sont des principes dans les deux sens du terme : en ce sens que ce sont les énoncés de vérité fondamentale dont les autres peuvent se déduire ; et c'est aussi l'énoncé de préceptes de conduite auxquels il faut, en tout état de cause, se soumettre. Ce sont des vérités prescriptives qui sont ici en cause. Donc ce qu'il faut connaître, ce sont des relations : relations du sujet à tout ce qui l'entoure. Ce qu'il faut connaître, ou plutôt la manière dont il faut connaître, c'est un mode qui est tel que ce qui est donné comme vérité se lise aussitôt et immédiatement comme précepte.

Enfin, ce sont des connaissances qui sont telles que, dès qu'on les a, dès qu'on les possède, dès qu'on les a acquises, le mode d'être du sujet se trouve transformé, puisque c'est grâce à cela que l'on va devenir meilleur, dit-il. C'est grâce à cela aussi que, se respectant plus que les autres, échappé aux tempêtes, on se fixe dans un calme inaltérable. *In solido et sereno stare* : on peut se tenir dans l'élément solide et serein[13]. Ces connaissances nous rendent *beati* (bienheureux)[14], et c'est en cela justement qu'elles s'opposent à l'« ornement de la culture ». L'ornement de la culture, c'est précisément quelque chose qui peut être parfaitement vrai, mais qui ne modifie en rien le mode d'être du sujet. Les connaissances par conséquent inutiles, qui sont rejetées par Demetrius, encore une fois ne se définissent pas par le contenu. Elles se définissent par un mode de connaissance, mode de connaissance causal qui a cette double propriété, ou plutôt ce double manque, que l'on peut maintenant définir par rapport aux autres : ce sont des connaissances qui ne peuvent pas se transformer en prescriptions, qui n'ont pas de pertinence prescriptive ; deuxièmement, qui n'ont pas, quand on les connaît, d'effet sur le mode d'être du sujet. En revanche, va être validé un mode de connaissance qui est tel, qu'envisageant toutes les choses du monde (les dieux, le *kosmos*, les autres, etc.) en relation avec nous, du coup on pourra les transcrire en prescriptions, et elles modifieront ce que nous sommes. Elles modifieront l'état du sujet qui les connaît.

Je crois qu'on a là une des caractérisations les plus claires et les plus nettes de ce qui, me semble-t-il, est un trait général dans toute cette éthique du savoir et de la vérité qu'on va retrouver dans les autres écoles philosophiques, à savoir que ce qui est écarté, le point de la distinction, la frontière établie, ne touche pas, encore une fois, la distinction entre choses du monde et choses de la nature humaine : c'est une distinction dans le mode du savoir et dans la manière dont ce qu'on connaît, sur les dieux, les hommes, le monde, va pouvoir prendre effet sur la nature, je veux dire : sur la manière de faire, l'*êthos* du sujet. Les Grecs avaient un mot que l'on trouve chez Plutarque, et chez Denys d'Halicarnasse aussi, qui est un mot très intéressant. On le trouve sous la forme du substantif, du verbe et de l'adjectif. C'est l'expression, ou la série des expressions, des mots : *êthopoiein, êthopoiia, êthopoios*. *Êthopoiein*, ça veut dire : faire de l'*êthos*, produire de l'*êthos*, modifier, transformer l'*êthos*, la manière d'être, le mode d'existence d'un individu. Ce qui est *êthopoios* c'est quelque chose qui a la qualité de transformer le mode d'être d'un individu[15] [...] Gardons-lui si vous voulez le sens que l'on trouve chez Plutarque, c'est-à-dire : faire de l'*êthos*, former de l'*êthos* (*êthopoiein*) ; capable de former de l'*êthos* (*êthopoios*) ; formation d'*êthos* (*êthopoiia*). Eh bien, il me semble que la distinction, la césure introduite dans le champ du savoir, encore une fois ce n'est pas celle qui marquerait comme inutiles certains contenus de connaissance et comme utiles certains autres : c'est ce qui marque le caractère « éthopoétique » ou non du savoir. Lorsque le savoir, lorsque la connaissance a une forme, lorsqu'elle fonctionne de telle manière qu'elle est capable de produire de l'*êthos*, alors elle est utile. Et la connaissance du monde est parfaitement utile : elle peut fabriquer de l'*êthos* (la connaissance des autres également, la connaissance des dieux aussi). Et c'est là que se marque, que se forme, c'est par là que se caractérise ce que doit être la connaissance utile à l'homme. Vous voyez par conséquent que cette critique du savoir inutile ne nous renvoie pas du tout à la valorisation d'un autre savoir ayant un autre contenu, et qui serait la connaissance de nous-même et de notre intérieur. Il nous renvoie à un autre fonctionnement du même savoir des choses extérieures. La connaissance de soi n'est donc pas du tout, à ce niveau-là au moins, sur la voie de devenir ce déchiffrement des arcanes de la conscience, cette exégèse de soi qu'on verra se développer par la suite, et dans le christianisme. La connaissance utile, la connaissance où l'existence humaine est en question, c'est un mode de connaissance relationnelle à la fois assertive et prescriptive, et qui est capable de produire un changement dans le mode d'être du sujet. Eh bien, ce qui me paraît assez clair dans le texte de Demetrius, je crois que, avec des modalités différentes, on peut le retrouver dans d'autres écoles philosophiques, et essentiellement chez les épicuriens et les pythagoriciens.

Quelques lectures maintenant de textes épicuriens. Vous avez vu que la démonstration, ou plutôt l'analyse de Demetrius, consiste essentiellement à distinguer, à opposer deux listes, encore une fois non pas tellement de choses à connaître, mais deux listes de caractères définissant deux modalités du savoir : l'une ornementale, caractéristique de la culture d'un homme cultivé et qui n'a plus rien d'autre à faire ; et puis le mode de connaissance nécessaire encore à celui qui a à cultiver son propre moi, qui se le donne comme objectif de sa vie. Liste, si vous voulez, empirique. Chez les épicuriens en revanche, vous avez une notion, notion qui est, je crois, très importante dans la mesure où elle recouvre le savoir, ou plutôt le mode de fonctionnement du savoir, dont on peut dire qu'il est « éthopoétique », c'est-à-dire qu'il donne, qu'il forme de l'*êthos*. Cette notion, c'est la notion de *phusiologia*. Dans les textes épicuriens, en effet, la connaissance de la nature (la connaissance de la nature en tant qu'elle est validée) est régulièrement appelée *phusiologia* (physiologie, si vous voulez). Qu'est-ce que c'est que cette *phusiologia* ? Vous trouvez dans les Sentences Vaticanes – c'est au paragraphe 45 – un texte qui donne précisément la définition de la *phusiologia*. Encore une fois la *phusiologia,* ce n'est pas un secteur de savoir qui s'opposerait aux autres : c'est la modalité du savoir de la nature en tant qu'elle est philosophiquement pertinente pour la pratique de soi. Alors le texte dit ceci : « Ce ne sont pas des fanfarons, ni des artistes du verbe, ni des gens qui font étalage de la culture jugée enviable par la foule, que forme l'étude de la nature *(phusiologia),* mais des hommes fiers et indépendants, et s'enorgueillissant de leurs biens propres, non de ceux qui viennent des circonstances[16]. » Reprenons, si vous voulez, ceci. Donc, le texte dit : la *phusiologia* ne forme pas *(paraskeuazei)* des fanfarons, des artistes du verbe – je reviendrai un peu là-dessus –, des gens qui font étalage de culture *(paideia),* cette culture qui est jugée enviable par la foule. Ce sont des hommes fiers et indépendants *(autarkeis)* qui mettent leur orgueil dans les biens qui leur appartiennent en propre, et non dans ceux qui viennent des circonstances, des choses *(pragmata).*

Vous voyez que ce texte repose d'abord sur une opposition classique [dont le premier terme est] le savoir de culture – pour lequel Épicure emploie le mot de *paideia* –, savoir de culture qui a pour fin : la gloire, l'étalage qui fait la réputation des gens, une espèce de savoir de jactance. Ce savoir de jactance, c'est celui des fanfarons *(kompous),* des gens qui veulent obtenir auprès des autres une réputation qui ne repose en fait sur rien. Cette *paideia,* c'est celle que l'on constate chez des gens qui sont, dit la traduction, « des artistes du verbe ». C'est très exactement : *phônês ergastikous.* Les *ergastikoi,* ce sont les artisans, ce sont les ouvriers, c'est-à-dire des gens qui travaillent non pas pour eux-mêmes mais pour vendre et faire du profit. Et quel est l'objet sur lequel ces *ergastikoi* travaillent ? C'est la *phônê,* c'est-à-dire la parole en tant qu'elle fait du bruit, mais non pas en tant quelle est le *logos* ou la raison. Ce sont, je dirais, les « faiseurs de mots ». Ce sont les gens qui fabriquent, pour les vendre, un certain nombre d'effets qui sont liés à la sonorité des mots, au lieu d'être des gens qui travaillent pour eux-mêmes au niveau du *logos,* c'est-à-dire de l'armature rationnelle du discours. Donc on a la *paideia,* définie comme ce avec quoi on fait jactance auprès des autres, comme ce qui est l'objet même de ces artisans du bruit verbal. Et ce sont ceux-là qui sont bien entendu appréciés par la foule, la foule auprès de qui ils en font étalage. Cette partie de texte a de multiples échos dans les textes d'Épicure qu'on connaît. Quand Épicure dit : il faut philosopher pour soi et pas pour l'Hellade[17], il se réfère à cette activité de la véritable pratique de soi qui n'a d'autre but que soi-même. Et il l'oppose à ceux qui font semblant d'avoir cette pratique de soi, mais qui en réalité ne pensent qu'à une chose : lorsqu'ils apprennent quelque chose et qu'ils le montrent, ils n'ont pas d'autre objectif que de se faire admirer par l'Hellade. C'est tout ceci qui est mis sous le terme – terme qui, vous le savez tout de

même, en Grèce était employé avec des connotations positives – de *pai-*
deia[18]. La *paideia,* c'est en quelque sorte la culture générale qui est
nécessaire pour un homme libre. Eh bien, cette *paideia,* Épicure la rejette
comme étant une culture de fanfarons, élaborée simplement par des fabri-
cants de verbe qui n'ont d'autre but que de se faire admirer par la foule.

À cette *paideia* ainsi critiquée, Épicure va opposer quoi ? Eh bien, il
oppose précisément la *phusiologia*. La *phusiologia,* c'est autre chose
que la *paideia*. Elle se distingue de la *paideia* en quoi ? Premièrement,
c'est qu'au lieu de fabriquer des gens qui ne sont que des fanfarons
pompeux et sans consistance, qu'est-ce qu'elle fait, elle, cette *phusiolo-*
gia ? Elle *paraskeuei,* c'est-à-dire : elle prépare. Alors on trouve là ce
mot sur lequel j'ai déjà un peu insisté et sur lequel il faudra revenir : la
paraskeuê[19]. La *paraskeuê,* c'est cet équipement, c'est cette préparation
du sujet et de l'âme qui fait qu'ils seront armés comme il faut, de
manière nécessaire et suffisante, pour toutes les circonstances possibles
de la vie que l'on pourra rencontrer. La *paraskeuê,* c'est précisément ce
qui permettra de résister à tous les mouvements et sollicitations qui
pourront venir du monde extérieur. La *paraskeuê,* c'est ce qui permet à
la fois d'atteindre son but et de rester stable, fixé sur ce but, sans se laisser dévier par rien. La *phusiologia* a donc pour fonction de *paraskeuein,*
de donner à l'âme l'équipement nécessaire pour son combat, pour son
objectif et pour sa victoire. En soi elle s'oppose à la *paideia*.

Et en fournissant cette préparation, la *phusiologia* a pour effet de
donner, de produire, je relis la traduction : « des hommes fiers et indépendants, s'enorgueillissant de leurs biens propres, et non de ceux qui
viennent des circonstances ». Alors il faut reprendre les mots. Fiers,
c'est *sobaroi* : mot un peu rare, plus volontiers employé pour s'appliquer à ces animaux, ces chevaux qui ont de l'allant, de la vivacité, mais
qu'il est difficile, à cause de cela, de maîtriser et de soumettre au frein.
Il est bien évident que dans ce mot est désigné, d'abord de façon négative si vous voulez, le fait que les individus désormais, et grâce à cette
phusiologia, n'auront plus peur. Ils ne seront plus soumis à cette crainte
des dieux à laquelle vous savez qu'Épicure attache tant d'importance.
Mais il s'agit sans doute de quelque chose de plus que l'abolition de la
crainte. La *phusiologia* donne à l'individu une hardiesse, un courage,
une sorte d'intrépidité qui lui permet d'affronter non seulement les
croyances multiples qu'on a voulu lui imposer, mais également les dangers de la vie et l'autorité de ceux qui veulent leur faire la loi. Absence
de peur, hardiesse, sorte de rétivité, fringance si vous voulez : voilà ce
que va donner la *phusiologia* aux individus qui l'apprennent.

Deuxièmement, ces individus vont devenir *autarkeis*. Là on retrouve la notion bien connue d'*autarkeia*. C'est-à-dire qu'ils ne seront plus dépendants que d'eux-mêmes. Ils seront *contenti* (contents avec eux-mêmes, satisfaits d'eux-mêmes). Mais ce n'est pas « content de soi » au sens où, nous, nous l'entendons. C'est être satisfait de soi, là encore avec un sens négatif et un sens positif. Sens négatif : c'est-à-dire qu'ils n'auront besoin de rien d'autre que d'eux-mêmes ; mais en même temps, ils trouveront en eux-mêmes un certain nombre de ressources, et en particulier la possibilité d'éprouver plaisir et volupté dans ce rapport plein qu'ils auront à eux-mêmes.

Et enfin, troisième effet de cette *phusiologia* : permettre aux individus de s'enorgueillir de leurs biens propres et non de ceux qui viennent des circonstances. C'est-à-dire : de faire ce fameux tri et ce fameux partage dont on sait bien que, pour les épicuriens tout comme pour les stoïciens, il est fondamental dans l'existence. À chaque instant et devant chaque chose, se demander et pouvoir se dire si cela dépend de [soi] ou pas[20] ; et mettre tout son orgueil, toute sa satisfaction, toute son affirmation de soi par rapport aux autres, dans le fait qu'on sait reconnaître ce qui dépend de soi ; et on établit, par rapport à ce qui dépend de soi, une maîtrise totale, absolue et sans limites. La *phusiologia*, vous le voyez, telle qu'elle apparaît dans ce texte d'Épicure, n'est donc pas un secteur du savoir. Ce serait la connaissance de la nature, de la *phusis* en tant que cette connaissance est susceptible de servir de principe à la conduite humaine et de critère pour faire jouer notre liberté ; en tant aussi qu'elle est susceptible de transformer le sujet (qui était, devant la nature, devant ce qu'on lui avait appris sur les dieux et les choses du monde, tout rempli de craintes et de terreurs) en un sujet libre, un sujet qui va trouver en lui-même la possibilité et la ressource de sa volupté inaltérable et parfaitement tranquille.

C'est cette même définition de la *phusiologia* que vous trouvez dans une autre Sentence Vaticane qui est la Sentence 29, quand il [est] dit : « Pour ma part, je préférerais, usant de la liberté de parole de celui qui étudie la nature, dire prophétiquement les choses utiles à tous les hommes, même si personne ne devait me comprendre, plutôt que, en donnant mon assentiment aux opinions reçues, récolter la louange qui tombe en abondance, venant des nombreux[21]. » Je n'ai pas beaucoup le temps d'expliquer ça. Je voudrais simplement retenir deux ou trois choses qui me paraissent importantes. Vous voyez qu'Épicure dit : « pour ma part, usant de la liberté de parole ». Le mot grec, c'est le mot *parrhêsia* – sur lequel je vous ai dit qu'il faudrait que nous revenions –

qui est essentiellement, non pas la franchise, non pas la liberté de parole, mais la technique – *parrhêsia* est un terme technique –, technique qui permet au maître d'utiliser comme il faut, dans les choses vraies qu'il connaît, ce qui est utile, ce qui est efficace pour le travail de transformation de son disciple. La *parrhêsia,* c'est une qualité, ou plutôt une technique que l'on utilise dans le rapport entre le médecin et le malade, entre le maître et le disciple : c'est cette liberté de jeu, si vous voulez, qui fait que dans le champ des connaissances vraies on va pouvoir utiliser celle qui est pertinente pour la transformation, la modification, l'amélioration du sujet. Et vous voyez que dans [le cadre de] cette *parrhêsia,* qu'il revendique en tant que physiologue, c'est-à-dire en tant que quelqu'un qui connaît la nature mais qui n'utilise cette connaissance de la nature qu'en fonction de ce qui sera utile au sujet, usant de cette liberté [de parole], il dit : j'aime mieux « dire prophétiquement les choses utiles à tous les hommes » que « donner mon assentiment aux opinions reçues ». « Dire prophétiquement les choses utiles », en grec, c'est *khrêsmôdein* ; un mot important. Vous voyez que là Épicure, en se référant à l'oracle, se réfère à un type de discours dans lequel on dit à la fois ce qui est vrai et ce qu'il faut faire, un discours qui dévoile la vérité et qui prescrit. Et il dit : dans ma liberté de physiologue, en usant donc par la *parrhêsia* de la physiologie, eh bien, je préfère encore me rapprocher de cette formulation oraculaire qui dit, même obscurément, le vrai mais qui prescrit en même temps, plutôt que de me réduire à suivre l'opinion courante, qui a sans doute l'assentiment de tous, qui est sans doute comprise de tous, mais qui en fait ne change en rien – justement puisqu'elle est admise par tout le monde – l'être même du sujet. Dire prophétiquement, à quelques-uns seulement qui peuvent comprendre, les vérités de la nature, qui sont telles qu'elles peuvent effectivement changer son mode d'être, voilà ce en quoi consiste l'art et la liberté du physiologue. C'est un art qui se rapproche de la formulation prophétique. C'est un art aussi qui se rapproche de la médecine, en fonction d'un objectif et en fonction de la transformation d'un sujet.

C'est cela la *phusiologia,* et vous comprenez par conséquent pourquoi, là encore, on ne saurait distinguer entre connaissance utile et connaissance inutile par le contenu, mais simplement par la forme physiologique ou non du savoir. Et dans ces textes qui sont des combinaisons de fragments épicuriens (la lettre à Hérodote et la lettre à Pythoclès), leur introduction nous dit bien que c'est cela. Vous savez que ces textes sont des textes de physique, textes de physique si vous voulez « théorique », où il est question des météores, de la composition du monde, des atomes, de leurs mouvements, etc. Or, ces textes sont introduits par des déclarations parfaitement claires et nettes. Le début de la lettre à Hérodote est celui-ci : « Je recommande une activité incessante dans la *phusiologia,* et j'assure par une telle activité à la vie la plus parfaite sérénité[22]. » Donc, Épicure impose une activité incessante dans la *phusiologia,* mais il impose cette connaissance de la nature pour atteindre, et dans la mesure où elle permet d'atteindre la plus parfaite sérénité. De même, début de la lettre à Pythoclès : « Il faut se persuader que la connaissance des phénomènes du ciel n'a d'autre fin que l'ataraxie, et une ferme confiance. Notre vie, en effet, n'a pas besoin de déraison ni d'opinion vide, mais elle a besoin de se renouveler sans trouble[23]. » La connaissance des météores, la connaissance des choses du monde, la connaissance du ciel et de la terre, la connaissance la plus spéculative de la physique n'est pas récusée, loin de là. Mais elles sont présentées et elles sont modalisées dans la *phusiologia* de telle manière que le savoir du monde soit, dans la pratique du sujet sur lui-même, un élément pertinent, élément qui soit effectif et efficace dans la transformation du sujet par lui-même. Voilà, si vous voulez, en quoi l'opposition entre savoir des choses et savoir de soi-même ne peut en aucun cas être interprétée, chez les épicuriens comme chez les cyniques, comme l'opposition entre le savoir de la nature et le savoir de l'être humain. L'opposition qui est tracée pour eux et la disqualification qu'ils font d'un certain nombre de connaissances porte simplement sur cette modalité du savoir. Ce qui est requis, et ce en quoi doit consister le savoir validé et acceptable, pour le sage comme pour son disciple, ce n'est pas un savoir qui porterait sur eux-mêmes, ce n'est pas un savoir qui prendrait l'âme, qui ferait du soi l'objet même de la connaissance. C'est un savoir qui porte sur les choses, qui porte sur le monde, qui porte sur les dieux et sur les hommes, mais qui a pour effet et qui a pour fonction de modifier l'être du sujet. Il faut que cette vérité affecte le sujet. Il n'est pas question que le sujet devienne objet d'un discours vrai. Voilà, je crois, la grande différence. Voilà ce qu'il faut saisir, et voilà en quoi rien, dans ces pratiques du soi, et dans la manière dont elles s'articulent sur la connaissance de la nature et des choses, ne peut apparaître comme préliminaire ou esquisse de ce qui sera plus tard le déchiffrement de la conscience par elle-même et l'auto-exégèse du sujet. Eh bien alors, la prochaine fois je vous parlerai de « connaissance de soi et connaissance de la nature » chez les [stoïciens].

*

NOTES

1. Sur cette notion, cf. *Dits et Écrits, op. cit.,* IV, n° 330, p. 445, et n° 345, p. 632.

2. Référence au passage dans lequel Socrate, à qui Phèdre a fait remarquer qu'il ne s'aventurait jamais au-delà des murs d'Athènes, répond : « La campagne et les arbres ne consentent pas à rien m'apprendre, mais bien les hommes de la ville » (Platon, *Phèdre,* 230d, trad. L. Robin, éd. citée, p. 7).

3. Les historiens ont l'habitude de désigner comme « socratiques » des philosophes contemporains et amis de Socrate qui se prétendaient ses disciples directs. Parmi les plus connus, on peut citer Antisthène (le maître de Diogène le Cynique) qui rejettera la logique et la physique pour ne conserver que l'éthique, et Aristippe de Cyrène qui méprisera aussi les sciences pour ne rechercher que les principes de la douceur de vivre.

4. Il s'agit des enfants de Xéniade. Diogène Laërce écrit : « Ces enfants apprirent aussi de nombreux passages des poètes, des prosateurs, et même des écrits de Diogène, qui leur présentait pour chaque science des résumés et des abrégés pour les leur faire retenir plus aisément » (*Vie, doctrine et sentences de philosophes illustres,* t. II, trad. R. Genaille, éd. citée, p. 17). Il se peut cependant que Foucault se laisse ici abuser par la traduction un peu libre et souvent incorrecte de Genaille. La nouvelle traduction (*Vies et Doctrines des philosophes illustres,* éd. citée) de M.-O. Goulet-Cazé donne en effet : « Ces enfants retenaient par cœur maints passages de poètes, de prosateurs et des ouvrages de Diogène lui-même ; il les faisait s'exercer à tout procédé permettant de se souvenir vite et bien » (VI, 31, p. 712).

5. Cf. cours du 27 janvier, première heure, *supra,* p. 143, note 41 sur Demetrius.

6. Sur cette scène et ses personnages, et pour les références historiques, cf. même cours, notes 42 et 43.

7. Cf. cours du 24 février, deuxième heure.

8. « Le grand lutteur n'est pas, dit-il, celui qui connaît à fond toutes les figures et toutes les prises, dont on n'use guère sur le terrain, mais celui qui s'est bien et consciencieusement entraîné à une ou deux d'entre elles et en guette l'emploi attentivement, car la quantité des choses qu'il sait n'est pas ce qui importe, s'il en sait assez pour vaincre ; ainsi dans l'étude qui nous occupe, il y a quantité de notions amusantes, un petit nombre de décisives » (Sénèque, *Des bienfaits,* t. II, VII, 1, 4, trad. F. Préhac, éd. citée, p. 76).

9. Foucault utilise ici une vieille édition de Sénèque du XIXᵉ siècle : *Œuvres complètes de Sénèque le philosophe,* éd. citée, *Bienfaits,* VII, 1, p. 246 (les *Bienfaits* sont ici traduits par M. Baillard).

10. *Ibid.*

11. Le texte latin porte exactement : « *in tutum retracto animo* » (« une âme déjà retirée à l'abri » *(ibid.).*

12. Cf. cours du 26 mars 1980.

13. « Échappé aux tempêtes, il s'est fixé dans un calme inaltérable *(in solido ac sereno stetit)* » (*Bienfaits,* VII, 1, p. 246).

14. « Tout ce qui peut nous faire meilleurs ou heureux *(meliores beatosque),* elle [la nature] l'a placé sous nos yeux, à notre portée » *(ibid.).*

15. On trouve chez Denys d'Halicarnasse le terme d'*êthopoiia* au sens de peinture de mœurs : « Je reconnais donc à Lysias cette qualité si distinguée que l'on appelle généralement peinture de mœurs *(hêtopoiian)* » («Lysias », in *Les Orateurs antiques,* trad. G. Aujac, Paris, Les Belles Lettres, 1978, § 8, p. 81). Mais chez Plutarque, le sens pratique est présent : « La beauté morale [...] ne forme point les mœurs *(êtho-poioun)* de celui qui la contemple par la seule imitation » (« Périclès », 153b, *in* Plutarque, *Vies,* t. III, 2, 4, trad. R. Flacelière & E. Chambry, Paris, Les Belles Lettres, 1964, p. 15).

16. Épicure, Sentence 45, in *Lettres et Maximes,* éd. citée, p. 259.

17. « Tu es en vieillissant tel que moi je conseille d'être, et tu as bien su distinguer ce qu'est philosopher pour toi et ce qu'est philosopher pour la Grèce *(Helladi)* » (Épicure, Sentence 76, in *Lettres et Maximes,* p. 267).

18. Cf. sur la notion de *paideia,* les ouvrages classiques de W. Jaeger, *Paideia. La formation de l'homme grec,* Paris, 1964 (le second tome, consacré plus particulièrement à l'étude de cette notion chez Socrate et Platon, publié à Berlin en 1955, n'a pas été traduit en français) et H.-I. Marrou, *Histoire de l'éducation dans l'Antiquité, op. cit.*

19. Cf. cours du 24 février, deuxième heure.

20. Cf. ce cours, première heure, et *supra,* p. 216, note 10.

21. Épicure, Sentence 29, in *Lettres et Maximes,* p. 255.

22. Épicure, lettre à Hérodote, § 37, in *Lettres et Maximes,* p. 99.

23. Épicure, lettre à Pythoclès, § 85-86, in *Lettres et Maximes,* p. 191.

COURS DU 17 FÉVRIER 1982

Première heure

La conversion à soi comme forme aboutie du souci de soi. – La métaphore de la navigation. – La technique du pilotage comme paradigme de gouvernementalité. – L'idée d'une éthique du retour à soi : le refus chrétien et les tentatives avortées de l'époque moderne. – La gouvernementalité et le rapport à soi, contre la politique et le sujet de droit. – La conversion à soi sans le principe d'une connaissance de soi. – Deux modèles occultants : la réminiscence platonicienne et l'exégèse chrétienne. – Le modèle caché : la conversion hellénistique à soi. – Connaissance du monde et connaissance de soi dans la pensée stoïcienne. – L'exemple de Sénèque : la critique de la culture dans les Lettres à Lucilius ; *le mouvement du regard dans les* Questions naturelles.

[...] [J'avais montré d'abord comment] le souci de soi – ce vieux souci de soi dont on avait vu la formulation théorique et systématique première dans l'*Alcibiade* – avait été libéré de son rapport privilégié à la pédagogie, comment il s'était affranchi de sa finalité politique et par conséquent comment il s'était, au total, dégagé des conditions sous lesquelles il était apparu dans l'*Alcibiade*, disons, si vous voulez, dans le paysage socratico-platonicien. Le souci de soi avait donc pris la forme d'un principe général et inconditionné. Ce qui veut dire que « se soucier de soi » n'est plus un impératif qui vaut à un moment donné de l'existence, et dans une phase de la vie qui serait celle du passage de l'adolescence à la vie adulte. « Se soucier de soi » est une règle coextensive à la vie. Et, deuxièmement, le souci de soi n'est pas lié à l'acquisition d'un statut particulier à l'intérieur de la société. Il s'agit de l'être tout entier du sujet qui doit, tout au long de son existence, se soucier de soi, et de soi en tant que tel. Bref, on arrive à cette notion qui vient donner un contenu nouveau au vieil impératif « se soucier de soi », notion nouvelle que j'avais commencé à débrouiller la dernière fois : c'est la notion de conversion à soi-même. Il faut que le sujet tout entier se tourne vers lui-même et se consacre à lui-même : *eph'heauton epistrephein*[1], *eis*

heauton anakhôrein[2], *ad se recurrere*[3], *ad se redire*[4], *in se recedere*[5],
se reducere in tutum[6] (retourner à soi, revenir à soi, faire retour sur
soi, etc.). Bon, vous avez là tout un lot d'expressions que vous trouvez
en latin et en grec, et qui, je crois, doivent être retenues à cause au
moins de deux de leurs composantes essentielles. Premièrement, dans
toutes ces expressions vous avez l'idée d'un mouvement réel, mouvement réel du sujet par rapport à lui-même. Il ne s'agit plus simplement,
comme dans l'idée, si vous voulez, « nue » du souci de soi, de faire
attention à soi-même, ou de porter son regard sur soi-même, ou de rester éveillé et vigilant par rapport à soi-même. Il s'agit réellement d'un
déplacement, d'un certain déplacement – sur la nature duquel il va falloir s'interroger – du sujet par rapport à lui-même. Il doit, lui, le sujet,
aller vers quelque chose qui est lui-même. Déplacement, trajectoire,
effort, mouvement : tout ceci doit être retenu dans cette idée d'une
conversion à soi. Et, deuxièmement, dans cette idée d'une conversion à
soi, vous avez le thème du retour, lui aussi thème important, difficile,
peu clair, ambigu. Qu'est-ce que veut dire retourner à soi ? Quel est
ce cercle, cette boucle, ce repli que l'on doit opérer à l'égard de
quelque chose, quelque chose qui pourtant ne vous est pas donné,
car il vous est au mieux promis au terme même de votre vie ? Déplacement et retour – déplacement du sujet vers lui-même et retour de soi sur
soi –, ce sont ces deux éléments qu'il faut essayer de débrouiller. Et je
crois (enfin ça, à titre de notation un peu marginale) qu'il y a une métaphore qui revient très souvent à propos de cette conversion à soi et du
retour à soi, métaphore qui est significative et sur laquelle il faudra sans
doute revenir.

C'est la métaphore de la navigation, métaphore de la navigation qui
comporte plusieurs éléments. [Premièrement :] l'idée, bien entendu,
d'un trajet, d'un déplacement effectif d'un point à un autre. Deuxièmement, la métaphore de la navigation implique que ce déplacement se
dirige vers un certain but, qu'il a un objectif. Ce but, cet objectif, c'est le
port, le havre, en tant que lieu de sûreté où on est à l'abri à l'égard de
tout. Dans cette même idée de navigation, vous trouvez le thème que le
port vers lequel on tend – eh bien, c'est le port d'attache, c'est celui où
l'on retrouve son lieu d'origine, sa patrie. La trajectoire vers soi aura
toujours quelque chose d'odysséen. Quatrième idée que vous trouvez
liée à cette métaphore de la navigation, c'est que, pour revenir jusqu'au
port d'attache et si on désire si fort arriver en ce lieu de sûreté, c'est que
la trajectoire en elle-même est dangereuse. Tout au long de ce trajet on
est affronté à des risques, risques imprévus qui peuvent compromettre

votre itinéraire ou même vous perdre. Par conséquent, cette trajectoire sera bien celle qui vous conduit jusqu'au lieu de salut, à travers un certain nombre de dangers, connus et peu connus, connus et mal connus, etc. Enfin, toujours dans cette idée de la navigation, je crois qu'il faut retenir cette idée que cette trajectoire à mener ainsi vers le port, le port du salut à travers les dangers, implique, pour être menée à bien et pour parvenir jusqu'à son objectif, un savoir, une technique, un art. Savoir complexe, à la fois théorique et pratique ; savoir conjectural aussi, qui est un savoir tout proche, bien sûr, du pilotage.

L'idée du pilotage comme art, comme technique à la fois théorique et pratique, nécessaire à l'existence, c'est une idée qui est, je crois, importante et qui mériterait éventuellement d'être analysée d'un peu près, dans la mesure où vous voyez au moins trois types de techniques qui sont très régulièrement référés à ce modèle du pilotage : premièrement, la médecine ; deuxièmement, le gouvernement politique ; troisièmement, la direction et le gouvernement de soi-même[7]. Ces trois activités (guérir, diriger les autres, se gouverner soi-même) sont très régulièrement, dans la littérature grecque, hellénistique et romaine, référées à cette image du pilotage. Et je crois que cette image du pilotage découpe assez bien un type de savoir et de pratiques entre lesquels les Grecs et les Romains reconnaissaient une parenté certaine, et pour lesquels ils essayaient d'établir une *tekhnê* (un art, un système réfléchi de pratiques référé à des principes généraux, à des notions et à des concepts) : le Prince, en tant qu'il doit gouverner les autres, se gouverner lui-même, guérir les maux de la cité, les maux des citoyens, ses propres maux ; celui qui se gouverne comme on gouverne une cité, en guérissant ses propres maux ; le médecin, qui a à donner ses avis non seulement sur les maux du corps mais sur les maux de l'âme des individus. Enfin vous voyez, vous avez là tout un paquet, tout un ensemble de notions dans l'esprit des Grecs et des Romains qui relèvent, je crois, d'un même type de savoir, d'un même type d'activité, d'un même type de connaissance conjecturale. Et je pense qu'on pourrait retrouver toute l'histoire de cette métaphore pratiquement jusqu'au XVIe siècle, je crois, où précisément la définition d'un nouvel art de gouverner, centré autour de la raison d'État, distinguera, alors d'une façon radicale, gouvernement de soi/médecine/gouvernement des autres – non sans d'ailleurs que cette image du pilotage, vous le savez bien, reste liée à l'activité, activité qui s'appelle justement activité de gouvernement[8]. Bref, en tout ceci vous voyez que, dans cette pratique du soi, telle qu'elle apparaît et se formule dans les derniers siècles de l'ère dite païenne et les premiers siècles de l'ère chrétienne, le soi apparaît au fond comme le but, le bout d'une trajectoire incertaine, et éventuellement circulaire, qui est la trajectoire dangereuse de la vie.

Je crois qu'il faut bien comprendre l'importance historique que peut avoir cette figure prescriptive du retour à soi, et surtout sa singularité dans la culture occidentale. Parce que si on trouve, je crois, d'une façon assez claire, assez évidente, ce thème prescriptif du retour à soi à l'époque dont je vous parle, il ne faut pas oublier deux choses. D'abord que dans le christianisme, comme axe principal de la spiritualité chrétienne on va trouver, je crois, un rejet, un refus, qui a ses ambiguïtés, bien sûr, de ce thème du retour à soi. L'ascétisme chrétien a tout de même pour principe fondamental que la renonciation à soi constitue le moment essentiel de ce qui va nous permettre d'accéder à l'autre vie, à la lumière, à la vérité et au salut [9]. On ne peut pas se sauver si on ne renonce pas à soi. Ambiguïté, difficulté, bien sûr – sur lesquelles il faudra revenir – de cette recherche du salut de soi qui a pour condition fondamentale la renonciation à soi. Mais enfin, je crois que c'est là un des axes fondamentaux de l'ascétisme chrétien que cette renonciation à soi. Quant à la mystique chrétienne, vous savez bien qu'elle aussi est, sinon entièrement commandée, épuisée, au moins traversée par le thème du soi s'abîmant en Dieu et perdant son identité, son individualité, sa subjectivité dans la forme du soi, par un rapport privilégié et immédiat à Dieu. Donc, si vous voulez, je crois que dans tout le christianisme, le thème du retour a soi a été beaucoup plus un thème adverse qu'un thème effectivement repris et inséré dans la pensée chrétienne. Deuxièmement, je crois qu'il faut aussi remarquer que le thème du retour à soi a sans doute été, à partir du XVIe siècle, un thème récurrent dans la culture « moderne ». Mais je crois qu'on ne peut pas ne pas être frappé, aussi, du fait que ce thème du retour à soi a été au fond reconstitué – mais par fragments, par bribes – dans une série d'essais successifs qui ne se sont jamais organisés sur un mode aussi global et continu que dans l'Antiquité hellénistique et romaine. Jamais le thème du retour à soi n'a été dominant chez nous comme il a pu l'être à l'époque hellénistique et romaine. Bien sûr, vous trouvez au XVIe siècle toute une éthique de soi, toute une esthétique aussi de soi, qui est d'ailleurs très explicitement référée à celle qu'on trouvait chez les auteurs grecs et latins dont je vous parle [10]. Je pense qu'il faudrait relire Montaigne dans cette perspective-là, comme une tentative de reconstituer une esthétique et une éthique du soi [11]. Je pense qu'on pourrait aussi reprendre l'histoire de la pensée au XIXe siècle un peu dans cette perspective. Et alors là, les choses seraient beaucoup plus compliquées, sans doute, beaucoup plus ambiguës et contradictoires. Mais on peut relire tout un pan de la pensée du XIXᵉ siècle comme la tentative difficile, une série de tentatives difficiles pour reconstituer une éthique et une esthétique du soi. Que vous preniez par exemple Stirner, Schopenhauer, Nietzsche, le dandysme, Baudelaire, l'anarchie, la pensée anarchiste, etc., vous avez là toute une série de tentatives tout à fait différentes les unes des autres bien sûr, mais qui, je crois, sont toutes plus ou moins polarisées par la question : est-ce qu'il est possible de constituer, reconstituer une esthétique et une éthique du soi ? À quel prix, dans quelles conditions ? Ou est-ce que l'éthique et l'esthétique du soi ne doivent pas, finalement, s'inverser dans le refus systématique du soi (comme chez Schopenhauer) ? Enfin il y aurait là, je crois, toute une question, toute une série de problèmes qui pourraient être soulevés. En tout cas ce que je voudrais vous signaler, c'est tout de même que quand on voit aujourd'hui la signification, ou plutôt l'absence quasi totale de signification, qu'on donne à des expressions, pourtant très familières et qui ne cessent de parcourir notre discours, comme : revenir à soi, se libérer, être soi-même, être authentique, etc., quand on voit l'absence de signification et de pensée qu'il y a dans chacune de ces expressions aujourd'hui employées, je crois qu'il n'y a pas à être bien fier des efforts que l'on fait maintenant pour reconstituer une éthique du soi. Et peut-être dans cette série d'entreprises pour reconstituer une éthique du soi, dans cette série d'efforts, plus ou moins arrêtés, figés sur eux-mêmes, et dans ce mouvement qui nous fait maintenant à la fois nous référer sans cesse à cette éthique du soi, sans jamais lui donner aucun contenu, je pense qu'il y a à soupçonner quelque chose qui serait une impossibilité à constituer aujourd'hui une éthique du soi, alors que c'est peut-être une tâche urgente, fondamentale, politiquement indispensable, que de constituer une éthique du soi, s'il est vrai après tout qu'il n'y a pas d'autre point, premier et ultime, de résistance au pouvoir politique que dans le rapport de soi à soi.

Si vous voulez, en d'autres termes, ce que je veux dire c'est ceci : si on prend la question du pouvoir, du pouvoir politique, en la replaçant dans la question plus générale de la gouvernementalité – gouvernementalité entendue comme un champ stratégique de relations de pouvoir, au sens plus large du terme et pas simplement politique –, donc, si on entend par gouvernementalité un champ stratégique de relations de pouvoir, dans ce qu'elles ont de mobile, de transformable, de réversible[12], je crois que la réflexion sur cette notion de gouvernementalité ne peut pas ne pas passer, théoriquement et pratiquement, par l'élément d'un sujet qui serait défini par le rapport de soi à soi. Alors que la théorie du pouvoir politique comme institution se réfère d'ordinaire à une conception juridique du sujet de droit[13], il me semble que l'analyse de la gouvernementalité – c'est-à-dire : l'analyse du pouvoir comme ensemble de relations réversibles – doit se référer à une éthique du sujet défini par le rapport de soi à soi. Ce qui veut dire tout simplement que, dans le type d'analyse que j'essaie de vous proposer depuis un certain temps, vous voyez que : relations de pouvoir–gouvernementalité–gouvernement de soi et des autres–rapport de soi à soi, tout ceci constitue une chaîne, une trame, et que c'est là, autour de ces notions, que l'on doit pouvoir, je pense, articuler la question de la politique et la question de l'éthique.

Ceci étant dit sur le sens que je veux donner à cette analyse, qui peut vous paraître un peu piétinante et méticuleuse, du souci de soi et du rapport de soi à soi, eh bien, je voudrais maintenant revenir à la question que j'avais posée la fois dernière, et qui était celle-ci : quelles sont les relations qui ont été nouées, à l'époque dont je vous parle, entre le principe de la conversion à soi et le principe de la connaissance de soi ? Cette question, sous cette forme simple et rustique, serait celle-ci : à partir du moment où le précepte « se soucier de soi » prend l'ampleur, la généralité, le caractère radical et absolu du « il faut se convertir à soi-même », « il faut passer sa vie à se retourner sur soi-même et à chercher à se rejoindre soi-même » – est-ce que, à partir de ce moment-là, le précepte « se convertir à soi » n'implique pas la translation partielle ou sans doute totale du regard, de l'attention, de la pointe de l'esprit, des autres, des choses du monde, vers soi-même ? Plus précisément, est-ce que « se convertir à soi » n'implique pas fondamentalement que l'on se constitue soi-même comme objet et domaine de connaissance ? Ou alors, pour poser la même question selon une perspective et dans une linéarité historiques, on pourrait dire ceci : est-ce qu'on ne trouve pas là, dans ce précepte hellénistique et romain de la conversion à soi, le point d'origine, l'enracinement premier de toutes ces pratiques et de toutes ces connaissances qui vont être développées ensuite dans le monde chrétien et dans le monde moderne (pratiques d'investigation et de direction de la conscience), [est-ce qu'on ne trouve pas là la] première forme de ce qu'on pourra appeler ensuite les sciences de l'esprit, la psychologie, l'analyse de la conscience, l'analyse de la *psukhê*, etc. ? Est-ce que la connaissance de soi, au sens chrétien puis au sens moderne, ne s'enracine pas là, dans cet épisode stoïcien, épicurien, cynique, etc., que j'essaie d'analyser avec vous ? Eh bien, ce que je vous ai dit la dernière fois, à propos des cyniques et des épicuriens, tend, je crois, à montrer que les choses ne [sont] pas aussi simples, et que ce n'est pas la connaissance de soi, au sens où nous l'entendons maintenant, que ce n'est même pas le déchiffrement de soi, au sens où l'a entendu la spiritualité chrétienne, qui se constituaient à cette époque et dans ces formes-là de pratique de soi. Je voudrais maintenant revenir un peu sur ce point évoqué à propos des cyniques, des épicuriens, [mais] je voudrais y revenir à propos des stoïciens, parce que je pense que c'est là un problème important ; en tout cas important pour moi, dans la mesure où il est au cœur des problèmes que je voudrais poser, puisque, au fond, la question que je me pose c'est celle-ci : comment a pu se constituer, à travers cet ensemble de phénomènes et processus historiques que nous pouvons appeler notre « culture », la question de la vérité du sujet ? Comment et pourquoi, et à quel prix, a-t-on entrepris de tenir un discours vrai sur le sujet, sur ce sujet que nous ne sommes pas, parce que c'est le sujet fou ou le sujet délinquant, ce sujet que nous sommes en général, puisque nous parlons, nous travaillons, nous vivons, ce sujet enfin que nous sommes directement pour nous-mêmes et individuellement, et ceci dans le cas particulier de la sexualité ?[14] C'est cette question de la constitution de la vérité du sujet sous ces trois grandes formes que j'ai donc essayé de poser, avec un entêtement peut-être condamnable*.

En tout cas, je voudrais donc revenir en ce point-ci, qui est sans doute un enjeu historique important : le moment où, dans la culture hellénistique et romaine, le souci de soi devient un art autonome, auto-finalisé, valorisant l'existence tout entière – est-ce que ce moment-là n'est pas un moment privilégié pour voir se former et se formuler la question de la vérité du sujet ? Pardonnez-moi d'être encore une fois lent et piétinant, mais je pense qu'ici les confusions sont faciles. Et elles sont rendues faciles, je crois, par la présence et le prestige de deux grands modèles, de deux grands schémas de rapport entre souci de soi et connaissance de soi – si vous voulez encore : [entre] conversion à soi et connaissance de soi –, deux grands schémas qui ont finalement recouvert ce qu'il pouvait y avoir de spécifique dans ce modèle que je voudrais précisément analyser à travers le cynisme, l'épicurisme et surtout le stoïcisme. Ces deux grands modèles ont recouvert ce que j'appellerai, pour faciliter les choses, et simplement pour donner un nom purement historique, un

---

* Le manuscrit porte, pour clore cette note méthodologique, la précision suivante : « Si la question critique est celle de savoir "à quelles conditions générales il peut y avoir de la vérité pour le sujet", la question que je voudrais poser est celle-ci : "À quelles transformations particulières et historiquement définissables le sujet a-t-il dû se soumettre lui-même pour qu'il y ait injonction à dire vrai sur le sujet ?" »

simple repère chronologique, le modèle hellénistique. Ce modèle hellénistique, que je voudrais donc analyser avec vous à travers les textes épicuriens, cyniques, stoïciens, a été, je crois, recouvert historiquement et pour la culture ultérieure par deux autres grands modèles : le modèle platonicien et le modèle chrétien. Et je voudrais précisément le dégager de ces deux autres modèles.

Qu'est-ce que c'est que le modèle platonicien ? On l'a vu schématiquement à travers l'*Alcibiade,* je vous le rappelle. Dans ce schéma platonicien le rapport entre souci de soi et connaissance de soi s'établit autour de trois grands points fondamentaux. Premièrement, s'il faut se soucier de soi, c'est parce qu'on est ignorant. On est ignorant, on ne sait pas qu'on est ignorant, mais voilà que l'on découvre (à la suite précisément d'une rencontre, d'un événement, d'une question) que l'on ignore, et que l'on ignore qu'on ignore. C'est ce qui se passait dans l'*Alcibiade*. Alcibiade était ignorant par rapport à ses rivaux. Il découvre, par l'interrogation socratique, qu'il ignore. Il découvre même qu'il ignorait son ignorance et qu'il doit par conséquent s'occuper de lui-même pour répondre à cette ignorance, ou plutôt pour mettre fin à cette ignorance. Voilà le premier point. C'est l'ignorance et la découverte de l'ignorance de l'ignorance qui suscitent l'impératif du souci de soi. Deuxième point, dans le modèle platonicien, le souci de soi, à partir du moment où il est affirmé et où on entreprend, en effet, de se soucier de soi, va consister essentiellement à « se connaître soi-même ». Toute la surface du souci de soi est occupée par cet impératif de la connaissance de soi, connaissance qui prend, vous savez, la forme de la saisie par l'âme de son être propre, saisie qu'elle opère en se regardant dans ce miroir de l'intelligible où elle a précisément à se reconnaître. Ceci nous conduit au troisième point de ce schéma platonicien des rapports entre souci de soi et connaissance de soi : la réminiscence est exactement au point de jonction entre souci de soi et connaissance de soi. C'est en se rappelant ce qu'elle a vu que l'âme découvre ce qu'elle est. Et c'est en se rappelant ce qu'elle est qu'elle retrouve accès à ce qu'elle a vu. On peut dire que, dans la réminiscence platonicienne se trouvent, réunis et bloqués en un seul mouvement de l'âme, connaissance de soi et connaissance du vrai, souci de soi et retour à l'être. Voilà pour le modèle platonicien.

En face – ou à côté, ou plutôt : tardivement par rapport à celui-ci – s'est formé, à partir des IIIe-IVe siècles, le modèle chrétien. Il faudrait dire modèle « ascétique-monastique » plutôt que chrétien au sens général du terme. Mais appelons-le « chrétien » pour commencer. Ce modèle chrétien, dont je vous parlerai si j'ai le temps avec plus de détails, il se caractérise comment ? Je crois qu'on peut dire que, dans ce modèle, la connaissance de soi est liée d'une façon complexe à la connaissance de la vérité telle qu'elle est donnée dans le Texte et par la Révélation ; et cette connaissance de soi est impliquée, exigée par le fait que le cœur doit être purifié pour comprendre la Parole ; et il ne peut être purifié que par la connaissance de soi ; et il faut que la Parole soit reçue pour qu'on puisse entreprendre la purification du cœur et mener la connaissance de soi. Relation par conséquent circulaire entre : connaissance de soi, connaissance de la vérité et souci de soi. Si l'on veut faire son salut, il faut accueillir la vérité : celle qui vous est donnée dans le Texte et celle qui est manifestée dans la Révélation. Mais vous ne pouvez connaître cette vérité si vous ne vous êtes occupé de vous-même dans la forme de la connaissance purificatrice du cœur. En retour, cette connaissance purificatrice de soi-même par soi-même n'est possible qu'à la condition que vous ayez déjà un rapport fondamental à la vérité, celle du Texte et celle de la Révélation. C'est cette circularité qui constitue, je crois, un des points fondamentaux des rapports entre souci de soi et connaissance de soi dans le christianisme. Deuxièmement, dans le christianisme, cette connaissance de soi se pratique à travers des techniques qui ont essentiellement pour fonction de dissiper les illusions intérieures, de reconnaître les tentations qui se forment à l'intérieur même de l'âme et du cœur, aussi de déjouer les séductions dont on peut être victime. Et tout ceci par une méthode de déchiffrement des processus et des mouvements secrets qui se déroulent dans l'âme, dont il faut saisir l'origine, le but, la forme. Nécessité par conséquent d'une exégèse de soi. C'est là le second point fondamental du modèle chrétien des rapports entre connaissance de soi et souci de soi. Enfin, troisièmement, la connaissance de soi n'a pas tant dans le christianisme cette fonction de revenir au soi pour, dans un acte de réminiscence, retrouver la vérité qu'il a pu contempler et l'être qu'il est : si on se retourne sur soi, comme je vous le disais tout à l'heure, c'est essentiellement et fondamentalement pour renoncer à soi. On a donc, avec le christianisme, un schéma de relation entre connaissance et souci de soi qui s'articule autour de trois points : premièrement, la circularité entre vérité du Texte et connaissance de soi ; deuxièmement, méthode exégétique pour la connaissance de soi ; enfin, l'objectif qui est la renonciation à soi.

Ces deux grands modèles – le modèle platonicien et le modèle chrétien, ou encore si vous voulez : le modèle de la réminiscence et le modèle de l'exégèse – ont eu évidemment un immense prestige historique qui a recouvert cet autre modèle dont je voudrais vous dégager la nature. Et la raison du prestige de ces deux grands modèles, je crois qu'on la trouverait facilement dans le fait que ce sont précisément ces deux modèles (modèle exégétique et modèle de la réminiscence) qui se sont affrontés l'un avec l'autre tout au long des premiers siècles de l'histoire du christianisme. Il ne faut pas oublier que ce modèle platonicien – organisé donc autour du thème de la réminiscence, c'est-à-dire de l'identification entre souci de soi et connaissance de soi – au fond a été repris, aux frontières du christianisme, à l'intérieur et à l'extérieur du christianisme, par ces extraordinaires mouvements que l'on a appelés la gnose, les mouvements gnostiques[15]. Dans tous ces mouvements en effet, on retrouve le même schéma, que l'on peut dire en gros « platonicien », c'est-à-dire : l'idée que connaissance de l'être et reconnaissance de soi ne constituent qu'une seule et même chose. Revenir à soi et reprendre mémoire du vrai sont une seule et même chose pour la gnose, et c'est en ceci que les mouvements gnostiques sont tous, plus ou moins, des mouvements platoniciens. En face de ce modèle gnostique, qui s'est donc développé aux confins du christianisme, l'Église chrétienne – c'est précisément ce à quoi a servi la spiritualité et l'ascétisme monastiques – a développé le modèle exégétique, modèle exégétique dont la fonction (ou en tout cas l'effet) a été d'assurer la grande césure et le grand partage par rapport au mouvement gnostique, et dont l'effet a été, à l'intérieur même de la spiritualité chrétienne, de donner à la connaissance de soi, non pas la fonction mémoriale de retrouver l'être du sujet, mais la fonction exégétique de détecter la nature et l'origine des mouvements intérieurs qui se produisent dans l'âme. Je crois que ces deux grands modèles – platonicien et chrétien, ou si vous voulez : modèles de la réminiscence de l'être du sujet par lui-même et de l'exégèse du sujet par lui-même – ont à la fois dominé le christianisme et ont été, par le christianisme, transmis ensuite à toute l'histoire de la culture occidentale.

Ce que je voudrais vous montrer, c'est qu'entre ce grand modèle platonicien – qui a subsisté dans toute l'Antiquité, qui a repris vigueur à partir du IIe-IIIe siècle, qui s'est, aux confins du christianisme, manifesté et développé dans la gnose, qui est resté si vous voulez l'interlocuteur privilégié du christianisme, et que le christianisme jusqu'à un certain point a toujours essayé à la fois de combattre et de rapatrier – et le modèle exégétique, de la spiritualité et de l'ascétisme chrétiens, il y a un troisième schéma. Un troisième schéma : celui qui, précisément, a été mis en œuvre et développé au cours des derniers siècles de l'ère ancienne et des premiers siècles de notre ère. Ce troisième schéma n'a pour forme ni la réminiscence ni l'exégèse. À la différence du modèle platonicien, il n'identifie pas souci de soi et connaissance de soi, ni n'absorbe le souci de soi dans la connaissance de soi. Mais, au contraire, il tend à accentuer et à privilégier le souci de soi, à lui garder au moins son autonomie par rapport à une connaissance de soi dont, vous allez le voir, je pense, la place est tout de même limitée et restreinte. Deuxièmement, à la différence du modèle chrétien, ce modèle hellénistique ne tend pas du tout à l'exégèse de soi ni à la renonciation à soi, mais il tend au contraire à constituer le soi comme objectif à atteindre. Entre platonisme et christianisme s'est constitué, pendant toute la période hellénistique et romaine, un art de soi-même qui ne serait sans doute pour nous qu'un épisode définitivement mis entre parenthèses par ces deux grands modèles, antérieur et ultérieur, qui l'ont ensuite dominé et recouvert, et on pourrait par conséquent considérer que ce n'est rien d'autre qu'une sorte de curiosité un peu archéologique dans notre culture, si ce n'était pas – c'est là sans doute le paradoxe à saisir – à l'intérieur de ce modèle hellénistique, ni platonicien ni chrétien, que s'était formée une certaine morale exigeante, rigoureuse, restrictive, austère. Morale que le christianisme n'a absolument pas inventée, parce que le christianisme, comme toute bonne religion, n'est pas une morale. Le christianisme est une religion en tout cas sans morale. Eh bien, c'est cette morale-là que le christianisme a utilisée et rapatriée, d'abord comme point d'appui reçu explicitement de l'extérieur (voyez Clément d'Alexandrie[16]) et qu'il a ensuite acclimatée, élaborée, travaillée par des pratiques, ces pratiques qui sont précisément celles de l'exégèse du sujet et du renoncement à soi. On a donc, si vous voulez, au niveau des pratiques de soi, trois grands modèles qui se sont historiquement succédé les uns aux autres. Le modèle que je dirais « platonicien », qui gravite autour de la réminiscence. Le modèle « hellénistique », qui tourne autour de l'auto-finalisation du rapport à soi. Et le modèle « chrétien », qui tourne autour de l'exégèse de soi et de la renonciation à soi. Ces trois modèles se sont succédé. Le premier et le troisième, pour des raisons historiques que j'ai essayé d'esquisser, ont recouvert à nos yeux de modernes le modèle du milieu. Mais ce modèle du milieu, ce modèle hellénistique, centré autour de l'auto-finalisation du rapport à soi, de la conversion à soi, a tout de même été le lieu de formation d'une morale que le christianisme a reçue, dont le christianisme a hérité, que le christianisme a rapatriée et a élaborée pour en faire quelque chose que nous appelons maintenant, à tort, la « morale chrétienne[17] », et qu'il a en même temps liée précisément à l'exégèse de soi. La morale austère du modèle hellénistique a été reprise et a été travaillée par les techniques de soi définies par l'exégèse et la renonciation à soi propres au modèle chrétien. Voilà un petit peu, si vous voulez, la perspective historique générale dans laquelle je voudrais placer tout cela.

Maintenant revenons enfin à ce modèle hellénistique, centré autour du thème « se convertir à soi », et essayons de voir la place qu'y joue la connaissance de soi. Est-ce que « se convertir à soi » implique bien, appelle bien une tâche, fondamentale, continue, de connaissance de ce que nous appellerions : le sujet humain, l'âme humaine, l'intériorité humaine, l'intériorité de la conscience, etc. ? J'ai essayé de vous montrer à propos des textes cyniques – d'un texte au moins : celui de Demetrius – et dans quelques textes épicuriens que, si la connaissance de soi était bien un thème fondamental dans l'impératif « se convertir à soi », cette connaissance de soi n'était, premièrement, absolument pas en position d'alternative par rapport à la connaissance de la nature. Ce n'était pas : ou la nature, ou nous-mêmes que nous avions à connaître ; [j'ai essayé de montrer,] deuxièmement, que c'était, au contraire, dans un certain rapport de liens réciproques entre connaissance de la nature et connaissance de soi que cette connaissance de soi trouvait place à l'intérieur du thème « se convertir à soi ». « Se convertir à soi » est encore une certaine manière de connaître la nature.

Maintenant je voudrais reposer cette question à propos des stoïciens dans la mesure où, comme vous le savez, la question de la connaissance de la nature a chez les stoïciens une place, une importance, une valeur autrement plus grande, en tout cas certainement plus grande que chez les cyniques, je ne parle pas des épicuriens. On peut dire, d'une façon schématique, ceci : chez les stoïciens, il est certain que l'on trouve comme chez les cyniques, comme d'ailleurs aussi chez les épicuriens, une certaine tradition critique à propos de ce qui est savoir inutile, et une affirmation du privilège de toutes les connaissances, de tous les savoirs, de toutes les techniques, de tous les préceptes qui peuvent concerner la vie humaine. Que tout le savoir dont on a besoin doive être un savoir ordonné à la *tekhnê tou biou* (l'art de vivre), c'est un thème qui est tout aussi stoïcien qu'épicurien ou cynique. Au point même que l'on trouve dans certains courants, qu'on appelle entre guillemets « hérétiques » du stoïcisme, des affirmations qui sont, si vous voulez, drastiques, ou en tout cas parfaitement restrictives, sur ce qui pourrait être la connaissance du monde ou de la nature. Et c'est bien entendu chez le fameux Ariston de Khios que vous trouvez cela : Ariston de Khios[18], vous savez, dont Diogène Laërce disait qu'il rejetait de la philosophie la logique et la physique (la physique parce qu'elle est au-dessus de nos forces, et la logique parce qu'elle ne nous intéresse en aucune manière)[19]. Pour Ariston, seule la morale importait, et encore, disait-il, ce ne sont pas les préceptes (les préceptes quotidiens, les conseils de prudence, etc.) qui font partie de la philosophie, mais simplement un certain nombre de principes généraux de morale, un certain nombre de *dogmata*[20], la raison étant, par elle-même et sans avoir besoin d'aucun autre conseil, capable de connaître en chaque circonstance ce qu'il faut faire sans se référer à l'ordre de la nature. On a là, si vous voulez, une sorte de point limite avec Ariston de Khios, car en fait la ligne de pente générale du stoïcisme n'est certainement pas dans le sens de cette méfiance et de ce rejet du savoir de la nature comme savoir inutile. Vous savez très bien à l'intérieur de quelle très forte systématicité la pensée stoïcienne a situé morale/logique/physique, elles-mêmes liées à une cosmologie et à tout un ensemble de spéculations sur l'ordre du monde. De sorte que le stoï- cisme, en dehors même de ses propositions théoriques, se trouvait de fait, en pratique, associé de façon parfois indirecte, parfois beaucoup plus directe, à tout un ensemble d'entreprises de connaissance. Les grandes encyclopédies des naturalistes du Ier-IIe siècle, l'énorme ency- clopédie médicale de Galien, sont effectivement pénétrées de pensées stoïciennes[21] [...**]. Mais je crois que la question se pose ainsi : qu'est-ce que les stoïciens peuvent vouloir dire lorsque, à la fois, ils insistent sur la nécessité d'ordonner tout le savoir à la *tekhnê tou biou,* de diriger les regards vers soi, et qu'ils associent à cette conversion et à cette inflexion du regard sur soi tout le parcours de l'ordre du monde, de son organi- sation générale et intérieure ? Eh bien, pour voir comment les stoïciens se débrouillent avec cette question – diriger le regard sur soi et parcourir en même temps l'ordre du monde –, je m'adresserai à deux textes. Enfin, je m'adresserai certainement à une première série de textes qu'on trouve chez Sénèque, et, si j'en ai le temps, je vous parlerai aussi d'un certain nombre de textes de Marc Aurèle.

Premièrement chez Sénèque. Vous trouvez chez Sénèque – je passe- rai très vite là-dessus, je vous le signale simplement – toute une série de textes qui sont tout à fait traditionnels. Les uns se réfèrent à la cri- tique de la vanité du savoir qu'on trouve chez un certain nombre d'indi- vidus qui s'intéressent plus au luxe des bibliothèques et des livres, et à l'ostentation des livres, qu'à ce qu'ils peuvent contenir. Intéressante mention critique dans le *De Tranquillitate* : critique de la bibliothèque

---

** On entend seulement : « ...le stoïcisme partage-t-il les connaissances utiles, les connaissances inutiles ? »

d'Alexandrie, où il est dit que les centaines de milliers de livres, réunis dans cette bibliothèque d'Alexandrie, n'étaient [là] en réalité que pour satisfaire la vanité du roi[22]. Autre série de textes, sur lesquels je passe vite également, ce sont les recommandations faites au disciple, dans les premières *Lettres à Lucilius*[23] : ne pas trop lire, ne pas chercher à multiplier ses lectures, ne pas disperser sa curiosité. Simplement prendre un ou deux livres, et essayer de les approfondir ; et, dans ces livres, retenir un certain nombre d'aphorismes, comme ceux précisément que Sénèque lui-même va chercher très souvent chez Épicure et qu'il pro-pose, en quelque sorte en les tirant de leur contexte et des livres où ils ont été pris, à Lucilius comme sujet de méditation. Cette méditation, cet exercice de la pensée sur la vérité – à propos de laquelle je reviendrai un de ces jours[24] – ne se fait pas à travers un parcours culturel qui prendrait le savoir en général. Il se fait bien, selon la très vieille technique grecque, à partir de sentences, à partir de propositions, qui sont à la fois énoncé de vérité et prononcé d'une prescription, à la fois affirmation et prescription. C'est cela qui constitue l'élément de la réflexion philoso-phique, et non pas un champ culturel à parcourir à travers tout un savoir. Troisième série de textes : les textes qui portent sur la critique de l'ensei-gnement, enseignement inutile et nuisible, qui est donné dans la péda-gogie traditionnelle. Textes également concernant la place que doivent avoir les différentes connaissances dans le cursus d'un enseignement donné aux enfants, ou de l'enseignement encore donné sous le nom de philosophie. Et, dans la grande lettre 88[25], vous avez toute la considé-ration, toutes les analyses faites sur les arts libéraux et le caractère incer-tain et inutile, ou en tout cas purement instrumental, des connaissances qui sont données par les arts libéraux. Donc vous avez toute cette série de textes, mais ce n'est pas à ceux-là que je voudrais me référer.

Je voudrais prendre précisément le texte où Sénèque met en œuvre ce savoir encyclopédique du monde auquel le stoïcisme a toujours accordé une valeur certaine, une valeur positive, tout en affirmant qu'il faut por-ter ses regards sur soi-même. Ce texte est bien entendu les *Questions naturelles,* cet ouvrage relativement long et important que Sénèque a écrit lorsqu'il a eu pris sa retraite, donc après les années soixante[26]. Il l'a écrit pendant sa retraite, au moment où, d'une part, il adresse régulière-ment à Lucilius un très grand nombre de lettres de direction, direction spirituelle et individuelle. Il écrit ces *Questions naturelles* en même temps qu'il écrit à Lucilius, mais il les lui envoie, et un certain nombre des livres des *Questions naturelles* sont accompagnés de lettres à Luci-lius, qui leur servent de préfaces. Et à l'époque, en même temps, il écrit un *Traité de morale*[27]. D'autre part, vous savez que ces *Questions naturelles* constituent une sorte d'immense parcours du monde qui embrasse le ciel et la terre, la trajectoire des planètes et la géographie des fleuves, l'explication du feu, des météores, etc. Et tout ceci, d'ailleurs, dans une organisation qui reconstitue une sorte de mouvement descendant et remontant : le premier livre porte sur le ciel ; le second livre sur l'air ; le troisième et le quatrième sur les fleuves et les eaux ; le cinquième sur le vent ; le sixième sur la terre ; et le septième, commençant la ré-ascension, parle des météores. Or dans ce grand livre sur les questions naturelles, qui est donc un parcours du monde, il y a au moins deux endroits où Sénèque se pose la question de savoir pourquoi écrire ainsi sur ces sujets, ces sujets qui sont finalement si éloignés de nous. Ces deux textes sont précisément des lettres d'accompagnement, des lettres d'envoi à Lucilius. Il s'agit de la préface au premier livre des *Questions naturelles,* qui sert de préface générale à l'entreprise, et d'un autre texte d'envoi, qui constitue la préface en quelque sorte à la troisième partie et qui est donc à peu près au milieu même du texte. Il y a d'autres lettres préfaces – au quatrième livre, par exemple, à propos de la flatterie – que l'on peut laisser de côté pour l'instant. Je voudrais prendre ces deux lettres d'envoi : la lettre qui introduit à la première partie et la lettre qui introduit à la troisième partie. Et je commencerai par la lettre qui introduit à la troisième partie[28], parce que c'est dans cette lettre-là que Sénèque pose encore, pose et se pose en quelque sorte à lui-même, la question : mais enfin qu'est-ce que je suis en train de faire là, qu'est-ce que ça signifie pour moi, au point où j'en suis, d'écrire un livre comme celui-là ? – un livre dont il donne très exactement en deux phrases le principe, l'objectif : il s'agit pour lui en effet, dit-il, de *mundum circuire* (parcourir le grand cercle du monde) ; deuxièmement, d'en rechercher *causas secretaque* (les causes et les secrets). Parcourir le monde et le pénétrer jusqu'en ses causes et en ses secrets intérieurs, c'est cela qu'il est en train de faire[29]. Or, dit-il, quel sens est-ce que ça a ? Pourquoi faire cela ? Et là – à partir de cette constatation : je suis en train de parcourir le monde, je suis en train d'en chercher les causes et les secrets – commence une série de considérations qu'on peut, pour la commodité, répartir en quatre mouvements.

Premièrement, la question de l'âge : Je suis en train de parcourir le monde, j'en cherche les causes et les secrets, et, dit Sénèque, je suis *senex* (un vieillard). Ce thème introduit, ou plutôt réintroduit, à un certain nombre de thèmes et de questions que nous connaissons bien, vous le savez : ce thème de la vieillesse, de la hâte et du parcours le plus

rapide possible de la vie dont je vous avais parlé. Pour Sénèque –
comme d'ailleurs pour les stoïciens, mais Sénèque accorde à cela une
importance très particulière –, il faut se hâter autant que possible d'achever sa vie[30]. Il faut se dépêcher d'arriver au point où elle est complète.
Complète non pas du fait qu'elle serait enfin arrivée à son terme chronologique le plus reculé, mais complète du fait qu'elle est arrivée à sa
plénitude. Il faut traverser sa vie au plus vite, il faut la traverser d'un
trait, tout uniment, sans même la partager en phases distinctes, avec des
modes distincts d'existence. Il faut traverser sa vie au plus vite, d'un
trait, pour parvenir à ce point idéal de la vieillesse idéale. Ce thème,
Sénèque le reprend ici, accentué par la considération qu'effectivement,
au moment où il écrit ses *Questions naturelles,* il est vieux. Il est vieux
et il a perdu du temps. Du temps, dit-il, qu'il a consacré aux *vana studia*
(aux études inutiles, vaines) ; qui est perdu aussi du fait qu'il a eu dans
sa vie tant d'années *male exemptae* (qui ont été mal remplies, mal utilisées, mal employées). D'où, dit-il (puisque je suis si vieux et que j'ai
perdu tant de temps) : nécessité d'un *labor* (d'un travail)[31], travail qui
doit se faire avec d'autant plus de *velocitas* (de rapidité)[32]. Or, en quoi
doit consister ce labeur auquel il doit se hâter maintenant, à cause de son
grand âge et de tout ce temps perdu ? Eh bien, dit-il, il faut m'occuper
non pas d'un domaine, non pas d'un patrimoine qui serait éloigné de
son maître : c'est du domaine proche que je dois m'occuper. C'est celui-
là qui doit me retenir tout entier. Et qu'est-ce que ce domaine proche,
sinon moi-même ? Il faut, dit-il, que « *sibi totus animus vacet* »
(que l'esprit tout entier s'occupe, vaque à lui-même). Cette expression
« *sibi vacare* » (s'occuper entièrement de soi, vaquer à soi-même) est
une expression que vous retrouvez dans d'autres textes de Sénèque, en
particulier dans la lettre 17 : « *si vis vacare animo* » (si tu veux t'occuper de ton *animus*)[33]. Donc, ne pas s'occuper des domaines lointains,
s'occuper du domaine le plus proche. Ce domaine, c'est soi-même. Il
faut, dit-il, « *ad contemplationem sui saltem in ipso fugae impetu respiciat* » (retourner son regard vers la contemplation de soi, dans le
mouvement même de la fuite)[34]. Il s'agit là non pas de la fuite, de la
retraite du sage, mais de la fuite du temps. Dans ce mouvement même
du temps qui nous porte vers le point final de notre vie, eh bien, nous
devons retourner notre regard et nous prendre nous-même comme objet
de contemplation. Donc tout indique bien que le seul objet dont
Sénèque, à son âge, doit s'occuper, dans cette fuite du temps et dans
cette précipitation, cette *velocitas* qui lui est maintenant imposée, ce sur
quoi il doit faire porter son labeur, c'est lui-même[35]. C'est lui-même,

c'est-à-dire qu'il ne doit pas s'occuper de quoi ? Du reste ? Oui, si l'on veut. Mais qu'est-ce que c'est que ce reste ?

C'est là que l'on aborde le second développement du texte. C'est qu'on pourrait s'imaginer qu'arrivé là, en ce point de son raisonnement, il dise : Puisque je ne dois m'occuper que de moi-même et pas des domaines éloignés, du patrimoine éloigné, laissons tomber la nature, les météores, les astres, etc. Pas du tout. Ce n'est pas cela qu'il dit. Il dit : Ce dont il faut se détourner, c'est du savoir historique. Un savoir historique qui raconte quoi ? L'histoire des rois étrangers, leurs aventures, leurs exploits, leurs conquêtes. Tout ceci qui n'est au fond que l'histoire, transformée en louanges, des rois, l'histoire qui est celle des souffrances. Souffrances infligées au peuple ou souffrances infligées par les peuples, peu importe, ce n'est finalement que cela que nous transmettent, sous les apparentes draperies glorieuses de l'histoire des rois, les chroniques que nous lisons. Et il fait valoir qu'au lieu de raconter les passions des autres, comme font les historiens, il serait bien préférable de dépasser et de vaincre ses propres passions à soi[36]. Au lieu de rechercher et de s'enquérir de ce qui a été fait, comme font les historiens, il faut rechercher *quid [faciendum]* (ce qu'il faut faire)[37]. Enfin troisièmement, à lire ces récits, on risque de prendre pour grand ce qui ne l'est pas, et de se faire illusion sur la véritable grandeur humaine, de ne voir la grandeur humaine que dans des victoires qui sont toujours fragiles et dans des fortunes qui sont toujours incertaines. Tout ce développement contre l'histoire se fait, lui aussi, tout à fait en écho à ce qu'on trouve dans bien d'autres textes de Sénèque, et en particulier dans les *Lettres à Lucilius,* qui datent de la même époque, où se trouvent régulièrement opposées la prolixité des chroniques et l'exaltation de certains grands hommes que Sénèque détestait tout particulièrement, en l'occurrence Alexandre ; et il opposait donc à cette prolixité des chroniques la véritable valeur de l'*exemplum* historique, *exemplum* historique qui ne va pas chercher ce qu'il montre comme modèle du côté de la vie des rois étrangers ; l'*exemplum* historique est bon dans la mesure où il nous montre des modèles autochtones (romains) et dans la mesure où il fait apparaître les vrais traits de la grandeur, qui ne sont pas justement les formes visibles de l'éclat et de la puissance mais les formes individuelles de la maîtrise de soi. Exemple de la modestie de Caton ; exemple aussi de Scipion quittant Rome pour bien garantir à sa ville sa liberté et se retirant modestement dans une villa, sans éclat, etc.[38] Donc on a, dans cette critique de l'histoire et de la chronique des grands événements et des grands hommes, le point, l'exemple, le type de savoir dont il faut effectivement se détourner si l'on veut s'occuper de soi. Vous voyez que ce n'est donc pas la connaissance de la nature, mais cette forme-là de connaissance historique, qui n'est pas une connaissance exemplaire, cette forme-là de chronique historique, de savoir historique qu'il faut écarter.

Et alors troisième développement, troisième moment du texte, c'est : Puisque l'histoire n'est pas capable de nous enseigner la vraie grandeur, en quoi va consister cette vraie grandeur ? C'est ce qu'il explique, et c'est à cela, dit-il, qu'il faut nous attacher. « Qu'est-ce qu'il y a de grand ici-bas ? Est-ce de couvrir les mers de ses flottes, de planter ses drapeaux sur les bords de la mer Rouge, et, quand la terre manque à nos dévastations, d'errer sur l'océan à la recherche de plages inconnues ? Non : c'est avoir vu tout ce monde par les yeux de l'esprit, c'est avoir remporté le plus beau triomphe, le triomphe sur les vices. On ne saurait compter les hommes qui se sont rendus maîtres de villes et de nations entières ; mais combien peu l'ont été d'eux-mêmes ! Qu'y a-t-il de grand ici-bas ? C'est d'élever son âme au-dessus des menaces et des promesses de la fortune ; c'est de ne rien voir à espérer d'elle qui soit digne de nous. Qu'a-t-elle en effet qu'on doive souhaiter, quand, du spectacle des choses célestes, nos regards retombant sur la terre n'y trouvent plus que ténèbres, comme quand on passe d'un clair soleil à la sombre nuit des cachots ? Ce qu'il y a de grand, c'est une âme ferme et sereine dans l'adversité, qui accepte tous les événements comme si elle les désirait. Ne devrait-on pas les désirer en effet, si l'on savait que tout arrive par les décrets de Dieu ? Ce qu'il y a de grand, c'est de voir tomber à ses pieds les traits du sort ; c'est de se souvenir qu'on est homme ; c'est, si l'on est heureux, de se dire qu'on ne le sera pas longtemps. Ce qu'il y a de grand, c'est d'avoir son âme sur le bord des lèvres et prête à partir ; on est libre alors non par droit de cité mais par droit de nature[39]. » Dans toute cette énumération – j'ai passé un certain nombre de paragraphes, peu importe – il est facile de reconnaître les principes bien connus. Premièrement, il est important de vaincre ses vices : c'est le principe de la maîtrise de soi. Deuxièmement, il est important d'être ferme et serein dans l'adversité et la mauvaise fortune. Troisièmement – j'ai sauté ce paragraphe-là, mais peu importe –, il s'agissait de lutter contre le plaisir[40]. C'est-à-dire qu'on a là les trois formes de combat traditionnel : combat intérieur qui permet de corriger les vices ; combat extérieur : affrontement soit à l'adversité, soit aux tentations de la volupté. Ce qui est grand, [quatrièmement,] c'est de ne pas poursuivre les biens passagers, mais la *bona mens*[41]. C'est-à-dire qu'il faut trouver son objectif, son bonheur et son bien ultime dans soi-même, dans son propre esprit, dans la qualité de son âme. Enfin cinquièmement, ce qui est important, c'est d'être libre pour partir, d'avoir l'âme au bord des lèvres. Après les trois formes de combat, vous voyez donc la définition de l'objectif final qui est la *bona mens,* avec son critère : le critère qu'effectivement on a bien acquis la qualité et la plénitude de rapport à soi nécessaires, c'est qu'on est prêt à mourir.

On peut se demander – arrivé en ce point de la définition de ce qu'il faut faire quand on est un vieillard et qu'on doit se dépêcher de travailler pour soi-même et sur soi-même – comment ce genre de considérations peut être compatible avec toutes les analyses qui sont faites dans l'ouvrage même des *Questions naturelles,* comment ce genre de considérations peut venir se glisser au milieu de cet ouvrage sur l'air, l'eau, les météores, etc.; et comment Sénèque peut régler le paradoxe, qu'il éprouve lui-même et qu'il a signalé lui-même au début de ce texte lorsqu'il a dit : Eh bien, je veux parcourir le monde, je veux arracher les causes et les secrets de ce monde alors que je suis un vieillard. C'est cette question que je voudrais maintenant étudier. Alors, si vous voulez, on va prendre deux ou trois minutes de repos, et puis j'essaierai de vous montrer, à partir de ce texte-ci et puis d'autres de Sénèque, comment effectivement tous ces objectifs de la moralité stoïcienne traditionnelle, non seulement sont compatibles, mais ne peuvent effectivement être atteints, ne peuvent effectivement être rejoints et accomplis qu'au prix de la connaissance, de la connaissance de la nature qui est en même temps connaissance de la totalité du monde. On ne peut parvenir à soi qu'en ayant parcouru le grand cycle du monde. C'est ce que, je crois, on va trouver dans un certain nombre de textes de Sénèque, dont je vais vous parler maintenant.

*

NOTES

1. « L'un de vous, se détournant des objets extérieurs, concentre ses efforts sur sa propre personne *(tên proairesin epestraptai tên hautou)* » (Épictète, *Entretiens,* I, 4, 18, éd. citée, p. 19) ; « revenez en vous-mêmes *(epistrepsate autoi eph'heautous)* » (*Entretiens,* III, 22, 39, p. 75) ; « ensuite, si tu rentres en toi-même *(epistrephês kata sauton)* et recherches à quel domaine appartient l'événement, tu te souviendras aussitôt que c'est "au domaine des choses indépendantes de nous" » (*id.,* 24, 106, p. 110).

2. « On se cherche des retraites *(anakhôrêseis)* à la campagne, au bord de la mer, à la montagne ; et toi aussi, tu as coutume de désirer ces sortes de choses au plus haut point. Mais tout cela marque une grande simplicité d'esprit car on peut, à toute heure de son choix, se retirer en soi-même *(eis heauton anakhôrein)* » (Marc Aurèle, *Pensées,* IV, 3, éd. citée, p. 27).

3. « Les vices pressent, cernent de toutes parts et ne permettent pas de se redresser ou de lever les yeux pour discerner le vrai. Ils tiennent submergés, enfoncés dans la passion ; jamais il n'est permis à ceux-là de revenir à eux *(numquam illis recurrere ad se licet)* » (Sénèque, *De la brièveté de la vie,* II, 3, trad. A. Bourgery, éd. citée, p. 49).

4. Cf. la lettre 15, 5 de Sénèque à Lucilius.

5. « Il faut d'ailleurs se replier beaucoup sur soi-même *(in se recedendum est)* » (Sénèque, *De la tranquillité de l'âme,* XVIII, 3, in *Dialogues,* t. IV, trad. R. Waltz, éd. citée, p. 103) ; « elle [la vertu] n'en est pas moins grande, même si, partout rebutée, elle s'est retirée *(in se recessit)* en elle-même » (Sénèque, *Lettres à Lucilius,* t. III, livre VIII, lettre 74, 29, éd. citée, p. 46).

6. « Néanmoins, autant qu'il est en nous, épargnons-lui les incommodités mêmes, et non pas seulement les périls ; retirons-nous en lieu sûr *(in tutum nos reducamus),* imaginant sans cesse des moyens d'écarter les objets de crainte » (*Lettres à Lucilius,* t. I, livre II, lettre 14, 3, p. 53).

7. On peut rappeler que le *kubernêtês,* celui qui est chargé de la conduite et de la direction d'un bateau, est rendu en latin par *gubernator* (cf. l'article *gubernator/ kubernêtês* du *Dictionnaire des antiquités grecques et romaines,* s.dir. E. Saglio, t. II-2, Paris, Hachette, 1926, p. 1673-1674). Par ailleurs, la comparaison entre l'art médical et l'art de la navigation est très fréquente chez Platon (cf. *Alcibiade,* 125e-126a ; *Gorgias,* 511d-512d ; *La République,* 332d-e, 341c-d, 360e, 389c, 341c-d, 360e, 389c et 489b, etc.). Mais c'est dans un long passage du *Politique* (297e-299c) que s'opère l'articulation de l'art médical, de la navigation et du gouvernement politique (c'est ce même dialogue que Foucault étudie, pour déterminer la gouvernementalité de la cité par opposition à la gouvernementalité pastorale, dans son cours au Collège de France du 15 février 1978). Le texte-référence de cette mise en rapport du pilote et du médecin reste cependant *L'Ancienne Médecine* d'Hippocrate : « Il arrive aux médecins, me semble-t-il, la même chose qu'aux pilotes. Tant que ceux-ci gouvernent par temps calme, s'ils commettent une erreur, cette erreur n'est pas manifeste » (trad. A.-J. Festugière, éd. citée, p. 7). On retrouve trace de cette analogie jusqu'à chez Quintilien : « De même, en effet, un pilote veut parvenir au port sans avarie pour son bateau ; s'il est drossé par la tempête, il n'en sera pas moins un pilote, et il répétera le mot connu : "pourvu que je tienne la barre droite". Le médecin, lui aussi, vise à guérir le malade ; mais si la gravité du mal ou les excès du malade ou une autre circonstance l'empêchent de parvenir au succès, pourvu qu'il ait agi en tous points selon la règle, le médecin ne sera pas écarté de la fin de la médecine » (*Institution oratoire,* t. II, livre II, 17, 24-25, trad. J. Cousin, Paris, Les Belles Lettres, 1976, p. 95).

8. Cf. pour l'analyse de la raison d'État moderne, les cours au Collège de France des 8 et 15 mars 1978 ; ainsi que *Dits et Écrits, op. cit.,* III, n° 255, p. 720-721, et IV, n° 291, p. 150-153.

9. Cf. cours du 26 mars 1980 au Collège de France qui étudie le schéma de subjectivation chrétienne dans lequel la production de la vérité de soi est liée à la renonciation à soi-même : je ne produis la vérité de moi-même que pour renoncer à moi.

10. Sur le thème de la vie comme œuvre d'art (esthétique de l'existence), cf. cours du 17 mars, première heure et *infra*, p. 416, note 14.

11. Cf. les déclarations dans le même sens in *Dits et Écrits*, IV, n° 326, p. 410.

12. Sur une analyse du pouvoir en termes stratégiques (en opposition au modèle juridique), cf. *Dits et Écrits*, III, n° 169, p. 33, et n° 218, p. 418-428.

13. Sur la critique d'une conception juridique du pouvoir, cf. le texte classique de Foucault dans *La Volonté de savoir*, Paris, Gallimard, 1976, p. 177-211 ; *« Il faut défendre la société ». Cours au Collège de France, 1975-1976*, éd. s.dir. F. Ewald & A. Fontana, par M. Bertani & A. Fontana, Paris, Gallimard/Seuil, 1997, *passim* ; *Dits et Écrits*, IV, n ° 304, p. 214, et n° 306, p. 241.

14. Pour une présentation similaire de son œuvre (la figure du fou dans *Histoire de la folie* et du délinquant dans *Surveiller et Punir*), réarticulée autour de la notion de sujet, cf. *Dits et Écrits*, IV, n° 295, p. 170 ; n° 306, p. 227 ; n° 345, p. 633 ; n° 349, p. 657.

15. Sur les gnostiques, cf. cours du 6 janvier, première heure, et *supra*, p. 25-26, note 49.

16. À propos de la reprise de passages de Musonius Rufus dans *Le Pédagogue* (II, 10) de Clément d'Alexandrie, cf. par exemple l'analyse de Foucault dans *Le Souci de soi, op. cit.*, p. 198. Foucault avait beaucoup lu l'ouvrage classique de M. Spanneut, *Le Stoïcisme des Pères de l'Église, de Clément de Rome à Clément d'Alexandrie*, Paris, Éd. du Seuil, 1957.

17. Sur la difficulté à parler de « morale chrétienne », cf. début du cours du 6 janvier, première heure.

18. Disciple dissident de Zénon, Ariston de Chio ne se contente pas de négliger la logique (inutile) et la physique (inaccessible), il soutient encore un moralisme radical consistant en l'affirmation que, hors la vertu, tout se vaut également (postulat d'indifférence, empêchant la prescription de devoirs moyens). Certains soutiennent que c'est sa lecture qui détermina la conversion de Marc Aurèle à la philosophie. Cf. la notice de C. Guérard sur ce philosophe dans le *Dictionnaire des philosophes antiques*, éd. citée, p. 400-403.

19. « Le "lieu" physique et le "lieu" logique, il les supprimait, disant que l'un nous dépasse, l'autre ne nous concerne pas et que seul le "lieu" éthique nous concerne » (Diogène Laërce, *Vies et Doctrines des philosophes illustres*, livre VII, 160, « Ariston », trad. s.dir. M.-O. Goulet-Cazé, éd. citée, p. 884 ; Sénèque reprend la même présentation dans ses lettres 89, 13, et 94, 2, à Lucilius).

20. Cf. la présentation de Sénèque : « Cette partie de la philosophie qui donne les préceptes *(praecepta)* propres à chaque personne, qui ne forme pas l'homme en général, mais prescrit au mari la conduite à tenir avec sa femme, au père la manière d'élever ses enfants, au maître celle de gouverner ses esclaves, a été seule reçue de certains théoriciens ; ils ont laissé là tout le reste, où ils ne voyaient que des digressions sans rapport avec nos besoins, comme si l'on pouvait formuler des prescriptions sur des points de détail sans avoir d'abord embrassé tout l'ensemble de la vie humaine. Au contraire, Ariston le stoïcien estime que cette partie de la philosophie n'est aucunement solide et ne pénètre pas jusqu'au cœur, n'étant faite que de proverbes de bonne femme. Rien n'est selon lui plus profitable que la pure philosophie dogmatique *(decreta philosophiae)* » (*Lettres à Lucilius*, t. IV, livre XV, lettre 94, 1-2, p. 66).

21. L'œuvre du médecin Galien de Pergame (129-200) est impressionnante : elle compte des dizaines de milliers de pages et couvre l'ensemble des sciences médicales de son temps. Très vite traduite en arabe, elle s'imposera jusqu'à la Renaissance comme monument incontournable. On peut mentionner encore, pour le IIe siècle, les ouvrages d'Élien de Préneste (172-235), compilation de connaissances naturelles et historiques *(Histoire variée, Caractéristique des animaux)*. On se souviendra enfin, pour la langue latine, que la grande *Histoire naturelle* de Pline date du Ier siècle, comme les livres de Celse.

22. « Quarante mille volumes furent brûlés à Alexandrie. Que d'autres vantent ce splendide monument de la munificence royale, comme Tite-Live, qui l'appelle le chef-d'œuvre du goût et de la sollicitude des rois. Je ne vois là ni goût ni sollicitude, mais une orgie de littérature ; et quand je dis de littérature, j'ai tort, le souci des lettres n'y entrait pour rien : ces belles collections n'étaient constituées que pour la montre » (Sénèque, *De la tranquillité de l'âme*, IX, 5, éd. citée, p. 90).

23. Les recommandations de lecture se trouvent essentiellement dans la lettre 2 *(Lettres à Lucilius,* t. I, livre I, p. 5-7).

24. Cf. cours du 27 février, deuxième heure, et cours du 3 mars, première heure.

25. *Lettres à Lucilius,* t. III, livre XI, lettre 88 (p. 158-172).

26. Sur la datation des *Questions naturelles,* cf. cours du 20 janvier, première heure, et *supra,* p. 99, note 27.

27. Ce sont les dernières lettres à Lucilius (106, 2 ; 108, 39 ; 109, 17) qui nous parlent de la rédaction des *Moralis philosophiae libri,* ce qui suppose une rédaction autour de l'année 64.

28. Foucault se sert à nouveau ici de la vieille édition des textes de Sénèque *(Œuvres complètes de Sénèque le philosophe,* éd. citée, p. 434-436).

29. « Je n'ignore pas, mon excellent ami, de quel vaste édifice je pose les fondements, à mon âge *(senex),* moi qui veux parcourir le cercle de l'univers, et découvrir les principes des choses et leurs secrets *(qui mundum circuire constitui, et causas secretaque ejus eruere),* pour les porter à la connaissance des hommes » *(id.,* p. 434).

30. Cf. cours du 20 janvier, deuxième heure.

31. « Quand pourrai-je mettre à fin tant de recherches, réunir tant de faits épars, pénétrer tant de mystères ? La vieillesse est là qui me presse et me reproche les années sacrifiées à de vaines études *(objicit annos inter vana studia consumptos)* ; nouveau motif pour me hâter et pour réparer par le travail les lacunes d'une vie mal occupée *(damna aetatis male exemptae labor sarciat)* » *(Questions naturelles,* in *Œuvres complètes de Sénèque le philosophe,* p. 434).

32. « Faisons ce qu'on fait en voyage ; parti trop tard, on rachète le délai par la vitesse *(velocitate)* » *(ibid.).*

33. « Tu veux t'occuper de ton âme *(vacare animo)* : sois pauvre ou vis en pauvre » *(Lettres à Lucilius,* t. I, livre II, lettre 17, 5, p. 68).

34. L'édition des Belles Lettres ne reçoit pas cette leçon, mais : « *ad contemplationem sui saltem in ipso fine respiciat* » (traduit par Oltramare : « que, dans ses derniers moments [l'esprit] ne s'intéresse plus qu'à l'examen de ce qu'il est » *(Questions naturelles,* t. I, p. 113).

35. « Joignons la nuit au jour, retranchons des soins inutiles ; laissons là le souci d'un patrimoine trop éloigné de son maître ; que l'esprit soit tout à lui-même et à sa propre étude, et qu'au moment où la fuite de l'âge est le plus rapide, nos regards se

reportent du moins sur nous *(sibi totus animus vacet, et ad contemplationem sui saltem in ipso fugae impetu respiciat)* » *(loc. cit. supra,* note 31).

36. « Combien n'est-il pas plus sage d'étouffer ses propres passions, que de raconter à la postérité celle des autres ? » *(ibid.).*

37. « Ah ! plutôt enquérons-nous de ce qui doit se faire *(quid faciendum sit),* au lieu de ce qui s'est fait » *(ibid.).*

38. Sur la condamnation des chroniques d'Alexandre et l'exaltation de l'*exemplum* de Caton ou de Scipion, cf. les lettres 24, 25, 86, 94, 95, 98, 104 de Sénèque à Lucilius. Caton est donné encore à penser par Sénèque comme idéal de sagesse dans *De la constance du sage,* VII, 1, et *De la providence,* II, 9.

39. *Œuvres complètes de Sénèque le philosophe,* p. 435-436.

40. « Ce qu'il y a de grand, c'est que cette âme, forte et inébranlable aux revers, repousse les voluptés, et même les combatte à outrance » *(id.,* p. 435).

41. « Ce qu'il y a de plus grand ? [...] prétendre au seul trésor que nul ne vous disputera, la sagesse *(bonam mentem)* » *(ibid.).*

COURS DU 17 FÉVRIER 1982

Deuxième heure

Fin de l'analyse de la préface à la troisième partie des Questions naturelles. *– Étude de la préface à la première partie. – Le mouvement de l'âme
connaissante chez Sénèque : description ; caractéristique générale ; effet en
retour. – Conclusions : implication essentielle de la connaissance de soi et
de la connaissance du monde ; effet libérateur du savoir du monde ; irréductibilité au modèle platonicien. – La vue plongeante.*

Donc, revenons à cette préface de la troisième partie des *Questions
naturelles*. Sénèque parcourt le monde. Or il est vieux. Quand on est
vieux, il faut s'occuper de son domaine à soi. S'occuper de son domaine
à soi, ça ne veut certainement pas dire : lire les chroniques des historiens
qui racontent les exploits des rois. C'est beaucoup plutôt : vaincre ses
propres passions, être ferme devant l'adversité, résister à la tentation, se
fixer comme objectif son propre esprit, et être prêt à mourir. Arrivé à ce
point, comment est-ce que Sénèque raccroche à cet objectif, ainsi défini
par opposition aux chroniques historiques, la possibilité et la nécessité
de parcourir le monde ? Eh bien, je crois que l'amorce du retour à la
connaissance de la nature, sur l'utilité de laquelle il s'interrogeait, est
dans la dernière phrase que je vous ai lue : « Ce qu'il y a de grand, c'est
d'avoir son âme sur le bord des lèvres et prête à partir ; on est libre alors
non par droit de cité, mais par droit de nature *(non e jure Quiritium libe-
rum, sed e jure naturae)*[1] ». Par droit de nature, on est libre. On est libre,
mais libre de quoi ? En quoi consiste cette liberté qui nous est donnée,
lorsque donc on a pratiqué ces différents exercices, mené ces différents
combats, fixé cet objectif, pratiqué la méditation de la mort et accepté
qu'elle arrive ? En quoi consiste cette liberté qui est ainsi acquise ?
Qu'est-ce qu'être libre ? demande Sénèque. Et il répond : Être libre,
c'est *effugere servitutem*[2]. C'est fuir la servitude, bien sûr, mais servitude de quoi ? *Servitutem sui* : la servitude de soi. Affirmation qui est
évidemment considérable, dès lors qu'on se rappelle tout ce que le stoï-

cisme dit, tout ce que Sénèque dit partout ailleurs sur le soi, le soi qu'il faut libérer de tout ce qui peut l'asservir, le soi qu'il faut protéger, qu'il faut défendre, qu'il faut respecter, auquel il faut rendre un culte, qu'il faut honorer : *therapeuein heauton* (se rendre un culte à soi-même)[3]. Ce soi, il faut l'avoir pour objectif. Il le dit lui-même lorsque, un peu plus haut dans le texte, il parle de cette contemplation de soi : il faut avoir soi devant ses propres yeux, ne pas le quitter des yeux et ordonner toute sa vie à ce soi que l'on s'est fixé comme objectif à soi-même ; ce soi, enfin, dont Sénèque nous dit si souvent que c'est en étant en contact avec lui, en proximité de lui, en présence de lui que l'on peut éprouver la plus grande volupté, la seule joie, le seul *gaudium* qui soit légitime, qui soit sans fragilité, qui ne soit exposé à aucun danger ni livré à aucune rechute[4]. Comment peut-on à la fois dire que le soi est donc cette chose à honorer, à poursuivre, à garder devant les yeux, auprès de laquelle on éprouve cette volupté absolue, et dire qu'il faut s'affranchir de soi ?

Or – là le texte de Sénèque est parfaitement clair – la servitude de soi, la servitude à l'égard de soi-même est ici définie comme ce contre quoi nous devons lutter. Développant cette proposition – être libre, c'est fuir la servitude de soi-même –, il dit ceci : Être esclave de soi-même *(sibi servire),* c'est la plus grave, la plus lourde *(gravissima)* de toutes les servitudes. Deuxièmement, c'est une servitude assidue, c'est-à-dire qu'elle pèse sur nous sans arrêt. Jour et nuit, dit Sénèque, sans intervalle et sans congé *(intervallum, commeatus).* Troisièmement, elle est inéluctable. Et par « inéluctable », il ne dit pas, vous allez le voir, qu'elle est tout à fait insurmontable. Il dit, en tout cas, qu'elle est inévitable, que nul n'en est dispensé : nous partons toujours de là. Cependant contre cette servitude, qui est donc si lourde, si assidue, dans laquelle on ne trouve pas de rémission et qui nous est de toute façon imposée, on peut lutter. Il est facile de la secouer, dit-il, et ceci à deux conditions. Ces deux conditions, ce sont celles-ci : premièrement, à condition que l'on cesse de beaucoup demander à soi-même. Et ce qu'il veut dire par là, il l'explicite un peu plus loin : beaucoup demander à soi-même, c'est se donner beaucoup de mal, s'imposer à soi-même beaucoup de peines et de labeur pour, par exemple, mener ses affaires, exploiter ses terres, travailler le sol, plaider au forum, assiéger les assemblées politiques, etc.[5] Bref, c'est imposer à son soi toute cette série d'obligations qui sont celles de la vie active traditionnelle. Et deuxièmement, on peut se libérer de cette servitude de soi en ne s'accordant pas ce que d'ordinaire on s'attribue en quelque sorte en salaire, en rétribution et récompense de ce travail que nous avons fait. « *Mercedem sibi referre* » (rapporter à soi-même du profit), c'est cela qu'il faut cesser de faire si l'on veut se libérer de soi[6]. Vous voyez par conséquent que, bien que très brièvement indiquée dans ce texte, cette servitude à l'égard de soi-même est décrite par Sénèque comme une série d'engagements, d'activités et de récompenses : une sorte d'obligation-endettement de soi et à l'égard de soi. C'est ce type-là de rapport à soi dont il faut se libérer. On s'impose à soi un certain nombre d'obligations et on essaie d'en retirer un certain nombre de profits (profit financier, profit de gloire, profit de réputation, profit concernant les plaisirs du corps et de la vie, etc.). On vit à l'intérieur de ce système obligation-récompense, de ce système d'endettement-activité-plaisir. C'est cela qui constitue le rapport à soi dont on doit se libérer. Et, par conséquent, se libérer de ce rapport à soi va consister en quoi ? Eh bien, c'est là que Sénèque pose le principe que se libérer de ce type-là de rapport à soi – de ce système obligation- endettement, si vous voulez –, c'est l'étude de la nature qui nous le permettra. Et Sénèque termine tout ce développement de la préface à la troisième partie des *Questions naturelles* en disant : « *proderit nobis inspicere rerum naturam* » (à cette libération nous servira de regarder, d'inspecter la nature des choses). Dans ce texte Sénèque ne va pas au-delà de cette affirmation que ce soi dont il faut se libérer, c'est ce rapport à soi, et que l'étude de la nature nous assure cette libération.

Et alors c'est là où on peut se reporter, je crois, à la préface de la première partie, par-dessus laquelle j'ai sauté pour en arriver à ce texte qui est, lui, beaucoup plus proche des questions personnelles à Sénèque : pourquoi, vieux, se livre-t-il à cette étude ? Et alors là, dans la préface à la première partie, on a au contraire ce qu'on pourrait appeler la théorie générale et abstraite de l'étude de la nature comme opérateur de la libération de soi, au sens que je viens de dire. Cette préface commence par la distinction entre deux parties de la philosophie, qui est tout à fait conforme à ce qu'on trouve dans d'autres textes de Sénèque. Il y a, dit-il, deux parties de la philosophie : celle qui s'occupe, qui concerne, qui regarde les hommes *(ad homines spectat)*. Cette partie-là de la philosophie, elle dit *quid agendum in terris* (ce qu'il faut faire sur la terre). Et puis il y a une autre partie de la philosophie. Et cette autre partie, elle ne regarde pas les hommes, elle regarde les dieux *(ad deos spectat)*[7]. Et cette partie-là de la philosophie, elle nous dit *quid agatur in caelo* (ce qui se passe dans le ciel). Entre ces deux parties de la philosophie – celle qui regarde les hommes, nous disant ce qu'il faut faire ; et celle qui regarde le ciel et qui nous dit ce qui s'y passe, – eh bien, il y a, dit-il, une très grande différence. Il y a autant de différence entre la première et la seconde de ces philosophies qu'entre les arts ordinaires *(artes)* et la philosophie elle-même. Ce que les différentes connaissances, ce que les arts libéraux, dont il parlait dans la lettre 88[8], sont à la philosophie, eh bien, la philosophie qui regarde vers les hommes l'est à la philosophie qui regarde vers les dieux. Entre ces deux formes de philosophie, vous voyez donc qu'il y a écart d'importance, écart de dignité. Il y a aussi, et c'est un autre point à souligner, un ordre de succession, qui est d'ailleurs mis en œuvre par Sénèque dans ses autres textes : quand on lit la série des lettres à Lucilius, les considérations qui concernent l'ordre du monde et la nature en général viennent bien, en effet, après une très longue série de lettres concernant ce qu'il faut faire dans l'action quotidienne. Vous trouvez ça également formulé très simplement dans la lettre 65, où Sénèque dit à Lucilius qu'il faut : « *primum se scrutari, deinde mundum* » (d'abord s'examiner soi-même, se prendre en considération soi-même et ensuite le monde)[9]. Eh bien, cette succession entre les deux formes de philosophie – celle qui regarde les hommes et celle qui regarde les dieux –, elle est appelée par l'incomplétude de la première par rapport à la seconde, et par le fait que la seconde (la philosophie qui regarde les dieux) peut seule achever la première. La première – celle qui regarde les hommes : « quoi faire ? » – permet, dit Sénèque, de conjurer les erreurs. Elle apporte sur terre la lumière qui permet de discerner les voies ambiguës de la vie. Mais la seconde, elle, ne se contente pas d'utiliser en quelque sorte cette lumière pour éclairer les chemins de la vie. Elle nous conduit, en nous arrachant aux ténèbres, jusqu'à la source de la lumière : « *illo perducit, unde lucet* » (elle nous conduit jusqu'en ce lieu d'où nous vient la lumière). Il s'agit donc dans cette seconde forme de philosophie de tout autre chose, bien entendu, que d'une connaissance des règles de l'existence et du comportement, mais vous voyez aussi qu'il s'agit dans cette seconde forme de philosophie de tout autre chose que d'une connaissance tout court. Il s'agit de nous arracher aux ténèbres d'ici-bas et de nous conduire *(perducere)* jusqu'en ce point d'où nous vient la lumière. Il s'agit donc d'un mouvement réel du sujet, mouvement réel de l'âme qui s'élève ainsi au-dessus du monde et qui est arrachée aux ténèbres, à ces ténèbres qui sont le fait de ce monde-ci, [...] mais qui est bien un déplacement du sujet lui-même. Eh bien, ce mouvement a, je crois – là je schématise, vous me le pardonnerez – quatre caractéristiques.

Premièrement, ce mouvement constitue une fuite, un arrachement par rapport à soi-même, arrachement qui achève et complète le détachement à l'égard des défauts et des vices. Et il le dit dans cette préface à la première partie des *Questions naturelles* : Tu as fui, dit-il, les vices de l'âme – et ici, très manifestement, Sénèque se réfère à ses autres lettres à Lucilius, à tout ce travail de direction de conscience qu'il a fait, en un point et en un moment où effectivement ce combat intérieur contre les vices et les défauts est achevé : c'est à ce moment-là qu'il lui envoie les *Questions naturelles*. Tu as fui les vices de l'âme, tu as cessé de composer ton visage et ton langage, tu as cessé de mentir, de faire illusion (toute la théorie de la flatterie active et passive), tu as renoncé à l'avarice, à la luxure, à l'ambition, etc. Et pourtant, dit-il, c'est comme si tu n'avais rien fait : « *multa effugisti, te nondum* » (tu as fui beaucoup de choses, mais tu ne t'es pas fui toi-même). C'est donc cette fuite à l'égard de soi-même, au sens que je vous disais tout à l'heure, que la connaissance de la nature va pouvoir assurer. Deuxièmement, ce mouvement qui nous conduit jusqu'au point d'où vient la lumière, nous conduit jusqu'à Dieu, non pas cependant sous la forme d'une perte de soi-même en Dieu ou d'un mouvement qui s'abîmerait en Dieu, mais sous la forme qui nous permet de nous retrouver, dit le texte, « *in consortium Dei* » : dans une sorte de co-naturalité ou de co-fonctionna-lité par rapport à Dieu. C'est-à-dire que la raison humaine est de même nature que la raison divine. Elle en a les mêmes propriétés et elle en a le même rôle et la même fonction. Ce que la raison divine est au monde, la raison humaine doit l'être à l'homme lui-même. Troisièmement, dans ce mouvement donc qui nous porte jusqu'à la lumière, nous arrache à nous-même, nous met dans le *consortium Dei*, nous nous élevons vers le point le plus haut. Mais en même temps, au moment même où nous sommes ainsi en quelque sorte portés au-dessus de ce monde, de cet univers où nous sommes – ou plutôt : au moment où nous sommes por-tés au-dessus des choses au niveau desquelles nous nous trouvons dans ce monde –, à ce moment-là nous pouvons, par là même, pénétrer dans le secret le plus intérieur de la nature : « *in interiorem naturae sinum [venit]* » (l'âme gagne le sein, le giron le plus intérieur, le plus intime de la nature)[10].

Comprenons bien, j'y reviendrai tout à l'heure, la nature et les effets de ce mouvement. Il ne s'agit pas d'un arrachement de ce monde-ci à un autre monde. Il ne s'agit pas de se dégager d'une réalité pour parvenir à quelque chose qui serait une autre réalité. Il ne s'agit pas de quitter un monde d'apparences pour atteindre enfin une sphère qui serait celle de la vérité. Il s'agit d'un mouvement du sujet qui s'opère et s'effectue dans le monde – allant effectivement vers le point d'où vient la lumière, gagnant effectivement une forme qui est la forme même de la raison divine – qui nous place, en tant que nous sommes dans le *consortium Dei*, au sommet même, au point le plus haut *(altum)* de cet univers. Mais nous ne quittons pas cet univers et ce monde, et au moment même où nous sommes au sommet de ce monde, par là même, l'intériorité, les secrets et le sein même de la nature s'ouvrent à nous. Enfin, et par là même, vous voyez que ce mouvement qui nous place au plus haut du monde, et en même temps nous ouvre les secrets de la nature, va nous permettre de jeter de haut un regard vers la terre. Au moment même où, participant [de] la raison divine, nous saisissons le secret de la nature, nous pouvons saisir le très peu que nous sommes. J'insiste sur tout ceci, vous avez bien reconnu pourquoi, j'y reviendrai d'ailleurs tout à l'heure : vous voyez combien nous sommes loin, malgré un certain nombre d'analogies, du mouvement platonicien. Alors que le mouvement platonicien consiste à se détourner de ce monde-ci pour regarder vers un autre – quitte d'ailleurs à ce que les âmes (qui auront goûté par la réminiscence et retrouvé la réalité qu'elles ont vue) soient amenées – plus de force que de gré – vers ce monde-ci pour le gouverner –, le mouvement stoïcien défini par Sénèque est d'une tout autre nature. Il s'agit d'une sorte de recul par rapport au point où nous sommes. Cette libération fait que, en quelque sorte sans nous quitter jamais nous-même des yeux, sans quitter jamais des yeux ce monde auquel nous appartenons, nous gagnons les régions les plus hautes du monde. Nous atteignons le point d'où Dieu même voit le monde et, sans nous être jamais véritablement retournés par rapport à ce monde-ci, nous voyons le monde auquel nous appartenons, et par conséquent nous pourrons nous voir nous-même dans ce monde. Ce regard, que l'on obtient ainsi par cette espèce de mouvement de recul par rapport à ce monde-ci, et de montée jusqu'au sommet du monde d'où s'ouvrent les secrets de la nature, va nous permettre quoi ?

Eh bien, il va nous permettre de saisir la petitesse et le caractère factice et artificiel de tout ce qui nous a paru, avant que nous soyons libérés, être le bien. Richesses, plaisirs, gloire : tous ces événements passagers vont reprendre leur véritable dimension, à partir du moment où, grâce à ce mouvement de recul, nous serons arrivés au point le plus haut et où les secrets de l'ensemble du monde nous seront ouverts. C'est une fois, dit-il, qu'on a parcouru le monde entier (« *mundum totum circuire* » : vous voyez que nous retrouvons exactement l'expression que je vous avais lue au début de la préface du troisième livre[11]), c'est une fois que l'on a fait le parcours du monde dans son cercle général, c'est en regardant du haut le cercle des terres (« *terrarum orbem super ne despiciens* »), c'est à ce moment-là que l'on peut mépriser toutes les fausses splendeurs aménagées par les hommes (les plafonds d'ivoire, les forêts transformées en jardins, les fleuves détournés dans leur cours, etc.[12]). C'est de ce point de vue aussi – le texte ne le dit pas mais vous voyez bien comment les deux préfaces se répondent – que l'on peut replacer ces fameuses gloires historiques dont Sénèque disait, dans le texte que je vous citais tout à l'heure[13], que c'était d'elles qu'il fallait se détourner. Ce ne sont pas elles qui sont importantes parce que, revues du haut de ce point où nous sommes maintenant placés par le parcours de la nature tout entière, nous voyons combien elles comptent et durent peu de choses. Et c'est là ce qui nous permet, une fois que nous sommes arrivés à ce point, non seulement d'écarter, de disqualifier toutes les fausses valeurs, tout ce faux commerce à l'intérieur duquel nous étions pris, mais de prendre la mesure de ce que nous sommes effectivement sur la terre, la mesure de notre existence – de cette existence qui n'est qu'un point, un point dans l'espace et un point dans le temps –, de notre petitesse. D'en haut, dit Sénèque, que sont pour nous les armées, si nous les voyons après avoir parcouru le grand cycle du monde ? Toutes les armées ne sont rien de plus que des fourmis. Comme les fourmis, en effet, elles s'agitent beaucoup, mais sur un tout petit espace. « C'est sur un point », dit-il, et rien de plus qu'un point, « que vous naviguez[14] ». Vous croyez avoir parcouru d'immenses espaces : vous êtes restés sur un point. C'est sur un point que vous faites la guerre, c'est sur un point et un point seulement que vous distribuez les empires. Vous voyez que ce à quoi va servir ce grand parcours de la nature, ce n'est donc pas [à] nous arracher au monde : c'est [à] nous permettre de nous ressaisir nous-même là où nous sommes. Non pas du tout dans un monde d'irréalités, dans un monde d'ombres et d'apparences, ce n'est pas pour nous détacher de quelque chose qui ne serait que de l'ombre, pour nous retrouver dans un monde qui ne serait plus que de la lumière : c'est pour mesurer très exactement l'existence parfaitement réelle que nous sommes, mais qui n'est qu'une existence ponctuelle. Ponctuelle dans l'espace, ponctuelle dans le temps. Être pour nous-même, à nos propres yeux, ce que nous sommes, à savoir un point, nous ponctualiser dans le système général de l'univers : c'est cette libération-là qu'effectue réellement le regard que nous pouvons porter sur le système entier des choses de la nature. Alors on peut maintenant tirer un certain nombre de conclusions, si vous le voulez, sur ce rôle de la connaissance de la nature dans le souci de soi et dans la connaissance de soi.

Première conséquence, il n'est pas question dans cette connaissance de soi de quelque chose comme une alternative : ou on connaît la nature, ou on se connaît soi-même. En fait, on ne peut se connaître soi-même comme il faut qu'à la condition qu'en effet on ait sur la nature un point de vue, une connaissance, un savoir large et détaillé qui nous permet précisément d'en connaître non seulement l'organisation globale, mais jusqu'aux détails. Alors que l'analyse épicurienne, la nécessité épicurienne de connaître la physique avait essentiellement pour rôle et pour fonction de nous libérer des peurs, des craintes et des mythes par lesquels nous étions encombrés depuis notre naissance, la nécessité stoïcienne, la nécessité ici chez Sénèque de connaître la nature, n'est pas tellement, ou en tout cas pas seulement, de dissiper ces craintes, quoique cette dimension-là existe aussi. Il s'agit surtout, dans cette forme-là de connaissance, de nous ressaisir nous-même là où nous sommes, en ce point que nous sommes, c'est-à-dire de nous replacer à l'intérieur d'un monde entièrement rationnel et rassurant qui est celui d'une Providence divine ; Providence divine qui nous a placés là où nous sommes, qui nous a donc situés à l'intérieur d'un enchaînement de causes et d'effets particuliers, nécessaires et raisonnables, qu'il nous faut bien accepter si nous voulons effectivement nous libérer de cet enchaînement sous la forme, qui est la seule possible, de la reconnaissance de la nécessité de cet enchaînement. Connaissance de soi et connaissance de la nature sont donc non pas en position d'alternative, mais absolument liées. Et vous voyez – c'est un autre aspect de cette question des rapports – que la connaissance de soi n'est aucunement la connaissance de quelque chose comme une intériorité. Rien à voir avec ce qui pourrait être l'analyse de soi, de ses secrets (de ce que les chrétiens appelleront ensuite *arcana conscientiae*). La profondeur de soi-même, les illusions que l'on se fait sur soi-même, les mouvements secrets de l'âme, etc., nous verrons plus tard qu'il faut les contrôler. Mais l'idée d'une exploration, l'idée qu'on a là un domaine de connaissances spécifiques qu'il faut avant toute chose connaître et débrouiller – tant le pouvoir d'illusion peut être grand sur nous-même, à l'intérieur de nous-même, et du fait de la tentation –, tout ceci est absolument étranger à l'analyse de Sénèque. Au contraire, si « se connaître soi-même » est lié à la connaissance de la nature, si, dans cette recherche de soi, connaître la nature et [se] connaître soi-même sont liés l'un à l'autre, c'est dans la mesure où la connaissance de la nature nous révélera que nous ne sommes rien de plus qu'un point, un point dont l'intériorité ne fait évidemment pas problème. Le seul problème qui se pose à ce point, c'est précisément à la fois de se situer là où il est et d'accepter le système de rationalité qui l'a inséré en ce point-là du monde. Voilà le premier ensemble de conclusions que je voudrais tirer sur la connaissance de soi et la connaissance de la nature, leur lien et le fait que la connaissance de soi n'est en rien, et n'approche en rien, quelque chose comme ce que sera plus tard l'exégèse du sujet par lui-même.

Deuxièmement, vous voyez que cet effet du savoir de la nature, de ce grand regard qui parcourt le monde, ou qui, reculant par rapport au point où nous sommes, finit par saisir l'ensemble de la nature, est d'être libératoire. Pourquoi ce savoir de la nature nous libère ? Vous voyez qu'il ne s'agit aucunement dans cette libération de quelque chose comme un arrachement à ce monde-ci, comme la translation à un autre monde, comme la rupture et l'abandon de ce monde-ci. Il s'agit beaucoup plutôt de deux effets essentiels. Premièrement : obtenir une sorte de tension maximale entre ce soi en tant qu'il est raison – et par conséquent à ce titre : raison universelle, de même nature que la raison divine – et le soi en tant qu'élément individuel, placé ici et là dans le monde, en un endroit parfaitement restreint et délimité. C'est là le premier effet de ce savoir de la nature : établir la tension maximale entre le soi comme raison et le soi comme point. Et deuxièmement, le savoir de la nature est libérateur dans la mesure où il nous permet, non pas du tout de nous détourner de nous-même, de détourner notre regard de ce que nous sommes, mais au contraire de mieux l'ajuster et de prendre continûment sur nous-même une certaine vue, d'assurer une *contemplatio sui* dans laquelle l'objet de cette contemplation sera : nous à l'intérieur du monde, nous en tant que nous sommes liés dans notre existence à un ensemble de déterminations et de nécessités dont nous comprenons la rationalité. Vous voyez bien par conséquent que « ne pas se perdre de vue » et « parcourir du regard l'ensemble du monde », ce sont deux activités qui sont absolument indissociables l'une de l'autre, à la condition qu'il y ait eu ce mouvement de recul, ce mouvement spirituel du sujet, établissant de lui-même à lui-même le maximum de distance, et faisant que le sujet arrive, au sommet du monde, à devenir *consortium Dei* : au plus proche de Dieu, participant à l'activité de la rationalité divine. Il me semble que tout ceci est parfaitement résumé dans une phrase, que l'on trouve dans la lettre 66 à Lucilius, où il dit – il s'agit de la très longue et très importante description de ce qu'est l'âme vertueuse – que l'âme vertueuse, c'est une âme « en communication avec tout l'univers, et attentive à en explorer tous les secrets » (« *toti se inserens mundo et in omnis ejus actus contemplationem suam mittens* »). « Tous les *actus* », on pourrait dire, à la limite : tous les actes et processus. Donc l'âme vertueuse est une âme qui est en communication avec tout l'univers, qui est attentive à la contemplation de tout ce qui en constitue les événements, les actes, les processus. Alors, « elle se contrôle elle-même dans ses actions comme dans ses pensées » *(cogitationibus actionibusque intentus ex aequo).* S'insérer dans le monde et non pas s'en arracher, explorer les secrets du monde au lieu de se détourner vers les secrets intérieurs, c'est en cela que consiste la « vertu » de l'âme[15]. Mais par là même et par le fait qu'elle est « en communication avec tout l'univers » et qu'elle en « explore tous les secrets », par là même elle peut contrôler ses actions, « se contrôler dans ses actions et dans ses pensées ».

Enfin, la troisième conclusion que je voudrais tirer serait celle-ci : c'est que, vous le voyez, on est là tout de même tout proches d'un mouvement qu'on pourrait penser de type platonicien. Il est évident que les souvenirs, les références, les termes mêmes de Platon sont tout proches, sont présents effectivement dans ce texte de la préface à la première partie des *Questions naturelles.* Vous retrouveriez aussi des textes de ce genre dans d'autres passages de Sénèque. Je pense ainsi à la lettre 65, où Sénèque dit ceci : « Qu'est-ce que notre corps ? Un poids sur l'âme pour son supplice. Il opprime l'âme, il l'accable, il la tient dans les chaînes, mais la philosophie a paru, et voici qu'elle convie l'âme à respirer en présence de la nature ; elle lui a fait abandonner la terre pour les réalités divines. C'est ainsi que l'âme devient libre, c'est ainsi qu'elle se donne de l'essor. De temps à autre elle s'évade de son cachot et se recrée en jouissant du ciel [par le ciel : *caelo reficitur* ; M.F.][16]. » Et cette réminiscence est si clairement platonicienne, aux yeux même de Sénèque, qu'il fait une espèce de petite mythologie de la caverne. Et il dit : Ainsi les artisans (qui travaillent dans leur boutique sombre, ombragée et enfumée) aiment beaucoup quitter leur boutique pour aller se promener à l'air libre, à la libre lumière *(libera luce),* « ainsi l'âme, enfermée dans son logis triste et obscur, s'élance chaque fois qu'elle le peut vers les espaces pour se reposer dans la contemplation de la nature[17] ». On est donc tout proches de thèmes et d'une forme platoniciens. On pourrait citer aussi le texte du *De Brevitate vitae* qui est bien antérieur. C'est un texte, vous savez, qu'il avait adressé à son beau-père[18] qui était préfet de l'annone et avait donc à s'occuper du ravitaillement de Rome[19]. Et il lui dit : Tout de même, compare un peu ce que c'est que de s'occuper du blé (de ses prix, de son engrangement, de veiller à ce qu'il ne pourrisse pas, etc.) à une autre activité, qui serait celle de savoir ce qu'est Dieu, la substance de Dieu *(materia),* son plaisir *(voluptas),* sa condition et sa forme. Compare les occupations qui sont les tiennes à celles qui consisteraient à connaître l'organisation de l'univers, la révolution des astres. Veux-tu bien, ayant quitté le sol *(relicto solo),* tourner vers ces choses (la nature de Dieu, l'organisation de l'univers, la révolution des astres, etc.) les yeux de ton esprit ?[20] Il y a là des références platoniciennes évidentes. Mais il me semble que l'existence indéniable de ces références – je vous le disais tout à l'heure, je voudrais y revenir parce que c'est important – ne doit pas faire illusion. Le mouvement de l'âme que décrit Sénèque à travers les images platoniciennes est, je crois, très différent de ce qu'on trouve chez Platon et relève d'une trame, d'une structure spirituelle tout autre. Dans ce mouvement de l'âme, que Sénèque décrit comme, en effet, une sorte d'arrachement au monde, un passage de l'ombre à la lumière, etc., premièrement vous voyez qu'il n'y a pas de réminiscence, même s'il est vrai que la raison se reconnaît en Dieu. Il s'agit, beaucoup plus que d'une redécouverte de l'essence de l'âme, d'un parcours à travers le monde, d'une enquête à travers les choses du monde et leurs causes. Il ne s'agit donc absolument pas, pour l'âme, de se replier sur elle-même, de s'interroger sur elle-même pour retrouver en elle-même le souvenir des formes pures qu'elle a vues autrefois. Il s'agit au contraire de voir actuellement les choses du monde, d'en saisir actuellement les détails et les organisations. Il s'agit actuellement, et à travers cette enquête effective, de comprendre quelle est la rationalité du monde pour, à ce moment-là, reconnaître que la raison qui a présidé à l'organisation du monde, et qui est la raison même de Dieu, est de même type que notre raison qui nous permet de la connaître. C'est cette découverte de la co-naturalité, de la co-fonctionnalité de la raison humaine et de la raison divine qui se fait, encore une fois, non pas sous la forme de la réminiscence de l'âme se mirant elle-même, mais qui se fait là par le mouvement de la curiosité de l'esprit parcourant l'ordre du monde : première différence. La deuxième différence, par rapport au mouvement platonicien, c'est que, vous le voyez, il n'y a absolument pas là de passage à un autre monde. Le monde auquel on accède par ce mouvement que décrit Sénèque, c'est le monde dans lequel nous sommes. Et tout le jeu, tout l'enjeu même de ce mouvement, c'est précisément de ne jamais perdre de vue aucun des éléments qui caractérisent le monde dans lequel nous sommes et qui caractérisent plus particulièrement encore la situation qui est la nôtre, au lieu même où nous sommes. On ne doit jamais perdre cela de vue. On s'en éloigne en quelque sorte en reculant. Et en reculant on voit s'élargir le contexte à l'intérieur duquel nous sommes placés, et on ressaisit ce monde tel qu'il est, ce monde où nous sommes. Ce n'est donc pas un passage à un autre monde. Ce n'est pas le mouvement par lequel on se détournerait de ce monde-ci pour regarder ailleurs. C'est le mouvement par lequel, sans jamais perdre de vue et ce monde-ci, et nous qui sommes dedans, et ce que nous sommes à l'intérieur de ce monde, il nous [est permis] de saisir ce monde dans sa globalité. Enfin vous le voyez, il ne s'agit pas du tout, comme dans le *Phèdre,* d'élever ses regards le plus haut possible vers ce qui serait supra-terrestre[21]. Vous voyez que le mouvement qui est ainsi désigné n'est pas celui d'un effort par lequel, en se détachant de ce monde-ci, en détournant son regard de lui, on essaierait de voir une autre réalité. Il s'agit plutôt de se placer en un point tel, à la fois si central et si élevé, qu'on puisse voir en dessous de soi l'ordre global du monde, ordre global dont on fait soi-même partie. Autrement dit, plutôt que d'un mouvement spirituel porté vers le haut par le mouvement de l'*erôs* et de la mémoire, il s'agit, par un effort d'un tout autre type, qui est celui de la connaissance même du monde, de se placer soi-même si haut qu'on puisse voir à partir de ce point, et en dessous de soi, le monde dans son ordre général, le peu de place qu'on y occupe, le peu de temps qu'on va y rester. Il s'agit d'une vue plongeante sur soi, et non pas d'un regard ascendant vers autre chose que le monde où nous sommes. Vue plongeante de soi sur soi qui englobe le monde dont on fait partie et qui assure ainsi la liberté du sujet dans ce monde lui-même.

Ce thème d'une vue plongeante sur le monde, d'un mouvement spirituel qui n'est rien de plus que le mouvement par lequel cette vue devient de plus en plus plongeante – c'est-à-dire de plus en plus englobante parce qu'on s'élève de plus en plus haut –, ce mouvement, vous le voyez, est d'un autre type que le mouvement platonicien. Il me paraît définir une des formes d'expérience spirituelle les plus fondamentales qu'on ait trouvées dans la culture occidentale. Ce thème de la vue plongeante, vous le retrouvez dans un certain nombre de textes stoïciens, et en particulier les textes de Sénèque. Je pense à un de ces textes qui est, je crois, le premier qu'il ait écrit. C'est la *Consolation* à Marcia[22]. Vous savez, consolant Marcia de la mort d'un de ses enfants, il emploie les arguments stoïciens traditionnels et il fait place à cette expérience, il fait référence à cette possibilité d'un regard plongeant sur le monde. Là encore, la référence à Platon est implicite mais, je crois, assez claire. On est assez proche de *La République* et du choix des âmes, vous savez, lorsqu'il est donné aux humains qui l'ont mérité de pouvoir, lorsqu'ils vont entrer dans une vie, choisir le type d'existence qu'ils vont avoir[23]. Il y a là, dans la *Consolation* à Marcia, un texte assez curieux et qui, je crois, y fait écho, dans lequel Sénèque dit ceci : Eh bien, écoute, imagine qu'avant d'entrer dans la vie, avant que ton âme ne soit envoyée dans ce monde, tu aies la possibilité de voir ce qui va se passer. Vous voyez, ce n'est pas la possibilité du choix, qui est là : c'est le droit au regard ; et un regard qui sera précisément ce regard en vue plongeante dont je vous parlais tout à l'heure. Au fond, il suggère à Marcia de s'imaginer avant la vie, dans cette même position qu'il souhaite et qu'il prescrit au sage au point d'arrivée de sa vie, c'est-à-dire au point où on est au bord de la vie et de la mort, où on est au seuil de l'existence. Cette fois c'est le seuil de l'entrée et non pas le seuil de la sortie, mais le type de regard que Marcia est invitée à porter est le même que celui que le sage devra porter à la fin de son existence. Il a le monde devant lui. Et qu'est-ce qu'on peut voir dans ce monde, dans cette vue plongeante sur le monde ? Eh bien premièrement, dit-il, si, au moment d'entrer dans la vie, il t'était donné de voir ainsi, tu verrais « la cité commune des dieux et des hommes », tu verrais les astres, leur révolution régulière, la lune, les planètes dont le mouvement commande la fortune des hommes. Tu admirerais « les nuages amoncelés », « le vol oblique de la foudre et le fracas du ciel ». Puis « tes yeux s'abaisseront sur la terre », ils y trouveront encore bien d'autres choses et d'autres merveilles, et alors tu pourras voir les plaines, tu pourras voir les montagnes et les villes, tu pourras voir l'océan, les monstres marins, les navires qui le traversent et le labourent. « Tu ne verras rien que n'ait tenté l'audace humaine, à la fois témoin et laborieuse associée de ces grands efforts. » Mais en même temps tu verrais, dans cette grande vue plongeante (si elle t'était donnée au moment de ta naissance), que là aussi, en ce monde, seront « mille fléaux du corps et de l'âme, les guerres et les brigandages, les empoisonnements et les naufrages, les intempéries de l'air et les maladies, et la perte prématurée de nos proches, et la mort, douce peut-être, ou peut-être pleine de douleurs et de tortures. Délibère avec toi-même et pèse bien ce que tu veux ; une fois entré dans cette vie de merveilles, c'est par là qu'il faut en sortir. C'est à toi de l'accepter avec ses conditions[24]. » Alors ce texte me paraît très intéressant. Premièrement donc, parce qu'on a ce thème, qui sera si important dans la spiritualité occidentale, dans l'art occidental aussi, dans la peinture, de la vue plongeante sur la totalité du monde, thème qui me paraît à la fois spécifique au stoïcisme et sur lequel Sénèque, je crois, plus que tout autre stoïcien, a particulièrement insisté. Vous voyez aussi que la référence à Platon est claire mais que c'est un tout autre type d'expérience – ou un tout autre type, si vous voulez, de mythe –

qui est ici évoqué. Ce n'est pas la possibilité, pour l'individu qui l'a mérité, de choisir entre les différents types de vie qui lui sont proposés. Il s'agit au contraire de lui dire qu'il n'y a pas de choix et que, dans cette vue plongeante qu'il a sur le monde, il faut bien qu'il comprenne que toutes les splendeurs qu'il peut trouver dans le ciel, dans les astres, dans les météores, et la beauté de la terre, les plaines, la mer, les montagnes, tout ceci est indissociablement lié aux mille fléaux du corps et de l'âme, et aux guerres, aux brigandages, à la mort, aux souffrances. On lui montre le monde non pas pour qu'il puisse choisir, comme les âmes de Platon pouvaient choisir leur destin. On lui montre le monde précisément pour qu'il comprenne bien qu'il n'y a pas à choisir, et qu'on ne peut rien choisir si l'on ne choisit le reste, qu'il n'y a qu'un monde, que c'est le seul monde possible et qu'à celui-là on est liés. La seule chose, et le seul point du choix est celui-ci : « Délibère avec toi-même et pèse bien ce que tu veux. Une fois entré dans cette vie de merveilles, c'est par là qu'il te faut sortir. » Le seul point du choix n'est pas : quelle vie vas-tu choisir, quel caractère vas-tu te donner, veux-tu être bon ou mauvais ? Le seul élément de choix qui est donné à l'âme, au moment où, au seuil de la vie, elle va naître à ce monde, c'est : délibère si tu veux entrer ou sortir. C'est-à-dire : si tu veux vivre ou ne pas vivre. Et on a là le symétrique, en quelque sorte antérieur, à ce qu'on va trouver comme forme de la sagesse, précisément lorsqu'elle sera acquise, au terme de la vie et une fois la vie achevée. Une fois que l'on sera arrivé à cet achèvement idéal de la vie, dans la vieillesse idéale, alors on pourra délibérer si l'on veut vivre ou non, si l'on veut se tuer ou continuer à vivre. Le symétrique du suicide, il est ici donné : Tu peux délibérer, est-il dit à Marcia dans ce mythe, pour savoir si tu veux vivre ou ne pas vivre. Mais sache bien que si tu choisis de vivre, ce sera la totalité de ce monde – de ce monde qui t'est étalé sous les yeux, avec ses merveilles et ses douleurs – que tu auras choisi. De la même façon le sage, à la fin de sa vie, une fois qu'il aura sous ses yeux l'ensemble du monde – son enchaînement, et ses douleurs, et ses grandeurs – à ce moment-là, il sera libre de choisir, choisir de vivre ou choisir de mourir, ceci grâce à cette grande vue plongeante que l'ascension jusqu'au sommet du monde, dans le *consortium Dei*, lui aura donnée grâce à l'étude de la nature. Voilà. Merci.

*

NOTES

1. *Questions naturelles,* préface au livre III, in *Œuvres complètes de Sénèque le philosophe,* éd. citée, p. 436.

2. « Être libre, c'est n'être plus esclave de soi *(liber autem est, qui servitutem effugit sui)* » *(ibid.).*

3. Cf. cours du 20 janvier, première heure.

4. « La joie du sage est d'une seule pièce *(sapientis vero contexitur gaudium)* » (Sénèque, *Lettres à Lucilius,* t. III, livre VIII, lettre 72, 4, éd. citée, p. 30) ; « celui-là est parvenu au point suprême, qui sait ce dont il doit se réjouir *(qui scit, quo gaudeat)* […]. Ton premier devoir, le voici, mon cher Lucilius : fais l'apprentissage de la joie *(disce gaudere)* » *(id.,* t. I, livre III, lettre 23, 2-3, p. 98).

5. « Pourquoi tant de folies, tant de fatigues, tant de sueurs ? Pourquoi bouleverser le sol, assiéger le forum ? J'ai besoin de si peu, et pour si peu de temps ! » *(Questions naturelles,* préface au livre III, in *Œuvres complètes de Sénèque le philosophe,* p. 436).

6. « Qui est esclave de soi subit le plus rude *(gravissima)* de tous les jougs ; mais le secouer est facile : qu'on ne se fasse plus à soi mille demandes ; qu'on ne se paie plus de son propre mérite *(si desieris tibi referre mercedem)* » *(ibid.).*

7. *Id.* (p. 389).

8. Cf. l'analyse de cette lettre dans la première heure de ce cours.

9. « Quand j'ai fini de fouiller en moi-même, je fouille dans les secrets de ce monde *(et me prius scrutor, deinde hunc mundum)* » (Sénèque, *Lettres à Lucilius,* t. II, livre VII, lettre 65, 15, p. 111).

10. « Jusqu'ici pourtant, vous n'avez rien fait : sauvé de tant d'écueils, vous n'avez pas échappé à vous-même *(multa effugisti, te nondum).* Si cette vertu à laquelle nous aspirons est digne d'envie, ce n'est pas que ce soit proprement un bien d'être exempt de tout vice, mais c'est que cela agrandit l'âme, la prépare à la connaissance des choses célestes, et la rend digne d'être associée à Dieu même *(dignumque efficit, qui in consortium Dei veniat).* La plénitude et le comble du bonheur, c'est de fouler aux pieds tout mauvais désir, de s'élancer dans les cieux, et de pénétrer les replis les plus cachés de la nature *(petit altum, et in interiorem naturae sinum venit)* » *(Œuvres complètes de Sénèque le philosophe,* p. 390).

11. L'expression exacte est en fait ici « *mundum circumere* » *(ibid.).*

12. « Pour dédaigner ces portiques, ces plafonds éclatants d'ivoire, ces forêts taillées en jardin, ces fleuves contraints de traverser des palais, il faut avoir embrassé le cercle de l'univers *(quam totum circumeat mundum),* et laissé tomber d'en haut un regard sur ce globe étroit *(terrarum orbem super ne despiciens, angustum),* dont la plus grande partie est submergée, tandis que celle qui surnage, brûlante ou glacée, présente au loin d'affreuses solitudes » *(id.,* p. 390).

13. Cf. les premiers paragraphes de la préface à la troisième partie des *Questions naturelles,* analysés par Foucault à la fin de la première heure de ce cours.

14. *Œuvres complètes de Sénèque le philosophe,* p. 391.

15. « Une âme tournée vers le vrai, instruite de ce qu'il faut fuir et de ce qu'il faut rechercher, estimant les choses à leur valeur naturelle, abstraction faite de l'opinion, en communication avec tout l'univers et attentive à en explorer tous les secrets

(actus), se contrôlant elle-même dans ses actions comme dans ses pensées [...] une telle âme s'identifie avec la vertu » *(Lettres à Lucilius,* t. II, livre VII, lettre 66,6, p. 116-117).

16. *Id.,* lettre 65, 16 (p. 111).

17. *Id.,* lettre 65, 17 (p. 112). Le début porte exactement : « Comme après un travail délicat qui absorbe leur attention et fatigue leur vue, des artistes, si leur atelier reçoit un jour pauvre et précaire, sortent, gagnent quelque lieu consacré au délassement public où réjouir leurs yeux par la libre lumière, ainsi l'âme... »

18. Le *De Brevitate vitae* a pour destinataire un certain Paulinus, proche parent sans doute de Pompeia Paulina qui était la femme de Sénèque.

19. La *praefectura annonae* instituée par Auguste supposait la surveillance des rentrées des impôts en nature, constitués par les récoltes de grains.

20. « Penses-tu que ce soit la même chose d'avoir soin que le blé soit, sans être endommagé par la fraude des convoyeurs ou leur négligence, versé dans les greniers, qu'il ne prenne pas l'humidité pour se gâter ensuite et fermenter, que la mesure ou le poids en soient exacts, ou de s'approcher de ces études sacrées et sublimes pour savoir ce qu'est l'essence de Dieu, son plaisir *(quae materia sit dei, quae voluptas),* sa condition, sa forme [...] ? Veux-tu bien quitter le sol pour tourner ton esprit et tes regards vers ces beautés ? *(vis tu relicto solo mente ad ista respicere)* » *(De la brièveté de la vie,* XIX, 2, trad. A. Bourgery, éd. citée, p. 75-76).

21 Platon, *Phèdre,* 274d, trad. L. Robin, éd. citée, p. 38.

22. Dans *Sénèque ou la Conscience de l'Empire (op. cit.,* p. 266-269), P. Grimal écrit que ce premier texte fut rédigé entre l'automne ou l'hiver 39 et le printemps 40.

23. Allusion au mythe d'Êr qui clôt *La République* de Platon (livre X, 614 a-620c) et plus particulièrement au passage (618a-d) sur le choix proposé des existences à vivre *(in* Platon, *Œuvres complètes,* t. VII-2, trad. E. Chambry, éd. citée, p. 119-120).

24. *Consolation à Marcia* (trad. E. Regnault), in *Œuvres complètes de Sénèque le philosophe,* § 18, p. 115-116.

COURS DU 24 FÉVRIER 1982

Première heure

La modalisation spirituelle du savoir chez Marc Aurèle : le travail d'analyse des représentations ; définir et décrire ; voir et nommer ; évaluer et éprouver ; accéder à la grandeur d'âme. – Exemples d'exercices spirituels chez Épictète. – Exégèse chrétienne et analyse stoïcienne des représentations. – Retour à Marc Aurèle : exercices de décomposition de l'objet dans le temps ; exercices d'analyse de l'objet en ses constituants matériels ; exercices de description réductrice de l'objet. – Structure conceptuelle du savoir spirituel. – La figure de Faust.

[...] Le problème posé la fois dernière était donc celui-ci : quelle est, dans le thème et le précepte général de la conversion à soi, la place qu'occupe le savoir du monde ? Et j'avais essayé de vous montrer que, dans ce thème général de la conversion à soi, le précepte particulier « tourner son regard vers soi-même » n'avait pas donné lieu à une disqualification du savoir du monde. Il n'avait pas donné lieu, non plus, à une connaissance de soi qui serait entendue comme investigation et déchiffrement de l'intériorité, du monde intérieur. Mais ce principe (« tourner son regard vers soi-même »), articulé sur la double nécessité de se convertir à soi et de connaître le monde, avait plutôt donné lieu à quelque chose qu'on pourrait appeler une modalité spirituelle, une spiritualisation du savoir du monde. J'avais essayé de vous montrer comment ça se passait chez Sénèque, vous vous souvenez, avec cette figure assez caractéristique, proche en un sens de ce qu'on trouve chez Platon et pourtant fort différente, je crois, et dans sa structure et dans sa dynamique et dans sa finalité : cette figure, c'était celle du sujet qui recule, recule jusqu'au point culminant du monde, jusqu'au sommet du monde, à partir de quoi s'ouvre pour lui une vue plongeante sur le monde, vue plongeante qui d'une part le fait pénétrer jusque dans le secret le plus intime de la nature (« *in interiorem naturae sinum venit*[1] »), et puis qui lui permet en même temps de prendre la mesure infime de ce point de l'espace où il est et de cet instant du temps qu'il est. Voilà donc ce qu'on trouve, me semble-t-il, chez Sénèque. Je voudrais maintenant étudier cette même modalisation spirituelle du savoir dans un autre texte, stoïcien lui aussi, plus tardif : celui de Marc Aurèle.

Dans les *Pensées* de Marc Aurèle, je crois en effet qu'on trouve une figure du savoir spirituel qui est, en un sens, corrélative de celle qu'on trouve chez Sénèque, mais qui est en même temps inverse ou symétriquement inverse. Il me semble en effet que, chez Marc Aurèle, on trouve une figure du savoir spirituel qui ne consiste pas, pour le sujet, à prendre [du] recul, par rapport à l'emplacement où il est dans le monde, pour ressaisir ce monde lui-même dans sa globalité, monde dans lequel lui-même se trouve placé. La figure que l'on trouve chez Marc Aurèle consiste plutôt à définir un certain mouvement du sujet qui, partant du point où il est dans le monde, s'enfonce à l'intérieur de ce monde, ou en tout cas se penche sur ce monde, et jusque dans ses moindres détails, comme pour porter un regard de myope sur le grain le plus ténu des choses. Cette figure du sujet qui se penche vers l'intérieur des choses pour en ressaisir le grain le plus fin, on la trouve formulée dans bien des textes de Marc Aurèle. L'un des plus simples, des plus schématiques, vous le trouvez livre VI : « Regarde vers l'intérieur *(esô blepe)*. De nulle chose, ni sa qualité *(poiotês)* ni sa valeur *(axia)* ne doivent échapper[2]. » Il s'agit en somme, si vous voulez, de la vue infinitésimale du sujet qui se penche sur les choses. C'est cette figure-là que je voudrais analyser dans la première heure aujourd'hui. Et je prendrai un texte qui est, je crois, le plus détaillé concernant cette procédure, concernant cette figure spirituelle du savoir. Ce texte se trouve au livre III. Je vais vous le lire dans sa presque intégralité. Je le prends dans la traduction Budé, qui est une vieille traduction sur laquelle j'essaierai de dire deux ou trois choses : « Aux préceptes susdits qu'un autre encore s'ajoute. » Et cet autre principe qui doit s'ajouter aux préceptes susdits, c'est : « Définir et décrire toujours l'objet dont l'image *(phantasia)* se présente à l'esprit. » Donc le définir et le décrire, cet objet dont l'image se présente à l'esprit « de sorte qu'on le voie distinctement, tel qu'il est par essence, à nu, en entier, sous toutes ses faces ; et se dire en soi-même son nom, et les noms des éléments dont il fut composé et en lesquels il se résoudra. Rien, en effet, n'est à ce point capable de nous faire l'âme grande, comme de pouvoir identifier avec méthode et vérité chacun des objets qui se présentent dans la vie et de les voir toujours de telle manière que l'on considère en même temps à quelle sorte d'univers chacun confère utilité, et laquelle, quelle valeur il a par rapport à l'ensemble et laquelle par rapport à l'homme, ce citoyen de la plus éminente des cités, dont les autres cités sont comme les maisons ; quel il est, de quels éléments il est composé, combien de temps il doit naturellement durer, cet objet qui cause cette image en moi, et de quelle vertu j'ai besoin par rapport à lui, par exemple : de la douceur, du courage, de la sincérité, de la bonne foi, de la simplicité, de l'abstinence, etc. [3] ». Si vous voulez, on va reprendre un petit peu ce texte. Première phrase : « Aux préceptes susdits qu'un autre encore s'ajoute. » Le terme grec est en réalité *parastêmata*. Le *parastêma* n'est pas exactement un précepte. Ce n'est pas la formulation exactement de quelque chose qui est à faire. *Parastêma,* c'est quelque chose qui se tient là, que l'on doit avoir en vue, que l'on doit toujours garder sous les yeux : aussi bien énoncé d'une vérité fondamentale que principe fondateur d'une conduite. [On trouve donc] cette articulation, ou plutôt cette non-dissociation de choses qui sont pour nous si différentes : le principe de vérité et la règle de conduite ; cette dissociation, vous savez bien, n'existe pas, ou n'existe pas d'une façon systématique, réglée, constante dans la pensée grecque. *Parastêma,* c'est donc quelque chose, des choses que nous devons avoir dans l'esprit, que nous devons garder sous les yeux. Quels sont ces *parastêmata* auxquels Marc Aurèle fait allusion quand il dit : « À ces *parastêmata* susdits qu'un autre encore s'ajoute » ? Les susdits *parastêmata*, eh bien, ils sont trois. On les trouve dans les paragraphes précédents bien sûr. L'un concerne ce que nous devons considérer comme bien : qu'est-ce qui est bien pour le sujet ? [4] Le deuxième des *parastêmata* concerne notre liberté et le fait que tout dépend en réalité, pour nous, de notre propre faculté d'opiner. Cette faculté d'opiner, rien ne peut la réduire ni s'en rendre maître. Nous sommes toujours libres d'opiner comme nous voulons [5]. Troisièmement (troisième des *parastêmata*), c'est le fait qu'il n'y a au fond, pour le sujet, qu'une instance de réalité, et la seule instance de réalité qui existe pour le sujet, c'est l'instant lui-même : l'instant infiniment petit qui constitue le présent, avant lequel rien n'existe plus et après lequel tout est encore incertain [6]. Donc, les trois *parastêmata* : définition du bien pour le sujet ; définition de la liberté pour le sujet ; définition du réel pour le sujet. Le paragraphe 11, par conséquent, à ces trois principes va en ajouter un autre. En fait, le principe qui vient s'ajouter à ces trois autres n'est pas du même ordre, n'est pas exactement du même niveau. C'étaient trois principes tout à l'heure, et là maintenant, ce qui va être développé, c'est beaucoup plutôt une prescription, un schéma, le schéma de quelque chose qui est un exercice : un exercice spirituel qui va précisément avoir pour rôle et pour fonction, d'une part de maintenir toujours à l'esprit ces choses que nous devons avoir à l'esprit – à savoir : la définition du bien, la définition de la liberté et la définition du réel – et, en même temps que cet exercice doit nous les rappeler toujours et nous les réactualiser toujours, il doit nous permettre de les lier ensemble, et de définir par conséquent ce qui, en fonction de la liberté du sujet, doit être, par cette liberté, reconnu comme bien dans le seul élément de réalité qui est le nôtre, à savoir le présent. Eh bien c'est cela, cet objectif qui est visé dans cet autre *parastêma,* qui est en fait un programme d'exercices, et non plus un principe à avoir sous les yeux. Cette idée que, chez Marc Aurèle, beaucoup d'éléments de ses textes sont des schémas d'exercice, ce n'est pas une idée que j'invente. Je ne l'aurais pas trouvée tout seul. Vous avez dans le livre d'Hadot sur les exercices spirituels dans l'Antiquité un remarquable chapitre sur les exercices spirituels chez Marc Aurèle[7]. En tout cas, là, il est certain que nous avons affaire, dans ce paragraphe, à un exercice spirituel qui se réfère à des principes à avoir à l'esprit et à lier ensemble. Comment va se dérouler cet exercice et en quoi consiste-t-il ? Reprenons-le élément par élément.

Premier moment : définir et décrire toujours l'objet dont l'image se présente à l'esprit. L'expression grecque pour « définir » est celle-ci : *poieisthai horon. Horos,* c'est la délimitation, la limite, la frontière. *Poieisthai horon,* c'est, si vous voulez, « tracer la frontière ». En fait, cette expression *poieisthai horon* a deux significations. Elle a une signification technique dans l'ordre de la philosophie, de la logique et de la grammaire. C'est tout simplement : poser, donner une définition adéquate. Deuxièmement, *poieisthai horon* a aussi un sens à peine technique, qui relève plutôt du vocabulaire courant mais qui est tout de même assez précis, qui veut dire ceci : fixer la valeur et le prix de quelque chose. Par conséquent l'exercice spirituel doit consister à donner des définitions, à donner une définition en termes de logique ou en termes de sémantique ; et puis en même temps, fixer la valeur d'une chose. Définir et « décrire ». L'expression grecque pour « décrire » est : *hupographên poieisthai.* Et bien sûr, ici comme dans le vocabulaire philosophique et grammatical de l'époque, l'*hupographê* s'oppose à l'*horos*[8]. L'*horos,* c'est donc la définition. L'*hupographê,* c'est la description, c'est-à-dire le parcours plus ou moins détaillé du contenu intuitif de la forme et des éléments des choses. L'exercice spirituel dont il est question dans ce paragraphe va donc consister en ceci : c'est que l'on va donner description et définition, de quoi ? Eh bien, dit le texte, de tout ce qui se présente à l'esprit. L'objet dont l'image se présente à l'esprit, tout ce qui tombe sous l'esprit *(hupopiptontos)* doit être en quelque sorte pris en surveillance et doit servir de prétexte, d'occasion, d'objet à un travail de définition et de description. Cette idée qu'il faut [intervenir] dans le flux des représentations telles qu'elles se donnent, telles qu'elles arrivent, telles qu'elles défilent dans l'esprit, cette idée est une idée que l'on retrouve couramment dans la thématique des expériences spirituelles de l'Antiquité. Chez les stoïciens en particulier, c'était un thème qui revenait très souvent : filtrer le flux de la représentation, la prendre telle qu'elle vient, telle qu'elle se donne à l'occasion des pensées qui se présentent spontanément à l'esprit, ou à l'occasion de tout ce qui peut tomber dans le champ de la perception, à l'occasion de la vie qu'on mène, des rencontres qu'on fait, des objets qu'on voit, etc. ; prendre donc le flux de la représentation et porter sur ce flux spontané et involontaire une attention volontaire qui va avoir pour fonction de déterminer le contenu objectif de cette représentation[9]. On a là une formule qui est intéressante et qu'on peut comparer parce qu'elle permet une opposition simple, claire et, je crois, tout de même fondamentale, entre ce qu'on peut appeler la méthode intellectuelle et l'exercice spirituel.

L'exercice spirituel – et ça, vous le trouverez dans l'Antiquité, vous le trouverez au Moyen Âge bien sûr, à la Renaissance, vous le trouverez au XVIIe siècle ; [il faudrait] voir si on le retrouve au XXe – consiste précisément à laisser se dérouler spontanément le fil et le flux des représentations. Mouvement libre de la représentation et travail sur ce mouvement libre : c'est ça, l'exercice spirituel sur la représentation. La méthode intellectuelle va consister, au contraire, à se donner une définition volontaire et systématique de la loi de succession des représentations, et à ne les accepter dans l'esprit qu'à la condition qu'elles aient entre elles un lien suffisamment fort, contraignant et nécessaire, pour que l'on soit amené logiquement, indubitablement, sans hésitation, à passer de la première à la seconde. Le cheminement cartésien est de l'ordre de la méthode intellectuelle[10]. Cette analyse, cette attention plutôt portée sur le flux de la représentation est typiquement de l'ordre de l'exercice spirituel. Le passage de l'exercice spirituel à la méthode intellectuelle est évidemment fort clair chez Descartes. Et je crois qu'on ne peut pas comprendre la méticulosité avec laquelle il définit sa méthode intellectuelle, si on n'a pas bien présent à l'esprit que ce qu'il vise négativement, ce dont il veut se démarquer et se séparer, [ce sont] précisément ces méthodes d'exercice spirituel qui étaient pratiquées couramment dans le christianisme, et qui dérivaient des exercices spirituels de l'Antiquité, et particulièrement du stoïcisme. Voilà donc le thème général de cet exercice : un flux de représentations sur lequel on va exercer un travail d'analyse, de définition et de description.

Ce thème étant donné, ce « captage », si vous voulez, de la représentation, telle qu'elle se donne, pour en ressaisir le contenu objectif, va maintenant se développer en deux exercices qui sont spécifiés, et qui vont donner effectivement sa valeur spirituelle à ce travail purement intellectuel. Ces deux exercices, qui s'embranchent à partir de ce thème général, sont ce qu'on pourrait appeler la méditation eidétique et la méditation onomastique. Enfin, voilà ce que je veux dire sous ces termes barbares. Marc Aurèle a donc dit qu'il faut définir et décrire l'objet dont l'image se présente à l'esprit de sorte qu'on le voie distinctement – tel qu'il est par essence, à nu, en entier, sous toutes ses faces –, et se dire en soi-même son nom et le nom des éléments dont il fut composé et dans lesquels il se résoudra. Donc d'abord : « de sorte qu'on le voie distinctement, tel qu'il est par essence, à nu, en entier et sous toutes ses faces ». Il s'agit donc de contempler l'objet tel qu'il est par essence (« *hopoion esti kat' ousian* »). Et c'est en apposition et en commentaire à cette injonction générale (« contempler l'objet représenté tel qu'il est dans son essence »), c'est en apposition à cela, il faut le spécifier, que la phrase se développe et dit qu'il faut saisir l'objet tel qu'il est représenté : *gumnon,* c'est-à-dire nu, sans rien d'autre, débarrassé de tout ce qui peut le masquer et l'entourer ; deuxièmement, *holon,* c'est-à-dire dans son entier ; troisièmement, « *di' holôn diêrêmenôs* » : en distinguant ses éléments constituants. Et tout ceci – ce regard sur l'objet représenté, ce regard qui doit le faire apparaître à l'état nu, dans sa totalité et dans ses éléments –, c'est cela que Marc Aurèle appelle *blepein.* C'est-à-dire : bien regarder, bien contempler, fixer ses yeux sur, faire en sorte que rien ne lui échappe, ni de l'objet dans sa singularité, dégagé de tout son entour, à l'état nu, [ni] dans sa totalité et dans ses éléments particuliers. En même temps que l'on fait ce travail, qui est donc de l'ordre du regard, de l'ordre de la contemplation de la chose, il faut se dire en soi-même son nom et les noms des éléments dont il fut composé et en lesquels il se résoudra. Et c'est là l'autre embranchement de l'exercice. Se dire à soi-même (le texte est assez explicite : « *legein par' heautô* »), ça veut dire non pas simplement connaître, se rappeler le nom de la chose et des différents éléments de la chose, mais il faut se le dire en soi-même, se le dire pour soi-même. C'est-à-dire que c'est bien d'une énonciation, intérieure certes mais parfaitement explicite, qu'il s'agit. Il faut nommer, il faut parler à soi-même, il faut se le dire. Chose qui est absolument importante dans cet exercice, que cette formulation réelle, même si elle est intérieure, du mot, du nom, ou plutôt du nom de la chose et des noms des choses dont cette première chose est composée. Et cet exercice de verbalisation est évidemment très important pour la fixation, dans l'esprit, de la chose, de ses éléments, et par conséquent pour la réactualisation à partir de ces noms de tout le système de valeurs dont on parlera tout à l'heure. Formuler le nom des choses, à des fins de mémorisation. Deuxièmement, vous voyez que cet exercice de mémorisation des noms doit être simultané, directement articulé sur l'exercice de regard. Il faut voir et nommer. Regard et mémoire doivent être liés l'un avec l'autre dans un seul mouvement de l'esprit qui, d'un côté, dirige [le] regard vers les choses, et d'un autre côté réactive dans [la] mémoire le nom de ces différentes choses. Troisièmement, il faut remarquer – toujours à propos de cet exercice à deux faces, de cet exercice en partie double – que, grâce à ce double exercice, l'essence de la chose va se déployer en quelque sorte entièrement. En effet, par le regard nous voyons la chose elle-même – à l'état nu, dans sa totalité, dans ses parties –, mais en nommant la chose elle-même et en nommant les différents éléments de cette chose, nous voyons, et le texte le dit clairement, de quels éléments l'objet est composé, et en quels éléments il se résoudra. C'est en effet la troisième fonction de ce doublage du regard par la nomination. On peut reconnaître à travers cet exercice, non seulement de quoi l'objet est actuellement composé, mais quel va être son avenir, en quoi il va se résoudre, quand, comment, dans quelles conditions il va se défaire et se dénouer. On saisit donc, par cet exercice, la plénitude complexe de la réalité essentielle de l'objet et la fragilité de son existence dans le temps. Voilà pour ce qui est [de] l'analyse de l'objet dans sa réalité.

La seconde phase de l'exercice va consister à envisager cet objet, non plus dans la réalité telle qu'elle se donne – dans la réalité de sa composition, dans la réalité de sa complexité actuelle et de sa fragilité temporelle –, mais elle va consister à essayer de le jauger dans sa valeur. « Rien en effet n'est à ce point capable de nous faire l'âme grande comme de pouvoir identifier, avec méthode et vérité, chacun des objets qui se présentent dans la vie, et de les voir toujours de telle manière que l'on considère en même temps à quelle sorte d'univers chacun confère utilité, et quelle valeur il a par rapport à l'ensemble, et laquelle par rapport à l'homme, ce citoyen de la plus éminente des cités, dont les autres cités sont comme les maisons. » Dans ce passage, Marc Aurèle rappelle ce que doit être le but de cet exercice analytique, de cette méditation eidétique et onomastique. Le but de cet exercice, la fin qu'on poursuit en le pratiquant, c'est de « faire l'âme grande » : « Rien en effet n'est à ce point capable de nous faire l'âme grande » ; « nous faire l'âme grande » : en réalité le texte traduit là « *megalophrosunê* » (une sorte de grandeur d'âme). En fait, ce dont il s'agit pour Marc Aurèle, c'est de l'état dans lequel le sujet se reconnaît indépendant des liens, des servitudes auxquelles ont pu le soumettre ses opinions et, à la suite de ses opinions, ses passions. Rendre l'âme grande, c'est la libérer de toute cette trame, de tout ce tissu qui l'entoure, qui la fixe, qui la délimite, et lui permettre par conséquent de trouver ce qui est sa véritable nature, et en même temps sa véritable destination, c'est-à-dire son adéquation à la raison générale du monde. Par cet exercice, l'âme trouve sa vraie grandeur, grandeur qui est celle du principe rationnel organisant le monde. Cette liberté qui se traduit à la fois par l'indifférence à l'égard des choses et la tranquillité par rapport à tous les événements, c'est cette grandeur-là qui est assurée par l'exercice. D'autres textes le confirment très clairement. Par exemple : livre XI, il est dit que « l'âme *adiapho-rêsei* (sera indifférente) si elle considère chaque chose *dierêmenôs kai holikôs*[11] ». Ce qui répète exactement les termes que nous trouvons ici : en considérant chaque chose *dierêmenôs* (analytiquement, partie par partie) *kai holikôs* (et dans sa totalité), l'âme acquiert à ce moment-là l'indifférence, indifférence souveraine qui est celle de sa tranquillité et de son adéquation à la raison divine. Tel est donc le but de cet exercice.

Or, ce but, il est atteint lorsqu'on se sert de l'examen de la chose, tel que je viens de vous le décrire, pour en faire – et là il faut se reporter au texte même de Marc Aurèle – l'épreuve. Et le mot employé ici est : *elegkhein*[12]. Cet examen analytique (qui saisit la chose à l'état nu, dans sa totalité, dans ses parties) assurera à l'âme la grandeur à laquelle elle doit tendre, s'il permet quoi ? *Elegkhein* : de faire l'épreuve de la chose. Le mot *elegkhein* a plusieurs sens[13]. Dans la pratique philosophique, dans le vocabulaire de la dialectique, *elegkhein* c'est réfuter. Dans la pratique judiciaire, *elegkhein* c'est accuser, porter une accusation contre quelqu'un. Et dans le vocabulaire courant, le vocabulaire de la morale courante, c'est tout simplement : faire un reproche. Cet examen analytique aura donc valeur de libération pour l'âme, assurera à l'âme les dimensions authentiques de sa grandeur s'il a pour fonction de faire passer l'objet, que l'on se représente et que l'on a saisi dans sa réalité objective, par la description et la définition – au fil du soupçon, de l'accusation possible, des reproches moraux, des réfutations intellectuelles qui dissipent les illusions, etc. Il s'agit, en somme, de tester cet objet. Et cette épreuve, ce test de l'objet va consister à quoi ? À voir, dit

Marc Aurèle, quelle utilité *(khreia)* cet objet a pour quel univers, pour quel *kosmos*. Il s'agit donc de replacer l'objet – tel qu'on le voit, tel qu'il a été dessiné dans sa nudité, saisi dans sa totalité, analysé dans ses parties – à l'intérieur du *kosmos* auquel il appartient, pour voir quelle utilité il a, quelle place, quelle fonction il y exerce. Et c'est cela que Marc Aurèle spécifie dans le reste de la phrase que je viens de vous lire tout à l'heure. Il [demande] « quelle valeur *(axia)* » cet objet a pour le tout ; et deuxièmement : quelle valeur il a pour l'homme, l'homme en tant qu'il est « ce citoyen de la plus éminente des cités, dont les autres cités sont comme les maisons[14] ». Cette phrase un peu énigmatique est, je crois, facile à expliquer. Il s'agit de saisir donc la valeur de l'objet pour le *kosmos*, la valeur aussi de cet objet pour l'homme en tant qu'il est citoyen du monde, c'est-à-dire en tant qu'il est un être placé, par la nature, dans l'ordre naturel, en fonction de la Providence divine, à l'intérieur de ce *kosmos*. Si vous voulez : utilité de cet objet pour l'homme en tant qu'il est citoyen du monde en général, mais aussi en tant qu'il est citoyen de « ces cités particulières » – et par là il faut entendre non seulement les villes si vous voulez, mais les différentes formes de communauté, d'appartenance sociale, etc., la famille comprise –, cités qui sont comme les maisons de la grande cité du monde. Cet emboîtement bien connu, vous le savez, des différentes formes de communautés sociales à travers la grande communauté du genre humain pour les stoïciens, est invoqué ici pour montrer que l'examen de la chose doit à la fois porter sur le rapport de cette chose à l'homme en tant que citoyen, mais également, dans cette mesure et dans le cadre général de cette citoyenneté du monde, définir l'utilité de l'objet pour l'homme en tant qu'il est citoyen de tel pays, qu'il appartient à telle ville, qu'il appartient à telle communauté, qu'il est père de famille, etc. Et grâce à cela, on va pouvoir déterminer de quelle vertu le sujet a besoin par rapport à ces choses. Au moment où ces choses viennent se présenter à l'esprit et où la *phantasia* vient les donner à la perception du sujet, est-ce que celui-ci, à l'égard de ces choses et en fonction du contenu de la représentation, doit faire usage d'une vertu comme la douceur ou d'une vertu comme le courage, ou d'une vertu comme la sincérité ou comme la bonne foi ou comme l'*egkrateia* (maîtrise de soi) ? Voilà le type d'exercice que Marc Aurèle donne ici, et dont il donne bien d'autres exemples ailleurs.

Des exercices de ce genre, on en trouverait chez beaucoup de stoïciens, sous une forme plus ou moins systématisée, plus ou moins développée. Cette idée que le flux de la représentation doit être soumis à une surveillance à la fois continue et pointilleuse, ce thème, vous l'avez trouvé déjà très souvent développé chez Épictète. Chez Épictète il y a, à plusieurs reprises, des schémas d'exercices de ce genre[15], en particulier sous deux formes. Sous la forme de l'exercice-promenade[16] : Épictète par exemple recommande qu'on sorte de temps en temps, qu'on se promène, qu'on regarde ce qui se passe autour de soi (les choses, les gens, les événements, etc.). Et à propos de toutes ces différentes représentations que le monde vient nous offrir, on s'exerce. On s'exerce sur elles pour définir à propos de chacune, en quoi elles consistent, dans quelle mesure elles peuvent agir sur soi, si on en dépend ou pas, si elles dépendent de nous ou non, etc. Et à partir de cet examen du contenu de la représentation, [il s'agit] de définir l'attitude qu'on va prendre à leur égard. Il propose aussi l'exercice qu'on pourrait appeler exercice-mémoire : se rappeler un événement – un événement historique ou un événement qui s'est passé d'une façon plus ou moins récente dans notre propre vie – et puis, à son propos, se dire : mais en quoi consistait cet événement ? Quelle en était la nature ? Quelle forme d'action cet événement peut-il avoir sur moi ? Dans quelle mesure est-ce que j'en dépends ? Dans quelle mesure est-ce que j'en suis libre ? Quel jugement dois-je porter sur lui et quelle attitude dois-je prendre à son égard ? L'exercice que je vous citais, en prenant l'exemple de Marc Aurèle, est donc un exercice fréquent, régulier dans la pratique de la spiritualité ancienne, et en particulier de la spiritualité stoïcienne.

Ce type d'exercice, vous savez qu'on le retrouvera d'une façon très insistante, très constante, dans la spiritualité chrétienne. Et on en a des exemples dans la littérature monastique du IVe-Ve siècle, et en particulier des exemples chez Cassien. Je crois que c'est l'an dernier, ou il y a deux ans je ne sais plus[17], que, commençant à étudier un peu ce genre de choses, je vous avais cité les textes de Cassien : texte de Cassien sur le moulin, texte de Cassien aussi sur la table du changeur, je ne sais pas si certains d'entre vous s'en souviennent. Cassien disait ceci : l'esprit est quelque chose qui est toujours en mouvement. À chaque instant, de nouveaux objets se présentent à lui, de nouvelles images se donnent à lui, et on ne peut pas laisser entrer ces représentations d'une façon libre – comme dans un moulin dirions-nous, ce n'est pas Cassien qui le dit – et il faut qu'à chaque instant nous soyons suffisamment vigilants pour que, devant ce flux des représentations qui se donnent à nous, nous décidions ce qu'il faut faire, ce que nous devons accepter et ce que nous devons refuser. Ainsi, dit-il, le meunier, quand il voit le grain passer devant lui, trie le grain qui est bon et ne laisse [pas] passer dans la meule le grain qui est mauvais[18]. Ou encore le changeur, le banquier, auquel on vient apporter des pièces de monnaie pour les changer en d'autres pièces de monnaie, celui-là non plus n'accepte pas n'importe quelle pièce de monnaie. Il vérifie, il éprouve chacune d'elle, il examine celles qu'on lui apporte, et il n'acceptera que celles qu'il considère comme valables[19]. Dans un cas comme dans l'autre, vous le voyez, il s'agit bien d'une épreuve, de quelque chose comme cet *elegkhos* dont je vous parlais tout à l'heure et que Marc Aurèle recommande de faire à chaque instant. Donc vous voyez, on a une forme d'exercice qui est, me semble-t-il, assez semblable. Soit le flux, nécessairement mobile, variable et changeant, des représentations : à l'égard de ces représentations, prendre une attitude de surveillance, une attitude de méfiance. Et tâcher, à propos de chacune d'elles, de les vérifier et de les éprouver. Mais ce que je voudrais souligner, c'est la différence tout de même profonde qu'il y a entre l'exercice stoïcien de l'examen des représentations que l'on trouve très développé chez Marc Aurèle – mais qu'on trouverait encore une fois dans toute la tradition stoïcienne – au moins tardive – et en particulier chez Épictète – et ce qu'on trouvera plus tardivement chez les chrétiens, apparemment sous la même forme d'un examen des représentations. Chez les chrétiens, le problème n'est pas du tout d'étudier le contenu objectif de la représentation. Ce qui est analysé, par Cassien et par tous ceux dont il s'inspire, ceux qu'il inspirera aussi, c'est la représentation elle-même, la représentation dans sa réalité psychique. Le problème pour Cassien n'est pas de savoir quelle est la nature de l'objet qui est représenté. Le problème est de savoir quel est le degré de pureté de la représentation elle-même en tant qu'idée, en tant qu'image. Le problème est essentiellement de savoir si l'idée est mêlée ou non de concupiscence, si elle est bien la représentation du monde extérieur ou si elle est une simple illusion. Et à travers cette question, portée sur la nature, sur la matérialité même de cette idée, la question qui est posée c'est la question de l'origine. Est-ce que l'idée que j'ai dans l'esprit me vient de Dieu – et à ce moment-là, elle est nécessairement pure ? Est-ce qu'elle vient de Satan – et à ce moment-là, elle est impure ? Ou éventuellement même : est-ce qu'elle vient de moi, et dans ce cas-là dans quelle mesure peut-on dire qu'elle est pure, dans quelle mesure peut-on dire qu'elle est impure ? Question par conséquent de la pureté même de la représentation dans sa nature de représentation ; et deuxièmement, question de son origine.

Or, dans le cas de Marc Aurèle, vous voyez qu'il n'en est rien, malgré une certaine ressemblance que vous allez voir tout de suite. Le texte que je vous ai lu tout à l'heure se poursuit en effet de la manière suivante. Marc Aurèle dit ceci : « C'est pourquoi [donc : après avoir dit que, à propos de chaque représentation, il faut examiner ce qu'elle représente, et par conséquent les vertus qu'il faut opposer ou qu'il faut mettre en œuvre à propos de cette chose ; M.F.] il faut dire à propos de chacun d'eux [chacun de ces objets qui sont donnés dans la représentation ; M.F.] : ceci me vient de Dieu ; cela de l'enchaînement, de la trame serrée des événements et de la rencontre ainsi produite par coïncidence et hasard ; ceci encore me vient d'un être de ma race, mon parent et mon associé, etc. [20] » Vous voyez que Marc Aurèle lui aussi pose la question de l'origine. Mais il ne pose pas la question de l'origine de la représentation. Il ne se demande pas si la représentation en elle-même est venue de moi, si elle m'a été suggérée par Dieu ou si elle m'a été soufflée par Satan. La question de l'origine qu'il pose, c'est la question de l'origine de la chose représentée : est-ce que la chose représentée appartient à l'ordre nécessaire du monde ? Est-ce que la chose représentée vient directement de Dieu, de sa Providence et de sa bienveillance pour moi ? Ou encore : est-ce que la chose représentée me vient de quelqu'un qui fait partie de ma société et qui fait partie du genre humain ? Donc vous voyez que tout l'essentiel de l'analyse des stoïciens, représentée ici par Marc Aurèle, porte sur l'analyse du contenu représentatif, alors que l'essentiel de la méditation et de l'exercice spirituel chrétien portera sur la nature et l'origine de la pensée elle-même. La question que pose Marc Aurèle est adressée au monde extérieur ; la question que posera Cassien, elle est adressée à la pensée elle-même, à sa nature, à son intériorité. Dans un cas il s'agira bien, encore une fois et toujours, de connaître ce qu'est le monde extérieur : c'est encore et toujours un savoir du monde qui est mis en œuvre chez Marc Aurèle et chez les stoïciens. Dans le cas de Cassien et des autres, ce sera bien un déchiffrement de l'intériorité, ce sera bien une exégèse du sujet par lui-même. Eh bien, dans les *Pensées* de Marc Aurèle vous retrouvez toute une série d'exercices de ce genre. Vous retrouvez le même principe formulé dans la partie XII des *Pensées*[21], en VIII,11[22], en VIII,13[23], etc.

Je passe sur tout ça. Je voudrais maintenant voir comment ce principe général de l'examen du contenu représentatif est effectivement mis en œuvre par Marc Aurèle dans une série d'exercices qui ont tous une fonction morale précise et bien particulière [...*]. Premièrement, les exercices de décomposition de l'objet dans le temps ; deuxièmement, les

---

* On entend seulement : « ...l'exercice général dont je viens de vous donner l'exemple ».

exercices de décomposition de l'objet dans ses éléments constituants ; troisièmement, les exercices de description réductrice, disqualifiante. Premièrement, les exercices de décomposition dans le temps. Vous en trouvez un exemple très frappant au [livre XI]. Il s'agit là de notes de musique, ou encore des mouvements de danse, ou encore des mouvements de pancrace, cette espèce de gymnastique plus ou moins dansée[24]. Et l'exercice que propose Marc Aurèle est celui-ci. Il dit : Quand vous écoutez une musique, des chants mélodieux, des chants enchanteurs, lorsque vous voyez une danse gracieuse ou des mouvements de pancrace, eh bien, essayez de ne plus les voir dans leur ensemble, mais essayez de porter, dans toute la mesure du possible, une attention discontinue et analytique, de telle manière que vous puissiez isoler dans votre perception chaque note les unes par rapport aux autres, et chaque mouvement les uns par rapport aux autres[25]. Pourquoi faire cet exercice ? Pourquoi essayer de se défaire de ce mouvement d'ensemble que présente la danse ou la musique, pour en abstraire, pour en isoler chaque élément aussi particulier que possible, pour saisir la réalité de l'instant dans ce qu'elle peut avoir d'absolument singulier ? Le sens de cet exercice est donné au début et à la fin du paragraphe, quand Marc Aurèle dit ceci : « Un chant ravissant, une danse ou un pancrace, tu les mépriseras si tu, etc. » Et il donne les conseils que je viens de vous [citer]. Et, à la fin, il reprend la même idée et le même thème. Après avoir expliqué cette règle de perception discontinue, il dit : « N'oublie pas d'aller ainsi jusqu'aux parties des choses et, par l'analyse *(diairesis),* d'arriver ainsi à les mépriser[26]. » Le mot employé au début et à la fin du texte (traduit par « mépriser »), c'est *kataphronein. Kataphronein,* c'est très exactement : considérer de haut, envisager de haut en bas. Et pourquoi faut-il envisager ces choses-là ainsi, de haut en bas et pour les mépriser ? C'est que, si l'on regarde une danse dans la continuité de ses mouvements, si on entend une mélodie dans son unité, on va être emporté par la beauté de cette danse ou par le charme de cette mélodie. On va être moins fort qu'elle. Si l'on veut être plus fort que la mélodie ou la danse, si l'on veut par conséquent l'emporter sur elle – c'est-à-dire rester maître de soi par rapport à l'enchantement, à la flatterie, au plaisir qu'ils suscitent –, si l'on veut garder cette supériorité, si l'on veut n'être pas moins fort *(hêttôn)* que l'ensemble de cette mélodie, si l'on veut par conséquent lui résister et assurer sa propre liberté, ce sera en la décomposant instant par instant, note par note, mouvement par mouvement. C'est-à-dire qu'en faisant jouer cette loi du réel – dont il était question tout à l'heure, vous savez, en commençant : cette loi qui veut qu'il n'y a de réel pour le sujet que ce qui est donné dans l'instant présent –, à ce moment-là chaque note ou mouvement apparaîtra dans sa réalité. Et sa réalité lui montrera bien qu'elle n'est rien de plus qu'une note, qu'un mouvement, en eux-mêmes sans pouvoir parce que sans charme, sans séduction, sans flatterie. Et du coup, nous nous apercevrons qu'il n'y a aucun bien en cela, en ces notes, en ces mouvements. Et du moment qu'il n'y a aucun bien en eux, nous n'avons pas à les rechercher, nous n'avons pas à nous laisser dominer par eux, nous n'avons pas à nous laisser être plus faibles qu'eux, et nous pourrons assurer notre maîtrise et notre domination. Vous voyez comment le principe du présent comme instance du réel, de la loi de détermination du bien et de l'assurance de la liberté de l'individu, enfin le principe [selon lequel] l'individu doit assurer sa propre liberté par rapport à tout ce qui l'entoure, tout cela est assuré par cet exercice de la mise en discontinuité des mouvements continus, des instants qui s'enchaînent les uns aux autres. La loi de perception instantanée est un exercice de libération qui garantit au sujet qu'il sera toujours plus fort que chaque élément du réel qui lui est présenté. Il y a dans un autre texte, une très belle image pour représenter cela. Il dit : Il faut regarder les choses dans leur multiplicité et leur discontinuité. « Se prend-on à aimer l'un de ces moineaux qui passent à tire-d'aile : il a déjà disparu à nos yeux[27]. » Eh bien, voyons les choses, non pas dans leur grande unité, mais voyons-les dans leur dispersion, comme est dispersée une troupe de moineaux qui volent dans le ciel. On n'est pas amoureux d'un moineau qui passe dans le ciel. Voilà, si vous voulez, un exemple d'exercice de la discontinuité temporelle.

Ce passage-là que je viens de vous lire, sur les notes de musique et sur la danse, se termine cependant par quelque chose que je voudrais commenter encore un instant et qui est ceci : « Bref, sauf pour la vertu et ce qui se rattache à la vertu, n'oublie pas de pénétrer à fond dans le détail des choses afin d'arriver, par cette analyse, à les mépriser. Applique le même procédé à toute la vie[28]. » Cette analyse de la perception des continuités, de la perception analytique des continuités, il faut, dit-il, « l'appliquer à toute la vie ». Et par là il veut dire, non seulement à toutes les choses qui peuvent nous entourer, mais il faut l'appliquer aussi à notre propre existence et à nous-même. Et cette brève indication (« applique le procédé à toute la vie »), je crois qu'il faut la rapprocher de toute une série d'autres textes que l'on trouve dans les *Pensées*. Par exemple en II, 2, où Marc Aurèle dit : Il ne faut jamais oublier que notre *pneuma* n'est rien d'autre qu'un souffle. Alors là, c'est la réduction à l'élément matériel dont on parlera tout à l'heure. Notre *pneuma,* c'est un souffle, un souffle matériel. Et encore, dit-il, ce souffle se renouvelle à chaque respiration. Chaque fois que nous respirons, nous abandonnons un peu de notre *pneuma,* et nous prenons un peu d'un autre *pneuma,* de telle sorte que ce *pneuma* n'est jamais le même. En tant que nous avons un *pneuma,* nous ne sommes jamais le même. Et, par conséquent, ce n'est pas en lui qu'il faut que nous fixions notre identité[29]. Ou encore en VI, 15, il dit : « La vie de chacun de nous est quelque chose de comparable à l'évaporation du sang et à l'aspiration de l'air. En effet, l'air que nous respirons, nous l'expirons, et ceci à chaque instant[30]. » Donc, nous devons bien appliquer à nous-même, à notre propre vie, cet exercice de la mise en discontinuité qu'il faut appliquer aux choses. Et en l'appliquant à nous-même, nous nous apercevrons que ce que nous croyons être notre identité, ou ce en quoi nous nous imaginons qu'il faut que nous la placions ou que nous la cherchions, cela même ne garantit pas notre continuité. Nous sommes, du moins en tant que corps, même en tant que *pneuma,* toujours quelque chose de discontinu par rapport à notre être. Ce n'est pas là qu'est notre identité. En fait, par là je commente la phrase qui commence le texte que je vous lisais à l'instant : « Sauf pour la vertu et ce qui se rattache à la vertu, n'oublie pas de pénétrer à fond le détail des choses. Applique le même procédé à toute la vie[31]. » Il n'y a finalement qu'un seul élément à l'intérieur duquel nous pouvons trouver, ou sur fond duquel nous pouvons établir notre identité, c'est la vertu, en fonction de la doctrine stoïcienne que vous connaissez bien : la vertu est indécomposable[32]. Elle est indécomposable pour la bonne raison que la vertu n'est rien d'autre que l'unité, la cohérence, la force de cohésion de l'âme elle-même. Elle est sa non-dispersion. Et pour l'autre bonne raison que la vertu échappe au temps : un instant de vertu vaut l'éternité. Et c'est donc dans cette cohésion de l'âme indissociable, indivisible en éléments et qui fait équivaloir un instant avec l'éternité, c'est là, et là seulement, que nous pourrons trouver notre identité. Voilà, si vous voulez, un type d'exercice de décomposition du réel, en fonction de l'instant et de la discontinuité du temps.

Vous trouvez chez Marc Aurèle d'autres exercices, qui sont aussi ces exercices analytiques, mais cette fois portant sur la décomposition des choses en leurs éléments matériels. C'est, en un sens, plus simple. Vous trouvez par exemple en VI, 13 tout un texte méditatif qui dit ceci : Qu'est-ce, au fond, qu'un plat cuisiné que nous aimons et que nous mangeons avec tant de plaisir ? Rappelons-nous bien que c'est le cadavre d'un animal. C'est une bête morte. Qu'est-ce que la robe-prétexte qui porte ce fameux *laticlave*[33] si envié ? Eh bien, c'est de la laine et c'est de la teinture. Qu'est-ce que de la laine ? C'est des poils, des poils de brebis. Qu'est-ce que de la teinture ? C'est du sang, le sang d'un coquillage. Qu'est-ce que c'est aussi, dit-il dans le même passage, que l'accouplement *(sunousia)* ? Eh bien, l'accouplement c'est des nerfs, des nerfs qui se frottent les uns contre les autres. C'est un spasme et puis c'est un peu d'excrétion, ce n'est rien de plus[34]. Là vous voyez, il s'agit, à travers ces représentations, de retrouver les éléments des choses. Mais le texte par lequel Marc Aurèle commente cette décomposition des choses en leurs éléments est assez intéressant parce qu'il dit : En appliquant cette méthode, en se rappelant à propos de l'accouplement que c'est donc une friction de nerfs avec spasmes et excrétions, que la robe-prétexte, c'est des poils de brebis teintés de la pourpre sanglante d'un coquillage, eh bien, en pensant tout cela, qu'est-ce qu'on fait ? On frappe, on frappe les choses elles-mêmes, on va jusqu'en leur cœur et on les traverse tout entières, de telle manière que l'on peut voir ce qu'elles sont. Grâce à quoi on pourra, dit-il, les dénuder *(apogumnoun :* dénuder les choses) et voir de haut *(kathoran),* voir de haut en bas leur *euteleian* (c'est-à-dire leur peu de valeur, leur bon marché). Et ainsi pourrons-nous nous déprendre de l'enflure *(tuphos),* de l'ensorcellement par lequel elles risquent de nous capter et de nous captiver[35]. Là encore vous voyez, même objectif de l'exercice : il s'agit d'établir la liberté du sujet par ce regard de haut en bas que nous allons porter sur les choses, qui nous permet de les traverser de part en part, de les atteindre en leur cœur et de nous montrer par là le peu de valeur qu'elles sont. Dans ce passage comme dans le passage précédent, Marc Aurèle ajoute : Il ne suffit pas d'appliquer cette méthode aux choses elles-mêmes, nous devons aussi l'appliquer à notre propre vie et à nous-même. Et là encore toute une série d'exercices y renvoie. Par exemple en II, 2, quand Marc Aurèle se dit : Qui est-ce que je suis, qu'est-ce que je suis ? Eh bien, je suis de la chair, je suis du souffle, et je suis un principe rationnel[36]. En tant que chair, qu'est-ce que je suis ? Je suis de la boue, je suis du sang, des os, des nerfs, des veines, des artères. En tant que souffle, à chaque instant je rejette une partie de mon souffle pour en aspirer une autre. Et le principe rationnel, le principe directeur, c'est ce qui reste, et c'est celui-là qu'il faut libérer. On a là dans cet exercice la combinaison des différents éléments, des différents exercices dont je vous parlais. La chair, on en fait l'analyse matérielle par ses éléments composants : boue, sang, eau, nerfs, etc. Le souffle, on en fait l'analyse temporelle : sa discontinuité et son renouvellement perpétuel. Et il n'y a finalement que la raison, le principe rationnel, en [quoi] nous pouvons retrouver notre identité. En IV, 4, vous trouvez aussi le même type d'analyse : qu'est-ce que nous sommes ? Eh bien, nous sommes un élément terrestre, un élément liquide, de la chaleur, du feu, un souffle, et puis nous sommes une intelligence[37]. Voilà pour les exercices d'analyse élémentaire.

Enfin troisième type d'exercice, sur lequel je passerai rapidement parce qu'il est très simple, c'est la réduction descriptive, ou description à fin de disqualification. Cet exercice consiste à se donner, avec le plus d'exactitude possible et le plus de détails, une représentation qui doit avoir pour rôle de réduire la chose telle qu'elle se présente, de la réduire par rapport aux apparences dont elle s'entoure, aux ornements qui l'accompagnent et aux effets de séduction ou de peur qu'elle peut induire. Ainsi, quand nous avons sous les yeux un homme puissant, arrogant, qui veut faire étalage de son pouvoir, qui veut nous impressionner par sa supériorité ou nous faire peur par sa colère, que faut-il faire ? Imagine-le faire quand il mange, quand il dort, quand il s'accouple, quand il va à la selle. Et maintenant, il peut toujours se rengorger. On a vu à quel maître tout à l'heure cet homme était asservi, dis-toi bien qu'il retombera bientôt sous la tutelle de maîtres semblables[38]. Voilà les exercices d'analyse infinitésimale que l'on trouve chez Marc Aurèle. Vous voyez bien qu'au premier regard, on a l'impression que cette figure de l'exercice spirituel par le savoir du monde est inverse de celle qu'on trouvait chez Sénèque.

Cependant il faut faire un certain nombre de remarques. Vous voyez que chez Marc Aurèle il y a tout de même, comme chez Sénèque, un certain regard de haut en bas. Mais alors que chez Sénèque le regard de haut en bas se fait à partir du sommet du monde, le point de départ de ce regard de haut en bas chez Marc Aurèle n'est pas au sommet du monde, il est au contraire au ras de l'existence humaine. Le regard s'effectue à partir du point précisément où nous sommes, et le problème est de descendre en quelque sorte au-dessous du point où nous sommes, pour arriver à plonger jusque dans ce cœur des choses qui nous permettra de les traverser de bout en bout. Il s'agissait, pour Sénèque, de voir se déployer au-dessous de nous l'ensemble du monde. Il s'agit pour Marc Aurèle, au contraire, de prendre une vue disqualifiante, réductrice et ironique de chaque chose en sa singularité. Enfin, chez Sénèque il y avait bien une perspective sur soi-même qui fait que le sujet, en se trouvant au sommet du monde et en voyant le monde se déployer au-dessous de lui, arrivait à se percevoir lui-même dans ses dimensions propres, qui étaient des dimensions limitées bien sûr, qui étaient des dimensions minuscules mais qui n'avaient pas fonction de dissolution. Alors que ce regard que Marc Aurèle porte sur les choses – et c'est là quelque chose d'important, quelque chose qui sans doute introduit une marque dans le stoïcisme, une inflexion importante –, ce regard est bien sûr référé à lui-même, mais il est référé à lui-même de deux façons. D'une part il s'agit, en pénétrant dans le cœur des choses, en en saisissant tous les éléments les plus singuliers, de montrer combien nous sommes libres par rapport à elles. Mais il s'agit aussi et en même temps de montrer combien notre propre identité – cette petite totalité que nous constituons à nos propres yeux : continuité dans le temps, continuité dans l'espace – n'est en réalité composée que d'éléments singuliers, d'éléments distincts, d'éléments discrets les uns par rapport aux autres, et qu'il s'agit là au fond d'une fausse unité. La seule unité dont nous sommes capables et qui puisse nous fonder dans ce que nous sommes, cette identité de sujet que nous pouvons et devons être à l'égard de nous-même, c'est uniquement en tant que nous sommes sujets raisonnables, c'est-à-dire que nous ne sommes rien d'autre qu'une partie de la raison qui préside au monde. Nous ne sommes par conséquent, si nous nous regardons au-dessous de nous, ou si, plutôt, nous nous regardons nous-même de haut en bas, rien de plus qu'une série d'éléments distincts les uns des autres : éléments matériels, instants discontinus. Mais si nous essayons de nous appréhender comme principe raisonnable et rationnel, nous nous apercevrons que nous ne sommes alors plus qu'une partie de quelque chose qui est la raison présidant au monde tout entier. C'est donc plutôt vers une sorte de dissolution de l'individualité que va l'exercice spirituel de Marc Aurèle, alors que l'exercice spirituel de Sénèque – avec ce déplacement du sujet vers le sommet du monde d'où il peut se ressaisir dans sa singularité – avait plutôt pour fonction de fonder et d'établir l'identité du sujet, sa singularité et l'être stable du moi qu'il constitue. J'aurais beaucoup d'autres choses à dire. Je voudrais simplement, rapidement, terminer cela, en vous disant... Oh ! là, là... J'hésite, je ne sais pas si je vais... Est-ce que vous voulez qu'on continue là-dessus ? Non, il y en a peut-être assez sur Marc Aurèle**. Deux mots pour finir cette histoire du savoir spirituel.

** Le manuscrit comprend ici de longs développements (que Foucault laisse délibérément de côté) sur la fonction positive de l'ordre infinitésimal (il étudie à ce propos, dans les *Pensées,* les textes : X, 26 ; II, 12 ; IX, 32). Par ailleurs, il retrouve des coïncidences entre les *Pensées* (XII, 24 et IX, 30) et les textes de Sénèque sur la contemplation verticale du monde. Mais, ici et là, cette vision surplombante induit des conséquences éthiques différentes : elle conduit Sénèque à l'ironie du minuscule ; elle entraîne chez Marc Aurèle des effets de répétition à l'identique (« de ce point de

Si j'ai évoqué tout ça à propos de Sénèque et de Marc Aurèle, c'est pour la raison suivante. Comme je vous le rappelais, je voulais, à l'intérieur de ce thème général de la conversion à soi et à l'intérieur de cette prescription générale « il faut revenir à soi », déterminer le sens qui est donné au précepte particulier « tourner le regard vers soi-même », « reporter sur soi son attention », « appliquer à soi-même son propre esprit ». Il me semble qu'en posant cette question et en voyant comment Sénèque ou Marc Aurèle la résolvent, il est parfaitement clair qu'il ne s'agit aucunement de constituer – à côté, en face, ou contre le savoir du monde – un savoir qui serait le savoir de l'être humain, de l'âme, de l'intériorité. Ce dont il s'agit, c'est donc de la modalisation du savoir des choses. Une modalisation qui se caractérise de la façon suivante. Premièrement, il s'agit d'un certain déplacement du sujet, soit qu'il monte jusqu'au sommet de l'univers pour le voir dans sa totalité, soit qu'il s'efforce de descendre jusque dans le cœur des choses. En tout cas, ce n'est pas en restant là où il est que le sujet peut savoir comme il faut. C'est là le premier point, la première caractéristique de ce savoir spirituel. Deuxièmement, la possibilité est donnée, à partir de ce déplacement du sujet, de saisir les choses à la fois dans leur réalité et dans leur valeur. Et par « valeur », il s'agit de leur place, de leur relation, de leur dimension propre à l'intérieur du monde et aussi de leur rapport, de leur importance, de leur pouvoir réel sur le sujet humain en tant qu'il est libre. Troisièmement, dans ce savoir spirituel, il s'agit pour le sujet d'être capable de se voir lui-même, de se saisir lui-même dans sa réalité. Il s'agit d'une sorte d'« héauto-scopie ». Le sujet doit se percevoir dans la vérité de son être. Quatrièmement enfin, l'effet de ce savoir sur le sujet est assuré par le fait qu'en lui, le sujet non seulement découvre sa liberté, mais trouve dans sa liberté un mode d'être qui est celui du bonheur et de toute la perfection dont il est capable. Eh bien, un savoir qui implique ces quatre conditions (déplacement du sujet, valorisation des choses à partir de leur réalité à l'intérieur du *kosmos,* possibilité pour le sujet de se voir lui-même, transfiguration enfin du mode d'être du sujet par l'effet du savoir), c'est cela, je crois, qui constitue ce qu'on pourrait appeler le savoir spirituel. Ce savoir spirituel, évidemment il

___

vue Marc Aurèle ne perçoit pas tellement le point singulier où il est, que l'identité profonde entre des choses différentes, événements séparés dans le temps »). En analysant certaines *Pensées* (XII, 24 ; XII, 27 ; II, 14), Foucault opère enfin la distinction entre un « plongeon sur place » (avec ses effets de singularisation) et un « plongeon du sommet » (avec l'effet inverse d'annulation des différences et de retour au même).

serait sans doute intéressant d'en faire l'histoire. Il serait intéressant de voir comment, aussi prestigieux qu'il ait été à la fin de l'Antiquité ou dans la période dont je vous parle, il a petit à petit été limité, recouvert, et finalement effacé par un autre mode du savoir que l'on pourrait appeler le savoir de connaissance, et non plus le savoir de spiritualité. C'est sans doute aux XVIᵉ-XVIIᵉ siècles que le savoir de connaissance a finalement entièrement recouvert le savoir de spiritualité, non sans en avoir repris un certain nombre d'éléments. Il est certain que, du côté de ce qui s'est passé au XVIIᵉ siècle chez Descartes, chez Pascal, chez Spinoza bien sûr, etc., on pourrait retrouver cette conversion du savoir de spiritualité en savoir de connaissance.

Et je ne peux pas m'empêcher de penser qu'il y aurait une figure dont l'histoire serait intéressante à faire parce qu'elle nous montrerait bien, je pense, comment s'est posé le problème des relations entre savoir de connaissance et savoir de spiritualité, depuis le XVIᵉ jusqu'au XVIIIᵉ siècle. Et c'est évidemment la figure de Faust. Faust, à partir du XVIᵉ siècle (c'est-à-dire à partir du moment où le savoir de connaissance a commencé à faire valoir ses droits absolus sur le savoir de spiritualité), c'est celui qui a représenté, je crois, jusqu'à la fin du XVIIIᵉ siècle, les pouvoirs, enchantements et dangers du savoir de spiritualité. *Faust* de Marlowe bien sûr[39]. Au milieu du XVIIIᵉ siècle, le *Faust* de Lessing : vous savez, ce Faust qu'on ne connaît que par la dix-septième lettre sur la littérature, mais qui est très intéressante[40], et où Lessing transforme le Faust de Marlowe, qui était donc un héros damné parce que héros d'un savoir maudit et interdit. Lessing, lui, sauve Faust. Il sauve Faust parce que le savoir spirituel que Faust représente est converti par Faust, aux yeux de Lessing, en une croyance [dans le] progrès de l'humanité. La spiritualité du savoir devient foi et croyance en un progrès continu de l'humanité. Et tout ce que l'on demandait au savoir spirituel, [c'est-à-dire] cette transfiguration du sujet lui-même, c'est l'humanité qui va en être le bénéficiaire. Et par conséquent le Faust de Lessing est sauvé. Il est sauvé parce qu'il a su convertir la figure du savoir de spiritualité en savoir de connaissance, par le biais de cette foi [dans le] progrès. Quant au Faust de Goethe, il est précisément, alors lui, à nouveau le héros d'un monde du savoir spirituel qui disparaît. Mais lisez le début du *Faust* de Goethe, le fameux monologue de Faust dans le tout début de la première partie, et vous y retrouverez précisément les éléments les plus fondamentaux du savoir spirituel, les figures précisément de ce savoir qui monte jusqu'au sommet du monde, qui en saisit tous les éléments, qui le traverse de part en part, en saisit le secret, plonge jusque dans ses éléments, et qui en même temps transfigure le sujet et lui donne le bonheur. Souvenez-vous de ce que dit Goethe : « Philosophie, hélas ! jurisprudence, médecine, et toi aussi, triste théologie ! ... je vous ai donc étudiées à fond, avec ardeur et patience ; et maintenant me voici là, pauvre fou, tout aussi sage que devant... » Voilà un savoir qui précisément n'est pas le savoir spirituel. C'est le savoir de connaissance. De ce savoir de connaissance, le sujet ne peut rien attendre pour sa propre transfiguration. Or ce que Faust demande au savoir, ce sont des valeurs et des effets spirituels que ni la philosophie, ni la jurisprudence, ni la médecine ne peuvent lui donner. « Je ne crains rien du diable, ni de l'enfer ; mais aussi toute joie m'est enlevée [par ce savoir ; M.F.]. Il ne me reste désormais qu'à me jeter dans la magie [repli du savoir de connaissance sur le savoir de spiritualité ; M.F.]. Oh ! si la force de l'esprit et de la parole me dévoilait les secrets que j'ignore, et si je n'étais plus obligé de dire péniblement ce que je ne sais pas ; si enfin je pouvais connaître tout ce que le monde cache en lui-même, et, sans m'attacher davantage à des mots inutiles, voir ce que la nature contient de secrète énergie et de semences éternelles ! Astre à la lumière argentée, lune silencieuse, daigne pour la dernière fois jeter un regard sur ma peine ! [...] J'ai si souvent la nuit veillé près de ce pupitre ! C'est alors que tu m'apparaissais sur un amas de livres et de papiers, mélancolique amie ! Ah ! que ne puis-je, à ta douce clarté, gravir les hautes montagnes, errer dans les cavernes avec les esprits, danser sur le gazon pâle des prairies, oublier toutes les misères de la science, et me baigner rajeuni dans la fraîcheur de ta rosée ![41] » Eh bien je crois qu'on a là la dernière formulation nostalgique d'un savoir de spiritualité qui disparaît avec l'*Aufklärung*, et le salut triste à la naissance d'un savoir de connaissance. Voilà ce que je voulais vous dire donc sur Sénèque et Marc Aurèle. Alors tout à l'heure, dans quelques minutes, je passerai à un autre problème : le problème non plus de la connaissance du monde, mais de l'exercice de soi. Après la *mathêsis*, l'*askêsis*.

*

NOTES

1. Préface à la première partie des *Questions naturelles,* in *Œuvres complètes de Sénèque le philosophe,* éd. citée, p. 390 (analysée dans le cours du 17 février, deuxième heure).

2. Marc Aurèle, *Pensées,* VI, 3, éd. citée, p. 54 (traduction revue par Foucault).

3. *Pensées,* III, 11 (p. 24).

4. « Pour toi donc, dis-je, choisis franchement, librement, le bien supérieur et ne le lâche pas ! – Mais le bien, c'est l'intérêt. – S'il s'agit de ton intérêt, en tant qu'être raisonnable, observe-le » *(id.,* 6, p. 22).

5. « Vénère la faculté d'opinion. Tout dépend d'elle » *(id.,* 9, p. 23).

6. « Et souviens-toi encore que chacun ne vit que le présent, cet infiniment petit. Le reste, ou bien est déjà vécu, ou bien est incertain » *(id.,* 10, p. 23).

7. « La physique comme exercice spirituel ou pessimisme et optimisme chez Marc Aurèle » *(in* P. Hadot, *Exercices spirituels et Philosophie antique, op. cit.,* p. 119-133).

8. On trouve cette distinction conceptuelle très nettement exprimée chez Diogène Laërce dans son livre sur Zénon : « Une définition, comme le dit Antiparos au premier livre de son traité *Sur les définitions,* est un énoncé, issu d'une analyse, formulé de façon adéquate (à l'objet), ou bien, comme le dit Chrysippe dans son traité *Sur les définitions,* l'explication du propre. Une description est une formule introduisant aux réalités de façon schématique » (trad. R. Goulet, *in* Diogène Laërce, *Vies et Doctrines des philosophes illustres,* VII, 60, éd. citée, p. 829).

9. Sur ce filtrage des représentations, en particulier chez Épictète, cf. *Le Souci de soi (op. cit.,* p. 79-81), prenant pour références principales les *Entretiens,* III, 12, 15 : « Il ne faut point accepter une représentation sans examen, mais on doit lui dire : "Attends, laisse-moi voir qui tu es et d'où tu viens", tout comme les gardes de nuit disent : "Montre-moi tes papiers" » (éd. citée, p. 45), et I, 20, 7-11.

10. Cf. la présentation classique par Foucault de la méthode cartésienne (à partir du texte des *Regulae)* dans *Les Mots et les Choses,* Paris, Gallimard, 1966, p. 65-71.

11. *Pensées,* XI, 16 (p. 128).

12. Foucault revient ici au livre III, 11 : « Rien, en effet, n'est à ce point capable de nous faire l'âme grande, comme de pouvoir identifier *(elegkhein)* avec méthode et vérité chacun des objets qui se présentent » *(id.,* p. 24).

13. L'*elegkhos* signifie en grec ancien la « honte », puis la « réfutation » dans le vocabulaire classique (cf. *Dictionnaire étymologique de la langue grecque* de P. Chantraine, Paris, Klincksieck, 1968-1980, p. 334-335). Pour une étude de cette notion (particulièrement dans son sens socratique), cf. L.-A. Dorion, « La Subversion de l'*elenchos* juridique dans l'*Apologie de Socrate* », *Revue philosophique de Louvain,* 88, 1990, p. 311-344.

14. *Pensées,* III, 11 (p. 24).

15. Cf. pour une vision d'ensemble de ces exercices chez Épictète, l'ouvrage, souvent cité par Foucault, de B.L. Hijmans, *Askêsis : Notes on Epictetus' Educational System,* Utrecht, 1959.

16. *Entretiens,* III, 3, 14-19 (p. 18).

17. Les textes de Cassien se trouvent analysés dans le cours du 26 mars 1980.

18. J. Cassien, « Première Conférence de l'abbé Moïse », in *Conférences,* t. I, § 18, trad. Dom E. Pichery, Paris, Éd. du Cerf, 1955, p. 99 (cf., à propos du même texte, *Dits et Écrits, op. cit.,* IV, n° 363, p. 811).

19. *Id.,* § 20-22, p. 101-107 (cf., à propos du même texte, *Dits et Écrits, loc. cit.*).

20. *Pensées,* III, 11 (p. 24).

21. « Le salut de la vie, c'est de voir à fond ce qu'est chaque objet, quelle en est la matière, quelle en est la cause formelle » (*Pensées,* XII, 29, p. 142).

22. « Cet objet, quel est-il en soi dans sa constitution propre ? Quelle en est la substance, la matière, la cause formelle » (*Pensées,* VIII, 11, p. 85).

23. « Constamment et, autant que possible, à chaque idée applique la science de la nature *(phantasias phusiologein)* » (*id.,* 13, p. 85).

24. Le pancrace désigne plutôt un exercice violent, qui est une combinaison de boxe et de lutte, et dans lequel « il s'agit de mettre l'adversaire hors de combat, soit qu'il défaille, soit que, levant le bras, il s'avoue vaincu. Pour cela, tous les coups sont autorisés : non seulement les coups de poing et les prises admises par la lutte régulière, mais aussi toute espèce d'attaques : coups de pieds dans l'estomac ou le ventre, torsions de membres, morsures, étranglement, etc. » (H.-I. Marrou, *Histoire de l'éducation dans l'Antiquité, op. cit.,* p. 190).

25. « Tu peux parvenir à faire fi *(kataphronêseis)* d'un chant ravissant, de la danse, du pancrace. S'il s'agit d'un air mélodieux, il suffit de le décomposer en ses notes et, à chacune, de te demander si tu ne saurais y résister *(ei toutou hêttôn ei).* Tu n'oserais le reconnaître. Pour la danse, use d'une méthode analogue devant chaque mouvement ou figure, et de même pour le pancrace » (*Pensées,* XI, 2, p. 124).

26. *Ibid.* (traduction revue par Foucault).

27. *Pensées,* VI, 15 (p. 57).

28. *Pensées,* XI, 2 (p. 123-124).

29. « Tout ce que je suis se réduit à ceci : la chair, le souffle, le guide intérieur. Renonce aux livres, ne te laisse plus distraire, ce ne t'est plus permis ; mais à la pensée que tu es moribond, méprise la chair : elle n'est que de la boue et du sang, des os et un fin réseau de nerfs, de veines et d'artères. Vois aussi ce qu'est ton souffle : du vent, et non toujours le même, car à chaque instant tu le rejettes pour en aspirer d'autre à nouveau. Reste donc, en troisième lieu, le guide intérieur » (*Pensées,* II, 2, p. 10).

30. *Pensées,* VI, 15 (p. 57).

31. Cf. *supra,* note 28.

32. Toute cette thématique d'une éternité stoïcienne conquise dans l'acte parfait et strictement immanente, comprise non pas comme sempiternité mais comme instant court-circuitant le temps, se trouve exposée dans l'ouvrage classique de V. Goldschmidt, *Le Système stoïcien et l'Idée de temps* (1953), Paris, Vrin, 1985, p. 200-210.

33. Il s'agit d'un bande de pourpre cousue à la tunique et indiquant une distinction (sénateur ou chevalier).

34. « De même que c'est concevoir l'idée de ce que sont les viandes cuites et autres aliments de cette sorte, si l'on se dit : Ceci est un cadavre de poisson, cela est un cadavre d'oiseau ou de porc ; ou encore : Le Falerne n'est que le jus d'un grapillon ; la robe prétexte, du poil de brebis teint du sang d'un coquillage ; ce qui se passe dans l'accouplement *(sunousia),* c'est friction de nerf et, accompagnée d'un certain spasme, excrétion de glaire » (*Pensées,* VI, 13, p. 55).

35. « De même que ces idées atteignent en plein leur objet *(kathiknoumenai autôn)*, qu'elles vont au cœur des choses, en sorte qu'on en voie la réalité ; de même faut-il faire dans tout le cours de ta vie *(houtôs dei par' holon ton bion poiein)*. Quand les objets te semblent le plus dignes de ta confiance, dépouille-les *(apogumnoun)*, vois à fond *(kathoran)* leur peu de valeur *(euteleian)*, arrache-leur ces dehors dont ils s'enorgueillissent. C'est un bien redoutable sophiste que l'orgueil *(tuphos)*, et quand tu crois t'appliquer plus que jamais aux choses sérieuses, c'est alors qu'il te mystifie le mieux du monde » *(id.,* p. 55-56).

36. *Pensées,* II, 2 (p. 10).

37. « Comme, en effet, ce qui est terrestre en moi a été prélevé sur une certaine terre, la partie liquide sur un autre élément, le souffle à une autre source, la chaleur et le feu à une autre source encore [...] de même donc l'intelligence est venue de quelque part » *(Pensées,* IV, 4, p. 29).

38. *Pensées,* X, 19 (p. 115).

39. *Doctor Faustus,* in *The Works of Christopher Marlowe,* éd. Tucker Brooke, Oxford, 1910.

40. *Lettre* du 16 février 1759, in G.E. Lessing, *Briefe die neueste Literatur betreffend,* Stuttgart, P. Reclam, 1972, p. 48-53.

41. Goethe, *Faust,* trad. Gérard de Nerval, première partie : « La Nuit », Paris, Garnier, 1969, p. 35-36.

COURS DU 24 FÉVRIER 1982

Deuxième heure

*La vertu dans son rapport à l'*askêsis. *– L'absence de référence à la connaissance objective du sujet dans la* mathêsis. *– L'absence de référence à la loi dans l'*askêsis. *– Objectif et moyen de l'*askêsis. *– Caractérisation de la* paraskeuê : *le sage comme athlète de l'événement. – Contenu de la* paraskeuê : *les discours-action. – Mode d'être de ces discours :* le prokheiron. *– L'*askêsis *comme pratique d'incorporation au sujet d'un dire-vrai.*

Dans les deux cours précédents, j'avais donc essayé d'étudier la question de la conversion à soi sous l'angle du savoir : rapport entre retour à soi et connaissance du monde. Si vous voulez : la conversion à soi confrontée à la *mathêsis.* Alors maintenant, je voudrais reprendre cette question de la conversion à soi, non plus sous l'angle de la connaissance et de la *mathêsis,* mais sous l'angle de : quel est le type d'action, le type d'activité, le mode de pratique de soi sur soi qu'implique la conversion à soi ? Autrement dit : quelle est la pratique opératoire qu'en dehors de la connaissance la conversion à soi implique ? Je crois que c'est cela, en gros, qu'on appelle l'*askêsis* (l'ascèse, en tant qu'exercice de soi sur soi). Dans un passage d'un texte qui s'appelle précisément *Peri askêseôs (De l'ascèse, De l'exercice)*[1], un stoïcien romain que vous connaissez sans doute, qui s'appelle Musonius Rufus, comparait l'acquisition de la vertu à celle de la médecine ou à celle de la musique. Comment acquérir la vertu ? Est-ce qu'on acquiert la vertu comme on acquiert la connaissance de la médecine ou comme on acquiert la connaissance de la musique ? Ce genre de questions était extrêmement banal, traditionnel et très ancien. Vous les retrouvez bien sûr chez Platon et dès les premiers dialogues socratiques. Et Musonius Rufus disait : L'acquisition de la vertu implique deux choses. Il faut d'une part un savoir théorique *(epistemê theôrêtikê),* et puis elle doit aussi comporter une *epistemê praktikê* (un savoir pratique). Et ce savoir pratique, dit-il, on ne peut l'acquérir qu'en s'entraînant – et il emploie le verbe *gumnazesthai* : « faire de la gymnastique », mais au sens évidemment très général qu'on verra plus tard – avec zèle, sans négliger sa peine *(philotimôs, philoponôs)*. Donc : peine, zèle, entraînement, c'est cela qui va nous permettre d'acquérir l'*epistemê praktikê,* qui est aussi indispensable que l'*epistemê theôrêtikê*[2]. Cette idée que la vertu s'acquiert par une *askêsis,* non moins indispensable qu'une *mathêsis,* est évidemment une idée très ancienne. Il n'est absolument pas besoin d'attendre Musonius Rufus pour la voir se formuler à peu près dans ces mêmes termes. C'était une idée que vous trouviez dans les textes pythagoriciens les plus anciens[3]. C'est une idée que vous trouvez chez Platon[4]. Vous la trouvez également chez Isocrate quand il parle de l'*askêsis philosophias*[5]. C'est une idée sur laquelle les cyniques, bien sûr, beaucoup plus portés sur l'exercice pratique que sur la connaissance théorique, avaient également insisté[6]. Bref, c'est une idée tout à fait traditionnelle dans cet art de soi-même, cette pratique de soi-même dont j'essaie de vous faire, non pas l'histoire, mais le schéma à une période précise (Ier-IIe siècle après [Jésus-Christ]). Mais encore une fois, j'y reviens pour éviter toute équivoque, je ne prétends pas du tout que cette pratique de soi, que j'essaie de repérer à l'époque dont je parle, s'est formée à ce moment-là. Je ne prétends même pas qu'elle constitue à ce moment-là une nouveauté radicale. Je veux simplement dire qu'à cette époque-là, au terme, ou plutôt à la suite d'une bien longue histoire (car le terme n'est pas encore donné), on arrive, au Ier-IIe siècle, à une culture de soi, à une pratique de soi dont les dimensions sont considérables, dont les formes sont très riches et dont l'ampleur, qui ne représente sans doute aucune rupture de continuité, permet sans doute une analyse plus détaillée que si on se reportait à une époque antérieure. C'est donc plus pour des raisons de commodité, de visibilité et de lisibilité du phénomène, que je m'adresse à cette période-là, sans du tout vouloir dire qu'elle représente une innovation. Bon, en tout cas je n'ai pas du tout l'intention de refaire la longue histoire de ces rapports *mathêsis/ askêsis,* la longue histoire de cette notion même d'ascèse, d'exercice, telle qu'on la trouve déjà chez les pythagoriciens. Je me contenterai donc de parler de ce Ier-IIe siècle, mais je voudrais tout de suite souligner quelque chose qui est, je crois, assez surprenant.

À partir du moment où on n'envisage plus la conversion à soi sous l'angle de la *mathêsis* – de la connaissance : connaissance du monde, y a-t-il connaissance de soi ? etc. – mais sous l'angle de la pratique, de l'exercice de soi sur soi, est-ce que nous n'allons pas nous trouver dans un ordre de choses qui n'est plus, bien sûr, celui de la vérité, mais qui va être celui de la loi, de la règle, du code ? Est-ce qu'au principe fondateur de cette *askêsis,* de cette pratique de soi par soi, de soi sur soi, on ne va pas trouver l'instance fondatrice et première de la loi ? Je crois qu'il faut bien comprendre – et c'est un des traits les plus importants et, pour nous du moins, les plus paradoxaux, car pour bien d'autres cultures ça ne le serait pas – ce qui caractérise l'ascèse *(askêsis)* dans le monde grec, hellénistique et romain, quels que soient d'ailleurs les effets d'austérité, de renoncement, d'interdiction, de prescription tatillonne et austère que cette *askêsis* peut induire : elle n'est pas et n'est jamais fondamentalement l'effet d'une obéissance à la loi. Ce n'est pas par référence à une instance comme celle de la loi que l'*askêsis* s'établit et qu'elle déploie ses techniques. L'*askêsis* est en réalité une pratique de la vérité. L'ascèse n'est pas une manière de soumettre le sujet à la loi : l'ascèse est une manière de lier le sujet à la vérité. Je crois qu'il faut bien avoir ces choses-là présentes à l'esprit, parce que nous avons dans la tête, du fait même de notre culture et de nos catégories à nous, pas mal de schémas qui risquent de nous embrouiller. Et, si vous voulez, je compare ce que je vous disais les dernières fois à propos de la connaissance du monde, et ce que je vais vous dire maintenant à propos de la pratique de soi. Ou encore : ce que je vous disais à propos de la *mathêsis* et ce que je voudrais vous dire maintenant à propos de l'*askêsis.* Nous, dans nos catégories familières de pensée, nous considérons comme une évidence que, dès que l'on parle du problème des rapports entre sujet et connaissance, la question qui est posée, la question que nous nous posons quand nous parlons du rapport sujet et connaissance, c'est celle-ci : est-il possible d'avoir du sujet une connaissance de même type que celle que nous avons de n'importe quel autre élément du monde, ou bien un autre type de connaissance est-il nécessaire, irréductible au premier, etc. ? Autrement dit, la question du rapport sujet et connaissance, je crois que, tout spontanément, nous la posons sous la forme suivante : peut-il y avoir une objectivation du sujet ? Ce que j'ai voulu vous montrer dans les deux derniers cours, c'est ceci : c'est que dans cette culture de soi de l'époque hellénistique et romaine, quand on pose la question du rapport sujet et connaissance, on ne pose jamais la question de savoir si le sujet est objectivable, si l'on peut appliquer au sujet le même mode de connaissance que l'on applique aux choses du monde, si le sujet fait effectivement partie de ces choses du monde qui sont connaissables. Ce n'est jamais cela que vous trouvez dans la pensée grecque, hellénistique et romaine. Mais quand on pose la question des rapports sujet/ connaissance du monde, on trouve – c'est ça que j'ai voulu vous montrer – la nécessité d'infléchir le savoir du monde de telle manière qu'il prenne, pour le sujet, dans l'expérience du sujet, pour le salut du sujet, une certaine forme et une certaine valeur spirituelles. C'est cette modalisation spirituelle du sujet qui est la réponse à la question générale : qu'en est-il des rapports du sujet à la connaissance du monde ? C'est cela que j'ai voulu vous montrer.

Maintenant, je crois que le même débrouillage, le même affranchissement par rapport à nos propres catégories, à nos propres questions, nous devons l'appliquer à la question de l'*askêsis*. Quand, en effet, nous posons la question du sujet dans l'ordre de la pratique (non seulement « que faire ? », mais « que faire de moi-même ? »), je crois que tout spontanément – je ne veux pas dire « tout naturellement », je devrais dire : « tout historiquement », mais par une nécessité qui pèse lourd sur nous – nous considérons comme une évidence que cette question « qu'en est-il du sujet et que doit-il faire de lui-même ? », [il faut la poser] en fonction de la loi. C'est-à-dire : en quoi, dans quelle mesure, à partir de quel fondement et jusque dans quelle limite le sujet doit-il se soumettre à la loi ? Or, dans la culture de soi de la civilisation grecque, hellénistique, romaine, le problème du sujet dans son rapport à la pratique conduit, je crois, à tout autre chose qu'à la question de la loi. Il conduit à celle-ci : comment le sujet peut-il agir comme il faut, peut-il être comme il doit être, dans la mesure où non seulement il connaît le vrai, mais dans la mesure où il le dit, le pratique et l'exerce ? Plus exactement, j'ai mal formulé la question, il faut dire ceci : la question que posent, je crois, les Grecs et les Romains à propos des rapports entre sujet et pratique, c'est de savoir dans quelle mesure le fait de connaître le vrai, de dire le vrai, de pratiquer et d'exercer le vrai peut permettre au sujet non seulement d'agir comme il doit agir, mais d'être comme il doit être et comme il veut être. Disons schématiquement ceci : là où nous entendons, nous modernes, la question « objectivation possible ou impossible du sujet dans un champ de connaissances », les Anciens de la période grecque, hellénistique et romaine entendaient : « constitution d'un savoir du monde comme expérience spirituelle du sujet ». Et là où, nous autres modernes, nous entendons « assujettissement du sujet à l'ordre de la loi », les Grecs et les Romains entendaient « constitution du sujet comme fin dernière pour lui-même, à travers et par l'exercice de la vérité ». Il y a, je crois, là une hétérogénéité fondamentale qui doit nous prévenir contre toute projection rétrospective. Et je dirai que celui qui voudrait faire l'histoire de la subjectivité – ou plutôt : l'histoire des rapports entre sujet et vérité – devrait essayer de retrouver la très longue, la très lente transformation d'un dispositif de subjectivité, défini par la spiritualité du savoir et la pratique de la vérité par le sujet, en cet autre dispositif de subjectivité qui est le nôtre et qui est commandé, je crois, par la question de la connaissance du sujet par lui-même, et de l'obéissance du sujet à la loi. Aucun de ces deux problèmes (obéissance à la loi, connaissance du sujet par lui-même) n'était, de fait, fondamental ni même présent dans la pensée et la culture antiques. C'était « spiritualité du savoir », c'était « pratique et exercice de la vérité ». C'est ainsi, je pense, qu'il faut aborder cette question de l'*askêsis*; c'est celle-là, maintenant, que je voudrais étudier, dans ce cours et dans le cours suivant.

Quand on parle d'ascèse, il est évident que, vue à travers une certaine tradition, d'ailleurs elle-même fort déformée, [...] [nous entendons une] certaine forme de pratique, qui doit avoir, pour éléments, pour phases, pour progrès successifs des renonciations de plus en plus sévères, avec, pour point de mire et passage à la limite, la renonciation à soi. Progrès dans les renonciations, pour parvenir à la renonciation essentielle qui est [la] renonciation à soi[7] : c'est ainsi que nous, nous entendons l'ascèse. C'est avec ces sonorités-là que nous l'entendons. Je crois que l'ascèse *(askêsis)* chez les Anciens avait un sens profondément différent. D'abord parce qu'il ne s'agissait évidemment pas d'arriver, au terme de l'ascèse comme à son point de mire, à la renonciation à soi. Il s'agissait au contraire, par l'*askêsis,* de la constitution de soi-même. Ou disons, plus exactement : il s'agissait de parvenir à la formation d'un certain rapport de soi à soi qui soit plein, achevé, complet, autosuffisant, et susceptible de produire cette transfiguration à soi qui est le bonheur que l'on prend de soi à soi. Tel était l'objectif de l'ascèse. Rien, par conséquent, qui fasse penser à une renonciation à soi. Je vous rappelle tout de même simplement, parce que cette histoire est très complexe et que je n'ai pas l'intention de vous la raconter dans tous ses détails, cette très curieuse et intéressante inflexion qu'on trouve chez Marc Aurèle où l'ascèse, par la perception disqualifiante des choses au-dessous de soi, conduit à une mise en question de l'identité de soi par la discontinuité des éléments dont nous sommes composés, ou par l'universalité de la raison dont nous sommes une partie[8]. Mais ceci est une inflexion, beaucoup plus, me semble-t-il, qu'un trait absolument général de l'ascèse ancienne. Donc l'objectif de l'ascèse dans l'Antiquité, c'est bien la constitution d'un rapport plein, achevé et complet de soi à soi.

Deuxièmement, le moyen de l'ascèse ancienne, il ne faut pas le chercher dans le renoncement à telle ou telle partie de soi-même. Bien sûr, on verra qu'il y a des éléments de renonciation. Il y a des éléments d'austérité. Et on peut même dire que l'essentiel, enfin en tout cas une partie considérable, de ce [que] sera la renonciation chrétienne est déjà exigé par l'ascèse ancienne. Mais la nature même des moyens, la tactique, si vous voulez, qui est mise en œuvre pour parvenir à cet objectif final, n'est pas premièrement, pas fondamentalement une renonciation. Il s'agit au contraire par l'*askêsis* (par l'ascèse) d'acquérir quelque chose. Il faut se doter de quelque chose qu'on n'a pas, au lieu de renoncer à tel élément de nous-même que nous serions ou que nous aurions. Il faut se doter de quelque chose qui, précisément, au lieu de nous conduire à renoncer petit à petit à nous-même, permettra de protéger le soi et de parvenir jusqu'à lui. En deux mots, l'ascèse ancienne ne réduit pas : elle équipe, elle dote. Et ce dont elle équipe, ce dont elle dote, c'est cela qu'on appelle en grec la *paraskeuê,* que Sénèque en latin traduit souvent par : *instructio.* Le mot fondamental est le mot de *paraskeuê,* et c'est celui-là que je voudrais étudier un peu aujourd'hui, avant, la prochaine fois, de passer à différentes formes plus précises des exercices ascétiques. Dès lors qu'il s'agit pour elle de parvenir à la constitution de ce rapport plein de soi à soi, l'ascèse a donc pour fonction, ou plutôt pour tactique, pour instrument, la constitution d'une *paraskeuê.* La *paraskeuê,* qu'est-ce que c'est ? Eh bien, la *paraskeuê,* c'est ce qu'on pourrait appeler une préparation à la fois ouverte et finalisée de l'individu aux événements de la vie. Je veux dire ceci : il s'agit, dans l'ascèse, de préparer l'individu à l'avenir, pour un avenir qui est constitué d'événements imprévus, événements dont on connaît peut-être la nature en général, mais on ne peut pas savoir quand ils se produiront ni même s'ils se produiront. Il s'agit donc, dans l'ascèse, de trouver une préparation, une *paraskeuê* telle qu'elle puisse s'ajuster à ce qui peut se produire, et à cela seulement, et au moment même où cela se produit, dans le cas où ça se produirait.

De cette *paraskeuê* on a beaucoup de définitions. Je prendrai l'une des plus simples et des plus drastiques. C'est celle que l'on trouve chez Demetrius le cynique, dans ce texte que rapporte Sénèque au livre VII du *De Beneficiis*[9], dans lequel Demetrius reprend ce qui est un lieu commun de la philosophie cynique, mais aussi de la philosophie morale en général, de toutes les pratiques de vie : la comparaison de l'existence, et de celui qui veut dans l'existence parvenir à la sagesse, avec l'athlète. On aura à revenir bien des fois sur cette comparaison du sage et de l'athlète, ou de celui qui se dirige, qui chemine vers la sagesse avec l'athlète. Le bon athlète, en tout cas dans ce texte de Demetrius, est présenté comme celui qui s'exerce. Mais qui s'exerce à quoi ? Non pas, dit-il, à tous les mouvements possibles. Il ne s'agit absolument pas de déployer toutes les possibilités qui nous sont données. Il ne s'agit même pas de parvenir, dans tel ou tel secteur, à faire tel ou tel exploit qui nous permettrait de l'emporter sur les autres. Il s'agit de se préparer à cela seulement à quoi nous pouvons nous heurter, de nous préparer aux seuls événements que nous pouvons rencontrer, [mais] pas de manière à surpasser les autres, ni même à nous surpasser nous-même. La notion de « surpassement de soi », vous la trouvez quelquefois chez les stoïciens, j'essaierai d'y revenir, mais ça n'a absolument pas cette forme, si vous voulez, de la gradation indéfinie vers le plus difficile que l'on trouvera dans l'ascèse chrétienne. Il ne s'agit donc pas de dépasser les autres, ni même de se dépasser soi-même ; il s'agit d'être, toujours selon cette catégorie dont je vous parlais tout à l'heure, plus fort que, ou de n'être pas plus faible que ce qui peut arriver. L'entraînement du bon athlète doit donc être l'entraînement à quelques mouvements élémentaires, mais suffisamment généraux et suffisamment efficaces pour qu'ils puissent être adaptés à toutes les circonstances, et pour qu'on puisse – à condition aussi qu'ils soient suffisamment simples et suffisamment bien acquis – en disposer aussitôt, dès que besoin est. C'est cet apprentissage de quelques mouvements élémentaires, nécessaires et suffisants à toute circonstance possible, qui constitue le bon entraînement, la bonne ascèse. Et la *paraskeuê,* ça ne sera rien d'autre que l'ensemble des mouvements nécessaires et suffisants, l'ensemble des pratiques nécessaires et suffisantes [pour] nous permettre d'être plus forts que tout ce qui peut arriver tout au cours de notre existence. C'est cela la formation athlétique du sage. Et ce thème qui est particulièrement bien défini par Demetrius, on le retrouve partout. Je vous cite un texte de Marc Aurèle, mais vous le retrouveriez chez Sénèque, vous le retrouveriez chez Épictète, etc. : « L'art de vivre [ce qu'il appelle la biotique : *hê biôtikê* ; M.F.] ressemble plutôt à la lutte qu'à la danse, en ce qu'il faut toujours se tenir en garde et d'aplomb contre les coups qui fondent sur vous et à l'improviste[10]. » Cette opposition entre athlétisme et danse, lutte et danse, est intéressante. Le danseur, c'est bien entendu celui qui fait le mieux possible pour atteindre à un certain idéal qui lui permettra de surpasser les autres ou de se surpasser lui-même. Le travail du danseur est indéfini. L'art de la lutte, ça consiste simplement à être prêt en se tenant sur ses gardes, à rester d'aplomb, c'est-à-dire : n'être pas renversé, n'être pas moins fort que tous les coups que l'on peut rencontrer, qui peuvent vous être assénés par les circonstances ou par les autres. Je crois que c'est très important. Ça permet de bien distinguer ce qu'est cet athlète de la spiritualité ancienne [de] ce que sera l'athlète chrétien. L'athlète chrétien, lui, sera sur la voie indéfinie du progrès vers la sainteté où il doit se surpasser lui-même, au point même de renoncer à lui-même. Et surtout aussi, l'athlète chrétien, c'est celui qui aura un ennemi, un adversaire, qui aura à se tenir sur ses gardes. Par rapport à qui et à quoi ? Mais par rapport à lui-même ! À lui-même dans la mesure où (péché, nature déchue, séduction par le démon, etc.) c'est en lui-même qu'il trouvera les plus vénéneuses et les plus dangereuses des puissances auxquelles il aura à s'affronter. L'athlète stoïcien, l'athlète de la spiritualité ancienne a, en effet, lui aussi à lutter. Il a à être prêt à une lutte, lutte dans laquelle il a pour adversaire tout ce qui peut se présenter venant du monde extérieur : l'événement. L'athlète ancien est un athlète de l'événement. Le chrétien, lui, est un athlète de lui-même. Premier point.

Deuxièmement, cet équipement *(paraskeuê)*, de quoi est-il fait ? Eh bien, cet équipement dont on doit se doter et qui permet de répondre aussitôt qu'il le faut, et avec les moyens à la fois les plus simples et les plus efficaces, est constitué par des *logoi* (des discours). Et là, il faut faire bien attention. Par *logoi* il ne suffit pas d'entendre simplement un équipement de propositions, de principes, d'axiomes, etc., qui sont vrais. Il faut entendre des discours en tant que ce sont des énoncés matériellement existants. Le bon athlète, qui a la *paraskeuê* suffisante, ce n'est pas simplement celui qui sait telle ou telle chose concernant l'ordre général de la nature ou les préceptes particuliers correspondant à telle ou telle circonstance, c'est celui qui a – je dis : « dans la tête » pour l'instant, il faudra revenir de plus près sur ce sujet – fiché en lui, implanté en lui (ce sont des phrases de Sénèque dans la lettre 50[11]), qui a quoi ? Eh bien : des phrases effectivement prononcées, des phrases qu'il a effectivement entendues ou lues, des phrases qu'il s'est incrustées lui-même dans l'esprit, en les répétant, les répétant dans sa mémoire par des exercices quotidiens, en les écrivant, les écrivant pour lui dans des notes comme celles par exemple que Marc Aurèle prenait : vous savez que, dans les textes de Marc Aurèle, il est très difficile de savoir ce qui est de lui et ce qui est citation d'autre chose. Peu importe. Le problème, c'est que l'athlète est celui qui se dote donc de phrases effectivement entendues ou lues, par lui effectivement remémorées, reprononcées, écrites et réécrites. Ce sont les leçons du maître, les phrases qu'il a entendues, ce sont les phrases qu'il a dites, qu'il s'est dites à lui-même. C'est de cet équipement matériel de *logos,* à prendre en ce sens-là, qu'est constituée l'armature nécessaire à celui qui doit

être le bon athlète de l'événement, le bon athlète de la fortune. Deuxièmement, ces discours – discours existant dans leur matérialité, acquis
dans leur matérialité, maintenus dans leur matérialité – bien sûr, ne sont
pas n'importe quels discours. Ce sont des propositions, propositions qui,
comme le mot même de *logos* l'indique, sont fondées en raison. Fondées en raison – c'est-à-dire à la fois qu'elles sont raisonnables, qu'elles
sont vraies et qu'elles constituent des principes acceptables de comportement. Ce sont, dans la philosophie stoïcienne, les *dogmata* et les *praecepta*[12] – je passe là-dessus (si éventuellement on a à y revenir, on y
reviendra, mais ce n'est pas absolument nécessaire). Ce que je voudrais
bien vous marquer, c'est que ces phrases existant effectivement, ces
logoi existant matériellement sont donc des phrases, des éléments de
discours, de rationalité : d'une rationalité qui à la fois dit le vrai et prescrit ce qu'il faut faire. Enfin troisièmement, ces discours sont des discours persuasifs. C'est-à-dire que non seulement ils disent ce qui est vrai
ou disent ce qu'il faut faire, mais ces *logoi,* quand ils constituent une
bonne *paraskeuê,* ne se contentent pas d'être là comme des espèces
d'ordres qui seraient donnés au sujet. Ils sont persuasifs en ce sens
qu'ils entraînent non seulement la conviction, mais les actes eux-
mêmes. Ce sont des schémas inducteurs d'action qui sont tels, dans leur
valeur et leur efficacité inductrice, qu'à partir du moment où ils sont là –
présents dans la tête, la pensée, le cœur, le corps même de celui qui les
détient –, eh bien, celui-là agira comme spontanément. Comme si c'était
ces *logoi* eux-mêmes qui, petit à petit faisant corps avec sa propre raison, sa propre liberté et sa propre volonté, parlaient, parlaient pour lui :
non seulement lui disant ce qu'il faut faire, mais faisant effectivement,
sur le mode de la rationalité nécessaire, ce qu'il faut faire. C'est donc
comme matrices d'action que ces éléments matériels de *logos* raisonnable sont effectivement inscrits dans le sujet. C'est cela, la *paraskeuê.*
Et c'est à obtenir cela que vise l'*askêsis* nécessaire à l'athlète de la vie.

Troisième caractère de cette *paraskeuê,* c'est la question du mode
d'être. Parce que ce discours, ou plutôt ces discours, ces éléments matériels de discours, pour qu'ils puissent constituer effectivement la préparation dont on a besoin, il faut que non seulement ils soient acquis mais
qu'ils soient dotés d'une sorte de présence permanente, à la fois virtuelle
et efficace, qui permet d'y avoir recours aussitôt que besoin est. Ce
logos qui constitue la *paraskeuê* doit être en même temps un secours. Et
alors là on arrive à une notion qui est importante, qui est très fréquente
dans tous ces textes. Il faut que le *logos* soit *boêthos* (secours)[13]. Ce mot
de *boêthos* est intéressant. Originairement, dans le vocabulaire archaïque,

boêthos c'est le secours. C'est-à-dire : c'est le fait que quelqu'un réponde
à l'appel *(boê)* que le guerrier en danger a lancé. Et celui qui lui porte
secours répond par un cri qui lui annonce qu'on lui porte secours et que
l'on est en train d'accourir pour venir l'aider. C'est cela. Le *logos* doit
être comme cela. Lorsqu'une circonstance se présente, qu'un événement
se produit qui met en danger le sujet, la maîtrise du sujet, il faut que ce
logos puisse répondre dès qu'on le lui demande et qu'il puisse faire
entendre sa voix, annonçant en quelque sorte au sujet qu'il est là, qu'il
lui porte secours. Et c'est précisément dans l'énoncé, dans la réactualisation de ce *logos,* dans cette voix qui se fait entendre et qui promet
le secours, que [réside] le secours lui-même. Que le *logos* parle, au
moment où l'événement se produit, que le *logos,* qui constitue la *paraskeuê,* se formule pour annoncer son secours : et le secours est déjà là
qui nous dit ce qu'il faut faire, ou plutôt : qui nous fait effectivement
faire ce que nous devons faire. Le *logos* est donc ainsi ce qui nous vient
en aide. Ce *logos boêthos* est métaphorisé de mille manières dans toute
cette littérature, soit par exemple sous la forme de l'idée d'un *logos-
remède (logos pharmakôn)*[14], soit sous l'idée aussi très fréquente, j'y ai
fait allusion déjà plusieurs fois[15], de la métaphore du pilotage – le *logos*
doit être comme le bon pilote sur le navire[16], qui fait tenir en place
l'équipage, qui lui dit ce qu'il faut faire, qui garde la direction, qui commande la manœuvre, etc. – ou encore, bien sûr, sous la forme militaire
et guerrière, soit de l'armure, soit, plus souvent encore, de la muraille et
de la forteresse derrière lesquelles peuvent se replier les guerriers dès
qu'ils sont en danger ; et de là, bien appuyés par leurs murailles, du haut
de leurs murailles, ils peuvent repousser les assauts des ennemis. C'est
de la même façon qu'à mesure que les événements se produisent,
lorsque le sujet se sent menacé dans la rase campagne de la vie quotidienne, le *logos* doit être là : forteresse, citadelle perchée sur sa hauteur
et vers laquelle on se replie. On se replie sur soi-même, sur soi-même en
tant qu'on est *logos.* Et c'est là que l'on trouve la possibilité de repousser l'événement, de cesser d'être *hêttôn* (le plus faible) par rapport à lui,
de pouvoir enfin l'emporter. Et vous comprenez bien que pour jouer
ainsi ce rôle, pour être effectivement de l'ordre du secours, et du secours
permanent, cet équipement des *logoi* raisonnables doit être toujours à
portée de main. Il doit être ce que les Grecs disaient *khrêstikos* (utilisable). Et ils avaient là une série, ou plutôt une métaphore, qui revenait
constamment et qui est très importante pour essayer de définir ce qu'est
la *paraskeuê,* et par conséquent ce que doivent être dans leur nature
et leur déroulement les exercices qui forment et maintiennent la *para-*

skeuê. Ce *logos,* pour jouer ce rôle de secours, pour être effectivement ou ce bon pilote, ou cette forteresse, ou ce remède, eh bien, il faut qu'il soit « sous la main » : *prokheiron,* que les Latins traduisaient par : *ad manum.* Il faut l'avoir là, sous la main[17]. Je crois que là on a une notion très importante, qui à la fois entre toujours dans la catégorie, si fondamentale dans toute la pensée grecque, de la mémoire, mais qui introduit cependant une flexion particulière. En effet, disons que la *mnemê* (la mémoire, sous sa forme archaïque) avait essentiellement pour fonction non seulement de garder, dans son être, dans sa valeur, dans son éclat, la pensée, la sentence qui avait été formulée par le poète, mais elle avait aussi pour fonction, bien sûr, de pouvoir, en gardant ainsi l'éclat de la vérité, éclairer tous ceux qui à nouveau prononçaient la sentence, la prononçaient parce qu'eux-mêmes participaient de la *mnemê,* ou l'écou-taient, l'écoutaient dans la bouche de l'aède ou du sage qui, eux, partici-paient directement de cette *mnemê*[18]. Dans l'idée qu'il faut avoir les *logoi* (les *logoi boêthikoi,* le *logos* de secours) sous la main, vous voyez que c'est un peu quelque chose d'autre que cette préservation de l'éclat de la vérité dans la mémoire de ceux qui participent à la *mnemê.* Il faut en réalité que chacun ait cet équipement sous la main, et il faut qu'il l'ait sous la main, non pas exactement sous la forme d'une mémoire qui chantera à nouveau la sentence et la fera éclater dans sa lumière, à la fois toujours nouvelle et toujours la même. Il faut l'avoir sous la main, c'est-à-dire qu'il faut l'avoir en quelque sorte presque dans les muscles. Il faut l'avoir de telle manière que l'on puisse la* réactualiser immédia-tement et sans délai, de façon automatique. Il faut que ce soit en réalité une mémoire d'activité, une mémoire d'acte beaucoup plus qu'une mémoire de chant. Lorsque viendra le jour du chagrin, du deuil, de l'accident, lorsque la mort menacera, lorsqu'on sera malade et qu'on souffrira, il faut que l'équipement joue pour protéger l'âme, pour empê-cher qu'elle soit atteinte, pour lui permettre de conserver son calme. Ce qui ne veut pas dire, bien sûr, que la formulation, la reformulation de la sentence ne sera pas nécessaire mais, alors que dans la grande *mnemê* archaïque c'était précisément lorsque le chant à nouveau s'élevait que la vérité éclatait, là, toutes les répétitions verbales devront être de l'ordre de la préparation. C'est bien pour qu'il puisse venir s'intégrer à l'indi-vidu et commander son action, et faire partie en quelque sorte de ses muscles et de ses nerfs : c'est pour cela qu'il faudra avant, à titre de pré-paration dans l'*askêsis,* faire tous ces exercices de remémoration par

---

* Sans doute faut-il entendre ici : la *paraskeuê*.

lesquels effectivement on rappellera les sentences et les propositions, on réactualisera les *logoi*, et on les réactualisera en les prononçant effectivement. Mais lorsque l'événement se produira, il faut à ce moment-là que le *logos* soit, à ce point, devenu le sujet d'action lui-même, que le sujet d'action lui-même soit à ce point devenu *logos* que, sans même avoir à chanter à nouveau la phrase, sans même avoir à la prononcer, [il] agisse comme il faut agir. C'est, vous le voyez, une autre forme de *mnemê*, c'est tout un autre rituel de la réactualisation verbale et de la mise en œuvre, tout un autre rapport entre le discours qu'on répète et l'éclat de l'action qui se manifeste qui est ainsi mis en œuvre, je crois, dans cette notion générale de l'*askêsis*.

Pour résumer tout ceci, et à titre d'introduction [au] cours suivant, je dirai ceci : il me semble que pour les Grecs, pour les Romains aussi, l'*askêsis* a donc essentiellement, en raison de son objectif final qui est la constitution d'un rapport de soi à soi plein et indépendant, pour fonction, pour objectif premier, immédiat, la constitution d'une *paraskeuê* (d'une préparation, d'un équipement). Et qu'est-ce que c'est que cette *paraskeuê* ? C'est, je crois, la forme que doivent prendre les discours vrais pour pouvoir constituer la matrice des comportements raisonnables. La *paraskeuê*, c'est la structure de transformation permanente des discours vrais, bien ancrés dans le sujet, en principes de comportement moralement recevables. La *paraskeuê* encore, c'est l'élément de transformation du *logos* en *êthos*. Et l'*askêsis* peut alors se définir : l'*askêsis* sera l'ensemble, la succession réglée, calculée des procédures qui sont susceptibles pour un individu de former, de fixer définitivement, de réactiver périodiquement, et de renforcer si besoin est, cette *paraskeuê*. L'*askêsis*, c'est ce qui permet que le dire-vrai – dire-vrai adressé au sujet, dire-vrai que le sujet s'adresse aussi à lui-même – se constitue comme manière d'être du sujet. L'*askêsis* fait du dire-vrai un mode d'être du sujet. Je crois que c'est là la définition que l'on peut obtenir, enfin que l'on peut poser de ce thème général de l'*askêsis*. Et vous voyez qu'à partir du moment où l'ascèse est bien, à cette époque, dans cette période-là, sous cette forme de culture, ce qui permet au dire-vrai de devenir mode d'être du sujet, nous sommes très loin forcément d'une *askêsis* telle qu'on la verra se déployer dans le christianisme, dès lors que le dire-vrai sera essentiellement défini à partir d'une Révélation, d'un Texte et d'un rapport qui sera un rapport de foi, et que l'ascèse, de son côté, sera un sacrifice : sacrifice de parts successives de soi-même et renonciation finale à soi-même. Se constituer soi-même par un exercice où le dire-vrai devient mode d'être du sujet : quoi de plus

éloigné de ce que nous entendons maintenant dans notre tradition historique par une « ascèse », ascèse qui renonce à soi en fonction d'une
Parole vraie qui a été dite par un Autre ? Voilà. Eh bien, merci.

*

NOTES

1. *Peri askêseôs,* in R. Musonius, *Reliquiae,* éd. O. Hense citée, p. 22-27 (cf. en
français, la traduction de Festugière, in *Deux prédicateurs dans l'Antiquité, Télès et
Musonius,* éd. citée, p. 69-71).

2. « La vertu, disait-il, n'est pas seulement une science théorique *(epistemê theôrêtikê),* mais aussi un savoir pratique *(alla kai praktikê)* comme la médecine et la
musique. De même donc que le médecin et le musicien ne doivent pas seulement
avoir assumé les principes chacun de son art, mais aussi s'être exercés à agir selon les
principes *(mê monon aneilêphenai ta theôrêmata tês hautou tekhnês hekateron, alla
kai gegumnasthai prattein kata ta theôrêmata),* de même celui qui veut être un
homme vertueux ne doit pas seulement avoir appris à fond *(ekmanthanein)* toutes les
connaissances qui portent à la vertu, mais aussi s'être exercé selon ces connaissances
avec zèle et laborieusement *(gumnazesthai kata tauta philotimôs kai philoponôs)* »
(Deux prédicateurs dans l'Antiquité..., p. 69).

3. Sur l'idée d'une *askêsis tês aretês* chez les pythagoriciens, cf. J.-P. Vernant,
« Le fleuve "amelês" et la "meletê thanatou" », in *Mythe et Pensée chez les Grecs, op.
cit.,* t. I, p. 109-112 (début de l'article).

4. Cf. la conclusion du mythe de Protagoras sur la vertu comme objet d'exercice :
« Quand il s'agit des qualités qu'on estime pouvoir être acquises par l'application
(epimeleias), par l'exercice *(askêseôs)* et par l'enseignement, si elles manquent à un
homme et qu'elles soient remplacées chez lui par les défauts contraires, c'est alors
que se produisent les colères, les punitions et les exhortations » *(Protagoras, 323d, in*
Platon, *Œuvres complètes,* t. III-1, trad. A. Croiset, Paris, Les Belles Lettres, 1966,
p. 38) ; cf. aussi, juste après le passage fameux de *La République* sur l'éducation
comme conversion de l'âme : « Les autres facultés appelées facultés de l'âme sont
analogues aux facultés du corps ; car il est vrai que, quand elles manquent tout
d'abord, on peut les acquérir dans la suite par l'habitude et l'exercice *(ethesi kai askê-
sesin)* » *(La République,* livre VII, 518d-e, t. VII-1, trad. E. Chambry, éd. citée,
p. 151).

5. « Pour les âmes, ils [les prêtres égyptiens] révélèrent la pratique de la philosophie *(philosophias askêsin)* » *(Busiris, in* Isocrate, *Discours,* XI, 22, t. I, trad.
G. Mathieu & E. Brémond, Paris, Les Belles Lettres, 1923, p. 193).

6. Sur l'*askêsis* chez Diogène, cf. § 23 (« il tirait profit de tout pour s'exercer ») et
surtout § 70-71 du livre VI des *Vies et Doctrines des philosophes illustres* (trad. s.dir.
M.-O. Goulet-Cazé, éd. citée, p. 736-738), et, à ce propos, le livre de M.-O. Goulet-
Cazé, *L'Ascèse cynique. Un commentaire de Diogène Laërce VI 70-71, op. cit.*

7. Sur la renonciation à soi dans le christianisme, cf. cours du 17 février, première heure.

8. Cf. l'étude par Foucault, dans la première heure de ce cours, des exercices de perception réductrice chez Marc Aurèle.

9. Cf. l'analyse de ce même texte dans le cours du 10 février, deuxième heure.

10. Marc Aurèle, *Pensées,* VII, 61, éd. citée, p. 79.

11. Référence à la métaphore végétale du paragraphe 8 (*Lettres à Lucilius,* t. II, livre V, lettre 50, 8, éd. citée, p. 36).

12. Foucault veut sans doute dire ici : *decreta* (reprise latine par Sénèque des *dogmata* grecs ; cf. Marc Aurèle, *Pensées,* VII, 2), qui renvoient à des principes généraux articulés dans un système, précisément opposés aux *praecepta* (préceptes pratiques ponctuels). Cf. la lettre 95 où Sénèque prône une morale des *decreta* : « Les axiomes *(decreta)* seuls nous affermissent, nous conservent la sécurité et le calme, embrassent en même temps toute la vie et toute la nature. La même différence existe entre les axiomes de la philosophie et ses préceptes *(decreta philosophiae et praecepta)* qu'entre les éléments et les pièces d'un organisme […]. On n'arrive pas au vrai sans le secours des principes généraux *(sine decretis)* : ils embrassent toute la vie » (*Lettres à Lucilius,* t. IV, livre XV, lettre 95, 12 et 58, p. 91 et 107, cf. aussi § 60, ainsi que le cours du 17 février, première heure, pour la présentation d'Ariston de Chio dont Sénèque fait le père de cette distinction dans la lettre 94). Pour une vision d'ensemble de ce problème, cf. P. Boyancé, « Le Stoïcisme à Rome », in *Association Guillaume Budé, VIIᵉ congrès, Aix-en-Provence, 1963,* Paris, Les Belles Lettres, 1964, p. 218-254.

13. « Il en va de même des arguments *(logôn)* qui remédient aux passions *(pros ta pathê boêthousi).* Il faut s'y appliquer avant d'éprouver les passions, si l'on a du bon sens, afin que, préparés de longue date *(paraskeuasmenoi),* ils se montrent plus efficaces » (Plutarque, *De la tranquillité de l'âme,* 465b, trad. J. Dumortier & J. Defradas, éd. citée, § 1, p. 99).

14. Cette métaphore apparaît chez Plutarque dans sa *Consolation à Apollonios,* 101f.

15. Cf. cours du 17 février, première heure.

16. Cf. cette image dans Plutarque, *Du contrôle de la colère,* en 453e.

17. « Comme les médecins ont toujours sous la main *(prokheira)* leurs appareils et leurs trousses pour les soins à donner d'urgence, de même tiens toujours prêts les principes *(dogmata)* grâce auxquels tu pourras connaître les choses divines et humaines » (Marc Aurèle, *Pensées,* III, 13, p. 25 – pour des usages similaires de *prokheiron,* cf. aussi XI, 4 ; VII, 64 ; VII, 1 ; V, 1).

18. Cf. J.-P. Vernant, « Aspects mythiques de la mémoire », in *Mythe et Pensée chez les Grecs,* t. I, p. 80-107, et M. Détienne, « La mémoire du poète », in *Les Maîtres de vérité dans la Grèce archaïque* (1967), Paris, Pocket, 1994, p. 49-70.

COURS DU 3 MARS 1982

Première heure

Séparation conceptuelle de l'ascèse chrétienne et de l'ascèse philosophique. – Pratiques de subjectivation : l'importance des exercices d'écoute. – La nature ambiguë de l'écoute, entre passivité et activité : le Peri tou akouein *de Plutarque ; la lettre 108 de Sénèque ; l'entretien II,23 d'Épictète. – L'écoute, en souffrance de* tekhnê. *– Les règles ascétiques de l'écoute : le silence ; gestuelle précise et attitude générale du bon auditeur ; l'attention (attachement au référent du discours et subjectivation du discours par mémorisation immédiate).*

À propos du thème général de la conversion de soi, vous vous souvenez, j'avais d'abord essayé d'analyser les effets de ce principe : « se convertir à soi » dans l'ordre de la connaissance. Et j'avais essayé de vous montrer qu'il ne fallait pas chercher ces effets du côté de ce qui serait la constitution de soi-même comme objet et domaine de connaissance, mais plutôt du côté de l'instauration de certaines formes de savoir spirituel dont j'avais essayé de repérer deux exemples, l'un dans Sénèque et l'autre dans Marc Aurèle. Bon, c'était ça, si vous voulez, le côté de la *mathêsis*. Et ensuite je suis passé à l'autre aspect de la conversion de soi : les effets introduits par le principe de « se convertir à soi-même » dans ce qu'on peut appeler la pratique de soi. Et c'est cela, je crois, qu'en gros les Grecs appelaient l'*askêsis*. En première approche – c'est ce que j'avais essayé de vous montrer brièvement à la fin du cours de la dernière fois – il me semble que cette *askêsis*, telle que l'entendaient les Grecs de l'époque hellénistique et romaine, est très éloignée de ce que nous entendons traditionnellement par « ascèse », dans la mesure même, d'ailleurs, où notre notion d'ascèse est plus ou moins modelée et imprégnée de la conception chrétienne. Il me semble – encore une fois, c'est simplement une charpente que je vous donne là, une toute première esquisse – que l'ascèse des philosophes païens ou, si vous voulez, cette ascèse de la pratique de soi à l'époque hellénistique et romaine, se distingue très clairement, très nettement de l'ascèse chrétienne sur un certain nombre de points. Premièrement, dans cette ascèse philosophique, dans cette ascèse de la pratique de soi, l'objectif final, l'objectif ultime n'est évidemment pas la renonciation à soi. L'objectif, c'est au contraire de se poser soi-même, et de la façon la plus explicite, la plus forte, la plus continue, la plus obstinée possible, comme fin de sa propre existence. Deuxièmement, il ne s'agit pas dans cette ascèse philosophique de régler l'ordre des sacrifices, des renoncements que l'on doit faire de telle ou telle partie, de tel ou tel aspect de son être. Il s'agit au contraire de se doter de quelque chose que l'on n'a pas, quelque chose que l'on ne possède pas par nature. Il s'agit de se constituer à soi-même un équipement, équipement de défense pour les événements possibles de la vie. Et c'est cela que les Grecs appelaient la *paraskeuê*. L'ascèse a pour fonction de constituer une *paraskeuê* [afin que] le sujet se constitue lui-même. Troisièmement, il me semble que cette ascèse philosophique, cette ascèse de la pratique de soi n'a pas pour principe la soumission de l'individu à la loi. Elle a pour principe de lier l'individu à la vérité. Lien à la vérité et non pas soumission à la loi : il me semble que c'est là un des aspects les plus fondamentaux de cette ascèse philosophique.

En somme on pourrait dire – et c'est à cela, je crois, que je m'étais arrêté la dernière fois – que l'ascèse, c'est ce qui permet d'une part d'acquérir les discours vrais dont, dans toutes les circonstances, événements et péripéties de la vie, on a besoin pour établir un rapport adéquat, plein et achevé à soi-même ; d'autre part, et en même temps, l'ascèse, c'est ce qui permet de devenir soi-même le sujet de ces discours vrais, c'est ce qui permet de devenir soi-même le sujet qui dit vrai et qui se trouve, par cette énonciation de la vérité, transfiguré, transfiguré par cela même : précisément par le fait qu'il dit vrai. En somme, je crois qu'on peut avancer ceci : l'ascèse philosophique, l'ascèse de la pratique de soi à l'époque hellénistique et romaine a essentiellement pour sens et pour fonction d'assurer ce que j'appellerai la subjectivation du discours vrai. Elle fait que je peux moi-même tenir ce discours vrai, elle fait que je deviens moi-même le sujet d'énonciation du discours vrai ; alors que, me semble-t-il, l'ascèse chrétienne, elle, aura évidemment une tout autre fonction : fonction bien sûr de renonciation à soi. Mais elle fera place, dans le cheminement vers la renonciation à soi, à un moment particulièrement important, dont je vous avais parlé, je crois, l'an dernier ou il y a deux ans je ne sais plus[1], et qui est le moment de l'aveu, le moment de la confession ; c'est-à-dire le moment où le sujet s'objective lui-même dans un discours vrai. Il me semble que dans l'ascèse chrétienne on va trouver, donc, un mouvement de renonciation à soi qui passera, comme moment essentiel, par l'objectivation de soi dans un discours vrai. Il me semble que dans l'ascèse païenne, dans l'ascèse philosophique, dans l'ascèse de la pratique de soi à l'époque dont je vous parle, il s'agit de se rejoindre soi-même comme fin et objet d'une technique de vie, d'un art de vivre. Il s'agit de se rejoindre soi-même avec, comme moment essentiel, non pas l'objectivation de soi dans un discours vrai, mais la subjectivation d'un discours vrai dans une pratique et dans un exercice de soi sur soi. C'est là cette espèce de différence fondamentale que j'essaie, au fond, depuis le début de ce cours, de faire apparaître. Procédure de subjectivation du discours vrai, c'est cela que vous trouverez sans cesse exprimé dans les textes de Sénèque quand il dit, à propos du savoir, à propos du langage du philosophe, à propos de la lecture, à propos de l'écriture, des notes qu'on prend, etc. : ce dont il s'agit, c'est de faire siennes (« *facere suum* »)[2] les choses que l'on sait, faire siens les discours que l'on entend, faire siens les discours que l'on reconnaît pour vrais ou qui vous ont été transmis pour vrais par la tradition philosophique. Faire sienne la vérité, devenir sujet d'énonciation du discours vrai : c'est, je crois, le cœur même de cette ascèse philosophique.

Alors vous comprenez quelle sera la première forme, la forme initiale, indispensable de l'ascèse conçue ainsi comme subjectivation du discours vrai. Ce qui va être à la fois le premier moment, la première étape, mais aussi le support permanent de cette ascèse comme subjectivation du discours vrai, ce seront toutes les techniques et toutes les pratiques qui concernent l'écoute, qui concernent la lecture, qui concernent l'écriture et qui concernent le fait de parler. Écouter, savoir écouter comme il faut ; lire et écrire comme il faut ; parler aussi, c'est cela qui va être, comme technique du discours vrai, le support permanent et l'accompagnement ininterrompu de la pratique ascétique. Vous voyez aussi, nous y reviendrons, combien on a là quelque chose à la fois qui se rapproche, mais qui est profondément différent de ce que sera l'écoute de la Parole ou le rapport au Texte dans la spiritualité chrétienne. Alors, donc, ce sont ces trois choses-là que je vais essayer de vous expliquer aujourd'hui, c'est-à-dire : d'abord l'écoute comme pratique d'ascèse, entendue comme subjectivation du vrai. Ensuite : lecture et écriture. Et enfin, troisièmement : la parole.

Premièrement donc : écouter. On peut dire qu'écouter, c'est bien en effet le premier pas, la première démarche dans l'ascèse et la subjectivation du discours vrai, puisque écouter, c'est cela qui, dans une culture dont vous savez bien qu'elle était tout de même fondamentalement orale, va permettre de recueillir le *logos,* recueillir ce qui se dit de vrai. Mais l'écoute, c'est aussi ce qui va laisser, si elle est menée comme il faut, l'individu se persuader de la vérité qu'on lui dit, de la vérité qu'il rencontre dans le *logos.* Et enfin l'écoute, ça va être le premier moment de cette procédure par laquelle cette vérité entendue, cette vérité écoutée et recueillie comme il faut, va s'enfoncer en quelque sorte dans le sujet, s'incruster en lui et commencer à devenir *suus* (à devenir sien[ne]) et à constituer ainsi la matrice de l'*êthos.* Le passage de l'*alêtheia* à l'*êthos* (du discours vrai à ce qui va être règle fondamentale de conduite), cela commence bien sûr avec l'écoute. Le point de départ et la nécessité de cette ascèse de l'écoute, eh bien, on les trouve dans ce que les Grecs reconnaissaient être la nature profondément ambiguë de l'audition. Cette nature ambiguë de l'audition, vous la trouvez exprimée dans un certain nombre de textes. L'un des plus clairs et des plus explicites sur ce sujet, c'est le traité de Plutarque qui s'appelle précisément *Peri tou akouein* (qu'on traduit [par] *De Audiendo : Traité de l'écoute*)[3]. Et dans ce *Traité de l'écoute,* Plutarque reprend un thème qu'il dit explicitement avoir emprunté à Théophraste et qui, en fait, encore une fois relève de toute une problématique grecque traditionnelle. Il dit ceci : au fond l'audition, l'ouïe, c'est à la fois le plus *pathêtikos* et le plus *logikos* de tous les sens. C'est le plus *pathêtikos,* c'est-à-dire que c'est le plus – traduisons grossièrement et schématiquement – « passif » de tous les sens[4]. C'est-à-dire que l'âme, dans l'audition, plus que dans n'importe quel sens, se trouve passive à l'égard du monde extérieur et exposée à tous les événements qui lui viennent du monde extérieur et qui peuvent la surprendre. Et Plutarque explique en disant : on ne peut pas ne pas entendre ce qui se passe autour de soi. Après tout on peut refuser de regarder : on ferme les yeux. On peut refuser de toucher quelque chose. On peut refuser de goûter à quelque chose. On ne peut pas ne pas entendre. De plus, dit-il, ce qui prouve bien la passivité de l'audition, c'est que le corps lui-même, l'individu physique risque d'être surpris et ébranlé par ce qu'il entend, beaucoup plus que par n'importe quel objet qui peut [lui] être présenté soit par la vue soit par le contact. On ne peut pas s'empêcher de sursauter à un bruit violent et qui nous saisit à l'improviste. Passivité du corps par conséquent à l'égard de l'ouïe, plus qu'à l'égard de n'importe quel autre sens. Et puis enfin l'ouïe est évidemment plus capable que n'importe quel autre sens d'ensorceler l'âme, que ce soit en recevant et en étant sensible à la flatterie des paroles, aux effets de la rhétorique, en étant sensible bien sûr aussi à tous les effets – parfois positifs, mais parfois nocifs – de la musique. Vous reconnaissez là un très vieux thème, très vieux thème grec dont les formulations ont été nombreuses. Dans tous ces textes à propos de la passivité de l'audition, la référence à Ulysse, bien sûr, est de règle : Ulysse qui est arrivé à vaincre tous ses sens, à se maîtriser entièrement lui-même, à refuser tous les plaisirs qui pouvaient s'offrir. Mais Ulysse, lorsqu'il aborde la région où il va rencontrer les Sirènes –, rien, ni son courage, ni sa maîtrise de soi, ni sa *sôphrosunê,* ni sa *phronêsis,* ne pourrait l'empêcher d'être la victime des Sirènes, d'être ensorcelé par leurs chants et par leur musique. Il est obligé de boucher les oreilles de ses marins et de se faire lier lui-même à son propre mât, tellement il sait que son ouïe, son écoute est le plus *pathêtikos* de tous ses sens[5]. Rappelez-vous aussi ce que dit Platon à propos des poètes, à propos de la musique, etc.[6] Donc l'ouïe, c'est le plus *pathêtikos* de tous les sens. Mais, dit Plutarque, c'est aussi le plus *logikos*[7]. Et par *logikos* il veut dire que c'est le sens qui peut, mieux que n'importe quel autre, recevoir le *logos.* Plutarque dit ceci : les autres sens, eh bien, ils donnent accès essentiellement aux plaisirs (plaisir de la vue, plaisir du goût, plaisir du toucher). Les autres sens aussi donnent lieu à l'erreur : ce sont toutes les erreurs optiques, toutes les erreurs de la vue. C'est essentiellement par tous ces autres sens, goût, toucher, odorat, regard, c'est par toutes ces parties du corps, ou les organes qui assurent ces fonctions, qu'on apprend les vices. En revanche, l'ouïe est le seul de tous les sens par lequel on peut apprendre la vertu. La vertu ne s'apprend pas par le regard. Elle s'apprend, et ne peut s'apprendre que par l'oreille : parce que la vertu ne peut pas être dissociée du *logos,* c'est-à-dire du langage raisonnable, du langage effectivement présent, formulé, articulé, articulé verbalement dans des sons et articulé rationnellement par la raison. Ce *logos*-là ne peut pénétrer que par l'oreille et grâce au sens de l'ouïe. Le seul accès de l'âme au *logos,* c'est donc l'oreille. Ambiguïté donc fondamentale de l'ouïe : *pathêtikos* et *logikos.*

Cette ambiguïté de l'audition, c'est un thème que vous retrouvez dans d'autres textes de la période que j'étudie (Ier-IIe siècle) et toujours en référence à cette question de la pratique de soi, de la conduction de l'âme, etc. Je voudrais me référer essentiellement à deux textes : l'un de Sénèque dans la lettre 108, et l'autre d'Épictète. En effet ils reprennent, l'un et l'autre, ce thème général de l'ambiguïté de l'ouïe *(pathêtikos* et *logikos).* Mais ils le reprennent chacun d'un point de vue un peu différent. Sénèque, dans la lettre 108, reprend la question de la passivité de l'écoute. Il l'envisage de ce côté-là, et il essaie de montrer l'ambiguïté de la passivité elle-même. Disons que Plutarque montre que l'ouïe est ambiguë parce qu'elle est à la fois un sens *pathêtikos* et *logikos*. Sénèque reprend le thème de la passivité de l'ouïe (sens *pathêtikos*), mais il fait de ce pathétique même un principe d'ambiguïté, avec par conséquent ses avantages et ses inconvénients. C'est clairement expliqué dans la lettre 108. Et il dit ceci, pour montrer les avantages de la passivité même de l'ouïe : c'est tout de même très avantageux qu'au fond l'oreille se laisse pénétrer comme ça, sans que la volonté intervienne, et qu'elle recueille tout ce qui, du *logos,* peut passer à sa portée. Ainsi, dit-il, [pour] les cours de philosophie, c'est tout de même très bien parce que, même si on ne comprend pas, même si on ne fait guère attention, même si on est là d'une façon tout à fait passive, il en reste toujours quelque chose. Il en reste toujours quelque chose parce que le *logos* pénètre dans l'oreille, et puis là, que le sujet le veuille ou pas, se fait un certain travail du *logos* sur l'âme. « Celui qui vient au cours d'un philosophe doit de toute façon y recueillir chaque jour quelque fruit. Et, de toute façon, il s'en retourne chez lui ou bien en voie de guérison, ou bien en tout cas plus facilement guérissable[8]. » [On retrouve] cette idée, qu'on avait déjà rencontrée, que le cours de philosophie est en réalité une entreprise de thérapeutique ; souvenez-vous de ce que disait Épictète quand il disait : l'école de philosophie, c'est un *iatreion,* c'est un dispensaire[9]. Donc, on va au cours de philosophie comme on va au dispensaire. Et on s'en retourne toujours, ou bien en voie de guérison, ou bien plus facilement raisonnable. Telle est la vertu de la philosophie, que tous y gagnent : les prosélytes (c'est la traduction qui est donnée pour *studentes* : les étudiants) et aussi l'entourage familier *(conversantes)*[10] ; c'est-à-dire, aussi bien ceux qui étudient avec zèle, parce qu'ils veulent ou bien compléter leur formation ou bien devenir philosophes eux-mêmes, [que] tout simplement, ceux qui entourent le philosophe. Ceux-là même en tirent profit. Ainsi, dit-il, quand on s'est mis au soleil on brunit, même si on n'est pas venu pour cela. Ou encore lorsqu'on fait un long séjour dans la boutique d'un parfumeur, on s'imprègne involontairement de l'odeur de la boutique. Eh bien, de la même façon « on ne sort pas non plus du cours d'un philosophe sans avoir tiré de là, nécessairement, quelque chose d'assez fort pour profiter même aux inattentifs *(neglegentibus)*[11] ».

Ce passage anecdotique et amusant se réfère en réalité à un élément de doctrine qui est important : la doctrine des semences de l'âme. Il y a, dans toute âme raisonnable venant au monde, des semences de vertu, et ce sont ces semences de vertu qui sont éveillées et activées par ces paroles, paroles de vérité qui sont prononcées autour du sujet et qu'il recueille par l'oreille. Tout comme il n'est pas responsable de ces semences de vertu, mais qu'elles ont bien été implantées en lui par la nature même de sa raison, de la même façon l'éveil peut se faire par un *logos,* qui passe sans qu'il soit attentif. Il y a là comme une sorte d'automatisme du travail du *logos* sur la vertu, sur l'âme ; [automatisme] qui est dû à la fois à l'existence des semences des vertus et à la nature, à la propriété même du *logos* vrai. Donc, voilà l'avantage du côté pathétique, passif de l'audition. Mais, dans cette lettre 108 toujours, Sénèque fait remarquer qu'il y a, en face de cela, des inconvénients. Et il dit que s'il est vrai qu'on se laisse imprégner par la philosophie quand on va au cours, un peu comme on brunit quand on reste au soleil, il n'en reste pas moins, dit-il, qu'il y en a certains qui sont restés à l'école de philosophie sans tirer aucun profit. C'est, dit-il, qu'ils n'étaient pas à l'école de philosophie comme des *discipuli* (comme des disciples, des élèves). Ils étaient là comme des *inquilini,* c'est-à-dire comme des locataires[12]. Ils étaient les locataires de leur siège au cours de philosophie, et ils sont restés là finalement sans tirer aucun profit. Mais puisque la théorie des semences de vertu et des effets, même passifs, du *logos* devrait leur avoir permis de se former, si en fait ils ne sont restés que des locataires, c'est qu'ils ne faisaient pas attention à ce qui était dit. Ils ne faisaient attention qu'aux ornements, à la belle voix, à la recherche des mots et au style. Donc vous voyez que nous avons là – j'y reviendrai tout à l'heure – la matrice de quelque chose, d'une question qui est celle-ci : étant donné que le *logos,* parce qu'il dit la vérité, est capable de produire spontanément et comme automatiquement des effets sur l'âme, comment se fait-il qu'il ne produise pas indéfiniment, dans la passivité même de l'attention, des effets positifs ? Eh bien, c'est que l'attention est mal dirigée. C'est qu'elle est dirigée vers un objet ou vers une cible qui n'est pas la bonne. D'où la nécessité d'un certain art, ou en tout cas d'une certaine technique, d'une certaine manière convenable d'écouter.

Maintenant, texte d'Épictète : c'est dans l'entretien II, 23, où il reprend encore ce thème, mais cette fois alors du côté de l'ouïe comme sens *logikos.* Et alors que Sénèque disait : l'ouïe est passive, ce qui présente des inconvénients et ce qui présente des avantages, eh bien, Épictète, lui, va partir de l'ouïe comme sens capable de recueillir le *logos* et il va montrer que cela même est ambigu, c'est-à-dire qu'il y a même dans cette activité logique de l'audition quelque chose qui est nécessairement passif, qui est nécessairement de l'ordre du pathétique, et qui à cause de cela rend toute audition, même l'audition de la parole de vérité, un peu dangereuse. Épictète dit ceci : « C'est par le moyen de la parole et de l'enseignement *(dia logou kai paradoseôs)* qu'on doit avancer vers la perfection[13]. » Il est donc nécessaire d'écouter, d'écouter le *logos* et de recevoir cette *paradosis* qui est l'enseignement, la parole transmise. Or, dit-il, ce *logos,* cette *paradosis* ne peuvent pas se présenter en quelque sorte à l'état nu. On ne peut pas transmettre comme cela les vérités. Pour que les vérités arrivent jusqu'à l'âme de l'auditeur, faut-il encore qu'elles soient prononcées. Et on ne peut pas les prononcer sans un certain nombre d'éléments qui sont liés à la parole même et à son organisation en discours. Il y faut, dit-il, en particulier deux choses. Premièrement une *lexis.* La *lexis,* c'est la manière de dire : on ne peut pas dire les choses sans une certaine manière de dire. Et, d'autre part, on ne peut pas non plus dire les choses sans utiliser ce qu'il appelle « une certaine variété et une certaine finesse dans les termes ». Et par là il veut dire que l'on ne peut pas transmettre les choses sans choisir les termes qui [les] désignent, sans par conséquent un certain nombre d'options stylistiques ou sémantiques qui empêchent que ce soit l'idée même, ou la vérité plutôt du discours, qui soit directement transmise. Alors, dès lors que la vérité ne peut se dire que par *logos* et *paradosis* (par discours et transmission orale), et du moment que cette transmission orale fait appel à une *lexis* et à des choix sémantiques, vous comprenez que l'auditeur risque bien de porter son attention non pas justement sur la chose dite, mais sur ces éléments, et sur ces seuls éléments qui permettent de la dire. L'auditeur risque, dit-il, d'être captivé, et il risque d'en rester là *(katamenoi)*[14]. [En] rester là, à ces éléments de la *lexis* ou à ces éléments de vocabulaire, c'est ce à quoi s'expose tout individu qui parle et qui s'adresse à ses auditeurs. C'est ce à quoi s'expose tout auditeur, de son côté, s'il ne porte pas son attention là où il faut. Donc, vous voyez que de toute façon avec l'écoute, l'audition, on est dans un monde, un système qui est ambigu. Que l'on prenne l'aspect du pathétique ou que l'on prenne l'aspect du *logikos,* de toute façon l'audition est toujours soumise à erreur. Elle est toujours soumise à contresens, à fautes d'attention.

Et c'est là qu'Épictète introduit, je crois, une notion importante, qui va nous amener précisément au thème de l'ascèse de l'écoute. Il dit : Au fond, puisque, lorsqu'on écoute, on a affaire à un *logos,* que ce *logos* n'est pas dissociable d'une *lexis* (d'une manière de dire), qu'il n'est pas dissociable non plus d'un certain nombre de mots, eh bien, on comprend qu'écouter soit presque aussi difficile que parler. Car quand on parle, il faut bien se dire qu'il arrive qu'on parle utilement ; il arrive [aussi] qu'on parle de façon inutile ; il arrive même que l'on parle de façon nocive. De la même façon, on peut écouter avec profit ; on peut écouter de façon tout à fait inutile et sans tirer aucun profit ; on peut même écouter de telle manière qu'on ne tire que des inconvénients. Eh bien, dit Épictète, pour savoir parler comme il faut, utilement, pour éviter de parler de façon vaine ou de façon nuisible, il faut quelque chose qui est une *tekhnê*, un art. Il faut également, pour sculpter comme il faut, une certaine *tekhnê*. Eh bien, dit-il, pour écouter, il faut de l'*empeiria*, c'est-à-dire de la compétence, de l'expérience, disons : de l'habileté acquise. Et il faut aussi de la *tribê* (*tribê*, c'est l'application, la pratique assidue). Il faut donc, pour écouter comme il faut, de l'*empeiria* (de l'habileté acquise) et de la *tribê* (de la pratique assidue), tout comme pour parler il faut de la *tekhnê*. Vous voyez à la fois le rapprochement et la différence. Vous voyez qu'Épictète souligne bien que, pour parler comme il faut, on a besoin de *tekhnê*, d'un art. Alors que pour écouter, on a besoin d'expérience, de compétence, de pratique assidue, d'attention, d'application, etc. Or, dans le vocabulaire philosophique technique (le vocabulaire philosophique tout court), il y a très régulièrement une opposition reconnue, admise (une distinction en tout cas) entre *tekhnê* d'une part, et puis *tribê* et *empeiria* de l'autre. Vous avez là-dessus un texte du *Phèdre* qui est parfaitement clair. En 270b, Platon parle de la médecine et de l'art oratoire. Et il dit : dans la médecine et dans l'art oratoire il faut évidemment beaucoup d'habitude, d'expérience, etc. Mais, dit-il, *empeiria* et *tribê* (les deux mots sont couplés comme dans le texte d'Épictète) ne suffisent pas. On a besoin, outre cela, de quelque chose qui est la *tekhnê*. La *tekhnê* repose [sur], et implique, la connaissance – connaissance de ce qu'est le corps dans sa réalité même. C'est ainsi que la médecine sera une *tekhnê*, ou en tout cas en supposera une, reposant sur la connaissance du corps. Et l'art oratoire sera une *tekhnê* dans la mesure où il reposera sur une connaissance de l'âme. Alors que dans le cas d'*empeiria* et *tribê*, il n'est pas besoin de connaissances[15]. Vous comprenez bien dans ces conditions pourquoi tout naturellement, dans Épictète – mais en somme dans toutes ces réflexions sur l'écoute à propos de la pratique de soi –, l'écoute ne peut pas être définie comme *tekhnê*, puisque nous en sommes au premier stade de l'ascèse. Dans l'écoute, on commence à prendre contact avec la vérité. Et comment par conséquent l'écoute pourrait-elle être une *tekhnê* dès lors que la *tekhnê* suppose une connaissance, connaissance que l'on ne peut acquérir que par l'écoute ? Par conséquent ce qu'on pourrait appeler, mais en affadissant le mot, un « art de l'écoute » ne peut pas être un « art » au sens strict. Il est expérience, il est compétence, il est habileté, il est une certaine façon de se familiariser avec les exigences de l'écoute. *Empeiria* et *tribê,* pas encore *tekhnê.* Il y a une *tekhnê* pour parler, il n'y a pas de *tekhnê* pour écouter.

Comment maintenant cette pratique, assidue, réglée, non encore *tekhnê,* se manifeste-t-elle ? Sous quelle règle est-ce qu'elle se place et quelles exigences a-t-elle ? Le problème étant celui-ci : puisque nous avons affaire à une écoute ambiguë, avec sa part de *pathêtikos* et son rôle *logikos,* comment arriver à conserver ce rôle *logikos* en éliminant dans toute la mesure du possible tous les effets de passivité involontaire qui peuvent être nocifs ? Il s'agit en somme, dans cette pratique réfléchie, dans cette pratique appliquée de l'écoute, de purifier l'écoute logique. Comment est-ce qu'on purifie l'écoute logique dans la pratique de soi ? Eh bien, essentiellement par trois moyens. Le premier, c'est bien sûr le silence. Vieille règle ancestrale, séculaire, millénaire même dans les pratiques de soi, règle que les pythagoriciens, vous savez, avaient soulignée et imposée. Les textes, en particulier la *Vie de Pythagore* par Porphyre[16], le répètent. Dans les communautés pythagoriciennes, à ceux qui entraient et qui étaient à initier, on imposait cinq ans de silence. Cinq ans de silence ne voulant pas dire évidemment qu'il fallait totalement se taire pendant cinq ans, mais que, dans tous les exercices, toutes les pratiques d'enseignement, de discussion, etc., enfin chaque fois que l'on avait affaire au *logos* en tant que discours vrai, dès que l'on entrait dans ces pratiques et exercices du discours vrai, celui qui n'était encore qu'un novice n'avait pas le droit de parler. Il fallait qu'il écoute, qu'il écoute entièrement, qu'il ne fasse qu'écouter sans intervenir, sans objecter, sans donner son opinion et, bien entendu, sans enseigner lui-même. C'est, je crois, le sens qu'il faut donner à cette fameuse règle du silence pendant cinq ans. Ce thème, particulièrement marqué et développé chez les stoïciens, vous le retrouvez sous des formes plus douces et plus adaptées à la vie quotidienne dans les textes dont je vous parle, essentiellement ceux de Plutarque, Sénèque[17], etc. Chez Plutarque en particulier, vous avez toute une série de remarques sur la nécessité du silence. Vous les trouvez dans le traité *Peri tou akouein* dont je vous parlais tout à l'heure, et puis dans un autre traité qui est consacré au bavardage, le bavardage étant bien entendu, évidemment, le contraire immédiat du silence ; le bavardage étant le premier vice dont il faut se guérir quand on commence à apprendre et à s'initier à la philosophie. Plutarque fait de l'apprentissage du silence un des éléments essentiels de la bonne éducation. Le silence, dit-il – c'est dans le *Traité sur le bavardage* –, a quelque chose de profond, de mystérieux et de sobre[18]. Ce sont les dieux qui ont enseigné le silence aux hommes, et ce sont les hommes qui nous ont appris à parler. Et les enfants qui reçoivent une éducation vraiment noble, vraiment royale, ceux-là apprennent d'abord à garder le silence, et c'est simplement ensuite qu'ils apprennent à parler. Toute cette histoire de l'économie du silence par rapport au langage a eu, vous le savez bien, dans la spiritualité un rôle – sur lequel on pourra revenir, bien sûr. Il a eu aussi dans les systèmes d'éducation un rôle très important. Le principe que les enfants doivent se taire avant de parler est un principe qui nous surprend à l'époque où nous sommes, mais il ne faut pas oublier qu'il y a encore quelques dizaines d'années l'éducation d'un enfant, du moins avant la guerre de 1940, commençait fondamentalement par l'apprentissage du silence[19]. L'idée qu'un enfant puisse parler librement est quelque chose qui était banni du système de l'éducation, depuis l'Antiquité grecque et romaine jusqu'à l'Europe moderne. Donc : éducation [au] silence. Mais ce n'est pas là-dessus que je voudrais insister, c'est sur le fait que, pour Plutarque, non seulement donc le silence, cette éducation des dieux, doit être le principe fondamental de l'éducation des êtres humains, mais toute la vie il faut faire régner sur soi-même une sorte d'économie stricte de parole. Il faut se taire autant qu'on peut. Se taire autant qu'on peut, ça veut dire quoi ? Ça veut dire, bien sûr, qu'il ne faut pas parler quand un autre parle. Mais il faut également – et c'est là, je crois, le point important du texte de Plutarque sur le bavardage – lorsque l'on a entendu quelque chose, lorsqu'on vient d'entendre une leçon, ou lorsqu'on vient d'entendre parler un sage, ou lorsqu'on vient d'entendre réciter un poème ou citer une sentence, à ce moment-là entourer en quelque sorte l'écoute qui vient de s'opérer d'une aura et d'une couronne de silence. Ne pas reconvertir aussitôt ce qu'on a entendu en discours. Il faut, au sens strict, le retenir, c'est-à-dire le conserver et se garder de le reconvertir aussitôt en paroles. Et Plutarque imagine d'ailleurs, pour s'amuser, que chez le bavard il y a une très curieuse anomalie physiologique. Selon lui, dit-il en riant, chez le bavard l'oreille ne communique pas directement avec l'âme : l'oreille communique directement avec la langue[20]. De sorte que, la chose étant à peine dite, aussitôt elle passe dans la langue, et bien entendu se perd. Tout ce que le bavard reçoit par l'oreille s'écoule, se déverse aussitôt dans ce qu'il dit et, se déversant dans ce qu'il dit, cette chose entendue ne peut produire aucun effet sur l'âme même. Le bavard est toujours un vase vide. Et le bavard est incurable puisqu'on ne peut guérir cette passion du bavardage, comme les autres passions, que par le *logos*.

Or le bavard est quelqu'un qui ne retient pas le *logos,* qui le laisse se déverser aussitôt dans son propre discours. Et par conséquent on ne peut pas guérir le bavard, à moins qu'il veuille bien se taire[21]. Vous me direz que tout ceci n'est pas très sérieux ni très important. Je pense encore une fois, et j'essaierai de vous le montrer tout à l'heure, qu'il est intéressant de comparer toutes ces obligations, quant au langage de celui qui s'initie, aux obligations d'écoute et de parole que l'on trouvera dans la spiritualité chrétienne, où l'économie silence/parole est tout à fait différente[22]. Donc première règle, si vous voulez, dans l'ascèse de l'écoute, et pour bien séparer ce qui est le côté *pathêtikos* et dangereux de l'écoute, de son côté *logikos* et positif : le silence.

Mais, bien entendu, ce silence ne suffit pas. Il faut, outre ce silence, une certaine attitude active. Et cette attitude active est analysée de différentes manières. Elle est analysée de différentes manières qui sont, là aussi, assez intéressantes sous leur banalité d'apparence. Premièrement, l'écoute demande de la part de ceux qui écoutent une certaine attitude physique qui est très précise, et qui est très précisément décrite dans les textes de cette époque. L'attitude physique très précise a une double fonction. Elle a la fonction d'abord de permettre l'écoute maximale, sans aucune interférence, sans aucune agitation. L'âme doit, en quelque sorte, accueillir sans trouble la parole qui lui est adressée. Et par conséquent, si l'âme doit être tout à fait pure et sans trouble pour écouter la parole qui lui est adressée, il faut bien que le corps lui-même reste absolument calme. Il doit exprimer, et en quelque sorte garantir, sceller, la tranquillité de l'âme. D'où nécessité, donc, d'une attitude, d'une attitude physique très précise et aussi immobile que possible. Mais en même temps il faut que le corps – pour scander en quelque sorte son attention, pour l'exprimer, pour lui faire suivre exactement ce qui est en train d'être dit – manifeste, à un certain nombre de signes, qu'effectivement l'âme comprend bien et recueille bien le *logos* tel qu'on le lui propose et tel qu'on le lui transmet. Il y a donc à la fois une règle fondamentale d'immobilité du corps, garantissant la qualité de l'attention et la transparence de l'âme à ce qui va être dit, et en même temps un système sémiotique qui va imposer des marques d'attention ; marques d'attention par lesquelles, à la fois, l'auditeur communique avec l'orateur et puis se garantit lui-même que son attention suit bien le discours de l'orateur.

Vous avez là-dessus un texte qui est très intéressant et très explicite. Il est [de] Philon d'Alexandrie, dans ce *De Vita contemplativa* dont je vous avais déjà parlé[23]. Il s'agit donc, vous savez, dans ce *De Vita contemplativa,* de la description d'un groupe spirituel appelé les Thérapeutes, qui ont pour objectif justement de soigner leur propre âme et de la sauver. Alors ces Thérapeutes, qui vivent en communauté fermée, ont un certain nombre de pratiques collectives et, parmi elles, des banquets au cours desquels il y a quelqu'un qui prend la parole et qui enseigne [...] l'auditeur ou ceux qui sont assis et participant au banquet, et puis les auditeurs les plus jeunes, les moins intégrés et qui restent debout tout autour. Or, dit-il, tous doivent se tenir de la même façon. Ils doivent, premièrement, se tourner vers l'orateur *(eis auton)*. Ils doivent se tourner vers lui en gardant « *epi mias kai tês autês skheseôs epimenontes* » (en se tenant à la même *skhesis,* à la même attitude, unique et identique)[24]. Ceci se réfère donc à cette obligation d'une attention fixée, garantie et exprimée par l'immobilité. Ceci se réfère aussi, vous le savez, à quelque chose qui est très intéressant du point de vue, disons, de la culture corporelle de l'Antiquité : c'est le jugement toujours extrêmement défavorable concernant toutes les agitations du corps, tous les mouvements involontaires, tous les mouvements spontanés, etc. L'immobilité, la plastique du corps, la statuaire du corps immobile, aussi immobile que possible, est très importante. Elle est très importante comme garantie de la moralité. Elle est très importante aussi pour que soient chargés du maximum de valeur sémantique les gestes, gestes de l'orateur, gestes de celui qui veut convaincre, qui vont constituer un langage très précis. Pour que ce langage soit très précis et soit très efficace, pour qu'il porte sens, faut-il encore que le corps lui-même soit, dans l'état ordinaire et lorsqu'on ne parle pas, tout à fait immobile, lisse et comme statufié. Vous trouvez alors tout un tas de textes qui se réfèrent à cette mauvaise qualité morale et intellectuelle de celui qui s'agite tout le temps et qui fait des gestes incongrus. Cette incongruité des gestes et cette mobilité perpétuelle du corps, ce n'est pas autre chose que la version physique de la *stultitia*[25] ; *stultitia* qui est, vous le savez, cette agitation perpétuelle de l'âme, de l'esprit et de l'attention ; cette *stultitia* qui va d'un sujet à un autre, d'un point d'attention à un autre, qui sautille perpétuellement et qui a également sa version morale dans l'attitude de l'*effeminatus*[26], de cet homme efféminé, au sens de : cet homme qui est comme passif par rapport à lui-même, incapable d'exercer sur soi l'*egkrateia,* la maîtrise, la souveraineté. Tout ceci communique. Et je voudrais vous lire, sur cette nécessité de l'immobilité physique dont parle Philon, un texte à peu près contemporain, qui est dans la lettre 52 de Sénèque, où il dit : vous savez, à l'école, il ne faut pas se tenir comme au théâtre[27]. « Si l'on examinait bien, toute chose au monde se décèle par toutes sortes de signes extérieurs, et pour saisir un indice sur la moralité, les moindres détails

peuvent suffire. L'homme de mauvaise mœurs [*impudicus* : c'est intéressant qu'il emploie ce mot-là, qui a à peu près le même sens qu'*effeminatus,* qui indique de mauvaises mœurs sexuelles mais [aussi], d'une
façon générale, une mauvaise moralité et, encore une fois, la traduction
dans l'ordre de l'*êthos,* de la conduite, de cette agitation qui caractérise
la *stultitia* ; M.F.] a, pour le dénoncer, sa démarche, un mouvement de
la main, parfois une simple répartie, le fait de ramener un doigt à sa tête
[et de se gratter le sommet du crâne : tout ceci, c'est des signes de mauvaises mœurs et de mauvaise moralité ; M.F.[28]]. Le fourbe est trahi par
son rire ; le fou, par sa physionomie et son allure. Ces tares se découvrent
à de certaines marques sensibles. Mais veux-tu connaître l'individu en
son fond ? Observe comment il donne, comment il reçoit la louange.
[Ainsi dans les cours de philosophie, il arrive que - M.F.] de tous côtés
les mains se lèvent et battent en l'honneur du philosophe ; sa tête disparaît sous le flot des auditeurs enthousiastes. Le voilà couvert de
louanges ; dis mieux : couvert de cris. Laissons ces démonstrations
bruyantes aux professions dont l'objet est d'amuser le peuple. Que la
philosophie ait notre admiration muette[29]. » Donc, je reviens au texte de
Philon sur la nécessité, pour la bonne écoute de la parole de vérité, de
garder une seule et même attitude sans aucune agitation extérieure, sans
aucun geste. Mais, dit-il, en gardant cette même attitude, faut-il encore
que les disciples – ceux qui écoutent au cours du banquet – premièrement donnent des signes pour montrer effectivement qu'ils suivent et
qu'ils ont compris (qu'ils suivent : [de] *sunienai* ; qu'ils ont compris :
[de] *kateilêphenai*). Il faut qu'ils montrent qu'ils suivent et qu'ils ont
compris, et alors pour cela ils doivent utiliser des signes de tête et une
certaine manière de regarder l'auditeur. Deuxièmement, s'ils approuvent,
et pour montrer qu'ils approuvent, ils doivent l'exprimer par un sourire
et un léger mouvement de la tête. Et enfin, s'ils veulent montrer qu'ils
sont embarrassés, qu'ils ne suivent pas, eh bien, ils doivent secouer
doucement la tête et ils doivent lever l'index de la main droite, le geste
que nous avons tous appris aussi dans les écoles[30]. Donc, vous voyez que
vous avez ce double registre de l'immobilité de la statue qui garantit la
qualité de l'attention et permet donc au *logos* de pénétrer dans l'âme,
mais en même temps tout ce jeu sémiotique du corps par lequel l'auditeur à la fois manifeste, et se manifeste à lui-même, son attention, se
garantit en quelque sorte à lui-même qu'il suit bien et qu'il a bien compris, et puis, en même temps, guide le rythme de celui qui parle, guide le
rythme du discours et les explications de celui qui est en train de parler.
C'est donc une sorte de silence actif et significatif qui est requis du bon

auditeur de la philosophie. C'est là le premier aspect de la réglementation en quelque sorte physique de l'attention, de la bonne attention, de la bonne écoute.

Il y a aussi une réglementation, ou plutôt un principe plus général, qui concerne l'attitude en général. C'est en effet que la bonne écoute du discours vrai n'implique pas simplement cette attitude physique précise. L'écoute, la bonne écoute de la philosophie doit être une sorte d'engagement, de manifestation de la volonté chez celui qui écoute, manifestation qui suscite et soutient le discours du maître. Et alors là on a, je crois, un élément qui est assez important, surtout bien sûr si on le réfère à Platon, ou plutôt, dans Platon, aux premiers dialogues socratiques. Il y a deux passages d'Épictète là-dessus, sur la bonne attitude à avoir en général dans le rapport à celui qui dit vrai. Ces deux passages, vous les trouvez au deuxième livre des *Entretiens,* et au premier entretien du livre III. Dans les deux cas il s'agit d'une petite scène, scène où l'on voit deux petits jeunes gens, tout gentils, tout mignons, tout parfumés, frisés, etc., qui viennent écouter Épictète et solliciter la direction du maître. Or Épictète, à ces jeunes gens, oppose son refus. Ou, en tout cas, il montre une grande réticence à accepter ainsi leur écoute. Et la manière dont Épictète explique son refus est intéressante. Dans un cas en particulier, il s'agit d'un jeune homme, un de ces petits jeunes gens donc tout parfumés. Il a suivi son enseignement, et puis, au bout d'un certain temps, il se fâche et dit à Épictète : Eh bien voilà, je n'ai rien appris à ton enseignement. D'ailleurs, tu n'as pas fait attention à moi. J'étais là comme si j'étais absent, « je suis venu souvent à toi, et tu ne m'as jamais répondu[31] ». Et le jeune homme continue sa plainte. Il dit : Tu ne m'as pas répondu, et pourtant « je suis riche », et pourtant « je suis beau », et pourtant « je suis fort », et pourtant je suis un bon orateur. Il a donc suivi, et c'est un élément important, l'enseignement de la rhétorique, et il sait parler. Épictète lui répond : Oh ! tu sais, de gens riches, il y en a [de] plus que toi ; de gens beaux, il y en a [de] plus que toi ; de gens forts j'en connais bien d'autres ; et de meilleurs rhéteurs aussi. Vieil argument que l'on retrouve perpétuellement dans la diatribe cynique ou stoïcienne, vous savez : aussi riche que soit le riche, il y a plus riche que lui ; aussi puissant que soit le roi, Dieu est encore plus puissant que lui, etc. Épictète répond ainsi. Et après avoir répondu ainsi, il ajoute : « Voici tout ce que j'ai à te dire [qu'il y a donc plus riche, plus beau, plus fort, et meilleur orateur que toi ; M.F.], mais même cela d'ailleurs je n'ai pas tellement le cœur à te le dire[32]. » Et pourquoi, demande le jeune homme, n'as-tu pas cœur à me le dire ? Eh bien :

parce que tu ne m'as pas stimulé, tu ne m'as pas excité. Et ce « tu ne m'as pas incité » (*erethizein*)[33] se réfère à un développement qui est un peu au-dessus de celui-là – qui venait un petit peu avant –, où Épictète disait à son auditeur : « Montre-moi à quoi je puis aboutir en discutant avec toi. Excite mon désir [*kinêson moi prothumian* : incite mon envie à discuter avec toi ; M.F.][34]. » Et dans ce passage-là, Épictète a recours à deux comparaisons. Il dit : Il faut bien que tu excites mon désir, parce qu'on ne peut rien faire si on n'a pas un certain désir de faire. Par exemple, la chèvre n'est incitée à brouter que si on lui montre un pré bien vert. Ou encore, un cavalier n'est incité à s'intéresser à un cheval que dans la mesure où le cheval a belle allure. Eh bien, dit-il, de la même façon, « quand tu voudras entendre un philosophe, ne va pas lui demander : "Qu'as-tu à me dire ?" Contente-toi de montrer ta propre compétence à entendre [*deiknue sauton empeiron tou akouein* : montre-toi habile, expérimenté à écouter[35] ; M.F.] ». On a la même notion d'*empeiria* dont je vous parlais tout à l'heure) : il faut donc montrer ta compétence à entendre, et tu verras comme alors tu l'exciteras à parler. Cette petite scène est intéressante, tout comme celle que l'on trouve dans le premier entretien du livre III[36], parce que d'abord il y a la question de ce petit personnage, de ce petit jeune homme qui vient. Et il est clair que, là, la référence à Alcibiade est certaine, Alcibiade qui, lui aussi, est venu pour séduire Socrate, et auquel Socrate, vous savez, a résisté. L'*egkrateia* (la maîtrise de soi) du professeur de philosophie est scellée par sa réticence à se laisser prendre, que ce soit à la beauté réelle et intrinsèque d'Alcibiade ou, à plus forte raison bien sûr, aux vaines coquetteries de tous ces petits jeunes gens. Mais d'autre part, en se montrant ainsi attifé, le jeune homme montre bien qu'il n'est pas capable de porter au discours vrai une attention véritable et efficace. Il ne peut pas en effet écouter comme il faut la philosophie, dès lors qu'il se présente parfumé, frisotté, etc. Car il atteste par là qu'il ne s'intéresse qu'à l'ornement, à l'illusion, bref à tous les arts de la flatterie. C'est donc un bon élève pour le professeur qui est professeur de flatterie, professeur d'illusion, professeur d'ornement. C'est l'élève adéquat pour le professeur de rhétorique. Ce n'est pas l'élève adéquat pour le professeur de philosophie. Et c'est pourquoi ces petits jeunes gens sont, dans un cas comme dans l'autre, toujours des élèves de rhétorique. Et du côté du maître, on trouve également une référence évidente au thème socratique, dans la mesure où le maître (Épictète) résiste comme Socrate à l'envoûtement par la beauté des garçons. Mais vous vous souvenez que l'intérêt que Socrate portait à son élève reposait tout de même, quelle que soit la résistance qu'il opposait à la séduction physique, sur l'amour qu'il avait pour Alcibiade, sinon pour Alcibiade, en tout cas pour la beauté de l'âme qui était manifestée par ceux qui le poursuivaient et sollicitaient de lui entretien ou direction. La beauté physique et spirituelle de l'élève était indispensable, ainsi que l'*erôs* du maître. Chez Épictète [au contraire], ce sera précisément tout autre chose. Le refus du garçon parfumé, l'absence, d'ailleurs, en dehors de ces garçons parfumés, de toute autre référence dans Épictète à ce qui pourrait être le lien amoureux du maître à l'élève, montre que l'on a évacué à ce moment-là cette nécessité, pour l'écoute de la vérité, de l'*erôs* (de l'amour et du désir). Le rejet de tous les jeunes gens parfumés montre qu'Épictète ne demande qu'une chose à ceux auxquels il va s'intéresser. Refus de tous ces ornements, évacuation de tout ce qui pourrait être ces arts de la séduction : ce qui est montré par là, c'est qu'Épictète [n'a d'intérêt], et le maître ne doit avoir d'intérêt que – par la volonté assidue, austère et dépouillée de tout ornement, de toute afféterie, de toute flatterie et illusion – pour la vérité. C'est cette attention à la vérité et elle seule qui doit permettre au maître d'être excité, incité à s'occuper de son élève. On comprend par conséquent que ces petits jeunes gens n'excitent pas, n'incitent pas le maître à parler. Dés-érotisation de l'écoute de la vérité dans le discours du maître : c'est cela, je crois, qui apparaît clairement dans ce texte d'Épictète.

Je vous ai donc parlé : du silence d'abord ; des règles, si vous voulez, d'attitude physique, attitude précise pendant l'écoute, attitude globale du corps, rapport de l'individu à son propre corps – c'est ce que je viens de vous montrer avec Épictète. Maintenant, troisième ensemble de règles d'écoute : celles qui portent sur l'attention proprement dite. Alors je voudrais revenir un instant au passage où Épictète disait que l'enseignement de la philosophie, vous vous souvenez, ne pouvait pas ne pas passer par le *logos,* un *logos* qui implique une *lexis* et un certain nombre de choix de termes. Ou encore, je voudrais revenir à cette lettre 108 où Sénèque raconte les bienfaits qu'on peut recevoir d'un enseignement de la philosophie, même si on est passif. Ces deux textes montrent bien qu'en fait le discours philosophique ne s'oppose pas totalement et entièrement au discours rhétorique. Le discours philosophique, il est bien entendu destiné à dire la vérité. Mais il ne peut pas la dire sans un certain nombre d'ornements. Le discours philosophique doit être écouté avec toute l'attention active de quelqu'un qui cherche la vérité. Mais il a aussi ses effets qui sont dus en quelque sorte à sa matérialité propre, à sa plastique propre, à sa rhétorique propre. Il n'y a donc pas de dissociation effective à faire, mais le travail de l'auditeur, ça doit être précisément, en écoutant ce discours nécessairement ambigu, de diriger comme il faut son attention. Diriger son attention comme il faut, ça veut dire quoi ? Eh bien, ça veut dire deux choses.

Premièrement, il faut que l'auditeur dirige son attention vers ce qui est traditionnellement appelé *to pragma*. *To pragma* je vous le signale, ce n'est pas simplement « la chose ». C'est un terme philosophique et de grammaire très précis, qui désigne la référence du mot[37] (*Bedeutung,* si vous voulez[38]). Le référent de l'expression, c'est vers cela que l'on doit se diriger. Dans ce qui est dit, par conséquent, il faut faire tout un travail d'élimination des points de vue qui ne sont pas pertinents. Il ne faut pas que l'attention se dirige vers la beauté de la forme ; il ne faut pas qu'elle se dirige vers la grammaire et vers le vocabulaire ; il ne faut même pas qu'elle se dirige vers la réfutation des arguties philosophiques ou sophistiques. Il faut saisir ce qui est dit. Il faut saisir ce qui est dit par ce *logos* de vérité sous le seul aspect qui soit intéressant pour l'écoute philosophique. Car le *pragma* (le référent) de l'écoute philosophique, c'est la proposition vraie en tant qu'elle peut se transformer en précepte d'action. Et là alors, je voudrais, si vous me donnez encore quelques minutes, reprendre cette lettre 108 dont je vous ai parlé, et qui est assez fondamentale pour toute cette technique de l'écoute. Sénèque donne, je crois, dans ce passage, un bon exemple de ce que doit être cette écoute active, cette écoute bien dirigée, ce qu'on pourrait appeler l'écoute parénétique[39] d'un texte. Il prend comme exemple une citation des *Géorgiques* de Virgile[40]. Le texte est simplement celui-ci : « Le temps fuit, le temps irréparable ». Cette seule expression, ce simple vers, on peut y porter différentes formes d'attention. Qu'est-ce qui va venir à l'esprit du grammairien lorsqu'il fera attention à ce vers : « Le temps fuit, le temps irréparable[41] » ? Eh bien, il lui viendra à l'esprit que Virgile « met toujours ensemble les maladies et la vieillesse ». Il fera un certain nombre de références, de citations à d'autres textes de Virgile où il y aura cette association entre la fuite du temps, la vieillesse et la maladie, « juxtaposition, ma foi ! bien légitime, la vieillesse étant une incurable maladie ». En outre, quelle épithète Virgile applique-t-il régulièrement à la vieillesse ? Eh bien, dit le grammairien, Virgile applique en général à la vieillesse l'épithète « triste » : « Voici venir les maladies, la triste vieillesse ». Ou encore, il citera cet autre texte de Virgile : « "C'est le séjour des pâles maladies, de la triste vieillesse". Il ne faut pas s'étonner si chacun exploite le même sujet conformément à ses tendances[42]. » Et le grammairien, le philologue, enfin celui qui s'intéresse au texte s'amusera à retrouver des références plus ou moins analogues dans le texte de Virgile. Mais « celui qui a ses regards tournés vers la philosophie[43] », celui-ci verra bien que jamais Virgile ne dit que les jours « marchent ». Il dit que les jours « fuient ». Le temps « fuit », ce qui est une façon de courir plus précipitée que la marche. Virgile dit, c'est en tout cas cela que le philosophe doit entendre : « Nos plus beaux jours sont aussi les premiers ravis. Que tardons-nous donc à précipiter ainsi notre allure afin d'égaler en vitesse l'objet le plus prompt à nous échapper ? Le meilleur du lot passe à tire-d'aile ; et le pire prend sa place. De l'amphore coule d'abord le plus pur ; toujours le plus épais, l'élément trouble tombe au fond. Ainsi dans notre vie la meilleure part est au commencement. Et nous la laissons épuiser aux autres, ne nous réservant que la lie ? Gravons ceci dans notre âme, enregistrons-le comme un céleste oracle » : le temps fuit, le temps irréparable[44]. Bon, vous voyez, deux types de commentaires : le commentaire philologique et grammairien que Sénèque écarte et qui consiste à retrouver des citations analogues, à voir des associations de mots, etc. Et puis l'écoute philosophique, l'écoute qui est parénétique : il s'agit à partir d'une proposition, d'une affirmation, d'une assertion (« le temps fuit ») , petit à petit d'arriver, en la méditant, en la transformant d'élément en élément, à un précepte d'action, à une règle non seulement pour se conduire mais pour vivre d'une façon générale et faire de cette affirmation quelque chose qui est gravé dans notre âme comme peut l'être un oracle. L'attention philosophique est donc celle qui se dirige vers un *pragma, pragma* qui est un référent, une *Bedeutung, Bedeutung* qui comprend à la fois et l'idée même, et ce qui dans l'idée peut et doit devenir précepte.

Enfin, seconde autre manière de diriger son attention dans la bonne écoute philosophique, c'est qu'après avoir donc entendu la chose, sous son aspect à la fois de vérité dite et de prescription donnée, il faut aussitôt faire marcher une mémorisation. Il faut que cette chose, à peine on l'a entendue dans la bouche de celui qui l'a prononcée, soit recueillie, comprise, bien saisie dans l'esprit, qu'elle n'échappe pas aussitôt. De là toute une série de conseils qui sont donnés traditionnellement dans cette éthique de l'écoute : quand on a entendu quelqu'un dire quelque chose d'important, ne pas se mettre à discutailler aussitôt ; chercher à se recueillir et à garder le silence pour mieux graver ce qu'on a entendu, et faire un rapide examen de soi-même en sortant de la leçon que l'on a entendue ou de la conversation qu'on vient d'avoir ; jeter un rapide regard sur soi-même pour voir où on en est, si ce qu'on a entendu et appris constitue une nouveauté par rapport à l'équipement (la *paraskeuê*) dont on dispose déjà, et voir par conséquent dans quelle mesure et jusqu'à quel point on a pu se perfectionner. Et sur ce thème Plutarque fait une comparaison avec ce qui se passe dans un salon de coiffure. On ne quitte jamais un salon de coiffure sans avoir jeté un discret coup d'œil dans la glace pour voir à quoi on ressemble. Eh bien, de la même façon, après un entretien philosophique, après une leçon philosophique, l'écoute doit se conclure par ce rapide regard que l'on jette sur soi-même, pour savoir et constater où on en est dans son rapport à la vérité – si la leçon entendue vous a bien effectivement rapproché du discours de la vérité, si elle vous a permis de vous l'approprier –, pour voir si on est bien en train de le *facere suum* (de le faire sien). En somme, il s'agit de tout un travail d'attention, d'attention double et fourchue qui est nécessaire dans la bonne écoute philosophique. D'une part regarder vers le *pragma,* vers une signification proprement philosophique où l'assertion vaut prescription. Et puis, d'un autre côté, un regard sur soi-même, regard sur soi-même où, mémorisant ce qu'on vient d'entendre, on le voit s'incruster et se faire petit à petit sujet à l'intérieur de l'âme qui vient d'écouter. L'âme qui écoute doit se surveiller elle-même. En faisant attention comme il faut à ce qu'elle entend, elle fait attention à ce qu'elle entend quant à la signification, quant au *pragma.* Et elle fait aussi attention à elle-même pour que cette chose vraie devienne petit à petit, par son écoute et par sa mémoire, le discours qu'elle se tient à elle-même. C'est là le premier point de cette subjectivation du discours vrai qui est l'objectif final et constant de l'ascèse philosophique. Eh bien, voilà ce que j'avais à vous dire sur l'écoute. Pardonnez, c'était un petit peu anecdotique. Alors je parlerai tout à l'heure du problème « lecture/ écriture », et puis « parole ».

*

NOTES

1. Cf. cours au Collège de France, 5 et 12 mars 1980.
2. On trouve bien *facere suum* chez Sénèque, mais dans le sens de s'approprier quelque chose; cf. lettre 119, à propos d'Alexandre et de sa soif de possession : « *quaerit quod suum faciat* » (*Lettres à Lucilius,* t. V, livre XIX-XX, lettre 119,7, éd. citée, p. 62). On trouve en revanche des expressions comme *se facere* : « *facio me et formo* » (*De la vie heureuse,* XIV,4, in Sénèque, *Dialogues,* t. II, trad. A. Bourgery, Paris, Les Belles Lettres, 1923, p. 30) ou *fieri suum* : « inestimable bien que d'arriver à s'appartenir *(inaestimable bonum est suum fieri)* » (*Lettres à Lucilius,* t. III, livre IX, lettre 75,18, p. 55).

3. *Comment écouter, in* Plutarque, *Œuvres morales,* t. I-2, trad. A. Philippon, Paris, Les Belles Lettres, 1989.

4. « Tu ne saurais donc, je pense, éprouver aucun déplaisir à lire comme préambule ces remarques sur la perception par l'ouïe dont Théophraste déclare qu'elle est, de toutes, la plus liée aux passions *(pathêtikôtatên),* rien de ce qu'on peut voir, goûter ou toucher ne produisant des affolements, des troubles, des émois aussi grands que ceux qui s'emparent de l'âme quand certains bruits retentissants, fracas et cris la frappent par l'ouïe » *(id.,* 37f-38a, p. 37).

5. Cf. chant XII de l'*Odyssée,* vers 160-200.

6. Cf. le long développement du livre III de *La République* (397a-399e) sur le rejet du poète-imitateur et la condamnation des mélodies lascives *(in* Platon, *Œuvres complètes,* t. VI, trad. E. Chambry, éd. citée, p. 106-113).

7. « Mais celle-ci [= l'ouïe] a encore plus de liens avec la raison *(logikôtera)* qu'avec les passions » (Plutarque, *Comment écouter,* 38a, p. 37).

8. Sénèque, *Lettres à Lucilius,* t. IV, livre XVII-XVIII, lettre 108,4 (p. 178).

9. « Qu'est-ce que c'est qu'une école de philosophie ? Une école de philosophie, c'est un *iatreion* (un dispensaire). On ne doit pas, quand on sort de l'école de philosophie, avoir pris du plaisir, on doit avoir souffert. Car vous n'allez pas dans l'école de philosophie parce que vous êtes bien portants, et en étant bien portants. L'un arrive avec l'épaule démise, l'autre avec un abcès, le troisième avec une fistule, un autre souffrant de la tête » (Épictète, *Entretiens,* III,23,30, éd. citée, p. 92).

10. « Telle est la vertu de la philosophie que tous y gagnent, prosélytes ou simplement entourage familier *(ea philosophiae vis est ut non studentis, sed etiam conversantis iuvet)* » (Sénèque, *Lettres à Lucilius,* loc. cit. supra, note 8).

11. *Ibid.*

12. « "Mais quoi ! n'en connaissons-nous pas qui sont restés campés des années en face d'un philosophe sans y prendre seulement quelque teinture superficielle ?" Certes j'en connais : des modèles de persévérance et d'assiduité, de ces gens qui sont, à mon compte, moins des écoliers *(non discipulos philosophorum)* que des piliers d'école *(inquilinos)* » *(id.,* lettre 108, 5, p. 178).

13. Épictète, *Entretiens,* II,23,40 (p. 108).

14. « Comme d'autre part l'enseignement des principes doit user nécessairement d'une certaine élocution *(lexis)* et d'une certaine finesse dans les termes, il y a des gens qui s'y laissent prendre et qui s'y arrêtent *(katamenousin autou)* : l'un est captivé par le style *(lexis),* l'autre par les syllogismes » *(id.,* 23,40-41, p. 108).

15. « Dans l'une [la médecine] et dans l'autre [la rhétorique], on doit procéder à l'analyse d'une nature : dans la première celle du corps, dans l'autre celle de l'âme, si l'on veut, au lieu de se contenter de la routine *(tribê)* et de l'expérience *(empeiria),* recourir à l'art *(tekhnê)* » (Platon, *Phèdre,* 270b, trad. L. Robin, éd. citée, p. 80).

16. « Il régnait parmi eux un silence exceptionnel » (Porphyre, *Vie de Pythagore,* trad. E. des Places, éd. citée, § 19, p. 44). Cf. aussi le mot d'Isocrate dans son *Busiris* à propos des disciples de Pythagore : ils « sont plus admirés dans leur silence que les gens à qui la parole a valu la plus grande réputation » (*Busiris,* XI, trad. G. Mathieu & E. Brémond, éd. citée, § 29, p. 195), ainsi que les pages décisives de Jamblique dans sa *Vie de Pythagore* : « Après ces trois ans [d'examen préalable], il imposait à ceux qui s'attachaient à lui un silence de cinq ans, pour vérifier à quel point ils se maîtrisaient, car la plus difficile de toutes les maîtrises est celle qu'on impose à sa langue » (trad. L. Brisson & A.-Ph. Segonds, éd. citée, § 72, p. 41) ; mais

voir encore dans le même sens : « Dans un premier temps donc, pour examiner à fond ceux qui venaient à lui, il observait s'ils pouvaient "tenir leur langue" *(ekhemuthein)*, c'était en effet le terme dont il faisait usage, il examinait s'ils étaient capables de se taire et de garder pour eux ce qu'ils avaient entendu durant l'enseignement qu'ils avaient reçu. Ensuite, il observait s'ils étaient modestes, et il s'occupait plus du silence que de la parole » *(id., § 90, p. 55).*

17. « Que la philosophie ait notre admiration muette » *(Lettres à Lucilius,* t. II, livre V, lettre 52,13, p. 46).

18. « Le silence a quelque chose de profond, de religieux, de sobre » *(Traité sur le bavardage,* 504a, *in* Plutarque, *Œuvres morales,* t. VII-1, trad. J. Dumortier & J. Defradas, éd. citée, § 4, p. 232).

19. Pour un témoignage personnel de l'éducation par le silence, cf. *Dits et Écrits, op. cit.,* t. IV, n° 336, p. 525.

20. « Assurément le conduit auditif de ces gens-là n'est point percé en direction de l'âme, mais de la langue » *(Traité sur le bavardage,* 502d, § 1, p. 229).

21. « C'est une cure difficile et malaisée que la philosophie entreprend à l'endroit du bavardage ; le remède en effet dont elle use, la parole, requiert des auditeurs, et les bavards n'écoutent personne, car ils parlent sans cesse » *(id.,* 502b, § 1, p. 228).

22. Pour une comparaison des règles de silence dans les communautés pythagoriciennes et chrétiennes, cf. A.-J. Festugière, « Sur le *De Vita Pythagorica* de Jamblique », rééd. in *Études de philosophie grecque, op. cit.,* en particulier p. 447-451.

23. Cf. cours du 20 janvier, deuxième heure.

24. « L'assistance de son côté, l'oreille attentive, les yeux fixés sur lui *(eis auton),* figée dans une attitude immobile *(epi mias kai tês autês skheseôs epimenontes),* l'écoute » (Philon, *De Vita contemplativa,* 483M, trad. P. Miquel, éd. citée, § 77, p. 139).

25. Sur la *stultitia,* cf. cours du 27 janvier, première heure.

26. Concernant ce personnage de l'*effeminatus,* cf. notations de Foucault dans *L'Usage des plaisirs, op. cit.,* p. 25.

27. « Ne confondons pas les acclamations du théâtre et celles de l'école : dans la louange même il est une convenance à garder » *(Lettres à Lucilius,* t. II, livre V, lettre 52,12, p. 45).

28. Dans son édition (citée) de Sénèque, P. Veyne note à ce propos : « se gratter la tête du doigt, geste "autistique", manquait de dignité virile ; c'était un geste féminin » (p. 720).

29. *Lettres à Lucilius,* t. II, livre V, lettre 52,12-1 (p. 45-46).

30. « D'un signe de tête, d'un regard, ils montrent qu'ils ont compris *(sunienai kai kateilêphenai)* ; d'un sourire, d'un léger mouvement de front, ils montrent qu'ils approuvent l'orateur ; d'un mouvement lent de la tête et de l'index de la main droite, ils montrent qu'ils sont embarrassés » *(De Vita contemplativa,* 483M, § 77, p. 139).

31. *Entretiens,* II,24,1 (p. 110).

32. *Id.,* 24,27 (p. 114).

33. « Parce que tu ne m'as pas stimulé *(ouk êrethisas)* » *(id.,* 24,28, p. 114).

34. *Id.,* 24,15-16 (p. 112).

35. *Id.,* 24,29 (p. 115).

36. Il s'agit de la critique d'un « jeune rhéteur en herbe » dont la « chevelure était beaucoup trop soignée » *(Entretiens,* III,1,1, p. 5). Cf. l'analyse de ce texte dans le cours du 20 janvier, première heure.

37. Cf. l'étude de P. Hadot, in *Concepts et Catégories dans la pensée antique,* s.dir. P. Aubenque, Paris, Vrin, 1980, p. 309-320.

38. Cf. sur *Sinn* et *Bedeutung,* l'article célèbre de Frege « Sens et dénotation » (*in* G. Frege, *Écrits logiques et philosophiques,* trad. C. Imbert, Paris, Le Seuil, 1971, p. 102-126).

39. Parénétique : « qui a rapport à la parénèse, à l'exhortation morale » (*Littré* ; cf. le verbe *parainein* qui signifie : conseiller, prescrire).

40. *Lettres à Lucilius,* t. IV, livre XVII-XVIII, lettre 108,24 (p. 185).

41. « Mais le temps fuit, fuit sans retour (*sed fugit interea, fugit inreparabile tempus*) » (Virgile, *Les Géorgiques,* livre III, vers 284, trad. H. Goelzer, Paris, Les Belles Lettres, 1926, p. 48).

42. *Lettres à Lucilus,* t. IV, livre XVII-XVIII, lettre 108, 28 (p. 186).

43. *Id.,* lettre 108,25 (p. 185).

44. En fait la sentence que Sénèque énonce comme devant être gravée dans l'âme est : « Les meilleurs de nos jours, pour nous, pauvres mortels, sont toujours les premiers à fuir ! » (*id.,* p. 185-186 ; il s'agit du vers 66 du livre III des *Géorgiques,* cité par Sénèque une autre fois : cf. *De la brièveté de la vie,* VIII, 2).

COURS DU 3 MARS 1982

Deuxième heure

Les règles pratiques de la bonne lecture et l'assignation de sa fin : la médi-tation. – Le sens ancien de meletê/meditatio *comme jeu de la pensée sur le sujet. – L'écriture comme exercice physique d'incorporation des discours. – La correspondance comme cercle de subjectivation/véridiction. – L'art de parler dans la spiritualité chrétienne : les formes du discours vrai du direc-teur ; l'aveu du dirigé ; le dire-vrai sur soi comme condition du salut. – La pratique gréco-romaine de direction : constitution d'un sujet de vérité par le silence attentif du côté du dirigé ; l'obligation de* parrhêsia *dans le discours du maître.*

[...] Je vais donc être assez bref sur les questions lecture/écriture, à la fois parce que ce sont des sujets qui sont plus faciles et connus, et ensuite [parce que] j'ai été déjà bien anecdotique dans le cours précé-dent ; alors je passerai vite à la question de l'éthique de la parole. Lecture/ écriture donc d'abord, rapidement. En fait, les conseils qui sont donnés, quant à la lecture du moins, ces conseils relèvent de toute une pratique qui était courante dans l'Antiquité, et que les principes de la lecture phi-losophique reprennent mais sans les modifier pour l'essentiel. C'est-à-dire, premièrement, lire peu d'auteurs ; lire peu d'ouvrages ; lire dans ces ouvrages, peu de textes ; choisir quelques passages considérés comme importants et suffisants[1]. De là, d'ailleurs, toutes ces pratiques qui sont bien connues, comme les résumés d'œuvres. Cette pratique a été tellement répandue que c'est souvent grâce à cela que des œuvres nous ont été heureusement conservées. Épicure n'est guère connu dans ses développements que par des résumés, faits par ses élèves après sa mort, d'un certain nombre de propositions considérées comme impor-tantes et suffisantes, à la fois pour ceux qui s'initient et pour ceux qui, ayant été initiés, ont besoin de réactualiser et de se [remémorer] les prin-cipes fondamentaux d'une doctrine qu'il ne s'agit pas simplement de connaître, mais qu'il faut s'être assimilée et dont il faut en quelque sorte être devenu soi-même le sujet parlant. Donc pratique des résumés. Pratique aussi des florilèges où on réunit, soit sur un sujet donné soit sur une série de sujets, des propositions et des réflexions d'auteurs divers. Soit encore la pratique – c'était le cas de Sénèque, par exemple, avec Lucilius – qui consiste à relever des citations chez tel ou tel auteur et puis à les envoyer à un correspondant en lui disant : Voilà une phrase importante, une phrase intéressante ; je te l'envoie ; réfléchis, médite dessus, etc. Cette pratique repose évidemment sur un certain nombre de principes. Je voudrais surtout souligner ceci : c'est que l'objet, la fin de la lecture philosophique n'est pas de prendre connaissance de l'œuvre d'un auteur ; elle n'a même pas pour fonction d'en approfondir la doctrine. Il s'agit essentiellement par la lecture – c'est en tout cas cela son objectif principal – de donner une occasion de méditation.

Alors on rencontre là une notion dont on reparlera par la suite, mais sur laquelle je voudrais tout de même m'arrêter un tout petit peu déjà aujourd'hui . C'est cette notion de « méditation ». Le mot latin *meditatio* (ou le verbe *meditari*) traduit le substantif grec *meletê,* le verbe grec *meletan.* Et cette *meletê,* ce *meletan* n'ont pas du tout la même signification que ce que nous nous appelons, du moins aujourd'hui, c'est-à-dire au XIXe et au XXe siècle, une « méditation ». La *meletê,* c'est l'exercice. Le *meletan* est tout proche du *gumnazein,* par exemple, qui [signifie] « s'exercer », « s'entraîner à » ; avec cependant une connotation, un centre de gravité, si vous voulez, du champ significatif un peu différent, dans la mesure où *gumnazein* en général désigne plus une sorte d'épreuve « en réalité », une manière de se confronter à la chose elle-même, comme on se confronte à un adversaire pour savoir si on est capable de lui résister ou d'être le plus fort ; alors que le *meletan* est plutôt une sorte d'exercice de pensée, exercice « en pensée », mais qui, encore une fois, est assez différent de ce que nous entendons par méditation. Méditation, nous l'entendons plutôt comme : essai pour penser avec une particulière intensité à quelque chose sans en approfondir le sens ; ou : laisser sa pensée se développer dans un ordre plus ou moins réglé à partir de cette chose à laquelle on pense. C'est un peu cela qui est pour nous la méditation. Pour les Grecs et les Latins la *meletê* ou la *meditatio,* c'est autre chose. Je crois qu'il faut bien le saisir sous deux aspects. Premièrement, *meletan,* c'est faire un exercice d'appropriation, appropriation d'une pensée. Il ne s'agit donc pas du tout, à propos d'un texte donné, de faire l'effort qui consisterait à [se demander] ce qu'il a donc voulu dire. On ne va pas du tout dans le sens de l'exégèse. Avec cette *meditatio,* il s'agit au contraire de s'approprier [une pensée], de s'en persuader si profondément que d'une part on la croit vraie, que d'autre part on peut sans cesse la redire, la redire aussitôt que la nécessité s'en impose ou que l'occasion s'en présente. Il s'agit donc de faire en sorte que cette vérité soit gravée dans l'esprit de manière à s'en souvenir aussitôt que besoin est, de manière aussi à l'avoir, vous vous souvenez, *prokheiron* (sous la main)[2], et par conséquent à en faire immédiatement un principe d'action. Appropriation qui consiste à faire que, de cette chose vraie, on devienne le sujet qui pense vrai, et, de ce sujet qui pense vrai, on devienne un sujet qui agisse comme il faut. C'est dans ce sens-là que va cet exercice de *meditatio*. Deuxièmement, la *meditatio,* et c'est son autre aspect, consiste à faire une sorte d'expérience, expérience d'identification. Je veux dire ceci : il s'agit dans la *meditatio,* non pas tellement de penser à la chose elle-même, mais de s'exercer à la chose à laquelle on pense. L'exemple évidemment le plus célèbre, c'est la méditation de la mort[3]. Méditer la mort *(meditari, mele-tan)* au sens où les Latins et les Grecs l'entendent, ça ne veut pas dire : penser que l'on va mourir. Ça ne veut même pas dire : se convaincre que l'on va effectivement mourir. Ce n'est pas associer à cette idée de la mort un certain nombre d'autres idées qui en seront les conséquences, etc. Méditer la mort, c'est se mettre soi-même par la pensée dans la situation de quelqu'un qui est en train de mourir, ou qui va mourir, ou qui est en train de vivre ses derniers jours. La méditation n'est donc pas un jeu du sujet avec sa propre pensée, ce n'est pas un jeu du sujet avec l'objet, ou les objets possibles de sa pensée. Ce n'est pas quelque chose de l'ordre de la variation eidétique comme on dirait dans la phénoménologie[4]. Il s'agit d'un tout autre type de jeu : jeu non pas du sujet avec sa propre pensée, ou ses propres pensées, mais jeu effectué par la pensée sur le sujet lui-même. C'est faire que, par la pensée, on devienne celui qui est en train de mourir, ou celui qui va mourir de façon imminente. Comprenez bien d'ailleurs que cette idée de la méditation, non pas comme jeu du sujet avec sa pensée mais comme jeu de la pensée sur le sujet, c'est au fond exactement cela que faisait encore Descartes dans les *Méditations,* et c'est bien précisément le sens qu'il a donné à « méditation »[5]. Alors, il faudrait faire toute une histoire de cette pratique même de la méditation : méditation dans l'Antiquité ; méditation dans le christianisme primitif ; sa résurgence, et en tout cas son importance nouvelle et sa formidable explosion aux XVIe et XVIIe siècles. Mais en tout cas quand Descartes fait des « méditations », et écrit des *Méditations* au XVIIe siècle, c'est bien en ce sens-là. Il ne s'agit pas d'un jeu du sujet avec sa pensée. Descartes ne pense pas à tout ce qui pourrait être douteux dans le monde. Il ne pense pas non plus à ce qui pourrait être indubitable. Disons que c'est là l'exercice sceptique habituel. Descartes se met dans la situation du sujet qui doute de tout, sans d'ailleurs s'interroger sur tout ce qui pourrait être dubitable ou tout ce dont on pourrait douter. Et il se met dans la situation de quelqu'un qui se met à la recherche de ce qui est indubitable. Ce n'est donc pas du tout un exercice sur la pensée et son contenu. C'est un exercice par lequel le sujet se met, par la pensée, dans une certaine situation. Déplacement du sujet par rapport à ce qu'il est par l'effet de la pensée : eh bien c'est cela, au fond, cette fonction méditative que doit avoir la lecture philosophique telle qu'on l'entend à l'époque dont je vous parle. Et c'est cette fonction méditative comme exercice du sujet se mettant par la pensée dans une situation fictive où il s'éprouve lui-même, c'est cela qui explique que la lecture philosophique soit – sinon totalement, du moins pour une bonne part – indifférente à l'auteur, indifférente au contexte de la phrase ou de la sentence.

Et cela explique l'effet qu'on attend de la lecture : non pas d'avoir compris ce que voulait dire un auteur, mais la constitution pour soi d'un équipement de propositions vraies, qui soit effectivement à soi. Rien donc qui soit de l'ordre de l'éclectisme, si vous voulez. Il ne s'agit pas de se constituer une marqueterie de propositions d'origines différentes, mais de constituer une trame solide de propositions qui vaillent prescriptions, de discours vrais qui soient en même temps principes de comportement. Vous comprenez d'ailleurs facilement que, si la lecture est conçue ainsi comme exercice, expérience, s'il n'y a de lecture que pour méditer, cette lecture soit immédiatement liée à l'écriture. Alors là, c'est un phénomène de culture et de société qui est important à coup sûr à l'époque dont je vous parle : la place très grande qu['y] prend l'écriture, l'écriture en quelque sorte personnelle et individuelle[6]. Il est difficile sans doute de dater précisément l'origine du processus, mais quand on le prend à l'époque dont je parle, c'est-à-dire au Ier-IIe siècle, on s'aperçoit que l'écriture est déjà devenue, et ne cesse de s'affirmer toujours davantage comme un élément de l'exercice de soi. La lecture se prolonge, se renforce, se réactive par l'écriture, écriture qui est elle aussi un exercice, elle aussi un élément de la méditation. Sénèque disait qu'il fallait alterner écriture et lecture. C'est dans la lettre 84 : il ne faut pas toujours écrire ni toujours lire ; la première de ces occupations (écrire), si on la continuait sans cesse, finirait par épuiser l'énergie. La seconde, au contraire, la diminue, la dilue. Il faut tempérer la lecture par l'écriture, et réciproquement, de telle sorte que la composition écrite mette en corps *(corpus)* ce que la lecture a recueilli. La lecture recueille des *orationes,* des *logoi* (des discours, des éléments de discours) ; il faut en faire un *corpus.* Ce *corpus,* c'est l'écriture qui va le constituer et l'assurer[7]. Et vous retrouvez sans cesse, dans les préceptes d'existence et les règles de la pratique de soi, cette obligation d'écrire, ce conseil d'écrire. Par exemple, vous trouvez chez Épictète ce conseil : il faut méditer *(meletan),* écrire *(graphein),* et s'entraîner *(gumnazein)*[8]. Alors voyez : *meletan,* exercice de pensée qui est souvent soutenu par un texte qu'on lit ; ensuite, *graphein* : écrire ; et ensuite *gumnazein,* c'est-à-dire : s'entraîner en réalité, essayer de subir l'épreuve et le test du réel. Ou encore, après avoir écrit une méditation sur la mort, Épictète conclut en disant : « Puisse la mort me saisir en train de penser, d'écrire et de lire ces phrases-là[9]. » L'écriture est donc un élément d'exercice, un élément d'exercice qui a l'avantage d'avoir deux usages possibles et simultanés. L'usage en quelque sorte pour soi-même. Car dans le seul fait d'écrire, précisément, on s'assimile la chose même à laquelle on pense. On l'aide à s'implanter dans l'âme, on l'aide à s'implanter dans le corps, à en devenir comme une sorte d'habitude, ou en tout cas de virtualité physique. C'était une habitude, et une habitude recommandée, quand on avait lu, d'écrire, et quand on avait écrit de relire ce qu'on avait écrit, et de le relire nécessairement à voix haute puisque, vous savez bien, dans l'écriture latine et grecque les mots n'étaient pas séparés les uns des autres. C'est-à-dire qu'il y avait une très grande difficulté à lire. L'exercice de lecture n'était pas quelque chose de facile : il n'était pas question de lire comme ça, des yeux. On était obligé, pour arriver à scander les mots comme il le fallait, de les prononcer, de les prononcer à mi-voix. De sorte que l'exercice qui consistait à lire, écrire, relire ce qu'on avait écrit et les notes qu'on avait prises, constituait un exercice quasi physique d'assimilation de la vérité et du *logos* que l'on tenait. Épictète dit ceci : « Garde ces pensées nuit et jour à ta disposition *(prokheira)* ; mets-les par écrit et fais en la lecture[10]. » Le mot, pour lecture, c'est le mot traditionnel : *anagignôskein,* c'est-à-dire justement reconnaître, reconnaître dans cette espèce de fouillis de signes qui est si difficile à répartir, à distribuer comme il faut, et par conséquent à comprendre. Donc on garde ses pensées. Pour garder ses pensées à sa disposition, il faut les mettre par écrit, il faut en faire pour soi-même la lecture ; que ces pensées soient « l'objet de tes conversations avec toi-même ou avec un autre : "Peux-tu me venir en aide dans cette circonstance ?" Et de nouveau va trouver un autre homme et un autre encore. Puis, s'il t'arrive quelqu'un de ces événements indésirables, tu trouveras aussitôt un

soulagement dans cette pensée que tout cela n'est pas inattendu[11] ». Et lecture, écriture, relecture font partie de cette *praemeditatio malorum* dont je vous parlerai la prochaine fois, ou une prochaine fois[12], et qui est si importante dans l'ascèse stoïcienne. Donc, on écrit à la suite de la lecture pour pouvoir relire, relire à soi-même et ainsi s'incorporer le discours vrai que l'on a entendu de la bouche d'un autre ou que l'on a lu sous le nom d'un autre. Usage pour soi ; mais bien entendu aussi l'écriture est un usage, elle sert pour les autres. Ah oui, j'ai oublié de vous dire que ces notes que l'on doit prendre sur les lectures, ou que l'on doit prendre sur les conversations qu'on a eues, ou sur les cours qu'on a entendus, s'appellent précisément en grec des *hupomnêmata*[13]. C'est-à-dire : ce sont des supports de souvenirs. Ce sont des notations de souvenirs avec quoi précisément on va pouvoir, grâce à la lecture ou à des exercices de mémoire, se remémorer ces choses dites[14].

Ces *hupomnêmata,* ils servent pour soi, mais vous comprenez bien aussi qu'ils peuvent servir pour les autres. Et dans cet échange souple des bénéfices et bienfaits, dans cet échange souple des services de l'âme où l'on essaie de rendre service à l'autre dans son cheminement vers le bien et vers lui-même, vous comprenez bien que l'activité d'écriture est importante. Et – là aussi c'est un phénomène de culture, un phénomène de société très intéressant à l'époque – on voit combien la correspondance, correspondance que nous appellerions, si vous voulez, spirituelle, correspondance d'âme, correspondance de sujet à sujet, correspondance qui a pour fin non pas tellement (comme c'était encore le cas par exemple des correspondances de Cicéron avec Atticus[15]) de donner des nouvelles sur le monde politique, mais de se donner l'un à l'autre des nouvelles de soi-même, de s'enquérir de ce qui se passe dans l'âme de l'autre, ou de demander à l'autre de vous donner des nouvelles de ce qui se passe en lui, combien donc tout ceci est devenu à ce moment-là une activité extrêmement importante, activité qui a, vous le voyez, une double face. D'une part il s'agit en effet, par ces correspondances, de permettre à celui qui est le plus avancé dans la vertu et dans le bien de donner des conseils à l'autre : il s'informe de l'état où en est l'autre, et il lui donne en retour des conseils. Mais en même temps vous voyez bien que cet exercice permet, à celui-là même qui donne des conseils, de se remémorer les vérités qu'il donne à l'autre mais dont il a besoin lui-même pour sa propre vie. De sorte qu'en correspondant avec l'autre et en lui servant de directeur, on ne cesse de faire ces exercices en quelque sorte personnels, on fait une gymnastique qui s'adresse à l'autre mais qui s'adresse aussi à soi, et qui permet, par cette correspondance, de se maintenir perpétuellement en état d'auto-direction. Les conseils qu'on donne à l'autre, on se les donne également à soi-même. Alors tout ceci se déchiffre très facilement dans la correspondance à Lucilius. Sénèque, manifestement, donne des leçons à Lucilius mais, ce faisant, utilise ses *hupomnêmata*. À chaque instant, on sent qu'il a là comme un cahier de notes qui lui sert à se rappeler les lectures importantes qu'il a faites, les idées qu'il a rencontrées, celles qu'il a lues lui-même. Il les utilise et en les utilisant pour l'autre, en les mettant à la disposition de l'autre, il se les réactive lui-même. Il y a par exemple une lettre, je ne sais plus laquelle c'est, qui est une lettre à Lucilius, mais qui recopie une lettre à [Marullus], lequel Marullus avait perdu son fils[16]. Et alors il est très clair que cette même lettre a trois usages. Elle sert à Marullus qui a perdu son fils, et Sénèque lui donne les conseils pour n'être pas emporté par un trop vif chagrin et pour garder la mesure convenable du chagrin. Deuxièmement, cette lettre, recopiée à l'intention de Lucilius, va servir à Lucilius d'exercice pour le jour où il lui arriverait un malheur, de manière à avoir bien *prokheiron* (*ad manum* : sous la main) le dispositif de vérité qui lui permettra de lutter contre ce malheur, ou un malheur semblable lorsqu'il arrivera. Et troisièmement, ça sert à Sénèque lui-même d'exercice de réactivation de ce qu'il sait quant à la nécessité de la mort, quant à la probabilité du malheur, etc. Par conséquent, triple usage de ce même texte. Vous trouvez aussi, dans le même sens, le tout début du traité de Plutarque qui s'appelle le *Peri euthumias (Sur la tranquillité d'esprit)*, où Plutarque répond à un de ses correspondants qui s'appelle Paccius, lequel a dû lui dire : Écoute, j'ai absolument besoin de conseils, et de conseils urgents. Et Plutarque répond : Je suis horriblement occupé, je n'ai vraiment pas le temps de rédiger pour toi un traité complet. Alors je t'envoie tout en vrac mes *hupomnêmata*. C'est-à-dire : les notes que j'ai pu prendre sur ce sujet de l'*euthumia*, de la tranquillité de l'âme, eh bien, je te les envoie[17]. Et voici le traité. En fait, il est vraisemblable que le traité a tout de même été un peu re-rédigé et ré-élaboré, mais vous voyez là toute une pratique où lecture, écriture, notation pour soi, correspondance, envoi de traités, etc., constituent toute une activité, une activité de soin de soi et de soin des autres, qui est très importante.

Alors ce qui serait intéressant – bon, tout ça, c'est des pistes pour ceux qui voudraient travailler –, c'est de comparer ces activités, la forme et le contenu de ces activités de lecture-notation-rédaction d'une sorte de journal de bord et correspondance, avec ce qui se passera au XVIe siècle en Europe lorsque, dans le contexte à la fois de la Réforme et du retour précisément à des formes ou des préoccupations éthiques assez semblables à celles du Ier-IIe siècle, on va voir également se renouveler ce genre de la notation, du journal intime, du journal de vie, du journal de bord de l'existence, et puis [de] la correspondance. L'intéressant, c'est que justement, alors que dans ces textes-là – dans ces correspondances comme celle de Lucilius ou ces traités comme ceux de Plutarque – pratiquement l'autobiographie, la description de soi dans le déroulement de sa vie, n'intervient que très peu, en revanche au moment de la grande réapparition de ce genre-là au XVIe siècle, l'autobiographie y sera alors absolument centrale. Seulement, entre-temps, il y aura eu le christianisme. Et entre-temps il y aura eu saint Augustin. Et on sera passé justement à un régime où le rapport du sujet à la vérité ne sera pas simplement commandé par l'objectif : « comment devenir un sujet de véridiction », mais sera devenu : « comment pouvoir dire la vérité sur soi-même ». Voilà sur ce sujet : juste une esquisse.

Alors donc : écouter, lire et écrire. Est-ce qu'il y a, dans la pratique de soi et dans cet art de la pratique de soi, une régulation, ou des exigences, ou des préceptes concernant la parole ? Qu'est-ce qu'il faut dire, comment le dire et qui doit le dire ? Je sais bien que la question que je pose là n'a de sens, ou n'a d'existence – et je n'ai pu la formuler – qu'à partir d'un anachronisme ou, en tout cas, d'un regard rétrospectif. Je ne la pose évidemment qu'à partir du moment [où], et en fonction du fait que, dans la spiritualité et dans la pastorale chrétiennes, on va trouver précisément tout un développement extraordinairement complexe, extraordinairement compliqué et extrêmement important de l'art de parler. Dans la pastorale et dans la spiritualité chrétiennes, on va voir en effet cet art de parler se développer, et se développer sur deux registres. D'une part il va, bien sûr, y avoir l'art de parler du côté du maître. L'art de parler du côté du maître est, à la fois, fondé mais rendu beaucoup plus compliqué et comme relativisé par le fait, bien sûr, qu'il y a une parole fondamentale : celle de la Révélation. Il y a une écriture fondamentale : celle du Texte. Et c'est par rapport à [elles] que toute parole du maître devra s'ordonner. Il n'en reste pas moins que, même référée à cette parole fondamentale, on va trouver la parole du maître, dans la spiritualité et dans la pastorale chrétiennes, sous différentes formes, avec toute une multiplicité d'embranchements. Il y aura la fonction d'enseignement proprement dite : enseigner la vérité. Il y aura une activité de parénèse, c'est-à-dire de prescription. Il y aura aussi une fonction qui sera celle du directeur de conscience, la fonction [encore] du maître de pénitence et du confesseur qui n'est pas la même que

celle du directeur de conscience[18]. Tous ces rôles distincts de l'enseignement, de la prédication, de la confession, de la direction de conscience
sont assurés dans l'institution ecclésiastique soit par un seul et même personnage, soit beaucoup plus souvent par différents personnages, avec
tous les conflits – tous les conflits doctrinaux, tous les conflits pratiques,
tous les conflits institutionnels – [auxquels] cela peut donner lieu. Bon,
laissons cela. Mais ce sur quoi je voudrais insister aujourd'hui, c'est que
dans la spiritualité chrétienne, [sans doute y a-t-il] le discours du maître
avec ses différentes formes, ses différentes règles, ses différentes tactiques et ses différents supports institutionnels, mais ce qui est à mes
yeux important pour l'analyse que je veux faire, ce qui est considérable,
c'est le fait que le dirigé – celui qui doit être conduit à la vérité et au
salut, celui par conséquent qui est encore dans l'ordre de l'ignorance et
de la perdition –, celui-là a tout de même quelque chose à dire. Il a
quelque chose à dire, et il a à dire une vérité. Seulement la vérité qu'a à
dire celui qui est conduit à la vérité, celui qu'un autre conduira jusqu'à
la vérité, cette vérité que, lui, le dirigé, a à dire, c'est quoi ? C'est la
vérité de lui-même. Je crois que le moment où la tâche de dire-vrai sur
soi-même a été inscrite dans la procédure indispensable au salut, lorsque
cette obligation de dire-vrai sur soi-même a été inscrite dans les techniques d'élaboration, de transformation du sujet par lui-même, lorsque
cette obligation a été inscrite dans les institutions pastorales – eh bien,
tout ceci constitue, je crois, un moment absolument capital dans l'histoire de la subjectivité en Occident, ou dans l'histoire des rapports entre
sujet et vérité. Bien sûr ce n'est pas un moment précis et particulier,
c'est en fait tout un processus complexe avec ses scansions, ses conflits,
ses évolutions lentes, ses précipitations, etc. Mais enfin, si on prend là-
dessus un regard historique un peu plongeant, je crois qu'il faut considérer comme un événement de haute portée, dans les rapports entre sujet
et vérité, le moment où dire-vrai sur soi-même est devenu une condition
de salut, où dire-vrai sur soi-même est devenu un principe fondamental
dans le rapport du sujet à lui-même, et où dire-vrai sur soi-même est
devenu un élément nécessaire à l'appartenance de l'individu à une communauté. Le jour, si vous voulez, où le refus de la confession, au moins
une fois par an, a été motif d'excommunication[19].

   Or ceci, cette obligation pour le sujet de dire-vrai sur lui-même, ou
encore : ce principe fondamental qu'il faut pouvoir dire-vrai sur soi-
même pour pouvoir établir à la vérité en général un rapport qui soit
tel qu'on puisse y trouver son salut, eh bien, c'est quelque chose qui
n'existe en aucune manière dans l'Antiquité grecque, hellénistique ou

romaine. Celui qui est conduit à la vérité par le discours du maître, celui-là, il n'a pas à dire la vérité sur lui-même. Il n'a même pas à dire la vérité. Et puisqu'il n'a pas à dire la vérité, il n'a pas à parler. Il faut et il suffit qu'il se taise. Celui qui est dirigé et celui qui est conduit ne prendra, dans l'histoire de l'Occident, le droit de parler qu'à l'intérieur de cette obligation de dire-vrai sur lui-même, c'est-à-dire dans l'obligation de l'aveu. Bien sûr, vous me direz que l'on trouve (on en aura des exemples) dans cette direction, cet art de soi-même grec, hellénistique et romain, un certain nombre d'éléments que l'on peut rapprocher ou qu'un regard rétrospectif pourrait déterminer comme anticipation sur l'« aveu » à venir. On trouve des procédures d'aveu, de reconnaissance de la faute qui sont exigées, ou du moins recommandées, dans les institutions judiciaires ou dans les pratiques religieuses[20]. On trouve aussi, j'y reviendrai avec plus de détails[21], un certain nombre de pratiques qui sont en somme des exercices d'examen de conscience, des pratiques de consultation où l'individu qui consulte est bien obligé de parler de lui-même. On trouvera aussi des obligations d'être franc avec ses amis, de tout dire ce qu'on a sur le cœur. Mais tous ces éléments-là me paraissent profondément différents de ce qu'il faut appeler « aveu » au sens strict, « aveu » en tout cas au sens spirituel du mot[22]. Ces obligations, pour celui qui est dirigé, de dire-vrai, de parler franchement à son ami, de se confier à son directeur, de lui dire en tout cas [à] quel point [il] en est, ce sont des obligations en quelque sorte instrumentales. Avouer, c'est appeler l'indulgence des dieux ou des juges. C'est aider, en lui donnant un certain nombre d'éléments de diagnostic, le médecin de l'âme. C'est manifester, par le courage qu'on a d'avouer une faute, le progrès que l'on est en train de faire, etc. Tout ceci, donc, se trouve dans l'Antiquité avec ce sens instrumental. Mais ces éléments de l'aveu sont instrumentaux, ils ne sont pas opérateurs. Ils n'ont pas en tant que tels une valeur spirituelle. Et je crois que c'est là un des traits les plus remarquables de cette pratique de soi à l'époque : le sujet doit devenir sujet de vérité. Il doit s'occuper de discours vrais. Il faut donc qu'il opère une subjectivation qui commence à l'écoute des discours vrais qui lui sont proposés. Il faut donc qu'il devienne sujet de vérité, il faut qu'il puisse dire lui-même le vrai, il faut qu'il puisse se dire le vrai. Il n'est en aucune manière nécessaire et indispensable qu'il dise la vérité de lui-même. Vous me direz qu'il y a tout de même bien des textes fondamentaux qui prouvent que celui qui est dirigé, ou l'élève ou le disciple, a droit à la parole. Et après tout, la longue histoire, ou la longue tradition du dialogue, depuis Socrate jusqu'à la diatribe stoïco-cynique, montre bien que l'autre, si vous voulez, ou le dirigé, a à parler et peut parler. Mais remarquez bien que, dans cette tradition, depuis le dialogue socratique jusqu'à la diatribe stoïco-cynique, il ne s'agit pas, par ce dialogue ou cette diatribe ou cette discussion, d'obtenir que le sujet dise la vérité sur lui-même. Il s'agit simplement de le tester, de l'éprouver comme sujet susceptible de dire-vrai. Il s'agit, par l'interrogation socratique, par ces sortes de questionnements insolents et désinvoltes de la diatribe stoïco-cynique, ou bien de montrer au sujet qu'il sait ce qu'il ne croyait pas savoir – ce que fait Socrate – ou de lui montrer qu'il ne sait pas ce qu'il croit savoir – ce que faisait aussi Socrate, ce que font aussi les stoïciens et les cyniques. Il s'agit en quelque sorte de l'éprouver, de l'éprouver dans sa fonction de sujet disant la vérité, pour le forcer à prendre conscience du point où il en est dans cette subjectivation du discours vrai, dans sa capacité à dire vrai. Donc je crois qu'il n'y a pas véritablement de problème du côté du discours de celui qui est dirigé, puisqu'en somme il n'a pas à parler, ou alors ce qu'on lui fait dire est simplement une certaine manière pour le discours du maître de s'accrocher et de se développer. Il n'y a pas d'autonomie de son propre discours, il n'y a pas de fonction propre au discours du dirigé. Fondamentalement, son rôle est de silence. Et la parole qu'on lui arrache, qu'on lui extorque, qu'on lui extrait, la parole qu'on suscite chez lui, par le dialogue ou la diatribe, sont des manières, au fond, de montrer que c'est dans le discours du maître qu'est la vérité tout entière, et là seulement.

Et alors, problème : qu'en est-il du discours du maître ? Est-ce qu'il y a, dans ce jeu de l'ascèse, c'est-à-dire ce jeu de la subjectivation progressive du discours vrai, une part à reconnaître au discours du maître et à la manière dont il se déploie ? Et c'est là qu'on rencontre, je crois, cette notion dont on avait parlé plusieurs fois, et dont je voudrais commencer aujourd'hui l'étude : la notion de *parrhêsia.* La *parrhêsia,* c'est au fond ce qui répond, du côté du maître, à l'obligation de silence du côté du disciple. Tout comme le disciple doit se taire pour opérer la subjectivation de son discours, le maître, lui, doit tenir un discours qui obéit au principe de la *parrhêsia* s'il veut que ce qu'il dise de vrai devienne enfin, au terme de son action et de sa direction, le discours vrai subjectivé du disciple. *Parrhêsia,* étymologiquement, c'est le fait de tout dire (franchise, ouverture de cœur, ouverture de parole, ouverture de langage, liberté de parole). Les Latins traduisent en général *parrhêsia* par *libertas.* C'est l'ouverture qui fait qu'on dit, qu'on dit ce qu'on a à dire, qu'on dit ce qu'on a envie de dire, qu'on dit ce qu'on pense devoir dire parce que c'est nécessaire, parce que c'est utile, parce que c'est vrai. En apparence la *libertas* ou la *parrhêsia,* c'est essentiellement une qualité morale que l'on demande au fond à tout sujet parlant. Dès lors que parler implique que l'on dise vrai, comment pourrait-on ne pas imposer comme sorte de pacte fondamental à tout sujet qui prend la parole de dire le vrai parce qu'il le croit vrai ? Mais, et c'est ce point-là que je voudrais souligner, ce sens moral général du mot *parrhêsia* prend dans la philosophie, dans l'art de soi-même, dans la pratique de soi dont je vous parle, une signification technique fort précise, et je crois fort intéressante quant au rôle du langage et de la parole dans l'ascèse spirituelle des philosophes. Que cela ait un sens technique, on en a mille preuves et indices. Je prendrai simplement un tout petit texte : celui qui a été écrit par Arrien en préface aux *Entretiens* d'Épictète, puisque, vous savez bien, les textes d'Épictète qu'on a représentent une partie simplement des entretiens qui ont été retenus[23], justement sous la forme de ces *hupomnêmata* dont je parlais tout à l'heure, par un de ses auditeurs qui s'appelle Arrien. Arrien écoutait donc, il prenait des notes, il faisait des *hupomnêmata* ; et il décide de les publier. Il décide de les publier parce que beaucoup de textes couraient sous le nom d'Épictète à cette époque-là, et il voulait donner une version, qui était la sienne bien sûr, mais qui lui paraissait la plus fidèle et la seule par conséquent à authentifier. Authentifier quoi, dans ces entretiens d'Épictète ? Dans la petite page qui sert d'introduction aux *Entretiens,* Arrien dit : « Tout ce que j'ai entendu de cet homme tandis qu'il parlait, je me suis efforcé, l'ayant écrit *(grapsamenos)*[24]... » Alors donc, vous avez là l'écoute de la parole. Il écoute ; ensuite il écrit. L'ayant écrit autant que possible avec ses propres termes, avec ses propres mots – il emploie le terme *onoma* –, « l'ayant transcrit avec les mots mêmes, j'ai essayé de les conserver *emautô* (pour moi), *eis husteron* (en vue de l'avenir) sous la forme de *hupomnêmata* ».

Nous retrouvons là exactement tout ce que je vous disais tout à l'heure. On écoute, on écrit, on retranscrit ce qui a été dit. Là, Arrien insiste bien sur le fait que, lui, il a vraiment repris « les mots mêmes ». Et il constitue des *hupomnêmata,* des espèces de notations de choses dites. Il les constitue *emautô* (pour lui-même), *eis husteron* (en vue de l'avenir), c'est-à-dire en vue précisément de constituer une *paraskeuê* (un équipement) qui lui permettra d'utiliser tout cela lui-même lorsque l'occasion s'en présentera : événements divers, dangers, malheurs, etc. Il va donc publier, là maintenant, ces *hupomnêmata,* qui représentent quoi ? « *Dianoia kai parrhêsia* » : la pensée et la liberté de parole propres à Épictète. Alors l'existence de ces deux notions et leur juxtaposition paraît, je crois, tout à fait importante. Arrien se donne pour tâche donc, en publiant les *hupomnêmata* qu'il a faites pour lui, de restituer ce que les autres publications n'ont pas su faire : *dianoia,* la pensée, le contenu de pensée donc qui était celui d'Épictète dans ses entretiens ; et puis *parrhêsia,* sa liberté de parole. Et l'on pourrait dire, et je m'arrêterai là, avant de poursuivre la prochaine fois l'étude de cette *parrhêsia* : au fond ce dont il s'agit dans la *parrhêsia,* c'est de cette espèce de rhétorique propre ou de rhétorique non rhétorique qui doit être celle du discours philosophique. Alors bien sûr, vous savez bien l'énorme partage, l'énorme conflit qui n'a pas cessé d'opposer, depuis la Grèce classique jusqu'à la fin de l'Empire romain, philosophie et rhétorique[25]. Vous savez l'intensité prise par ce conflit à l'époque dont je vous parle (Iᵉʳ-IIᵉ siècle), la crise aiguë qui s'est développée au IIᵉ siècle. C'est bien en effet sur cette surface de conflit qu'il faut définir la *parrhêsia.* La *parrhêsia,* c'est cette forme nécessaire au discours philosophique puisque – comme le même Épictète le disait, vous vous souvenez, dans un entretien dont je vous parlais tout à l'heure[26] – il faut bien, puisqu'on utilise le *logos,* qu'il y ait une *lexis* (une manière de dire les choses) et puis qu'il y ait un certain nombre de mots qui soient choisis les uns plutôt que les autres. Donc, il ne peut pas y avoir de *logos* philosophique sans cette espèce de corps de langage, corps de langage qui a ses qualités propres, sa plastique propre, et qui a ses effets, effets pathétiques qui sont nécessaires. Mais ce qui doit être nécessaire, la manière de régler ces éléments (éléments verbaux, éléments qui ont pour fonction d'agir directement sur l'âme), ce ne doit pas être, quand on est philosophe, cet art, cette *tekhnê* qui est celle de la rhétorique. Ce doit être cette autre chose qui est à la fois une technique et une éthique, qui est à la fois un art et une morale, et que l'on appelle la *parrhêsia.* Pour que le silence du disciple soit un silence fécond, pour que, dans le fond de ce silence, se déposent comme il faut les paroles de vérité qui sont celles du maître, et pour que le disciple puisse de ces paroles faire cette chose sienne qui l'habilitera un jour à devenir sujet lui-même de véridiction, il faut que, du côté du maître, le discours présenté ne soit pas un discours artificiel, feint, un discours qui obéisse aux lois de la rhétorique et qui ne vise dans l'âme du disciple que les effets pathétiques. Il faut que ce ne soit pas un discours de séduction. Il faut que ce soit un discours tel que la subjectivité du disciple puisse se l'approprier et que le disciple, en se l'appropriant, puisse parvenir jusqu'à l'objectif qui est le sien, à savoir lui-même. Eh bien, pour cela il faut que, du côté du maître, il y ait un certain nombre de règles, de règles qui portent encore une fois sur, non pas la vérité du discours, mais la manière même dont ce discours de vérité va être formulé. Et ces règles de la formulation du discours de vérité, c'est la *parrhêsia,* c'est la *libertas.* Eh bien, ce sont ces règles du discours de vérité, vues du côté du maître, que j'essaierai de vous expliquer la prochaine fois.

*

NOTES

1. « Les dépenses d'ordre littéraire, les plus relevées qu'on puisse faire, ne sont elles-mêmes raisonnables qu'autant qu'elles sont mesurées. À quoi bon d'innombrables livres et des bibliothèques dont le propriétaire trouve à peine moyen dans sa vie de lire les étiquettes ? Une profusion de lectures encombre l'esprit, mais ne le meuble pas, et mieux vaut de beaucoup s'attacher à un petit nombre d'auteurs que de vagabonder partout » (Sénèque, *De la tranquillité de l'âme,* IX,4, trad. R. Waltz, éd. citée, p. 89-90).

2. Cf. cours du 24 février, deuxième heure.

3. Cette méditation de la mort est analysée dans le cours du 24 mars, deuxième heure.

4. La variation eidétique désigne la méthode par laquelle on dégage, pour un existant donné, le noyau de sens invariant constitutif de son être, autrement appelé son *eidos.* La variation suggère une série de déformations imposées par l'imagination à un existant, lesquelles font apparaître des limites au-delà desquelles il n'est plus lui-même, et permettent de cerner un invariable de sens (son essence). « Eidétique » désigne donc moins la variation elle-même que son résultat.

5. Il faut noter que, dans sa réponse à Derrida (1972), Foucault avait déjà fixé le sens de la méditation cartésienne en dehors de l'instauration de règles pures de méthode, mais dans des processus irréductibles de subjectivation : « Une "méditation" au contraire produit, comme autant d'événements discursifs, des énoncés nouveaux qui emportent avec eux une série de modifications du sujet énonçant [...]. Dans la méditation, le sujet est sans cesse altéré par son propre mouvement ; son discours suscite des effets à l'intérieur desquels il est pris ; il l'expose à des risques, le fait passer par des épreuves ou des tentations, produit en lui des états, et lui confère un statut ou une qualification dont il n'était point détenteur au moment initial. Bref, la méditation implique un sujet mobile et modifiable par l'effet même des événements discursifs qui se produisent » (*Dits et Écrits, op. cit.,* II, n° 102, p. 257).

6. Foucault avait le projet de faire paraître un recueil d'articles consacrés aux pratiques de soi. Un des articles portait précisément sur « l'écriture de soi » dans les premiers siècles de notre ère (cf. une version de ce texte parue dans *Corps écrit* en février 1983 ; rééd. in *Dits et Écrits,* IV, n° 329, p. 415-430).

7. « On ne doit pas plus se borner à écrire qu'on ne doit se borner à lire. La première de ces occupations déprimera, épuisera l'énergie spirituelle. La seconde l'énervera, la détrempera. Recourons tour à tour à l'une et à l'autre, et tempérons

l'une par le moyen de l'autre, de telle sorte que la composition écrite mette en un corps d'ouvrage *(stilus redigat in corpus)* ce que la lecture a recueilli *(quicquid lectione collectum est)* » (Sénèque, *Lettres à Lucilius,* t. III, livre XI, lettre 84,2, éd. citée, p. 121-122).

8. « Voilà les pensées que doivent méditer les philosophes, voilà ce qu'ils doivent écrire tous les jours, ce qui doit être leur matière d'exercice *(tauta edei meletan tous philosophountas, tauta kath'hêmeran graphein, en toutois gumnazesthai)* » (Épictète, *Entretiens,* I,1,25, éd. citée, p. 8).

9. *Entretiens,* III,5,11 (p. 23).

10. *Id.,* 24,103 (p. 109).

11. *Id.,* 24,104 (p. 109).

12. Cf. cours du 24 mars, première heure.

13. Sur les *hupomnêmata,* cf. la mise au point de Foucault dans « L'Écriture de soi », in *Dits et Écrits,* IV, n° 329, p. 418-423.

14. *Hupomnêmata* a, en grec, un sens en fait plus large que celui d'un simple recueil de citations ou de choses dites, sous forme d'aide-mémoire. Au sens le plus large, il désigne tout commentaire ou forme de mémoire écrit (cf. l'article *commentarium, commentarius* – traduction latine d'*hupomnêmata* – du *Dictionnaire des antiquités grecques et romaines,* s.dir. E. Saglio, t. I-2, éd. citée, p. 1404-1408). Mais il peut encore désigner des notes et réflexions personnelles, prises au jour le jour, sans qu'il s'agisse forcément de citations (cf. P. Hadot, *La Citadelle intérieure, op. cit.,* p. 38 et 45-49).

15. Cicero, *Letters to Atticus,* éd. et trad. D. R. Shackleton Bailey, Harvard University Press, Loeb Classical Library, 1999, 4 tomes.

16. Il s'agit de la lettre 99 (*Lettres à Lucilius,* t. IV, livre XVI, p. 125-134), où Sénèque recopie à l'usage de Lucilius une lettre à Marullus.

17. « C'est trop tard que j'ai reçu ta lettre, par laquelle tu m'invitais à t'écrire sur la tranquillité de l'âme [...]. Je n'avais point le temps à mon gré pour me mettre à ce que tu désirais, mais je ne supportais pas non plus l'idée que cet homme, arrivant de chez nous, se montrât à toi les mains absolument vides. J'ai donc rassemblé des notes *(hupomnêmatôn)* que j'avais prises pour mon usage personnel » (*De la tranquillité de l'âme,* 464e-f, § 1, p. 98).

18. Sur tous ces points, cf. les cours au Collège de France du 6 février au 26 mars 1980, durant lesquels Foucault (dans le cadre théorique général défini comme l'étude des obligations de vérité) examine l'articulation entre la manifestation du vrai et la rémission des fautes à partir des problèmes du baptême, de la pénitence canonique et de la direction de conscience. Il faut renvoyer aussi aux cours des 19 et 26 février 1975, dans lesquels Foucault examine le développement de la pastorale (*Les Anormaux. Cours au Collège de France, 1974-1975,* éd. s.dir. F. Ewald & A. Fontana, par V. Marchetti & A. Salomoni, Paris, Gallimard/Seuil, 1999).

19. Sur ce passage d'une technique d'aveu réservée aux milieux monastiques à une pratique de confession généralisée, cf. *La Volonté de savoir,* Paris, Gallimard, 1976, p. 28-29 et 84-86.

20. Foucault a entamé l'analyse des procédures d'aveu dans le système judiciaire, depuis les tout premiers cours au Collège de France (année 1970-1971, sur « La Volonté de savoir » ; résumé de ce cours in *Dits et Écrits,* II, n° 101, p. 240-244), à partir de l'étude de l'évolution du droit grec du VIIe au Ve siècle av. J.-C. C'est l'*Œdipe-Roi* de Sophocle qui était donné comme exemplaire.

21. Sur l'examen de conscience dans le stoïcisme (et particulièrement chez Sénèque), cf. cours du 24 mars, deuxième heure.

22. Cf. la définition stricte du terme d'aveu dans le cours inédit de Foucault, « Mal faire, dire vrai. Fonctions de l'aveu » (Louvain, 1981) : « L'aveu est un acte verbal par lequel le sujet, dans une affirmation sur ce qu'il est, se lie à cette vérité, se place dans un rapport de dépendance à l'égard d'autrui et modifie en même temps le rapport qu'il a à lui-même. »

23. Les retranscriptions d'Arrien ne rendent pas compte de la première partie proprement technique et logique des cours d'Épictète (consacrée à la lecture et à l'explication des principes fondamentaux de la doctrine), mais évoquent seulement leur mise à l'épreuve par une libre discussion avec les disciples.

24. « Arrien à Lucius Gellus », *in* Épictète, *Entretiens,* t. I, p. 4.

25. Cf. cours du 27 janvier, première heure.

26. Cf. ce cours-ci, première heure.

COURS DU 10 MARS 1982

Première heure

La parrhêsia *comme attitude éthique et procédure technique dans le discours du maître.* – *Les adversaires de la* parrhêsia *: flatterie et rhétorique.* – *L'importance des thèmes de la flatterie et de la colère dans la nouvelle économie du pouvoir.* – *Un exemple : la préface au quatrième livre des* Questions naturelles *de Sénèque (exercice du pouvoir, rapport à soi, dangers de la flatterie).* – *La sagesse fragile du Prince.* – *Les points de l'opposition* parrhêsia/rhétorique *: le partage de la vérité et du mensonge ; le statut de technique ; les effets de subjectivation.* – *Conceptualisation positive de la* parrhêsia *: le* Peri parrhêsias *de Philodème.*

J'avais essayé de vous montrer que l'ascèse – au sens d'*askêsis,* au sens que les philosophes grecs et romains donnaient à ce terme – avait pour rôle et pour fonction d'établir entre le sujet et la vérité un lien, lien aussi solide que possible, et qui devait permettre au sujet, lorsqu'il avait atteint sa forme achevée, de disposer de discours vrais que le sujet devait avoir et conserver sous la main et qu'il pouvait se dire à lui-même à titre de secours et en cas de besoin. L'ascèse constitue donc, et a pour rôle de constituer, le sujet en sujet de véridiction. C'est ce que j'avais essayé de vous expliquer, et ceci nous avait conduit évidemment aux problèmes technique et éthique des règles de communication de ces discours vrais : communication entre celui qui les détient et celui qui doit les recevoir et s'en constituer un équipement pour la vie. Dans [la problématique] « technique et éthique de la communication du discours vrai », ce qui devait naturellement se produire, étant donnée la façon dont la question était posée, c'est que, envisagées du côté du disciple, la technique et l'éthique du discours vrai n'étaient pas évidemment centrées sur le problème de la parole. La question de ce que le disciple a à dire, doit dire et peut dire, au fond ne se pose pas, pas en tout cas comme question primordiale, essentielle, fondamentale. Mais ce qui s'imposait au disciple, comme devoir et comme procédé – comme devoir moral et comme procédé technique – c'était le silence, un certain silence organisé, obéissant à un certain nombre de règles plastiques, impliquant aussi un certain nombre de signes d'attention qui sont donnés. Donc une technique et une éthique du silence, une technique et une éthique de l'écoute, une technique aussi et une éthique de la lecture et de l'écriture, qui sont autant d'exercices de subjectivation du discours vrai. Et alors c'est simplement lorsqu'on se tourne du côté du maître, c'est-à-dire de celui qui doit délivrer la parole vraie, que tout naturellement on trouve le problème : que dire, comment dire, selon quelles règles, selon quelles procédures techniques et selon quels principes éthiques ? C'est autour de cette question, à vrai dire au cœur même de cette question, que l'on rencontre la notion dont j'ai commencé à vous parler la dernière fois : la notion de *parrhêsia*.

Ce terme de *parrhêsia* se réfère, me semble-t-il, à la fois à la qualité morale, à l'attitude morale, à l'*êthos* si vous voulez, d'une part, et puis à la procédure technique, à la *tekhnê,* qui sont nécessaires, indispensables pour transmettre le discours vrai à celui qui en a besoin pour la constitution de lui-même comme sujet de souveraineté sur lui-même et sujet de véridiction de lui-même à lui-même. Donc il faut, pour que le disciple puisse effectivement recevoir comme il faut, quand il faut, dans les conditions qu'il faut, le discours vrai, que ce discours soit prononcé par le maître dans la forme générale de la *parrhêsia*. La *parrhêsia,* je vous le rappelais la dernière fois, étymologiquement, c'est le « tout-dire ». La *parrhêsia* dit tout. À dire vrai, ce n'est pas tellement de « tout-dire » qu'il est question dans la *parrhêsia*. Dans la *parrhêsia,* ce dont il est question fondamentalement, c'est ce qu'on pourrait appeler, d'une façon un peu impressionniste : la franchise, la liberté, l'ouverture, qui font qu'on dit ce qu'on a à dire, comme on a envie de le dire, quand on a envie de le dire et dans la forme où l'on croit qu'il est nécessaire de le dire. Ce terme de *parrhêsia* est tellement lié à ce qui est le choix, la décision, l'attitude de celui qui parle, que justement les Latins ont traduit *parrhêsia* par le mot *libertas*. Le tout-dire de la *parrhêsia* est rendu par la *libertas* : la liberté de celui qui parle. Et beaucoup de traducteurs français utilisent pour traduire *parrhêsia* – ou traduire *libertas* en ce sens – l'expression « franc-parler », et cette traduction me paraît la plus juste, vous verrez pourquoi.

C'est cette notion de *parrhêsia* (*libertas,* franc-parler) que je voudrais maintenant étudier un petit peu. Il me semble que si l'on veut comprendre ce que sont cette *parrhêsia,* cet *êthos* et cette *tekhnê*, cette attitude morale et cette procédure technique requises de la part de celui qui parle, du maître, de celui qui dicte, le mieux, c'est peut-être – pour commencer par une analyse un peu négative – de confronter cette *parrhêsia* à deux figures qui en sont les figures adverses. On peut dire, schématiquement, que la *parrhêsia* (le franc-parler) du maître a deux adversaires. Son premier adversaire est un adversaire moral, auquel il s'oppose directement, contre lequel il doit lutter. Et l'adversaire moral du franc-parler, c'est la flatterie. Et deuxièmement, ce franc-parler a un adversaire technique. Cet adversaire technique, c'est la rhétorique, rhétorique à l'égard de laquelle le franc-parler a en fait une position beaucoup plus complexe qu'à l'égard de la flatterie. La flatterie, c'est l'ennemi. Le franc-parler doit congédier la flatterie et s'en débarrasser. Le franc-parler doit, à l'égard de la rhétorique, d'une part s'en affranchir, non pas tellement, pas seulement, pas uniquement, pour la chasser ou l'exclure, mais davantage pour, en étant libre par rapport aux règles de la rhétorique, pouvoir s'en servir dans les limites très strictes, et toujours tactiquement définies, où vraiment elle est nécessaire. Opposition, combat, lutte contre la flatterie. Liberté, affranchissement par rapport à la rhétorique. Remarquez d'ailleurs que la flatterie, c'est l'adversaire moral du franc-parler. La rhétorique, ça serait, si vous voulez, son adversaire ou son partenaire ambigu, mais son partenaire technique. Ces deux adversaires (la flatterie et la rhétorique) sont d'ailleurs profondément liés l'un à l'autre puisque le fond moral de la rhétorique, c'est bien toujours la flatterie, et l'instrument privilégié de la flatterie, c'est bien entendu la technique, et éventuellement les ruses de la rhétorique.

Premièrement, qu'est-ce que c'est que la flatterie, et en quoi, pourquoi le franc-parler doit-il s'opposer à la flatterie ? C'est un fait qui est assez remarquable que, dans tous les textes de cette période, on trouve une littérature très abondante sur ce problème de la flatterie. Il est remarquable, par exemple, qu'il y ait infiniment plus de traités, infiniment plus de considérations concernant la flatterie que, par exemple, à propos des conduites sexuelles ou à propos de problèmes comme les rapports entre parents et enfants. Philodème (dont on aura à reparler plusieurs fois), un épicurien[1], a écrit un traité de la flatterie[2]. Plutarque a écrit un traité sur la manière de distinguer le véritable ami de celui qui n'est qu'un flatteur[3]. Et les lettres de Sénèque sont pleines de considérations concernant la flatterie. Curieusement – je reviendrai d'ailleurs sur ce texte d'une façon plus précise – la préface à la quatrième partie des *Questions naturelles,* où pourtant on pourrait s'attendre à tout autre chose qu'à une considération sur la flatterie, est tout entière consacrée à ce problème. Pourquoi l'importance de la flatterie ? Qu'est-ce qui fait

que la flatterie est un enjeu moral aussi important dans cette pratique de
soi, dans cette technologie de soi ? Eh bien, on peut le comprendre assez
facilement en rapprochant la flatterie d'un autre défaut, d'un autre vice
qui, lui aussi, a eu à l'époque un rôle capital et qui fait en quelque sorte
paire avec lui. Lequel ? C'est la colère. Colère et flatterie font paire dans
la question des vices. En quoi et comment ? Là aussi, la littérature sur la
colère est énorme. Il y a d'ailleurs eu une étude qui a été publiée – il y a
fort longtemps, il y a plus de soixante ans, je crois – en Allemagne, par
quelqu'un qui s'appelle Paul Rabbow, sur les traités de la colère à
l'époque hellénistique et sous le Haut-Empire[4]. De quoi est-il question
dans ces traités de la colère ? Évidemment je vais passer très vite là-
dessus. Là encore, une masse de textes. Vous avez le *De Ira* de Sénèque
bien sûr, et vous avez le traité sur le contrôle ou la maîtrise de la colère
par Plutarque[5], et puis bien d'autres. Qu'est-ce que la colère ? La colère,
bien sûr, c'est l'emportement violent, l'emportement incontrôlé de quelqu'un à l'égard d'un autre, à l'égard d'un autre sur lequel le premier,
celui qui est en colère, se trouve en droit et en position d'exercer son
pouvoir et donc d'en abuser. Et quand vous regardez ces traités de la
colère, vous vous apercevez que la question de la colère est toujours
posée comme étant la colère du père de famille à l'égard de sa femme, à
l'égard de ses enfants, à l'égard de sa maisonnée, à l'égard de ses
esclaves. Ou c'est encore la colère du patron à l'égard de ses clients ou
de ceux qui dépendent de lui ; la colère du général à l'égard de ses
troupes ; et, bien sûr, la colère du Prince à l'égard de ses sujets. C'est-
à-dire que la question de la colère, la question de l'emportement de soi-
même ou de l'impossibilité de se contrôler soi-même – disons plus
précisément : l'impossibilité d'exercer son pouvoir et sa souveraineté
sur soi-même dans la mesure et au moment où on exerce sa souveraineté
ou son pouvoir sur les autres –, cette question se place exactement au
point d'articulation de la maîtrise de soi et de la maîtrise sur les autres,
du gouvernement de soi-même et du gouvernement des autres. En fait,
si la colère a, à cette époque, une si grande importance c'est, bien
entendu, qu'on se trouve à une époque où on tente comme on peut – et
on l'a fait pendant des siècles, disons depuis le début de la période hellénistique jusqu'à la fin de l'Empire romain – [de poser] la question de
l'économie des relations de pouvoir dans une société où la structure de
la cité n'est plus prédominante et où l'apparition des grandes monarchies hellénistiques, l'apparition *a fortiori* du régime impérial, posent en
termes nouveaux le problème de l'adéquation de l'individu à la sphère
de pouvoir, de sa position dans la sphère du pouvoir qu'il peut exercer.

Comment le pouvoir peut-il être autre chose qu'un privilège de statut à exercer comme on veut, quand on veut, en fonction même de ce statut originaire ? Comment l'exercice du pouvoir peut-il devenir une fonction précise et déterminée, qui a ses règles non pas dans la supériorité statutaire de l'individu mais dans les tâches précises et concrètes qu'il a à exercer ? Comment l'exercice du pouvoir peut-il devenir une fonction et un métier ? C'est dans le climat général de ce problème que se pose la question de la colère. Si vous voulez encore, la différence entre le pouvoir et la propriété est celle-ci : la propriété, c'est donc bien sûr le *jus utendi et abutendi*[6]. À l'égard du pouvoir, il faut définir un *jus utendi* qui permettra d'user du pouvoir sans jamais en abuser. Et l'éthique de la colère est une manière de distinguer ce qui est usage légitime du pouvoir et ce qui est prétention à en abuser. Voilà donc [pour] la question de la colère.

La question de la flatterie et le problème moral de la flatterie, c'est exactement le problème inverse et complémentaire. Qu'est-ce en effet que la flatterie ? Si la colère c'est, donc, l'abus du pouvoir chez le supérieur à l'égard de l'inférieur, vous comprenez très bien que la flatterie va être, de la part de l'inférieur, une manière de se concilier ce plus de pouvoir qui se rencontre chez le supérieur, de se concilier ses faveurs, sa bienveillance, etc. Et par quoi, et comment est-ce que l'inférieur peut se concilier les faveurs et la bienveillance du supérieur ? Comment est-ce qu'il peut détourner, utiliser à son propre profit ce pouvoir du supérieur ? Par le seul élément, le seul instrument, la seule technique dont il peut disposer : le *logos*. Il parle, et c'est en parlant que l'inférieur peut, remontant en quelque sorte le plus-de-pouvoir du supérieur, arriver jusqu'à obtenir de lui ce qu'il veut. Le flatteur se sert du langage pour obtenir du supérieur ce qu'il veut. Mais en se servant ainsi de la supériorité du supérieur, il la renforce. Il la renforce puisque le flatteur, c'est celui qui obtient ce qu'il veut du supérieur en faisant croire au supérieur qu'il est le plus beau, le plus riche, le plus puissant, etc. Plus riche, plus beau, plus puissant en tout cas qu'il n'est. Et, par conséquent, le flatteur peut arriver à détourner le pouvoir du supérieur en s'adressant au supérieur, en lui adressant un discours mensonger, dans lequel le supérieur se verra plus de qualités, de force, de pouvoir qu'il n'en a. Le flatteur, c'est celui qui, par conséquent, empêche qu'on se connaisse soi-même comme on est. Le flatteur, c'est celui qui empêche le supérieur de s'occuper de lui-même comme il faut. Vous avez là toute une dialectique, si vous voulez, du flatteur et de celui qui est flatté, qui fait que le flatteur, se trouvant par définition dans une position inférieure, va se trouver par rapport au supérieur dans une situation telle que le supérieur se trouvera comme impuissant par rapport à lui, puisque c'est dans la flatterie du flatteur que le supérieur va trouver une image de lui qui est abusive, qui est fausse, qui le trompera, et qui par conséquent le mettra dans une situation de faiblesse par rapport au flatteur, et par rapport d'ailleurs aux autres, et finalement par rapport à lui-même. La flatterie rend impuissant et aveugle celui auquel elle s'adresse. Voilà, si vous voulez, le schéma général de la flatterie.

Et sur ce problème de la flatterie, on a un texte très précis. Enfin, on a toute une série de textes. Celui auquel je voudrais m'attacher, c'est celui qu'on trouve chez Sénèque dans la préface au quatrième livre des *Questions naturelles*[7]. Il me semble qu'on a là un paysage socialement, politiquement très clair, qui permet de définir un peu les enjeux de cette question de la flatterie. Sénèque a donc écrit ces *Questions naturelles* au moment où il était en quelque sorte à la retraite, où il s'était retiré de l'exercice du pouvoir politique et où il était en train d'écrire à Lucilius – qui était à ce moment-là procurateur en Sicile – cette fameuse correspondance qui occupe les dernières années de sa vie. Il écrit à Lucilius. Il lui écrit ces lettres, et c'est également pour Lucilius qu'il a rédigé les *Questions naturelles* qui nous sont restées, et qu'il a rédigé ce fameux *Traité de morale* qui en revanche ne nous est pas resté. Donc, il écrit à Lucilius, il lui envoie les différents livres des *Questions naturelles* à mesure qu'il les a rédigés. Et, pour des raisons d'ailleurs qui ne sont pas claires, en tout cas pas directement claires pour moi, il commence le quatrième livre des *Questions naturelles,* qui est, je crois, consacré au problème des fleuves et des eaux[8], par des considérations sur la flatterie. Et voici ce qu'il dit. Le texte commence ainsi : J'ai tout à fait confiance en toi, je sais parfaitement que tu te conduis bien et comme il faut dans ton emploi de procurateur. Qu'est-ce que c'est que se bien conduire dans son emploi de procurateur ? Eh bien, le texte le dit clairement. D'une part, il exerce ses fonctions. Il les exerce, mais sans abandonner non plus ce qui est indispensable pour les bien exercer, c'est-à-dire l'*otium* et les *litterae* (le loisir et les lettres). Un loisir studieux, appliqué à l'étude, à la lecture, à l'écriture, etc., c'est cela qui est, à titre de complément, d'accompagnement, de principe régulateur, la garantie que Lucilius exerce comme il faut sa charge de procurateur. Et c'est grâce à cela, à cette juste combinaison de l'exercice des fonctions et puis de l'*otium* studieux, que Lucilius va pouvoir maintenir ses fonctions (*continere intra fines* : les contenir dans [leurs] limites). Et qu'est-ce que c'est que contenir dans ses limites la fonction qu'il exerce ? C'est, dit Sénèque, se rappeler – et cela, dit-il, toi Lucilius, tu ne l'oublies jamais – que tu n'exerces pas l'*imperium* (la souveraineté politique dans sa totalité) mais que tu exerces une simple *procuratio*[9]. Alors l'existence de ces deux termes techniques est, ici, je crois, tout à fait significative. Le pouvoir qu'exerce Lucilius, il l'exerce bien grâce à sa réflexion studieuse qui accompagne l'exercice de ses fonctions. Et il l'exerce bien en ceci qu'il ne se prend pas pour un autre Prince, qu'il ne se prend pas pour le substitut du Prince, qu'il ne se prend même pas pour le représentant global du pouvoir total du Prince. Il exerce le pouvoir qu'il a comme un métier, défini par la charge qui lui a été donnée. C'est une simple *procuratio,* et, dit-il, la raison pour laquelle tu arrives ainsi, grâce à l'*otium* et à l'étude, à exercer tes fonctions dans leurs limites de *procuratio,* et non pas dans la présomption de la souveraineté impériale, eh bien, c'est qu'au fond de tout cela tu es content avec toi-même, tu sais te satisfaire de toi-même (« *tibi tecum optime convenit* »)[10].

On voit là alors en quoi et comment l'*otium* studieux peut jouer ce rôle de délimitation de la fonction qu'il exerce. C'est qu'en effet l'*otium* studieux, en tant qu'il est un art de soi-même qui a pour objectif de faire que l'individu établisse à lui-même un rapport adéquat et suffisant, fait que l'individu ne va pas placer son propre moi, sa propre subjectivité dans le délire présomptueux d'un pouvoir qui déborde ses fonctions réelles. Toute la souveraineté qu'il exerce, il la place en lui-même, à l'intérieur de lui-même, ou plus exactement : dans un rapport de lui-même à lui-même. Et à partir de là, à partir de cette souveraineté lucide et totale qu'il exerce sur lui-même, alors il va pouvoir définir et délimiter l'exercice de sa charge aux seules fonctions qui lui sont attribuées. Voilà donc ce qu'est le bon fonctionnaire romain. On peut, je crois, employer ce terme. Il peut exercer son pouvoir comme un bon fonctionnaire, à partir justement de ce rapport de soi à soi qu'il obtient par la culture qui est la sienne. Eh bien, dit-il, cela tu le fais, toi, Lucilius. Mais, bien sûr, il y a très peu d'hommes qui sont capables de le faire. La plupart des autres, dit-il, eh bien, la plupart sont travaillés ou bien par l'amour d'eux-mêmes, ou bien encore par le dégoût d'eux-mêmes. Et c'est ce dégoût de soi-même ou, au contraire, c'est cet amour excessif de soi-même qui va amener les uns à se préoccuper de choses qui en réalité ne valent pas la peine que l'on s'en soucie ; ils sont travaillés, dit-il, par la *sollicitudo* : la sollicitude, le souci des choses qui sont extérieures à soi ; ou bien encore, ils sont attirés – conséquence de l'amour de soi – par la volupté, par tous les plaisirs par lesquels on essaie de se faire plaisir à soi-même. Dans un cas comme dans l'autre, que ce soit dégoût de soi-même et par conséquent souci perpétuel à l'égard des événements qui peuvent arriver; ou au contraire amour de soi et par conséquent attachement aux voluptés, de toute façon, dit-il, ces gens-là ne sont jamais seuls avec eux-mêmes[11]. Ils ne sont jamais seuls avec eux-mêmes, en ce sens qu'ils n'ont jamais à eux-mêmes ce rapport plein, adéquat et suffisant qui fait que l'on ne se sent dépendant de rien, ni des malheurs qui menacent, ni des plaisirs que l'on peut rencontrer ou obtenir tout autour de soi. Dans cette insuffisance qui fait qu'on n'est jamais seul avec soi-même, lorsqu'on est dégoûté ou lorsqu'on est trop attaché à soi, dans cette incapacité d'être seul, c'est là que se précipitent le personnage du flatteur et les dangers de la flatterie. Dans cette non-solitude, dans cette incapacité à établir à soi ce rapport plein, adéquat, suffisant, l'Autre intervient, qui va remplir en quelque sorte cette lacune, qui va substituer ou plutôt qui va combler cette inadéquation par un dis-cours; discours qui justement ne sera pas le discours de vérité par lequel on peut établir, boucler et refermer sur elle-même la souveraineté qu'on exerce sur soi. Le flatteur va introduire un discours qui est un discours étranger, un discours qui justement dépend de l'autre, de lui, le flatteur. Et ce discours sera un discours mensonger. Ainsi celui qui est flatté se trouve, par l'insuffisance où il est dans son rapport à lui-même, placé sous la dépendance du flatteur, flatteur qui est un autre, qui peut donc disparaître, transformer sa flatterie en méchanceté, en piège, etc. Il est donc dépendant de cet autre et il est dépendant, de plus, de la fausseté des discours que tient le flatteur. La subjectivité, comme nous dirions, le rapport de soi à soi caractéristique du flatté est donc un rapport d'insuf-fisance qui passe par l'autre, et un rapport de fausseté qui passe par le mensonge de l'autre. De cela on peut tirer facilement une conclusion, et éventuellement quelques remarques.

La conclusion, c'est que la *parrhêsia* (le franc-parler, la *libertas*), c'est exactement l'anti-flatterie. C'est l'anti-flatterie en ce sens que, dans la *parrhêsia,* c'est bien en effet quelqu'un qui parle et qui parle à l'autre, mais il parle à l'autre de telle manière que cet autre va pouvoir, à la différence de ce qui se passe dans la flatterie, se constituer un rapport à lui-même qui est un rapport autonome, indépendant, plein et satis-faisant. Le but final de la *parrhêsia,* ce n'est pas de maintenir celui auquel on s'adresse dans la dépendance de celui qui parle – ce qui est le cas de la flatterie. L'objectif de la *parrhêsia,* c'est de faire en sorte que celui auquel on s'adresse se trouve, à un moment donné, dans une situa-tion telle qu'il n'a plus besoin du discours de l'autre. Et comment, et pourquoi n'a-t-il plus besoin du discours de l'autre? Précisément, parce que le discours de l'autre a été vrai. C'est dans la mesure où l'autre a donné, transmis à celui auquel il s'adressait un discours vrai que celui-ci peut alors, intériorisant ce discours vrai, le subjectivant, se passer de ce rapport à l'autre. La vérité, qui passe de l'un à l'autre dans la *parrhêsia,* scelle, assure, garantit l'autonomie de l'autre, de celui qui a reçu la parole par rapport à celui qui l'a prononcée. Voilà ce qu'on peut dire, je crois, sur l'opposition flatterie/*parrhêsia* (franc-parler). Je voudrais ajouter à ça deux ou trois remarques.

Vous me direz que ce problème de la flatterie, comme opposition à la véritable et saine direction des âmes, cette crainte, cette critique de la flatterie, on n'a pas attendu les textes dont je vous parle, ceux de l'époque hellénistique et impériale, pour la rencontrer. Après tout, dans Platon vous avez une immense critique de la flatterie que vous retrouvez dans toute une série de textes[12]. Je voudrais simplement remarquer ceci : c'est que la flatterie dont parle Platon, et à laquelle il oppose le véritable rapport du philosophe au disciple, est une flatterie qui est essentiellement celle de l'amoureux à l'égard du garçon. Alors qu'ici, la flatterie dont il est question – dans les textes dont je vous parle : les textes hellénistiques et surtout romains – est une flatterie, non pas du tout amoureuse du vieux philosophe à l'égard du jeune garçon, mais une flatterie qu'on peut dire sociopolitique. Le support de cette flatterie, ce n'est pas le désir sexuel mais la position d'infériorité de l'un par rapport à l'autre. Et cela se réfère à une pratique de la direction dont je vous ai déjà parlé, et qui est si différente de celle que l'on rencontrait ou qui était exemplifiée dans les premiers dialogues socratiques : c'est que le directeur, dans les milieux gréco-romains de cette époque, ce n'est plus tellement le vieux sage, le vieux détenteur de la vérité qui interpelle les jeunes gens sur le stade ou au gymnase et qui les invite à s'occuper d'eux-mêmes. Le directeur, c'est quelqu'un qui est dans une position socialement inférieure par rapport à ceux auxquels il s'adresse ; c'est quelqu'un qui est stipendié ; c'est quelqu'un auquel on donne de l'argent ; c'est quelqu'un que l'on fait venir chez soi aussi à titre de conseiller permanent pour dire, le cas échéant, ce qu'il faut faire dans telle ou telle situation politique ou dans telle ou telle situation privée ; c'est celui auquel on demande des conseils de conduite. Mais c'est une sorte de familier qui est plutôt dans un rapport de client à patron par rapport à celui qu'il dirige. Cette inversion sociale, du directeur par rapport à celui qu'il dirige, est assez remarquable. Et, je pense, c'est une des raisons pour lesquelles le problème de la flatterie a été si important. La position du directeur comme conseiller privé à l'intérieur d'une grande famille ou dans un cercle d'aristocrates pose, en effet, d'une façon toute différente [de la façon dont elle se posait] dans la Grèce classique, le problème de la flatterie. Il y a d'ailleurs sur ce sujet, sur ce thème, une remarque de Galien – on reviendra sur le texte de Galien tout à l'heure – qui paraît un peu bizarre mais qui, je crois, s'explique dans ce contexte. Galien dit à un moment donné : celui qui est dirigé ne doit pas être riche et puissant[13]. En fait cette remarque, je crois, n'a de sens que comparatif. Il s'agit, je pense, pour lui de dire : il faut tout de même faire en sorte que celui qui est dirigé ne soit pas beaucoup plus riche et beaucoup plus puissant que celui qui dirige.

À ce problème aussi de la flatterie se rattache un problème politique plus général. À partir du moment, en effet, où on se trouve avec le gouvernement impérial dans une forme politique qui est telle que, bien plus que la constitution de la cité, bien plus même que l'organisation légale de l'État, ce qui est important, c'est la sagesse du Prince, c'est sa vertu, ce sont ses qualités morales – on en a parlé, vous vous souvenez, à propos de Marc Aurèle[14] –, dès lors donc qu'on est dans cette situation, il est certain que la question de la direction morale du Prince se pose. Qui va donner des conseils au Prince ? Qui va former le Prince, qui va gouverner l'âme du Prince, ce Prince qui a à gouverner le monde tout entier ? Et là se pose, bien sûr, la question de la franchise à l'égard du Prince. Problème qui est lié à l'existence du pouvoir personnel, à la constitution de ce phénomène, nouveau en milieu romain, qui était la cour entourant le Prince. Problème qui est lié aussi à ce phénomène, également nouveau en milieu romain, qui est la divinisation de l'empereur. La question essentielle dans l'Empire romain, à cette époque, n'était évidemment pas la question de la liberté d'opinion. C'était la question de la vérité au Prince[15] : qui dira le vrai au Prince ? Qui parlera franchement au Prince ? Comment peut-on parler-vrai au Prince ? Qui dira au Prince ce qu'il est, non pas comme empereur mais comme homme, ce qui est indispensable dès lors que c'est bien en tant que sujet raisonnable, en tant qu'être humain purement et simplement (Marc Aurèle le disait) que le Prince sera un bon Prince ? Les règles de son gouvernement doivent reposer fondamentalement sur l'attitude éthique qu'il a à l'égard des choses, des hommes, du monde et de Dieu. Dans la mesure où elle est la loi des lois, où elle est la règle interne à laquelle doit se soumettre tout pouvoir absolu, cette éthique du Prince, le problème de son *êthos,* vont évidemment donner à la *parrhêsia* de celui qui conseille le Prince (à ce « dire-vrai » au Prince) une place fondamentale.

Laissons donc maintenant cette question *parrhêsia* (franc-parler)/ flatterie et regardons l'autre adversaire, l'autre partenaire, si vous voulez, de la *parrhêsia,* et qui est cette fois la rhétorique. Là, j'irai un peu plus vite parce que les choses sont plus connues. On connaît mieux la rhétorique que la flatterie. Disons schématiquement ceci : c'est que la rhétorique est d'abord définie comme une technique dont les procédés ont pour fin, non pas évidemment d'établir une vérité ; la rhétorique se définit comme un art de persuader ceux auxquels on s'adresse, que l'on veuille les convaincre d'une vérité ou d'un mensonge, d'une non-vérité. La définition d'Aristote dans la *Rhétorique* est claire : c'est le pouvoir de trouver ce qui est capable de persuader[16]. La question du contenu et la question de la vérité du discours tenu ne se posent pas. C'est, disait Athénée, « l'art conjectural de persuader les auditeurs[17] ». Et Quintilien, dont vous savez quel effort il a fait pour rapprocher au maximum les problèmes de la rhétorique, ou en tout cas de l'art oratoire, des grands thèmes de la philosophie de l'époque, se pose cette question de la vérité et de la rhétorique. Et il dit ceci : Bien sûr, la rhétorique ne constitue pas une technique, un art qui transmettrait et ne devrait transmettre, ne devrait persuader que de choses vraies. C'est un art et une technique qui peuvent persuader l'auditeur de quelque chose de vrai comme de quelque chose qui n'est pas vrai. Mais, dit-il, est-ce qu'on peut à ce moment-là parler véritablement de *tekhnê* (de technique) ?[18] Car Quintilien, en orateur bien formé à la philosophie, sait bien qu'il ne peut pas y avoir de *tekhnê* efficace si elle n'est pas indexée à la vérité. Une *tekhnê* qui reposerait sur des mensonges ne serait pas une technique véritable et ne serait pas efficace. Et Quintilien fait donc la distinction suivante, et il dit : La rhétorique est bien une *tekhnê,* et par conséquent elle se réfère bien à la vérité, mais à la vérité telle qu'elle est connue par celui qui parle, et non pas la vérité qui est contenue dans le discours de celui qui parle[19]. Ainsi, dit-il, un bon général doit être capable de persuader ses troupes que l'adversaire qu'elles vont affronter n'est pas sérieux ni si redoutable, alors qu'en fait il l'est tout à fait. Le bon général doit pouvoir donc les persuader d'un mensonge. Comment le fera-t-il ? Eh bien, il le fera si, d'une part, il connaît la vérité de la situation et si, d'autre part, il connaît véritablement les moyens par lesquels on peut persuader quelqu'un aussi bien d'un mensonge que d'une vérité. Et, par conséquent, Quintilien montre comment la rhétorique en tant que *tekhnê* est indexée à une vérité – la vérité connue, possédée, maîtrisée par celui qui parle –, mais qu'elle n'est pas indexée à la vérité du côté de ce qui est dit, et du côté par conséquent de celui auquel elle est adressée. Donc, c'est bien en effet un art qui est capable de mensonge. C'est cela qui est fondamental pour la rhétorique, rhétorique opposée précisément au discours philosophique et à la technique qui est propre au discours philosophique, à savoir la *parrhêsia*. Dans la *parrhêsia,* il ne peut y avoir que de la vérité. Là où il n'y aurait pas vérité, il n'y aurait pas de franc-parler. La *parrhêsia,* c'est la transmission en quelque sorte nue de la vérité elle-même. La *parrhêsia* assure de la façon la plus directe cette *paradosis,* ce transit du discours vrai de celui qui le possède déjà à celui qui doit le recevoir, qui doit s'en imprégner, qui doit pouvoir l'utiliser et qui doit pouvoir le subjectiver. Elle est l'instrument de cette transmission, qui ne fait rien d'autre que faire jouer, dans toute sa force dépouillée, sans ornement, la vérité du discours vrai.

Deuxièmement, la rhétorique, vous le savez bien, est un art qui est organisé, organisé avec des procédures réglées. C'est un art aussi qui s'enseigne. Quintilien rappelle que jamais personne n'a osé douter que la rhétorique soit un art, et un art qui s'enseigne[20]. Même les philosophes, dit-il, les péripatéticiens et les stoïciens le disent et le reconnaissent (il ne cite pas évidemment les épicuriens qui disaient tout à fait le contraire[21]) : la rhétorique est un art, un art qui s'enseigne. Et il ajoute : « Est-il quelqu'un, à ce point éloigné non seulement de toute culture mais de tout sens commun, pour penser qu'il pourrait y avoir un art de forger, un art de tisser, un art de façonner des vases, alors que la rhétorique, cette œuvre si importante et si belle, serait parvenue au niveau que nous lui connaissons sans le secours d'un art, sans être devenue elle-même un art ?[22] » Donc la rhétorique, c'est bien un art. Et cet art, il est commandé par quoi ? Eh bien, là les textes aussi, et surtout ceux de Quintilien, sont très clairs, mais vous trouveriez la même chose chez Cicéron. Cet art et ses règles ne sont pas définis par le rapport personnel ou individuel, disons encore par la « situation tactique » qui est celle de celui qui parle en face de celui auquel on s'adresse. Ce n'est donc pas le jeu des personnes qui définit les règles de la rhétorique telle qu'elle est entendue à cette époque. Ce n'est pas non plus, et il faut s'en souvenir, en dépit de ce qu'on dit parfois maintenant, que la rhétorique ancienne soit un jeu sur les propriétés intrinsèques du langage. Les possibilités et les règles de la rhétorique, ce qui la définit comme art, ce ne sont pas ces caractéristiques de la langue elle-même. Ce qui définit pour Cicéron, pour Quintilien, la rhétorique, c'est essentiellement, vous le savez, le sujet qu'on traite[23]. C'est ce [dont] on parle qui est pertinent pour dire comment il faut en parler. S'agit-il d'une cause que l'on défend, s'agit-il de discuter devant une assemblée de la guerre et de la paix, s'agit-il d'écarter une accusation criminelle, etc. ? C'est ce jeu-là, du sujet dont on traite, qui va définir pour la rhétorique comment doit être organisé le discours, comment doit être fait le préambule, comment doit être faite la *narratio* (le récit des événements), comment on doit discuter les arguments du pour et du contre. C'est ce sujet, c'est ce référent du discours en son entier qui doit constituer, et dont doivent dériver, les règles rhétoriques de ce discours.

Dans la *parrhêsia,* il est question de tout autre chose. D'abord, la *parrhêsia* n'est pas un art. Je dis ça avec un peu d'hésitation puisque, comme vous allez le voir tout à l'heure, il y a peut-être quelqu'un qui a défini la *parrhêsia* comme un art, c'est Philodème dans son *Peri parrhêsias,* mais j'y reviendrai. En tout cas, d'une façon générale – et alors, c'est très clair chez Sénèque –, la *parrhêsia* (le franc-parler, la *libertas*) n'est pas un art. Je reviendrai tout à l'heure sur les textes de Sénèque où vous avez, en particulier dans la lettre 75, une véritable théorie du franc-parler, qui n'est manifestement pas organisé comme un art, ni présenté en tout cas comme un art. Mais surtout, ce qui caractérise cette *parrhêsia,* c'est qu'elle est essentiellement définie, non pas tellement par le contenu lui-même – le contenu, il va de soi, il est donné : c'est la vérité –; ce qui va définir la *parrhêsia* comme une pratique spécifique, comme une pratique particulière du discours vrai, c'est quoi ? Eh bien, ce sont les règles de prudence, les règles d'habileté, les conditions qui font qu'on doit dire la vérité à tel moment, sous telle forme, dans telles conditions, à tel individu dans la mesure, et dans la mesure seulement, où il est capable de la recevoir, de la recevoir au mieux au moment où [il] est. C'est-à-dire que ce qui définit essentiellement les règles de la *parrhêsia,* c'est le *kairos,* c'est l'occasion, l'occasion étant exactement la situation des individus les uns par rapport aux autres et le moment que l'on choisit pour dire cette vérité. C'est en fonction précisément de celui à qui on s'adresse et du moment où on s'adresse à lui, que la *parrhêsia* doit infléchir non pas le contenu du discours vrai mais la forme dans laquelle ce discours est tenu. [...*] Je prendrai simplement un exemple dans Quintilien lui-même. À propos de l'enseignement moral, ou plutôt de la part morale, de l'aspect moral de l'enseignement que doit donner le professeur de rhétorique, Quintilien explique qu'il faut confier l'élève au maître de rhétorique le plus vite possible, ne pas trop tarder, mais que le maître de rhétorique a deux rôles à jouer.

---

* On entend seulement : « ...déployé comme pratique, comme réflexion, comme prudence tactique disons, entre celui qui détient la vérité et celui qui doit la recevoir ».

Bien sûr, il doit enseigner la rhétorique. Mais il a aussi un rôle moral[24]. Et ce rôle moral – [à savoir :] aider l'individu dans la formation de lui-même, dans la constitution d'un rapport adéquat de lui-même à lui-même –, comment va-t-il le jouer ? Et Quintilien donne là un certain nombre de règles[25] pour lesquelles il n'emploie pas le terme de *libertas,* mais encore une fois ce sont les conseils empiriques que l'on donne, et qui correspondent en gros à la *parrhêsia.* Il dit : Il ne faut pas engendrer l'antipathie de son élève par trop de sévérité. Il ne faut pas non plus, par trop de relâchement, donner à l'élève une attitude trop arrogante qui l'amènerait à mépriser le maître et ce que dit le maître. Quintilien continue en disant : De toute façon il vaut beaucoup mieux donner des conseils avant, que d'être amené à punir après qu'un acte a été commis. Il faut, dit-il aussi, répondre de bonne grâce aux questions. Il faut interroger ceux qui restent trop silencieux et ne questionnent pas. Il faut rectifier toutes les erreurs qui peuvent être commises par l'élève, mais il faut le faire sans acrimonie. Enfin, dit-il, il faut que le maître lui-même, une fois par jour au moins et éventuellement plusieurs fois par jour, prenne la parole afin que ses auditeurs « emportent avec eux » ce qu'il a dit. « Sans doute la lecture fournit-t-elle des exemples à imiter, mais la parole vivante est un aliment plus nutritif, surtout quand c'est la parole d'un maître, pour qui ses élèves, s'ils sont bien formés, ont de l'affection et du respect[26]. »

Et c'est là où on arrive, je crois, à une troisième différence entre la rhétorique et la *parrhêsia.* La rhétorique a essentiellement pour fonction d'agir sur les autres en ce sens qu'elle permet de diriger ou d'infléchir les délibérations des assemblées, de conduire le peuple, de diriger une armée, etc. Elle agit sur les autres, mais toujours pour le plus grand profit de celui qui parle. Le rhéteur, lorsque, effectivement, il est un bon rhéteur, ne donne pas l'impression d'être simplement un avocat qui plaide une cause. Il lance des éclairs et la foudre[27], dit Quintilien, et il recueille pour lui une gloire, gloire qui est celle du jour présent, et qui éventuellement lui survivra après sa mort. Au contraire, la *parrhêsia* a un tout autre objectif, une tout autre fin. La position, si vous voulez, de celui qui parle et de celui auquel on parle est tout à fait différente. Bien sûr, dans la *parrhêsia,* il s'agit aussi d'agir sur les autres, non pas tellement d'ailleurs pour leur commander quelque chose, pour les diriger ou les incliner à faire telle ou telle chose. Il s'agit fondamentalement d'obtenir, en agissant sur eux, qu'ils arrivent à se constituer, à eux-mêmes, par rapport à eux-mêmes, une relation de souveraineté qui sera caractéristique du sujet sage, du sujet vertueux, du sujet qui a atteint tout le bonheur qu'il est possible d'atteindre dans ce monde-ci. Et par conséquent, si c'est cela l'objet même de la *parrhêsia,* on voit bien que celui qui pratique la *parrhêsia* – le maître – n'a aucun intérêt direct et personnel dans cet exercice de la *parrhêsia.* L'exercice de la *parrhêsia* doit être essentiellement commandé par la générosité. La générosité à l'égard de l'autre est au cœur même de l'obligation morale de la *parrhêsia.* Disons, d'un mot, que le franc-parler, la *parrhêsia,* est donc quelque chose qui est dans sa structure même tout à fait différent et opposé à la rhétorique. Bien sûr, comme je vous le disais en commençant, cette opposition n'est pas tout à fait du même type que l'opposition entre franc-parler et flatterie. La flatterie, c'est vraiment l'adversaire, c'est vraiment l'ennemi. La *parrhêsia* doit s'en débarrasser radicalement. Au contraire, à l'égard de la rhétorique la position est un petit peu différente. Bien sûr, dans sa structure même, dans son jeu, le discours de la *parrhêsia* est tout à fait différent de la rhétorique. Ce qui ne veut pas dire que, de temps en temps, et pour obtenir le résultat que l'on se propose, il ne faille dans la tactique même de la *parrhêsia* faire appel à des éléments, à des procédés qui sont ceux de la rhétorique. Disons que la *parrhêsia* est affranchie fondamentalement des règles de la rhétorique, qu'elle la reprend en diagonale et qu'elle l'utilise seulement si besoin est. On touche là toute une série de problèmes que j'indique seulement, qui sont bien entendu le grand conflit fondamental, dans la culture ancienne, entre la rhétorique et la philosophie[28]. Et ce conflit, qui, vous savez, est déjà éclatant dès le Ve-IVe siècle, va traverser toute la culture ancienne. Il va prendre des dimensions et une intensité nouvelles précisément dans cette période du Haut-Empire dont je vous parle, avec la réapparition de la culture grecque et l'apparition de ce qu'on appelle la seconde sophistique, c'est-à-dire une nouvelle culture littéraire, une nouvelle culture rhétorique, une nouvelle culture oratoire et judiciaire qui va s'opposer très fortement – à la fin du Ier siècle et pendant tout le IIe siècle – à cette pratique philosophique commandée par le souci de soi-même[29]. Voilà, si vous voulez, pour dégager un peu la *parrhêsia* de ces deux figures qui lui sont liées et opposées (flatterie et rhétorique), ce qui nous permet d'approcher une définition, au moins négative, de ce qu'est la *parrhêsia.*

Maintenant, si on veut savoir positivement ce qu'est la *parrhêsia,* je crois qu'on peut s'adresser à trois textes qui posent la question très directe et qui proposent une analyse très directe de ce qu'est ce franc-parler. Ces trois textes sont : premièrement, le texte de Philodème dont je vous ai parlé, le *Peri parrhêsia*s ; le second, c'est la lettre 75 de

Sénèque à Lucilius ; et le troisième, c'est le texte de Galien dans le *Traité des passions,* qui commence par une analyse de la manière dont on doit utiliser la franchise dans les rapports de direction. Je prendrai ces trois textes, pas tout à fait dans l'ordre chronologique. Dans la mesure où, de toute façon, les lacunes de la documentation ne permettent pas d'établir une évolution ni de la repérer de façon claire, ça serait tout à fait inutile de vouloir absolument suivre l'ordre chronologique, et il me semble qu'étant donné la complexité des textes et les niveaux d'analyse, il vaut mieux commencer par le texte de Philodème, qui va nous donner une espèce d'image institutionnelle du jeu de la *parrhêsia*[30] ; on étudiera ensuite le texte de Galien – bien qu'il soit beaucoup plus tardif : fin du IIe siècle[31] – qui donne une image de ce qu'est la *parrhêsia* dans le rapport individuel de direction ; et puis [on reviendra] au texte de Sénèque – milieu du Ier siècle[32] – qui, lui, est, je crois, tout de même le texte le plus profond, le plus analytique concernant la *parrhêsia*.

Premièrement, le texte de Philodème. Alors Philodème vous savez, c'est ce philosophe épicurien, installé à Rome tout à fait à la fin de la République, et qui était le conseiller philosophique, le conseiller privé de Lucius Piso[33]. Ce Philodème a été très important, d'abord parce qu'il a écrit un nombre de choses tout à fait considérables, et ensuite parce qu'il a été un des fondateurs, un des inspirateurs de ce mouvement épicurien de la fin du Ier siècle avant - tout début du Ier siècle après [Jésus-Christ]. C'est lui qui a été la référence constante de ces différents cercles épicuriens qu'on a connus à Naples, en Campanie, qu'on a connus à Rome également. Et, si vous voulez, de Philodème jusqu'à Mécène, toute cette vie si intense de l'épicurisme romain a été commandée par les textes de ce Philodème. Philodème a écrit une série de traités sur des points particuliers de morale, sur ces points où justement il est question des relations entre rapport de pouvoir et gouvernement de soi-même, économie de la vérité, etc. Vous avez un traité sur la colère, vous avez un traité sur la flatterie, vous avez un traité sur la vanité (la jactance : *huperêphania*). Et vous avez un *Peri parrhêsias* : « Traité du franc-parler ». Ce « Traité du franc-parler » on en a des fragments relativement importants, avec beaucoup de lacunes. Il a été édité en Allemagne[34], pas en France, mais je crois que monsieur Hadot a l'intention de l'éditer et de le commenter. Étant donné la difficulté du texte, d'ailleurs, je dois vous avouer que je me suis surtout guidé sur un commentaire intéressant qui a été fait par un italien : Gigante. Ce commentaire, on le trouve dans les recueils du congrès de l'association Budé consacré à l'épicurisme. Le congrès s'est tenu en 1968, et Gigante a fait une analyse fort précise de ce *Peri parrhêsias.* Et voilà à peu près, en boitillant très mal sur le texte, et en suivant le texte de Gigante, ce qu'on peut dire, je crois, à propos de cela.

La thèse de Gigante est celle-ci. Il dit : La *parrhêsia* est présentée par Philodème comme étant une *tekhnê*. Et Gigante ajoute aussitôt : Remarquez bien que le texte de Philodème que nous avons ne mentionne pas le terme de *tekhnê*. Cependant, dit-il, il y a un élément qui semble indiquer que c'est bien un art (une *tekhnê*) qui est visé par Philodème. C'est qu'on trouve dans un fragment, qui n'est pas complet, l'expression *stokhazomenos*. Philodème dit ceci très exactement : « L'homme sage et philosophe applique le franc-parler (la *parrhêsia*) en ceci qu'il raisonne en conjecturant par des arguments plausibles et sans rigidité[35]. » Or, vous savez que c'est une vieille opposition, traditionnelle au moins depuis Aristote, [entre] deux sortes d'art : les arts de conjecture et les arts de méthode. L'art conjectural, c'est un art qui précisément procède par des arguments qui sont simplement vraisemblables et plausibles ; et par conséquent ceci ouvre la possibilité, pour celui qui les utilise, de ne pas suivre une règle, et une règle unique, mais d'essayer d'atteindre cette vérité vraisemblable par toute une série d'arguments que l'on juxtapose sans qu'il y ait nécessité d'un ordre nécessaire et unique ; alors que tout ce qui est art méthodique *(methodikos)* implique, premièrement, qu'on arrive, comme résultat, à une vérité certaine et bien établie, mais au prix d'un cheminement, par une voie qui ne peut être qu'une voie unique. Donc on peut supposer que l'usage de ce mot de *stokhazomenos* (du verbe conjecturer)[36] semble se rapporter à l'existence d'un art, ou à l'opposition entre l'art conjectural et l'art méthodique[37]. Cet art conjectural en tout cas repose, d'après le texte de Philodème, sur la prise en considération de quoi ? Eh bien, précisément du *kairos,* de la circonstance[38]. Là encore, la fidélité à la leçon aristotélicienne apparaît. Pour Aristote aussi, un art conjectural repose sur la prise en considération du *kairos*. Et, dit Philodème, il faut en effet prendre beaucoup de soin quand on s'adresse au disciple ; il faut retarder autant qu'il faut les occasions d'intervenir auprès d'eux. Mais il ne faut jamais trop les retarder. Il faut choisir exactement le bon moment. Il faut tenir compte aussi de l'état d'esprit dans lequel se trouve celui auquel on s'adresse, car on peut faire souffrir les jeunes gens si on les admoneste d'une façon trop sévère en public. On peut aussi le faire, et c'est cette voie-là qu'il faut choisir, de telle manière que tout se passe dans le plaisir et dans la gaîté *(hilarôs)*[39]. En cela, dans cette saisie de l'occasion, la *parrhêsia,* dit Philodème, fait penser tout à fait à l'art ou à la pratique du navigateur et à la pratique du médecin. Et, d'ailleurs, il développe ce parallélisme entre la *parrhêsia* philosophique et la pratique médicale. La *parrhêsia,* dit-il, est un secours (*boêtheia* : vous vous souvenez qu'on a rencontré cette notion déjà[40]), c'est une *therapeia* (une thérapeutique). Et la *parrhêsia* doit permettre de soigner comme il faut. Le *sophos* est un bon médecin[41]. Enfin, on trouve dans ces fragments de Philodème un élément qui, lui, est nouveau par rapport à tout ce que je viens de vous dire, et qu'on avait pu repérer déjà par la définition négative de la *parrhêsia* opposée soit à la flatterie soit à la rhétorique. Cet élément nouveau, positif et important, le voici. Il se trouve dans le fragment 25 de Philodème. Et la traduction du texte dit ceci : Par le franc-parler (la *parrhêsia*) incitons, intensifions, animons en quelque sorte la bien-veillance *(eunoia)* des élèves les uns pour les autres grâce au fait d'avoir parlé librement[42]. Il me semble que dans ce texte il y a quelque chose d'important. Ce serait, si vous voulez, le basculement de la *parrhêsia* (du franc-parler). Vous le voyez, il est question d'un franc-parler par lequel on incite les élèves à ceci ou cela. Donc il s'agit bien du franc-parler, de la *parrhêsia* du maître qui doit agir sur les disciples, les inciter à quelque chose : « intensifier » quelque chose. Mais intensifier et ani-mer quoi ? La bienveillance des élèves les uns pour les autres grâce au fait d'avoir parlé librement. C'est-à-dire : grâce au fait que les élèves auront eux-mêmes parlé librement, et qu'ainsi une bienveillance réci-proque, des uns pour les autres, se trouvera assurée et accrue. Il y a donc, dans ce texte, le signe d'un passage de la *parrhêsia* du maître à la *parrhêsia* des élèves eux-mêmes. La pratique de la libre parole de la part du maître doit être telle qu'elle serve d'incitation, de support et d'occasion aux élèves qui vont avoir, eux aussi, la possibilité, le droit, l'obligation de parler librement. Parole libre des élèves qui va accroître entre eux l'*eunoia* (la bienveillance) ou encore l'amitié. On a donc, je crois, dans ce texte deux éléments importants : ce transfert de la *par-rhêsia* du maître à l'élève ; et, bien entendu, l'importance, qui est si traditionnelle dans les milieux épicuriens, de l'amitié réciproque des disciples les uns pour les autres, puisque c'est un principe, dans les cercles épicuriens – d'ailleurs Philodème le rappelle explicitement dans son texte : les disciples doivent se sauver les uns les autres, se sauver les uns par les autres *(to di' allêlôn sôzesthai)*[43].

Je crois donc qu'on peut, en schématisant beaucoup, représenter le jeu de la *parrhêsia* de la manière suivante. Dans le groupe épicurien, la place du guide, de celui qu'on appelle le *kathêgêtês,* ou le *kathêgou-menos,* peu importe, est fortement marquée : le directeur est un person-nage important, central dans le groupe épicurien[44]. Il est central pour une raison essentielle, qui est qu'il s'appuie sur une succession; succession directe d'homme à homme, de présence à présence qui remonte jusqu'à Épicure. Dans la dynastie des leaders épicuriens, la remontée directe à Épicure, à travers la transmission d'un exemple vivant, d'un contact personnel, est indispensable, et c'est cela qui fonde la place particulière du *kathêgêtês* (de celui qui dirige). D'autre part, ce qui caractérise la position de ce *kathêgoumenos* (de ce maître), c'est que, sur cette autorité que lui donne l'exemple vivant transmis depuis Épicure, il peut parler. Il peut parler et il dira la vérité, vérité qui est celle précisément du maître auquel, indirectement, il se rattache (il s'y rattache indirectement, mais par une série de contacts directs). Son discours va donc être fondamentalement un discours de vérité, et il aura à le présenter comme tel, sans rien de plus. C'est la *parrhêsia* de son propre discours qui va mettre l'élève en présence du discours du maître premier, à savoir Épicure. Mais d'un autre côté, en dehors de cette ligne en quelque sorte verticale, qui marque la place singulière du maître dans la série historique qui remonte à Épicure et qui fonde son autorité sur tous les élèves, il va y avoir, dans le groupe, toute une série de relations horizontales, relations horizontales intenses, denses, fortes, qui sont des relations d'amitié et qui vont servir au salut réciproque. Dans cette organisation double (verticale et horizontale), eh bien la *parrhêsia* va circuler. Elle vient du maître bien sûr, du maître qui a le droit de parler et qui ne peut d'ailleurs que parler-vrai dès lors qu'il est en contact avec la parole d'Épicure. Mais, d'un autre côté, cette *parrhêsia* va se renverser, se retourner, et elle va devenir la pratique et le mode de relation des disciples entre eux. Et c'est effectivement, d'après un certain nombre de textes, d'ailleurs extrêmement allusifs et schématiques, ce qu'on trouve dans les groupes épicuriens, c'est-à-dire l'obligation pour ceux qui sont les élèves de se réunir en groupe devant le *kathêgoumenos,* et puis de parler : pour dire ce qu'ils pensent, pour dire ce qu'ils ont sur le cœur, parler pour dire les fautes qu'ils ont commises, dire les faiblesses dont ils se sentent encore les responsables ou auxquelles ils se sentent encore exposés. Et c'est ainsi que l'on trouve – pour la première fois, semble-t-il, d'une façon très explicite à l'intérieur de cette pratique de soi de l'Antiquité gréco-romaine – la pratique de la confession. Pratique d'une confession qui est tout à fait différente des pratiques rituelles, religieuses qui consistaient effectivement, quand on avait commis un larcin, un délit, un crime, à aller au temple et à déposer une stèle ou faire une offrande; [ce par quoi] on se reconnaissait coupable de ce qu'on avait fait. Non, c'est là quelque chose de tout à fait différent : c'est une pratique verbale, explicite, développée et réglée par laquelle le disciple doit répondre à cette parrhèsie de la vérité du maître par une certaine parrhèsie, une certaine ouverture de cœur qui est l'ouverture de sa propre âme qu'il met en communication avec celle des autres, opérant ainsi par là ce qui est nécessaire pour que, lui, fasse son salut, mais incitant aussi les autres à avoir à son égard une attitude non pas de refus, de rejet et de blâme, mais d'*eunoia* (bienveillance), et, par là, incitant tous les éléments du groupe, tous les personnages du groupe à faire leur salut. On a là une structure qui est tout à fait singulière, dont le mécanisme, ou la logique, se retrouve je crois très facilement, très clairement, à partir même de cette pratique, de cette technique de la *parrhêsia*. Mais ce sera, vous le verrez, je crois, un phénomène unique. En tout cas, c'est dans ces cercles épicuriens que l'on trouve la première fondation, me semble-t-il, de ce qui se transformera [avec] le christianisme. C'est une première forme qui peut y faire penser, sans qu'on préjuge aucunement des liens historiques de transformation de l'un à l'autre. C'est la première fois que l'on trouve, me semble-t-il, cette obligation, qu'on retrouvera dans le christianisme, à savoir : à la parole de vérité qui m'enseigne la vérité, et qui par conséquent m'aide à faire mon salut, je dois répondre – je suis incité, je suis appelé, je suis obligé de répondre – par un discours de vérité par lequel j'ouvre à l'autre, aux autres, la vérité de mon âme propre. Voilà pour la *parrhêsia* épicurienne. Alors, je vous parlerai tout à l'heure de la *parrhêsia* chez Galien, et de la *parrhêsia (libertas)* chez Sénèque.

*

NOTES

1. Concernant Philodème, cf. cours du 27 janvier, première heure. On rappellera ici que ce conflit fut une première fois orchestré par Platon dans le *Gorgias* (Platon refusait le nom de *tekhnê* à la rhétorique, n'y décelant qu'un savoir-faire vulgaire) et le *Phèdre* (où la rhétorique, pour gagner son authenticité, devait se faire philosophie), et que ce conflit reprit une nouvelle vigueur avec la seconde sophistique, assumant fièrement son identité et revendiquant son divorce d'avec une philosophie réduite à un amusement formel (cf. même cours, deuxième heure).
2. « C'est après l'an 50 que nous devons situer l'autre grande œuvre de systématisation des concepts moraux, à laquelle Philodème donna le titre *Des vices et des vertus opposées* [...]. Cette œuvre se composait d'au moins dix livres : dans plusieurs

le thème est l'adulation : *Peri kolakeias* [...]. Les différents livres *De l'adulation* indiquaient de façon également polémique les caractéristiques de ce vice, et, surtout, pouvaient avoir comme but de déterminer par rapport à lui le comportement correct du sage épicurien » (M. Gigante, *La Bibliothèque de Philodème et l'épicurisme romain, op. cit.,* p. 59).

3. Plutarque, *Comment distinguer le flatteur de l'ami,* in *Œuvres morales,* t. I-2, trad. A. Philippon, éd. citée.

4. P. Rabbow, *Antike Schriften über Seelenheilung und Seelenleitung auf ihre Quellen untersucht, I. Die Therapie des Zorns,* Leipzig, Teubner, 1914.

5. Plutarque, *Du contrôle de la colère,* trad. J. Dumortier & J. Defradas, éd. citée.

6. « Selon les compilateurs de Justinien, le propriétaire a une *plena potestas* sur la chose (I., 2, 4, 4). Affirmation de principe d'un pouvoir absolu, qui va connaître une fortune singulière. Au Moyen Âge, le droit savant la retrouve et la développe. Les glossateurs extrapolent un texte anodin du *Digeste* pour en tirer la formule à succès : la propriété est le *jus utendi* et *abutendi* (D., 5, 3, 25, 11 : *re sua abuti putant*) » (P. Ourliac & J. de Malafosse, *Droit romain et Ancien Droit,* Paris, PUF, 1961, p. 58).

7. Préface au quatrième livre des *Questions naturelles,* in *Œuvres complètes de Sénèque le philosophe,* éd. citée, p. 455-459. Sur ce texte, cf. *Le Souci de soi, op. cit.,* p. 108-109.

8. Ce quatrième livre est intitulé : « Sur le Nil ».

9. « Vous aimez donc, à en juger d'après vos lettres, sage Lucilius, et la Sicile, et le loisir que vous laisse votre emploi de gouverneur *(officium procurationis otiosae).* Vous les aimerez toujours, si vous voulez vous tenir dans les limites de cette charge, si vous songez que vous êtes le ministre du prince, et non le prince lui-même *(si continere id intra fines suos volueris, nec efficere imperium, quod est procuratio)* » (Préface au quatrième livre des *Questions naturelles,* p. 455).

10. « Vous, au contraire, vous êtes si bien avec vous » *(id.,* p. 455-456).

11. « Je ne m'étonne pas que peu d'hommes aient ce bonheur : nous sommes nos propres tyrans, nos persécuteurs ; malheureux tantôt de nous trop aimer, tantôt du dégoût de notre être ; tour à tour l'esprit enflé d'un déplorable orgueil, ou tendu par la cupidité ; nous laissant aller aux plaisirs ou nous consumant d'inquiétude ; et, pour comble de misère, jamais seuls avec nous-mêmes » *(id.,* p. 456).

12. Cf. le passage fameux du *Gorgias* (463a) sur la rhétorique : « Eh bien, Gorgias, la rhétorique, à ce qu'il me semble, est une pratique étrangère à l'art, mais qui exige une âme douée d'imagination, de hardiesse, et naturellement apte au commerce des hommes. Le nom générique de cette sorte de pratique est, pour moi, la flatterie *(kolakeian)* » *(in* Platon, *Œuvres complètes,* t. III-2, trad. L. Bodin & A. Croiset, éd. citée, p. 131). On trouve par ailleurs dans le *Phèdre* une définition très noire du flatteur en 240b.

13. « Il faut que celui qui consulte ne soit ni riche, ni investi de quelque honneur civique » (Galien, *Traité des passions de l'âme et de ses erreurs,* trad. R. Van der Elst, Paris, Delagrave, 1914, chap. III, p. 76).

14. Cf. cours du 3 février, deuxième heure.

15. Cf. le jugement de P. Veyne : « Envers une légitimité mal assurée, il ne reste qu'à surenchérir en manifestations de loyalisme ; le culte de la personnalité ou "flatterie" était cela : à la fois une simple clause de style monarchique et une obligation stricte, sous peine d'être suspect de haute trahison » (« Préface » à : Sénèque, *Entretiens, Lettres à Lucilius,* éd. citée, p. XI).

16. « La rhétorique est la faculté *(dunamis)* de découvrir spéculativement ce qui, dans chaque cas, peut être propre à persuader » (Aristote, *Rhétorique,* t. I, livre I, 1355b, trad. M. Dufour, Paris, Les Belles Lettres, 1967, p. 76).

17. « *Athênaios de logôn dunamin prosagoreuei tên rhêtorikên stokhazomenên tês tôn akouontôn peithous* » (cité par Sextus Empiricus, *Adversus Mathematicos,* II,62, in *Sexti Empirici Opera,* vol. III, Leipzig,Teubner, 1954, p. 687).

18. Foucault se réfère ici au chapitre XII (« Si la rhétorique est un art ») du livre II de l'*Institution oratoire,* t. II, trad. J. Cousin, éd. citée, p. 89-100.

19. « Il y a une grande différence entre avoir soi-même une opinion et tenter de l'inspirer aux autres » *(id., chap. XII,9,19, p. 93).*

20. Cf. *Id.,* livre II, *passim.*

21. Dans son *Peri rhêtorikês,* Philodème « tout en professant à l'égard de la rhétorique une hostilité qui était bien dans la tradition épicurienne, reconnaît à la seule "rhétorique sophistique", c'est-à-dire celle qui enseigne à écrire des discours autres que politiques ou juridiques, le statut de *tekhnê,* de savoir structuré » (C. Lévy, *Les Philosophies hellénistiques,* Paris, Le Livre de Poche, 1997, p. 38); cf. encore sur ce point les indications de M. Gigante, *La Bibliothèque de Philodème...,* p. 49-51.

22. *Institution oratoire,* t. II, livre II, chap. XVII,3 (p. 90).

23. « Pour ma part – et ce n'est pas sans avoir de garants – je pense que la rhétorique a pour matière tous les sujets sur lesquels elle sera appelée à parler » (« Quelle est la matière de l'éloquence » *(id.,* chap. XXI, 4, p. 106).

24. *Id.,* chap. II : « Moralité et devoirs du précepteur » (p. 29-33).

25. *Id.,* chap. II,3-8 (p. 30-31).

26. *Id.,* chap. II,8 (p. 31).

27. On trouve cette métaphore une première fois chez Aristophane évoquant Périclès orateur (*Acharniens,* vers 530). Quintilien en use à plusieurs reprises (cf., par exemple, *Institution oratoire,* t. VII, chap. XII,10,24, et 65).

28. Cf. cours du 27 janvier, première heure.

29. Cf. même cours, deuxième heure.

30. On peut, avec M. Gigante, dater ce traité, appartenant au plus vaste ensemble consacré aux *Modes de vie (Peri êthôn kai biôn),* des années quarante avant notre ère. Pour une présentation historique du *Peri parrhêsias,* cf. M. Gigante, *La Bibliothèque de Philodème...,* p. 41-47.

31. On suppose, à partir d'une indication du *Traité des passions de l'âme...* (éd. citée, p. 98), que Galien écrit cet ouvrage à l'âge de cinquante ans, ce qui (si l'on admet 131 comme date de naissance) implique une rédaction vers l'an 180.

32. D'après le tableau chronologique de P. Grimal dans son *Sénèque (op. cit.,* p. 45), il faudrait situer la lettre 75 au printemps de l'an 64 apr. J.-C.

33. Cf. cours du 27 janvier, première heure (Cicéron fait un portrait caricatural de cette relation, où la subtilité grecque rencontre la grossièreté du consul romain; cf. *Contre Pison,* in Cicéron, *Discours,* t. XVI-1,XXVIII-XIX, trad. P. Grimal, Paris, Les Belles Lettres, 1966, p. 135-137).

34. Philodêmos, *Peri parrhêsias,* éd. A. Olivieri, Leipzig, Teubner, 1914.

35. Fragment 1 du *Peri parrhêsias,* éd. citée, p. 3 (trad. Gigante de ce fragment in *Association Guillaume Budé, Actes du VIIIᵉ congrès (1968), op. cit.,* p. 202).

36. En fait *stokhazesthai* renvoie d'abord à l'acte de viser juste (dans le cas d'une cible), avant de partager le sens de conjecturer avec le verbe *tekmairesthai* (cf. les

développements de M. Détienne dans *Les Ruses de l'intelligence. La mètis des Grecs,* Paris, Flammarion, 1974, p. 292-305).

37. L'opposition entre sciences exactes et arts de conjecture, ces derniers regroupant le pilotage des navires et le soin médical, se trouve pour la première fois parfaitement exprimée dans *L'Ancienne Médecine* du corpus hippocratique : « Il faut viser à une sorte de mesure *(dei gar metrou tinos stokhazesthai).* Or, de mesure, nombre ou poids par référence à quoi on connaîtrait l'exacte vérité, on n'en saurait trouver aucune autre que la sensibilité du corps ; aussi est-ce un dur travail que d'acquérir une science assez précise pour ne commettre que des erreurs légères ici ou là ; quant à moi, je comblerais de louanges le médecin qui ne commet que des erreurs légères, mais la sûreté absolue du jugement est un spectacle très rare. De fait, le plus souvent du moins, il arrive aux médecins, me semble-t-il, la même chose qu'aux mauvais pilotes. Tant que ceux-ci gouvernent par temps calme, s'ils commettent une erreur, cette erreur n'est pas manifeste ; mais qu'ils soient saisis par un gros orage et un vent contraire et violent, tout le monde alors peut voir de ses yeux que c'est par leur inexpérience et leur sottise qu'ils ont perdu le navire » (trad. A.-J. Festigière, éd. citée, p. 7-8). Cf., sur la notion d'art stochastique, en particulier chez Platon, la note détaillée de Festugière (*id.,* p. 41-42 n. 41). Observons cependant que l'opposition entre un savoir certain et une connaissance hasardeuse se trouve thématisée chez Platon dans l'optique d'une condamnation de l'intelligence stochastique. En revanche chez Aristote (qui privilégie alors l'idée de « coup d'œil » – cf. l'*eustokhia*), cette forme d'intelligence pratique sera reconnue comme part intégrante de la prudence *(phronêsis)* : ce que l'art stochastique perd en nécessité démonstrative (dans le hors-temps de la science), il le gagne en justesse d'intervention dans le *kairos* saisi au vol.

38. Cf. trad. Gigante, in *Actes du VIIIe congrès...,* p. 206-207.

39. Cf. *id.,* p. 211-214 (fragment 61 du *Peri parrhêsias,* éd. A. Olivieri, p. 29).

40. Cf. l'analyse du discours-secours *(logos boêthos)* dans le cours du 24 février, deuxième heure.

41. Cf. trad. Gigante, in *Actes du VIIIe congrès...,* p. 209-211 (fragment 44 du *Peri parrhêsias,* éd. A. Olivieri, p. 21).

42. Cf. trad. Gigante, p. 206 (fragment 25 du *Peri parrhêsias,* p. 13).

43. Cf. trad. Gigante, p. 212 (Fragment 36 du *Peri parrhêsias,* p. 17). Reprise de ce passage dans *Le Souci de soi,* p. 67.

44. Cf. trad. Gigante, p. 214-217.

COURS DU 10 MARS 1982

Deuxième heure

Suite de l'analyse de la parrhêsia : *le* Traité *des passions de l'âme de Galien. – Caractérisations de la* libertas *selon Sénèque : refus de l'éloquence populaire et emphatique ; transparence et rigueur ; incorporation des discours utiles ; un art de conjecture. – Structure de la* libertas : *transmission accomplie de la pensée et engagement du sujet dans son discours. – Pédagogie et psychagogie : rapport et évolution dans la philosophie gréco-romaine et dans le christianisme.*

– *Il y a encore deux cours ?*[1]

– C'est cela.

– *Vous êtes réglé par les fêtes religieuses…*

– Ah oui, oh ça, absolument. De la Nativité à la Résurrection[2].

Je voudrais d'abord faire, pas exactement un appel d'offre, mais vous poser une question. J'ai l'impression tout de même qu'il y a un certain nombre de gens qui enregistrent les cours. Très bien, ça fait absolument partie des droits fondamentaux. Les cours ici sont publics. Simplement, vous avez peut-être l'impression que tous mes cours sont écrits. Mais ils le sont moins qu'ils n'en ont l'air, et je n'en ai pas de transcription ni même d'enregistrement. Or, il se trouve que j'en aurais besoin. Alors si, par hasard, il y en a parmi vous qui ont (ou qui savent que certains autres ont) soit des enregistrements – je crois qu'il y a quelqu'un qui s'appelle Monsieur Lagrange[3] – soit évidemment des transcriptions, si vous avez la gentillesse de me le dire, ça pourrait me rendre service. Ce serait surtout pour les quatre ou cinq dernières années. Je vais tâcher de finir vite, et éventuellement vous pourrez poser des questions.

Texte de Galien maintenant, donc : en sautant un peu, et en se plaçant à la fin du IIe siècle. Galien écrit ce texte célèbre qui est le *Traité des passions, Traité [de] la cure des passions* très exactement[4]. Et, dans les premières pages de ce texte, là encore, à la différence de ce qu'on trouve chez Philodème, vous n'avez absolument pas une « théorie » de la *parrhêsia,* mais vous avez un certain nombre d'éléments indicateurs de ce que doit être le franc-parler, dans ce genre-là de relations et de rapports, qui sont, je crois, intéressants. Il part du principe qu'on ne peut jamais guérir sans savoir de quoi il faut guérir. La science médicale, ou plutôt la *tekhnê* médicale, a besoin, bien entendu, de connaître la maladie qu'elle a à traiter. Cela va de soi. Or, dans le *Traité de la cure des passions,* Galien explique qu'il ne s'agit pas, dans ce texte, de parler de la guérison (de la cure, de la thérapeutique) des maladies, mais de la cure des passions et des erreurs. Or, dit-il, s'il est vrai que les malades, sans bien connaître leur maladie, en souffrent assez, ou éprouvent à cause d'elle des malaises assez explicites [pour qu'ils] aillent spontanément chez le médecin, en revanche, en ce qui concerne les passions et les erreurs, on est dans un aveuglement beaucoup plus grand. Car, dit-il, on s'aime toujours trop soi-même (c'est cet *amor sui* dont on parlait tout à l'heure à propos du texte de Sénèque dans les *Questions naturelles*[5]) pour ne pas se faire des illusions. Le fait qu'on se fait soi-même des illusions disqualifie, par conséquent, le sujet dans le rôle de médecin de lui-même qu'il pourrait avoir ou qu'il pourrait prétendre exercer. Cette thèse ne nous autorise pas, nous, à nous juger, mais les autres à le faire. Nécessité par conséquent d'avoir recours à un autre pour guérir ses passions et ses erreurs, à cause de cet amour de soi qui fait illusion sur tout, à condition que ce quelqu'un d'autre n'ait à notre égard – à nous qui le consultons – ni sentiment d'indulgence ni sentiment d'hostilité ; je reviendrai tout à l'heure là-dessus, actuellement je suis simplement le texte dans son déroulement[6]. Cet Autre, dont on a absolument besoin pour se guérir soi-même à cause de notre amour de nous-même, qui ne doit être donc ni indulgent ni hostile, comment va-t-on le choisir et le recruter ? Eh bien, dit Galien, il faut faire attention. Il faut être aux aguets et, dès que l'on entend parler de quelqu'un qui est célèbre, réputé, connu pour n'être pas un flatteur, alors on s'adresse à lui[7]. On s'adresse à lui ou plutôt, avant même de s'adresser directement à lui, on essaie de vérifier, d'éprouver, de tester en quelque sorte la non-flatterie de cet individu. Et on regarde comment il agit dans la vie, on regarde s'il fréquente les puissants, on regarde l'attitude qu'il peut avoir à l'égard des gens puissants qu'il fréquente ou dans la dépendance desquels il se trouve. Et c'est en fonction de son attitude, et lorsqu'on aura effectivement bien montré et éprouvé qu'il n'est pas flatteur, c'est à ce moment-là que l'on pourra s'adresser à lui. On a donc affaire à un inconnu, ou plutôt à quelqu'un qui n'est connu que de nous-même, et qui n'est connu que pour sa non-flatterie. Donc on a pu vérifier qu'il n'était pas flatteur. On va donc s'adresser à lui. Et qu'est-ce qu'on va faire, comment vont se dérouler les choses ? D'abord on va entamer une conversation, conversation seul à seul avec lui, dans laquelle on va lui poser en quelque sorte la question première, mais qui est aussi la question de confiance : dans le comportement qu'on a, dans la manière dont on parle, etc., est-ce qu'il n'a pas remarqué les traces, les signes, les preuves d'une passion, passion qu'on aurait soi-même ? Et à ce moment-là, plusieurs choses peuvent se passer. Bien sûr, il peut dire qu'il l'a remarqué. Alors commence la cure, c'est-à-dire qu'on lui demande des conseils pour se guérir de sa passion. Supposons en revanche qu'il dise qu'il n'a pas remarqué en nous, au cours de ce premier entretien, une passion quelconque. Eh bien, dit Galien, il faut se garder de triompher, de considérer qu'on n'a pas de passion, et par conséquent qu'on n'a pas besoin de directeur pour aider à les guérir. Car, dit [Galien], peut-être [le directeur] n'a-t-il pas eu encore le temps de voir ces passions ; peut être aussi ne veut-il pas s'intéresser à celui qui le sollicite ; peut-être aussi a-t-il peur de la rancune qu'on lui porterait s'il disait qu'on a telle et telle passion. Il faut donc par conséquent s'obstiner, s'entêter, le presser de questions pour obtenir de lui une autre réponse que : non, vous n'avez pas de passion. Il faut éventuellement passer par la médiation de quelqu'un d'autre, pour chercher à savoir si ce personnage, dont on connaît par conséquent les qualités de non-flatteur, tout simplement ne serait pas intéressé par une direction de conscience comme [la nôtre]. Supposons maintenant qu'au lieu de dire : vous n'avez pas de passion du tout, la personne à laquelle on s'est adressé nous fasse des reproches, mais que nous éprouvions ces reproches comme n'étant pas effectivement fondés. Eh bien, dans ce cas, il ne faut pas se détourner [du directeur] et dire : je lui ai demandé conseil, il a cru découvrir en moi des passions que je sais bien ne pas avoir. Il faut se rappeler d'abord qu'il peut toujours avoir raison, et que de toute façon le reproche qu'il fait – pour moi, à qui il le fait et qui pourtant n'ai pas le sentiment d'avoir cette passion – peut être pour moi une occasion de mieux me surveiller et d'exercer sur moi[-même] une vigilance plus attentive. Enfin, supposons qu'après cette première épreuve, après ces premiers reproches apparemment mal fondés et qui ont incité le dirigé à se mieux surveiller lui-même, supposons qu'on soit arrivé à la conclusion, à la certitude que le reproche fait par le directeur soit injuste. Supposons même que le directeur continue, au cours de la cure, à faire des reproches dont on sait pertinemment qu'ils sont injustes. Eh bien, dit Galien dans un texte qui est assez curieux, il faut lui en être reconnaissant. Il faut lui en être reconnaissant, car c'est là une épreuve qui va nous exercer à supporter l'injustice, et dans la mesure où l'injustice est effectivement quelque chose que l'on rencontre perpétuellement dans le cours de la vie, se former, s'armer, s'équiper contre l'injustice est indispensable. L'injustice du directeur est une épreuve positive pour le dirigé : élément curieux, étonnant, que, autant que je sache, on ne retrouve guère dans d'autres textes du même genre, à la même époque, mais dont on retrouvera une transposition et tout un développement dans la spiritualité chrétienne[8].

J'ai indiqué ce passage de Galien, ces premières pages du *Traité des passions,* pour la raison que voici. D'abord, vous avez pu voir que la nécessité d'avoir un directeur est en quelque sorte une nécessité de structure. On ne peut rien faire sans l'autre. Et Galien le dit d'une façon très explicite : « Tous les hommes qui se sont remis à d'autres de la déclaration de leur propre valeur, je les ai vus se tromper rarement, et tous ceux qui se sont estimés excellents, sans en avoir confié le jugement à d'autres, je les ai vus trébucher grandement et fréquemment[9]. » Par conséquent, la nécessité d'être dirigé n'est pas simplement une nécessité occasionnelle ou dans les cas les plus graves. Toute personne qui veut, dans la vie, se conduire comme il faut a besoin d'un directeur. C'est ce même thème que vous retrouverez ensuite dans le christianisme, si souvent commenté à partir d'un texte de la Bible : ceux qui ne sont pas dirigés « tombent comme des feuilles mortes[10] ».

Deuxièmement, vous voyez dans ce texte cette chose assez remarquable qui est celle-ci : c'est que Galien – qui est médecin et qui transpose très évidemment un certain nombre de notions et de concepts de la médecine à la direction d'âme, qui utilise bien entendu la notion fondamentale de *pathos* et toute la série des analogies qui vont du corps à l'âme et de la médecine du corps à la médecine de l'âme – n'envisage à aucun moment que celui auquel on se confie soit une sorte de technicien de l'âme. Ce n'est pas un technicien de l'âme : ce qu'on demande à celui qui doit diriger, c'est un certain nombre de qualités morales. Et, au cœur de ces qualités morales, il y a deux choses. Premièrement : la franchise *(parrhêsia),* l'exercice du franc-parler. C'est cela qui est l'élément principal. On doit tester son directeur quant à son franc-parler. [On trouvera] la figure tout à fait inverse ensuite dans le christianisme, lorsque ce sera au contraire le directeur qui devra essayer de tester la franchise de celui qui parle de lui-même et son non-mensonge[11] ; là, c'est celui qui

est dirigé qui doit tester son maître quant au franc-parler. Et deuxièmement, il doit avoir une qualité morale, qui est indiquée dans un petit
passage du texte quand il dit qu'il faut choisir de préférence un homme
qui soit déjà un homme âgé et qui ait au cours de sa vie donné la preuve,
les signes qu'il est un homme de bien[12]. Enfin troisièmement – et ceci
est intéressant parce que, me semble-t-il, assez singulier par rapport à
toute une série d'autres choses qu'on trouve à la même époque –, le
directeur que l'on choisit est un inconnu. Alors que la direction d'âme
chez Platon reposait bien entendu sur la relation amoureuse, alors que
chez la plupart des auteurs de l'époque impériale, chez Sénèque en particulier, la relation de direction sera une relation qui s'inscrit à l'intérieur de l'amitié, de l'estime, de relations sociales déjà bien établies –
chez Sénèque, le rapport de direction de lui-même à Lucilius s'inscrira
justement à l'intérieur de cette relation toute donnée –, [chez Galien,]
manifestement, bien qu'il n'y en ait pas de considération théorique ou
explicite (mais il suffit de voir le déroulement du texte), on voit très bien
que celui qui doit diriger doit être inconnu. On ne doit avoir avec lui
aucune relation préalable, ou le moins de relation préalable possible, de
manière à ce qu'il n'y ait ni indulgence ni sévérité. Et cette condition
d'amitié, qui est si explicite dans la plupart des autres textes, a, là, sauté.
On a un individu par conséquent, le directeur, qui n'est ni un technicien
de l'âme, ni non plus un ami. C'est quelqu'un de neutre, quelqu'un
d'étranger, par rapport à [qui] on doit se placer comme l'objet de son
regard et l'objet, ou plutôt la cible de son discours. Il vous regarde, il
vous observe, il constate que vous avez ou que vous n'avez pas telle
passion. Très bien. À ce moment-là, il va parler, parler librement, il va
s'adresser à vous à partir de sa *parrhêsia*. Et c'est comme ça, à partir de
ce point extérieur et neutre du regard et du sujet de discours, que l'opération de direction de conscience va s'exercer. Voilà ce que je voulais
vous dire à propos de ce texte de Galien.

Troisièmement maintenant, le texte de Sénèque. À dire vrai, vous
trouvez dans la correspondance avec Lucilius plusieurs lettres qui, explicitement ou implicitement [...] [donnent en passant des indications sur
cette *libertas**]. Il est clair que pour Sénèque, à la différence de ce qu'on
trouve sans doute chez Philodème, la *libertas* n'est pas une technique,
n'est pas un art. Vous n'avez pas [sur ce sujet] de théorie ou d'exposé
systématique, mais vous avez un certain nombre d'éléments qui
sont parfaitement cohérents. Vous en trouvez dans la lettre [40], dans la

---

* Restitution d'après le manuscrit.

lettre [38], dans la lettre 29 et dans la lettre 75. Parlons d'abord rapidement des premières, avant d'étudier le texte de la lettre 75. Dans la lettre
[40], Sénèque, d'une façon très claire et qui revient dans bien d'autres
textes, oppose ce que doit être le véritable rapport, le véritable lien entre
celui qui dirige et celui qui est dirigé, au discours qui est tenu dans la
forme de l'éloquence populaire, lorsque quelqu'un, s'adressant à toute
une foule, tient un discours violent et emphatique. Il est absolument
évident, clair, et cela va de soi, que Sénèque ici pense à ces orateurs
populaires, cyniques pour la plupart, ou cynico-stoïciens, qui avaient
un rôle si important dans ces formes de prédication, de direction collective, etc., qui étaient fréquentes dans l'Antiquité à cette même époque[13].
Contre cette direction collective, contre cette moralisation populaire,
Sénèque fait valoir les droits et la richesse spécifiques de ce que peut, de
ce que doit être un rapport individuel d'homme à homme, et d'homme
cultivé à homme cultivé. Quelle est au fond la fonction de l'éloquence
populaire? Premièrement, d'essayer de surprendre les auditeurs par des
émotions fortes, sans faire appel à leur jugement. Et, pour obtenir ces
émotions fortes, cette éloquence populaire ne suit pas l'ordre logique
des choses et de la vérité. Elle se contente d'éléments dramatiques et
elle constitue comme une sorte de théâtre. L'éloquence populaire, par
conséquent, disons-le dans notre vocabulaire à nous, ne passe pas par le
rapport de vérité. Elle produit des effets qui sont des effets émotifs,
affectifs et qui, à cause de cela, n'ont pas de suite profonde chez les
individus[14]. Au contraire, à cela Sénèque oppose ce que doit être la relation discursive, maîtrisée et efficace, qui se passe entre deux individus
qui sont en tête à tête. Ce discours-là, dit-il, est un discours *(oratio)*
« quae veritati dat operam » : qui donne place à la vérité[15]. Et pour que
ce discours fasse place à la vérité, il faut, dit-il, qu'il soit *simplex,* c'est-
à-dire transparent : qu'il dise ce qu'il a à dire, qu'il n'essaie pas de le
vêtir, de l'habiller, et par conséquent de le déguiser, soit par des ornements, soit par une dramaticité quelconque. Simple : il doit être simple
comme de l'eau pure, la vérité doit y passer. Mais il doit être en même
temps *composita,* c'est-à-dire qu'il doit suivre un certain ordre. Non pas
l'ordre dramatique que l'éloquence populaire suit, en fonction justement
des mouvements de la foule, mais [un ordre] composé en fonction de
la vérité que l'on veut dire. Et c'est ainsi qu'en utilisant ce discours
qui est à la fois transparent à la vérité et bien ordonné en fonction de
cette vérité, eh bien, ce discours adressé à l'autre pourra descendre
au fond de celui auquel il s'adresse : *descendere in nos debet*[16]. Il doit
descendre jusqu'au fond de nous, par cette simplicité et par cette

composition réfléchie. Voilà ce qui est donc dans la lettre [40]. Dans la lettre [38], il revient aussi sur l'opposition entre l'éloquence publique qui cherche à frapper de grands coups, alors que dans la véritable direction et dans les conseils que l'on doit se donner les uns aux autres, il s'agit non pas de frapper des grands coups mais de jeter dans l'âme des petites semences, qui sont à peine visibles mais qui pourront germer, ou qui pourront aider à [faire] germer les semences de sagesse que la nature a déposées en nous (les semences, les germes de raison[17]). Ce qui implique, bien entendu, que ce discours fasse une attention toute particulière aux individus, à l'état dans lequel ils sont. Il ne faut pas que ces semences soient perdues, il ne faut pas qu'elles soient écrasées[18]. Nécessité par conséquent de s'adapter à celui [à qui] on parle, d'attendre le bon moment où la germination pourra avoir lieu. Même thème aussi dans la lettre 29[19].

Et maintenant la lettre 75 qui me paraît assez indubitablement, encore une fois sans que la chose soit dite, un exposé complet de ce qu'est la *libertas,* la *parrhêsia* pour les Grecs. Voici le texte : « Mes lettres ne sont pas selon ton goût, travaillées comme il faut, et tu t'en plains. En vérité, qui songe à travailler son style, hormis les amateurs du style prétentieux ? Ma conversation, si nous nous trouvions en tête à tête, paresseusement assis ou à la promenade, serait sans apprêt, d'allure facile *(inlaboratus et facilis).* Telles je veux que soient mes lettres : elles n'ont rien de recherché, rien d'artificiel. S'il était possible, j'aimerais à te laisser voir mes pensées plutôt qu'à les traduire par le langage [je reviendrai sur cette phrase importante ; M.F.]. Même dans une conférence en règle, je ne frapperais pas du pied, je n'étendrais pas le bras en avant, je ne hausserais pas le ton, laissant cela aux orateurs et jugeant mon but atteint, si je t'avais transmis ma pensée sans ornement étudié ni platitude. Par-dessus tout, j'aurais à cœur de bien te faire comprendre que tout ce qu'il m'adviendra de dire, je le pense, que non content de le penser, je l'aime. Les baisers que l'on donne à ses enfants ne ressemblent pas à ceux que reçoit une maîtresse ; et toutefois cet embrassement si chaste, si retenu, laisse apparaître la tendresse. Assurément je ne condamne pas à un air de sécheresse et d'aridité des entretiens qui porteront sur une aussi haute matière. La philosophie ne répudie pas les grâces de l'esprit. Quant à beaucoup peiner sur les mots, c'est ce qu'il ne faut pas. Voilà le point essentiel de notre rhétorique [c'est un ajout du traducteur ; *haec sit propositi nostri summa* doit plutôt être traduit par : voilà le point essentiel de ce que j'affirme, de ce que j'annonce, de ce que je veux dire ; M.F.] : dire ce que l'on pense, penser ce que l'on dit ;

faire que le langage soit d'accord avec la conduite. Il a rempli ses engagements celui qui, à le voir et à l'écouter, se trouve le même. Nous verrons l'originalité de cette nature, ce qu'elle a de grand. Nos discours doivent tendre non à l'agréable, mais à l'utile. Si toutefois l'éloquence vient sans que l'on se mette en peine, si elle s'offre d'elle-même ou coûte peu, admettons-la et qu'elle marche à la suite de très belles choses ; qu'elle soit faite pour montrer les choses plutôt que pour se montrer. D'autres arts s'adressent exclusivement à l'esprit ; ici on ne travaille que pour l'âme. Le malade ne se met pas en quête d'un médecin doué d'éloquence. Néanmoins s'il se trouve que ce même homme, qui sait guérir, discourt avec grâce sur le traitement à suivre, le malade s'en accommodera ; mais ce ne lui sera pas une raison de se féliciter [pour le malade ; M.F.] s'il est tombé sur un praticien qui, outre son talent, est un discoureur habile. Le cas ressemble à celui d'un bon pilote qui serait, par-dessus le marché, joli garçon. Pourquoi me vouloir chatouiller et charmer l'oreille ? Il s'agit d'autre chose : c'est le feu, c'est le fer, c'est la diète qu'il me faut. On t'a fait venir pour cela[20]. »

[Dans] ce texte un peu long, j'imagine que vous avez pu déjà repérer tout un tas d'éléments que vous connaissez. Premièrement, vous avez repéré ce qui est dit contre l'éloquence populaire, avec le privilège des lettres que l'on envoie, qu'un individu envoie à un autre et qui doivent avoir, à cause de ça, comme rapport individuel, une liberté d'allure, une flexibilité qui tient compte de chaque partenaire. Ça serait, dit-il, la même chose. Et dans d'autres textes, il dit : Ce serait même beaucoup mieux si, au lieu de nous envoyer l'un à l'autre des lettres, nous avions la possibilité de nous entretenir d'une façon particulière, soit en étant assis paresseusement, soit en nous promenant ensemble[21]. Cet entretien particulier, ce tête-à-tête, qui est en même temps un contact vivant et physique, est évidemment la meilleure forme, la forme idéale pour un rapport de direction. Deuxièmement, vous avez pu repérer aussi dans le texte quelque chose dont je vous avais déjà parlé. C'est l'attitude à l'égard de la rhétorique. Il ne dit pas, comme lui fait dire le traducteur : « Voilà le point essentiel de notre rhétorique. » Il n'emploie jamais ce mot pour désigner ce qu'il fait. Mais il dit cependant : Mais oui, les ornements du discours, ça peut parfaitement être utile. Il n'y a pas de raison qu'on dédaigne les plaisirs et les agréments qu'il y a à écouter du beau langage. Il peut même y avoir quelque chose d'assez utile là-dedans, dans la mesure où, si l'éloquence s'offre d'elle-même ou coûte peu, elle peut permettre de montrer les choses. Donc : utilisation tactique de la rhétorique, mais aucune obéissance fondamentale, globale, totale aux règles de la rhétorique. Troisièmement aussi, vous avez pu voir cette chose dont on a parlé, qui est que ce discours de « franc-parler » a essentiellement pour fonction d'être tourné vers l'autre, vers celui auquel on s'adresse, auquel il doit être utile. Et un certain nombre d'éléments de cette utilité sont à retenir ici. D'une part, il caractérise cette utilité en disant qu'elle qui ne s'adresse pas tellement à l'*ingenium* (à l'esprit, à l'intelligence, etc.), c'est quelque chose qui relève du *animi negotium* (du commerce, de l'activité, de la pratique de l'âme). Donc la *parrhêsia* (le franc-parler) est utile dans cet *animi negotium,* ce « management » de l'âme si vous voulez. Et cette utilité, elle va se manifester comment ? Alors, c'est à la fin du passage. Je ne vous ai pas tout lu, mais à la fin de ce paragraphe il va montrer quel est l'effet, l'effet utile d'un franc-parler lorsqu'il est utilisé comme il faut. Il dit ceci : On te tient de beaux discours. Tu fais attention simplement aux mots, à leur beauté, à leur charme. Très bien, ça te réjouit. « Mais quand auras-tu achevé d'acquérir toutes ces connaissances ? quand, de les graver si bien en toi-même, une fois acquises qu'elles ne puissent plus sortir de ta mémoire ? quand, de les soumettre à l'expérience ? Il n'en est pas en effet de celles-ci comme des autres, qu'il suffit de confier à sa mémoire : c'est à l'œuvre qu'il faut les essayer[22]. » L'utilité, par conséquent, du franc-parler, dans cet *animi negotium,* doit avoir pour objectif final ceci : c'est que ce qu'on a entendu, on ne se contente pas de l'avoir quelque part dans la mémoire, en se souvenant combien c'est beau. Il faut se le graver, se le graver de telle sorte que, lorsqu'on se trouvera dans une situation qui le réclame, on pourra agir comme il faut. C'est à l'épreuve que l'on aura mesuré l'efficacité, l'utilité de la parole entendue, de cette parole qui a été transmise par la *parrhêsia*. Enfin, autre élément, qui a été rencontré déjà dans d'autres textes à propos de la *parrhêsia,* c'est l'inévitable comparaison, mais si fondamentale, entre la médecine, le pilotage et le gouvernement, gouvernement de soi-même ou des autres[23]. Cette comparaison est, je crois, vraiment matricielle dans la pensée, dans la théorie du gouvernement à l'époque hellénistique et gréco-romaine. Gouverner est un art stochastique justement, un art de conjecture, comme la médecine, comme aussi le pilotage : diriger un navire, soigner un malade, gouverner les hommes, se gouverner soi-même relèvent de la même typologie de l'activité à la fois rationnelle et incertaine[24].

On a là un paysage tout à fait familier. Seulement, la raison pour laquelle je me suis attardé sur ce texte est celle-ci : au centre même du texte, vous avez un certain nombre d'expressions dont on a vu pointer en quelque sorte le museau dans d'autres textes, celui de Philodème et celui de Galien; mais là, je crois que le thème se déploie à plein. [Sénèque] dit ceci : Ce qui est essentiel dans la *parrhêsia*, c'est que les mots que j'emploie, ils peuvent être un petit peu ornés si c'est néces-saire, mais de toute façon leur rôle, leur fonction, c'est quoi? Alors là, je voudrais vous citer la phrase. Il dit ceci : Ce dont il s'agit, c'est de montrer *(ostendere)* ce que j'éprouve *(quid sentiam)* plutôt que parler *(loqui)*[25]. Qu'est-ce que veut dire « montrer sa pensée plutôt que parler » ? Je crois que dans cette ostention de la pensée, qui doit être aussi peu dramatique que possible, même si occasionnellement elle utilise des ornements, il y a deux éléments importants, qui sont d'ailleurs explicités dans le texte. Premièrement, il y a l'élément de transmission pure et simple de la pensée : j'aurais atteint mon but « si je t'avais transmis ma pensée sans ornement étudié ni platitude *(contentus sensus meos ad te pertulisse, quos nec exornassem nec abiecissem)* ». Transmettre, pure-ment et simplement, [c'est le verbe] *perferre,* comme dans l'expression « transmettre des nouvelles par une lettre ». C'est la *paradosis.* Il s'agit donc de transmettre purement et simplement la pensée, avec le mini-mum ornemental qui est tolérable avec cette transparence (on retrouve le thème de cette *oratio simplex* dont il était question dans la lettre 40).

Transmission pure et simple de la pensée, mais – et c'est là le second élément qui caractérise cette ostention de la pensée, ce *quid sentiam ostendere* qui est l'objectif de cette *parrhêsia,* de cette *libertas* – il faut aussi manifester que ces pensées que l'on transmet, ce sont précisément les pensées de celui qui les transmet. Ce sont les pensées de celui qui les exprime, et ce qu'il faut montrer, c'est non seulement que c'est ça, la vérité, mais il faut montrer que, moi qui parle, je suis celui qui estime que ces pensées sont effectivement vraies, je suis celui pour qui aussi elles sont vraies. Le texte le dit explicitement, il faut faire com-prendre « *omnia me illa sentire, quae dicerem*[26] », que moi effectivement j'éprouve *(sentire)* comme vraies les choses que je dis. Et il ajoute encore « *nec tantum sentire, sed amare* » : et non seulement que je les éprouve, que je les considère comme vraies, mais encore que je les aime, que j'y suis attaché et que toute ma vie est commandée par elles. La comparai-son avec le baiser que l'on donne à l'enfant est intéressante. Le baiser que l'on donne à sa maîtresse est un baiser emphatique et rhétorique, qui en rajoute toujours un peu. Le baiser que l'on donne à l'enfant est chaste, il est *simplex* : pur, au sens où il est, si vous voulez, transparent, et où ne s'exprime rien de plus que la tendresse, mais une tendresse que l'on n'éprouve pas moins pour l'enfant que pour la maîtresse. Et on est en quelque sorte présent : c'est ma tendresse à moi que je rends

présente, dans ce baiser si simple et si pur. Je crois que ceci nous
conduit à un élément fondamental dans cette notion de *libertas* (de
parrhêsia). On l'avait vu, cet élément fondamental, apparaître un peu
lorsque Galien, par exemple, disait : Il faut prendre pour maître celui qui
a montré lui-même, dans sa vie, qu'il se conduisait bien. On l'avait
trouvé aussi dans Philodème, lorsque Philodème, à propos du *kathêgêtês*
ou *kathêgoumenos*, disait que celui-là s'était formé à l'exemple des
maîtres[27]. Ce qui est, me semble-t-il, l'élément nodal dans toute cette
conception de la *libertas* et de la *parrhêsia*, et qui est là développé dans
ce texte de Sénèque, c'est que, pour bien garantir la *parrhêsia* (la franchise) du discours que l'on tient, il faut que soit effectivement sensible
la présence de celui qui parle dans cela même qu'il dit[28]. Ou encore : il
faut que la *parrhêsia*, la vérité de ce qu'il dit, soit scellée par la conduite
qu'il observe et la manière dont effectivement il vit. C'est ce que dit
Sénèque dans la phrase qui est celle-ci : « Voici le point essentiel [non
pas de notre rhétorique mais de ce que je veux dire ; M.F.] : dire ce que
l'on pense, penser ce que l'on dit ; faire que le langage soit d'accord
avec la conduite. *Ille promissum suum implevit, qui, et cum videas illum
et cum audias, idem est.* » [C'est-à-dire :] celui-là a rempli cette espèce
de pacte *(promissum suum)*, cette espèce d'engagement qui est au fond
de l'opération de direction, qui en est la base et la condition, il tient ce à
quoi il s'était engagé, celui qui est le même, que tu l'écoutes dans ses
discours ou que tu le voies dans la vie. Le fond de la *parrhêsia*, c'est je
crois cette *adæquatio* entre le sujet qui parle et qui dit la vérité, et le
sujet qui se conduit, qui se conduit comme le veut cette vérité. Beaucoup plus encore que la nécessité de s'adapter tactiquement à l'autre, il
me semble que ce qui caractérise la *parrhêsia*, la *libertas*, c'est cette
adéquation du sujet qui parle, ou encore du sujet de l'énonciation, avec
le sujet de la conduite. C'est cette adéquation qui donne le droit et la
possibilité de parler hors des formes requises et traditionnelles, de parler
indépendamment des ressources de la rhétorique, qu'on peut utiliser, si
besoin est, pour faciliter la réception de ce qu'on dit.

La *parrhêsia* (la *libertas*, le franc-parler) est donc cette forme essentielle – et c'est comme cela que je résumerai ce que je voulais vous dire
sur la *parrhêsia* – à la parole du directeur : parole libre, dégagée des
règles, affranchie des procédés rhétoriques, en ce qu'elle doit, d'une part
bien sûr, s'adapter à la situation, à l'occasion, aux particularités de
l'auditeur ; mais surtout et fondamentalement, c'est une parole qui, du
côté de celui qui la prononce, vaut engagement, vaut lien, constitue un
certain pacte entre le sujet de l'énonciation et le sujet de la conduite.

Le sujet qui parle s'engage. Au moment même où il dit « je dis la vérité », il s'engage à faire ce qu'il dit, et à être sujet d'une conduite qui est une conduite obéissant point par point à la vérité qu'il formule. C'est en ceci qu'il ne peut pas y avoir d'enseignement de la vérité sans un *exemplum*. Il ne peut pas y avoir d'enseignement de la vérité sans que celui-là même qui dit la vérité donne l'exemple de cette vérité, et c'est pourquoi aussi – plus, bien sûr, que [pour] cet enseignement théâtral qui se donne dans les assemblées populaires et où un individu quelconque exhorte à la vertu une foule quelconque – le rapport individuel est nécessaire. Rapports individuels dans [la correspondance]. Mieux encore : rapports individuels dans les conversations. Mieux encore que dans la conversation : rapports de vies partagées, longue chaîne des exemples vivants, transmis comme de la main à la main[29]. Et non pas simplement parce que l'exemple rend plus facile en quelque sorte à percevoir la vérité qui est dite, mais parce que, dans cette chaîne des exemples et des discours, le pacte sans cesse se reproduit. Je dis vrai, je te dis vrai. Et ce qui authentifie le fait que je te dise vrai, c'est qu'effectivement je suis, comme sujet de ma conduite, absolument, intégralement et totalement identique au sujet d'énonciation que je suis, quand je te dis ce que je te dis. Je crois qu'on est là au cœur de la *parrhêsia*. Et si j'ai insisté là-dessus, et si j'ai construit cette analyse de la *parrhêsia* pour l'amener jusqu'en ce point-là, c'est qu'il me semble qu'on a là, tout de même, un élément, une distribution des choses qui est tout à fait remarquable, surtout si on la compare à ce qu'on trouvera ensuite dans le christianisme[30]. Il ne faudrait évidemment pas simplifier toutes ces choses qui sont complexes : vous avez vu comment, chez les épicuriens par exemple, vous avez une formule de *parrhêsia* qui est tout de même assez différente de ce qu'on trouve chez Galien ; ce qu'on trouve chez Sénèque est également différent. Enfin, il y a tout un tas de modalités.

Mais si on veut prendre une vue un peu en survol, il me semble qu'on peut dire ceci. Appelons si vous voulez « pédagogique » la transmission d'une vérité qui a pour fonction de doter un sujet quelconque d'aptitudes, de capacités, de savoirs, etc., qu'il ne possédait pas auparavant et qu'il devra posséder à la fin de ce rapport pédagogique. Si on appelle « pédagogique », donc, ce rapport qui consiste à doter un sujet quelconque d'une série d'aptitudes définies à l'avance, on peut, je crois, appeler « psychagogique » la transmission d'une vérité qui n'a pas pour fonction de doter un sujet quelconque d'aptitudes, etc., mais qui a pour fonction de modifier le mode d'être de ce sujet auquel on s'adresse. Eh bien, il me semble que, dans l'histoire de ces procédures psychagogiques,

un considérable transfert, une considérable mutation s'est opérée entre,
en gros, la philosophie gréco-romaine et le christianisme. Disons ceci :
c'est que dans l'Antiquité gréco-romaine, dans le rapport psychagogique, le poids essentiel de la vérité, la nécessité de dire-vrai, les règles
auxquelles on doit se soumettre en disant vrai, pour dire vrai et pour que
la vérité puisse produire son effet – à savoir : de mutation du mode
d'être du sujet –, tout ceci porte essentiellement du côté du maître, du
côté du directeur, du côté de l'ami encore, en tout cas du côté de celui
qui conseille. C'est sur [lui], sur l'émetteur ou le transmetteur du discours vrai que pèse l'essentiel de ces obligations, de ces tâches et de ces
engagements. Dans la mesure où c'est du côté du maître, du conseiller,
du guide, que porte l'essentiel des obligations de vérité, je crois qu'on
peut dire que le rapport de psychagogie est, dans l'Antiquité, très
proche, ou relativement proche, du rapport de pédagogie. Car dans la
pédagogie, le maître [est tel] en tant qu'il détient la vérité, qu'il formule
la vérité, qu'il la formule comme il faut et dans des règles qui sont
intrinsèques à ce discours vrai qu'il transmet. La vérité et les obligations
de vérité sont du côté du maître. C'est vrai dans toute pédagogie. C'est
vrai bien sûr dans la pédagogie antique, mais c'est vrai dans ce qu'on
pourrait appeler la psychagogie antique. Et c'est en ce sens, c'est pour
cette raison que la psychagogie antique est si proche de la pédagogie.
Elle est encore éprouvée comme une *paideia*[31]. En revanche il me
semble que dans le christianisme, à partir d'un certain nombre de mutations très considérables – parmi lesquelles, bien sûr, celle-[ci] : on sait
bien que la vérité ne vient pas de celui qui guide l'âme, mais que la
vérité est donnée sur un autre mode (Révélation, Texte, Livre, etc.) –,
les choses vont être considérablement changées. Et dans la psychagogie
de type chrétien on va voir que, s'il est vrai que celui qui guide la
conscience doit obéir à un certain nombre de règles, qu'il a un certain
nombre de charges et d'obligations, le prix le plus fondamental, le prix
essentiel de la vérité et du « dire-vrai » va peser sur celui dont l'âme a à
être guidée. Et ce sera simplement au prix de cette énonciation par lui-
même et sur lui-même d'un discours vrai, énonciation par lui-même
d'un discours vrai sur lui-même, que l'âme pourra être guidée. Et à partir de ce moment-là, il me semble que la psychagogie de type, disons,
chrétien va se distinguer et s'opposer assez profondément à cette psychagogie de type philosophique gréco-romain. La [psychagogie] gréco-
romaine était encore toute proche de la pédagogie. Elle obéissait à cette
même structure générale qui est que c'est le maître qui tient le discours
de vérité. Le christianisme, lui, va décrocher psychagogie et pédagogie

en demandant à l'âme qui est psychagogisée, l'âme qui est conduite, de dire une vérité ; vérité que seule elle peut dire, que seule elle détient et qui est non pas le seul, mais un des éléments fondamentaux de cette opération par laquelle son mode d'être va être changé. Et c'est en cela que consistera l'aveu chrétien[32]. Disons, et je m'arrêterai là, que dans la spiritualité chrétienne, c'est le sujet guidé qui doit être présent à l'intérieur du discours vrai comme objet de son propre discours vrai. Dans le discours de celui qui est guidé, le sujet de l'énonciation doit être le référent de l'énoncé : c'est la définition de l'aveu. Dans la philosophie gréco-romaine au contraire, celui qui doit être présent lui-même dans le discours vrai, c'est celui qui dirige. Et il doit être présent non pas sous la forme de la référence de l'énoncé (il n'a pas à parler de lui-même) ; il est présent non pas comme celui qui dit : « Voilà ce que je suis », il est présent dans une coïncidence entre le sujet de l'énonciation et le sujet de ses propres actes. « Cette vérité que je te dis, tu la vois en moi. » Voilà.

*

NOTES

1. Question provenant du public.

2. Foucault prononce ses cours de janvier à avril.

3. Jacques Lagrange, historien de la psychiatrie et philosophe de la médecine, est demeuré l'auditeur le plus fidèle des cours de Foucault, dont il suivait déjà les cours à la rue d'Ulm au début des années cinquante. Ce sont ses enregistrements (ainsi que ceux de G. Burlet pour les années soixante-dix) qui servent aujourd'hui de base aux transcriptions.

4. Les éditeurs hésitent entre deux titres : *Traité des passions de l'âme et de ses erreurs* (en suivant Marquardt) et *Du diagnostic et du traitement des passions de l'âme* (en suivant Kühn). Sur ces problèmes, cf. la « note liminaire » à la dernière édition de Galien, *L'Âme et ses passions,* Paris, Les Belles Lettres, 1995, par V. Barras, T. Birchler, A.-F. Morand.

5. Cf. le « malheureux de nous trop aimer *(amore nostri)* » dans la préface au quatrième livre des *Questions naturelles,* étudiée dans la première heure de cours.

6. Foucault vient en effet de donner un résumé du chapitre II du *Traité des passions de l'âme et de ses erreurs,* trad. R. Van der Elst, éd. citée, p. 71-72.

7. Foucault ici passe à l'évocation du chapitre III (*id.*, p. 72-76).

8. Cf. cours du 19 mars 1980 au Collège de France (avec, pour référence, les *Institutions cénobitiques* et les *Conférences* de Cassien), et, dans un autre cadre théorique mais en s'appuyant sur les mêmes textes, le cours du 22 février 1978 au Collège de France sur la pastorale chrétienne (technique d'individualisation irréductible aux principes de la gouvernementalité de la cité grecque).

9. Début du chapitre III du *Traité des passions de l'âme...*, éd. citée, p. 71.

10. *Isaïe*, 64, verset 6 selon la vulgate (5 selon l'hébreu). Thème repris dans la deuxième strophe du « Rorate, caeli, desuper... », chanté pendant le temps de l'Avent.

11. Cf. la description de la direction chrétienne (en opposition à la direction hellénistique) dans le cours du 19 mars 1980 au Collège de France.

12. « [Préférez] les vieillards qui ont le mieux vécu » (*Traité des passions de l'âme...*, chap. III, p. 7).

13. Cf. pour une présentation générale de ce mouvement de prédication populaire, le chapitre : « La prédication populaire », *in* J.-M. André, *La Philosophie à Rome, op. cit.* On notera qu'un de ses représentants les plus anciens, Sextius le père, avait été le maître de Sotion, lequel donna ses premières leçons de philosophie au jeune Sénèque. Mais il faut surtout citer, pour la littérature grecque cette fois, les noms de Musonius Rufus et de Dion Chrysostome.

14. « L'éloquence populaire n'a aucun rapport avec le vrai. Que veut-elle ? Remuer la foule par un coup de surprise des auditeurs sans jugement » (Sénèque, *Lettres à Lucilius*, t. I, livre IV, lettre 40,4, éd. citée, p. 162-163).

15. « Considère en outre que la parole qui travaille pour la vérité doit être à la fois réglée et tout unie (*adice nunc, quod quae veritati operam dat oratio, et composita esse debet et simplex*) » (*ibid.*).

16. « Et ne voit-on pas que le discours qui a pour objet la guérison doit descendre au fond de nous-mêmes (*descendere in nos debet*) ? » (*ibid.*).

17. Sur la théorie des semences logiques, cf. Cicéron : « Sans doute, nous apportons en naissant les germes des vertus (*semina innata virtutum*) » (*Tusculanes*, t. II, III,I,2, trad. J. Humbert, éd. citée, p. 3), et Sénèque : « Inciter son auditeur à l'amour du bien est chose facile : la nature a mis dans tous les cœurs le fondement et le premier germe des vertus (*semenque virtutum*) » (*Lettres à Lucilius*, t. IV, livre XVII-XVIII, lettre 108,8, p. 179). Ce thème fait l'objet d'une notation chez Diogène Laërce dans sa présentation générale du stoïcisme (*Vies et Doctrines des philosophes illustres*, VII,157, trad. s.dir. M.-O. Goulet-Cazé, éd. citée, p. 881).

18. « Le libre entretien est du plus grand profit, parce qu'il s'insinue petit à petit dans l'âme [...]. Un conseil ne se donne jamais à pleine voix [...] c'est [...] un ton plus bas qu'il faut prendre. De cette manière, les paroles pénètrent et se gravent plus facilement ; on ne les demande pas abondantes, mais efficaces. Répandons-les comme la semence qui, toute menue, tombée du reste dans un bon terrain, déploie sa vigueur » (*Lettres à Lucilius*, t. I, livre IV, lettre 38,1-2, p. 157).

19. « La vérité ne doit se dire qu'à celui qui veut l'entendre. C'est pour cela qu'à propos de Diogène et, plus généralement, des Cyniques, qui usaient indistinctement de leur franc parler et faisaient la leçon à tous venants, on en est souvent à se demander s'ils devaient procéder ainsi. Le bel effet, si vous vous mêlez d'admonester les sourds, les muets de naissance ou par accident ! » (*id.*, lettre 29,1, p. 124-125).

20. *Lettres à Lucilius*, t. III, livre IX, lettre 75,1-7 (p. 50-51).

21. Cf. par exemple : « La parole directe, le tête-à-tête quotidien te profiteront plus que tout discours écrit » (*Lettres à Lucilius*, t. I, livre I, lettre 6,5, p. 17).

22. *Lettres à Lucilius*, t. III, livre IX, lettre 75,7 (p. 52).

23. Cf. cours du 17 février, première heure.

24. Cf. les analyses de la première heure de ce cours. Sur le pilotage, la médecine et le gouvernement comme relevant d'une intelligence stochastique, cf. J.-P. Vernant

& M. Détienne, *Les Ruses de l'intelligence La mètis des Grecs, op. cit.,* surtout p. 201-241 concernant l'Athéna maritime, et 295-302.

25. *Lettres à Lucilius,* t. III, livre IX, lettre 75,2 (p. 50).

26. *Id.,* lettre 75,3 (p. 50).

27. Cf. ce cours-ci, première heure.

28. Dans le cours du 12 janvier 1983 (consacré à l'étude de la *parrhêsia* dans la Grèce classique – discours de Périclès, *Ion* d'Euripide, dialogues de Platon, etc.), Foucault retiendra encore cet engagement du sujet dans sa parole pour définir la *parrhêsia,* mais avec l'idée supplémentaire d'un risque encouru par le sujet, dont la franchise peut lui coûter la liberté ou la vie.

29. Allusion au souvenir d'Épicure, retransmis par des disciples ayant eu un contact vivant avec le maître et jouissant, de ce fait, d'un prestige sans égal, développé dans le cours de la première heure.

30. L'analyse de la *parrhêsia* dans le christianisme connaîtra un début d'élaboration dans le dernier cours que Foucault prononcera au Collège de France, en 1984. Il y évoque son usage chez Philon d'Alexandrie (*parrhêsia* comme modalité pleine et positive du rapport à Dieu) et dans la littérature néo-testamentaire (*parrhêsia* comme l'assurance du chrétien rendant possible la prière).

31. Sur cette notion (à partir d'un texte d'Épicure), cf. cours du 10 février, deuxième heure.

32. C'est durant l'année 1980 que Foucault retrace cette histoire de l'aveu (cf. résumé de ce cours in *Dits et Écrits, op. cit.,* IV, n° 289, p. 125-129). Il faut noter encore que la thèse de Foucault consistait alors à montrer que le couplage de la rémission des fautes et de la verbalisation d'une vérité sur soi-même n'appartient pas aux formes originaires du christianisme, mais prend sens dans un dispositif d'assujettissement mis en place par l'institution monastique autour des ve-vi^e siècles (cf. dans le cours du 26 mars 1980 les longues analyses des *Institutions cénobitiques* de Cassien).

COURS DU 17 MARS 1982

Première heure

Remarques supplémentaires sur la signification des règles de silence dans le pythagorisme. – Définition de l'« ascétique ». – Bilan sur l'ethnologie historique de l'ascétique grecque. – Rappel de l'Alcibiade : le repli de l'ascétique sur la connaissance de soi comme miroir du divin. – L'ascétique du Ier-IIe siècle : un double décrochage (relativement : au principe de connaissance de soi ; au principe de reconnaissance dans le divin). – Explication de la fortune chrétienne de l'ascétique hellénistique et romaine : le rejet de la gnose. – L'œuvre de vie. – Les techniques d'existence, exposition de deux registres : l'exercice par la pensée ; l'entraînement en situation réelle. – Les exercices d'abstinence : corps athlétique chez Platon et corps endurant chez Musonius Rufus. – La pratique des épreuves et ses caractères.

Je voudrais, en appendice au cours que je faisais la dernière fois, vous lire un texte, que j'aurais dû en réalité connaître et sur lequel je suis tombé au cours de la semaine, et qui concerne le problème de l'écoute, de l'audition (rapports de l'audition et du silence) dans les écoles pythagoriciennes. Alors ce texte m'a réjoui pour un certain nombre de raisons. D'abord, bien sûr, parce qu'il confirme ce que je vous disais sur le sens à donner à cette fameuse consigne du silence pythagoricien, qui est un silence pédagogique, qui est le silence par rapport à la parole du maître, qui est le silence à l'intérieur de l'école et par opposition à la parole qui est permise aux élèves les plus avancés. Et puis il y a un certain nombre d'autres éléments qui me paraissent intéressants dans ce texte. C'est un texte d'Aulu-Gelle. C'est au livre I des *Nuits attiques*. Voici le texte : « Voici quelle fut, d'après la tradition, la méthode progressive de Pythagore, puis de son école et de ses successeurs, pour admettre et former les disciples. Tout d'abord Pythagore étudiait par la "physiognomonie" les jeunes gens qui s'étaient présentés à lui pour suivre son enseignement. Ce mot indique que l'on s'informe sur la nature et le caractère des personnes par les déductions tirées de l'aspect de leur face et visage et de toute la contexture de leur corps ainsi que de son allure. Alors celui qui avait été examiné par Pythagore, et reconnu apte [en fonction par conséquent de ses traits physiognomoniques positifs; M.F.], Pythagore le faisait admettre aussitôt dans la secte, et il lui imposait le silence un temps déterminé, pas le même pour tous, mais pour chacun selon le jugement porté sur sa capacité à progresser [donc : silence modulé selon ce qu'on avait pu reconnaître, repérer, deviner d'après la physionomie de l'élève; M.F.]. Celui qui était au silence [ceci nous conduit à ce que je vous disais, c'est-à-dire la fonction du silence par rapport à l'écoute : silence pédagogique; M.F.] écoutait ce que disaient les autres, et il ne lui était permis ni de poser des questions [vous voyez que c'est bien de ça qu'il s'agit; M.F.] s'il n'avait pas bien compris, ni de noter ce qu'il avait entendu. » Alors ça, c'est une chose que j'ignorais mais qui confirme cette idée que le silence est essentiellement là un exercice de mémoire : non seulement l'élève n'a pas le droit de parler, de poser des questions, d'interrompre le maître, de jouer à ce jeu des questions et des réponses qui est pourtant si important dans toute la pédagogie ancienne – il n'a pas le droit de jouer à ce jeu, il n'est pas qualifié pour prendre la parole –, mais en même temps il n'a pas droit de prendre des notes, c'est-à-dire que tout doit être enregistré par lui sous la forme de la mémoire; c'est cet exercice de pure mémoire qui est là impliqué, qui est, si vous voulez, l'aspect positif de l'interdiction de parler. « Personne [donc même parmi ceux qui avaient les meilleurs traits physiognomoniques; M.F.] n'a gardé le silence moins de deux ans. On les appelait, pendant la période où ils se taisaient et écoutaient, les *akoustikoi,* les auditeurs. Mais lorsqu'ils avaient appris les deux choses les plus difficiles de toutes, se taire et écouter [vous vous souvenez de ce que je vous disais la dernière fois sur le silence et l'écoute comme socle premier de tous les exercices d'apprentissage, de tous les exercices spirituels, comme moment premier de la formation : se taire et écouter pour que, dans la mémoire pure, s'inscrive ce qui est dit, la parole vraie dite par le maître; M.F.], et qu'ils avaient commencé leur instruction par le silence, ce qu'on appelait *ekhemuthia* [c'est-à-dire : garder le silence, la garde du silence; M.F.], alors ils avaient le droit de parler et d'interroger, et ils avaient le droit d'écrire ce qu'ils avaient entendu et d'exposer ce qu'ils pensaient eux-mêmes [alors le droit à la parole et le droit à prendre des notes apparaissent, simultanément, au bout du stage nécessaire et premier de silence; M.F.]. On les appelait pendant cette période [où ils avaient le droit de parler et d'écrire; M.F.] *mathêmatikoi,* mathématiciens, du nom des sciences qu'ils avaient commencé d'apprendre et de travailler : car les anciens Grecs appelaient *mathêmata* la géométrie, la gnomonique, la musique et les autres disciplines un peu abstraites[1]. » Alors « notre cher Taurus [c'était un philosophe antérieur à Aulu-Gelle et d'inspiration pythagoricienne, je crois ; M.F.[2]] après nous avoir donné ces indications sur Pythagore » disait : Maintenant, malheureusement, il n'en va plus du tout de la même façon. Et cette gradation qui va du silence et de l'écoute à la participation à la parole, et à l'apprentissage des *mathêmata,* ce bel ordre n'est plus respecté. Et voici comment Taurus décrit les écoles de philosophie de son époque : « "Maintenant les gens s'établissent tout de suite chez le philosophe, les pieds mal lavés, et ce n'est pas assez qu'ils soient ignorants, réfractaires aux arts et à la géométrie, ils édictent eux-mêmes quel sera l'ordre dans lequel ils apprendront la philosophie. L'un dit : 'Enseigne-moi d'abord ceci'. L'autre dit : 'Je veux apprendre ceci, mais pas cela'. Celui-ci brûle de commencer par *Le Banquet* de Platon, à cause de l'orgie d'Alcibiade. Celui-là veut commencer par le *Phèdre,* à cause de la beauté du discours de Lysias. Il y en a même, oh, Jupiter ! qui demandent à lire Platon, non pas pour embellir leur conduite mais pour orner leur langue et leur style, non pour se gouverner plus stricte-ment [*nec ut modestior fiat* : non pas pour se mieux tenir ; M.F.] mais pour acquérir plus de charme". Tels étaient les propos habituels de Taurus, quand il comparait la mode nouvelle des élèves de philosophie avec les anciens pythagoriciens[3]. » C'était donc ça que j'aurais dû vous lire la dernière fois, sur ce problème du silence des pythagoriciens. Et donc, vous voyez bien qu'il constitue en effet, je crois, chez les bons élèves – c'est-à-dire ceux qui se lavent les pieds et ceux qui ne demandent pas à commencer par *Le Banquet* – le socle premier de l'apprentissage. Je vais donc en somme essayer d'étudier un peu, à tra-vers les règles du silence et les principes de la *parrhêsia,* du franc-parler, les règles de formulation, de transmission, d'acquisition du discours vrai. Ces discours vrais, vous savez qu'ils doivent constituer l'équipement nécessaire de l'âme, la *paraskeuê* qui permet aux individus d'affronter, d'être prêts en tout cas à affronter, tous les événements de la vie à mesure qu'ils se présentent. C'est donc là le premier socle de l'ascèse.

Maintenant je voudrais passer à une tout autre couche de l'ascèse, dont l'axe principal ne sera plus cette écoute et cette réception du dis-cours vrai. L'axe principal de cette nouvelle couche, de ce nouveau domaine de l'ascèse, sera justement la mise en œuvre de ces discours vrais, leur activation, pas simplement dans la mémoire ou dans la pensée qui les ressaisit en se retournant régulièrement vers eux, mais activation dans l'activité même du sujet, c'est-à-dire : comment devenir le sujet actif de discours vrais. Cette autre phase, cet autre stade de l'ascèse doit transformer le discours vrai, la vérité en *êthos*. C'est cela qui constitue ce qu'on appelle couramment l'*askêsis,* au sens strict. Pour désigner cette autre couche, cet autre niveau de l'ascèse (de l'exercice), j'emploierai – mais avec un peu de scrupules parce que je n'aime pas trop ces espèces de jeux de mots, mais enfin c'est un peu plus commode – le terme d'« ascétique ». Je voudrais éviter, d'une part, d'employer le mot « ascétisme » qui, vous le savez bien, a des connotations bien particulières et qui se réfère à une attitude de renoncement, de macération, etc. ; et ce n'est pas de cela qu'il s'agit, ce n'est pas d'un ascétisme. Je voudrais aussi éviter un peu le mot « ascèse », qui se rapporte soit à tel ou tel exercice particulier, soit encore à l'engagement de l'individu dans une série d'exercices auxquels il va demander – quoi ? Eh bien, ça peut être son pardon, ça peut être sa purification, ça peut être son salut, ça peut être une expérience spirituelle quelconque, etc. Alors, puisqu'on ne peut, pour désigner cet ensemble d'exercices, ni employer le terme « ascétisme » ni employer le terme « ascèse », j'appellerai ça, si vous voulez, l'« ascétique ». L'ascétique, c'est-à-dire l'ensemble plus ou moins coordonné des exercices qui sont disponibles, recommandés, obligatoires même, utilisables en tout cas par les individus dans un système moral, philosophique et religieux, afin de parvenir à un objectif spirituel défini. J'entends par « objectif spirituel » une certaine mutation, une certaine transfiguration d'eux-mêmes en tant que sujets, en tant que sujets d'action et en tant que sujets de connaissances vraies. C'est cet objectif de la transmutation spirituelle que l'ascétique, c'est-à-dire l'ensemble des exercices donnés, doit permettre d'atteindre.

Quels sont donc ces exercices ? En quoi consiste cette ascétique qui est présentée, définie dans la philosophie du Haut-Empire, d'une façon générale : dans cette pratique, cette culture de soi que j'essaie de définir, de décrire à cette époque-là ? En un sens, cette question de l'ascétique, de l'ensemble du système des ascèses-exercices, c'est essentiellement une question technique. On peut l'analyser comme une question technique. C'est-à-dire qu'il s'agirait, à ce moment-là, de définir quels sont les différents exercices qui sont prescrits ou recommandés, en quoi ils consistent et se différencient les uns des autres, et quelles sont, pour chacun, les règles intérieures auxquelles ils doivent se conformer. On pourrait faire le tableau de quelque chose comportant : les abstinences ; la méditation, méditation de la mort, méditation des maux futurs ; l'examen de conscience, etc. (vous en avez comme ça tout un ensemble). Ce côté technique, j'essaierai de le faire apparaître, je suivrai en tout cas le cadre d'une certaine technicité de ces exercices d'ascèse, de cette ascétique.

On pourrait d'ailleurs, et je crois que ça serait assez intéressant, essayer de faire un examen un peu systématique de tout cela, et si vous voulez, là encore pour employer un mot un peu solennel que je mettrai entre guillemets, faire une sorte d'« ethnologie de l'ascétique » : comparer les différents exercices entre eux, suivre leur évolution, leur diffusion. Il y a par exemple un problème qui est, je crois, très intéressant, qui a été soulevé par Dodds, repris par Vernant et par Joly, et qui a suscité une discussion, ou en tout cas qui a soulevé le scepticisme de Hadot : le problème de la continuité entre les exercices d'origine vraisemblablement chamanique, qui sont apparus en Grèce vers le VIIe-VIe siècle, et puis les exercices spirituels qu'on voit se développer dans la philosophie grecque proprement dite[4]. L'hypothèse de Dodds, reprise donc par Vernant et par Joly, c'est que lorsque les Grecs sont entrés au VIIe siècle en contact avec les civilisations du nord-est européen (grâce à la navigation dans la mer Noire), ils se sont trouvés mis en présence d'un certain nombre de pratiques chamaniques et de techniques de soi propres à cette forme-là de culture, parmi lesquelles il y avait des choses comme : les régimes des abstinences-exploits (jusqu'à quel point est-ce qu'on va supporter la faim, le froid, etc. ?) ; le système, aussi, des abstinences-épreuves (la joute pour savoir quel sera celui qui ira le plus loin dans ce genre d'exercice) ; les techniques de concentration de pensée et du souffle (retenir le souffle, respirer le moins possible pour essayer de se concentrer, et en quelque sorte de se disperser le moins possible dans le monde extérieur) ; méditation de la mort, sous la forme d'une espèce d'exercice par lequel on détacherait l'âme du corps, et on anticiperait en quelque sorte sa mort – tous ces exercices-là, les Grecs les auraient connus, donc, à travers et à partir des cultures chamaniques. Ce sont ces exercices-là dont, toujours d'après Dodds, Vernant, Joly, on trouverait la trace dans les premiers dialogues socratiques, là où on voit Socrate susciter l'admiration de ses contemporains et de son entourage : ainsi à la bataille de Matinée, lorsqu'il reste tout seul dans la nuit, dans le froid, immobile, et effectivement ne sentant rien et n'éprouvant rien autour de lui[5]. Alors ce sont ces formes-là de pratique de soi, de technique de soi qui seraient attestées dans certains aspects du personnage de Socrate. Et ce serait ces exercices-là qu'on trouverait transposés et transfigurés dans les pratiques spirituelles, où on retrouve en effet les mêmes règles d'abstinence, où on retrouve aussi des pratiques relativement analogues de concentration sur soi, d'examen de soi-même, de repli de la pensée sur elle-même, etc. Alors est-ce qu'il faut admettre une continuité ou non ? Faut-il en effet considérer qu'il y a eu comme un transfert, une implantation, et une décantation en même temps de ces pratiques essentiellement magiques et somatiques, devenues pratiques philosophiques et spirituelles ? Est-ce qu'en fait ce sont deux ensembles de pratiques différentes et qu'on ne peut pas rapprocher ? C'est cette discontinuité à laquelle, je crois, se rattacherait plutôt Hadot. C'est la continuité que soutiendraient au contraire Dodds et Vernant. Enfin je laisse ça, parce que ce n'est pas tout à fait mon problème.

J'essaierai de suivre tout de même le cadre technique qui est suggéré par le tableau même de ces exercices, mais le problème que je voudrais poser, l'enjeu de l'analyse que je voudrais vous présenter est à la fois historique et philosophique. Revenons un instant à ce texte qui nous avait servi de point de départ, vous vous souvenez : l'*Alcibiade*, ce dialogue de Platon sur la date duquel on a d'ailleurs tant d'incertitudes. Vous vous souvenez que dans ce dialogue, dans cet *Alcibiade*, ce dont il était question, ce à quoi était consacré tout le dialogue – en tout cas toute la seconde moitié du dialogue –, c'était la question de l'*epimeleia heautou* (du souci de soi). Socrate avait convaincu Alcibiade que, s'il voulait en effet honorer l'ambition politique qui était la sienne – à savoir : gouverner ses concitoyens et rivaliser aussi bien avec les Spartiates qu'avec le roi de Perse –, il devait d'abord faire tout de même un petit peu attention à lui-même, et s'occuper de lui-même, se soucier de lui-même. Et alors toute la seconde partie de l'*Alcibiade* était donc consacrée à cette question : qu'est-ce que c'est que s'occuper de soi-même ? Qu'est-ce que c'est d'abord que ce soi-même dont on doit s'occuper ? Réponse : c'est l'âme. Et en quoi doit consister ce souci qui s'adresse à l'âme ? Eh bien, ce souci qui s'adresse à l'âme, il était décrit dans l'*Alcibiade* comme étant essentiellement la connaissance de l'âme par elle-même, la connaissance de soi. L'âme, en se regardant dans cet élément qui constitue sa partie essentielle, à savoir le *noûs*[6], devait se reconnaître, c'est-à-dire : reconnaître à la fois sa nature divine et la divinité de la pensée. C'est en ce sens que le dialogue de l'*Alcibiade* montre, ou plutôt effectue dans son déroulement ce que l'on pourrait appeler le « recouvrement » proprement platonicien, recouvrement de l'*epimeleia heautou* par le *gnôthi seauton* (du souci de soi par la connaissance de soi). C'est la connaissance de soi, c'est l'impératif « connais-toi toi-même » qui recouvre entièrement et occupe toute la place dégagée par l'impératif « soucie-toi de toi-même ». « Soucie-toi de toi-même » voudra dire finalement : « connais-toi toi-même ». Connais-toi, connais la nature de ton âme, fais que ton âme se contemple elle-même dans ce *noûs* et se reconnaisse dans sa divinité essentielle. C'était ce qu'on trouvait dans l'*Alcibiade*.

Or, si nous passons à l'analyse de ces exercices, de cette ascétique que je voudrais maintenant analyser un peu – cette ascétique telle qu'elle a été développée essentiellement chez les stoïciens, chez les stoïco-cyniques de la période du Haut-Empire –, ce qui apparaît, je crois assez clairement, c'est que cette ascétique stoïco-cynique, à la différence de ce qu'on pouvait trouver dans l'*Alcibiade,* de ce qu'on peut trouver dans le platonisme classique, à la différence surtout de tout ce qu'on peut trouver dans la longue continuité du néo-platonisme, n'est pas organisée autour du principe de la connaissance de soi. Elle n'est pas organisée autour du principe de la reconnaissance de soi comme élément divin. Je ne veux pas du tout dire, en disant cela, que dans le platonisme, ou dans le néo-platonisme, l'absorption du souci de soi dans la connaissance de soi exclue absolument tout exercice et toute ascétique. Au contraire, les platoniciens et les néo-platoniciens y insisteront beaucoup. D'ailleurs, dans les textes de Platon lui-même, dans le platonisme si vous voulez classique, que la *philosophia* soit une *askêsis* est un principe fondamental. Mais c'est d'un autre type d'exercice justement qu'il s'agit. Et je ne veux pas dire non plus que, dans les exercices, dans l'ascétique stoïco-cynique, il ne soit pas question de la connaissance de soi, et que la connaissance de soi soit exclue. Mais il s'agit d'un autre type de connaissance. Je voudrais dire que ce qui caractérise, dans sa forme historique précise, l'ascétique des stoïciens et des cyniques à l'époque hellénistique et à l'époque romaine, quand on la compare à ce qui était dit et formulé dans l'*Alcibiade,* c'est ceci : il y a un double décrochage. [Premièrement :] décrochage de l'ensemble de ce corpus de l'ascétique (ensemble des exercices) par rapport à l'impératif de la connaissance de soi ; décalage, si vous voulez, où la connaissance de soi va apparaître comme ayant un certain rôle bien sûr, comme étant indispensable, comme ne pouvant pas être éliminée, mais elle ne sera plus l'axe central de l'*askêsis* ; décalage, donc, de l'ensemble des *askêseis* par rapport à l'axe de la connaissance de soi. Et deuxièmement, décalage, décrochage de la connaissance de soi telle qu'on peut l'obtenir – et telle qu'on doit la pratiquer, d'ailleurs, dans ces exercices – par rapport à la reconnaissance de soi comme élément divin. Là encore, vous allez trouver cet élément. Il n'est pas éliminé, il n'est pas du tout à négliger. Et vous savez combien ce principe de l'*homoiôsis tô theô,* de l'assimilation à Dieu, combien cet impératif de se reconnaître soi-même comme participant [de] la raison divine, ou étant même un élément substantiel de la raison divine qui organise le monde tout entier, est présent chez les stoïciens. Mais je crois que cette reconnaissance de soi-même comme élément divin n'a pas la place centrale que l'on trouve dans le platonisme et dans le néo-platonisme[7]. Décrochage, par conséquent, de l'ensemble des exercices par rapport au principe de la connaissance de soi, et décrochage de la connaissance de soi par rapport à l'axe, central chez les platoniciens, de la reconnaissance de soi comme élément divin. Eh bien, ce double décrochage, c'est, je crois, cela même qui a été au départ de la fortune historique de ces exercices, de leur fortune historique, paradoxalement, dans le christianisme même.

Ce que je voudrais vous dire maintenant, c'est que si ces exercices ont eu – non pas simplement à l'époque impériale, mais bien longtemps après, et jusque dans le christianisme – cette importance historique, qui fait qu'on va les retrouver jusque dans la spiritualité du XVIe et du XVIIe siècle, si effectivement ils ont été incorporés dans le christianisme où ils ont eu une vie et une survie si longue, c'est justement dans la mesure où ils étaient non-platoniciens, dans la mesure même où il y avait ce décalage de l'ascétique par rapport à la connaissance de soi, et de la connaissance de soi par rapport à la reconnaissance de soi comme élément divin. Et ceci – que cette survie ait été assurée à cause de ce non-platonisme – pour une raison très simple : c'est que, vous le savez bien, ce qui a été le grand moteur, le grand principe – j'allais dire : le principe stratégique – du développement de la spiritualité chrétienne dans les institutions monastiques, à partir de la fin du IIIe et dans tout le IVe-Ve siècle, c'était bien d'arriver à bâtir une spiritualité chrétienne qui soit affranchie de la gnose[8]. C'est-à-dire que la spiritualité chrétienne, telle qu'elle s'est développée dans le milieu monastique, avait un tranchant polémique. Elle avait une ligne stratégique qui était la ligne de partage [d']avec la gnose, une gnose qui était, elle, fondamentalement néo-platonicienne[9] dans la mesure où l'enjeu de toute la spiritualité gnostique, de toute la pratique gnostique, de tous les exercices de la vie gnostique, consistait précisément à centrer tout ce qui pouvait être ascèse autour de la connaissance (de la « gnose ») et à centrer toute la connaissance dans l'acte par lequel l'âme se reconnaîtrait elle-même, et se reconnaîtrait comme élément divin. C'était ça le centre de la gnose, et c'était le cœur en quelque sorte néo-platonicien de la gnose. Dans la mesure où la spiritualité chrétienne, c'est-à-dire celle que vous voyez se développer en Orient à partir du IVe siècle, était fondamentalement antignostique, était un effort pour se déprendre par rapport à cette gnose, il est tout normal que les institutions monastiques – d'une façon plus générale, les pratiques spirituelles de l'Orient chrétien – aient eu recours à cet équipement ascétique, à cette ascétique dont je vous parlais tout à l'heure, qui était, elle, d'origine, de nature stoïcienne et cynique, et qui se démarquait, par rapport au néo-platonisme, par les deux traits que je vous citais. Premièrement : n'être pas centrée sur la pratique de la connaissance ; et ne pas axer la question de la connaissance sur le principe du : « se reconnaître soi-même comme élément divin ». Disons que cette ascétique stoïco-cynique n'avait – jusqu'à un certain point, en prenant les choses de très loin et de très haut – aucune vocation à être particulièrement chrétienne. Elle n'aurait pas dû être chrétienne, n'était précisément ce problème qui s'était posé à l'intérieur du christianisme, lorsqu'il avait fallu se déprendre de la tentation gnostique. Cette ascétique philosophique, ou d'origine philosophique, était en quelque sorte, pour le christianisme, la garantie technique de ne pas tomber dans la spiritualité gnostique. Elle mettait en œuvre des exercices qui, pour une grande part, n'étaient pas du tout de l'ordre de la connaissance. Et, précisément, toute l'importance de ces exercices, d'abstinence par exemple, d'épreuve, etc., dont je vous reparlerai, [tenait en l'absence de rapports directs] avec la connaissance, et la connaissance de soi. Importance, donc, de tout ce corps des abstinences. Et puis deuxièmement : des exercices de connaissance certes, mais des exercices de connaissance qui n'avaient pas pour sens premier et pour fin dernière de se reconnaître comme élément divin, mais au contraire des exercices, de connaissance et de connaissance de soi, qui avaient pour fonction et pour but de porter sur soi-même. Non pas donc le grand mouvement de la reconnaissance du divin, mais la perpétuelle inquiétude de la suspicion. À l'intérieur de moi et en moi, ce n'est pas l'élément divin que je dois d'abord reconnaître. Je dois d'abord essayer de déchiffrer, en moi, tout ce qui peut être les traces, les traces de quoi ? Eh bien, [les traces] de mes défauts, de mes faiblesses, chez les stoïciens ; les traces de ma chute, chez les chrétiens, et également chez eux : les traces de la présence, non pas de Dieu, mais de l'Autre, du Diable. Et ce déchiffrement de soi comme tissu de mouvements, mouvements de pensée et du cœur qui portent la marque du mal, et qui sont peut-être instillés en nous par la présence voisine ou intérieure même du Diable, c'est en cela qu'ont consisté pour l'essentiel les exercices de connaissance de soi que la spiritualité chrétienne va développer en fonction, à partir de, et suivant le modèle de la vieille suspicion stoïcienne à l'égard de soi-même[10].

Ce sont des exercices, donc, qui sont loin d'être tous centrés sur la connaissance et qui, lorsqu'ils sont centrés sur la connaissance, sont centrés sur la suspicion de soi plus que sur la reconnaissance du divin : c'est cela, si vous voulez, qui explique le transit de ces exercices d'origine philosophique à l'intérieur même du christianisme. Ils s'y implantent donc d'une façon visible, d'une façon royale dans la spiritualité du IVe-Ve siècle. Les textes de Cassien sont là-dessus très intéressants. Et de Sénèque à Cassien vous voyez, en gros, le même type d'exercices qui se déplacent, qui sont repris[11]. Et puis, ce sont ces exercices qui vont vivre dans tout le christianisme, et qui réapparaîtront, prendront des dimensions, une intensité nouvelles, plus grandes et plus fortes à partir du XVe-XVIe siècle et, bien entendu, dans la Réforme et dans la Contre-Réforme.

Voilà, si vous voulez, pour expliquer un peu le fait que, curieusement, ces exercices, cette ascétique philosophique ont trouvé dans le christianisme un milieu particulièrement favorable d'accueil, de survie et de développement. Eh bien maintenant, quels sont ces exercices ? À vrai dire, si l'on veut faire un repérage de cette ascétique et essayer de l'analyser un peu, ce n'est pas très commode de s'y reconnaître. Là, le christianisme a tout de même, pour celui qui analyse ces choses-là, un avantage considérable par rapport à l'ascétique philosophique dont je vous parle [pour] la période impériale. Vous savez combien dans le christianisme – alors là, c'est éclatant au XVIe et au XVIIe siècle – la définition de chaque exercice dans sa singularité, la prescription de l'ordonnance de ces exercices les uns par rapport aux autres, de leur suite dans le temps, dans le temps de la journée, de la semaine, du mois et de l'année, dans le temps aussi de la progression de l'individu, tout ceci était important. L'existence, à la fin du XVIe ou au début du XVIIe siècle, d'une personne vraiment pieuse – je ne parle même pas d'un séminariste ou d'un moine, dans la Contre-Réforme ; je parle du milieu catholique, dans le milieu protestant c'est un petit peu différent – était littéralement tapissée, doublée d'exercices qui devaient la suivre, qu'elle devait pratiquer de jour en jour, d'heure en heure, selon les moments de la journée, les circonstances qui se présentaient, les moments de la vie, les degrés d'avancement dans l'exercice spirituel. Et vous aviez des manuels entiers qui vous expliquaient tous les exercices que vous deviez faire, en chacun de ces instants. Il n'y avait pas de moment de la vie qui ne dût être doublé, animé, sous-tendu par un certain type d'exercices. Et chacun de ces exercices était parfaitement défini dans son objet, dans ses finalités, dans ses procédures. Sans aller jusqu'à cette espèce de doublage de la vie, et de tous les moments de la vie, par les exercices, si vous prenez les textes du IVᵉ-Vᵉ siècle – les premières grandes règles céno-bitiques, je pense à celles de Basile de Césarée par exemple[12] –, vous voyez tout de même que là aussi les exercices, sans être aussi denses, aussi bien définis qu'au XVIᵉ-XVIIᵉ siècle dans la Contre-Réforme, sont tout de même très clairement définis et très bien partagés les uns par rapport aux autres. Or vous ne trouvez rien de tel dans l'ascétique des philosophes dont je vous parle. Vous avez quelques indications de régu-larité. On recommande certaines formes d'examen du matin : l'examen que l'on doit faire le matin, et qui porte sur les tâches que l'on devra accomplir dans la journée. Vous avez la recommandation de l'exercice du soir (examen de conscience), alors là, qui est bien connu[13]. Mais en dehors de ces quelques points de repère, il s'agit beaucoup plutôt d'un libre choix par le sujet de ces exercices, au moment où il se trouve [qu'il] en a besoin. On donne simplement quelques règles de prudence, ou quelques avis sur la manière de dérouler ces exercices. S'il y a une telle liberté, et une définition si légère de ces exercices et de leur enchaî-nement, il ne faut pas oublier que tout ceci se passe dans le cadre non pas d'une règle de vie mais d'une *tekhnê tou biou* (un art de vivre). Et je crois que cela, il ne faut pas l'oublier. Faire de sa vie l'objet d'une *tekhnê*, faire de sa vie par conséquent une œuvre – œuvre qui soit (comme doit l'être tout ce qui est produit par une bonne *tekhnê*, une *tekhnê* raisonnable) belle et bonne – implique nécessairement la liberté et le choix de celui qui utilise sa *tekhnê*[14]. Si une *tekhnê* devait être un corpus de règles auxquelles il faille se soumettre de bout en bout, de minute en minute, d'instant en instant, s'il n'y avait pas justement cette liberté du sujet, faisant jouer sa *tekhnê* en fonction de son objectif, du désir, de sa volonté de faire une œuvre belle, il n'y aurait pas de perfec-tion de la vie. Je crois que c'est un élément important, à bien saisir, parce que justement c'est une des lignes de clivage entre ces exercices philosophiques et l'exercice chrétien. Il ne faut pas oublier, justement, qu'un des grands éléments de la spiritualité chrétienne sera que la vie doit être la vie « réglée ». La *regula vitae* (la règle de vie) est essentielle. Alors pourquoi ? Il faudrait y revenir. Il est certain que beaucoup d'éléments ont joué. Pour prendre le plus extérieur, mais qui n'est pas le plus indifférent : le modèle de l'armée et de la légion romaine, qui a été un modèle organisateur pour au moins certaines formes de cénobie dans l'Orient et dans l'Occident chrétiens. Le modèle de l'armée a joué à coup sûr son rôle, mais ça n'a pas été la seule raison pour laquelle la vie chrétienne doit être une vie régulière. C'est un problème en tout cas.

En revanche la vie philosophique, ou la vie telle qu'elle est définie, prescrite par les philosophes comme étant celle qu'on obtient grâce à la *tekhnê*, n'obéit pas à une *regula* (une règle) : elle obéit à une *forma* (une forme). C'est un style de vie, c'est une sorte de forme que l'on doit donner à sa vie. Par exemple, pour construire un beau temple selon la *tekhnê* des architectes, il faut bien entendu obéir à des règles, des règles techniques indispensables. Mais le bon architecte est celui qui use assez de sa liberté pour donner au temple une *forma,* une forme qui est belle. De la même façon, celui qui veut faire œuvre de vie, celui qui veut utiliser comme il faut la *tekhnê tou biou,* ce qu'il doit avoir dans la tête, ce n'est pas tellement la trame, le tissu, l'épais feutrage d'une régularité qui le suit perpétuellement, à laquelle il devrait se soumettre. Ni l'obéissance à la règle, ni l'obéissance tout court ne peuvent, dans l'esprit d'un Romain et d'un Grec, constituer [une] œuvre belle. L'œuvre belle, c'est celle qui obéit à l'idée d'une certaine *forma* (un certain style, une certaine forme de vie). C'est la raison, sans doute, pour laquelle vous ne trouvez absolument pas dans l'ascétique des philosophes ce même catalogue si précis de tous les exercices à faire, à chaque moment de la vie, à chaque moment de la journée, que vous trouvez chez les chrétiens. Donc on a affaire à un ensemble beaucoup plus confus, que l'on peut commencer à débrouiller un peu de la manière suivante : en s'arrêtant sur deux mots, deux termes qui se réfèrent l'un et l'autre à ce domaine des exercices, de l'ascétique, mais qui en désignent, je crois, deux aspects, ou si vous voulez deux familles. Vous avez, d'une part, le terme de *meletan,* et d'autre part le terme de *gumnazein.*

Les Latins traduisent *meletan* par *meditari, meletê* par *meditatio.* Il faut bien garder à l'esprit – je crois d'ailleurs vous l'avoir indiqué[15] – qu'aussi bien *meletan-meletê* (en grec) que *meditari-meditatio* (en latin) désignent quelque chose qui est une activité, une activité réelle. Ce n'est pas simplement une sorte de renfermement de la pensée jouant librement sur elle-même. C'est un exercice réel. Le mot *meletan* peut parfaitement, dans certains textes, désigner par exemple l'activité du travail agricole[16]. C'est un vrai travail que la *meletê,* le fait de *meletan. Meletan,* c'est aussi un terme qui est employé dans la technique des professeurs de rhétorique pour désigner cette espèce de travail de préparation auquel l'individu doit se soumettre lui-même lorsqu'il doit parler, et lorsqu'il doit parler librement en improvisant, c'est-à-dire lorsqu'il n'a pas devant les yeux un texte qu'il lirait, ou qu'il déclamerait l'ayant appris par cœur. C'est une sorte de préparation, préparation à la fois très contraignante, très concentrée sur elle-même, mais qui prépare l'individu à parler librement. C'est la *meletê* des rhétoriciens[17]. Quand les philosophes parlent des exercices de soi sur soi, l'expression *meletan* désigne, je crois, quelque chose comme la *meletê* des rhétoriciens : un travail que la pensée exerce sur elle-même, un travail de pensée, mais qui a essentiellement pour fonction de préparer l'individu à ce qu'il devra faire bientôt.

Et puis vous avez le *gumnazein* (ou *gumnazesthai* : forme moyenne) qui indique le fait que l'on fait de la gymnastique pour soi-même, qui signifie proprement « s'exercer », « s'entraîner », et qui se rapporte, me semble-t-il, beaucoup plus à une pratique en situation réelle. *Gumnazein,* c'est être en effet en présence d'une situation, situation réelle, soit qu'on l'ait artificiellement appelée et organisée, soit qu'on la rencontre dans la vie, et dans laquelle on éprouve ce qu'on fait. Cette distinction entre *meletan* et *gumnazein* est à la fois assez claire et assez incertaine. Je dis incertaine, parce qu'il y a bien des textes dans lesquels manifestement il n'y a pas de différence entre les deux termes, et Plutarque, par exemple, emploie *meletan*/*gumnazein* à peu près l'un pour l'autre, sans différence. En revanche il est très clair que, dans d'autres textes, la différence existe. Chez Épictète vous avez au moins deux fois la série *meletan*/*graphein*/*gumnazein*[18]. *Meletan,* c'est donc méditer, si vous voulez, c'est s'exercer en pensée. On pense à des choses, on pense à des principes, on réfléchit sur eux, on se prépare par la pensée. *Graphein,* c'est : les écrire (donc on y pense, on écrit). Et *gumnazein* alors : on s'exerce en réalité. La série est claire. Alors là, si vous voulez, je m'appuierai un peu sur cette série, ou plutôt sur cette distinction *meletan*/*gumnazein,* et, bien qu'en un sens et d'une façon logique on [doive commencer par le *meletan,* j'aimerais – pour un] certain nombre de raisons qui vous apparaîtront, j'espère – présenter les choses à l'inverse et commencer par le *gumnazein,* c'est-à-dire le travail, le travail sur soi en situation réelle. Et puis je passerai au problème du *meletan,* de la méditation et du travail de la pensée sur elle-même.

Dans ce registre du *gumnazein,* de l'entraînement en situation réelle, je crois qu'on peut [faire une distinction]. Mais cette distinction, que j'essaie d'introduire pour la commodité de l'exposé, est un peu arbitraire, vous allez le voir. C'est qu'il y a énormément de chevauchements. On est en effet, d'une part, dans l'ordre de la pratique prescrite, qui a en effet ses règles et son jeu : il y a une technicité réelle ; mais, encore une fois, on est aussi dans un espace de liberté où chacun improvise un peu en fonction de ses besoins, de ses nécessités et de la situation. Je vais donc introduire, un peu abstraitement, deux choses : le régime des abstinences ; et, deuxièmement, la pratique des épreuves.

Régime des abstinences. Je vais prendre, pour commencer, des choses assez simples, même tout à fait simples. Stobée, dans son *Florilège,* a conservé un texte, une partie d'un traité de Musonius Rufus, justement sur les exercices, qu'on appelle le *Peri askêseôs*[19]. Et dans ce traité, dans ce fragment plutôt de son traité, Musonius – vous savez : Musonius Rufus, ce philosophe stoïcien du début de l'Empire, qui a eu un certain nombre de brouilles avec Néron et ses successeurs[20] – dit que, dans les exercices, le corps ne doit pas être négligé, même, dit-il, lorsqu'il s'agit de pratiquer la philosophie. Car, dit-il, s'il est vrai que le corps, ce n'est pas grand-chose, ou en tout cas rien de plus qu'un instrument, c'est un instrument dont les vertus doivent bien se servir pour les actions de la vie. Pour devenir active, la vertu doit bien passer par le corps. Donc il faut s'occuper de son corps, et l'*askêsis* (l'ascétique) doit intégrer le corps. Alors, dit Musonius, quels sont les types d'exercices auxquels on peut se livrer ? Eh bien, dit-il, il y a les exercices du corps lui-même, il y a les exercices de l'âme elle-même, et puis il y a les exercices du corps et de l'âme. Or ce qui est caractéristique dans le passage que l'on a conservé du *Traité* de Musonius, c'est que, des exercices du corps proprement dit, Musonius ne parle absolument pas ; et les seules choses qui l'intéressent, du point de vue précisément de la philosophie et de la *tekhnê tou biou,* ce sont les exercices de l'âme, et les exercices de l'âme et du corps joints ensemble. Ces exercices de l'âme et du corps, il dit qu'ils doivent avoir deux objectifs. D'une part, former et renforcer le courage *(andreia),* et par là il faut entendre : la résistance aux événements extérieurs, la capacité à les supporter sans souffrir, sans s'effondrer, sans se laisser emporter par eux ; résistance aux événements extérieurs, aux malheurs, à toutes les rigueurs du monde. Et puis deuxièmement, former et renforcer cette autre vertu qu'est la *sôphrosunê,* c'est-à-dire la capacité à se modérer soi-même. Disons que l'*andreia* permet de supporter ce qui vient du monde extérieur, et la *sôphrosunê* permet de mesurer, de régler et de maîtriser tous les mouvements intérieurs, les mouvements de soi-même[21]. En cela, si vous voulez, en disant cela – que les exercices de l'âme et du corps sont faits pour former l'*andreia* et la *sôphrosunê* : le courage et la maîtrise – Musonius Rufus est apparemment tout proche de ce qu'on peut trouver chez Platon, par exemple dans *Les Lois,* lorsque Platon explique comment, pour former un bon citoyen ou un bon gardien, on a besoin de lui former à la fois son courage physique et puis sa modération, son *egkrateia* (la maîtrise de soi)[22]. Mais si l'objectif est le même chez Musonius que chez Platon, la nature même de l'exercice est tout à fait différente. Chez Platon, ce qui va assurer ces deux vertus – courage à l'égard du monde extérieur ; maîtrise à l'égard de soi-même –, ce sont des exercices physiques, des exercices littéralement de gymnastique. L'athlétisme, l'exercice de la lutte avec un autre, toute la préparation qui est nécessaire pour concourir non seulement à la lutte mais à la course, au saut, etc., toute cette formation proprement athlétique est, pour Platon, une des garanties que l'on n'aura pas peur de l'adversité extérieure, que l'on n'aura pas peur des adversaires avec lesquels on apprend à lutter ; le modèle de la lutte avec l'autre devant servir pour la lutte avec tous les événements et tous les malheurs. Et puis, la préparation athlétique implique bien entendu beaucoup de renoncements, beaucoup d'abstentions, sinon d'abstinences, et en particulier l'abstinence sexuelle : on sait bien qu'on ne peut pas remporter un concours à Olympie si on n'a pas mené une vie particulièrement chaste[23]. La gymnastique assure donc, chez Platon, la formation de ces deux vertus, courage et maîtrise. Or chez Musonius, ce qui est intéressant, c'est que justement toute la gymnastique a entièrement disparu. Et le même objectif (former, par les exercices de l'âme et du corps, l'*andreia* et la *sôphrosunê*) va s'obtenir par quoi ? Non pas par la gymnastique mais par des abstinences ; ou, si vous voulez, par un régime d'endurance, à l'égard de la faim, du froid, de la chaleur, du sommeil. Il faut s'habituer à supporter la faim, à supporter la soif, à supporter l'excès de froid et l'excès de chaleur. Il faut s'habituer à dormir à la dure. Il faut s'habituer à avoir des vêtements rudes et insuffisants, etc. Ce qui est en question dans ces exercices, chez Musonius, ce n'est donc pas – et je crois que la différence, là, est très importante – le corps athlétique, enjeu ou point d'application de l'ascèse physique ou physico-morale, mais un corps de patience, un corps d'endurance, un corps d'abstinences. Or, que ce soit cela qui se trouve en question chez Musonius, c'est un fait. Et ce même fait, vous allez le retrouver dans la plupart des textes stoïciens et cyniques.

Vous le trouvez en particulier chez Sénèque, où vous avez une critique parfaitement explicite et claire contre la gymnastique proprement dite. Dans la lettre 15 à Lucilius, il s'amuse de ces gens qui passent leur temps à exercer leurs bras, à se former leurs muscles, à grossir leur cou, à affermir leurs reins. Occupation qui est vaine en elle-même, dit-il, qui épuise l'esprit et qui l'alourdit justement de tout le poids du corps. Alors que ce dont il doit être question dans ces exercices où le corps est mis en jeu, c'est que le corps n'encombre pas l'âme, la gymnastique, elle, encombre l'âme de tout le poids du corps. Sénèque préfère donc des exercices légers, qui sont propres à soutenir un corps, corps valétudinaire

comme le sien, asthmatique, tousseux, respirant mal, etc., corps valétudinaire qu'il faut préparer, préparer pour qu'il soit libre pour l'activité
intellectuelle, la lecture, l'écriture, etc. Alors il donne des conseils qui
consistent à dire : il faut sautiller de temps en temps le matin, il faut se
promener en voiture, il faut se secouer un peu[24]. Enfin tout ceci est à la
fois pas très intéressant en soi, mais intéressant, encore une fois, par la
différence qu'il y a entre cette gymnastique platonicienne formatrice de
vertu et cette abstinence ou ce très léger travail sur son propre corps que
les stoïciens suggèrent. Mais, en plus de cette espèce de travail de sou-
tien léger du corps valétudinaire en mauvaise santé – la mauvaise santé
est centrale dans toute cette réflexion et cette ascèse du corps : ce sont
des corps de vieillards, des corps de quadragénaires qui sont en question
dans l'éthique stoïcienne, ce n'est plus le corps du jeune homme, ce
n'est plus le corps athlétique –, à cela s'ajoutent chez Sénèque les exercices d'abstinence, exercices d'abstinence dont je vous ai parlé, d'ailleurs et que je vous rappelle brièvement. Par exemple dans la lettre 18[25],
qui date de l'hiver 62, peu de temps avant le suicide de Sénèque.
Décembre 62, il écrit à Lucilius une lettre dans laquelle il dit : Comme
la vie n'est pas drôle actuellement ! Tout autour de moi, tout le monde
est en train de préparer les Saturnales, cette période de l'année dans
laquelle la licence est officiellement accréditée. Et il pose à Lucilius la
question : Est-ce qu'il faut participer à ce genre de fêtes, ou est-ce qu'il
faut s'en abstenir ? S'en abstenir ? On risque de vouloir se distinguer,
d'afficher une espèce de snobisme philosophique un peu arrogant. Alors
ma foi, le plus prudent c'est d'y participer un peu, du bout des doigts.
Mais, dit-il, en tout cas il y a une chose à faire, c'est qu'au moment où
les gens sont en train de préparer les Saturnales, en commençant déjà à
boire et à manger, eh bien nous, nous devrions les préparer autrement.
Et nous devrions les préparer en faisant un certain nombre d'exercices,
qui seraient des exercices de pauvreté à la fois réelle et feinte[26]. Feinte,
puisque effectivement Sénèque, qui avait volé des millions de sesterces
dans ses exploitations coloniales, n'était vraiment pas pauvre[27], mais
réelle au sens où ce qu'il recommande, c'est que pendant trois, quatre,
cinq jours on mène réellement une vie de pauvre, dormant à la dure,
vêtu de vêtements rustiques, mangeant très peu et buvant de l'eau pure.
Et c'est ce genre d'exercices (exercices réels) qui, dit-il, doit permettre
de se préparer, comme après tout un soldat, pendant la paix, continue à
s'exercer au javelot pour pouvoir être fort pendant la guerre. Autrement
dit, ce que Sénèque veut faire dans ce genre d'exercices, ce n'est pas du
tout la grande conversion à la vie générale d'abstinence qui sera bien

entendu la règle ; elle l'était chez certains cyniques, elle le sera bien entendu dans le monachisme chrétien. Il ne s'agit pas de se convertir à l'abstinence, il s'agit d'intégrer l'abstinence comme une sorte d'exercice récurrent, régulier, auquel on revient de temps en temps et qui permet justement de donner une *forma* (une forme) à la vie, c'est-à-dire qui permet à l'individu d'avoir, [face à] lui-même et [aux] événements qui constituent sa vie, l'attitude qui convient : suffisamment détachée pour supporter le malheur quand il se présente ; mais, même, déjà suffisamment détachée pour ne prendre les richesses et les biens qui nous entourent qu'avec l'indifférence et la juste et sage désinvolture qui est nécessaire. Et dans la lettre 8, il dit : « Tenez cette règle d'existence » (c'est en réalité la *forma vitae* : ce principe d'existence, cette forme d'existence, ce style d'existence) de n'accorder à votre corps que juste ce qui est nécessaire pour se bien porter. Appliquez-lui de temps en temps un traitement un peu rude pour qu'il obéisse bien à l'âme, que la nourriture apaise la faim, que la boisson éteigne la soif, que le vêtement écarte le froid, que la maison soit un abri contre les [intempéries][28]. Alors, vous voyez ce dont il s'agit. Encore une fois, jamais Sénèque n'a effectivement vécu en ne mangeant que ce qui permettait pour lui d'éteindre sa faim ; il n'a jamais bu uniquement pour éteindre sa soif. Mais il faut que dans l'usage des richesses et grâce à ces exercices récurrents d'abstinence, le philosophe garde toujours à l'esprit que ce qu'il mange ne doit avoir en fait pour principe et pour mesure que ce qui est nécessaire à apaiser sa [faim]. Il ne doit boire qu'en sachant que sa boisson ne doit servir finalement, et n'a pour mesure réelle que ce qui permet d'apaiser sa soif, etc. C'est donc tout un mode de rapport à la nourriture, aux vêtements, à l'habitation, qui est ainsi formé à travers ces exercices d'abstinence : exercices d'abstinence pour former un style de vie, et non pas exercices d'abstinence pour régler sa vie selon des interdictions et des prohibitions précises. Voilà ce qu'on peut dire sur les abstinences stoïciennes*. Deuxièmement, maintenant je voudrais vous parler de l'autre ensemble de pratiques ascétiques : la pratique des épreuves.

En fait, entre épreuves et abstinences les chevauchements sont nombreux. Cependant il y a, je crois, un certain nombre de traits particuliers qui caractérisent l'épreuve et la distinguent de l'abstinence.

---

* Le manuscrit ici opère la distinction entre ces épreuves et les exercices épicuriens d'abstinence, lesquels donneraient plutôt lieu à une « esthétique du plaisir » (« éviter tous les plaisirs qui peuvent se retourner en douleurs et parvenir à une intensification technique des plaisirs simples »).

Premièrement, l'épreuve comporte toujours une certaine interrogation, interrogation de soi sur soi. Dans une épreuve, à la différence d'une abstinence, il s'agit essentiellement de savoir de quoi on est capable, si on est capable de faire une telle chose et jusqu'au bout. Dans une épreuve on peut réussir ou on peut échouer, on peut gagner ou perdre, et il s'agit, à travers cette espèce de jeu ouvert de l'épreuve, de se repérer soi-même, de mesurer le point d'avancement où on est, et de savoir au fond ce qu'on est. Il y a un aspect de connaissance de soi dans l'épreuve, qu'on ne trouve pas dans la simple application d'une abstinence. Deuxièmement, l'épreuve doit toujours s'accompagner d'un certain travail de la pensée sur elle-même. À la différence de l'abstinence, qui n'est qu'une privation volontaire, l'épreuve n'est réellement une épreuve qu'à la condition que le sujet prenne, à l'égard de ce qu'il fait et à l'égard de lui-même faisant cette chose, une certaine attitude éclairée et consciente. Enfin [troisième différence], et c'est là le point essentiel sur lequel alors j'essaierai de m'étendre beaucoup plus longuement : l'abstinence, vous l'avez vu, c'est donc pour les stoïciens un exercice localisé en quelque sorte dans la vie, sur lequel on doit se rabattre de temps en temps pour pouvoir mieux élaborer la *forma vitae* à laquelle on tend. Alors que là, encore une fois c'est quelque chose d'important, l'épreuve doit devenir une attitude générale en face du réel. Il faut finalement, et c'est là le sens de l'épreuve pour les stoïciens, que ce soit la vie tout entière qui devienne une épreuve. On franchit là alors, je crois, dans l'histoire de ces techniques, un pas historiquement décisif.

Je vais, si vous voulez, rapidement évoquer les deux premiers points de l'épreuve. On s'arrêtera, et je parlerai alors ensuite de la vie comme épreuve dans les cours suivants. Premièrement : l'épreuve en tant qu'interrogation sur soi. Je veux dire que dans les exercices d'épreuve, on essaie donc de mesurer où on en est, par rapport à ce qu'on était, par rapport au progrès déjà fait, et par rapport au point où on doit arriver. Il y a, si vous voulez, dans l'épreuve, toujours une certaine question de progressivité et un effort de repérage, donc de connaissance de soi. Exemple de ces épreuves, Épictète dit ceci : Pour lutter contre la colère qu'est-ce qu'il faut faire ? Eh bien, il faut s'engager à l'égard de soi-même à ne pas se mettre en colère pendant un jour. Puis on fait pacte avec soi-même pour deux jours, et puis pour quatre jours, et puis finalement, lorsqu'on a fait pacte avec soi-même pour ne pas se mettre en colère pendant trente jours, et qu'effectivement on a réussi à ne pas se mettre en colère pendant trente jours, eh bien, à ce moment-là il est temps d'offrir un sacrifice aux dieux[29]. Le type de contrat-épreuve par lequel on assure, et on mesure en même temps, sa progression, vous le trouvez chez Plutarque, dans le texte justement sur le contrôle de la colère aussi, où il dit : J'essaie de ne pas me mettre en colère pendant plusieurs jours, et même pendant un mois. Il semble que, dans l'ascétique stoïcienne, un mois sans colère était vraiment le maximum. Donc : ne pas se mettre en colère pendant plusieurs jours et même un mois, « m'éprouvant moi-même *(peirômenos hemautou),* peu à peu, pour voir si je progressais dans la patience, me contraignant à faire attention[30] ». Du même genre d'épreuve, on trouve, également chez Plutarque, un jeu un peu plus sophistiqué. C'est à propos de la justice et de l'injustice. Il faut, dit-il dans *Le Démon de Socrate*[31], bien sûr s'exercer à ne pas commettre d'injustice, selon le même engagement progressif que pour la colère. Éviter pendant un jour, un mois, [d'être injuste]. Mais, dit-il, on doit même s'exercer à quelque chose de plus subtil qui est : arriver également pendant un certain temps à renoncer au profit, même honnête, même licite. Et ceci pour arriver à déraciner en soi le désir d'acquérir, qui est la source même de toute injustice. Donc, si vous voulez : s'exercer à une sorte de sur-justice qui fait que l'on renonce au profit, même juste, pour être plus sûr d'éviter l'injustice. Bon : système d'épreuve comme épreuve-repérage de soi.

Deuxièmement, l'épreuve comme exercice en partie double, je veux dire : comme exercice à la fois dans le réel et sur la pensée. Dans ce genre d'épreuve il ne s'agit pas simplement de s'imposer une règle d'action ou d'abstention, mais d'élaborer en même temps une attitude intérieure. Il faut à la fois se confronter au réel, et puis contrôler la pensée au moment même où on est confronté à ce réel. Ceci vous paraît peut-être un petit peu abstrait, mais c'est très simple. C'est très simple, mais ça va avoir des conséquences historiques importantes. Quand on rencontre dans la rue une belle jeune fille, il ne suffit pas, dit Épictète, de s'abstenir de cette fille, de ne pas la suivre, de ne pas essayer de la débaucher ou de profiter de ses services. Ça ne suffit pas. Il ne suffit pas de cette abstention, abstention qui serait accompagnée d'une pensée qui se dirait à elle-même : oh, mon Dieu ! je renonce à cette jeune fille, mais après tout j'aimerais bien coucher avec elle. Ou : comme doit être heureux le mari de cette jeune femme ! Il faut essayer, au moment où on rencontre dans la réalité cette jeune fille dont on s'abstient, de ne pas s'imaginer, de ne pas dessiner dans sa pensée *(zôgraphein)* que l'on se trouve près d'elle, que l'on bénéficie de ses charmes et de son consentement. Il faut arriver, même si elle consent, qu'elle montre son consentement, même si elle s'approche de vous, à ne plus rien sentir du tout, à ne plus rien penser du tout, et à avoir l'esprit complètement vide et neutre[32]. C'est là un point important. Ça sera justement un des grands points de la distinction entre la pureté chrétienne et l'abstinence païenne. Dans tous les textes chrétiens sur la chasteté, vous verrez combien Socrate est mal vu, qui s'abstenait bien sûr d'Alcibiade quand Alcibiade venait se coucher près de lui, mais n'en continuait pas moins à le désirer. Là, vous vous trouvez à mi-chemin entre les deux. Il s'agit d'un travail de neutralisation de la pensée, du désir et de l'imagination. Et c'est cela, le travail de l'épreuve. Il faut accompagner l'abstention de ce travail de la pensée sur soi-même, de soi sur soi. De la même façon, ce travail de la pensée de soi sur soi, au moment où on est en situation réelle, vous en trouvez un autre exemple au livre III, où Épictète dit : Lorsqu'on est dans une situation où l'on risque d'être entraîné par sa passion, il faut affronter cette situation, s'abstenir bien sûr de tout ce qui pourrait nous entraîner et faire en sorte, par un travail de la pensée sur elle-même, qu'on s'auto-régule, qu'on se freine soi-même[33]. Et c'est ainsi, dit-il, que lorsque l'on embrasse son propre enfant, ou lorsqu'on tient dans ses bras son ami, les sentiments naturels, le devoir social, tout notre système d'obligations, aussi bien à l'égard de notre famille qu'à l'égard de nos amis, fait que l'on doit en effet leur manifester notre affection, et effectivement éprouver de la joie et du contentement à avoir auprès de nous nos enfants ou nos amis. Mais un danger se manifeste, alors, dans cette situation. Le danger, c'est cette fameuse *diakhusis*[34], c'est cette espèce d'épanchement de l'âme qui, autorisé en quelque sorte par les obligations, ou encore par le mouvement naturel qui nous porte vers les autres, risque de s'épancher, c'est-à-dire de perdre son contrôle, non pas sous le coup d'une émotion et d'un *pathos* mais sous le coup d'un mouvement naturel et légitime. C'est cela la *diakhusis,* et il faut éviter la *diakhusis*. Il faut éviter la *diakhusis,* alors quoi ? Eh bien, dit-il, c'est très simple. Lorsque vous avez votre enfant, votre petit garçon ou votre petite fille sur les genoux, et que vous exprimez tout naturellement votre affection pour lui ou pour elle, eh bien, au moment où vous l'embrassez par un mouvement et une expression légitimes d'une affection naturelle, dites-vous perpétuellement, répétez-vous à mi-voix, pour vous-même, ou dites-vous en tout cas dans votre âme : « demain tu mourras[35] ». Demain toi, l'enfant que j'aime, tu mourras. Demain tu disparaîtras. Et c'est cet exercice, où à la fois on manifeste l'attachement légitime et où on se détache par ce travail de l'âme qui perçoit parfaitement la fragilité réelle de ce lien, qui va constituer une épreuve. De même, quand on embrasse son ami, il faut se dire perpétuellement, par une sorte de répétition intérieure de la pensée s'exerçant sur elle-même : « demain tu partiras en exil », ou : « demain, c'est moi qui partirai en exil et nous nous quitterons ». Voilà les exercices d'épreuve, tels que les stoïciens pouvaient les présenter.

Enfin, tout ceci est un peu anecdotique, secondaire, par rapport à quelque chose de beaucoup plus important, et qui est la transformation de l'épreuve – du rapport d'épreuve ou de la pratique d'épreuve – ou plutôt sa transmutation à un niveau qui est tel que c'est la vie tout entière qui va prendre la forme de l'épreuve. C'est cela que je vais maintenant essayer de vous expliquer.

*

NOTES

1. Aulu-Gelle, *Les Nuits attiques*, livre I, IX, 1-6, trad. R. Marache, Paris, Les Belles Lettres, 1967, t. I, p. 38-39.

2. Maître d'Aulu-Gelle, Calvisius Taurus, philosophe du IIe siècle apr. J.-C., est un platonicien.

3. *Les Nuits attiques*, livre I, IX, 8-11 (p. 40).

4. E. R. Dodds, *Les Grecs et l'Irrationel, op. cit.*, p. 135-174 ; J.-P. Vernant, *Mythe et Pensée chez les Grecs, op. cit.*, t. I, p. 96, et t. II, p. 111 ; H. Joly, *Le Renversement platonicien Logos-Epistemê-Polis, op. cit.*, p. 67-69. Cf. pour une ultime reprise critique de ce thème, P. Hadot, *Qu'est-ce que la philosophie antique ?, op. cit.*, p. 276-289.

5. Cf. l'analyse de ce point dans le cours du 12 janvier, première heure.

6. Le *noûs* chez Platon, c'est la partie de l'âme la plus élevée, l'intellect en tant qu'il accomplit des actes spirituels proprement divins ; cf. la déclaration pessimiste du *Timée*, 51e : « à l'intellection *(noû)*, au contraire, les dieux ont part, mais des hommes, une petite catégorie seulement » (*in* Platon, *Œuvres complètes*, t. X, trad. A. Rivaud, Paris, Les Belles Lettres, 1925, p. 171). Le *noûs* deviendra dans le néoplatonisme une instance ontologique à part entière, trouvant place entre l'Un et l'Âme. Cf. J. Pépin, « Éléments pour une histoire de la relation entre l'intelligence et l'intelligible chez Platon et dans le Néo-Platonisme », *Revue philosophique de la France et de l'étranger*, 146, 1956, p. 39-55.

7. Le concept d'*homoiôsis theô* se trouve exprimé une des premières fois chez Platon dans le *Théétète*, 176a-b : « L'évasion, c'est de s'assimiler à Dieu *(homoiôsis tô theô)* dans la mesure du possible » (*in Œuvres complètes*, t. VIII-2, trad. A. Diès, Paris, Les Belles Lettres, 1926, p. 208). Ce passage sera abondamment cité par le moyen platonisme (Apulée, Alcinoos, Arius Didyme, Numénius) qui en fera la formule du *telos*, l'expression même du souverain bien, puis largement repris par

le néo-platonisme (cf. le texte essentiel de Plotin, *Ennéades,* I,2,2). On le retrouve encore dans les écoles péripapéticiennes pour décrire la vie contemplative (en écho au chapitre VII du dixième livre de l'*Éthique à Nicomaque* ; cf. Cicéron, *De Finibus,* V,11). Ce passage du *Théétète* sera exploité dans ses résonances mystiques par la théologie juive et chrétienne (cf. Philon d'Alexandrie, *De Fuga,* 63, et Clément d'Alexandrie, *Stromates,* II,22) et le néo-pythagorisme. Il ne sera réinvesti par le stoïcisme (cf. Cicéron, *De Natura deorum,* II,147 et 153) que moyennant des réaménagements importants, puisque le *telos* premier demeure, dans l'école du Portique, l'*oikeiôsis* comme exercice d'articulation immédiate sur une nature bonne en soi (principe d'immanence éthique), alors que l'*homoiôsis* (principe de transcendance éthique) comprend toujours un effort d'arrachement au monde (cf. l'article de Carlos Lévy dont nous nous sommes très largement inspiré pour cette note : « Cicéron et le Moyen Platonisme : le problème du Souverain Bien pour Platon », *Revue des études latines,* 68, 1990, p. 50-65).

8. Sur ce mouvement, cf. cours du 6 janvier, première heure.

9. Il faut cependant garder ici à l'esprit que, pour autant, Plotin ne cesse de combattre les gnostiques. Cf. *Ennéades,* II,9, précisément intitulée par Porphyre : *Contre les gnostiques.*

10. Pour une description des procédures de déchiffrement de soi dans la spiritualité chrétienne (c'est-à-dire de la manière dont la verbalisation des fautes s'opère tardivement depuis une exploration de soi, dans la mise en place de l'institution monastique à partir des Ve-VIIIe siècles), cf. cours du 12 et, surtout, du 26 mars 1980 au Collège de France.

11. Sur cette transplantation des exercices spirituels (particulièrement des techniques d'examen de soi), cf. le séminaire d'octobre 1982 à l'université du Vermont (*Dits et Écrits, op. cit.,* IV, n° 363, p. 808-810).

12. Né à Césarée de Cappadoce (330), Basile fait ses études à Constantinople et à Athènes. Il compose des *Règles* à destination des communautés monastiques qu'il fonde en Asie mineure.

13. Cf. cours du 24 mars, deuxième heure.

14. On retrouve ici le thème de ce qu'on appellera bientôt « l'esthétique de l'existence ». Cf. l'entretien accordé à A. Fontana en mai 1984 (in *Dits et Écrits,* IV, n° 357, p. 731-732) ainsi que l'entretien avec H. Dreyfus (*id.,* n° 344, p. 610-611 et 615) et « Usage des plaisirs et Techniques de soi » (*id.,* n° 338, p. 545).

15. Cf. cours du 20 janvier, première heure, et surtout du 3 mars, deuxième heure.

16. Cf. chez Hésiode : « qui néglige sa besogne *(meletê de toi ergon ophellei)* n'emplit pas sa grange » (*Les travaux et les Jours,* v. 412, trad. P. Mazon, Paris, Les Belles Lettres, 1928, p. 101).

17. H.-I. Marrou (*Histoire de l'éducation dans l'Antiquité, op. cit.,* p. 302-303) distingue deux types d'exercices (de *meletai*) mis au point par les professeurs de rhétorique dans la période hellénistique : les plaidoiries fictives, à sujets farfelus, et les improvisations dans le genre délibératif, dont les sujets étaient tout aussi fantaisistes. La *meletê* deviendra, en latin, la *declamatio.*

18. Cf. par exemple Épictète, *Entretiens,* I,1,25 (éd. citée, p. 8), III,V,11 (p. 23) ; IV,4,8-18 (p. 38-39) ; IV,6,11-17 (p. 54-55).

19. Musonius, *Reliquiae,* éd. citée, p. 22-27 (cf. Stobée, *Florilège,* III,29,78, section intitulée : *« peri philoponias kai meletês kai hoti asumphoron to oknein »*). Sur ce texte, cf. cours du 24 février, deuxième heure.

20. En 65, Néron, déjouant le complot du sénateur Pison, fait tomber quelques têtes : Sénèque est invité à s'ouvrir les veines, ainsi que Lucain. Dans la foulée, Néron décide l'exil de personnalités stoïciennes ou cyniques en vue : Musonius Rufus part pour l'île de Gyaros, Demetrius est banni. Musonius sera rappelé par Galba, et, sans doute protégé par Titus, ne sera pas inquiété lors des décrets d'exil qui seront cette fois prononcés sous Vespasien, au début des années soixante-dix, contre de nombreux philosophes (Demetrius, Euphratès, etc.).

21. « Car comment quelqu'un deviendrait-il tempérant s'il sait seulement qu'il ne faut pas être vaincu par les plaisirs, et ne s'est pas exercé à résister aux plaisirs ? Comment deviendrait-il juste s'il a appris seulement qu'il faut aimer l'égalité, et ne s'est pas appliqué à fuir la cupidité ? Comment acquerrions-nous le courage si nous avons perçu seulement que les choses qui paraissent terribles à la masse ne sont pas à craindre, et ne nous sommes-nous pas appliqués à demeurer sans crainte en leur présence ? Comment serions-nous prudents si nous avons seulement reconnu quels sont les vrais biens et les vrais maux, et ne nous sommes-nous pas exercés à mépriser ce qui n'a que l'apparence d'un bien ? » (A.-J. Festugière, *Deux prédicateurs dans l'Antiquité, Télès et Musonius, op. cit.*, p. 69).

22. Toute cette problématique fait l'objet d'un chapitre de *L'Usage des plaisirs* : « ENKRATEIA » [EGKRATEIA], *op. cit.*, p. 74-90.

23. « N'avons-nous pas ouï dire ce qu'a fait Iccos de Tarente en vue du concours Olympique et des autres concours ? Pour y être vainqueur, lui qui possédait en son âme et la technique et la force avec la tempérance, ne toucha jamais, on nous l'atteste, ni à une femme ni à un jeune garçon tant qu'il fut dans le feu de son entraînement » (Platon, *Les Lois*, livre VIII, 840a, trad. E. des Places, Paris, Les Belles Lettres, 1968, p. 82).

24. Sénèque, *Lettres à Lucilius*, t. I, livre II, lettre 15,1-4, éd. citée, p. 59-60, et t. II, livre VI, lettre 55,1 (p. 56).

25. *Lettres à Lucilius*, t. I, livre I, lettre 18 (p. 71-76). Cf. sur cette lettre, *Le Souci de soi, op. cit.*, p. 76-77.

26. *Id.*, lettre 18,5-8 (p. 73-74).

27. Sur le Sénèque riche et voleur, cf. les déclarations de P. Suillius reproduites par Tacite : « Par quel savoir, quels préceptes des philosophes avait-il amassé, en quatre ans de ses royales amitiés [celles de Néron] trois cents millions de sesterces ? À Rome, il [Sénèque] prenait, comme gibier, les testaments et les gens sans héritiers, l'Italie et les provinces étaient épuisées par son usure sans borne » (*Annales*, XIII, XLII, trad. P. Grimal, éd. citée, p. 330). On ne peut s'empêcher de penser que Tacite vise encore Sénèque quand il écrit à propos de Néron : « Il enrichit par ses générosités les plus intimes de ses amis. Il ne manqua pas de gens pour reprocher à des hommes faisant profession d'austérité de s'être partagé en cette circonstance, comme un butin, des maisons, des villas » (*id.*, XIII, XVIII, p. 313) ; on se souviendra que Néron avait fait cadeau à Sénèque de domaines qui avaient appartenu à… Britannicus, mort dans des conditions douteuses. Sur les revenus de Sénèque, cf. les déclarations de Dion Cassius (LXI,10,3), et, pour une présentation moderne, P. Veyne qui parle d'« une des plus grosses fortunes de son siècle » (« Préface » à *Sénèque, Entretiens, Lettres à Lucilius, op. cit.*, p. XV-XVI). L'ensemble du traité *De la vie heureuse* est une tentative adroite et violente de la part de Sénèque, pour se défendre contre les reproches adressés au philosophe nanti qui vante les mérites de la vie rude.

28. *Lettres à Lucilius*, t. I, livre I, lettre 8 (p. 23-24).

29. « Veux-tu ne plus être irascible ? Ne donne pas d'aliment à ton habitude ; ne lui jette rien en pâture qui puisse la faire croître. Apaise la première manifestation et compte les jours où tu ne t'es pas mis en colère : "J'avais l'habitude de me mettre en colère tous les jours ; maintenant c'est tous les deux jours, puis tous les trois, puis tous les quatre". Et si tu te contiens durant trente jours, offre un sacrifice à Dieu » (Épictète, *Entretiens,* II, 18, 12-13, p. 76.)

30. Plutarque, *Du contrôle de la colère,* 464c, trad. J. Dumortier & J. Defradas, éd. citée, § 15, p. 84-85.

31. Plutarque, *Le Démon de Socrate,* 585a-c, trad. J. Hani, éd. citée, p. 95.

32. « Aujourd'hui, j'ai vu un beau garçon ou une belle fille et je ne me suis pas dit : "Plût au ciel qu'on eût couché avec elle", et : "Heureux son mari !" Car, celui qui dit cela, dit également : "Heureux l'adultère !" Je ne me représente *(anazôgraphô)* même pas les scènes qui suivent : cette femme est là présente, elle se dévêt, elle se couche près de moi… » (*Entretiens,* II, 18, 15-16, p. 76-77).

33. *Entretiens,* III, 24, 84-85 (p. 106-107).

34. « Si tu embrasses ton enfant, ton frère, ton ami, ne laisse jamais libre frein à ton imagination et ne permets pas à tes épanchements *(diakhusin)* d'aller jusqu'où ils veulent » (*id.,* 85, p. 107).

35. *Id.,* 88 (p. 107).

COURS DU 17 MARS 1982

Deuxième heure

La vie même comme épreuve. – Le De Providentia *de Sénèque : l'épreuve d'exister et sa fonction discriminante. – Épictète et le philosophe-éclaireur. – La transfiguration des maux : de l'ancien stoïcisme à Épictète. – L'épreuve dans la tragédie grecque. – Remarques sur l'indifférence de la préparation d'existence hellénistique aux dogmes chrétiens de l'immortalité et du salut. – L'art de vivre et le souci de soi : une inversion de rapport. – Signe de cette inversion : le thème de la virginité dans le roman grec.*

Une des choses importantes, dans cette ascétique des philosophes à l'époque impériale, c'est l'apparition, le développement de l'idée que l'épreuve (la *probatio*) ne doit pas être simplement, à la différence de l'abstinence, une sorte d'exercice formateur dont on fixe les limites à un certain moment de l'existence, mais peut et doit devenir une attitude générale dans l'existence. C'est-à-dire qu'on voit apparaître, je crois, cette idée capitale que la vie doit être reconnue, pensée, vécue, pratiquée comme une épreuve perpétuelle. Bien sûr, cette idée est surtout rampante, en ce sens qu'il n'y a pas, je pense – en tout cas, je ne l'ai pas rencontrée –, de réflexion systématique, de théorisation générale de ce principe que la vie est une épreuve. En tout cas, aucune théorisation qui puisse ressembler par ses dimensions à ce qu'on trouvera dans le christianisme. Mais il me semble que c'est une idée qui est tout de même fort clairement formulée dans un certain nombre de textes, en particulier chez Sénèque et chez Épictète.

Alors pour Sénèque, bien sûr, le texte de référence – sur ce thème « la vie comme épreuve » – est le *De Providentia,* dont un des fils directeurs est le vieux thème stoïcien, fort classique, du Dieu, Dieu qui est le père (père par rapport au monde, père par rapport aux hommes), qui doit être reconnu, honoré sur le modèle de cette relation familiale. Seulement voilà : de ce vieux thème, si connu, du Dieu comme père, Sénèque tire un certain nombre de conséquences qui sont intéressantes. Sénèque dit :

Dieu est un père, c'est-à-dire qu'il n'est pas une mère. Je veux dire ceci : ce qui caractérise une mère, c'est son indulgence à l'égard de ses enfants. La mère – et alors là, il se réfère très manifestement à ce que pouvait être sans doute le rapport maternel à un garçon arrivant à l'âge scolaire ou à l'âge de l'adolescence – est faite pour être indulgente. Elle est faite pour accorder des permissions. Elle est faite pour consoler, etc.[1] Le père, lui, c'est celui qui est chargé de l'éducation. Et il a une expression qui est intéressante, il dit : Le père, et par conséquent Dieu en tant qu'il est père, *amat fortiter*[2] (il y aura un certain *pecca fortiter* qui sera par la suite important[3]). *Amat fortiter* : il aime avec le courage, avec l'énergie sans faiblesse, avec la rigueur sans partage, éventuellement rugueuse. Il aime ses enfants avec ce courage et cette énergie sans faiblesse. Les aimer avec cette énergie sans faiblesse, ça veut dire quoi ? Veiller essentiellement à ce qu'ils soient formés, formés comme il faut, c'est-à-dire : à travers les fatigues, les difficultés, les souffrances même, qui pourront préparer ces enfants aux fatigues réelles, aux douleurs effectives, aux infortunes et aux malheurs qui pourront leur arriver. En aimant *fortiter* (fortement et énergiquement), il assurera l'éducation forte et énergique d'hommes qui seront également forts et énergiques. Donc, il faut concevoir l'amour paternel de Dieu pour les hommes non pas sur le modèle maternel de l'indulgence providentielle mais sous la forme d'une vigilance, vigilance pédagogique à l'égard des hommes. Vigilance pédagogique, mais qui a tout de même un paradoxe, dont le traité *De Providentia* se charge précisément d'expliquer les raisons, qu'il essaie de résoudre. Le paradoxe est celui-ci : dans cette rudesse pédagogique, le Père-Dieu fait tout de même une différence. Il fait une différence entre les hommes de bien et les méchants. Mais la différence est très paradoxale, puisqu'on voit sans cesse des hommes de bien, qui sont les favoris de la divinité, travailler, se donner de la peine, se mettre en sueur pour gravir les routes escarpées de la vie. Et sans cesse ils rencontrent les difficultés, les infortunes, les malheurs et la souffrance. Alors que l'on voit, au contraire, les méchants qui se reposent et passent leur vie dans des délices que rien ne vient troubler. Eh bien, dit Sénèque, ce paradoxe s'explique très facilement. C'est en réalité tout à fait logique et rationnel que, dans cette éducation, les méchants soient favorisés, et les hommes de bien au contraire persécutés ou mis perpétuellement à l'épreuve. C'est, dit-il, parce que ces hommes sont méchants que Dieu les abandonne aux voluptés, négligeant par conséquent leur éducation, et sachant bien que l'éducation ne pourrait rien produire pour eux, alors qu'en revanche les hommes de bien, ceux précisément qu'il aime, il les soumet à des épreuves pour les endurcir, les rendre courageux et forts et ainsi se les préparer. « *Sibi [parare]* »[4] : Dieu prépare pour lui les hommes, et il prépare pour lui les hommes qu'il aime parce que ce sont des hommes de bien. Et il les prépare pour lui par toute la série des épreuves en quoi consiste la vie. Eh bien, je crois qu'il faut s'arrêter un peu à ce texte parce qu'il comporte au moins deux idées importantes.

Premièrement, celle-ci. Vous voyez qu'on a cette idée que la vie, la vie avec tout son système d'épreuves et de malheurs, la vie en son entier, est une éducation. Alors là, on recoupe, vous voyez, les choses que j'avais évoquées quand on était parti de l'*Alcibiade*. Vous vous souvenez que l'*epimeleia heautou* (la pratique de soi, la culture de soi, etc.) était essentiellement le substitut à une éducation insuffisante ; et l'*epimeleia heautou* – je ne dis pas dans tout le platonisme, mais au moins dans l'*Alcibiade*[5] –, c'était bien quelque chose que le jeune homme, au seuil de sa carrière politique, devait pratiquer pour pouvoir l'exercer comme il faut. On avait vu la généralisation de cette idée de l'*epimeleia heautou,* et j'avais essayé de vous montrer comment, dans cette culture de soi de l'époque hellénistique et impériale, « s'occuper de soi » n'était pas simplement une obligation pour le jeune homme, en fonction d'une éducation insuffisante : il fallait s'occuper de soi dans toute sa vie[6]. Et voilà que maintenant on retrouve l'idée d'éducation, mais d'éducation généralisée elle aussi : c'est la vie tout entière qui doit être éducation de l'individu. La pratique de soi qui doit se dérouler, qui doit être mise en œuvre depuis le début de l'adolescence ou de la jeunesse jusqu'à la fin de la vie, cette pratique de soi s'inscrit à l'intérieur d'un schéma providentiel qui fait que Dieu répond en quelque sorte à l'avance, organise pour cette formation de soi-même, cette pratique de soi-même, un monde qui est tel qu'il a pour l'homme valeur formatrice. Autrement dit, c'est la vie tout entière qui est une éducation. Et l'*epimeleia heautou,* maintenant qu'elle est portée à l'échelle de la vie tout entière, consiste en ceci qu'on va s'éduquer soi-même à travers tous les malheurs de la vie. Il y a comme une sorte de spirale maintenant entre la forme de la vie et l'éducation. On doit s'éduquer perpétuellement soi-même, à travers les épreuves qui nous sont envoyées, et grâce à ce souci de soi-même, qui fait prendre au sérieux ces épreuves. On s'éduque soi-même tout au long de sa vie, et on vit en même temps pour pouvoir s'éduquer. La coextensivité de la vie et de la formation, c'est cela qui est le premier caractère de la vie-épreuve.

Deuxièmement, vous voyez que cette généralisation de l'épreuve comme vie, ou encore cette idée que le souci de soi doit traverser toute la vie dans la mesure où la vie doit être consacrée entièrement à la formation de soi-même, s'articule sur une fonction discriminante fondamentale, mais d'ailleurs énigmatique, puisque toute cette analyse de la vie comme épreuve repose sur la dichotomie, donnée d'avance, entre les gens qui sont bien et ceux qui sont les méchants. La vie comme épreuve, elle est réservée, elle est faite pour les gens de bien. Elle est faite en sorte que les gens de bien se distinguent des autres, alors que précisément, les gens qui ne sont pas bien (les méchants) non seulement ne réussissent pas l'épreuve, ou ne reconnaissent pas, dans la vie, une épreuve, mais la vie n'est même pas organisée comme épreuve pour eux. Et si on les abandonne aux plaisirs, c'est dans la mesure où ils ne sont même pas dignes de se confronter à l'épreuve. Autrement dit, on peut dire que dans ce *De Providentia,* ce qui apparaît, c'est le principe que l'épreuve (la *probatio*) constitue la forme à la fois générale, éducatrice et discriminante de la vie.

Ce texte de Sénèque (dans le *De Providentia*) fait écho à bien des textes d'Épictète dans les *Entretiens,* où on trouve des idées assez voisines. Par exemple dans le livre I des *Entretiens,* Dieu est comparé non pas tout à fait à un père de famille sévère, opposé à une mère indulgente, mais à un maître de gymnase, maître de gymnase qui, pour bien former les élèves qu'il a acceptés, accueillis auprès de lui, et auxquels il veut apprendre l'endurance et la force, a disposé autour d'eux des adversaires, les adversaires les plus rudes possible. Pourquoi a-t-il choisi des adversaires rudes pour ces élèves auxquels il accorde ses faveurs et son intérêt ? Pour qu'ils deviennent des champions aux jeux olympiques. Et on ne devient pas champion aux jeux olympiques sans se mettre en sueur : Dieu maître de gymnase, Dieu qui réserve les plus rudes adversaires aux élèves qu'il préfère pour que ses élèves remportent la palme, le jour des jeux. Dans le même entretien, vous voyez, esquissée au moins, cette différence entre les gens bien et les gens pas bien, cette fonction discriminante de la *probatio,* sous la forme – fort intéressante, et, là aussi, qui aura bien des échos par la suite – de l'idée de l'éclaireur[7]. Épictète dit ceci : Il y a des hommes qui sont si vertueux par nature, qui ont déjà montré tellement bien leur force, que le Dieu, au lieu de les laisser vivre au milieu des autres hommes, avec les avantages et inconvénients de la vie ordinaire, les envoie en éclaireurs vers les plus grands dangers, les plus grandes difficultés. Et ce sont ces éclaireurs du malheur, ces éclaireurs de l'infortune, ces éclaireurs de la souffrance qui vont d'une part faire pour eux-mêmes ces épreuves, particulièrement rudes et difficiles, mais, en bons éclaireurs, revenir ensuite dans la cité

d'où ils viennent, pour dire à leurs concitoyens qu'après tout ces
dangers qu'ils redoutent tellement, ils n'ont pas à s'en préoccuper tellement, puisque eux-mêmes en ont fait l'expérience. Envoyés comme
éclaireurs, ils ont affronté ces dangers, ils ont pu les vaincre et, du
moment qu'ils ont pu les vaincre, eh bien, les autres aussi pourront les
vaincre. Et ils reviennent ainsi, éclaireurs ayant rempli leur contrat,
ayant remporté leur victoire et capables d'enseigner aux autres que
l'on peut triompher de ces épreuves et de ces maux, et qu'il y a pour
cela un chemin qu'ils peuvent leur enseigner. Tel est le philosophe, tel
est le cynique – d'ailleurs, dans le grand portrait du cynique que donnera
Épictète, cette métaphore de l'éclaireur est à nouveau employée[8] –
philosophe-éclaireur dans le jeu des épreuves, envoyé en avant-garde
pour affronter les plus rudes ennemis, et qui revient pour dire que
les ennemis ne sont pas dangereux, ou pas très dangereux, pas aussi
dangereux qu'on croit, et pour dire comment on peut les vaincre [...].

Eh bien, ces épreuves, ces malheurs, on ne peut plus les considérer
comme étant des maux. On est bien obligé de considérer que ce sont des
biens, des biens dont on doit tirer profit et utilité pour la formation de
l'individu. Il n'y a pas une seule des difficultés que l'on rencontre,
qui ne soit, en tant justement qu'elle est difficulté, en tant qu'elle est
souffrance, en tant qu'elle est infortune, en tant que telle un bien. Épictète dit ceci : On peut tirer profit de toutes les difficultés, de tous les
embarras. – De toutes les difficultés ? – Oui, de toutes. Épictète reprend,
esquisse une sorte de dialogue diatribique entre le maître et l'élève :
De toutes les difficultés ? demande l'élève. – Oui, de toutes. – C'est un
profit, c'est une utilité lorsqu'un homme vous insulte ? Réponse du
maître : Et quels avantages donc l'athlète tire-t-il de son entraînement ?
Il en tire les plus grands avantages. Eh bien lui aussi, celui qui m'insulte, « se fait mon entraîneur : il exerce ma patience, il exerce mon
calme, ma douceur ; [si quelqu'un m'exerce au calme, est-ce qu'il ne me
rend pas service ? M.F.]. Mon voisin est méchant ? Pour lui-même.
Mais, pour moi [et parce qu'il est méchant ; M.F.], il est bon, il exerce
ma douceur et mon indulgence. Apporte la maladie, apporte la mort,
apporte [l'indigence], apporte l'injure et la condamnation au dernier
supplice, tout cela, sous la baguette d'Hermès, acquerra de l'utilité[9] ».
La baguette d'Hermès, c'est celle qui transforme tout objet en or. Eh
bien, je crois qu'on a là une idée importante, en effet, parce qu'elle est
en un sens assez proche d'un thème stoïcien tout à fait traditionnel. Elle
en est proche, et elle est tout de même très différente. Elle est proche
du thème selon lequel ce qui nous apparaît au premier abord comme

un mal, nous venant du monde extérieur, de l'ordre des choses, n'est pas en réalité un mal. C'est une des thèses fondamentales du stoïcisme, depuis les formes originaires de ce même stoïcisme[10]. Mais dans la thèse traditionnelle des stoïciens, comment est-ce que se fait cette évacuation du mal comme mal ? C'est-à-dire : comment découvre-t-on que ce que l'on éprouve comme, ou que l'on croit être, un mal, n'est pas en réalité un mal ? Eh bien, vous savez qu'on le découvre par toute une opération, qui est essentiellement d'ordre intellectuel et démonstratif. Devant quelque chose qui nous arrive, par exemple la mort d'un proche, une maladie, la perte de la fortune, un tremblement de terre, il faut se dire que chacune d'entre elles, quelle qu'elle soit et aussi accidentelle qu'elle puisse paraître, fait en réalité partie de l'ordre du monde et de son enchaînement nécessaire. Cet enchaînement nécessaire, il a été organisé par le Dieu ou le principe rationnel qui a organisé le monde, et qui l'a organisé bien. Et par conséquent il faut reconnaître que, du seul point de vue qui doit être le nôtre, à savoir [celui] de l'être raisonnable, nous devons considérer que ce que nous croyons être un mal n'est pas en réalité un mal. C'est seule notre opinion qui nous sépare, nous fait prendre distance, par rapport au point de vue de la rationalité, de l'être rationnel. C'est cette opinion seulement qui nous fait croire que c'est un mal. En fait, ce n'est pas un mal. Prenons l'attitude et la position du sujet rationnel : tous ces événements font partie de l'ordre du monde, et par conséquent ce n'est pas un mal avec, vous savez bien, la question répétée tant de fois, autour de laquelle Cicéron par exemple a tant de fois tourné[11], qui est : ça a beau n'être pas un mal, mais quand je suis malade et que je souffre réellement, est-ce que c'est un mal ou est-ce que ça n'en est pas un ? Mais en tout cas la thèse stoïcienne, le schéma, si vous voulez, de cette annulation du mal dans le stoïcisme classique, passe donc par l'analyse ou la réflexion du sujet rationnel en tant que tel sur l'ordre du monde, et qui lui permet de resituer tous ces événements dans un ordre qui est ontologiquement bon. Et par conséquent le mal n'est plus, ontologiquement au moins, un mal.

Or vous voyez que dans le texte d'Épictète, dans cette petite histoire de l'insulteur, de l'insulteur qui me fait du bien et dont l'insulte même est un bien, c'est tout à fait différent. Car il s'agit de tout autre chose que cette sorte d'analyse dont je vous parlais tout à l'heure. Il s'agit de la transfiguration du mal en bien, mais du mal en bien en tant précisément qu'il me fait du mal. Ce qui déplace l'analyse d'Épictète et fait qu'il échappe à l'objection [de] type cicéronien – l'espèce de reste que Cicéron objectait à l'analyse stoïcienne classique : Mais enfin, même si je reconnais que ce n'est pas un mal, en tant que cela fait partie de l'ordre rationnel du monde, il n'en reste pas moins que ça me fait mal –, c'est que désormais le fait que ce non-mal (pour Épictète, bien sûr, onto-logiquement ce n'est pas un mal, conformément à la doctrine classique) me fasse mal, soit en même temps une douleur, une souffrance, et que ça m'affecte, si, en tout cas, et tant que je n'ai pas absolument la maî-trise de moi, eh bien, cela même est un bien dans son rapport [à] moi. La transfiguration ou l'annulation du mal ne se fait donc pas simplement et sous la seule forme de cette mise en position rationnelle du regard sur le monde. La transfiguration en bien se fait à l'intérieur même de la souf-france qui est provoquée, dans la mesure où cette souffrance est effecti-vement une épreuve, où elle est reconnue, vécue, pratiquée par le sujet comme épreuve. Dans le cas du stoïcisme classique on peut dire que c'est la pensée du tout qui est censée annuler l'expérience personnelle de la souffrance. Dans le cas d'Épictète, et à l'intérieur de ce même pos-tulat théorique qu'Épictète maintient, il y a, si vous voulez, un autre type de mutation qui est dû à l'attitude d'épreuve, qui double, surcharge toute expérience personnelle de souffrance, de douleur et de malheur, d'une valeur qui est directement positive pour nous. Cette valorisation n'annule pas cette souffrance, au contraire, elle s'accroche à elle, elle s'en sert. C'est dans la mesure où ça nous fait du mal que le mal n'est pas un mal. Il y a là quelque chose qui est assez fondamental et, je crois, très nouveau par rapport à ce qu'on peut considérer comme le cadre théorique général du stoïcisme.

À propos de tout cela – de cette idée de la vie comme épreuve forma-trice, cette idée que le malheur est un bien dans la mesure même où il est un malheur, où il est reconnu comme malheur par l'attitude d'épreuve – je voudrais faire plusieurs remarques. Bien sûr, en un sens vous me direz : mais ce n'est pas si nouveau que cela, et même si cela semble représenter, et représente en effet, par rapport à la dogmatique stoïcienne, une certaine mutation ou un certain changement d'accent, en fait cette idée que la vie est un long tissu de malheurs par lesquels les hommes sont éprouvés est une vieille idée grecque. Après tout, est-ce que ce n'est pas elle qui a sous-tendu toute la tragédie grecque clas-sique, tous les grands mythes classiques ? Prométhée et son épreuve, Héraclès et ses épreuves[12], Œdipe et l'épreuve à la fois de la vérité et du crime, etc. Seulement, je crois que ce qui caractérise l'épreuve dans la tragédie grecque classique, ce qui la sous-tend en tout cas, c'est le thème de l'affrontement, de la joute, du jeu entre la jalousie des dieux et l'ex-cès des hommes. Autrement dit, c'est lorsque les dieux et les hommes s'affrontent les uns aux autres, qu'effectivement l'épreuve apparaît comme étant la somme des malheurs que les dieux envoient aux hommes pour savoir si les hommes pourront y résister, comment ils y résisteront et si ce seront les hommes ou les dieux qui l'emporteront. L'épreuve dans la tragédie grecque est une sorte de bras-de-fer entre les hommes et les dieux. L'histoire de Prométhée en est évidemment l'exemple le plus clair[13]. Il y a un rapport agonistique entre les dieux et les hommes, rapport au terme duquel l'homme, même foudroyé par le malheur, sort grandi, mais d'une grandeur de réconciliation avec les dieux, qui est la grandeur de la paix retrouvée. Rien de plus clair pour cela que l'*Œdipe à Colone,* ou si vous voulez la comparaison *Œdipe-Roi* et *Œdipe à Colone*[14]. Œdipe à Colone, définitivement foudroyé par le malheur, ayant effectivement subi toutes les épreuves dont les dieux l'ont poursuivi, en fonction d'une très vieille vengeance qui pesait non pas tellement sur lui que sur sa famille, arrive enfin, recru d'épreuves, au lieu qui sera celui de sa mort. Et il arrive pouvant dire, au terme de la bataille où il a été vaincu mais de laquelle il sort tout de même grandi : de tout cela j'étais innocent. Nul ne peut me faire reproche. Qui donc n'aurait pas tué un vieillard insolent comme je l'ai fait, puisque je ne savais pas que c'était mon père ? Qui donc n'aurait pas épousé une femme, ne sachant pas que c'était sa mère ? De tout cela j'étais innocent, et les dieux m'ont poursuivi d'une vengeance qui ne pouvait pas être et qui n'était pas une punition. Mais maintenant que nous voici, recrus d'épreuves, eh bien j'arrive, j'arrive pour apporter à la terre où je vais mourir une puissance, puissance nouvelle, puissance protectrice qui m'est donnée précisément par les dieux. Et si effectivement j'ai été perdu, [à cause] d'un crime que je ne connaissais pas et dont les dieux me poursuivaient, dans une lutte où j'ai été le plus faible, si j'ai apporté la peste à mon pays, eh bien, j'apporterai à la terre où je vais maintenant reposer la sérénité, la tranquillité, la toute-puissance[15]. Partie de bras-de-fer où il y a donc eu un vaincu (Œdipe), mais où finalement, la défaite ayant été consommée, l'homme retrouve son pouvoir et se réconcilie avec les dieux qui maintenant le protègent. Or, ce n'est pas du tout cette partie de bras-de-fer, ce n'est pas cette grande joute entre le pouvoir des dieux et le pouvoir des hommes qui sous-tend l'épreuve stoïcienne, l'épreuve telle qu'elle est définie chez Sénèque et Épictète. C'est au contraire par un paternalisme, je dois dire, assez sourcilleux, de la souffrance que les dieux disposent effectivement autour des hommes de bien toute la série des épreuves, malheurs, etc., qui est nécessaire pour pouvoir les former. Ce n'est pas la joute, c'est la bienveillance protectrice qui est là pour disposer les malheurs.

Deuxième remarque, c'est que ce thème : prendre la vie elle-même, la vie tout entière, dans sa généralité, dans toute sa continuité, comme une épreuve formatrice et discriminante, devrait évidemment soulever beaucoup de difficultés théoriques. Après tout Sénèque, par exemple, dit que Dieu, en disposant autour des hommes de bien toute une série d'épreuves, se les prépare *(sibi [parat])* : il prépare pour lui-même ces hommes qu'il soumet ainsi à l'épreuve[16]. Mais qu'est-ce que c'est que cette préparation, préparation à quoi ? Est-ce une préparation du rapport d'identification, d'assimilation de l'âme à la raison universelle et divine ? Est-ce qu'il s'agit de préparer l'homme à l'accomplissement de sa propre vie jusqu'au point décisif et révélateur de la mort ? Est-ce qu'il s'agit de préparer l'homme à une immortalité et à un salut, une immortalité fondue dans la raison universelle ou une immortalité personnelle ? De tout cela, en fait, il serait bien difficile de trouver une théorie exacte chez Sénèque[17]. Il y a sans doute beaucoup d'éléments de réponse, et on peut même en apporter plusieurs, ce qui, justement, montre bien qu'en fait [ce] problème n'est pas, pour Sénèque, le problème important. Dieu se prépare les hommes, mais après tout, pour Sénèque, « que la vie soit une préparation » est un thème fondamental qui ne pose pas pour lui, [du] moins de façon urgente, la question qui sera en revanche capitale pour le christianisme : préparer à quoi ? Comme si ce thème de la technique de soi, de la culture de soi, avait son autonomie par rapport à des problèmes théoriques qu'on sent courir autour de cette pratique. Mais elle a suffisamment de gravité et d'importance pour tenir elle-même comme principe de conduite, sans qu'on ait à affronter de façon très directe et systématique les problèmes théoriques qu'elle peut poser. On pourrait dire la même chose à propos de cette question de la discrimination : mais enfin qu'est-ce que ça veut dire ? Faut-il supposer qu'il y a, au départ, des hommes mauvais et des hommes bons ? Et que Dieu met les bons du côté du malheur, et les mauvais du côté des voluptés ? Ou faut-il admettre qu'en fait il y a comme un échange de signes : Dieu soumettant les hommes à des épreuves, voyant ceux qui résistent aux épreuves, qui s'en tirent bien, et par conséquent multipliant autour d'eux les épreuves, alors qu'il abandonne au contraire aux voluptés les autres, les autres qui ont montré dans les premières épreuves leur incapacité ? Tout ceci n'est pas clair et là encore, moi, ce qui me frappe, c'est que ni Sénèque ni Épictète n'ont l'air d'empoigner le problème de façon sérieuse. Il y, a encore une fois, des éléments de réponse, il ne faudrait pas croire que c'est jeté là comme ça, sans que cela s'inscrive à l'intérieur d'un champ théorique. Mais il n'y a pas de problématisation précise de ces deux thèmes. On ne théorise pas la question : « À quoi cette vie comme préparation prépare-t-elle ? » ; on ne théorise pas non plus la question : « Qu'est-ce que c'est que cette discrimination, qui est à la fois une des conditions et un des effets de la vie comme épreuve ? » Voilà la seconde remarque que je voulais vous faire.

Il y en a une troisième, qui est ceci : c'est que, bien sûr, ces deux grands thèmes de la vie comme épreuve tout au long de son déroulement, et de l'épreuve comme discrimination, ont été, vous le savez bien, transférés de l'ascétique philosophique dont je vous parle à la spiritualité chrétienne, mais avec évidemment une tout autre allure. D'une part, parce que cette idée de la vie comme une épreuve va devenir, dans le christianisme, non pas simplement une espèce d'idée-sommet, mais au contraire une idée absolument fondamentale. Ce ne sont pas simplement quelques philosophes particulièrement raffinés qui vont poser le principe ou poser comme idéal que l'on doit considérer et vivre sa vie comme une épreuve perpétuelle. Au contraire, tout chrétien sera appelé à considérer que la vie n'est rien de plus qu'une épreuve. Seulement, en même temps que le principe sera généralisé et deviendra prescriptif pour tout chrétien, en même temps alors les deux questions dont je vous parlais tout à l'heure, et qui sont curieusement non théorisées chez les stoïciens, vont devenir parmi les foyers les plus actifs de la réflexion et de la pensée chrétiennes. C'est le problème, bien sûr : à quoi prépare la préparation à la vie ? C'est évidemment la question de l'immortalité, du salut, etc. La question de la discrimination, eh bien, c'est la question fondamentale autour de laquelle a tourné sans doute l'essentiel de la pensée chrétienne : qu'est-ce que c'est que la prédestination ; qu'est-ce que c'est que la liberté de l'homme devant la toute-puissance divine ; qu'est-ce que c'est que la grâce ; comment peut-il se faire qu'avant même qu'ils fussent nés, Dieu a aimé Jacob et haï Esaü ?[18] Donc, si vous voulez, vous avez à la fois transfert de ces questions, et en même temps une économie toute différente, et dans la pratique et dans la théorie.

Mais si j'ai évoqué tout cela, c'est que je voulais vous montrer un phénomène, me semble-t-il, important dans l'histoire de cette vaste culture de soi qui s'est développée à l'époque hellénistique et romaine, et que j'ai essayé cette année de vous décrire. Je dirai en gros ceci : il me semble que, depuis l'époque classique, le problème était de définir une certaine *tekhnê tou biou* (un art de vivre, une technique d'existence). Et, vous vous souvenez, c'était à l'intérieur de cette question générale de la *tekhnê tou biou*, que s'était formulé le principe « s'occuper de soi-même ». L'être humain est tel, son *bios*, sa vie, son existence sont tels qu'ils ne peuvent pas, ces humains, vivre leur vie sans se référer à une certaine articulation rationnelle et prescriptive qui est celle de la *tekhnê*. On touche là un des gros noyaux sans doute de la culture, de la pensée et de la morale grecques. Aussi pressante que soit la cité, aussi importante que soit l'idée de *nomos,* aussi largement diffusée que soit la religion dans la pensée grecque, ce n'est jamais ni la structure politique, ni la forme de la loi, ni l'impératif religieux qui sont capables, pour un Grec ou pour un Romain, mais surtout pour un Grec, de dire ce qu'il faut faire concrètement tout au long de sa vie. Et surtout, ils ne sont pas capables de dire ce qu'il faut faire de sa vie. La *tekhnê tou biou* s'inscrit, je crois, dans la culture grecque classique, dans le creux qui est laissé aussi bien par la cité, la loi, que la religion quant à cette organisation de la vie. La liberté humaine trouve à s'obliger, pour un Grec, non pas tellement, ou non pas seulement dans la cité, non pas tellement ni seulement dans la loi, non pas dans la religion, mais dans cette *tekhnê* (cet art de soi-même) que l'on pratique soi-même. C'est à l'intérieur donc de cette forme générale de la *tekhnê tou biou* que se formule le principe, le précepte « s'occuper de soi-même ». Et on a vu justement comment quelqu'un comme Alcibiade, voulant faire une carrière politique, mener la vie d'un gouvernant, est rappelé par Socrate à ce principe dont il ne s'était pas douté : Tu ne peux pas développer la *tekhnê* dont tu as besoin, tu ne peux pas faire de ta vie cet objet rationnel que tu veux faire, si tu ne t'occupes pas de toi-même. L'*epimeleia heautou* s'inscrit donc dans la nécessité de la *tekhnê* de l'existence.

Or je crois que ce qui s'est passé, et que j'ai essayé de vous montrer au cours de cette année, c'est ceci : à l'époque dont je vous parle – disons, à l'époque hellénistique, et à coup sûr à l'époque du Haut-Empire, celle que j'ai surtout étudiée –, on assiste à une sorte d'inversion, de torsion sur place entre technique de vie et souci de soi. Il me semble que ce qui se passe en effet, c'est que désormais le souci de soi n'est pas un élément nécessaire et indispensable à la *tekhnê tou biou* (à la technique de vie). Le souci de soi n'est pas quelque chose par quoi on doit commencer, si l'on veut effectivement définir comme il faut une bonne technique de vie. Désormais, il me semble que le souci de soi, non seulement traverse, commande, soutient de bout en bout tout l'art de vivre – non seulement il faut, pour savoir exister, savoir se soucier de soi –, mais c'est la *tekhnê tou biou* (la technique de vie) qui s'inscrit tout entière dans le cadre désormais autonomisé du souci de soi. [Qu'est-ce qui] se dégage de l'idée que la vie doit être prise comme une épreuve ? Quel est le sens et l'objectif de la vie avec sa valeur formatrice et discriminante, de la vie tout entière considérée comme épreuve ? Eh bien, précisément, de former le soi. On doit vivre sa vie de telle manière qu'à chaque instant on se soucie de soi et que ce qu'on trouve au terme, énigmatique d'ailleurs, de la vie – vieillesse, instant de la mort, immortalité : immortalité diffuse dans l'être rationnel, immortalité personnelle, peu importe –, ce qui doit être, de toute façon, obtenu à travers toute la *tekhnê* que l'on met dans sa vie, c'est précisément un certain rapport de soi à soi, rapport qui est le couronnement, l'accomplissement et la récompense d'une vie vécue comme épreuve. La *tekhnê tou biou,* la façon de prendre les événements de la vie doivent s'inscrire dans un souci de soi qui est maintenant devenu général et absolu. On ne s'occupe pas de soi pour mieux vivre, on ne s'occupe pas de soi pour vivre plus rationnellement, on ne s'occupe pas de soi pour gouverner les autres comme il faut ; c'était, en effet, la question d'Alcibiade. On doit vivre pour faire en sorte d'avoir à soi le meilleur rapport possible. À la limite, je dirais d'un mot : on vit « pour soi ». Mais en donnant à ce « pour », évidemment, un sens tout à fait différent de celui qui est donné dans la formule traditionnelle « vivre pour soi ». On vit avec, comme projet fondamental de l'existence, le support ontologique qui doit justifier, fonder et commander toutes les techniques d'existence : le rapport à soi. Entre le Dieu rationnel, qui, dans l'ordre du monde, a disposé autour de moi tous les éléments, toute la longue chaîne des dangers et des malheurs, et moi, qui vais déchiffrer ces malheurs comme autant d'épreuves et d'exercices pour mon perfectionnement, entre ce Dieu et moi, il n'est plus désormais question que de moi. Il me semble qu'on a là un événement relativement important, je pense, dans l'histoire de la subjectivité occidentale. Que dire là-dessus ?

Premièrement, bien sûr, ce que j'ai essayé de repérer là, ce mouvement – cette torsion, je crois, si importante, qui a déplacé l'un par rapport à l'autre souci de soi et technique de vie –, je l'ai repéré à travers les textes des philosophes, mais il me semble qu'on pourrait le retrouver à travers bien d'autres signes. Je n'ai pas le temps cette année, mais j'aurais voulu, par exemple, vous parler des romans. C'est très intéressant, cette apparition du roman grec précisément à l'époque dont je vous parle (Iᵉʳ-IIᵉ siècle). Le roman grec, vous savez, c'est ces longs récits d'aventure qui sont aussi des récits de voyages, de malheurs, de tribulations, etc., à travers le monde méditerranéen, et qui en un sens se glissent bien, se logent bien dans la grande forme définie par l'*Odyssée*[19]. Mais, alors que dans l'*Odyssée* (le récit épique des tribulations d'Ulysse), c'était bien déjà cette grande partie de bras-de-fer dont je vous parlais tout à l'heure – il s'agissait de savoir qui finalement allait l'emporter, de l'homme ou des dieux, ou plutôt de certains dieux par rapport à certains autres dieux : on était dans un univers de lutte et de joute –, au contraire, avec le roman grec vous avez très manifestement l'apparition de ce thème que la vie doit être une épreuve, épreuve formatrice, formatrice du soi. Que ce soit les *Éthiopiques* d'Héliodore, ce qui est plus connu comme : *Théagène et Chariclée*, les *Éphésiaques* de Xénophon d'Éphèse[20], les aventures de *Leucippé et Clitophon* d'Achille Tatius[21], tous ces récits-là sont commandés par le thème que tout ce qui peut arriver à l'homme, tous les malheurs qui lui arrivent (les naufrages, les tremblements de terre, les incendies, la rencontre des brigands, les menaces de mort, l'emprisonnement, l'esclavage), tout ce qui arrive à tous ces personnages à un rythme accéléré, eh bien tout ceci, qui effectivement, comme dans l'*Odyssée*, ramène finalement jusque chez soi, manifeste la vie comme étant une épreuve. Une épreuve dont doit sortir quoi? La réconciliation avec les dieux? Pas du tout. En doit sortir la pureté, pureté de soi, de soi entendu comme étant ce sur quoi on exerce vigilance, surveillance, protection et maîtrise. Et c'est pourquoi le fil directeur de tous ces romans, ce n'est pas, comme dans l'*Odyssée,* le problème de savoir si les dieux vont l'emporter sur l'homme, ou si tel dieu va l'emporter sur tel autre dieu. La question qui court tout au long de ces romans, c'est tout simplement la question de la virginité[22]. Est-ce que la fille va garder sa virginité, est-ce que le garçon va garder sa virginité, eux qui se sont engagés, soit à l'égard du dieu, soit à l'égard l'un de l'autre, à conserver cette pureté personnelle? Toutes les épreuves qui sont disposées tout autour de ces deux personnages, emportés dans la série des tribulations, tous ces épisodes sont faits pour savoir dans quelle mesure ils vont pouvoir conserver cette virginité, virginité qui me paraît être, dans cette littérature-là, comme la forme visible du rapport à soi, du rapport à soi dans sa transparence et dans sa maîtrise. Le thème si fondamental de la virginité, que l'on va retrouver dans la spiritualité chrétienne et qui aura tant de conséquences, on le voit émerger là, comme figure métaphorique du rapport à soi. Maintenir la virginité : que cette virginité soit encore totale, intégrale, aussi bien pour le garçon que pour la fille, au moment où, enfin revenus chez eux, ils se retrouvent et ils se marient légalement. Le maintien de cette virginité n'est pas autre chose, me semble-t-il, que l'expression figurée de ce qui, tout au long des tribulations de la vie, doit être préservé et maintenu jusqu'au bout : le rapport à soi. Encore une fois, on vit pour soi.

Eh bien, voilà ce que j'avais à vous dire sur la vie comme épreuve. Alors il y aura encore un cours, dans lequel j'essaierai de vous parler un peu de l'autre ensemble d'exercices : non plus le *gumnazein* (c'est-à-dire : exercice, entraînement en situation réelle), mais l'exercice de pensée (*meletan*, méditation). Alors, manifestement, je n'aurai pas tout à fait le temps de finir. Je ne sais pas si je ferai encore un cours après Pâques. À Pâques, vous partez tous ? Enfin, je ne sais pas, on verra. Merci.

*

NOTES

1. « Ne vois-tu pas quelle différence il y a entre la tendresse d'un père et celle d'une mère ? Le père réveille ses enfants de bonne heure pour les envoyer au travail, ne tolère même pas qu'ils se reposent les jours de fête, fait couler leur sueur, quand ce n'est pas leurs larmes. La mère tout au contraire les couve dans son sein, les garde dans son ombre, défend qu'on les chagrine, qu'on les fasse pleurer, qu'on les fatigue. Dieu a pour les hommes de bien l'âme d'un père et les aime vigoureusement *(illos fortiter amat)* » (*De la providence,* II,5-6, in Sénèque, *Dialogues,* t. IV, trad. R. Waltz, éd. citée, p. 12-13).

2. *Id.,* 6 (p. 13).

3. Allusion à Luther : « *esto peccator, et pecca fortiter, sed fortius fide et gaude in Christo qui victor est peccati, mortis et mundi [...] ora fortiter ; es enim fortissimus peccator* » (lettre à Melanchton du 1ᵉʳ août 1521, citée *in* L. Febvre, *Un destin. Martin Luther,* Paris, PUF, 1968, p. 100). On pourrait traduire ainsi : « Sois pécheur et pèche fortement, mais garde plus fortement encore ta foi et ta joie en le Christ, vainqueur du péché, de la mort et du monde ! Prie fortement ! car tu es un plus grand pécheur encore. »

4. « Dieu [...] ne gâte pas l'homme de bien ; il l'éprouve, il l'endurcit, il le rend digne de lui *(sibi illum parat)* » (*De la providence,* I, 6, p. 12 ; E. Bréhier traduit : « il se le ménage pour lui-même » (in *Les Stoïciens, op. cit.,* p. 758).

5. Cf. le développement de ce thème dans le cours du 6 janvier, deuxième heure.

6. Cf. cours du 20 janvier, première heure.

7. « Ce sont les difficultés qui révèlent les hommes. Aussi, quand survient une difficulté, souviens-toi que Dieu, comme un maître de gymnase, t'a mis aux prises avec un jeune et rude partenaire. – "Dans quel but ?" demande-t-on. – Pour que tu deviennes champion aux jeux Olympiques [...] Voici que nous t'envoyons à Rome en éclaireur. Or, nul n'envoie un lâche en éclaireur » (Épictète, *Entretiens,* I,24,1-2, éd. citée, p. 86).

8. « En réalité, le Cynique est bien pour les hommes un éclaireur de ce qui leur est favorable et de ce qui leur est hostile. Et il doit explorer d'abord avec exactitude, puis revenir annoncer la vérité, sans se laisser paralyser par la crainte au point de signaler comme ennemis ceux qui ne le sont pas » (*Entretiens,* III,22,24-25, p. 73).

9. *Entretiens*, III, 20, 10-12 (p. 64).

10. Cf. la déclaration de Cicéron : « Il y a des gens qui réduisent ces devoirs à un seul : montrer que ce qu'on croit un mal n'en est pas un – c'est là l'avis de Cléanthe » (*Tusculanes*, t. II, XXXI, 76, trad. J. Humbert, éd. citée, p. 44-45). Cléanthe est, avec Chrysippe, le premier scholarque après la fondation de l'école du Portique par Zénon au début du IIIᵉ siècle av. J.-C.

11. Cf. l'ensemble du livre III des *Tusculanes*, t. II (p. 2-49), ainsi que l'analyse par Foucault du chapitre XV de ce même livre dans le cours du 24 mars, première heure.

12. Sur Héraclès, référence essentielle du cynisme dans sa dimension d'ascèse athlétique, cf. R. Höistad, *Cynic Hero and Cynic King. Studies in the Cynic Conception of Man*, Uppsala, 1948.

13. Cf. la tragédie d'Eschyle, *Prométhée enchaîné*. Prométhée, cloué au sommet d'une montagne pour avoir dérobé le feu, continue à défier Zeus, en se prétendant détenteur d'un secret qui le détrônera. Devant les menaces d'Hermès qui le presse de révéler son secret, Prométhée demeure inflexible ; et Zeus d'envoyer la foudre sur le rocher où il se trouve attaché, le faisant plonger dans les replis profonds de la terre.

14. C'est la première fois que Foucault examine dans ses cours au Collège de France l'*Œdipe à Colone*. En revanche, l'*Œdipe-Roi* a fait l'objet de régulières analyses : à propos de « La Volonté de savoir » (première année de cours au Collège de France), Foucault montre comment la tragédie de Sophocle doit être comprise comme un chapitre du grand récit des formes historiques de contraintes du discours de vérité, et surtout, en 1980 (cours sur « Le Gouvernement des vivants »), il élabore (cours des 16, 23 janvier, et 1ᵉʳ février), une « lecture alèthurgique » de l'*Œdipe-Roi* (rapport entre la manifestation du vrai et l'art de gouverner).

15. « Déesses augustes, déesses aux yeux terribles, puisque vous êtes les premières de cette terre sur le sol desquelles je me sois assis, envers Phoebos, envers moi-même ne soyez pas impitoyables. Quand ce dieu me prédisait mes nombreux malheurs, il m'a dit qu'ils finiraient après un long temps, quand je serais enfin arrivé en un pays où des divinités vénérables m'accorderaient une place pour m'asseoir, un lieu pour y être accueilli ; c'est là, a-t-il dit, que je finirais ma vie misérable, source de prospérité pour ceux qui m'auront reçu » (Sophocle, *Œdipe à Colone*, v. 84-93, trad. P. Masqueray, Paris, Les Belles Lettres, 1924, p. 157-158).

16. Cf. *supra*, p. 432, note 4.

17. Cf. R. Hoven, *Stoïcisme et Stoïciens face au problème de l'au-delà*, Paris, Les Belles Lettres, 1971, et P. Veyne, « Préface » à : Sénèque, *Entretiens, Lettres à Lucilius, op. cit.*, p. CXXI-CXXIII.

18. « Mieux encore, Rébecca avait conçu d'un seul homme, Isaac notre père : or, avant la naissance des enfants, quand ils n'avaient fait ni bien ni mal, pour que s'affirmât la liberté de l'élection divine, qui dépend de celui qui appelle et non des œuvres, il lui fut dit : *L'aîné servira le cadet*, selon qu'il est écrit : *J'ai aimé Jacob et j'ai haï Esaü* » (saint Paul, *Épître aux Romains*, IX, 10-13, in *Bible de Jérusalem*, Paris, Desclée de Brouwer, 1975). L'*Épitre aux Romains* constitue bien sûr la référence majeure de Luther pour établir la primauté de la grâce sur les œuvres. Cf. aussi, pour une présentation générale et historiquement déterminante, les *Écrits sur la Grâce* de Pascal.

19. Homère, *Odyssée*, trad. V. Bérard, Paris, Les Belles Lettres, 1924.

20. Xénophon d'Éphèse, *Les Éphésiaques ou le Roman d'Habrocomès et d'Anthia,* trad. G. Dalmeyda, Paris, Les Belles Lettres, 1962.

21. La traduction par P. Grimal des romans d'Héliodore et d'Achille Tatius figure dans un volume de la « Bibliothèque de la Pléiade » *(Romans grecs et latins, op. cit.).*

22. Cf. pour une analyse plus développée de ce thème, le dernier chapitre (« Une nouvelle érotique ») du *Souci de soi* : « On peut relever tout de même la présence, dans ces longs récits aux péripéties innombrables, de quelques-uns des thèmes qui marqueront par la suite l'Érotique aussi bien religieuse que profane : l'existence d'une relation "hétérosexuelle" et marquée par un pôle masculin et un pôle féminin, l'exigence d'une abstention qui se modèle beaucoup plus sur l'intégrité virginale que sur la domination politique et virile des désirs ; enfin l'accomplissement et la récompense de cette pureté dans une union qui a la forme et la valeur d'un mariage spirituel » (p. 262-263).

COURS DU 24 MARS 1982

Première heure

*Rappel des acquis du cours précédent. – La saisie de soi par soi dans l'*Alcibiade *de Platon et dans les textes philosophiques du Ier-IIe siècle : étude comparative. – Les trois grandes formes occidentales de réflexivité : la réminiscence ; la méditation ; la méthode. – L'illusion de l'historiographie philosophique occidentale contemporaine. – Les deux séries méditatives : l'épreuve du contenu de vérité ; l'épreuve du sujet de vérité. – La disqualification grecque de la projection dans l'avenir : le primat de la mémoire ; le vide ontologico-éthique du futur. – L'exercice stoïcien de présomption des maux comme préparation. – Gradation de l'épreuve de présomption des maux : le possible, le certain, l'imminent. – La présomption des maux comme obturation de l'avenir et réduction de réalité.*

Alors, dans la grande famille des exercices caractéristiques de l'ascétique des philosophes, il m'avait semblé qu'on pouvait distinguer deux groupes principaux. Le groupe qu'on pourrait mettre sous le signe du *gumnazein* (si vous voulez : de l'entraînement en situation réelle). Et, dans cette famille, il m'avait semblé qu'on pouvait distinguer, d'une façon un petit peu schématique bien sûr, et pour la commodité des choses, d'une part les pratiques d'abstinence, et deuxièmement le régime des épreuves. Et j'avais essayé de vous montrer comment, de ce régime, à partir de cette idée, de ce principe du régime des épreuves, on arrivait à un thème, je pense, très fondamental dans cette forme de pensée : à savoir que la vie tout entière devait être exercée, pratiquée comme épreuve. C'est-à-dire encore, si vous voulez, que cette vie, qui était au point de départ, depuis la pensée grecque classique, l'objet d'une *tekhnê,* devenait maintenant une sorte de grand rituel, d'occasion perpétuelle de l'épreuve. Ce glissement, ou cette réélaboration si vous voulez, de la *tekhnê* en épreuve, ou le fait que maintenant la *tekhnê* doit être une sorte de préparation permanente à une épreuve qui dure autant que la vie, ceci, je crois, était une chose assez importante.

Alors cette fois-ci, qui est donc la dernière de cette année, je voudrais parler de l'autre famille des exercices ascétiques, celle que l'on peut grouper autour des termes de *meletê/meletan/meditatio/meditari* : méditation donc, entendue au sens très général d'exercice de la pensée sur la pensée. Ce terme a un sens beaucoup plus large que celui que nous prêtons au terme de méditation. On peut l'éclairer un peu, en se rappelant l'usage de ce mot de *meletê* dans la rhétorique. Dans la rhétorique, la *meletê,* c'est cette préparation intérieure – préparation de la pensée sur la pensée, de la pensée par la pensée – qui prépare l'individu à parler en public, à improviser[1]. Pour comprendre, comme il faut aller vite, l'importance, le sens général de ces exercices de « méditation » – encore une fois, il faut mettre des guillemets –, je voudrais revenir un instant à ce texte qui nous a servi de repère tout au long de cette année, à savoir l'*Alcibiade* de Platon. Vous vous souvenez que la démarche avait consisté, d'une part, à interpeller Alcibiade et à lui montrer qu'il devrait bien s'occuper de lui-même ; puis, à s'interroger sur ce qu'était ce souci de soi auquel Alcibiade était convié. Et la question s'était subdivisée en deux. Premièrement, quel est ce soi-même dont il faut se soucier ? Et deuxièmement, comment doit-on se soucier de soi-même ? Et c'est là, vous vous souvenez encore, que Socrate avait défini la modalité fondamentale de ce souci de soi. Il avait caractérisé pour l'essentiel la pratique même du souci de soi comme l'exercice d'un regard, regard qui porte précisément, de soi, sur soi-même. « Il faut se soucier de soi », [c'était la traduction] de *blepteon heauton* : [il faut] se regarder soi-même[2]. Or ce qu'il y a, je crois, à remarquer, c'est que ce qui faisait l'importance de ce regard – ce qui en fait la valeur, ce qui va précisément lui permettre de déboucher sur ce qui est l'objectif même du dialogue, à savoir : comment doit-on apprendre à gouverner ? –, c'était précisément le fait qu'il établissait un rapport du même au même. C'était précisément ce rapport, dans la forme générale de l'identité, qui donnait à ce regard sa fécondité. L'âme se voyait elle-même, et c'était précisément dans cette saisie d'elle-même qu'elle saisissait aussi l'élément divin, cet élément divin qui constituait sa vertu propre. C'est parce qu'elle se regardait à ce miroir d'elle-même qui était parfaitement pur – puisque ce miroir, c'est celui-là même de l'éclat divin – et c'est en se voyant dans cet éclat divin, qu'elle reconnaissait l'élément divin qui était le sien propre[3]. On a donc à la fois un rapport d'identité, qui est fondamental, qui est en quelque sorte le moteur du mouvement, avec, comme point d'arrivée, la reconnaissance d'un élément divin, élément divin qui va avoir deux effets. Premièrement, de susciter le mouvement de l'âme vers le haut, [vers] les réalités essentielles, et, d'autre part, de lui ouvrir la connaissance vers les réalités essentielles qui vont lui permettre de fonder en raison l'action politique qui pourra être la sienne. Disons, si vous voulez, très schématiquement ceci : si on se demande en quoi consiste, dans ce mouvement décrit par l'*Alcibiade,* ce *gnôthi seauton* dont le principe était rappelé, d'ailleurs, au début et à plusieurs reprises au cours du dialogue[4], eh bien, on s'aperçoit qu'il s'agit pour l'âme de connaître la nature même de l'âme, et, à partir de là, d'avoir accès à ce qui est co-naturel à l'âme. L'âme se connaît elle-même, et dans ce mouvement par lequel elle se connaît elle-même, elle reconnaît ce que, du fond de sa mémoire, elle connaissait déjà. Vous voyez par conséquent, et je voudrais insister là-dessus, que nous n'avons pas affaire là, dans cette modalité du *gnôthi seauton,* à une connaissance de soi où le rapport de soi à soi, le regard sur soi-même ouvrirait une sorte de domaine d'objectivité intérieure, d'où on pourrait éventuellement inférer ce qu'est la nature de l'âme. Il s'agit d'une connaissance qui n'est rien de plus, mais rien de moins, que la connaissance de ce qu'est l'âme en son essence propre, en sa réalité propre ; et c'est la saisie de cette essence propre de l'âme qui va ouvrir une vérité : non pas la vérité par rapport à laquelle l'âme serait un objet à connaître, mais une vérité qui est la vérité que l'âme connaissait. C'est-à-dire que l'âme se saisit à la fois dans sa réalité essentielle, et elle se saisit en même temps comme sujet d'une connaissance dont elle a été le sujet depuis qu'elle a contemplé les essences dans le ciel, au sommet du ciel où elle avait été placée. Par conséquent, on peut dire ceci : la connaissance de soi se trouve être la clé d'une mémoire essentielle. Ou encore : le rapport entre la réflexivité de soi sur soi et la connaissance de la vérité s'établit dans la forme de la mémoire. On se connaît pour reconnaître ce qu'on avait connu. Eh bien, il me semble que dans l'ascétique philosophique dont je voudrais maintenant vous parler, le rapport s'établit tout autrement. En effet, dans la *meletê* (cette méditation qui n'est justement pas une mémoire), comment peut-on dire que les choses se passent, là encore, schématiquement et en survol ? – j'essaierai de vous le montrer sur des exemples concrets ensuite.

Premièrement, et c'est là la différence fondamentale, bien sûr, avec le *gnôthi seauton* et l'*epimeleia heautou* de l'*Alcibiade,* ce n'est pas dans l'élément de l'identité que s'opère cette connaissance de soi. Ce n'est pas l'élément d'identité qui est pertinent dans cette saisie de soi par soi, mais plutôt une sorte de redoublement intérieur qui implique comme une dénivellation. Vous avez, à ce sujet, un texte très explicite d'Épictète. C'est dans l'entretien 16 du livre I, où Épictète explique comment ce qui caractérise chez l'homme le fait qu'il a à se soucier de lui-même, qu'il peut et doit se soucier de lui-même, c'est le fait qu'il dispose d'une certaine faculté qui est, dans sa nature, ou plutôt dans son fonctionnement, différente des autres facultés[5]. Les autres facultés – celle qui me permet, par exemple, de parler ou celle qui me permet de jouer d'un instrument de musique –, elles savent, en effet, se servir d'un instrument, mais elles ne me diront jamais si je dois me servir de ces instruments, si je dois me servir de la flûte ou me servir du langage. Elles peuvent me dire comment le faire, mais si je veux savoir s'il faut le faire, s'il est bien ou s'il est mal de le faire, je dois m'adresser à une autre faculté qui est la faculté de l'usage des autres facultés. Et c'est cette faculté qui est la raison, et c'est [par elle], dans cette posture de contrôle et de libre décision de l'usage des autres facultés, que doit s'accomplir le souci de soi. Se soucier de soi-même, c'est faire qu'on ne se sert pas comme ça des facultés qu'on a, mais que l'on ne s'en sert jamais qu'en déterminant l'usage qu'on en fait par le recours à cette autre faculté qui détermine le bien et le mal de cet usage. Donc, c'est dans cette dénivellation que va s'opérer le souci de soi et la connaissance de soi. Ce n'est pas dans cette reconnaissance de l'âme par elle-même, comme chez Platon. Dénivellation donc des facultés pour situer, fixer, établir le rapport de soi à soi.

Deuxièmement, dans ce mouvement que les stoïciens vont décrire et qui définit, qui décrit le regard que l'on porte sur soi-même, ce qui est saisi, ce n'est pas, comme chez Platon, comme dans l'*Alcibiade,* la réalité de l'âme dans sa substance et dans son essence. Ce qu'on va saisir, ce qui va être l'objet même de ce regard et de cette attention que l'on porte sur soi, ce sont les mouvements qui se passent dans la pensée, ce sont les représentations qui y apparaissent, ce sont les opinions et les jugements qui accompagnent ces représentations, ce sont les passions qui agitent le corps et l'âme. Par conséquent, vous le voyez, il ne s'agit pas dans ce regard de saisir ce qui est la réalité substantielle de l'âme. C'est un regard qui est en quelque sorte tourné vers le bas et qui permet à la raison, dans son libre usage, d'observer, de contrôler, de juger, d'estimer ce qui se passe dans le cours des représentations, dans le cours des passions.

Troisièmement, troisième différence, c'est à propos de la reconnaissance de la parenté avec le divin. C'est vrai que l'on trouve dans les textes stoïciens dont je vous parle une certaine reconnaissance de la parenté de l'âme avec le divin, à travers même l'exercice qui consiste à se regarder soi-même, à se contempler soi-même, à s'examiner soi-même et à prendre soin de soi-même. Mais cette parenté avec le divin s'établit, je crois, d'une façon toute différente. Si vous voulez, chez Platon le divin se découvrait dans le soi-même, dans l'âme, mais en quelque sorte du côté de l'objet. Je veux dire ceci : c'est en se voyant elle-même que l'âme découvrait, dans cet autre qu'elle-même qui est elle-même, l'élément divin grâce auquel elle pouvait se voir. Dans la méditation stoïcienne, il me semble que le divin se découvre plutôt du côté du sujet, c'est-à-dire dans l'exercice de cette faculté qui use librement des autres facultés. Et c'est celle-là qui manifeste ma parenté avec Dieu. Tout ceci n'est peut-être pas très clair, mais il y a un texte d'Épictète qui, je crois, va vous expliquer de quoi il s'agit, et comment s'établit la parenté de l'âme avec le divin dans l'exercice même de l'*epimeleia heautou* et de l'examen de soi. Épictète dit ceci : « Comme Zeus vit pour lui-même, se repose en lui-même, réfléchit à la nature de son propre gouvernement, s'entretient de pensées dignes de lui, de même, nous aussi, devons-nous pouvoir converser avec nous-mêmes, savoir nous passer des autres, ne pas nous trouver embarrassés sur la manière d'occuper notre vie ; nous devons réfléchir sur le gouvernement divin, sur nos rapports avec le reste du monde, considérer quelle a été jusqu'ici notre attitude vis-à-vis des événements, quelle elle est maintenant, quelles sont les choses qui nous affligent, comment aussi on pourrait y remédier, comment on pourrait les extirper[6]. » Je crois que, pour comprendre ce texte, il faut se rappeler un autre passage d'Épictète, dans lequel il dit ceci : Ce qui fait la grande différence entre les animaux et les humains, c'est que les animaux n'ont pas à s'occuper d'eux-mêmes. Ils sont pourvus de tout, et s'ils sont pourvus de tout, c'est bien pour qu'ils puissent être à notre service. Imaginez notre embarras si nous avions à nous occuper, [en] plus, des animaux[7]. Donc les animaux, pour pouvoir nous servir, trouvent autour d'eux tout ce dont ils ont besoin. Les humains, eux, ce sont – et c'est [ce] qui les caractérise – les êtres vivants qui ont à s'occuper d'eux-mêmes. Pourquoi ? Eh bien, précisément, parce que Zeus, le Dieu, les a confiés à eux-mêmes, en leur donnant cette Raison dont je vous parlais tout à l'heure et qui permet de déterminer l'usage que l'on peut faire de toutes les autres facultés. Donc nous avons été confiés à nous-mêmes par Dieu, pour que nous ayons à nous occuper de nous-mêmes.

Maintenant, si nous passons non plus des animaux aux humains mais des humains à Zeus, qu'est-ce que c'est que Zeus ? C'est simplement l'être qui ne fait rien d'autre que s'occuper de lui-même. L'*epimeleia heautou* en quelque sorte à l'état pur, dans sa circularité totale et sans aucune dépendance à l'égard de quoi que ce soit, c'est cela qui caractérise l'élément du divin. Qu'est-ce que c'est que Zeus ? Zeus, c'est l'être qui vit pour lui-même. « *Autos heautô sunestin* », dit le texte grec. Ce n'est pas tout à fait « vivre pour lui-même » comme dit la traduction, c'est : celui qui est perpétuellement lui-même avec lui-même. C'est dans cet être avec soi-même que consiste l'être du divin. « Zeus vit pour lui-même, se repose en lui-même *(êsukhazei eph'heautou)*, réfléchit à la nature de son propre gouvernement, et s'entretient de pensées dignes de lui *(ennoei tên dioikêsin tên heautou oia esti).* » Il réfléchit, il pense au gouvernement de lui-même, au gouvernement qui est le sien, c'est-à-dire au gouvernement qu'il exerce, et il y réfléchit pour savoir *oia esti* – ce qu'il est, ce gouvernement – et s'entretient de pensées dignes de lui. Vivre avec soi-même ; se reposer en soi-même, être donc dans un état d'ataraxie ; réfléchir à la nature de son propre gouvernement, c'est-à-dire savoir comment sa raison, la raison de Dieu, va s'exercer sur les choses ; et enfin s'entretenir de pensées dignes de soi, s'entretenir avec soi-même : ce sont là les quatre [particularités], vous savez bien, qui caractérisent la position du sage, une fois qu'il est parvenu précisément à la sagesse. Vivre en toute indépendance ; réfléchir à la nature du gouvernement que l'on exerce, sur soi-même ou sur les autres ; s'entretenir avec ses propres pensées ; parler avec soi-même : c'est le portrait du sage, c'est le portrait de Zeus. Mais précisément, alors que le sage, lui, est arrivé à cela par une démarche progressive, c'est l'être même de Zeus qui le met dans cette position. Zeus est celui qui n'a à s'occuper que de soi. Maintenant, en fonction de cette position de Zeus comme modèle de tout souci de soi-même, que devons-nous faire ? Eh bien, dit-il, nous devons pouvoir converser avec nous-même, savoir nous passer des autres, ne pas nous trouver embarrassé sur la manière d'occuper notre vie. Vous voyez comment le grand modèle divin du souci de soi se rabat maintenant, élément par élément, sur les hommes, comme devoir et prescription. Nous devons réfléchir. Et alors que Zeus réfléchit sur son gouvernement à lui, nous devons, nous maintenant, réfléchir sur le gouvernement divin, c'est-à-dire sur ce même gouvernement, mais vu en quelque sorte de l'extérieur, et comme étant un gouvernement qui s'impose au monde tout entier et à nous. Nous devons réfléchir sur nos rapports avec le reste du monde (comment nous devons nous conduire et nous gouverner par rapport aux autres) ; considérer quelle a été jusqu'ici notre attitude vis-à-vis des événements (quelles sont les choses qui nous affligent, comment on pourrait y remédier et comment on pourrait les extirper). Ce sont là précisément tous les objets de la *meletê,* du *meletan.* Nous devons méditer, nous devons exercer notre pensée sur ces différentes choses : attitude à l'égard des événements ; quelles sont les choses qui nous affligent ; comment pourrait-on y remédier ; comment pourrait-on les extirper ? Ce sont là les quatre grands domaines de l'exercice de la pensée chez Épictète. Donc, vous le voyez bien, il y a, dans cet exercice de la pensée sur elle-même, quelque chose qui nous rapproche du divin. Mais alors que chez Platon, dans ce regard sur soi-même l'âme se reconnaît comme étant elle-même, substantiellement, par essence, de nature divine, il y a chez Épictète la définition d'un regard sur soi-même qui est en position d'analogie par rapport à ce qui constitue l'être divin, être divin qui, tout entier, ne fait pas autre chose que se soucier de lui-même.

Enfin, quatrième grande différence entre le regard platonicien dont parle l'*Alcibiade* et le regard dont parle la méditation stoïcienne, c'est que, dans le cas de Platon, la vérité qui est saisie, c'est finalement cette vérité essentielle qui va nous permettre de conduire les autres hommes. Ici, chez les stoïciens, nous allons avoir un regard qui va se tourner vers quoi ? Eh bien, ça va être un regard qui se dirige non pas vers cette réalité des essences mais vers la vérité de ce qu'on pense. Il s'agit d'éprouver la vérité des représentations et des opinions qui les accompagnent. Il s'agit aussi de savoir si nous allons être bien capables d'agir en fonction de cette vérité éprouvée des opinions, et si nous pouvons bien être en quelque sorte le sujet éthique de la vérité que nous pensons. Disons, si vous voulez, d'une façon schématique et abstraite, que dans le platonisme le regard sur soi-même permet une reconnaissance du type de la mémoire, reconnaissance mnémonique, si vous voulez, qui fonde l'accès à la vérité (la vérité essentielle) sur la découverte réflexive de ce qu'est l'âme en sa réalité. Dans le stoïcisme, c'est un tout autre dispositif qui joue. Dans le stoïcisme, le regard sur soi doit être l'épreuve constitutive de soi comme sujet de vérité, et ceci par l'exercice réflexif de la méditation.

En « background » de tout ça, je voudrais esquisser l'hypothèse suivante : c'est qu'au fond, dans l'Occident, on a connu et pratiqué trois grandes formes d'exercice de la pensée, de la réflexion de la pensée sur elle-même ; trois grandes formes de réflexivité. [Premièrement,] la réflexivité qui a la forme de la mémoire. Dans cette forme de réflexivité se trouve donné un accès à la vérité, vérité qui est connue dans la forme de la reconnaissance. Dans cette forme, qui ouvre par conséquent à une vérité dont on se souvient, le sujet se trouve modifié puisque c'est dans cet acte de mémoire qu'il opère sa libération, son retour vers sa patrie et son retour à son être propre. Deuxièmement, vous avez, je crois, la grande forme de la méditation, que l'on trouve déployée évidemment surtout chez les stoïciens. Et dans cette forme de réflexivité, ce qui s'opère, c'est l'épreuve de ce que l'on pense, l'épreuve de soi-même comme sujet qui pense effectivement ce qu'il pense et qui agit comme il pense, avec, comme objectif, une certaine transformation du sujet qui doit le constituer comme, disons : sujet éthique de la vérité. Et enfin, la troisième grande forme de réflexivité de la pensée sur elle-même, c'est, je crois, ce qui s'appelle la méthode. La méthode, c'est une forme de réflexivité qui permet de fixer quelle est la certitude qui pourra servir de critère à toute vérité possible et qui, à partir de là, à partir de ce point fixe, va cheminer de vérité en vérité jusqu'à l'organisation et la systé-matisation d'une connaissance objective[8]. Il me semble que ce sont ces trois grandes formes (mémoire, méditation et méthode) qui ont, en Occident, successivement dominé la pratique et l'exercice de la philosophie ou, si vous voulez encore, l'exercice de la vie comme philo-sophie. On pourrait dire en gros, si vous voulez, que toute la pensée antique a été un long déplacement de la mémoire à la méditation, avec évidemment, comme point d'arrivée, saint Augustin. De Platon à saint Augustin, ça a bien été ce mouvement de la mémoire à la méditation. Non sans, bien entendu, que la forme de la mémoire soit entièrement [absente] dans la méditation augustinienne, mais c'est, je crois, chez Augustin, la méditation qui fonde et donne sens à l'exercice traditionnel de la mémoire. Et, bien entendu, disons que, du Moyen Âge au début de l'âge moderne, enfin au XVIᵉ et au XVIIᵉ siècle, la trajectoire a été autre : elle a été celle de la méditation à la méthode, avec comme texte fondamental évidemment Descartes, qui est celui qui a opéré, dans un texte qui s'appelle les *Méditations,* la fondation même de ce qui constitue une méthode. En tout cas, laissons ça, si vous voulez, et cette hypothèse générale.

Ce que je voulais vous montrer au cours de cette année, c'est, entre autres choses, ceci : que la tradition historique, et par conséquent la tradition philosophique – en France au moins et, me semble-t-il, en Occident en général – a toujours privilégié le *gnôthi seauton,* la connais-sance de soi, comme étant le fil directeur de toutes les analyses sur ces problèmes du sujet, de la réflexivité, de la connaissance de soi, etc. Or, à ne considérer le *gnôthi seauton* qu'en lui-même et pour lui seul, il me semble qu'on risque d'établir une fausse continuité et d'instaurer une histoire factice, qui montrerait une sorte de développement continu de la connaissance de soi. Développement continu que l'on peut restituer soit dans le sens d'une radicalité – si vous voulez : de Platon jusqu'à Husserl[9], en passant par Descartes –, soit au contraire une histoire continue qui se ferait alors dans le sens d'une extension empirique : de Platon à Freud, en passant par saint Augustin. Et dans un cas comme dans l'autre – c'est-à-dire : en prenant le *gnôthi seauton* comme un fil directeur, et que l'on peut dérouler en continuité, vers la radicalité ou vers l'extension –, on laisse courir derrière tout cela une théorie, explicite ou implicite, mais en tout cas inélaborée, du sujet. Or ce que j'ai essayé de vous montrer, ce que j'ai essayé de faire, c'est de replacer précisément le *gnôthi seauton* à côté de, ou même dans le contexte et sur le fond de ce que les Grecs ont appelé le souci de soi (l'*epimeleia heautou*). Et encore une fois, je crois qu'il faut être jusqu'à un certain point aveugle pour ne pas constater combien [ce souci de soi] est permanent dans toute la pensée grecque et comment toujours il accompagne, dans un rapport complexe mais constant, le principe du *gnôthi seauton*. Le principe du *gnôthi seauton* n'est pas autonome dans la pensée grecque. Et on ne peut pas, je crois, en comprendre ni la signification propre ni l'histoire si l'on ne tient pas compte de cette relation permanente entre connaissance de soi et souci de soi dans la pensée antique. Ce souci de soi, ce n'est justement pas simplement une connaissance. Si le souci de soi, comme je voudrais vous le montrer aujourd'hui, est donc toujours bien lié, même dans ses formes les plus ascétiques, les plus proches de l'exercice, au problème de la connaissance, il n'est pas fondamentalement, pas exclusivement, pas de part en part, un mouvement et une pratique de connaissance. C'est une pratique complexe qui donne lieu à des formes de réflexivité tout à fait différentes. De sorte que, si l'on admet en effet cette jonction entre *gnôthi seauton* et *epimeleia heautou,* si on admet une connexion, une interférence entre eux, si même on admet, comme j'ai essayé de vous le montrer, que c'est l'*epimeleia heautou* qui constitue le vrai support de l'impératif « connais-toi toi-même », si c'est parce qu'il faut s'occuper de soi qu'il faut se connaître soi-même, eh bien, à ce moment-là, je crois que c'est aux différentes formes de l'*epimeleia heautou* qu'il faut demander l'intelligibilité et le principe d'analyse des différentes formes de la connaissance de soi. À l'intérieur de l'histoire même de ce souci de soi, le *gnôthi seauton* n'a pas la même forme et il n'a pas la même fonction. Ce qui a pour conséquence que les contenus de connaissance qui sont ouverts ou délivrés par le *gnôthi seauton* ne vont pas être chaque fois les mêmes. Ce qui veut dire que les formes même de la connaissance qui sont mises en œuvre ne sont pas les mêmes. Ce qui veut dire aussi que le sujet lui-même, tel qu'il est constitué par la forme de réflexivité propre à tel ou tel type de souci de soi, va se modifier. Par conséquent il ne faut pas constituer une histoire continue du *gnôthi seauton* qui aurait pour postulat, implicite ou explicite, une théorie générale et universelle du sujet, mais je crois qu'il faut commencer par une analytique des formes de la réflexivité, en tant que ce sont les formes de la réflexivité qui constituent le sujet comme tel. On va donc commencer par une analytique des formes de la réflexivité, une histoire des pratiques qui leur servent de support, pour pouvoir donner son sens – son sens variable, son sens historique, son sens jamais universel – au vieux principe traditionnel du « connais-toi toi-même ». Voilà quel était donc, en somme, l'enjeu du cours de cette année.

Cette introduction étant faite, je voudrais passer à l'examen des formes de *meletai* (de méditations, d'exercices de la pensée sur elle-même) dans cette ascétique dont je vous parle. Je crois qu'on pourrait les classer en deux catégories. Là encore, c'est schématique, pour clarifier un peu les choses. D'une part, on pourrait dire que les méditations, les différentes formes de *meletai* sont [d'abord] celles qui portent sur l'examen de la vérité de ce qu'on pense : surveiller les représentations telles qu'elles se donnent, voir en quoi elles consistent, à quoi elles se rapportent, si les jugements qu'on porte sur elles, et par conséquent les mouvements, passions, émotions, affects qu'elles peuvent susciter, sont vrais ou pas. C'est là une des grandes formes de la *meletê*, de la méditation. De cette forme-là je ne vous parlerai pas, parce qu'en fait (sans que je me souvienne très bien d'ailleurs pour quelle raison) je sais vous en avoir parlé une ou deux fois déjà dans le cours[10]. Enfin, ça pourrait très bien retrouver sa place là, si j'avais fait un cours bien systématiquement architecturé.

Je voudrais vous parler aujourd'hui de l'autre série d'épreuves, non plus celles qui portent sur l'examen de la vérité de ce qu'on pense (examen de la vérité des opinions qui accompagnent les représentations), mais les épreuves qui sont l'épreuve de soi-même comme sujet de vérité. Est-ce qu'effectivement – c'est la question à laquelle doivent répondre ces exercices – je suis bien celui qui pense ces choses vraies ? Et est-ce que, étant bien celui qui pense ces choses vraies, je suis celui qui agit comme connaissant ces choses vraies ? Est-ce que je suis bien le sujet éthique – c'est cela que je veux dire par cette expression – de la vérité que je connais ? Eh bien, pour répondre à cette question, les stoïciens ont plusieurs exercices parmi lesquels les plus importants, bien sûr, sont la *praemeditatio malorum,* l'exercice de la mort et l'examen de conscience.

Premièrement, *praemeditatio malorum* : la préméditation ou présomption des maux. C'est un exercice qui a donné lieu, en fait, dans toute l'Antiquité, depuis la période hellénistique jusqu'à la période impériale comprise, à beaucoup de discussions et de débats. La discussion et le débat sont, je crois, fort intéressants. Il faut d'abord tenir compte de ceci, qui est l'horizon sur lequel ce débat s'instaure. C'est que, d'un bout à l'autre de la pensée grecque – en tout cas depuis la pensée classique jusqu'à la période dont je vous parle –, la méfiance à l'égard de l'avenir, de la pensée de l'avenir, de l'orientation de la vie, de la réflexion, de l'imagination vers l'avenir, cette méfiance a toujours été très grande. Alors pour comprendre un peu cette méfiance de toute la pensée, la morale, l'éthique grecques à l'égard de l'avenir, ou à l'égard d'une attitude qui serait orientée vers l'avenir, il faudrait bien entendu invoquer tout un tas de raisons culturelles – vous connaissez ces choses, qui sont sans doute importantes et qu'il faut faire entrer en ligne de compte. Le fait par exemple que pour les Grecs, ce qu'on a devant les yeux ce n'est pas son avenir, c'est son passé ; c'est-à-dire qu'on entre dans l'avenir le dos tourné, etc. On pourrait se référer à tout ça. Bon, je n'ai ni le temps ni la compétence pour le faire. Ce que je voudrais souligner maintenant, c'est ceci : c'est un thème fondamental, dans la pratique de soi, qu'il ne faut pas se laisser préoccuper par l'avenir. L'avenir, c'est ce qui préoccupe. On est *praeoccupatus* par l'avenir[11]. L'expression est intéressante. On est en quelque sorte occupé à l'avance. L'esprit est pré-absorbé par l'avenir, et cela est quelque chose de négatif. Le fait que l'avenir vous préoccupe, que l'avenir vous absorbe à l'avance et par conséquent ne vous laisse pas libre, c'est, je crois, lié à trois choses, trois thèmes fondamentaux dans la pensée grecque, et dans la pratique de soi plus particulièrement.

Premièrement, bien entendu, le primat de la mémoire. Il est très intéressant de voir que la pensée de l'avenir préoccupe – donc, c'est négatif – alors que, en général, sauf [dans] un certain nombre de cas particuliers, parmi lesquels bien entendu le remords, qui lui est négatif, la mémoire, c'est-à-dire la pensée du passé, a valeur positive. Cette opposition, entre la valeur négative de la pensée de l'avenir et la valeur positive de la pensée du passé, se cristallise dans la définition d'une relation antinomique entre la mémoire et la pensée de l'avenir. Il y a les gens qui sont tournés du côté de l'avenir, et ils sont blâmés. Et il y a ceux qui sont tournés du côté de la mémoire, et ceux-là sont valorisés. Et il ne peut pas y avoir une pensée de l'avenir qui soit en même temps une mémoire. Il ne peut pas y avoir une mémoire qui soit en même temps une pensée de l'avenir. Ce sera sans doute une des grandes mutations, dans la pensée occidentale, que le jour où on pourra penser que la réflexion sur la mémoire est en même temps une attitude à l'égard de l'avenir. Et tous les thèmes comme par exemple celui du progrès, enfin disons : toute la forme de réflexion sur l'histoire, cette nouvelle dimension de la conscience historique en Occident, sera, je crois, acquise très tardivement lorsqu'on pourra penser que le regard sur la mémoire est en même temps un regard sur l'avenir[12]. L'établissement d'une conscience historique, au sens moderne, oscillera, je crois, tournera autour de ça. L'autre raison pour laquelle la pensée de l'avenir est disqualifiée, est, si vous voulez, théorique, philosophique, ontologique. L'avenir, c'est le néant : il n'existe pas, en tout cas pour l'homme. Et par conséquent, on ne peut projeter sur lui qu'une imagination qui ne repose sur rien. Ou bien l'avenir préexiste ; s'il préexiste, c'est qu'il est prédéterminé ; et, du coup, nous ne pouvons avoir sur lui aucune maîtrise. Or, ce qui est en jeu, dans la pratique de soi, c'est bien précisément de pouvoir maîtriser ce qu'on est, en face de ce qui est ou de ce qui se passe. Que l'avenir soit ou néant ou être prédéterminé, nous condamne ou à l'imagination ou à l'impuissance. Or ce sont ces deux choses-là contre lesquelles est construit tout l'art de soi-même, tout l'art du souci de soi.

Pour illustrer ça, je voudrais vous rappeler un texte de Plutarque qui est dans le *Peri euthumias* et qui donne une très belle description, me semble-t-il, de ces deux attitudes et de ce en quoi, ce pourquoi la pensée de l'avenir, ou l'attitude, si vous voulez, qui consiste à se tourner vers l'avenir, est négative : « Les insensés [*oi anoêtoi* : c'est le terme même que les Latins traduisent par *stulti*[13], c'est-à-dire ceux qui sont exactement à l'inverse de la position philosophique ; M.F.] négligent avec insouciance les biens, fussent-ils présents, parce qu'ils sont sans cesse tendus par leurs préoccupations vers l'avenir [être *anoêtos*, être *stultus*, c'est donc être préoccupé par l'avenir ; M.F.], tandis que les gens sensés *(phronimoi)* ont les biens qu'ils n'ont plus, grâce au souvenir, clairement à eux. » La traduction n'est pas très jolie. Les gens sensés, donc, sont clairement en possession des biens qu'ils n'ont plus, et ils sont en possession des biens qu'ils n'ont plus grâce au souvenir – « car le présent ne se laisse toucher que durant un très court laps de temps. Puis il échappe à la perception, et les insensés croient qu'il ne nous concerne plus et qu'il n'est plus à nous[14] ». Alors, dans cette première partie du texte, il y a un certain nombre d'éléments importants. Vous voyez la très nette opposition entre les *anoêtoi* et les *phronimoi* : *anoêtoi,* hommes tournés vers l'avenir; *phronimoi,* hommes au contraire qui sont tournés vers le passé et qui font usage [du souvenir]. Il y a donc, autour du passé et de l'avenir, une distinction très nette entre deux catégories de gens. Et cette distinction entre les deux catégories de gens passe par la distinction entre *anoêtoi* et *phronimoi,* c'est-à-dire l'attitude philosophique en face de l'attitude de la *stultitia,* de la dispersion et de la non-réflexivité de la pensée sur elle-même. Celui qui ne s'occupe pas de lui-même, c'est le *stultus,* c'est l'*anoêtos* : ne s'occupant pas de lui-même, il s'occupe de l'avenir. Vous voyez également dans ce texte que l'homme de l'avenir, ce qui fait son caractère négatif, c'est que, tourné vers l'avenir, il n'est pas capable du présent. Il n'est pas capable du présent, de l'actuel, c'est-à-dire de la seule chose qui soit effectivement réelle. Pourquoi ? Eh bien, parce que, tourné vers l'avenir, il ne fait pas attention à ce qui se passe dans le présent et il considère que, du moment que le présent va s'engloutir immédiatement dans le passé, il n'est pas véritablement important. Par conséquent l'homme de l'avenir est celui qui, ne pensant pas au passé, ne peut pas penser au présent et se trouve donc tourné vers un avenir qui n'est que néant et inexistence. C'est là la première phrase que je voulais vous lire. La seconde est celle-ci : « Mais de même que le cordier sur la peinture de l'Hadès laisse un âne brouter et dévorer le jonc qu'il est en train de tresser, de même pour la plupart des gens, insensible et déplaisant, l'oubli s'empare de leur passé, le dévore, fait disparaître toute action, toute réussite, tout loisir plaisant, toute vie sociale, toute jouissance, sans permettre à la vie de constituer un tout où le passé s'entrelace avec le présent; mais, comme si l'homme d'hier était autre que celui d'aujourd'hui et que celui de demain également ne fût pas le même que celui d'aujourd'hui, l'oubli les sépare et il fait passer dans le néant, faute de mémoire, tout ce qui se produit[15]. » Alors cette phrase, je crois, est importante pour la raison suivante. Ça commence donc par l'évocation de l'image du cordier qui est en train de laisser un âne brouter les brins de jonc qu'il est en train de tresser. Ici, il se réfère à une image : c'est un vieux dicton, une vieille fable[16] qui était racontée traditionnellement pour manifester, pour illustrer ce que peut être une existence distraite de quelqu'un qui ne fait pas attention à ce qu'il fait ni à lui-même. Il est en train de tresser des joncs, mais il ne voit pas que ce qu'il vient de tresser, un âne est en train de le manger (autre forme, un peu différente, du tonneau des Danaïdes[17], analysée habituellement). On fait un travail qui se perd aussitôt. Eh bien, l'homme de l'avenir, c'est celui qui est comme cela, qui laisse brouter, par quelque chose d'autre, ce qu'il est en train de faire. Or ce qui est intéressant à partir de cette illustration, ce sont les deux développements dans lesquels il est dit que l'homme qui est donc ainsi en train de laisser brouter par l'oubli tout ce qui arrive, eh bien, il n'est pas capable d'action, il n'est pas capable de réussite, il n'est pas capable de loisir plaisant, de *skholê* (cette forme d'activité studieuse qui est si importante dans le souci de soi)[18]. Il n'est même pas capable de vie sociale, il n'est même pas capable de plaisir. Autrement dit, il n'y a pas de possibilité, si vous voulez, de totalisation de la vie sociale, de la vie active, de la vie de plaisir, de la vie de loisir non plus, lorsqu'on ne pratique pas la mémoire et lorsqu'on se laisse aller à l'oubli. Mais il y a plus. Non seulement toutes ces totalisations ne peuvent pas s'opérer, mais on ne peut pas se constituer soi-même comme une identité. Car l'homme qui se laisse brouter ainsi par l'oubli (tout préoccupé qu'il est de l'avenir), c'est quelqu'un qui considère [...*]. Il est donc livré, dans son être propre, à la discontinuité. Et le texte termine ainsi : « Ceux qui, dans les écoles, nient la croissance sous prétexte que la matière s'écoule continuellement, ceux-là font, en théorie, de chacun de nous un être sans cesse différent de soi-même[19]. » Alors, bien entendu, c'est la référence à l'école des cyrénaïques[20] : écoulement perpétuel du temps et de la matière, discontinuité[21]. Ceux qui se laissent vouer à l'oubli sont, en quelque sorte, des cyrénaïques de l'existence. Mais le texte continue, et il dit : Mais il y a pis encore. Ils sont pires dans leur attitude, les gens qui se tournent vers l'avenir et par conséquent négligent la mémoire, et se laissent brouter par l'oubli. Ils sont pires encore que ces cyrénaïques, ou que des gens qui vivraient sur le mode cyrénaïque : « Ils ne gardent pas dans leur mémoire le souvenir du passé, ni ne le rappellent, mais le laissent disparaître peu à peu, se rendent chaque jour en réalité démunis et vides, suspendus au lendemain puisque l'an dernier, l'avant-veille et la veille ne les concernent pas et ne leur ont absolument pas appartenu[22]. » C'est-à-dire que non seulement ils sont voués à la discontinuité et à l'écoulement, mais ils sont voués au dépouillement et au vide. Ils ne sont réellement plus rien. Ils sont dans le néant.

Vous trouveriez bien d'autres échos de ces analyses, je crois, assez intéressantes, sur l'attitude de mémoire et l'attitude d'avenir comme deux formes opposées, l'une qualifiée et l'autre disqualifiée. Vous en trouveriez beaucoup chez Sénèque, par exemple dans le *De Brevitate vitae*[23]. Dans la lettre 99 aussi. Sénèque dit par exemple : « Nous sommes

---

* On entend seulement : « ... le même qu'aujourd'hui ».

ingrats à l'égard des avantages déjà recueillis, parce que nous comptons sur l'avenir, comme si l'avenir, en supposant qu'il nous échoie à son tour, ne devait pas rejoindre promptement le passé. C'est rétrécir singulièrement le champ de ses satisfactions ici-bas que de limiter au présent l'objet de ses joies. » Alors là, une notation intéressante, qui montre que chez Sénèque l'inflexion est un peu différente de ce qu'on trouve chez Plutarque. Il dit ceci : « L'avenir et le passé ont leurs charmes. » Il semble donc, dans ce texte, que ce soit l'attitude de présent qui soit critiquée, et qu'il recommande plutôt une attitude et une perception plus ouvertes vers le futur et le passé. Mais il ajoute aussitôt : « L'avenir nous tient par l'espérance, le passé nous tient par le souvenir. Mais l'un [à savoir, le futur ; M.F.] est encore en suspens, et il peut très bien ne pas être [nous devons donc nous en détourner ; M.F.], tandis que l'autre [à savoir, le passé ; M.F.] ne peut pas ne pas avoir été. Quelle folie de laisser échapper la possession la mieux assurée ![24] » Donc, vous le voyez, tout tourne autour du privilège de l'exercice de la mémoire, exercice de la mémoire qui est ce qui nous permet de saisir cette forme de réalité dont nous ne pouvons pas être dépossédés, dans la mesure même où elle a été. Le réel, qui a été, est encore à notre disposition par la mémoire. Ou disons encore que la mémoire, c'est le mode d'être de ce qui n'est plus. Donc, dans cette mesure-là, elle nous permet une souveraineté effective sur nous-même, et nous pouvons toujours nous promener dans notre mémoire, dit Sénèque. Et deuxièmement, l'exercice de mémoire nous permet de chanter l'hymne de gratitude et de reconnaissance aux dieux. Vous voyez par exemple comment Marc Aurèle, au début des *Pensées,* rend un hommage aux dieux dans une sorte de biographie, qui, en même temps, n'est pas tant le récit de lui-même que l'hymne aux dieux pour les bienfaits qu'ils lui ont ménagés. Marc Aurèle raconte son passé, son enfance, son adolescence, comment il a été élevé, quels gens il a rencontrés, etc.

Donc, tout devrait nous conduire au privilège, privilège absolu et presque exclusif des exercices de mémoire sur les exercices de l'avenir. Cependant, dans ce contexte général par conséquent, qui valorise entièrement la mémoire et le rapport au passé, les stoïciens ont développé ce fameux exercice qui est la *praemeditatio malorum* (préméditation des malheurs ou des maux). À cet exercice de préméditation des maux, les épicuriens, eux, s'opposaient sauvagement en disant qu'on a assez d'ennuis comme ça dans le présent pour n'avoir pas, de plus, à se préoccuper de maux qui, après tout, pourraient très bien ne pas arriver[25]. Et, contre cette *praemeditatio malorum*, les épicuriens opposent deux autres exercices : celui de l'*avocatio,* qui a pour fonction de détourner les représentations ou les pensées du malheur en se tournant au contraire vers la pensée des plaisirs, et la pensée de tous les plaisirs qui pourraient nous venir un jour ou l'autre dans l'existence ; et puis l'exercice de la *revocatio,* qui, au contraire, nous protège et nous défend des malheurs, ou des soi-disant maux qui peuvent nous arriver, par le rappel des plaisirs que nous avons connus autrefois[26]. Les stoïciens, eux donc, pratiquent la *praemeditatio malorum.* La *praemeditatio malorum* fonde sa valeur sur le principe que je vous ai déjà rappelé : l'ascèse en général, disons, l'exercice a pour fonction de doter l'homme d'un équipement de discours vrais qu'il pourra appeler à la rescousse, qu'il pourra appeler au secours (le *logos boêthos*) lorsque besoin sera et que se présentera un événement qui pourra être considéré, si on n'y fait pas attention suffisamment, comme un mal, alors que c'est simplement une péripétie dans l'ordre naturel et nécessaire des choses[27]. Il faut donc s'équiper de discours vrais, et la préméditation des maux a précisément ce sens. En effet, disent les stoïciens, un homme qui se trouve brusquement surpris par un événement risque bien, tant la surprise est forte et s'il n'est pas préparé à cet événement, de se trouver en état de faiblesse. Cet homme n'a pas à sa disposition le discours-secours, le discours-recours qui lui permettrait de réagir comme il faut, de ne pas se laisser troubler, de rester maître de lui. Et, à défaut de cet équipement, il va en quelque sorte être perméable à l'événement. Cet événement va entrer dans son âme, la troubler, l'affecter, etc. Il se retrouvera donc en état de passivité par rapport à cet événement. Il faut donc se préparer aux événements qui arrivent, se préparer aux maux. Sénèque, dans la lettre 91, dit ceci : « L'inattendu accable davantage, et leur étrangeté augmente le poids des infortunes : il n'est pas de mortel chez qui la surprise même n'ajoute au chagrin[28]. » Vous voyez des textes semblables aussi chez Plutarque : Il ne faut jamais, quand le malheur arrive, pouvoir se dire « je ne le prévoyais pas ». Justement : « tu aurais dû le prévoir », et « tu ne serais pas pris au dépourvu ». Les hommes « qui ne se sont pas exercés *(anasketôs diakeimenoi)* », ceux qui sont en quelque sorte dans un dispositif non exercé, eh bien, ces hommes-là « ne sont pas capables de recourir à la réflexion pour prendre un parti convenable et utile[29] ». Il faut donc se préparer aux maux. Et comment se prépare-t-on aux maux ? Eh bien, par la *praemeditatio malorum,* qui peut être caractérisée de la manière suivante.

Premièrement, la *praemeditatio malorum,* c'est une épreuve du pire. Une épreuve du pire, en quel sens ? D'abord en ceci qu'il faut considérer que peuvent nous arriver non pas simplement les maux les plus fréquents, et ceux qui arrivent d'ordinaire aux individus, mais que va nous arriver tout ce qui peut arriver. La *praemeditatio malorum* consiste donc à s'exercer par la pensée, à considérer comme devant se produire tous les maux possible, quels qu'ils soient. C'est un parcours exhaustif des maux, ou, dans la mesure où le parcours exhaustif des maux possibles ne peut pas être effectivement pratiqué, ça consiste à prendre en considération, et à considérer comme devant se produire, les pires de tous les maux. Deuxièmement, la *praemeditatio malorum* est aussi une épreuve du pire, dans la mesure où non seulement donc il faut considérer que ce sont les maux les pires qui vont se produire, mais [encore] qu'ils vont arriver de toute façon, qu'ils ne sont pas simplement possibles, avec une certaine marge d'incertitude. On ne doit donc pas jouer avec la probabilité. On doit s'exercer au malheur dans une sorte de certitude que l'on se donne à soi-même par l'exercice de cette *praemeditatio* : de toute façon, ça t'arrivera. Ainsi, dans la lettre à Marullus, dont je vous ai déjà parlé[30]. Sénèque écrivait à Marullus qui avait perdu son fils, et il s'agissait de le consoler. Et la lettre de consolation à Marullus est, comme toute cette littérature de consolation, une longue énumération de tous les malheurs qui sont déjà arrivés, qui vont arriver, qui pourront arriver. Et, à la fin de cette lettre de consolation, où il n'est question que de choses pires encore qui vont pouvoir arriver ou qui sont arrivées aux autres, Sénèque conclut en disant : Si je t'écris cela, ce n'est pas dans la pensée que tu attends de moi un remède. Car il est trop tard, ma lettre t'arrivera bien après la mort de ton fils, etc. Mais je te l'écris « afin de t'exhorter pour l'avenir à montrer une âme haute face à la fortune, à prévoir les offensives de cette fortune, je ne dis pas comme événement possible, mais comme devant se produire à coup sûr[31] ». Enfin, troisième façon pour la *praemeditatio malorum* d'être une épreuve du pire, c'est que non seulement il faut donc penser que ce sont les malheurs les plus graves qui arriveront, non seulement penser qu'ils arriveront de toute façon, en dehors de tout calcul de probabilité, mais qu'ils vont arriver immédiatement, incessamment, sans délai. Lettre 91 de Sénèque : Celui qui a dit qu'il ne faut qu'un jour, une heure, un moment pour renverser le plus grand Empire du monde, eh bien, celui-là a encore donné trop de temps[32].

En dépit du climat général de méfiance à l'égard de la pensée de l'avenir, on pourrait considérer que la *praemeditatio malorum* est malgré tout une exception à cette règle générale, et qu'elle est bien une pensée de l'avenir. Mais vous voyez qu'à la regarder dans son détail, elle n'est pas en fait une pensée de l'avenir. Il s'agit beaucoup plutôt, dans cette *praemeditatio malorum,* d'obturer l'avenir. Il s'agit d'en annuler systématiquement par la pensée les dimensions propres. Car ce n'est pas d'un avenir, avec ses différentes possibilités ouvertes, qu'il est question. On se donne toutes les possibilités, ou en tout cas les pires. Il ne s'agit pas d'un avenir avec son incertitude. Il s'agit de se donner tout ce qui peut arriver comme devant nécessairement arriver. Et enfin, il ne s'agit pas d'un avenir avec le déroulement du temps, et ses incertitudes, en tout cas ses successions. Ce n'est pas un temps successif, c'est une sorte de temps immédiat, ramassé en un point, qui doit faire considérer que tous ces pires malheurs du monde, qui de toute façon vous arriveront, sont déjà là. Ils sont dans une position d'imminence par rapport au présent que l'on est en train de vivre. Vous voyez donc que ce n'est pas du tout une pensée de l'avenir exceptionnelle dans le climat général de méfiance à l'égard de la pensée de l'avenir. C'est en réalité, à l'intérieur même de cette méfiance, une annulation de l'avenir, annulation de l'avenir par présentification, si vous voulez, de tout le possible, dans une sorte d'épreuve actuelle de pensée. On ne part pas du présent pour simuler l'avenir : on se donne tout l'avenir pour le simuler comme présent. C'est donc une annulation de l'avenir.

Et cette présentification de l'avenir qui l'annule, elle est en même temps – et c'est ça, je crois, l'autre aspect de la *praemeditatio malorum* – une réduction de réalité. Si on présentifie tout l'avenir ainsi, ce n'est pas pour le rendre plus réel. C'est au contraire pour le rendre le moins réel possible, ou du moins pour annuler la réalité de ce qui, dans l'avenir, pourrait être envisagé ou considéré comme un mal. Là-dessus, la lettre 24 de Sénèque est assez intéressante. Il dit ceci : « Quelque événement que tu appréhendes, mets-toi bien dans l'esprit qu'il se produira immanquablement. » C'est tout à fait au début de la lettre. Lucilius avait un ennui : il avait un procès et il avait peur de le perdre. Alors Sénèque le console en lui disant : « Quelque événement que tu appréhendes, mets-toi bien dans l'esprit qu'il se produira immanquablement », et donc : que tu perdras ton procès. Il faut que tu te le mettes dans la tête : c'est la règle du pire dont je vous parlais tout à l'heure. « Quel que soit le mal, prends-en la mesure dans ta pensée, établis là-dessus le bilan de tes craintes : tu comprendras certainement que ce qui te fait peur est sans importance et sans durée[33]. » Lucilius est donc invité à considérer qu'il va perdre son procès, qu'il va le perdre, qu'il est déjà perdu et qu'il est perdu dans les pires conditions. Et ceci non pas du tout pour actualiser le malheur ou pour le rendre plus réel, mais au contraire pour inviter Lucilius à prendre les mesures de l'événement, et à découvrir que finalement il est sans importance et sans durée. Et à la fin de cette même lettre 24, il y a tout un passage qui est intéressant, justement sur cette pensée de l'avenir et le rapport entre cette pensée de l'avenir et l'imagination. Je vous le disais tout à l'heure, à propos de cette méfiance à l'égard de l'avenir, une des raisons pour lesquelles il fallait s'en méfier, c'est que l'avenir est en quelque sorte un appel à l'imagination. Et de l'incertitude où l'on est à l'égard du passé, on tire, sinon le droit, du moins la possibilité de l'imaginer sous les pires formes. Eh bien, il faut à la fois le penser sous ses pires formes, mais en même temps ne pas l'imaginer sous ses pires formes, ou plutôt faire un travail pour que la pensée de l'avenir soit en quelque sorte déchue de l'imagination dans laquelle il se présente d'ordinaire, et ramenée à sa réalité qui n'est rien, au moins en tant que malheur. Voici le passage : « Ce que tu vois arriver aux enfants, nous l'éprouvons, nous autres, grands enfants que nous sommes. Les personnes qu'ils aiment, auxquelles ils sont habitués, avec lesquelles ils jouent, si elles se présentent avec un masque les font trembler de peur. Ce n'est pas seulement aux hommes, c'est aux choses qu'on doit ôter le masque, les obligeant à reprendre leur vrai visage. À quoi sert de me montrer ces glaives, ces feux, cette bande de bourreaux qui grondent autour de toi ? Rejette cet attirail qui te cache et qui ne terrifie que les sots. Tu es la mort, que naguère mon esclave ou une servante pouvait braver. Quoi ! Encore tes fouets, tes chevalets que tu m'étales en grand appareil, ces outils qui s'adaptent pièce par pièce à toutes les jointures pour les disloquer, ces milliers d'instruments employés à déchirer, à déchiqueter un homme ? Dépose tous ces épouvantails ; fais taire les gémissements, les plaintes entrecoupées, les cris aigus du supplicié mis en morceaux. Eh bien, tu es la douleur, que ce goutteux méprise, que ce dyspeptique subit au milieu même des délices, qu'endure dans l'accouchement la jeune femme ; douleur légère si elle m'est supportable, courte si elle ne l'est pas[34]. » Vous avez donc là une adresse à la mort, à la mort qui, lorsqu'on pense à elle, apparaît avec tout cet attirail imaginaire des supplices, des glaives, des souffrances, etc. Et l'exercice de la *praemeditatio malorum* doit être de partir de cela, mais non pas pour constituer un imaginaire. Au contraire, pour le réduire et se demander : mais qu'est-ce qu'il y a derrière un glaive, qu'est-ce que c'est que cette souffrance que l'on souffre dans les supplices ? Démasquons tous ces épouvantails, et que trouvons-nous ? Une toute petite douleur, petite douleur qui n'est pas bien différente de celle d'une femme qui accouche, d'un goutteux qui souffre dans ses articulations, etc. Ce n'est rien de plus que cela, et cette douleur – que peut-être, en effet, on éprouvera dans la mort – elle est « légère si elle m'est supportable, courte si elle ne l'est pas ». C'est, vous savez, le vieil aphorisme stoïcien : ou une douleur est tellement violente qu'on ne peut pas la supporter (on meurt tout de suite, et donc elle est courte), ou une douleur est supportable[35]. Et si elle est supportable, si elle ne nous fait pas mourir, eh bien c'est qu'elle est légère. Et par conséquent, de toute façon elle est réduite, sinon à rien, du moins à son moindre être possible.

Vous voyez donc que la *praemeditatio malorum* n'est pas une pensée imaginaire de l'avenir. C'est une annulation de l'avenir et une réduction de l'imaginaire à la simple et dépouillée réalité du mal vers lequel on s'est tourné. Obturer l'avenir par la simulation d'actualité, réduire la réalité par le dépouillement imaginaire, je crois que c'est ça, l'objectif de la *praemeditatio malorum*. Et c'est par ce moyen que l'on peut s'équiper d'une vérité qui nous servira, lorsque l'événement se produira, à réduire à son élément de stricte vérité toutes les représentations qui pourraient, si nous n'étions pas ainsi prévenus, émouvoir notre âme et la troubler. La *praemeditatio malorum* est, vous le voyez, une *paraskeuê*. C'est une forme de *paraskeuê*, de préparation qui se fait par épreuve de la non-réalité de ce que nous actualisons dans cet exercice de pensée. Alors, si vous voulez, tout à l'heure je passerai à un autre exercice qui en est un peu le prolongement : la méditation de la mort, l'exercice de la mort. Et puis, rapidement, l'examen de conscience.

*

NOTES

1. Cf. cours du 17 mars, première heure.

2. « Si l'œil veut se voir lui-même *(ei mellei idein hauton),* il faut qu'il regarde *(blepteon)* un œil » (Platon, *Alcibiade,* 133b, trad. M. Croiset, éd. citée, p. 109).

3. Pour cette analyse du regard, cf. cours du 12 janvier, deuxième heure.

4. *Alcibiade,* 124b, 129a et 132c (cf. cours du 6 janvier, deuxième heure, et du 12 janvier, première heure).

5. « Voilà ce qu'en toute occasion vous devriez chanter, et chanter aussi l'hymne la plus solennelle et la plus divine pour la faculté dont Dieu vous a doués, celle de comprendre ces choses et d'en user avec méthode *(hodô khrêstikên)* » (Épictète, *Entretiens,* I, 16, 18, éd. citée, p. 63).

6. *Entretiens,* III, 13, 7 (p. 47).

7. « Les animaux n'existent pas pour eux-mêmes, mais pour servir, et cela n'eût point été avantageux de les créer avec tous ces besoins. Pense un peu, quel ennui pour

nous, si nous eussions dû veiller non seulement sur nous-mêmes, mais encore sur nos brebis et nos ânes » (*Entretiens*, I, 16, 3, p. 61 ; reprise de ce texte dans *Le Souci de soi, op. cit.*, p. 61-62).

8. Sur la méthode (et plus précisément la méthode cartésienne), cf. cours du 24 février, première heure.

9. C'est Husserl lui-même qui donne dans la *Krisis* cette vision d'une rationalité grecque, trouvant, après la refondation cartésienne des *Méditations*, son accomplissement téléologique (dans le sens d'une reprise toujours plus radicale du sens de Raison) dans la phénoménologie transcendantale. Cf. *La Crise des sciences européennes et la Phénoménologie transcendantale, op. cit.*, chap. 73, p. 298-305.

10. Cf. cours du 24 février, première heure.

11. Cf. cours du 20 janvier, première heure, sur le « *omnes praeoccupati sumus* » de Sénèque (lettre 50 à Lucilius).

12. La structuration temporelle de la conscience moderne avait autrefois fait l'objet chez Foucault d'un long chapitre (« Le recul et le retour de l'origine ») dans *Les Mots et les Choses, op. cit.*, p. 339-346.

13. Sur la *stultitia* (particulièrement chez Sénèque), cf. cours du 27 janvier, première heure.

14. Plutarque, *De la tranquillité de l'âme*, 473b, trad. J. Dumortier & J. Defradas, éd. citée, § 14, p. 118.

15. *Id.*, 473c (p. 118).

16. « Tresser le jonc d'Ocnos », expression proverbiale qui renvoyait au besogneux Ocnos, dont la femme, très dépensière, mangeait tout ce qu'il gagnait.

17. Filles de Danaos, les Danaïdes (elles étaient au nombre de cinquante), mariées de force à leurs cousins, profitent de leur nuit de noces pour égorger chacune (à l'exception d'une seule, Hypermnestre) leur nouveau mari. En châtiment de cette faute, elles seront condamnées à puiser éternellement de l'eau à l'aide de tonneaux troués, qui laissent échapper l'eau à mesure qu'elles les remplissent.

18. Cf. J.-M. André, *L'Otium dans la vie morale et intellectuelle romaine, des origines à l'époque augustéenne, op. cit.*

19. *De la tranquillité de l'âme*, 473d (p. 118).

20. École philosophique du Ve-IVe siècle av. J.-C., fondée par Aristippe de Cyrène. Les cyrénaïques professent une morale du plaisir comme expérience subjective irréductible, épuisant sa vertu dans la ponctualité d'un instant. Cette éthique de l'actualité indépassable du plaisir ne conduit pourtant pas, chez Aristippe, à la recherche effrénée et inquiète des jouissances, mais à un idéal de maîtrise de soi. Cf. la notice de F. Caujolle-Zaslawsky sur ce philosophe dans le *Dictionnaire des philosophes antiques, op. cit.*, t. I, p. 370-375.

21. « Douleur et plaisir sont en effet tous deux dans le mouvement, alors que ni l'absence de souffrance ni l'absence de plaisir ne relèvent du mouvement [...]. Mais ils nient que le plaisir, s'il est fonction du souvenir ou de l'attente des choses bonnes, parvienne à son achèvement – comme le pensait Épicure –, car le mouvement de l'âme s'épuise avec le temps » (« Aristippe », *in* Diogène Laërce, *Vie, doctrines et sentences des philosophes illustres*, II, 89, éd. citée, p. 296-297).

22. *De la tranquillité de l'âme*, 473d-e (p. 118-119.

23. « La vie se divise en trois époques : ce qui a été, ce qui est, ce qui sera. De ces trois, celle que nous passons est courte ; celle que nous passerons, douteuse ; celle que nous avons passée, certaine. [...] C'est [= le passé] la seule partie de notre vie qui soit

sacrée et inviolable, qui ait échappé à tous les hasards humains, qui soit soustraite à l'empire de la fortune, que ne bouleversent ni la pauvreté ni la crainte ou l'incursion des maladies; celle-là ne peut être troublée ni ravie; perpétuelle et sereine en est la possession [...]. C'est la marque d'un esprit assuré et tranquille de vagabonder à travers toutes les périodes de son existence; l'esprit des gens occupés, comme s'ils étaient sous un joug, ne peut ni se tourner ni regarder en arrière. Leur vie s'en va donc à l'abîme » (Sénèque, *De la brièveté de la vie*, X,2-5, trad. A. Bourgery, éd. citée, p. 60-61).

24. Sénèque, *Lettres à Lucilius*, t. IV, livre XVI, lettre 99,5, éd. citée, p. 126-127.

25. « [Épicure] estime que le chagrin est inévitable toutes les fois que l'on se croit atteint d'un mal, même si ce mal a été prévu ou attendu ou s'il est déjà ancien. Car le temps ne l'amoindrit pas ni la prévision ne l'allège, et c'est même sottise que penser à un mal qui peut vous arriver, mais qui peut-être aussi n'arrivera pas du tout : n'importe quel mal est bien assez pénible lorsqu'il se produit, et de songer toujours qu'il peut nous arriver malheur, cela même est un mal continuel; à plus forte raison si ce mal ne doit pas arriver, car alors c'est bien inutilement qu'on se plonge dans une misère volontaire » (Cicéron, *Tusculanes*, t. II, III,XV,32, trad. J. Humbert, éd. citée, p. 21-22).

26. « Quant au soulagement du chagrin, Épicure le fait dépendre de deux choses : se détacher de la pensée des peines *(avocatione a cogitanda molestia)* et s'attacher à la contemplation des plaisirs *(revocatione ad contemplandas voluptates)* » *(id.*, 33, p. 22).

27. Sur le *logos boêthos*, cf. cours du 24 février, deuxième heure.

28. *Lettres à Lucilius*, t. IV, livre XIV, lettre 91,3 (p. 44).

29. Plutarque, *Consolation à Apollonius*, 112c-d, trad. J. Defradas & R. Klaerr, éd. citée, § 21, p. 66-67.

30. Pour une première analyse de cette lettre, cf. cours du 3 mars, deuxième heure.

31. *Lettres à Lucilius*, t. IV, livre XVI, lettre 99,32 (p. 134).

32. « Quand la catastrophe se précipite, c'est lui donner un terme trop long de parler d'un jour : une heure, un moment suffit au renversement des Empires » *(Lettres à Lucilius*, t. IV, livre XIV, lettre 91,6, p. 45).

33. *Lettres à Lucilius*, t. I, livre III, lettre 24,2 (p. 101-102).

34. *Id.*, lettre 24,13-14 (p. 106).

35. On trouve bien une idée semblable chez Sénèque lui-même (cf. par exemple la lettre 78 : « Qu'aimes-tu mieux? Que la maladie soit longue ou violente et courte? Longue, elle a des intermittences; elle permet de reprendre haleine, fait grâce durant de longs moments; l'évolution en est immanquable : après une phase ascendante, la période de déclin. Si elle est brève et précipitée, voici l'alternative : ou elle disparaîtra ou elle me fera disparaître. Or, où est la différence, qu'elle cesse d'être ou que je cesse d'être? Dans les deux cas, la souffrance atteint son terme » *(Lettres à Lucilius*, t. III, livre IX, lettre 78,17, p. 77). Cependant il faut remarquer que cette thématique s'inspire largement de propositions épicuriennes opposant la longueur des souffrances légères à la brièveté des souffrances extrêmes : « La douleur ne dure pas d'une façon ininterrompue dans la chair, mais celle qui est extrême n'est là que le temps le plus court » (Maxime Capitale IV, in Épicure, *Lettres et Maximes*, éd. citée, p. 231); « Toute douleur peut facilement être méprisée : celle qui a la souffrance intense a la durée brève, celle qui dure dans la chair a la souffrance faible » (Sentence Vaticane 4, *Lettres et Maximes*, p. 249).

COURS DU 24 MARS 1982

Deuxième heure

La méditation de la mort : un regard sagittal et rétrospectif. – L'examen de conscience chez Sénèque et Épictète. – L'ascèse philosophique. – Biotechnique, épreuve de soi, objectivation du monde : les défis de la philosophie occidentale.

Alors, à la limite de cette préméditation des maux, on trouve bien entendu la méditation de la mort, dont je ne vous parlerai que brièvement, dans la mesure où ça reste un *topos* de la philosophie. Je voudrais vous signaler, bien sûr, que ce n'est pas à l'intérieur de cette pratique de soi, telle qu'elle a été définie et organisée au début de l'Empire ou dans la période hellénistique, qu'apparaît la *meletê thanatou* : vous trouvez la méditation de la mort chez Platon, chez les pythagoriciens, etc.[1] Par conséquent, dans cette méditation de la mort dont je vais vous parler brièvement maintenant, plus que l'histoire générale et complète de cette pratique si millénaire, il s'agit d'évoquer l'inflexion de la tonalité, du sens et des formes qu'on lui a donnés à l'intérieur de la pratique de soi hellénistique et romaine. La méditation de la mort est, dans sa forme générale, tout à fait isomorphe à cette présomption, cette préméditation des maux dont je vous parlais tout à l'heure, tout simplement pour [cette première raison] : bien sûr, la mort n'est pas simplement un événement possible, elle est un événement nécessaire. Ce n'est pas simplement un événement d'une certaine gravité : elle a pour l'homme la gravité absolue. Et enfin, la mort peut arriver, on le sait bien, n'importe quand, à n'importe quel moment. Donc c'est bien, si vous voulez, à cet événement comme malheur par excellence que l'on doit se préparer par la *meletê thanatou*, qui va constituer un exercice privilégié, celui dans lequel précisément, ou par lequel on va faire culminer cette préméditation des maux. Mais il y a cependant quelque chose de spécifique dans la méditation de la mort, et c'est cela que je voudrais faire apparaître. En effet, dans cette méditation de la mort, dans cet exercice de la mort, qui a une place toute particulière et à laquelle on accorde tant d'importance, quelque chose apparaît qu'on ne trouve pas dans les autres formes de méditation ou de préméditation des maux. Et ce quelque chose, c'est la possibilité d'une certaine forme de prise de conscience de soi-même, ou une certaine forme de regard que l'on va porter sur soi-même à partir de ce point de vue, si vous voulez, de la mort, ou de cette actualisation de la mort dans notre vie. En effet, la forme privilégiée de la méditation de la mort chez les stoïciens, c'est, vous le savez, l'exercice qui consiste à considérer que la mort est là, selon le schéma de la *praemeditatio malorum,* et que l'on est en train de vivre son dernier jour. Vous avez là-dessus une lettre de Sénèque qui est intéressante, c'est la lettre 12. Sénèque, dans cette lettre, se réfère à une sorte de spéculation, si vous voulez, de thème assez général dans la pensée antique depuis bien long-temps, et qui est que toute la vie n'est qu'une longue journée, avec bien entendu : le matin qui est l'enfance, le midi qui est la maturité et le soir qui est la vieillesse ; qu'une année est également comme une journée, avec le matin du printemps, et puis la nuit de l'hiver ; que chaque mois aussi est une sorte de journée ; et qu'en somme un jour, le seul écoule-ment d'une journée unique constitue le modèle d'organisation du temps d'une vie, ou des différents temps, des différentes durées qui s'orga-nisent dans une vie humaine[2]. Eh bien, l'exercice auquel Sénèque convie Lucilius dans la lettre 12, ça consiste précisément à vivre sa journée comme si non seulement tout un mois, toute une année, mais toute la vie même s'y écoulait. Et il faut considérer que chaque heure de la journée qu'on est en train de vivre est comme une sorte d'âge de la vie, de sorte que, lorsqu'on arrivera au soir de la journée, on sera en quelque sorte arrivé aussi au soir de la vie, c'est-à-dire au moment même de mourir. C'est cela, l'exercice du dernier jour. Ça ne consiste pas simplement à se dire : « Ah ! je vais pouvoir mourir aujourd'hui » ; « Ah ! il se pourrait bien qu'un événement fatal m'arrive que je n'ai pas prévu ». Non, il s'agit d'organiser, d'éprouver sa journée, comme si chaque moment de la jour-née était le moment de la grande journée de la vie, et le dernier moment du jour, le dernier moment de l'existence. Eh bien, si on arrive à vivre sa journée sur ce modèle, au moment où la journée s'achève, au moment où nous nous apprêtons à aller dormir, nous pourrons dire avec allé-gresse et le visage riant : « j'ai vécu ». Marc Aurèle écrit : « La perfec-tion morale *(teleiotês tou êthous)* comporte qu'on passe chaque journée comme si c'était la dernière[3]. »

Or ce qui donne son importance, sa signification particulière à la méditation de la mort et à ce genre d'exercice, c'est précisément qu'elle permet à l'individu de se percevoir lui-même, et de se percevoir de deux façons. Premièrement, cet exercice permet de prendre une sorte de vue plongeante et instantanée sur le présent, d'opérer par la pensée une coupe dans la durée de la vie, dans le flux des activités, dans le courant des représentations. On l'immobilise en quelque sorte dans un instantané, en se figurant que le moment qu'on est en train de vivre, ou la journée qu'on est en train de vivre est la dernière. Et à partir de ce moment-là, figé dans cette interruption de la mort, le présent, l'instant ou la journée vont apparaître dans leur réalité, ou plutôt : dans la réalité de leur valeur. Ce que vaut ce que je suis en train de faire, ce que vaut ma pensée, ce que vaut mon activité, eh bien, cela sera révélé si je suis en train de la penser comme étant la dernière[4]. Épictète dit ceci : « Ne sais-tu pas que maladie et mort doivent nous saisir au milieu de quelque occupation ? Elles saisissent le laboureur dans son labour, le matelot dans sa navigation. Et toi, dans quelle occupation veux-tu être saisi ? Car c'est dans quelqu'une qu'elle doit te saisir. Si tu peux l'être [si tu peux être saisi par la mort ; M.F.] en train de pratiquer une occupation meilleure que la présente, pratique-la[5]. » Alors, vous voyez que l'exercice consiste en ceci : penser que la mort va vous saisir au moment même où vous êtes en train de faire quelque chose. Par cette espèce de regard de la mort que vous portez sur votre propre occupation, vous pouvez l'estimer à ce qu'elle est, et si vous arrivez à considérer qu'il y a une occupation plus belle, moralement plus valable que vous pourriez être en train de faire au moment de mourir, c'est celle-là que vous devez choisir, et par conséquent [vous devez] vous mettre dans la meilleure situation pour mourir à chaque instant. Marc Aurèle écrit ceci : En accomplissant chaque action comme la dernière, alors elle se trouvera « dépouillée de toute légèreté », de toute « répugnance à l'empire de la raison », de « fausseté ». Elle sera libre « d'égoïsme et de dépit contre la destinée[6] ». Donc : regard actuel, coupe sur le flux du temps, saisie de la représentation de l'action que l'on est en train de faire. Deuxièmement, deuxième possibilité, deuxième forme de regard que la mort permet sur soi, ce n'est plus ce regard instantané et en coupe, c'est le regard de la rétrospection sur l'ensemble de la vie. Lorsqu'on fait l'épreuve de soi-même comme étant au moment de mourir, alors on peut jeter un coup d'œil sur l'ensemble de ce qu'a été sa propre vie. Et la vérité, ou plutôt la valeur de cette vie va pouvoir apparaître. Sénèque : « Sur le progrès moral que j'ai pu faire au cours de ma vie, je n'en croirai que la mort. J'attends le jour où je me ferai juge de moi-même et connaîtrai si j'ai la vertu sur les lèvres ou dans le cœur [...]. Si tu as ou non perdu ta peine, on le verra quand tu perdras ta vie[7]. » C'est donc la pensée de la mort qui permet cette rétrospection et cette mémorisation valorisante de la vie. Vous voyez, là encore, que la mort n'est pas la pensée de l'avenir. L'exercice, la pensée de la mort n'est qu'un moyen pour prendre sur sa vie soit ce regard coupant qui permet de saisir la valeur du présent, soit encore d'opérer la grande boucle de la mémorisation, par laquelle on va totaliser toute sa vie et la faire apparaître dans ce qu'elle est. C'est le jugement sur le présent, c'est la valorisation du passé qui sont opérés dans cette pensée de la mort, qui justement ne doit pas être une pensée de l'avenir mais doit être une pensée de moi-même en train de mourir. Voilà ce que je voulais vous dire rapidement sur la *meletê thanatou,* qui est une chose assez connue.

Je voudrais maintenant passer à l'autre forme d'exercice dont je voulais vous parler, et qui est l'examen de conscience[8]. Il me semble bien que je vous en ai parlé déjà il y a quelques années[9]. Je vais donc, là aussi, être un peu schématique. Vous savez que l'examen de conscience est une vieille règle pythagoricienne, et que pratiquement aucun des auteurs antiques qui ont parlé de l'examen de conscience ne l'a fait sans se référer à ces vers de Pythagore, qui sont cités avec vraisemblablement quelques additions, mais dont le sens authentique et premier semble être simplement ceci : Prépare-toi à un doux sommeil, en examinant tout ce que tu as fait dans la journée. Malheureusement j'ai oublié de vous apporter le texte[10]. Alors ce texte de Pythagore, il faut bien se rendre compte qu'il signifie ceci : l'examen de conscience a pour fonction principale de permettre une purification de la pensée avant le sommeil. L'examen de conscience n'est pas fait pour juger ce qu'on a fait. Il n'est pas, bien sûr, destiné à réactualiser quelque chose comme un remords. En pensant à ce qu'on a fait, et par conséquent en expulsant par cette pensée le mal qui peut résider en nous-même, nous allons nous purifier et rendre possible un sommeil tranquille. Cette idée, que l'examen de conscience doit purifier l'âme pour la pureté d'un sommeil, est liée à l'idée que le rêve est toujours un révélateur de la vérité de l'âme[11] : c'est dans le rêve que l'on peut voir si une âme est pure ou impure, si elle est agitée ou calme. C'est une idée pythagoricienne[12], une idée que vous retrouvez aussi dans *La République*[13]. C'est une idée que vous allez retrouver dans toute la pensée grecque et qui sera encore présente dans la pratique et les exercices monastiques du IVe ou Ve siècle[14]. Le rêve, c'est l'épreuve de la pureté de l'âme. Ce qui est intéressant là aussi (comme dans la *meletê thanatou*), c'est que ce vieux schéma de l'examen de conscience, recommandé par Pythagore, va prendre chez les stoïciens une signification assez différente. Chez les stoïciens, l'examen de conscience est attesté sous deux formes, comme examen du matin et comme examen du soir ; d'ailleurs, d'après Porphyre, chez les pythagoriciens aussi il y aurait eu un examen du matin et un examen du soir[15]. En tout cas, chez les stoïciens, l'examen du matin, vous le voyez formulé, évoqué par Marc Aurèle par exemple tout à fait au début du livre V des *Pensées*[16]. Il ne s'agit pas du tout, dans cet examen, de repasser ce qu'on a pu faire dans la nuit ou la veille ; c'est un examen de ce qu'on va faire. Je crois que c'est là vraiment, dans cet examen du matin, la seule fois où l'on trouve dans cette pratique de soi un exercice qui soit réellement tourné vers l'avenir en tant que tel. Mais c'est un examen qui est tourné vers un avenir en quelque sorte proche et immédiat. Il s'agit de repasser par avance les actions que l'on va faire dans la journée, ce à quoi on est engagé, les rendez-vous qu'on a pris, les tâches que l'on va avoir à affronter : se rappeler quel est le but général que l'on se propose dans ces actions et les fins générales que l'on doit toujours avoir dans l'esprit tout au long de l'existence, et par conséquent les précautions à prendre pour agir dans ces situations qui vont se présenter en fonction de ces objectifs précis et de ces fins générales. Bon, voilà pour l'examen du matin. L'examen du soir, lui, est tout à fait différent dans ses fonctions et dans ses formes. Il est évoqué à plusieurs reprises par Épictète, et il y en a un fameux exemple dans le *De Ira* de Sénèque.

Ce texte dont je vous ai parlé, je suis sûr, il y a quelques années, je vous le rappelle rapidement[17]. Il s'agit pour Sénèque, tous les soirs, au moment où il va se coucher, où tout a fait silence autour de lui et où tout est calme, de repasser ce qu'il a fait dans la journée. Il doit envisager ses différentes actions. Il doit, dit-il, ne rien se passer. Il ne doit manifester à l'égard de lui-même aucune indulgence. Et puis, dans cet examen, il va prendre l'attitude du juge ; il dit d'ailleurs qu'il se convoque lui-même à son propre tribunal, où il est à la fois le juge et l'accusé. Dans ce programme d'un examen de conscience, où on repasse toutes les actions de la journée d'une part, et où on doit les juger à son propre tribunal, on a l'impression qu'on a un type d'enquête, un type de pratique très proche de ce qu'on trouvera dans le christianisme, et surtout dans le christianisme à partir du XIIᵉ siècle, c'est-à-dire à partir du moment où la pénitence aura pris la forme juridique qu'on lui connaît, et lorsque cette pénitence sera accompagnée de pratiques de confession et d'aveu qui impliquent, en effet, la formulation rétrospective de tout ce qu'on a fait et qu'on soumet au tribunal de la pénitence[18]. Il semble qu'on ait là la matrice même de tout ça. Mais en fait, ce que je voudrais vous faire remarquer, c'est que l'examen que Sénèque définit présente de très notables différences avec ce qu'on trouvera, par la suite, dans le tribunal de la pénitence et dans l'examen de conscience chrétien médiéval. En effet, il faut remarquer d'abord quelle est la nature des actions et des fautes que Sénèque relève dans sa journée. Il en donne des exemples. Il dit : Je me souviens, au cours d'une discussion et d'un entretien avec un ami, je voulais essayer de lui donner une leçon morale, l'aider à progresser, l'aider à se redresser, eh bien, [...] je l'ai blessé. Autre exemple : J'ai passé un grand moment à discuter avec des gens, à vouloir les convaincre d'un certain nombre de choses que je considère comme vraies. Mais en fait, ces gens étaient incapables de comprendre, et par conséquent j'ai perdu mon temps[19]. Alors il est très intéressant de voir que ces deux exemples sont des fautes tout de même très relatives. D'abord, vous voyez que les fautes qu'il commet, qu'il relève en tout cas, sont des fautes qui concernent essentiellement l'activité de direction de conscience. C'est en tant que directeur de conscience qu'il a commis un certain nombre de « fautes » – entre guillemets. Et vous voyez que ces fautes sont à comprendre essentiellement comme des erreurs techniques. Il n'a pas su bien diriger les instruments, bien tenir en main les instruments qu'il utilisait. Il a été trop violent à un moment donné, il a perdu son temps à un autre moment. Par rapport aux objectifs qu'il se proposait – corriger quelqu'un, convaincre un groupe de gens –, il n'a pas pu réussir, parce que ses moyens n'étaient pas bons. C'est donc, si vous voulez, essentiellement comme mésajustement entre des moyens et des fins qu'il va relever quelque chose dans son examen de conscience. L'examen du matin consiste à définir, à se rappeler les tâches qu'on va avoir à faire, les objectifs et les fins que l'on se propose et les moyens à employer. L'examen du soir répond [au premier] comme bilan, bilan réel de l'action qui avait été programmée ou envisagée le matin. Deuxièmement, il faut remarquer que s'il y a un certain nombre de métaphores de type juridique, judiciaire même, dans le texte de Sénèque, en fait, les principales notions qui sont employées sont de type administratif beaucoup plus que judiciaire. Bien sûr, il dit qu'il est le juge et qu'il siège à son propre tribunal, qu'il siège comme juge et qu'il est présent comme accusé. Mais, quand il évoque les différentes opérations en quoi consiste l'examen qu'il pratique, il emploie des termes qui ne sont pas judiciaires, qui sont surtout administratifs. Il emploie le verbe *excutire*[20] qui veut dire « secouer », mais qui en termes administratifs voulait dire : réexaminer un compte, une comptabilité pour essayer de la dépoussiérer de toutes ses erreurs. Il emploie le verbe *scrutari*[21] qui est le verbe technique pour vouloir dire : faire une inspection, l'inspection d'une armée, d'un campement, d'un navire, etc. Il emploie le terme *specu-lator*[22] qui correspond un peu au même type d'activité (le *speculator*, c'est l'inspecteur). Et il emploie le verbe *remetiri*[23] qui veut dire exactement : reprendre les mesures, comme un inspecteur, après un travail fini, reprend les mesures, voit si ça a été correctement fait, si le coût correspond bien au travail fait, etc. C'est donc un travail administratif d'inspection qu'il exerce sur lui-même. Enfin, troisième chose à noter, c'est qu'il ne se fait pas de reproches[24]. Il dit même qu'il n'est pas question pour lui de se faire des reproches. Il dit simplement ceci : Je ne me passe rien, je me rappelle tout ce que j'ai fait, je ne manifeste pas d'indulgence, mais je ne me punis pas. Je me dis simplement : Désormais il ne faut plus refaire ce que tu as fait. Pourquoi ? Eh bien, dit-il, parce que, lorsqu'on s'adresse à des amis pour leur faire des reproches, la fin que l'on doit se proposer n'est évidemment pas de les blesser, mais de les faire progresser. Lorsqu'on discute avec quelqu'un, c'est bien pour lui transmettre une vérité. Il faut donc que, si je me retrouve dans des situations semblables, je me rappelle bien ces différentes fins, pour que désormais mon action y soit ajustée. Vous voyez, par conséquent, que c'est une épreuve d'abord de réactivation des règles fondamentales de l'action, réactivation des fins que l'on doit avoir à l'esprit, réactivation des moyens que l'on doit employer pour atteindre ces fins et les objectifs immédiats qu'on peut se proposer. Dans cette mesure-là, l'examen de conscience est un exercice de mémoire, de mémoire non pas simplement par rapport à ce qui s'est passé dans la journée, mais de mémoire par rapport aux règles que l'on doit toujours avoir à l'esprit. Et d'autre part, cet examen de conscience est une sorte d'épreuve dans la mesure où, grâce à cette réactivation de ces règles et au souvenir qu'on a de ce qu'on a fait, [en évaluant l'inadéquation] entre les règles qu'on vient de se rappeler et les actions que l'on a commises, eh bien, on peut mesurer où on en est : si on a encore un gros effort à faire, si on est loin du but, si effectivement on a ou non été capable de traduire dans son action les principes de vérité que l'on a dans l'ordre de la connaissance. Où est-ce que j'en suis comme sujet éthique de vérité ? Dans quelle mesure, jusqu'où, jusqu'à quel point est-ce qu'effectivement je suis bien quelqu'un qui est capable d'être identique comme sujet d'action et comme sujet de vérité ? Ou encore : jusqu'à quel point les vérités que je connais, et dont je vérifie que je les connais puisque je me les rappelle comme règles, à travers l'examen de conscience que je fais, sont bien effectivement les formes d'action, les règles d'action, les principes d'action de ma conduite tout au cours de la journée, tout au cours de ma vie ? Où est-ce que j'en suis dans cette élaboration, dont je vous disais qu'elle était, je crois, l'essentiel des opérations ascétiques dans cette forme de pensée ? Où est-ce que j'en suis dans l'élaboration de moi-même en tant que sujet éthique de la vérité ? Où est-ce que j'en suis dans cette opération qui me permet de superposer, de faire coïncider exactement en moi le sujet de connaissance de la vérité et le sujet de l'action droite ?

Que l'examen de conscience ait bien cette signification et qu'il soit, si vous voulez, le perpétuel baromètre, la mesure à reprendre tous les soirs dans la constitution de ce sujet éthique de vérité, on en trouverait d'autres exemples, bien sûr. Je pense par exemple à ce texte d'Épictète où justement il cite les vers de Pythagore. Il cite les vers de Pythagore sur l'examen de conscience : Pour te préparer un doux sommeil, etc. Mais il est très curieux de voir dans quel contexte il présente ce texte de Pythagore. Il le présente tout à fait au début de l'entretien qui commence ainsi : « Il faut toujours avoir sous la main le jugement dont le besoin se fait sentir : à table, il faut avoir sous la main le jugement qui concerne toutes les choses de la table ; quand on est au bain, il faut avoir sous la main (*prokheiron*) tous les jugements qui concernent la manière de se conduire au bain. Quand on est au lit, il faut avoir toujours sous la main (*prokheiron*) tous les jugements qui concernent la manière dont on doit se conduire au lit[25]. » C'est à ce moment-là qu'il cite les vers de Pythagore, à l'intérieur ou à partir de ce principe général : avoir *prokheiron* des principes de conduite, des règles de conduite. C'est dans cet objectif, c'est à cette fin que l'on va pratiquer l'examen de conscience : se donner la disponibilité de ces discours vrais qui nous permettront de nous conduire. Il cite les vers de Pythagore, et il dit, aussitôt après les avoir cités : « Nous devons retenir ces vers pour nous en servir utilement, et non pas simplement en manière d'exclamation. De même, aux heures de fièvre, ayons sous la main des jugements propres pour cette circonstance. » Et un tout petit peu plus loin il ajoute, pour conclure tout ce paragraphe, donc, sur la nécessité de se constituer un dispositif de discours vrais pour la conduite : Philosopher, c'est se préparer[26]. « Philosopher, c'est se préparer » ; philosopher, c'est donc par conséquent se mettre dans une disposition telle que l'on va considérer l'ensemble de la vie comme une épreuve. Et l'ascétique, l'ensemble des exercices qui sont à notre disposition, ont pour sens de nous permettre de nous préparer en permanence à cette vie qui ne sera jamais, et jusqu'au bout, qu'une vie d'épreuve, [au sens] où ce sera une vie qui sera une épreuve.

Je crois qu'on a là le moment où cette fameuse *epimeleia heautou,* ce souci de soi, qui apparaissait à l'intérieur du principe général, du thème général que l'on doit se donner une *tekhnê* (un art de vivre), a occupé en quelque sorte toute la place définie par la *tekhnê tou biou.* Ce que les Grecs cherchaient dans ces techniques de vie, sous des formes très différentes depuis tant de siècles, depuis le début de l'âge classique, cette *têkhnê tou biou,* elle est maintenant, dans ce genre-là de pensée, occupée entièrement par le principe qu'il faut se soucier de soi, que se soucier de soi, c'est s'équiper pour une série d'événements imprévus, mais pour lesquels on va pratiquer un certain nombre d'exercices qui les actualisent dans une nécessité inévitable, où on les dépouillera de tout ce qu'ils peuvent avoir de réalité imaginaire, pour les réduire au strict minimum de leur existence. Et ce sont dans ces exercices, c'est par le jeu de ces exercices que l'on pourra tout au long de sa vie vivre son existence comme une épreuve. Pour résumer tout ceci, je dirai brièvement que cette ascèse philosophique – le système ascétique dont j'ai essayé de vous donner les significations et quelques-uns des éléments principaux – n'est pas du tout du type de l'ascèse chrétienne, laquelle a essentiellement pour fonction de fixer quels sont, dans leur ordre, les renoncements nécessaires qui doivent conduire jusqu'au point ultime du renoncement à soi-même. C'est donc très différent, mais il serait tout à fait insuffisant d'en rester à cette simple distinction et de se dire que l'ascèse philosophique n'est qu'un exercice pour la formation de soi-même. L'ascèse philosophique, je crois qu'il faut la comprendre comme une certaine manière de constituer le sujet de connaissance vraie comme sujet d'action droite. Et, en se constituant à la fois comme sujet de connaissance vraie et comme sujet d'action droite, on se situe ou on se donne comme corrélatif de soi-même un monde, qui est un monde perçu, reconnu et pratiqué comme épreuve.

Je vous ai présenté [tout cela] d'une façon un peu systématique, ramassée, alors qu'en fait c'est une série de processus assez complexes, et qui se sont échelonnés à travers le temps, sur des siècles et des siècles. J'ai essayé de vous présenter sous cette forme un peu ramassée, et à cause de ça abstraite, par rapport à la multiplicité des événements et des successions, le mouvement par lequel, dans la pensée antique, à partir de la période hellénistique et de la période impériale, le réel a été pensé comme le lieu de l'expérience de soi et l'occasion de l'épreuve de soi. Alors si l'on admet, à titre sinon d'hypothèse, du moins de repère – en tout cas un peu plus qu'une hypothèse, un peu moins qu'une thèse –, cette idée que, si l'on veut comprendre quelle est la forme d'objectivité

qui est propre à la pensée occidentale depuis les Grecs, peut-être en effet
faut-il considérer qu'à un moment donné, dans certaines circonstances
caractéristiques de la pensée grecque classique, le monde est devenu le
corrélatif d'une *tekhnê*[27]. Je veux dire qu'il a cessé, à partir d'un certain
moment, d'être pensé pour devenir connu, mesuré, maîtrisé, grâce à un
certain nombre d'instruments et d'objectifs qui caractérisaient la *tekhnê*,
ou les différentes techniques. Eh bien, si la forme d'objectivité propre
à la pensée occidentale s'est donc constituée lorsqu'au déclin de la pensée, le monde a été considéré et manipulé par une *tekhnê*, je crois qu'on
peut dire ceci. C'est que la forme de subjectivité propre à la pensée occidentale, si l'on interroge ce qu'est, dans son fondement même, la forme
de cette subjectivité occidentale, s'est constituée par un mouvement
inverse de celui-ci : elle s'est constituée le jour où le *bios* a cessé d'être
ce qu'il avait été si longtemps pour la pensée grecque, à savoir le corrélatif d'une *tekhnê* ; lorsque le *bios* (la vie) a cessé d'être le corrélatif
d'une *tekhnê*, pour devenir la forme d'une épreuve de soi.

Que le *bios*[28], que la vie – je veux dire : que la manière dont le monde
se présente immédiatement à nous au cours de notre existence – soit une
épreuve, ça doit être entendu en deux sens. Épreuve au sens d'expérience, c'est-à-dire que le monde est reconnu comme étant ce à travers
quoi nous faisons l'expérience de nous-mêmes, ce à travers quoi nous
nous connaissons, ce à travers quoi nous nous découvrons, ce à travers
quoi nous nous révélons à nous-mêmes. Et puis, épreuve en ce sens que
ce monde, ce *bios*, est aussi un exercice, c'est-à-dire qu'il est ce à partir
de quoi, ce à travers quoi, ce en dépit de quoi ou grâce à quoi nous
allons nous former, nous transformer, cheminer vers un but ou vers un
salut, aller à notre propre perfection. Que le monde, à travers le *bios*,
soit devenu cette expérience à travers laquelle nous nous connaissons
nous-mêmes, cet exercice à travers lequel nous nous transformons ou
nous nous sauvons, je crois que cela, c'est une transformation, une
mutation très importante par rapport à ce qu'était la pensée grecque
classique, à savoir que le *bios* doit être l'objet d'une *tekhnê*, c'est-à-dire
d'un art raisonnable et rationnel. Vous voyez donc que se croiseraient
ainsi, à des périodes différentes, et dans des directions, selon des mouvements différents, deux processus : l'un par lequel le monde a cessé
d'être pensé pour être connu à travers une *tekhnê* ; et l'autre, par lequel
le *bios* a cessé d'être l'objet d'une *tekhnê* pour devenir le corrélatif
d'une épreuve, d'une expérience, d'un exercice. Il me semble qu'on
a là l'enracinement de ce qu'a été en Occident la question posée à la
philosophie ou, si vous voulez, le défi de la pensée occidentale à la

philosophie comme discours et comme tradition. Ce défi, c'est celui-ci : comment ce qui se donne comme objet de savoir articulé sur la maîtrise de la *tekhnê,* comment cela peut-il être en même temps le lieu où se manifeste, où s'éprouve et difficilement s'accomplit la vérité du sujet que nous sommes ? Comment le monde, qui se donne comme objet de connaissance à partir de la maîtrise de la *tekhnê,* peut-il être en même temps le lieu où se manifeste et où s'éprouve le « soi-même » comme sujet éthique de la vérité ? Et si c'est bien cela le problème de la philosophie occidentale – comment le monde peut-il être objet de connaissance et en même temps lieu d'épreuve pour le sujet ; comment peut-il y avoir un sujet de connaissance qui se donne le monde comme objet à travers une *tekhnê,* et un sujet d'expérience de soi, qui se donne ce même monde, sous la forme radicalement différente du lieu d'épreuve ? – si c'est bien cela, le défi à la philosophie occidentale, vous comprenez bien pourquoi la *Phénoménologie de l'Esprit* est le sommet de cette philosophie *. Voilà pour cette année. Merci.

---

* Le manuscrit porte ici une phrase de conclusion, que Foucault renonce à prononcer : « Et si la tâche laissée par l'Aufklärung (que la *Phénoménologie* fait passer à l'absolu), c'est d'interroger ce sur quoi repose notre système de savoir objectif, elle est aussi d'interroger ce sur quoi repose la modalité de l'expérience de soi. »

*

NOTES

1. Sur ce point (la *meletê thanatou* platonicienne – *Phédon,* 67e et 81a – et ses racines archaïques), cf. l'article ancien mais fondateur de J.-P. Vernant, « Le Fleuve "amelês" et la "meletê thanatou" », in *Mythe et Pensée chez les Grecs, op. cit.,* t. I, p. 108-123.

2. « Un jour c'est un degré de la vie. L'existence entière se divise en époques ; elle présente un certain nombre de cercles inégaux et concentriques. Il en est un dont la fonction est d'envelopper et de circonscrire tous les autres ; il s'étend de la naissance à notre dernier jour. Le deuxième enclôt les années de jeunesse. Le troisième resserre dans son tour toute l'enfance. Ensuite se présente l'année, entité idéale, somme de tous les instants qui, en se multipliant, composent la trame de la vie. Une moindre

circonférence contient le mois. Le plus court tracé est celui que le jour décrit, mais le jour va, comme tout le reste, de son commencement à sa fin, de son lever au couchant [...]. Réglons donc chaque jour comme s'il devait fermer la marche, comme s'il était le terme de notre vie et sa conclusion suprême [...]. Au moment d'aller dormir, disons avec allégresse, le visage riant : "J'ai vécu ; j'ai parcouru la carrière que m'avait assignée la fortune" » (Sénèque, *Lettres à Lucilius,* t. I, livre I, lettre 12, 6-9, éd. citée, p. 41-43).

3. Marc Aurèle, *Pensées,* VII, 69, éd. citée, p. 81.

4. On ne peut s'empêcher ici d'entendre, comme en écho, le *credo* de l'éternel retour nietzschéen visant à évaluer toute action, non pas dans sa capacité à être la dernière, mais à se répéter une infinité de fois : « Si cette pensée [celle de l'éternel retour] prenait barre sur toi, elle te transformerait peut-être, et peut-être t'anéantirait ; tu te demanderais à propos de tout : "veux-tu cela ? le reveux-tu ? une fois ? toujours ? à l'infini ?", et cette question pèserait sur toi d'un poids décisif et terrible ! » (Nietzsche, *Le Gai Savoir,* livre IV, aphorisme 341, trad. A. Vialatte, Paris, Gallimard, p. 17).

5. Épictète, *Entretiens,* III, 5, 5, éd. citée, p. 22.

6. « Tu t'en libéreras [= des autres préoccupations] si tu accomplis chaque action comme si c'était la dernière, dépouillée de toute légèreté d'esprit, de répugnance passionnelle à l'empire de la raison, de fausseté, d'égoïsme, de dépit contre la destinée » (Marc Aurèle, *Pensées,* II, 5, p. 11-12).

7. Sénèque, *Lettres à Lucilius,* t. I, livre III, lettre 26, 5-6 (p. 116).

8. Cf. sur ce thème, *Le Souci de soi, op. cit.,* p. 77-79.

9. Cf. cours du 12 mars 1980 au Collège de France : Foucault tente une archéologie du couplage chrétien verbalisation des fautes–exploration de soi, en ayant bien soin de marquer une discontinuité irréductible entre l'examen pythagorico-stoïcien et l'examen chrétien (au triple niveau du champ d'exercice, des instruments et des objectifs).

10. « Ne permets pas que le doux sommeil se glisse sous tes yeux,/avant d'avoir examiné chacune des actions de ta journée./En quoi ai-je fauté ? Qu'ai-je fait ? Qu'ai-je omis de ce qu'il me fallait faire ?/Commence par la première à toutes les parcourir. Et ensuite,/si tu trouves que tu as commis des fautes, gourmande-toi ; mais, si tu as bien agi, réjouis-toi./Travaille à mettre ces préceptes en pratique, médite-les ; il faut que tu les aimes,/et ils te mettront sur les traces de la vertu divine » (Pythagore, *Les Vers d'or,* trad. M. Meunier, éd. citée, p. 28).

11. Cf. *Le Souci de soi,* p. 25-26.

12. Cf. cours du 12 janvier, première heure.

13. « Lorsqu'il a apaisé ces deux parties de l'âme [celle de l'appétit et de la colère], et stimulé la troisième, où réside la sagesse, et qu'enfin il s'abandonne au repos, c'est dans ces conditions, tu le sais, que l'âme atteint le mieux la vérité » (Platon, *La République,* livre IX, 572a-b, trad. E. Chambry, éd. citée, p. 48).

14. Foucault avait particulièrement travaillé ce problème du rêve dans la culture grecque, en prenant comme référence privilégiée l'*Onirocritique* d'Artémidore (cf. *Le Souci de soi,* p. 16-50). Pour une présentation générale de ce problème, cf. S. Byl, « Quelques idées grecques sur le rêve, d'Homère à Artémidore », *Les Études classiques,* 47, 1979, p. 107-122.

15. « Il y avait surtout deux moments qu'il [Pythagore] exhortait à bien considérer : celui qui précède le sommeil et celui du lever après le sommeil. Lors de

chacun des deux, il fallait examiner les actes ou déjà accomplis ou futurs, pour se rendre compte à soi-même des actions passées et prévoir l'avenir » (Porphyre, *Vie de Pythagore*, trad. E. des Places, éd. citée, § 40, p. 54). Cf. aussi la longue description du seul examen du matin par Jamblique, *Vie de Pythagore*, trad. L. Brisson & A.-Ph. Segonds, éd. citée, § 165, p. 92 ; on peut rappeler que pour Pythagore : « le lever a plus de valeur que le coucher » (Diogène Laërce, *Vies et Doctrines des philosophes illustres*, livre VIII, 22, trad. s.dir. M.-O. Goulet-Cazé, éd. citée, p. 960).

16. « Le matin quand il te coûte de te réveiller, que cette pensée te soit présente : c'est pour faire œuvre d'homme que je m'éveille. Vais-je donc être encore de méchante humeur, parce que je pars accomplir ce à cause de quoi je suis fait, en vue de quoi j'ai été au monde ? Suis-je constitué à cet effet, de rester couché et me tenir au chaud sous mes couvertures ? » (Marc Aurèle, *Pensées*, V, 1, p. 41). Cf. cours du 3 février, deuxième heure.

17. Foucault fait l'analyse de ce texte de Sénèque (*De Ira*, III, XXXVI) dans son cours au Collège de France du 12 mars 1980. Cependant le cadre d'analyse est un peu différent, même si Foucault reprend en 1982 un grand nombre d'éléments développés en 1980 (notamment : le thème d'un vocabulaire plus administratif que judiciaire, l'absence d'assignation de culpabilité). Il insiste en 1980 sur l'aspect anti-freudien du dispositif sénéquien (la censure sert à ne garder que les bons éléments pour un bon sommeil) et sur l'horizon de futur projeté par cet examen (on ne s'examine pas pour dégager des secrets de conscience enfouis, mais pour faire éclore des schémas rationnels d'action en germe). L'opposition essentielle entre examen de conscience hellénistique et chrétien tourne en 1980 autour de l'alternative : autonomie/obéissance. Sur ce texte, cf. enfin *Le Souci de soi*, p. 77-78.

18. Cf. cours du 19 février 1975, in *Les Anormaux, op. cit.*

19. « Tu as mis trop de vivacité dans cette discussion ; n'entre plus en lutte désormais avec des ignorants ; ils ne veulent pas apprendre, ceux qui n'ont jamais appris. Tu as réprimandé celui-là plus vertement que tu ne devais ; aussi tu ne l'as pas corrigé, mais choqué ; vois à l'avenir non seulement si ce que tu dis est vrai, mais si celui à qui tu le dis est capable d'entendre la vérité. L'homme vertueux aime les avertissements, les vicieux souffrent difficilement un directeur » (Sénèque, *De la colère*, III, XXXVI, 4, trad. A. Bourgery, éd. citée, p. 103).

20. « Est-il rien de plus beau que cette coutume de scruter *(excutiendi)* toute une journée ? » (*id.*, III, XXXVI, 2, p. 103).

21. « Quand on a enlevé le flambeau et que ma femme, déjà habituée à ma manière d'agir, s'est tue, j'examine *(scrutor)* toute ma journée » (*id.*, III, XXXVI, 3, p. 103).

22. « Quel sommeil suit cet examen de soi-même [...] quand [l'esprit] s'est fait l'espion *(speculator)*, le censeur secret de ses propres mœurs ? » (*loc. cit. supra*, note 20).

23. « Je mesure *(remetior)* mes faits et dits » (*loc. cit. supra*, note 21).

24. « Prends garde de ne pas recommencer. Pour cette fois je te pardonne » (*id.*, III, XXXVI, 4, p. 103).

25. Épictète, *Entretiens*, III, 10, 1 (p. 38).

26. « Mais philosopher, qu'est-ce ? N'est-ce pas s'être préparé à tous les événements ? » (*id.*, III, 10, 6, p. 39).

27. Les références implicites de Foucault ici renvoient sans doute à deux textes fameux, et qu'il a très tôt lus et beaucoup étudiés : la *Krisis* (1936) de Husserl

(La Crise des sciences européennes et la Phénoménologie transcendantale, op. cit.) et la conférence de Heidegger, « La Question de la technique » (1953), in *Essais et Conférences,* trad. A. Préau, Paris, Gallimard, 1958.

28. C'est dans le second cours de l'année 1981 au Collège de France que Foucault distingue la *zôê* (la vie comme propriété des organismes) du *bios* (l'existence comme objet de techniques).

*Résumé du cours**

* Publié dans l'*Annuaire du Collège de France, 82ᵉ année, Histoire des systèmes de pensée, année 1981-1982*, 1982, p. 395-406. Repris dans *Dits et Écrits, 1954-1988*, éd. par D. Defert & F. Ewald, collab. J. Lagrange, Paris, Gallimard/« Bibliothèque des sciences humaines », 1994, 4 vol. ; cf. IV, n° 323, p. 353-365.

Le cours de cette année a été consacré à la formation du thème de l'herméneutique de soi. Il s'agissait de l'étudier non seulement dans ses formulations théoriques ; mais de l'analyser en relation avec un ensemble de pratiques qui ont eu, dans l'Antiquité classique ou tardive, une très grande importance. Ces pratiques relevaient de ce qu'on appelait souvent en grec *epimeleia heautou,* en latin *cura sui.* Ce principe qu'on a à « s'occuper de soi », à « se soucier de soi-même » est sans doute, à nos yeux, obscurci par l'éclat du *gnôthi seauton.* Mais il faut se rappeler que la règle d'avoir à se connaître soi-même a été régulièrement associée au thème du souci de soi. D'un bout à l'autre de la culture antique, il est facile de trouver des témoignages de l'importance accordée au « souci de soi » et de sa connexion avec le thème de la connaissance de soi.

En premier lieu chez Socrate lui-même. Dans l'*Apologie,* on voit Socrate se présenter à ses juges comme le maître du souci de soi. Il est celui qui interpelle les passants et leur dit : Vous vous occupez de vos richesses, de votre réputation et des honneurs ; mais de votre vertu, et de votre âme, vous ne vous préoccupez pas. Socrate est celui qui veille à ce que ses concitoyens « se soucient d'eux-mêmes ». Or, à propos de ce rôle, Socrate dit un peu plus loin, dans la même *Apologie,* trois choses importantes : c'est une mission qui lui a été confiée par le dieu, et il ne l'abandonnera pas avant son dernier souffle ; c'est une tâche désintéressée, pour laquelle il ne demande aucune rétribution, il l'accomplit par pure bienveillance ; enfin c'est une fonction utile pour la cité, plus utile même que la victoire d'un athlète à Olympie, car en apprenant aux citoyens à s'occuper d'eux-mêmes (plutôt que de leurs biens) on leur apprend aussi à s'occuper de la cité elle-même (plutôt que de ses affaires matérielles). Au lieu de le condamner, ses juges feraient mieux de récompenser Socrate pour avoir enseigné aux autres à se soucier d'eux-mêmes.

Huit siècles plus tard, la même notion *d'epimeleia heantou* apparaît avec un rôle également important chez Grégoire de Nysse. Il appelle de ce terme le mouvement par lequel on renonce au mariage, on se détache de la chair et par lequel, grâce à la virginité du cœur et du corps, on retrouve l'immortalité dont on avait été déchu. Dans un autre passage du *Traité de la virginité,* il fait de la parabole de la drachme perdue le modèle du souci de soi : pour une drachme perdue, il faut allumer la lampe, retourner toute la maison, en explorer tous les recoins, jusqu'à ce qu'on voie briller dans l'ombre le métal de la pièce ; de la même façon, pour retrouver l'effigie que Dieu a imprimée dans notre âme, et que le corps a recouverte de souillure, il faut « prendre soin de soi-même », allumer la lumière de la raison et explorer tous les recoins de l'âme. On le voit : l'ascétisme chrétien, comme la philosophie ancienne, se place sous le signe du souci de soi et fait de l'obligation d'avoir à se connaître un des éléments de cette préoccupation essentielle.

Entre ces deux repères extrêmes – Socrate et Grégoire de Nysse –, on peut constater que le souci de soi a constitué non seulement un principe, mais une pratique constante. On peut prendre deux autres exemples, très éloignés cette fois par le mode de pensée et le type de morale. Un texte épicurien, la *Lettre à Ménécée,* commence ainsi : « Il n'est jamais ni trop tôt ni trop tard pour prendre soin de son âme. On doit donc philosopher quand on est jeune et quand on est vieux » : la philosophie est assimilée au soin de l'âme (le terme est très précisément médical : *hugiainein*), et ce soin est une tâche qui doit se poursuivre tout au long de la vie. Dans le *Traité de la vie contemplative,* Philon désigne ainsi une certaine pratique des Thérapeutes comme une *epimeleia* de l'âme.

On ne saurait cependant s'en tenir là. Ce serait une erreur de croire que le souci de soi a été une invention de la pensée philosophique et qu'il a constitué un précepte propre à la vie philosophique. C'était en fait un précepte de vie qui, d'une façon générale, était très hautement valorisé en Grèce. Plutarque cite un aphorisme lacédémonien qui, de ce point de vue, est très significatif. On demandait un jour à Alexandride pourquoi ses compatriotes, les Spartiates, confiaient la culture de leurs terres à des esclaves plutôt que de se réserver cette activité. La réponse fut celle-ci : « Parce que nous préférons nous occuper de nous-mêmes. » S'occuper de soi est un privilège ; c'est la marque d'une supériorité sociale, par opposition à ceux qui doivent s'occuper des autres pour les servir ou encore s'occuper d'un métier pour pouvoir vivre. L'avantage que donnent la richesse, le statut, la naissance, se traduit par le fait qu'on a la possibilité de s'occuper de soi-même. On peut noter que la conception romaine de l'*otium* n'est pas sans rapport avec ce thème : le « loisir » ici désigné, c'est par excellence le temps qu'on passe à s'occuper de soi-même. En ce sens la philosophie, en Grèce comme à Rome, n'a fait que transposer à l'intérieur de ses exigences propres un idéal social beaucoup plus répandu.

En tout cas, même devenu un principe philosophique, le souci de soi est resté une forme d'activité. Le terme même de *epimeleia* ne désigne pas simplement une attitude de conscience ou une forme d'attention qu'on porterait sur soi-même ; il désigne une occupation réglée, un travail avec ses procédés et ses objectifs. Xénophon, par exemple, emploie le mot *epimeleia* pour désigner le travail du maître de maison qui dirige son exploitation agricole. C'est un mot qu'on utilise aussi pour désigner les devoirs rituels qu'on rend aux dieux et aux morts. L'activité du souverain qui veille sur son peuple et dirige la cité est par Dion de Pruse appelée *epimeleia*. Il faudra donc comprendre quand les philosophes et moralistes recommanderont de se soucier de soi (*epimeleisthai heautô*) qu'ils ne conseillent pas simplement de faire attention à soi-même, d'éviter les fautes ou les dangers ou de se tenir à l'abri. C'est à tout un domaine d'activités complexes et réglées qu'ils se réfèrent. On peut dire que, dans toute la philosophie antique, le souci de soi a été considéré à la fois comme un devoir et comme une technique, une obligation fondamentale et un ensemble de procédés soigneusement élaborés.

*

Le point de départ d'une étude consacrée au souci de soi est tout naturellement l'*Alcibiade*. Trois questions y apparaissent, concernant le rapport du souci de soi avec la politique, avec la pédagogie et avec la connaissance de soi. La confrontation de l'*Alcibiade* avec les textes du Iᵉʳ et du IIᵉ siècle montre plusieurs transformations importantes.

1) Socrate recommandait à Alcibiade de profiter de sa jeunesse pour s'occuper de lui-même : « À cinquante ans, ce serait trop tard. » Mais Épicure disait : « Quand on est jeune, il ne faut pas hésiter à philosopher, et quand on est vieux, il ne faut pas hésiter à philosopher. Il n'est jamais ni trop tôt ni trop tard pour prendre soin de son âme. » C'est ce principe du soin perpétuel, tout au long de la vie, qui l'emporte très nettement. Musonius Rufus, par exemple : « Il faut se soigner sans cesse, si on veut vivre de façon salutaire. » Ou Galien : « Pour devenir un homme accompli, chacun a besoin de s'exercer pour ainsi dire toute sa vie », même s'il est vrai qu'il vaut mieux « avoir, dès son plus jeune âge, veillé sur son âme ».

C'est un fait que les amis auxquels Sénèque ou Plutarque donnent leurs conseils ne sont plus du tout ces adolescents ambitieux auxquels

Socrate s'adressait : ce sont des hommes, parfois jeunes (comme Serenus), parfois en pleine maturité (comme Lucilius qui exerçait la charge de procurateur de Sicile lorsque Sénèque et lui échangèrent une longue correspondance spirituelle). Épictète, qui tient école, a des élèves encore tout jeunes, mais il lui arrive aussi d'interpeller des adultes – et même des « personnages consulaires » –, pour les rappeler au souci de soi.

S'occuper de soi n'est donc pas une simple préparation momentanée à la vie ; c'est une forme de vie. Alcibiade se rendait compte qu'il devait se soucier de soi, dans la mesure où il voulait par la suite s'occuper des autres. Il s'agit maintenant de s'occuper de soi, pour soi-même. On doit être pour soi-même, et tout au long de son existence, son propre objet.

De là l'idée de la conversion à soi *(ad se convertere),* l'idée de tout un mouvement de l'existence par lequel on fait retour sur soi-même *(eis heauton epistrephein).* Sans doute le thème de *l'epistrophê* est-il un thème typiquement platonicien. Mais (on a pu déjà le voir dans l'*Alcibiade*) le mouvement par lequel l'âme se tourne vers elle-même est un mouvement par lequel son regard est attiré vers « le haut » – vers l'élément divin, vers les essences, et vers le monde supra-céleste où celles-ci sont visibles. Le retournement auquel invitent Sénèque, Plutarque et Épictète est en quelque sorte un retournement sur place : il n'a pas d'autre fin ni d'autre terme que de s'établir auprès de soi-même, de « résider en soi-même » et d'y demeurer. L'objectif final de la conversion à soi est d'établir un certain nombre de relations à soi-même. Ces relations sont parfois conçues sur le modèle juridico-politique : être souverain sur soi-même, exercer sur soi-même une maîtrise parfaite, être pleinement indépendant, être complètement « à soi » *(fieri suum,* dit souvent Sénèque). Elles sont aussi représentées souvent sur le modèle de la jouissance possessive : jouir de soi, prendre son plaisir avec soi-même, trouver en soi toute sa volupté.

2) Une seconde grande différence concerne la pédagogie. Dans l'*Alcibiade,* le souci de soi s'imposait en raison des défauts de la pédagogie ; il s'agissait ou de la compléter ou de se substituer à elle ; il s'agissait en tout cas de donner une « formation ».

À partir du moment où l'application à soi est devenue une pratique adulte qu'on doit exercer toute sa vie, son rôle pédagogique tend à s'effacer et d'autres fonctions s'affirment.

a) D'abord une fonction critique. La pratique de soi doit permettre de se défaire de toutes les mauvaises habitudes, de toutes les opinions fausses qu'on peut recevoir de la foule, ou des mauvais maîtres, mais aussi des parents et de l'entourage. « Désapprendre » *(de-discere)* est une des tâches importantes de la culture de soi.

b) Mais elle a aussi une fonction de lutte. La pratique de soi est conçue comme un combat permanent. Il ne s'agit pas simplement de former, pour l'avenir, un homme de valeur. Il faut donner à l'individu les armes et le courage qui lui permettront de se battre toute sa vie. On sait combien étaient fréquentes deux métaphores : celle de la joute athlétique (on est dans la vie comme un lutteur qui a à se défaire de ses adversaires successifs et qui doit s'exercer même lorsqu'il ne combat pas) et celle de la guerre (il faut que l'âme soit disposée comme une armée qu'un ennemi est toujours susceptible d'assaillir).

c) Mais surtout, cette culture de soi a une fonction curative et thérapeutique. Elle est beaucoup plus proche du modèle médical que du modèle pédagogique. Il faut, bien entendu, se rappeler des faits qui sont très anciens dans la culture grecque : l'existence d'une notion comme celle de *pathos,* qui signifie aussi bien la passion de l'âme que la maladie du corps ; l'ampleur d'un champ métaphorique qui permet d'appliquer au corps et à l'âme des expressions comme soigner, guérir, amputer, scarifier, purger. Il faut rappeler aussi le principe familier aux épicuriens, aux cyniques et aux stoïciens que le rôle de la philosophie, c'est de guérir les maladies de l'âme. Plutarque pourra dire un jour que la philosophie et la médecine constituent *mia khôra,* une seule région, un seul domaine. Épictète ne voulait pas que son école soit considérée comme un simple lieu de formation, mais bien comme un « cabinet médical », un *iatreion* ; il voulait qu'elle soit un « dispensaire de l'âme » ; il voulait que ses élèves arrivent avec la conscience d'être des malades : « l'un, disait-il, avec une épaule démise, l'autre avec un abcès, le troisième avec une fistule, celui-là avec des maux de tête ».

3) Aux Ier et IIe siècles, le rapport à soi est toujours considéré comme devant s'appuyer sur le rapport à un maître, à un directeur ou, en tout cas, à un autre. Mais ceci dans une indépendance de plus en plus marquée à l'égard de la relation amoureuse.

Qu'on ne puisse pas s'occuper de soi sans l'aide d'un autre est un principe très généralement admis. Sénèque disait que personne n'est jamais assez fort pour se dégager par lui-même de l'état de *stultitia* dans lequel il est : « Il a besoin qu'on lui tende la main et qu'on l'en tire. » Galien, de la même façon, disait que l'homme s'aime trop lui-même pour pouvoir se guérir seul de ses passions : il avait vu souvent « trébucher » des hommes qui n'avaient pas consenti à s'en remettre à l'autorité d'un autre. Ce principe est vrai pour les débutants ; mais il l'est aussi pour la suite et jusqu'à la fin de la vie. L'attitude de Sénèque, dans sa correspondance avec Lucilius, est caractéristique : il a beau être âgé, avoir renoncé à toutes ses activités, il donne des conseils à Lucilius, mais il lui en demande et il se félicite de l'aide qu'il trouve dans cet échange de lettres.

Ce qui est remarquable dans cette pratique de l'âme, c'est la multiplicité des relations sociales qui peuvent lui servir de support.

– Il y a des organisations scolaires strictes : l'école d'Épictète peut servir d'exemple ; on y accueillait des auditeurs de passage, à côté des élèves qui restaient pour un stage plus long ; mais on y donnait aussi un enseignement à ceux qui voulaient devenir eux-mêmes philosophes et directeurs d'âmes ; certains des *Entretiens* réunis par Arrien sont des leçons techniques pour ces futurs praticiens de la culture de soi.

– On rencontre aussi – et surtout à Rome – des conseillers privés : installés dans l'entourage d'un grand personnage, faisant partie de son groupe ou de sa clientèle, ils donnaient des avis politiques, ils dirigeaient l'éducation des jeunes gens, ils aidaient dans les circonstances importantes de la vie. Ainsi, Demetrius dans l'entourage de Thrasea Paetus ; lorsque celui-ci est amené à se donner la mort, Demetrius lui sert en quelque sorte de conseiller de suicide et il soutient ses derniers instants d'un entretien sur l'immortalité.

– Mais il y a bien d'autres formes dans lesquelles s'exerce la direction d'âme. Celle-ci vient doubler et animer tout un ensemble d'autres rapports : rapports de famille (Sénèque écrit une consolation à sa mère à l'occasion de son propre exil) ; rapports de protection (le même Sénèque s'occupe à la fois de la carrière et de l'âme du jeune Serenus, un cousin de province qui vient d'arriver à Rome) ; rapports d'amitié entre deux personnes assez proches par l'âge et la culture et la situation (Sénèque avec Lucilius) ; rapports avec un personnage haut placé auquel on rend ses devoirs en lui présentant des conseils utiles (ainsi Plutarque avec Fundanus, auquel il envoie d'urgence les notes qu'il a prises lui-même à propos de la tranquillité de l'âme).

Il se constitue ainsi ce qu'on pourrait appeler « un service d'âme » qui s'accomplit à travers des relations sociales multiples. L'*erôs* traditionnel y joue un rôle tout au plus occasionnel. Ce qui ne veut pas dire que les relations affectives n'y étaient pas souvent intenses. Sans doute, nos catégories modernes d'amitié et d'amour sont-elles bien inadéquates pour les déchiffrer. La correspondance de Marc Aurèle avec son maître Fronton peut servir d'exemple de cette intensité et de cette complexité.

*

Cette culture de soi comportait un ensemble de pratiques désigné généralement par le terme *askesis*. Il convient d'abord d'analyser ses objectifs. Dans un passage, cité par Sénèque, Demetrius a recours à la métaphore très courante de l'athlète : Nous devons nous exercer comme le fait un athlète ; celui-ci n'apprend pas tous les mouvements possibles, il ne tente pas de faire des prouesses inutiles ; il se prépare aux quelques mouvements qui lui sont nécessaires dans la lutte pour triompher de ses adversaires. De la même façon, nous n'avons pas à faire sur nous-mêmes des exploits (l'ascèse philosophique est très méfiante à l'égard de ces personnages qui faisaient valoir les merveilles de leurs abstinences, de leurs jeûnes, de leur prescience de l'avenir). Comme un bon lutteur, nous devons apprendre exclusivement ce qui nous permettra de résister aux événements qui peuvent se produire ; nous devons apprendre à ne pas nous laisser décontenancer par eux, à ne pas nous laisser emporter par les émotions qu'ils pourraient susciter en nous.

Or de quoi avons-nous besoin pour pouvoir garder notre maîtrise devant les événements qui peuvent se produire ? Nous avons besoin de « discours » : de *logoi,* entendus comme discours vrais et discours raisonnables. Lucrèce parle des *veridica dicta* qui nous permettent de conjurer nos craintes et de ne pas nous laisser abattre par ce que nous croyons être des malheurs. L'équipement dont nous avons besoin pour faire face à l'avenir, c'est un équipement de discours vrais. Ce sont eux qui nous permettent d'affronter le réel.

Trois questions se posent à leur sujet.

1) La question de leur nature. Sur ce point les discussions entre les écoles philosophiques et à l'intérieur des mêmes courants ont été nombreuses. Le point principal du débat concernait la nécessité des connaissances théoriques. Sur ce point, les épicuriens étaient tous d'accord : connaître les principes qui régissent le monde, la nature des dieux, les causes des prodiges, les lois de la vie et de la mort est, de leur point de vue, indispensable pour se préparer aux événements possibles de l'existence. Les stoïciens se partageaient selon leur proximité à l'égard des doctrines cyniques : les uns accordaient la plus grande importance aux *dogmata,* aux principes théoriques que complètent les prescriptions pratiques ; les autres accordaient au contraire la place principale à ces règles concrètes de conduite. Les lettres 90-91 de Sénèque exposent très clairement les thèses en présence. Ce qu'il convient de signaler ici, c'est

que ces discours vrais dont nous avons besoin ne concernent ce que nous sommes que dans notre relation au monde, dans notre place dans l'ordre de la nature, dans notre dépendance ou indépendance à l'égard des événements qui se produisent. Ils ne sont en aucune manière un déchiffrement de nos pensées, de nos représentations, de nos désirs.

2) La seconde question qui se pose concerne le mode d'existence en nous de ces discours vrais. Dire qu'ils sont nécessaires pour notre avenir, c'est dire que nous devons être en mesure d'avoir recours à eux lorsque le besoin s'en fait sentir. Il faut, lorsqu'un événement imprévu ou un malheur se présente, que nous puissions faire appel, pour nous en protéger, aux discours vrais qui ont rapport à eux. Il faut qu'ils soient, en nous, à notre disposition. Les Grecs ont pour cela une expression courante : *prokheiron ekhein,* que les Latins traduisent : *habere in manu, in promptu habere* – avoir sous la main.

Il faut bien comprendre qu'il s'agit là de bien autre chose que d'un simple souvenir, qu'on rappellerait le cas échéant. Plutarque, par exemple, pour caractériser la présence en nous de ces discours vrais a recours à plusieurs métaphores. Il les compare à un médicament *(pharmakon)* dont nous devons être munis pour parer à toutes les vicissitudes de l'existence (Marc Aurèle les compare à la trousse qu'un chirurgien doit toujours avoir sous la main); Plutarque en parle aussi comme de ces amis dont « les plus sûrs et les meilleurs sont ceux-là dont l'utile présence dans l'adversité nous apporte un secours »; ailleurs il les évoque comme une voix intérieure qui se fait entendre d'elle-même lorsque les passions commencent à s'agiter; il faut qu'ils soient en nous comme « un maître dont la voix suffit à apaiser le grondement des chiens ». On trouve, dans un passage du *De Beneficiis,* une gradation de ce genre, allant de l'instrument dont on dispose à l'automatisme du discours qui en nous parlerait de lui-même; à propos des conseils donnés par Demetrius, Sénèque dit qu'il faut « les tenir à deux mains » *(utraque manu)* sans jamais les lâcher; mais il faut aussi les fixer, les attacher *(adfigere)* à son esprit, jusqu'à en faire une partie de soi-même *(partem sui facere),* et finalement obtenir par une méditation quotidienne que « les pensées salutaires se présentent d'elles-mêmes ».

On a là un mouvement très différent de celui que prescrit Platon quand il demande à l'âme de se retourner sur elle-même pour retrouver sa vraie nature. Ce que Plutarque ou Sénèque suggèrent, c'est au contraire l'absorption d'une vérité donnée par un enseignement, une lecture ou un conseil; et on l'assimile, jusqu'à en faire une partie de soi-même, jusqu'à en faire un principe intérieur, permanent et toujours actif d'action. Dans une pratique comme celle-là, on ne retrouve pas une vérité cachée au fond de soi-même par le mouvement de la réminiscence ; on intériorise des vérités reçues par une appropriation de plus en plus poussée.

3) Se pose alors une série de questions techniques sur les méthodes de cette appropriation. La mémoire y joue évidemment un grand rôle ; non pas cependant sous la forme platonicienne de l'âme qui redécouvre sa nature originaire et sa patrie, mais sous la forme d'exercices progressifs de mémorisation. Je voudrais simplement indiquer quelques points forts dans cette « ascèse » de la vérité :

– importance de l'écoute. Alors que Socrate interrogeait et cherchait à faire dire ce qu'on savait (sans savoir qu'on le savait), le disciple pour les stoïciens, ou les épicuriens (comme dans les sectes pythagoriciennes), doit d'abord se taire et écouter. On trouve chez Plutarque, ou chez Philon d'Alexandrie, toute une réglementation de la bonne écoute (l'attitude physique à prendre, la manière de diriger son attention, la façon de retenir ce qui vient d'être dit) ;

– importance aussi de l'écriture. Il y a eu à cette époque toute une culture de ce qu'on pourrait appeler l'écriture personnelle : prendre des notes sur les lectures, les conversations, les réflexions qu'on entend ou qu'on se fait à soi-même ; tenir des sortes de carnets sur les sujets importants (ce que les Grecs appellent les *hupomnêmata*) et qui doivent être relus de temps en temps pour réactualiser ce qu'ils contiennent ;

– importance également des retours sur soi, mais au sens d'exercices de mémorisation de ce qu'on a appris. C'est le sens précis et technique de l'expression *anachorêsis eis heauton,* telle que Marc Aurèle l'emploie : revenir en soi-même et faire l'examen des « richesses » qu'on y a déposées ; on doit avoir en soi-même une sorte de livre qu'on relit de temps en temps. On recoupe là la pratique des arts de mémoire que F. Yates a étudiés.

On a donc là tout un ensemble de techniques qui ont pour but de lier la vérité et le sujet. Mais il faut bien comprendre : il ne s'agit pas de découvrir une vérité dans le sujet ni de faire de l'âme le lieu où réside, par une parenté d'essence ou par un droit d'origine, la vérité ; il ne s'agit pas non plus de faire de l'âme l'objet d'un discours vrai. Nous sommes encore très loin de ce que serait une herméneutique du sujet. Il s'agit tout au contraire d'armer le sujet d'une vérité qu'il ne connaissait pas et qui ne résidait pas en lui ; il s'agit de faire de cette vérité apprise, mémorisée, progressivement mise en application, un quasi-sujet qui règne souverainement en nous.

*

On peut distinguer parmi les exercices ceux qui s'effectuent en situation réelle et qui constituent pour l'essentiel un entraînement d'endurance et d'abstinence, et ceux qui constituent des entraînements en pensée et par la pensée.

1) Le plus célèbre de ces exercices de pensée était la *praemeditatio malorum,* méditation des maux futurs. C'était aussi l'un des plus discutés. Les épicuriens le rejetaient, disant qu'il était inutile de souffrir par avance de maux qui n'étaient pas encore arrivés et qu'il valait mieux s'exercer à faire revenir dans la pensée le souvenir des plaisirs passés pour mieux se protéger des maux actuels. Les stoïciens stricts – comme Sénèque et Épictète –, mais aussi des hommes comme Plutarque, dont l'attitude à l'égard du stoïcisme est très ambivalente, pratiquent avec beaucoup d'application la *praemeditatio malorum.* Il faut bien comprendre en quoi elle consiste : en apparence, c'est une prévision sombre et pessimiste de l'avenir. En fait, c'est tout autre chose.

– D'abord il ne s'agit pas de se représenter l'avenir tel qu'il a des chances de se produire. Mais, de façon très systématique, d'imaginer le pire qui puisse se produire, même s'il a très peu de chances d'arriver. Sénèque le dit à propos de l'incendie qui avait détruit toute la ville de Lyon : cet exemple doit nous apprendre à considérer le pire comme toujours certain.

– Ensuite il ne faut pas envisager ces choses comme pouvant se produire dans un avenir plus ou moins lointain, mais se les représenter comme déjà actuelles, déjà en train de se réaliser. Imaginons, par exemple, que nous sommes déjà exilés, déjà soumis au supplice.

– Enfin, si on se les représente dans leur actualité, ce n'est pas pour vivre par anticipation les souffrances ou douleurs qu'ils nous causeraient, mais pour nous convaincre que ce ne sont en aucune façon des maux réels et que seule l'opinion que nous en avons nous les fait prendre pour de véritables malheurs.

On le voit : cet exercice ne consiste pas à envisager, pour s'y accoutumer, un avenir possible de maux réels, mais à annuler à la fois et l'avenir et le mal. L'avenir : puisqu'on se le représente comme déjà donné dans une actualité extrême. Le mal : puisqu'on s'exerce à ne plus le considérer comme tel.

2) À l'autre extrémité des exercices, on trouve ceux qui s'effectuent en réalité. Ces exercices avaient une longue tradition derrière eux :

c'étaient les pratiques d'abstinence, de privation ou de résistance physique. Ils pouvaient avoir valeur de purification, ou attester la force « démonique » de celui qui les pratiquait. Mais, dans la culture de soi, ces exercices ont un autre sens : il s'agit d'établir et de tester l'indépendance de l'individu par rapport au monde extérieur.

Deux exemples. L'un dans Plutarque, *Le Démon de Socrate*. L'un des interlocuteurs évoque une pratique, dont il attribue d'ailleurs l'origine aux pythagoriciens. On se livre d'abord à des activités sportives qui ouvrent l'appétit ; puis on se place devant des tables chargées des plats les plus savoureux ; et après les avoir contemplés, on les donne aux serviteurs tandis que soi-même on prend la nourriture simple et frugale d'un pauvre.

Sénèque, dans la lettre 18, raconte que toute la ville est en train de préparer les Saturnales. Il envisage, pour des raisons de convenance, de participer, au moins d'une certaine façon, aux fêtes. Mais sa préparation à lui consistera pendant plusieurs jours à revêtir un vêtement de bure, à dormir sur un grabat et à ne se nourrir que de pain rustique. Ce n'est pas pour mieux se mettre en appétit en vue des fêtes, c'est pour constater à la fois que la pauvreté n'est pas un mal et qu'il est tout à fait capable de la supporter. D'autres passages, chez Sénèque lui-même ou chez Épicure, évoquent l'utilité de ces courtes périodes d'épreuves volontaires. Musonius Rufus, lui aussi, recommande des stages à la campagne : on vit comme les paysans et comme eux, on s'adonne aux travaux agricoles.

3) Entre le pôle de la *meditatio* où on s'exerce en pensée et celui de *l'exercitatio* où on s'entraîne en réalité, il y a toute une série d'autres pratiques possibles destinées à faire l'épreuve de soi-même.

C'est Épictète surtout qui en donne des exemples dans les *Entretiens*. Ils sont intéressants parce qu'on en retrouvera de tout proches dans la spiritualité chrétienne. Il s'agit en particulier de ce qu'on pourrait appeler le « contrôle des représentations ».

Épictète veut qu'on soit dans une attitude de surveillance permanente à l'égard des représentations qui peuvent venir à la pensée. Cette attitude, il l'exprime dans deux métaphores : celle du gardien de nuit qui ne laisse pas entrer n'importe qui dans la ville ou dans la maison ; et celle du changeur ou du vérificateur de monnaie – *l'arguronomos* – qui, lorsqu'on lui présente une pièce, la regarde, la soupèse, vérifie le métal et l'effigie. Le principe qu'il faut être à l'égard de ses propres pensées comme un changeur vigilant se retrouve à peu près dans les mêmes termes chez Evagre le Pontique et chez Cassien. Mais chez ceux-ci, il s'agit de prescrire une attitude herméneutique à l'égard de soi-même :

déchiffrer ce qu'il peut y avoir de concupiscence dans des pensées apparemment innocentes, reconnaître celles qui viennent de Dieu et celles qui viennent du Séducteur. Chez Épictète, il s'agit d'autre chose : il faut savoir si on est ou non atteint ou ému par la chose qui est représentée et quelle raison on a de l'être ou de ne pas l'être.

Dans ce sens, Épictète recommande à ses élèves un exercice de contrôle inspiré des défis sophistiques qui étaient si prisés dans les écoles ; mais au lieu de se lancer l'un à l'autre des questions difficiles à résoudre, on se proposera des types de situations à propos desquelles il faudra réagir : « Le fils d'Un tel est mort. – Réponds : cela ne dépend pas de nous, ce n'est pas un mal. – Le père d'Un tel l'a déshérité. Que t'en semble ? – Cela ne dépend pas de nous, ce n'est pas un mal… – Il s'en est affligé. – Cela dépend de nous, c'est un mal. – Il l'a vaillamment supporté. – Cela dépend de nous, c'est un bien. »

On le voit : ce contrôle des représentations n'a pas pour objectif de déchiffrer sous les apparences une vérité cachée et qui serait celle du sujet lui-même ; il trouve au contraire, dans ces représentations telles qu'elles se présentent, l'occasion de rappeler un certain nombre de principes vrais – concernant la mort, la maladie, la souffrance, la vie politique, etc. – ; et par ce rappel, on peut voir si on est capable de réagir conformément à de tels principes – s'ils sont bien devenus, selon la métaphore de Plutarque, cette voix du maître qui s'élève aussitôt que grondent les passions et qui sait les faire taire.

4) Au sommet de tous ces exercices, on trouve la fameuse *meletê thanatou* – méditation, ou plutôt exercice de la mort. Elle ne consiste pas en effet en un simple rappel, même insistant, qu'on est destiné à mourir. Elle est une manière de rendre la mort actuelle dans la vie. Parmi tous les autres stoïciens, Sénèque s'est beaucoup exercé à cette pratique. Elle tend à faire en sorte qu'on vive chaque jour comme si c'était le dernier.

Pour bien comprendre l'exercice que propose Sénèque, il faut se rappeler les correspondances traditionnellement établies entre les différents cycles du temps : les moments de la journée depuis l'aube au crépuscule sont mis en rapport symbolique avec les saisons de l'année – du printemps à l'hiver ; et ces saisons sont à leur tour mises en relation avec les âges de la vie de l'enfance à la vieillesse. L'exercice de la mort tel qu'il est évoqué dans certaines lettres de Sénèque consiste à vivre la longue durée de la vie comme si elle était aussi courte qu'une journée et à vivre chaque journée comme si la vie tout entière y tenait ; tous les matins, on doit être dans l'enfance de sa vie, mais vivre toute la durée du jour comme si le soir allait être le moment de la mort. « Au moment d'aller dormir », dit-il dans la lettre 12, « disons, avec allégresse, le visage riant : J'ai vécu ». C'est ce même type d'exercice auquel pensait Marc Aurèle quand il écrivait que « la perfection morale comporte qu'on passe chaque journée comme si c'était la dernière » (VII,69). Il voulait même que chaque action soit faite « comme si c'était la dernière » (II,5).

Ce qui fait la valeur particulière de la méditation de la mort, ce n'est pas seulement qu'elle anticipe sur ce que l'opinion représente en général comme le malheur le plus grand, ce n'est pas seulement qu'elle permet de se convaincre que la mort n'est pas un mal ; elle offre la possibilité de jeter, pour ainsi dire par anticipation, un regard rétrospectif sur sa vie. En se considérant soi-même comme sur le point de mourir, on peut juger de chacune des actions qu'on est en train de commettre dans sa valeur propre. La mort, disait Épictète, saisit le laboureur dans son labour, le matelot dans sa navigation : « Et toi, dans quelle occupation veux-tu être saisi ? » Et Sénèque envisage le moment de la mort comme celui où on pourra en quelque sorte se faire juge de soi-même et mesurer le progrès moral qu'on aura accompli jusqu'à son dernier jour. Dans la lettre 26, il écrivait : « Sur le progrès moral que j'aurais pu faire, j'en croirai la mort... J'attends le jour où je me ferai juge de moi-même et connaîtrai si j'ai la vertu sur les lèvres ou dans le cœur. »

FRÉDÉRIC GROS [*]

Situation du cours

* Frédéric Gros, éditeur de cette année de cours, est maître de conférences à l'université de Paris-XII, département de Philosophie. Il est auteur de *Michel Foucault* (Paris, PUF, 1996), *Foucault et la Folie* (Paris, PUF, 1997) et *Création et Folie. Une histoire du jugement psychiatrique* (Paris, PUF, 1997).

1. LE COURS DE 1982 DANS L'ŒUVRE DE FOUCAULT

Le cours que Michel Foucault prononce en 1982 au Collège de France a un statut ambigu, presque paradoxal, qui en fait toute la singularité. L'année précédente (cours de 1980-1981 sur « Subjectivité et Vérité »), Foucault avait établi devant son public les principaux résultats d'une étude sur l'expérience des plaisirs dans l'Antiquité gréco-latine, et plus précisément sur : les régimes médicaux fixant aux actes sexuels une mesure ; la confiscation par le seul couple marié de la jouissance légitime ; la constitution de l'amour hétérosexuel comme seul lieu possible du consentement réciproque et de la vérité calme du plaisir. Toute cette élaboration s'inscrit dans le cadre chronologique privilégié des deux premiers siècles de notre ère, et elle trouvera son inscription définitive dans *Le Souci de soi,* troisième volume de l'*Histoire de la sexualité,* publié en 1984. Or le cours de 1982 prend exactement comme point d'ancrage la même période historique que le cours de l'année précédente, mais avec, comme nouveau cadre théorique, celui des pratiques de soi. Il se présente même comme une version très élargie et amplifiée d'un seul petit chapitre du *Souci de soi* intitulé « La Culture de soi ». Cette étrange situation s'éclaire en suivant l'itinéraire intellectuel de Foucault depuis 1980, et les hésitations éditoriales qui l'ont marqué.

On pourrait commencer par une énigme : Foucault, en 1976, publie *La Volonté de savoir,* premier volume de son *Histoire de la sexualité,* qui est moins un ouvrage d'histoire que l'annonce d'une problématisation nouvelle de la sexualité, l'exposé de ce qui devait servir de cadre méthodologique aux livres suivants, annoncés comme suit : 2. « La Chair et le Corps » ; 3. « La Croisade des enfants » ; 4. « La Femme, la mère et l'hystérique » ; 5. « Les Pervers » ; 6. « Populations et Races ». Aucun de ces livres n'est jamais paru, même si les cours au Collège de France de 1973 à 1976[1] abondaient en développements susceptibles de nourrir ces études. Ces livres, Foucault ne les écrit pas, même s'ils sont prêts, programmés. Suit un silence de huit années, rompu en 1984 par la publication simultanée de *L'Usage des plaisirs* et du *Souci de soi,* dont il corrige encore les épreuves quelques semaines avant sa mort. Tout a changé alors, le cadre historico-culturel et les grilles de lecture de son histoire de la sexualité : ce n'est plus la modernité de l'Occident (du XVIᵉ au XIXᵉ siècle), mais l'Antiquité gréco-romaine ; ce n'est plus une lecture politique en termes de dispositifs de pouvoir, mais une lecture éthique en termes de pratiques de soi. Ce n'est plus une généalogie des systèmes, c'est une problématisation du sujet. Même le style d'écriture s'en trouvera bouleversé : « Je me suis tout à fait départi de ce style [l'écriture flamboyante des *Mots et les Choses* et du *Raymond Roussel*] dans la mesure où j'avais en tête de faire une histoire du sujet[2]. »

Foucault s'exprimera longtemps sur ce revirement et le délai imposé à l'écriture (par ailleurs, il multiplie les entretiens, les conférences, les cours ; s'il ne poursuit pas immédiatement son *Histoire de la sexualité,* il ne met un point d'arrêt ni à son travail ni à ses engagements), invoquant la lassitude et l'ennui de ces livres conçus avant que d'être rédigés[3] : l'écriture, si elle n'est que la réalisation d'un programme théorique, rate sa vocation authentique, qui est d'être le lieu d'une expérience, d'un essai : « Qu'est-ce donc que la philosophie aujourd'hui – je veux dire l'activité philosophique – si elle n'est pas le travail critique de la pensée sur elle-même ? Et si elle ne consiste pas, au lieu de légitimer ce qu'on sait déjà, à entreprendre de savoir comment et jusqu'où il serait possible de penser autrement ?[4] » Il faudrait comprendre alors ce qui, précisément, s'est trouvé transformé de 1976 à 1984. Et c'est là que le cours de 1982 se révèle décisif, se situant au cœur vivant d'une mutation de problématique, d'une révolution conceptuelle. Mais parler de « révolution » est trop rapide sans doute, puisqu'il s'est agi plutôt d'une maturation lente, d'un cheminement sans rupture ni éclat, qui devait porter Foucault jusqu'aux rives du souci de soi.

---

1. « *Il faut défendre la société* ». *Cours au Collège de France, 1976,* éd. s.dir. F. Ewald & A. Fontana, par M. Bertani & A. Fontana, Paris, Gallimard/Seuil, 1997 ; *Les Anormaux. Cours au Collège de France, 1974-1975,* éd. s.dir. F. Ewald & A. Fontana, par V. Marchetti & A. Salomoni, Paris, Gallimard/Seuil, 1999.

2. « Le Retour de la morale » (mai 1984), in *Dits et Écrits, 1954-1988,* éd. par D. Defert & F. Ewald, collab. J. Lagrange, Paris, Gallimard, 1994, 4 vol. ; cf. IV, n° 354, p. 697 (ci-après : *DE,* vol., n° art., p.).

3. *DE,* IV, n° 350 : « Le Souci de la vérité » (mai 1984), p. 668, et n° 357 : « Une esthétique de l'existence » (mai 1984), p. 730.

4. *DE,* IV, n° 338 : « Usage des plaisirs et Techniques de soi » (novembre 1983), p. 543.

Foucault, en 1980, prononce un cours (intitulé « Le Gouvernement des vivants ») consacré aux pratiques chrétiennes d'aveu, introduit par une longue analyse d'*Œdipe-Roi* de Sophocle. Ce cours constitue une première inflexion dans le tracé général de l'œuvre, puisque s'y trouve formulé, pour la première fois de manière clairement articulée et conceptualisée, le projet d'écrire une histoire des « actes de vérité », à entendre comme ces procédures réglées qui nouent un sujet à une vérité, ces actes ritualisés au cours desquels un certain sujet fixe son rapport à une certaine vérité. Cette étude prend alors comme point d'appui les textes des premiers Pères chrétiens, où s'articulent ces rapports : problèmes du baptême, des proclamations de foi, de la catéchèse, de la pénitence, de la direction de conscience, etc. Et il n'est question, dans le cours de 1980, ni de la condamnation des plaisirs, ni de la douloureuse liberté des corps, ni de l'émergence d'une chair[5]. Il y est question d'autre chose : de l'émergence, dans les institutions monastiques (cf. les textes de Cassien étudiés par Foucault), de nouvelles techniques ignorées du christianisme primitif, techniques visant à exiger du sujet, pour la rémission de ses fautes, plusieurs choses : un examen continu de ses représentations afin d'en déloger les présences du Malin ; la verbalisation devant un supérieur des fautes commises, bien sûr ; mais surtout, un aveu exhaustif des mauvaises pensées. Et il s'agissait pour Foucault, dans ce cours de 1980, de montrer comment se met en place, dans certaines communautés monastiques des premiers siècles de notre ère, une obligation de dire vrai sur soi-même, structurée par la thématisation d'un autre (l'Autre, c'est le supérieur à qui l'on avoue tout, mais c'est aussi le Diable qu'il s'agit de débusquer partout dans la doublure de ses pensées) et de la mort (puisqu'il s'agit, par ces exercices, de renoncer définitivement à soi-même). Cette production, par le sujet lui-même, d'un discours où pourrait se donner à lire sa propre vérité, Foucault la pense comme une des formes majeures de notre obéissance. Ces procédures d'aveu et d'examen de soi sont en effet encadrées, dans ces institutions monastiques, par des règles très contraignantes d'obéissance du dirigé au directeur de conscience. Mais il n'est plus seulement attendu du dirigé des signes d'obéissance et des marques de respect ; devant un autre (son supérieur), il devra passer au fil du discours la vérité de son

---

5. Il faut remonter au Cours de 1975 au Collège de France pour trouver une thématisation de la confession chrétienne comme production d'un corps du plaisir coupable, les XIIe et XIIIe siècles étant pris pour cadre de référence (cf. cours des 19 et 26 février 1975, in *Les Anormaux, op. cit.*, p. 155-215).

désir : « Le gouvernement des hommes demande de la part de ceux qui sont dirigés, en plus des actes d'obéissance et de soumission, des "actes de vérité" qui ont ceci de particulier que non seulement le sujet est requis de dire vrai, mais de dire vrai à propos de lui-même[6]. » C'est cela l'aveu pour Foucault : une manière de soumettre l'individu, en requérant de lui une introspection indéfinie et l'énoncé exhaustif d'une vérité sur lui-même (« l'obéissance inconditionnée, l'examen ininterrompu et l'aveu exhaustif forment donc un ensemble[7] »). Dès lors, et pour long-temps, le destin du sujet vrai en Occident sera fixé, et chercher sa vérité intime, ce sera toujours continuer à obéir. Plus généralement, l'objecti-vation du sujet dans un discours vrai ne prend historiquement sens que depuis cette injonction générale, globale, permanente, d'obéir : je ne suis, dans l'Occident moderne, sujet de la vérité qu'au principe et au terme d'un assujettissement à l'Autre. Mais peut-être y a-t-il d'autres manières, pour un sujet, d'être vrai, et Foucault le pressent. Au Collège de France (cours des 12, 19 et 26 mars 1980), étudiant pour les institu-tions monastiques (les textes de Cassien) ces pratiques de direction qui règlent les rapports d'un directeur tyrannique et de son dirigé soumis à lui comme il le serait à Dieu, Foucault leur donne, comme contrepoint, les techniques d'existence dans l'Antiquité tardive, qui rythment les relations entre le sage expérimenté et disert, et l'impétrant à l'écoute, relations temporaires et surtout finalisées par une autonomie à conqué-rir. Et Foucault, en passant, fait de vagues références, ici et là, à des textes qui précisément feront l'objet d'analyses longues et pénétrantes en 1982 : un passage des *Vers d'or* de Pythagore ; le *De Ira* de Sénèque à propos de l'examen de conscience… Ces textes de l'Antiquité invitent à une pratique de soi et de la vérité où se joue la libération du sujet plu-tôt que son enfermement dans une camisole de vérité qui, pour être toute spirituelle, n'en était pas moins totale[8]. Chez Sénèque, Marc Aurèle, Épictète, un tout autre régime de rapports du sujet à la vérité, un tout autre régime de parole et de silence, un tout autre régime de lecture et d'écriture se trouvent à l'œuvre. Le sujet et la vérité ne sont pas noués ici, comme dans le christianisme, de l'extérieur et comme par une prise de pouvoir surplombante, mais depuis un choix irréductible d'existence.

---

6. *DE*, IV, n° 289 : « Du gouvernement des vivants » (1980), p. 125.
7. *Id.*, p. 129.
8. On doit se rappeler cependant que cette comparaison entre les techniques antiques et chrétiennes de direction d'existence et d'examen de conscience avait été esquissée une toute première fois dans le cours du 22 février 1978, dans le cadre de l'analyse de la gouvernementalité pastorale.

Un sujet vrai était donc possible, au sens non plus d'un assujettissement, mais d'une subjectivation.

Le choc ressenti dut être aussi important qu'exaltant, si l'on en juge par ses effets : Foucault y puise l'enthousiasme pour relancer cette *Histoire de la sexualité* dès lors destinée à servir de révélateur à cette dimension nouvelle, ou qui était demeurée jusque-là trop implicite : celle du rapport à soi. Aussi bien, ce qui différencie surtout le paganisme du christianisme, ce n'est pas l'introduction des interdits, mais les formes mêmes de l'expérience sexuelle et du rapport à soi. Il fallait tout reprendre, mais depuis le début, depuis les Grecs surtout, et depuis les Romains. Le cadre chronologique donc, le cadre théorique surtout, s'en trouvent bouleversés. En 1976, la sexualité intéresse Foucault comme marqueur privilégié de ce qu'il décrit par ailleurs comme la grande entreprise de normalisation de l'Occident moderne, où la médecine prend une part essentielle. On le sait, pour le Foucault des années soixante-dix, le pouvoir disciplinaire se taille des individus à sa mesure, épinglant sur eux des identités pré-définies. Du reste, on n'attendait pas moins de Foucault qu'avec son *Histoire de la sexualité* il nous conforte dans la dénonciation des sexualités soumises, réglées au cordeau des normes sociales établies. *La Volonté de savoir* avait laissé bon espoir qu'on apprenne de lui que nos identités sexuelles sont comme formatées par un pouvoir dominant. Prévenir, comme il l'avait fait, que ce pouvoir n'était pas répressif mais productif, qu'il s'agissait moins dans la sexualité d'interdits et de censure que de procédures d'incitations, était une nuance théoriquement non négligeable, mais une nuance au regard de l'essentiel qui était : dès qu'on parle de sexe, c'est le pouvoir qui se trouve en question. Mais rien de cela n'est venu. Ce sont d'autres livres que Foucault fait paraître en 1984. L'étude historique du rapport aux plaisirs dans l'Antiquité classique et tardive ne se construit plus comme la démonstration-dénonciation d'une vaste entreprise de normalisation conduite par l'État et ses suppôts laïcisés, et Foucault soudain déclare : « Ce n'est pas le pouvoir, mais le sujet qui constitue le thème de mes recherches[9] », et encore : « Je ne suis aucunement un théoricien du pouvoir[10]. »

Le ton est donné, même s'il ne faut prendre trop à la lettre ces déclarations ; Foucault n'abandonne pas le politique pour se vouer à l'éthique,

9. *DE*, IV, n° 306 : « Le Sujet et le Pouvoir » (1982), p. 223.
10. *DE*, IV, n° 330 : « Structuralisme et post-structuralisme » (printemps 1983), p. 451.

mais il *complique* l'étude des gouvernementalités par l'exploration du souci de soi. En aucun cas l'éthique ou le sujet ne sont donnés à penser comme l'autre du politique ou du pouvoir. Foucault commence donc son cours de 1981, et celui de 1982 encore, en rappelant que son axe général de recherche est désormais celui du rapport du sujet à la vérité, la sexualité étant un domaine parmi d'autres (il y a aussi : l'écriture, le rapport médical à soi, etc.) de cristallisation de ce rapport. Le sexe n'est plus uniquement alors le révélateur du pouvoir (normalisateur, identificateur, classificateur, réducteur, etc.), mais du sujet dans son rapport à la vérité. C'est ce problème du sujet, et non celui du pouvoir, qui constitue, affirme-t-il bientôt, sa principale préoccupation, et ce depuis plus de vingt ans qu'il écrit : émergence du sujet depuis des pratiques sociales de partage (*Histoire de la folie* et *Surveiller et Punir* – sur la construction du sujet fou et du sujet criminel); émergence du sujet dans des projections théoriques (*Les Mots et les Choses* – sur l'objectivation du sujet parlant, vivant et travaillant dans les sciences du langage, de la vie et des richesses); et enfin, avec l'*Histoire de la sexualité* « nouvelle formule » : émergence du sujet dans les pratiques de soi. Cette fois le sujet s'auto-constitue en s'aidant des techniques de soi, plutôt qu'il n'est constitué par des techniques de domination (Pouvoir) ou des techniques discursives (Savoir). Ces techniques de soi sont ainsi définies : des « procédures comme il en existe sans doute dans toute civilisation, qui sont proposées ou prescrites aux individus pour fixer leur identité, la maintenir ou la transformer en fonction d'un certain nombre de fins, et cela grâce à des rapports de maîtrise de soi sur soi ou de connaissance de soi par soi[11] ». Elles n'étaient pas apparues clairement à Foucault, tant qu'il étudiait la problématisation du sujet dans l'Occident moderne, masquées peut-être, ou subordonnées aux techniques de domination et aux techniques discursives. Tant que Foucault en restait à l'étude des XVIIIe-XIXe siècles, le sujet, comme par une pente naturelle, se trouvait réfléchi comme le produit objectif des systèmes de savoir et de pouvoir, le corrélat aliéné de ces dispositifs de savoir-pouvoir où l'individu allait puiser et épuiser une identité imposée, extérieure, hors de laquelle il n'était point d'autre salut que la folie, le crime ou la littérature. À partir des années quatre-vingt, étudiant les techniques d'existence promues par l'Antiquité grecque et romaine, Foucault laisse paraître une autre figure du sujet, non plus constitué, mais se constituant au travers de pratiques

---

11. *DE*, IV, n° 304 : « Subjectivité et Vérité » (1981), p. 213.

réglées. L'étude de l'Occident moderne lui avait caché longtemps
l'existence de ces techniques, obscurcies qu'elles étaient dans l'archive
par les systèmes de savoir et les dispositifs de pouvoir : « La place très
importante prise à la fin du XVIIIᵉ et au XIXᵉ siècle par la formation des
domaines de savoir concernant la sexualité du point de vue biologique,
médical, psychopathologique, sociologique, ethnologique, le rôle déterminant joué aussi par les *systèmes normatifs* imposés au comportement
sexuel, par l'intermédiaire de l'éducation, de la médecine, de la justice,
rendaient difficile de dégager, dans ce qu'ils ont de particulier, la forme
et les effets du *rapport à soi* dans la constitution de cette expérience [...].
Pour mieux analyser en elles-mêmes les formes du rapport à soi, j'ai été
amené à remonter à travers le temps de plus en plus loin du cadre chronologique que je m'étais fixé[12]. » Cette sexualité qui devait, au départ,
révéler la fixation autoritaire des identités par des domaines de savoir et
des tactiques de pouvoir devient donc, à partir des années quatre-vingt, le
révélateur des techniques d'existence et des pratiques de soi.

Ces dernières années vont être le théâtre d'une tension toujours plus
forte et qu'il faut mesurer, tant s'y joue le statut du cours de 1982.
Foucault se trouve en effet bientôt tiraillé entre, d'une part, le projet
d'écrire une histoire de la sexualité antique, réordonnée à la problématique des techniques de soi, et, d'autre part, la tentation grandissante
d'étudier ces techniques – pour elles-mêmes cette fois, dans leurs dimensions historico-éthiques, et dans des domaines d'effectuation autres
que la sexualité : problèmes de l'écriture et de la lecture, des exercices
corporels et spirituels, de la direction d'existence, du rapport au politique. Mais c'était là écrire deux livres différents : un premier livre sur
l'histoire de la sexualité, et un second sur les techniques de soi dans
l'Antiquité. Or telle est, pendant un temps au moins, sa volonté. On s'en
aperçoit en lisant la première version d'un entretien d'avril 1983 à
Berkeley[13], au cours duquel Foucault détaille ses projets éditoriaux,
faisant état de deux livres très différents. Le premier a pour titre, dit-il,
L'Usage des plaisirs, et aborde le problème de la sexualité comme art
de vivre dans toute l'Antiquité. Il entend montrer « que l'on a en gros
le même code de restrictions et de prohibitions au IVᵉ siècle avant Jésus-
Christ et chez les moralistes ou les médecins du début de l'Empire. Mais

---

12. *DE,* IV, n° 340 : « Préface à l'*Histoire de la sexualité* » (1984), p. 583 ; c'est
nous qui soulignons.
13. *DE,* IV, n° 326 : « À propos de la généalogie de l'éthique » (avril 1983), p. 384-
385.

je pense que la façon dont ils intégraient ces prohibitions dans un rapport à soi est entièrement différente[14] ». Il s'agit donc, dans ce premier volume, de caractériser l'évolution de l'éthique sexuelle des Anciens, en montrant qu'à partir des mêmes points d'inquiétude (les plaisirs du corps, l'adultère et les jeunes garçons[15]), on peut repérer, entre la Grèce classique et la Rome impériale, deux styles d'austérité distincts. On retrouve donc ici, concentré en un seul livre, le contenu de ce qui paraîtra en 1984 sous la forme de deux volumes distincts (un sur la Grèce classique et l'autre sur la Rome impériale). Mais, dans la première organisation, ces deux ouvrages n'en faisaient qu'un, que devait suivre « Les Aveux de la chair » (qui sera en revanche annoncé en 1984 comme le volume IV de l'*Histoire de la sexualité*). Foucault (nous sommes en avril 1983), après avoir annoncé ce premier livre sur la sexualité antique, évoque un ouvrage différent, parallèle, « fait d'une série d'études distinctes et de développements sur tel ou tel aspect des techniques de soi du monde païen de l'Antiquité [...], fait de développements sur l'idée de soi – avec, par exemple, un commentaire de l'*Alcibiade* de Platon où l'on trouve la première réflexion sur cette notion d'*epimeleia heautou* ou "souci de soi-même"; sur le rôle de la lecture et de l'écriture pour se constituer soi-même; peut-être sur le problème de l'expérience médicale de soi, etc.[16] ». Foucault intitule, du reste, cet ouvrage : *Le Souci de soi* (titre qu'il conservera en 1984, mais pour l'étude de l'éthique sexuelle aux deux premiers siècles de notre ère : volume III de l'actuelle *Histoire de la sexualité*). Il demeure que se trouve évoqué, dans cet entretien, un ouvrage entièrement consacré au problème des techniques de soi dans l'Antiquité, et sans référence particulière à la sexualité.

Or la matière de ce livre est ce qui constitue précisément le contenu de « L'Herméneutique du sujet » : un commentaire de l'*Alcibiade*; des études sur l'écriture de soi et la pratique réglée de la lecture, sur l'émer-

---

14. « À propos de la généalogie de l'éthique », *art. cit.,* p. 384.

15. Ce sont les « trois grandes prohibitions » (*id.,* p. 396), les trois points d'inquiétude (l'acte sexuel ne va-t-il pas épuiser le corps; l'adultère ne représente-t-il pas un risque pour l'économie de la maisonnée; l'amour physique des garçons est-il compatible avec une bonne pédagogie?) qui demeurent constants pendant toute l'Antiquité, sinon dans toute l'histoire de l'Occident (cf. aussi « Usage des plaisirs et Techniques de soi », *art. cit.,* p. 548-553). Ce ne sont pas pour Foucault les domaines d'appréhensions sexuelles qui se transforment dans l'histoire de la sexualité, mais la manière dont ils sont réfléchis dans un rapport à soi. Ce qui, historiquement se déplace, ce sont les « bonnes » raisons de ne pas trop accomplir l'acte sexuel, de ne pas trop tromper sa femme, de ne pas trop abuser des jeunes garçons (ça ne se fait pas, c'est signe de faiblesse, c'est interdit par la Loi, etc.).

16. « À propos de la généalogie de l'éthique », p. 385.

gence d'une expérience médicale de soi, etc. C'est dire l'importance de ce cours de 1982 ; il est comme le substitut d'un livre projeté, réfléchi, qui n'a jamais paru, livre consacré tout entier à ces techniques de soi dans lesquelles Foucault trouvait, à la fin de sa vie, le couronnement conceptuel de son œuvre, quelque chose comme son principe d'achèvement. Car, faut-il le rappeler encore, les pratiques de soi (comme l'avaient été en leur temps les dispositifs de pouvoir) ne sont pas présentées par Foucault comme une nouveauté conceptuelle, mais comme le principe d'organisation de toute son œuvre et le fil rouge de ses premiers écrits. Foucault, et c'est le secret de sa démarche, ne procède jamais par juxtaposition thématique, mais suivant une spirale herméneutique : ce qu'il fait émerger comme pensée nouvelle, il le retrouve comme l'impensé de l'œuvre qui précède. Toujours est-il que, encore en avril 1983, il tenait à écrire ce livre qu'il n'avait fait que prononcer de janvier à mars 1982 au Collège de France, et ne voulait surtout pas réduire ces pratiques de soi, ces techniques d'existence, au statut de simple cadre méthodologique et introductif à l'histoire de la sexualité. Sans doute trouvent-elles une place, congrue, dans les volumes II et III aujourd'hui disponibles de l'*Histoire de la sexualité* : un long paragraphe dans le tome II (« Modifications ») et deux chapitres dans le tome III (« La Culture de soi » et « Soi et les autres »). Elles méritaient mieux ; Foucault le savait. Et pourtant, au cours de l'année 1984, qui sera pour lui la dernière, au moment de corriger la version française de ce même entretien d'avril 1983, il élimine et barre tout ce qui était référence à cet ouvrage, auquel il semblait pourtant tenir, et annonce sobrement : *L'Usage des plaisirs* et *Le Souci de soi,* tome II et III de l'*Histoire de la sexualité,* à paraître aux éditions Gallimard. Avait-il renoncé à cet ouvrage ; ne voulait-il mentionner que le travail achevé ; pensait-il que la maladie ne lui laisserait pas le temps de l'écrire ? Ou faut-il encore évoquer cette mystérieuse déception, dont il fait état dans son dernier entretien et sur laquelle il faudra bien revenir : « Toute l'Antiquité me paraît avoir été une "profonde erreur"[17] » ? Nous n'en saurons jamais rien, mais il reste ce cours, comme un double, ou comme un éclaireur, puisque l'image plaît tant à Foucault, de ce livre perdu.

Pas totalement perdu, pourtant. Daniel Defert, pour préparer cette édition, nous a prêté un certain nombre de gros dossiers cartonnés ayant appartenu à Foucault, cinq en tout, dont certains réservaient des

---

17. « Le Retour de la morale », *art. cit.*

surprises. Ces dossiers comprennent eux-mêmes des chemises en papier de couleur, et, à l'intérieur, des pages et des pages, un peu jaunies, recouvertes d'une petite écriture fine, alerte, à l'encre bleu pâle ou noire. Le premier dossier, intitulé « Cours », est le plus important. Il contient le texte même du cours prononcé en 1982 et dont nous avons établi ici la transcription à partir de l'enregistrement communiqué par Jacques Lagrange. Ce manuscrit du cours nous a aidé, ici et là, à restituer des paroles inaudibles ou des blancs dans l'enregistrement. Il nous a aidé à enrichir la transcription, en rendant compte de contenus bien établis dans le texte des leçons, mais que Foucault n'a pas eu le temps de délivrer. C'est de ce dossier que nous parlons quand nous évoquons, en note infrapaginale, le « manuscrit ». Ce texte servait en effet pour Foucault de support à ses leçons. Des passages entiers sont rédigés, notamment les mises au point conceptuelles et théoriques, et ce n'est, le plus souvent, que pour le commentaire des textes anciens lus en cours que Foucault prend un peu de liberté par rapport à son texte. Très peu d'improvisation donc : tout, ou presque, était écrit.

Les quatre dossiers suivants s'intitulent : « Alcibiade, Épictète », « Gouvernement de soi et des autres », « Culture de soi – Brouillon », « Les Autres ». Il s'agit de classements thématiques ; ces dossiers contiennent chacun de multiples chemises, comprenant parfois quelques pages, parfois plus d'une centaine, traitant de points particuliers qui se retrouvent d'un dossier à l'autre. De la lecture de ces centaines de pages, on peut retenir une division principale, valable au détail près. Les dossiers intitulés « Alcibiade, Épictète » et « Gouvernement de soi et des autres » comprennent une série d'études thématiques (« écouter, lire, écrire », « critique », « gouvernement de soi et des autres », « âge, pédagogie, médecine », « retraite », « rapports sociaux », « direction », « combat », etc.). Ces études présentent divers degrés d'élaboration. Elles sont souvent entièrement réécrites. Foucault n'arrêtait pas de les reprendre, et toute réorganisation d'ensemble conduisait à une réécriture de ces études, qui trouvaient une nouvelle place dans une nouvelle architecture. Les deux dossiers que nous venons de mentionner constituent sans doute les principales étapes de l'écriture de cet ouvrage annoncé sur les pratiques de soi. C'est dans ces dossiers qu'on retrouve par exemple l'élaboration du texte « L'Écriture de soi », qui paraîtra dans *Corps écrit* en février 1983, justement mentionné par Foucault comme « partie d'une série d'études sur "les arts de soi-même"[18] ». Les dossiers intitulés

18. *DE*, IV, n° 329 : « L'Écriture de soi » (février 1983), p. 415.

« Culture de soi – Brouillon » et « Les Autres » renferment, quant à eux, les versions successives de deux chapitres du *Souci de soi* publié en 1984, respectivement intitulés : « Culture de soi », « Soi et les autres ». Mais on s'aperçoit vite que Foucault, ici, procède par raréfaction car l'ouvrage édité correspond finalement à une synthèse de textes beaucoup plus approfondis, détaillés et nourris de références.

Ces dossiers comprennent donc des pages entières dont l'écriture est achevée et traitant de points n'ayant reçu à ce jour aucune inscription définitive : ni dans l'*Histoire de la sexualité,* ni dans les *Dits et Écrits,* ni même dans le cours de 1982 ici édité (par exemple sur la notion de retraite, sur le concept de *paideia,* sur l'idée de vieillesse, sur la modalité de participation du soi à la vie publique, etc.). Certes, en trois mois de cours (de janvier à mars 1982), Foucault n'a pas eu le temps de rendre compte de l'ensemble de ses recherches sur les techniques de soi antiques. C'est d'autant plus dommageable que de nombreux passages jettent un éclairage décisif sur l'ensemble de cette dernière œuvre, notamment à propos de l'articulation de l'éthique et de la politique du soi. Ce que Foucault donne à lire dans ces dossiers permet de mieux comprendre le cours de 1982, ainsi que la pertinence de la problématisation, à partir de 1983 au Collège de France, de la *parrhêsia* comme « courage de la vérité » ; problématique qui s'inscrit donc dans le droit fil d'une série d'études inédites sur la politique du soi et ne se laisse bien ressaisir qu'à partir de cette série. On tentera cependant, dans une perspective d'ensemble sur le cours de 1982, de rendre compte, même partiellement, de ces inédits si précieux. Ces dernières années de Foucault, de 1980 à 1984, ont bien été en tout cas le lieu d'une accélération conceptuelle sidérante, d'un foisonnement jaillissant de problématiques. Jamais ce que Deleuze appelle la vitesse de la pensée n'aura été aussi palpable que dans ces centaines de pages, reprises, réécrites, quasiment sans rature.

2. SINGULARITÉ DU COURS DE 1982

Le cours de 1982 au Collège de France comporte, ne serait-ce que formellement, des caractères spécifiques. Foucault, ayant abandonné son séminaire de recherche parallèle au grand Cours, allonge la durée de ses leçons, qui, pour la première fois, s'étendent sur plus de deux heures, séparées par une pause. Dès lors, l'ancienne différence entre un cours magistral et des recherches plus empiriques et précises se trouve par là gommée. Un nouveau style d'enseignement naît ; Foucault expose moins les résultats acquis d'un travail, qu'il ne fait état, pas à pas, et presque en tâtonnant, de la progression d'une recherche. Une grande partie du cours consiste désormais en une lecture patiente de textes choisis et en leur commentaire littéral. Où l'on voit Foucault, pour ainsi dire, « à l'œuvre », dégageant sur le vif des énoncés d'une simple lecture suivie, et tentant de leur trouver aussitôt une systématisation provisoire, parfois bientôt abandonnée. On comprend vite, du reste, qu'il ne s'agit jamais pour lui d'expliquer des textes, mais de les inscrire à l'intérieur d'une vision d'ensemble toujours mouvante. Des cadres généraux guident donc le choix et la lecture des textes, sans que ces derniers soient pour autant instrumentalisés, puisque leur lecture peut conduire à une reconfiguration de l'hypothèse initiale. Il s'ensuit un mouvement incessant de va-et-vient entre des propositions vagues, générales, détachées de toute référence précise (sur le platonisme, la philosophie hellénistique et romaine, la pensée antique) et des examens minutieux de fragments de Musonius Rufus ou de sentences d'Épictète. Le cours prend plus alors l'allure d'un laboratoire vivant que d'un bilan figé. Il y gagne en clarté analytique et la luminosité y est extrême dans le détail. Mais il devient très difficile à ressaisir dans sa globalité, tant les enjeux se trouvent, presque à chaque leçon, déplacés, reformulés, déployés dans d'autres directions.

Dans ce va-et-vient entre les textes originaux et les principes généraux de lecture, Foucault semble court-circuiter la littérature secondaire. Quelques références bien sûr, émergent : A.-J. Festugière, H. Joly, J.-P. Vernant, E.R. Dodds, P. et I. Hadot, M. Gigante, P. Rabbow, J.-M. André… Certes, l'exigence de s'en tenir aux textes mêmes peut conduire de moins prudents à multiplier les truismes ou à méconnaître des évidences critiques. Mais cette faible part accordée à la critique doit être replacée dans son contexte. En effet, la littérature grise sur cette période hellénistique et romaine, qui constitue bien le cadre chronologique de référence du cours de Foucault, est aujourd'hui (en France, en Allemagne, en Italie, et surtout dans le monde anglo-saxon) si massive qu'il semblerait prétentieux et naïf de parler d'Épictète, de Marc Aurèle, Sénèque, Épicure ou Posidonius sans indiquer, ne serait-ce qu'en passant, les principaux résultats critiques. Mais en 1982, cette littérature était encore timide. On ne trouvait guère qu'une approche globale de A.A. Long (*Hellenistic Philosophy,* Londres, 1974). Concernant l'épicurisme dans son ensemble, à peine peut-on citer le huitième congrès organisé par l'Association Guillaume Budé en 1968, les études de

N.W. De Witt (ces deux références sont évoquées par Foucault) et les *Études sur l'épicurisme antique* (éd. J. Bollak & A. Lacks, Lille, 1976). Le stoïcisme était déjà mieux connu et étudié, surtout depuis les textes fondamentaux de E. Bréhier sur *Chrysippe et l'Ancien Stoïcisme* (Paris, 1910, rééd. 1950) et *La Théorie des incorporels dans l'ancien stoïcisme* (Paris, 1908, rééd. 1970), de P. et I. Hadot, ainsi que le livre de V. Goldschmidt sur *Le Système stoïcien et l'Idée de temps* (Paris, 1re éd. 1953). Mentionnons aussi la somme de Max Pohlenz, *Die Stoa* (Göttingen, 1959), plus proche pourtant d'un livre d'édification que de science[19]. Par ailleurs, la publication des actes d'un colloque récent sur *Les Stoïciens et leur logique* (éd. J. Brunschwig, Paris, 1978) avait quelque peu contribué à relancer l'intérêt pour cette période. Le moyen-stoïcisme de Posidonius et Panetius commençait à faire l'objet d'études plus approfondies grâce aux textes réunis par M. Van Straaten (*Panetii Rhodii fragmenta*, Leyde, 1952) et par L. Edelstein & I.G. Kidd (*Posidonius. The Fragments*, Cambridge, 1972)[20]. Toutefois, c'est précisément dans les années 1980, pour ne pas parler de la décennie suivante, que les études sur la philosophie hellénistique et romaine se sont véritablement multipliées et enrichies, avec les références majeures de A.A. Long & D.N. Sedley (*The Hellenistic Philosophers*, Cambridge, 1987, 2 vol.), H. Flashar (édition du volume 4 de *Die Philosophie der Antike : Die hellenistische Philosophie*, Bâle, 1994), R.W. Sharples (*Stoics, Epicureans and Sceptics. An Introduction to Hellenistic Philosophy*, Londres, 1996), J. Annas (*Hellenistic Philosophy of Mind*, Berkeley, 1992 ; *The Morality of Happiness*, Oxford, 1993), M. Nussbaum (*The Therapy of Desire : Theory and Practice in Hellenistic Ethics*, Princeton, 1994), J. Brunschwig (*Études sur les philosophies hellénistiques*, Paris, 1995) et C. Lévy (*Les Philosophies hellénistiques*, Paris, 1997). Et l'on peut aussi mentionner tous les volumes du *Symposium hellenisticum*, lequel se réunit régulièrement depuis les années quatre-vingt. On ne saurait donc faire grief à Foucault de ne pas se référer à une littérature critique qui n'existait pas encore : il fut au contraire pionnier dans ces études.

La composition du cours, nous l'avons déjà signalé, est empirique et non systématique. Foucault procède pas à pas. Pour ces raisons, on ne donnera pas dans cette situation un résumé du cours, mais surtout parce

---

19. Cf. ce qu'en dit Foucault dans son entretien « Politique et Éthique » (avril 1983), in *DE*, IV, n° 341, p. 585.

20. On peut citer encore, pour cette période, M. Laffranque, *Poseidonios d'Apamée*, Paris, PUF, 1964.

que Foucault s'y est lui-même employé, et nous avons ici une chance : le « Résumé du cours au Collège de France » de l'année 1982 correspond très exactement (et ce n'est pas souvent le cas) au cours prononcé cette année-là. Il faut rappeler encore, pour apprécier la réussite de cette synthèse, que Foucault voulait faire de ces leçons sur le soi un livre dont il avait à l'esprit l'articulation précise. Notre effort ici consistera plutôt à tenter de dégager un certain nombre d'« effets » théoriques induits par l'usage systématique de ces notions de « pratiques de soi », « techniques d'existence », « souci de soi ». On voudrait comprendre les enjeux de telles analyses, leur pertinence, et pourquoi, massés dans les salles trop étroites du Collège, les auditeurs avaient la certitude d'assister à autre chose qu'à une présentation de la philosophie ancienne : comment Foucault, parlant d'Épictète et de Sénèque, de Marc Aurèle et d'Épicure, continuait à marquer des jalons pour penser une actualité politique, morale, philosophique ; pourquoi ce cours est bien autre chose qu'une histoire de la philosophie hellénistique et romaine, comme l'*Histoire de la folie* avait été autre chose qu'une histoire de la psychiatrie, *Les Mots et les Choses* autre chose qu'une histoire des sciences humaines, et *Surveiller et Punir* autre chose qu'une histoire de l'institution pénitentiaire. D'ailleurs, le spécialiste des philosophies hellénistique et romaine ne peut qu'être ici surpris, sinon irrité : concernant le stoïcisme, on ne trouvera aucune présentation historico-doctrinale des trois époques de l'école du Portique ; rien sur l'organisation en système de la logique, de la physique et de l'éthique ; presque rien sur le problème des devoirs, des préférables, des indifférents, ni même sur les paradoxes du sage ; à propos de l'épicurisme, Foucault ne parle ni du plaisir ni de la physique des atomes ; quant au scepticisme, il n'est même pas mentionné[21]. Détaillant des structures de subjectivation (la teneur médicale du soin apporté à soi, l'examen de conscience, l'appropriation des discours, la parole du

---

21. C'est Carlos Lévy, au cinquième congrès international de philosophie de Caracas (novembre 1999, actes à paraître) qui a le premier souligné dans son ampleur cette absence. Foucault prend en effet, comme cadre central de sa démonstration historico-philosophique, la période hellénistique et romaine, en la caractérisant comme l'âge d'or de la culture de soi, le moment d'une intensité maximale de pratiques de subjectivation, tout entières ordonnées à l'impératif d'une constitution positive d'un soi souverain et inaliénable, constitution elle-même nourrie par l'appropriation de *logoi* qui sont autant de garanties contre les menaces extérieures et de moyens d'intensification du rapport à soi. Et c'est avec succès que Foucault convoque, pour sa thèse, les textes d'Épicure, de Sénèque, Marc Aurèle, Musonius Rufus, Philon d'Alexandrie, Plutarque,... Aucune mention n'est faite des sceptiques ; rien sur Pyrrhon, rien sur Sextus Empiricus. Or l'école sceptique est bien aussi importante pour la culture antique que l'école stoïcienne ou épicurienne, pour ne rien dire des cyniques. Il est certain que l'étude des sceptiques

directeur, la retraite, etc.), Foucault opère des coupes transversales dans ces philosophies, retrouvant, dans les différentes écoles, des réalisations historiques de ces structures. Mais sa présentation n'est jamais doctrinale. Foucault, en matière de philosophie hellénistique et romaine, n'entend pas œuvrer en historien. Il fait de la généalogie : « généalogie veut dire que je mène l'analyse à partir d'une question présente[22] ».

Il nous faut donc préciser maintenant l'ampleur des enjeux de ce cours. Pour la commodité de l'exposé, on distinguera des enjeux philosophiques, éthiques et politiques.

3. LES ENJEUX PHILOSOPHIQUES DU COURS

On ne reviendra pas ici sur le projet général d'écrire une histoire de la sexualité, histoire sur laquelle se grefferait une « généalogie du sujet moderne[23] ». Qu'il suffise de rappeler que le point de vue des techniques de soi impliquait, à propos de la sexualité, d'une part de ne faire une histoire ni des comportements sexuels effectifs ni des codes moraux, mais une histoire des formes d'expérience[24], d'autre part de ne plus opposer un âge libertaire antique à une époque chrétienne oppressive, dont on pourrait se libérer par l'invocation pieuse des Grecs, mais de retracer plutôt une évolution dans les styles d'austérité : « l'opposition n'est pas entre la tolérance et l'austérité, mais entre une forme d'austérité qui est liée à une esthétique de l'existence et d'autres formes d'austérité qui sont liées à la nécessité de renoncer à soi en déchiffrant sa propre vérité[25] ». Foucault cependant quitte ici le thème de la sexualité comme point d'ancrage privilégié et s'intéresse davantage aux processus de subjectivation, considérés en et pour eux-mêmes. L'opposition entre l'Antiquité et l'âge moderne se monnaie alors autrement, à travers deux

---

aurait apporté des correctifs à la thèse de Foucault, prise dans sa généralité. Ce ne sont pourtant pas les exercices qui manquent chez les sceptiques, ni la réflexion sur les *logoi*, mais ces derniers sont tout entiers voués à une entreprise, précisément, de dé-subjectivation, de dilution du sujet. Ils vont en sens strictement inverse de la démonstration de Foucault (Carlos Lévy n'hésite pas alors, à propos de cet oubli coupable, à parler d'« exclusion »). Ce silence, il est vrai, est un peu retentissant. Sans intervenir dans un débat trop long, on peut rappeler simplement que Foucault se donne lui-même comme... un penseur sceptique ; cf. « Le Retour de la morale », *art. cit.*, p. 706-707.

22. « Le Souci de la vérité », *art. cit.*, p. 674.
23. *DE*, IV, n° 295 : « Sexualité et Solitude » (mai-juin 1981), p. 170.
24. Cf. « À propos de la généalogie de l'éthique », *art. cit.*, p. 393.
25. *Id.*, p. 406.

alternatives conceptuelles, entre philosophie et spiritualité, entre souci de soi et connaissance de soi.

Selon Foucault, la philosophie élabore, depuis Descartes, une figure du sujet comme étant intrinsèquement capable de vérité : le sujet serait *a priori* capable de vérité, et accessoirement seulement un sujet éthique d'actions droites : « Je peux être immoral et connaître la vérité[26]. » C'est-à-dire que l'accès à une vérité n'est pas suspendu, pour le sujet moderne, à l'effet d'un travail intérieur d'ordre éthique (ascèse, purification, etc.). L'Antiquité, au contraire, aurait suspendu l'accès d'un sujet à la vérité à un mouvement de conversion imposant à son être un bouleversement éthique. Dans la spiritualité antique, c'est à partir d'une transformation de son être que le sujet peut prétendre à la vérité, alors que pour la philosophie moderne, c'est en tant qu'il est depuis toujours éclairé par la vérité que le sujet peut prétendre changer sa manière de se conduire. On peut citer, à ce propos, tout un passage (inédit) du manuscrit qui servait à Foucault de support à son cours :

> *Trois questions qui, d'une certaine façon, vont traverser toute la pensée occidentale :*
> *– l'accès à la vérité ;*
> *– la mise en jeu du sujet par lui-même dans le souci qu'il se fait de soi ;*
> *– la connaissance de soi.*
>
> *Avec deux points névralgiques :*
>
> 1. *Peut-on avoir accès à la vérité sans mettre en jeu l'être même du sujet qui y accède ? Peut-on avoir accès à la vérité sans le payer d'un sacrifice, d'une ascèse, d'une transformation, d'une purification qui touchent à l'être même du sujet ? Le sujet peut-il avoir, tel qu'il est, accès à la vérité ? C'est à cette question que Descartes répondra oui ; à elle que Kant répondra aussi de façon d'autant plus affirmative qu'elle sera restrictive : ce qui fait que le sujet tel qu'il est peut connaître, c'est cela qui fait aussi qu'il ne peut se connaître lui-même[27].*
>
> 2. *Le second point névralgique de cette interrogation, c'est celui qui porte sur le rapport entre souci de soi et connaissance de soi. La connaissance de soi peut-elle, en se plaçant sous la législation de la connaissance en général, tenir lieu de souci de soi – écartant ainsi la question de savoir s'il faut mettre en jeu son être de sujet ; ou bien faut-il attendre, de la connaissance de soi, les vertus et expériences qui mettraient en jeu l'être du sujet ; faut-il donner, à cette connaissance de soi, la forme et la force d'une pareille expérience ?*

26. « À propos de la généalogie de l'éthique », *art. cit.*, p. 411.
27. Cette affirmation n'est juste qu'en tant qu'on considère la seule *Critique de la raison pure*. Foucault par la suite dira qu'en écrivant la *Critique de la raison pratique*, Kant à nouveau fait resurgir la primauté d'une constitution du soi éthique (cf. *ibid.*).

La fin de ce texte nous conduit à une nouvelle idée : ce qui structure l'opposition entre le sujet antique et le sujet moderne, c'est un rapport inverse de subordination entre souci de soi et connaissance de soi. Le souci, chez les Anciens, est ordonné à l'idéal d'établir dans le soi un certain rapport de rectitude entre des actions et des pensées : il faut agir correctement, selon des principes vrais, et qu'à la parole de justice corresponde une action juste ; le sage est celui qui rend lisible dans ses actes la droiture de sa philosophie ; s'il entre bien, dans ce souci, une part de connaissance, c'est en tant que j'ai à mesurer mes progrès dans cette constitution d'un soi de l'action éthique correcte. Selon le mode moderne de subjectivation, la constitution de soi comme sujet est fonction d'une tentative indéfinie de connaissance de soi, qui ne s'évertue plus qu'à réduire l'écart entre ce que je suis vraiment et ce que je crois être ; ce que je fais, les actes que j'accomplis n'ont de valeur qu'en tant qu'ils m'aident à mieux me connaître. La thèse de Foucault peut donc se formuler ainsi : au sujet de l'action droite, dans l'Antiquité, s'est substitué, dans l'Occident moderne, le sujet de la connaissance vraie.

Le cours de 1982 engage donc une histoire du sujet lui-même, dans l'historicité de ses constitutions philosophiques. L'ambition est de taille, et il suffit pour en prendre la mesure de lire la version (retrouvée dans le dossier « Gouvernement de soi et des autres ») préparatoire à une conférence que Foucault prononcera à New York en 1981[28] :

> *Pour Heidegger, c'est à partir de la* tekhnê *occidentale que la connaissance de l'objet a scellé l'oubli de l'Être. Retournons la question et demandons-nous à partir de quelles* tekhnai *s'est formé le sujet occidental et se sont ouverts les jeux de vérité et d'erreur, de liberté et de contrainte qui les caractérisent.*

Foucault écrit ce texte en septembre 1980, et nous avons montré plus haut combien cette année était décisive dans son itinéraire intellectuel : c'est celle de la problématisation des techniques de soi comme irréductibles, rappelons-le, aux techniques de production des choses, aux techniques de domination des hommes et aux techniques symboliques. On trouve un prolongement de ce texte dans les tout derniers mots prononcés à la fin du cours de 1982, mais avec des inflexions décisives. Car il ne s'agit plus, cette fois, de contourner Heidegger, mais de resituer Hegel, et il faudrait plusieurs pages pour commenter ces quelques

---

28. « Sexualité et Solitude », *art. cit.*, p. 168-178.

propos que Foucault lance à la fin de l'année de cours comme un ultime défi, ou comme pour montrer l'ampleur conceptuelle des analyses patiemment menées sur les pratiques de soi. Contentons-nous ici de cette schématisation : si Heidegger expose la façon dont la maîtrise de la *tekhnê* donne au monde sa forme d'objectivité, Foucault démontre, lui, comment le souci de soi, et particulièrement les pratiques stoïciennes d'épreuve, font du monde, comme occasion de connaissance et de transformation de soi, le lieu d'émergence d'une subjectivité. Et Hegel, dans la *Phénoménologie de l'Esprit,* tente précisément d'articuler une pensée du monde et du réel comme forme d'objectivité pour la connaissance (Heidegger relisant les Grecs) et matrice de subjectivité pratique (Foucault relisant les Latins). Dans les textes anodins de Plutarque, les sentences de Musonius Rufus, les lettres de Sénèque, Foucault retrouve le tracé du destin de la philosophie occidentale.

Cette première approche demeure prise encore dans l'histoire de la philosophie. Par « enjeu philosophique », il faudrait entendre aussi la problématique du souci de soi et des techniques d'existence engageant une nouvelle pensée de la vérité et du sujet. Une nouvelle pensée du sujet, c'est certain, et Foucault s'en est expliqué à plusieurs reprises. Le texte le plus clair demeure, à cet égard, cette première version inédite de la conférence de 1981. Après avoir constaté les errances d'une phénoménologie du sujet fondateur, incapable de constituer les systèmes signifiants, et les dérives d'un marxisme englué dans un humanisme trouble, Foucault écrit, rendant compte de l'horizon philosophique de l'après-guerre :

> *Il y eut trois chemins pour trouver une issue :*
>
> *– ou bien une théorie de la connaissance objective ; et c'est sans doute du côté de la philosophie analytique et du positivisme qu'il fallait la chercher ;*
>
> *– ou bien une nouvelle analyse des systèmes signifiants ; et c'est là que la linguistique, la sociologie, la psychanalyse, etc., ont donné lieu à ce qu'on appelle le structuralisme ;*
>
> *– ou bien essayer de replacer le sujet dans le domaine historique des pratiques et des processus où il n'a pas cessé de se transformer.*
>
> *C'est sur ce dernier chemin que je me suis engagé. Je dis donc, avec la clarté nécessaire, que je ne suis ni structuraliste et, avec la honte qui convient, que je ne suis pas un philosophe analytique. « Nobody is perfect. » J'ai donc essayé d'explorer ce que pourrait être une généalogie du sujet, tout en sachant bien que les historiens préfèrent l'histoire des objets et que les philosophes préfèrent le sujet qui n'a pas d'histoire. Ce qui n'empêche pas de me sentir une parenté empirique avec ce qu'on appelle les historiens des « mentalités » et une dette théorique à l'égard d'un philosophe comme Nietzsche qui a posé la question de l'historicité du sujet.*

Il s'agissait donc pour moi de se dégager des équivoques d'un humanisme si facile dans la théorie et si redoutable dans la réalité ; il s'agissait aussi de substituer au principe de la transcendance de l'ego la recherche des formes de l'immanence du sujet.

Rarement Foucault aura-t-il exprimé son projet théorique avec autant de concision et de clarté. Mais ce regard rétrospectif est trop beau sans doute, et Foucault lui-même dut cheminer longtemps avant de pouvoir donner cette forme ultime à son travail. Il faut s'en souvenir : pendant longtemps, Foucault ne conçoit le sujet que comme le produit passif des techniques de domination. C'est seulement en 1980 qu'il conçoit l'autonomie relative, l'irréductibilité en tout cas des techniques du soi. Autonomie relative, disons-nous, parce qu'il faut se garder de toute exagération. Foucault ne « découvre » pas en 1980 la liberté native d'un sujet qu'il aurait jusque-là ignoré. On ne saurait soutenir que Foucault aurait, soudain, délaissé les processus sociaux de normalisation et les systèmes aliénants d'identification afin de faire émerger, en sa splendeur virginale, un sujet libre s'auto-créant dans l'éther an-historique d'une auto-constitution pure. Ce qu'il reproche à Sartre, c'est justement d'avoir pensé cette auto-création du sujet authentique, sans enracinement historique[29]. Or, justement, ce qui constitue le sujet dans un rapport à soi déterminé, ce sont des techniques de soi historiquement repérables, lesquelles composent avec des techniques de domination elles aussi historiquement datables. Du reste, l'individu-sujet n'émerge jamais qu'au carrefour d'une technique de domination et d'une technique de soi[30]. Il est le pli des procès de subjectivation sur des procédures d'assujettissement, selon des doublures, au gré de l'histoire, plus ou moins recouvrantes. Ce que Foucault découvre dans le stoïcisme romain, c'est ce moment où l'excès, la concentration du pouvoir impérial, la confiscation des puissances de domination aux mains d'un seul, permettent aux techniques de soi d'être comme isolées, et d'éclater dans leur urgence. Retraçant patiemment l'histoire longue, difficile de ces rapports à soi mouvants, historiquement constitués et en transformation, Foucault entend signifier que le sujet n'est pas noué à sa vérité selon une nécessité transcendantale ou un destin fatidique. Découvrant en septembre 1980 son projet d'une généalogie du sujet, il écrit, toujours dans la première version inédite de sa conférence américaine :

29. Cf. par exemple « À propos de la généalogie de l'éthique », *art. cit.,* p. 392.
30. Dans la première version inédite de la conférence de 1981, Foucault définit précisément la « gouvernementalité » comme « *surface de contact où se nouent la manière de conduire les individus et la manière dont ils se conduisent* ».

> *Je pense qu'il y a là la possibilité de faire une histoire de ce que nous avons*
> *fait et qui soit en même temps une analyse de ce que nous sommes ; une*
> *analyse théorique qui ait un sens politique, – je veux dire une analyse qui ait*
> *un sens pour ce que nous voulons accepter, refuser, changer de nous-mêmes*
> *dans notre actualité. Il s'agit en somme de partir à la recherche d'une autre*
> *philosophie critique : une philosophie qui ne détermine pas les conditions et*
> *les limites d'une connaissance de l'objet mais les conditions et les possibi-*
> *lités indéfinies de transformation du sujet.*

C'est dans l'immanence de l'histoire que les identités se constituent. C'est aussi là qu'elles se dénouent. Car il n'y a de libération que dans et par l'histoire. Mais c'est déjà ici parler de résistance, et nous aurons à y revenir dans le chapitre politique.

Foucault décrit le sujet dans sa détermination historique mais aussi dans sa dimension éthique. Il reprend à propos du sujet ce qu'il avait énoncé concernant le pouvoir, soit : le pouvoir ne doit pas être pensé comme loi, mais comme stratégie, la loi n'étant qu'une possibilité stratégique parmi d'autres. De la même manière, la morale comme obéissance à la Loi n'est qu'une possibilité éthique parmi d'autres ; le sujet moral n'est qu'une réalisation historique du sujet éthique. Ce que Foucault décrit de l'idéal de domination active des autres et de soi dans la philosophie grecque classique, du souci de soi dans la philosophie hellénistique et romaine, ce sont des possibilités éthiques du sujet, de même qu'ultérieurement, dans le christianisme, l'intériorisation de la Loi et des normes. Il s'agit donc de se déprendre du prestige du sujet juridico-moral, structuré par l'obéissance à la Loi, pour en faire apparaître la précarité historique. Ces pratiques de soi, loin d'être considérées par Foucault comme une mode philosophique, sont le fer de lance plutôt d'une idée neuve du sujet, loin des constitutions transcendantales et des fondations morales[31].

Par ailleurs, ce cours de 1982 exprime une nouvelle pensée de la vérité. Plus précisément, il faudrait dire, puisque c'est le terme qui revient le plus souvent : du discours vrai, du *logos*. Ce que Foucault trouve chez Sénèque, Épictète, et qu'il déploie, développe à foison dans le cours de 1982, c'est l'idée qu'un énoncé ne vaut jamais ici pour son contenu théorique propre, que soit en jeu d'ailleurs la théorie du monde ou la théorie du sujet. Il ne s'agit pas, dans ces pratiques d'appropriation de discours vrai, d'apprendre la vérité, ni sur le monde ni sur soi-même,

---

31. En ce sens encore, le soi éthique de l'Antiquité s'oppose au sujet moral de la Modernité. Cf. les déclarations dans ce sens : « Le Retour de la morale », *art. cit.*, p. 706.

mais d'assimiler, au sens presque physiologique du terme, des discours vrais qui soient des adjuvants pour affronter les événements externes et les passions intérieures. C'est le thème, récurrent dans le cours et dans les dossiers, du *logos* comme armure et comme salut. Deux exemples pour illustrer ce point. D'abord, l'analyse de la *paraskeuê* (équipement). On ne fait pas l'acquisition de discours aux fins de se cultiver, mais pour se préparer aux événements. Le savoir requis n'est pas ce qui nous permet de bien nous connaître, mais ce qui nous aide à agir correctement face aux circonstances. Relisons ici ce que Foucault écrit dans le dossier « Culture de soi », à propos de ce savoir compris comme préparation à la vie :

> *Il ne faut donc pas comprendre cet équipement comme le simple cadre théorique, d'où on pourra, le cas échéant, tirer les conséquences pratiques dont on a besoin (même s'il comporte en son fondement des principes théoriques, des* dogmata *comme disent les stoïciens, très généraux) ; il ne faut pas non plus le comprendre comme un simple code, disant ce qu'il faut faire dans tel ou tel cas. La* paraskeuê *est un ensemble où s'énoncent à la fois et dans leur relation indissociable la vérité des connaissances et la rationalité des conduites, plus précisément, ce qui, dans la vérité des connaissances fonde la rationalité des conduites, et ce qui, de cette rationalité, se justifie en termes de propositions vraies.*

Le sujet du souci de soi est fondamentalement un sujet d'action droite plutôt qu'un sujet de connaissances vraies. Le *logos* doit actualiser la rectitude de l'action, plutôt que la perfection de la connaissance. Le second exemple est celui de l'examen de conscience. Quand il est évoqué par Sénèque dans son traité sur la colère, on voit, écrit Foucault dans le même dossier, que « *la question n'est pas de découvrir la vérité de soi-même, mais de savoir de quels principes vrais on est pourvu, jusqu'à quel point on est en mesure d'en disposer lorsque c'est nécessaire* ». Si l'on pratique l'examen de conscience, ce n'est pas pour débusquer des vérités latentes et autres secrets enfouis, mais afin de « *mesurer où on en est de son appropriation de la vérité comme principe de conduite* » (même dossier). On retrouve ici, sans peine, l'opposition implicite entre deux types d'examen de conscience : celui pratiqué dans l'Antiquité et celui inculqué par le christianisme, mettant en œuvre des modes de subjectivation irréductibles : le sujet du souci « *doit devenir sujet de vérité* », mais « *il n'est pas indispensable qu'il dise la vérité sur soi* » (même dossier). Qu'on pense encore aux *hupomnêmata*, ces recueils de citations d'œuvres diverses que l'on se constituait pardevers soi : ces écrits n'étaient pas ainsi consignés dans l'objectif d'y traquer le non-dit mais d'assembler du déjà-dit porteur de sens, afin que le sujet de l'action y puise les éléments nécessaires à sa cohésion interne : « faire de la récollection du *logos* fragmentaire et transmis par l'enseignement, l'écoute ou la lecture, un moyen pour l'établissement d'un rapport de soi à soi aussi adéquat et achevé que possible[32] ».

Ce à quoi s'attache finalement Foucault, c'est à la description d'une vérité qu'il qualifiera, dans le cours, d'éthopoiétique : une vérité telle qu'elle se lise dans la trame des actes accomplis et des postures corporelles, plutôt qu'elle ne se déchiffre dans le secret des consciences ou ne s'élabore dans le cabinet des philosophes professionnels. Comme il l'écrit, cette fois dans le dossier « Gouvernement de soi et des autres », il s'agit de « *transformer le discours vrai en principe permanent et actif* ». Plus loin, il parle de ce « *long processus qui fait du* logos *enseigné, appris, répété, assimilé, la forme spontanée du sujet agissant* ». Il définit ailleurs l'ascèse au sens grec comme une « élaboration des discours reçus et reconnus comme vrais en principes rationnels d'action[33] ». Ces déclarations vont toutes dans le même sens, et Foucault ne cessera de poursuivre plus avant cette quête d'une parole vraie trouvant sa traduction immédiate dans l'action droite et dans un rapport structuré à soi. En 1983 au Collège de France, il étudiera cette fois la *parrhêsia* politique, définie comme parole vraie, mais une parole vraie dans laquelle le locuteur prend le risque de jouer son existence (c'est « le courage de la vérité » des dernières années de cours au Collège de France). Et, en 1984, il parachèvera ce mouvement par l'étude de la radicalité cynique et l'examen des vies de scandale et de provocation de Diogène, d'Antisthène – toutes ces existences qui s'affichent comme une grimace ou un défi grinçant aux discours de vérité. La vérité pour Foucault ne s'expose donc pas dans l'élément calme du discours, comme un écho lointain et juste du réel. Elle est, au sens le plus juste et le plus littéral de l'expression, une *raison de vivre* : un *logos* actualisé dans l'existence, et qui l'anime, l'intensifie, l'éprouve : la *vérifie*.

---

32. « L'Écriture de soi », *art. cit.*, p. 420. Cf. aussi : « Dans ce cas – celui des *hupomnêmata* –, il s'agissait de se constituer soi-même comme sujet d'action rationnelle par l'appropriation, l'unification et la subjectivation, d'un déjà-dit fragmentaire et choisi ; dans le cas de la notation monastique des expériences spirituelles, il s'agira de débusquer de l'intérieur de l'âme les mouvements les plus cachés de manière à pouvoir s'en affranchir » (*id.*, p. 430).

33. *Id.*, p. 418.

4. LES ENJEUX ÉTHIQUES DU COURS

Explorant les enjeux philosophiques du sujet engagé dans des pratiques de soi et des techniques d'existence, nous avons parlé déjà beaucoup d'éthique, et nous voudrions ici faire sentir combien ce cours tente de répondre à ce qu'il est convenu d'appeler aujourd'hui la « crise des valeurs ». Que les valeurs morales aient perdu de leur « aura » et que les repères traditionnels se soient effondrés, Foucault connaissait la litanie autant qu'un autre. Ce serait trop dire qu'il y adhérait sans réserve, et il avait seulement, de son côté, montré comment la moralisation des individus reconduisait la normalisation des masses. Mais d'avoir triomphé de la morale bourgeoise ne nous a pas débarrassés de l'interrogation éthique : « Longtemps certains se sont imaginé que la rigueur des codes sexuels, dans la forme que nous leur connaissions, était indispensable aux sociétés dites "capitalistes". Or, la levée des codes et la dislocation des interdits se sont faites sans doute plus facilement qu'on n'avait cru (ce qui semble bien indiquer que leur raison d'être n'était pas ce qu'on croyait); et le problème d'une éthique comme forme à donner à sa conduite et à sa vie s'est à nouveau posé[34]. » Le problème pourrait donc se poser en ces termes : peut-on, hors de la morale instituée des valeurs éternelles du Bien et du Mal, instaurer une nouvelle éthique? La réponse de Foucault est positive, mais indirecte. C'est ici qu'il faut prendre garde. Car on a fait trop vite de Foucault le chantre de cet individualisme contemporain dont on dénonce les dérives et les limites. On entend dire ici et là que, confronté à l'effondrement des valeurs, Foucault, en en appelant aux Grecs, aurait cédé à la tentation narcissique. Qu'il aurait proposé comme éthique de rechange une « esthétique de l'existence », indiquant à chacun la voie d'un épanouissement personnel au travers d'une stylisation du soi, comme si l'arrêt d'une pensée, figée au « stade esthétique » avec tous ses avatars narcissiques, pouvait donner le change à la perte du sens. À moins qu'on ne déclare que la morale de Foucault tient dans un appel à la transgression systématique, ou dans le culte d'une marginalité entretenue. Ces généralisations sont faciles, abusives, mais surtout erronées, et d'une certaine manière, tout le cours de 1982 est construit à l'encontre de ces critiques qui portent à faux. Foucault n'est ni Baudelaire ni Bataille. On ne trouve dans ses derniers textes ni dandysme de la singularité ni lyrisme de la transgression.

---

34. « Le Souci de la vérité », *art. cit.*, p. 674.

Ce qu'il va penser comme l'éthique du souci de soi hellénistique et romain est bien plus difficile et plus intéressant aussi. C'est une éthique de l'immanence, de la vigilance et de la distance.

Une éthique de l'immanence d'abord, et là nous retrouvons cette « esthétique de l'existence », source de tant de malentendus. Ce que Foucault trouve dans la pensée antique, c'est l'idée d'inscrire un ordre dans sa vie, mais un ordre immanent, qui ne soit pas soutenu par des valeurs transcendantes ou conditionné de l'extérieur par des normes sociales : « La morale des Grecs est centrée sur un problème de choix personnel et d'une esthétique de l'existence. L'idée du *bios* comme matériau d'une œuvre d'art esthétique est quelque chose qui me fascine. L'idée aussi que la morale peut être une très forte structure d'existence sans être liée à un système autoritaire ni juridique en soi, ni à une structure de discipline[35]. » L'élaboration éthique de soi, c'est d'abord ceci : faire de son existence, de ce matériau essentiellement mortel, le lieu de construction d'un ordre qui tienne par sa cohérence interne. Mais de ce mot d'œuvre, il faut retenir ici la dimension artisanale plutôt qu'« artistique ». Cette éthique exige des exercices, des régularités, du travail ; mais sans effet de contrainte anonyme. La formation, ici, ne relève ni d'une loi civile ni d'une prescription religieuse : « Ce gouvernement de soi, avec les techniques qui lui sont propres, prend place "entre" les institutions pédagogiques et les religions de salut[36]. » Ce n'est pas une obligation pour tous, c'est un choix personnel d'existence[37].

Que ce choix personnel ne soit pas un choix solitaire, mais qu'il implique une présence continue de l'Autre, et sous des formes multiples, nous le verrons bientôt. À ce point de l'exposé, faisons état d'une déception majeure, cruelle : « Toute l'Antiquité me paraît avoir été une "profonde erreur"[38]. » Pour comprendre l'étrangeté de ces propos, il faut retrouver le nœud, dans cette éthique gréco-romaine, d'une aporie, au moins le tracé d'une voie sans issue. On dira, en schématisant beaucoup : il y a bien, dans la Grèce classique, la recherche d'une éthique comme style d'existence, et non comme normativité morale, mais en termes d'affirmation d'une supériorité statutaire permise à une élite sociale. Et l'austérité sexuelle n'était alors, pour les classes cultivées et

---

35. « À propos de la généalogie de l'éthique », *art. cit.,* p. 390.
36. « Subjectivité et Vérité », *art. cit.,* p. 215.
37. « Ce travail sur soi avec l'austérité qui l'accompagne n'est pas imposé à l'individu au moyen d'une loi civile ou d'une obligation religieuse, mais c'est un choix que fait l'individu » (« À propos de la généalogie de l'éthique », p. 402).
38. « Le Retour de la morale », *art. cit.,* p. 698.

l'aristocratie en place, qu'une « mode[39] » permettant d'afficher leur snobisme et leurs prétentions. Il y a bien, cette fois dans le stoïcisme romain, une libération de l'éthique par rapport aux conditions sociales (même un esclave peut être vertueux), puisque c'est en tant qu'être raisonnable que l'homme peut prétendre au bien. Mais de s'être ainsi généralisée, l'éthique tend peu à peu à s'imposer comme norme universelle : « Chez les derniers stoïciens, lorsqu'ils se mettent à dire : "vous êtes obligé de faire cela parce que vous êtes un être humain", quelque chose a changé. Ce n'est plus un problème de choix ; vous devez faire cela parce que vous êtes un être rationnel[40]. » Ainsi, quand elle ne se cantonne pas à une caste sociale dont elle n'est que le lustre extérieur et méprisant, l'éthique, dans son application universalisante, se traduit en morale obligatoire pour tous : c'est là « le malheur de la philosophie antique[41] ». Mais ce sont des propos tardifs, dira-t-on. Il demeure que la position de Foucault face au stoïcisme n'est pas toute de fascination. Ici et là, il y devine la préparation, l'anticipation d'une codification de la morale comme obligation tyrannique et normalisatrice : une loi à visée universelle. Quant à l'éthique grecque de la domination active de soi et des autres, Foucault est loin de s'en émerveiller. Elle repose sur les critères de la supériorité sociale, le mépris de l'autre, la non-réciprocité, la dissymétrie : « tout cela est franchement répugnant[42] ». On peut, au moins, trouver là une indication pour comprendre encore pourquoi Foucault s'engagera bientôt dans l'étude de la pensée cynique. C'est comme si, se détournant, d'un côté, de la morale élitiste et méprisante de la Grèce classique, il redoutait, de l'autre, qu'une éthique stoïcienne de la rigueur immanente ne se dégradât inévitablement en morale laïque-et-républicaine, tout aussi contraignante : « La recherche d'une forme de morale qui serait acceptable par tout le monde – en ce sens que tout le monde devrait s'y soumettre – me paraît catastrophique[43]. » Il y a loin d'une morale « laïque » à une authentique (autant dire : nietzschéenne) éthique de l'immanence. Le recours ultime aux cyniques ? C'est comme si, devant les apories d'une éthique de l'excellence ou d'une morale obligatoire pour tous, Foucault finissait par penser qu'il ne puisse au fond y avoir d'éthique légitime que de la provocation et du scandale

---

39. « À propos de la généalogie de l'éthique », *art. cit.*, p. 391.
40. *Id.*, p. 397.
41. « Le Retour de la morale », *art. cit.,* p. 700.
42. « À propos de la généalogie de l'éthique », p. 388.
43. « Le Retour de la morale », p. 706.

politique : elle devient alors, avec le secours grinçant des cyniques, le principe d'inquiétude de la morale, ce qui la dérange (retour à la leçon socratique).

Mais revenons à une version plus glorieuse de l'éthique du souci de soi : « *Ce long travail de soi sur soi, ce labeur dont tous les auteurs disent combien il est long et pénible, ne tend pas à scinder le sujet, mais à le nouer à lui-même, mais à rien d'autre, mais à personne d'autre qu'à lui-même, dans une forme où s'affirment l'inconditionnalité et l'auto-finalité du rapport de soi à soi* » (dossier « Culture de soi »). L'immanence s'établit de soi à soi. Tous les exercices tendent à établir de soi à soi un rapport stable et complet, qu'on peut penser par exemple sous la forme juridico-politique de la propriété pleine et entière de soi. Foucault souligne la non-pertinence du problème de la survie de l'âme dans le stoïcisme romain. Ce qui est visé comme salut s'accomplit sans aucune transcendance : « *Le soi auquel on a rapport n'est rien d'autre que le rapport lui-même [...] c'est en somme l'immanence, ou mieux l'adéquation ontologique du soi au rapport* » (même dossier). La transcendance authentique réside dans l'accomplissement immanent et tendu du soi. Cette immanence se marque encore par la notion d'une conversion à soi *(epistrophê eis heauton, conversio ad se)* prônée par la philosophie hellénistique et romaine, et opposée aussi bien à l'*epistrophê* platonicienne, qui propose le passage à une réalité supérieure par la réminiscence, qu'à la *metanoia* chrétienne, qui instaure une rupture dans le soi de style sacrificiel. La conversion à soi, dans un mouvement de rétroversion, se propose une autre finalité à laquelle la vieillesse permet d'accéder : la plénitude d'un rapport achevé à soi-même. Ce qui est ici visé, attendu, espéré s'appelle la vieillesse : « *Cette vieillesse n'est pas seulement une phase chronologique de la vie : elle est une forme éthique qui se caractérise à la fois par l'indépendance à l'égard de tout ce qui ne dépend pas de nous, et par la plénitude d'un rapport à soi où la souveraineté ne s'exerce pas comme un combat mais comme une jouissance* » (dossier « Gouvernement de soi et des autres »). On trouve dans ce dossier « Gouvernement de soi et des autres » de longues et belles pages sur la vieillesse, inspirées de Cicéron, Sénèque, Démocrite. Elle y apparaît comme une phase d'accomplissement éthique vers laquelle tendre : au crépuscule de la vie, le rapport à soi doit monter à son zénith.

À de nombreuses reprises, Foucault, caractérisant l'éthique du souci de soi, évoque la volupté conquise du rapport à soi. Mais le souci de soi n'a jamais désigné une auto-contemplation satisfaite et jouissive. C'est ainsi qu'à propos de certaines formes d'introspection dont il voyait le développement sur la côte Ouest des États-Unis (recherche d'une voie personnelle, quête et épanouissement d'un moi authentique, etc.), Foucault déclare : « Non seulement, je n'identifie pas la culture antique de soi à ce qu'on pourrait appeler le culte de soi californien, mais je pense qu'ils sont diamétralement opposés[44]. » Le souci de soi désigne en effet, plutôt qu'une quête narcissique, fascinée et ravie d'une vérité perdue du moi, une tension vigilante d'un soi qui veille surtout à ne pas perdre le contrôle de ses représentations, à ne se laisser envahir ni par les peines ni par les plaisirs. Foucault dans le dossier « Culture de soi » parle même d'une *« pure possession et jouissance de soi-même, qui tend à éliminer toute autre forme de plaisir »*. En fait, l'attention extrême à ne pas ressentir de plaisir s'accompagne d'une introspection vigilante. Ce qui guette le souci de soi, ce n'est pas la jouissance narcissique, c'est l'hypocondrie maladive. Il faut comprendre, en effet, que cette nouvelle vigilance à l'époque hellénistique et romaine, prend comme domaine d'application, non pas d'un côté ce corps dont il faudrait dompter la vigueur nativement rebelle par la gymnastique, et de l'autre cette âme dont il faut éveiller le courage par la musique (éducation platonicienne), mais les interférences du corps et de l'âme échangeant leurs mollesses et leurs vices :

> *C'est que le point auquel on prête attention dans ces pratiques de soi est celui où les maux du corps et de l'âme peuvent communiquer entre eux et échanger leurs malaises ; c'est celui où les mauvaises habitudes de l'âme peuvent entraîner des misères physiques, tandis que les excès du corps manifestent et entretiennent les défauts de l'âme ; l'inquiétude porte surtout sur le point de passage des agitations et des troubles, en tenant compte du fait qu'il convient de corriger l'âme si on veut que le corps ne l'emporte pas sur elle et rectifier le corps si on veut qu'elle garde l'entière maîtrise sur elle-même. C'est à ce point de contact, comme point de faiblesse de l'individu, que s'adresse l'attention qu'on tourne vers les maux, malaises et souffrances physiques. Le corps dont l'adulte a à s'occuper, quand il se soucie de lui-même, n'est plus le corps jeune qu'il s'agissait de former par la gymnastique ; c'est un corps fragile, menacé, miné de petites misères et qui en retour menace l'âme moins par ses exigences trop vigoureuses que par ses propres faiblesses[45].*

S'appuyant sur certaines lettres de Sénèque et sur les *Discours sacrés* d'Ælius Aristide, Foucault n'a pas de peine à montrer qu'à ce nouvel objet (la couture fragile de l'âme et du corps) correspond un

---

44. « À propos de la généalogie de l'éthique », *art. cit.*, p. 403.
45. Dossier « Les Autres ».

nouveau style d'inspection, sur le modèle et selon la dynamique de la relation médicale binaire : « *Cette thématique médico-philosophique qui est si largement développée porte avec elle le schéma d'une relation à soi où on a à se constituer en permanence comme le médecin et le malade de soi-même* » (dossier « Soi et les autres »). Ce qui intéresse surtout Foucault ici, c'est d'établir des continuités, de montrer comment se noue une expérience dans laquelle le sujet, pour se maîtriser, n'a plus à reconduire dans le rapport à soi des schémas sociaux de domination (se dominer comme on domine sa femme ou ses esclaves), mais doit cette fois mettre en œuvre une vigilance soupçonneuse de ses propres affects :

> La stricte agonistique qui caractérise l'éthique ancienne ne disparaît pas, mais la forme du combat, les instruments de victoire et les formes de la domination sont modifiés. Être plus fort que soi implique qu'on soit et qu'on demeure aux aguets, qu'on se méfie sans cesse de soi-même, et que ce soit non seulement dans le cours de la vie quotidienne, mais dans le flux même des représentations qu'on fasse jouer le contrôle et la maîtrise[46].

Et l'on comprend dès lors le titre même du cours de 1982 : « L'Herméneutique du sujet ». Car il s'agit bien de montrer comment les pratiques de soi de la période hellénistique et romaine forment l'expérience d'un sujet qui par une « *lecture détaillée parcourt l'existence au fil de ses péripéties ténues* » (dossier « Soi et les autres »). Le soi soupçonneux, traquant ses propres émois, renforce le thème du combat contre soi, met en avant la radicale faiblesse du sujet, et associe de plus en plus fortement le plaisir et le mal. Autant dire que le stoïcisme, lentement, fait le lit du christianisme : « Si j'ai entrepris une si longue étude, c'est bien pour essayer de dégager comment ce que nous appelons la morale chrétienne était incrusté dans la morale européenne, non pas depuis les débuts du monde chrétien, mais depuis la morale ancienne[47]. » On oscille donc perpétuellement chez le dernier Foucault, et particulièrement à propos du stoïcisme, entre le tracé net des ruptures et l'insistance sur les continuités. Mais après tout, Foucault se souvient de Nietzsche : la vérité historique est toujours question de perspective.

Dernier élément de cette éthique, et le plus décisif : la distance. C'est ici que les malentendus risquent d'être les plus nombreux, et que les dossiers préparatoires nous sont le plus précieux, étayant le cours et en révélant la direction générale. Le souci de soi hellénistique et romain

---

46. Dossier « Culture de soi ».
47. « Le Retour de la morale », *art. cit.*, p. 706.

n'est pas un exercice de la solitude. Il est fondamentalement donné à penser par Foucault comme une pratique sociale, s'inscrivant dans des cadres institutionnels plus ou moins serrés (l'école d'Épictète ou les groupes épicuriens décrits par Philodème), se tissant sur fond de clan ou de famille (relations de Sénèque avec Serenus ou Lucilius), se tramant sur des relations sociales préexistantes (les interlocuteurs de Plutarque), s'élaborant sur fond politique, à la cour de l'Empereur, etc. Le souci de soi va jusqu'à impliquer l'Autre en son principe, puisqu'on ne peut être amené à soi-même qu'en désapprenant ce qu'une éducation trompeuse nous a inculqué. « *Arracher jusqu'à sa propre enfance est une tâche de la pratique de soi* », écrit Foucault (dossier « Gouvernement de soi et des autres »). Ici les chemises « âge, pédagogie, médecine » de ce dossier « Gouvernement de soi et des autres » et « critique » du dossier « Alcibiade, Épictète » sont explicites : se soucier de soi ne suppose pas le retour à une origine perdue, mais l'émergence d'une « nature » propre, bien qu'elle ne nous soit pas primitivement donnée. D'où la nécessité d'un maître :

> *L'instruction s'impose sur fond d'erreurs, de déformations, de mauvaises habitudes, de dépendances qui se sont chosifiées depuis le commencement de la vie. De sorte qu'il ne s'agit même pas de revenir à un état de jeunesse ou à un stade d'enfance, où l'être humain aurait été encore ; mais de se référer plutôt à une « nature » […] qui n'a jamais eu l'occasion de se manifester dans une vie aussitôt prise par un système d'éducation et de croyances défectueuses. La pratique de soi a pour objectif de libérer le soi, en le faisant coïncider avec une nature qui n'a jamais eu l'occasion de se manifester en lui*[48].

Le souci de soi est donc traversé par la présence de l'Autre : l'autre comme directeur d'existence, l'autre comme correspondant à qui l'on écrit et devant qui l'on se mesure à soi, l'autre comme ami secourable, parent bienveillant,… Il n'est pas, écrit Foucault, « *une exigence de la solitude, mais une véritable pratique sociale* », un « *intensificateur des relations sociales* » (dossier « Gouvernement de soi et des autres »). Autant dire que le souci de soi ne nous sépare pas du monde, ni ne constitue un point d'arrêt à nos activités. Ce qu'on appelle par exemple la « retraite » *(anakhôrêsis)* ne consiste pas pour le sage à se retirer du monde des hommes pour s'établir dans une solitude souveraine. Foucault opère même une série de distinctions entre la retraite d'accomplissement

---

48. Dossier « Gouvernement de soi et des autres ».

(conversion à soi au sommet de sa vie), le repli stratégique (on se dégage des obligations de la vie civique pour ne plus s'occuper que de ses propres affaires), la rupture critique (consistant dans le refus réfléchi de certaines conventions), le stage provisoire et salutaire (permettant de faire la revue de soi-même[49]). La retraite n'est surtout pas synonyme d'une rupture franche et fracassante d'activités. Les stoïciens le disent : il y a beaucoup de morgue dans ces actions d'éclat par lesquelles de présumés sages affichent publiquement leur solitude et étalent aux yeux de tous leur retrait hors du monde. L'authentique retraite, exigée par le souci de soi, consiste à prendre du recul par rapport aux activités dans lesquelles on est engagé tout en les poursuivant, en sorte de maintenir entre soi et ses actions la distance constitutive de l'état de vigilance nécessaire. Le souci de soi a pour fin, non pas de retrancher le soi du monde, mais de se préparer, en vue des événements du monde, en tant que sujet rationnel d'action :

> *Quels que soient ces exercices, une chose mérite d'être remarquée, c'est qu'ils sont tous pratiqués en référence à des situations que le sujet aussi pourra avoir à affronter : c'est donc l'individu comme sujet d'action, d'action rationnellement et moralement recevable, qu'il s'agit de constituer. Le fait que tout cet art de la vie soit centré autour de la question du rapport à soi ne doit pas faire illusion : le thème de la conversion à soi ne doit pas être interprété comme une désertion du domaine de l'activité, mais plutôt comme la recherche de ce qui permet de maintenir le rapport de soi à soi comme principe, règle des rapports aux choses, aux événements et au monde[50].*

Le souci de soi n'est donc pas une invite à l'inaction, mais tout le contraire : ce qui nous incite à bien agir, ce qui nous constitue comme le sujet vrai de nos actes. Plutôt que de nous isoler du monde, il est ce qui nous permet de nous y situer correctement :

> *En portant son attention sur soi, il ne s'agissait pas, on l'a vu, de s'abstenir du monde et de constituer soi-même comme un absolu. Mais plutôt de mesurer au plus juste la place qu'on occupe dans le monde et le système de nécessités dans lequel on est inséré[51].*

Le souci de soi apparaît donc comme le principe constitutif de nos actions, et par là même comme un principe limitatif puisque « *dans*

---

49. Chemises « retraite » et « conversion/retraite » dans le dossier « Gouvernement de soi et des autres ».
50. Dossier « Gouvernement de soi et des autres ».
51. Dossier « Les Autres ».

ses formes dominantes et les plus répandues, la pratique de soi avait
surtout pour fonction de définir au plus juste les degrés, les modalités,
la durée, les circonstances de l'activité qu'on était amené à consacrer
aux autres » (dossier « Gouvernement de soi et des autres »). Le souci
de soi, loin de générer l'inactivité, nous fait agir comme il faut, où et
quand il faut. Loin de nous isoler de la communauté humaine, il apparaît
au contraire comme ce qui nous articule le plus exactement à elle
puisque « *le rapport privilégié, fondamental à lui-même, doit lui per-*
mettre [au sujet] de se découvrir comme membre d'une communauté
humaine, qui, des liens les plus étroits du sang, s'étend jusqu'à l'espèce
tout entière » (même dossier). Le sujet, découvert dans le souci, est tout
le contraire d'un individu isolé : il est un citoyen du monde. Le souci de
soi est donc un principe régulateur de l'activité, de notre rapport au
monde et aux autres. Il constitue l'activité, lui donne sa mesure et sa
forme, et même l'intensifie. La retraite, pour reprendre cet exemple,
était « *une pratique, un exercice qui s'intégrait au jeu des autres activi-*
tés, permettant justement de s'y appliquer comme il faut » (même dossier). En conclusion, « *il faut donc concevoir la culture de soi moins*
comme un choix opposé à l'activité politique, civique, économique, fami-
liale, que comme une manière de maintenir cette activité dans les limites
et les formes considérées comme convenables » (dossier « Les Autres »).

5. LES ENJEUX POLITIQUES DU COURS

Le souci de soi crée donc une distance à l'action qui, loin de l'annuler, la régule. Mais il s'agit en même temps pour Foucault de souligner
que cette culture de soi impose le primat du rapport à soi sur toute autre
relation. Il y a ici plus que de la régulation : l'affirmation d'une indépendance irréductible. Par exemple, à propos des exercices d'abstinence
chez les stoïciens ou les épicuriens, Foucault montre bien qu'il ne s'agit
pas de se priver systématiquement des richesses – ce n'est pas le renoncement chrétien – mais de s'assurer que, si elles nous manquent un jour,
nous n'en serons pas troublés. Il ne s'agit donc pas de se dépouiller de
tout bien matériel, mais d'en jouir dans un détachement suffisant pour
ne pas se sentir dépossédé par leur privation. Car la seule possession
authentique est la propriété du soi par soi, et la propriété des choses
n'en est qu'une faible réplique. Il faut se rendre capable d'accepter
les privations comme nécessairement, essentiellement secondaires. Il
faut apprendre encore à supporter la richesse comme on supporte la

pauvreté. Or, c'est de la même manière qu'il faut penser le gouvernement politique des autres, et Foucault d'exposer alors le principe d'une nouvelle gouvernementalité, gouvernementalité de la distance éthique :

> *Il s'agit d'abord d'une limite « quantitative » dans le travail : ne pas se laisser occuper entièrement par ses activités, ne pas identifier sa vie à sa fonction, ne pas se prendre pour César, mais bien savoir qu'on est le titulaire d'une mission précise et provisoire [...]. Il s'agit surtout – et c'est là une inversion radicale du processus de l'identification statutaire – de ne pas chercher à établir ce qu'on est à partir du système des droits, des obligations qui différencient et situent par rapport aux autres, mais de s'interroger sur ce qu'on est pour en inférer ce qu'il convient de faire, en général ou dans telle ou telle circonstance, mais finalement selon les fonctions qu'on a à exercer. « Considère ce que tu es », c'est le conseil que donne Épictète non pour détourner de la vie active, mais pour donner une règle de conduite à quelqu'un qui est un habitant du monde et un citoyen de sa ville. C'est la définition de son rôle qui lui fixera alors la mesure de ce qu'il a à faire : « Si tu es conseiller dans quelque cité, rappelle-toi que tu es vieux ; si tu es père, rappelle-toi que tu es père. » Le rapport à soi ne détache pas l'individu de toute forme d'activité dans l'ordre de la cité, de la famille ou de l'amitié ; il ouvre plutôt, comme disait Sénèque, un* intervallum *entre ces activités qu'il exerce et ce qui le constitue comme sujet de ces activités ; cette « distance éthique », c'est ce qui lui permet de ne pas se sentir privé de ce que les circonstances lui retireraient ; c'est ce qui lui permet aussi de ne rien faire de plus que ce qui est contenu dans la définition de la fonction.*
>
> *En posant le principe de la conversion à soi-même, la culture de soi élabore une éthique qui est et demeure toujours une éthique de la domination, de la maîtrise et de la supériorité de soi sur soi. Cependant, par rapport à cette structure générale, elle introduit un certain nombre de modulations importantes.*
>
> *Elle définit d'abord le rapport de pouvoir sur soi indépendamment de toute corrélation statutaire et de tout exercice de pouvoir sur les autres. Elle l'isole du champ des autres relations de pouvoir ; elle ne lui donne d'autre appui ni d'autre finalité que la souveraineté à exercer sur soi.*
>
> *On a vu aussi que cette éthique de la victoire sur soi-même se double du principe qui rend beaucoup plus complexe le rapport à soi ; l'honneur, la vénération et le culte qu'on se doit à soi-même sont l'autre face de la domination qu'on exerce. L'objectif à atteindre est donc celui d'un rapport à soi qui est à la fois de souveraineté et de respect, de maîtrise sur soi et de pudeur à l'égard de soi, de victoire affirmée sur soi et par soi, et de craintes éprouvées par soi et devant soi.*
>
> *Dans cette figure réversible des rapports à soi, on peut voir le principe d'une austérité qui est non seulement plus intense mais bien davantage intériorisée parce qu'elle concerne, en deçà des actes, la présence permanente de soi à soi dans la pensée. Cependant ce principe d'austérité intérieure est compensé, dans cette éthique de la conversion à soi, par la légitimité*

reconnue aux actes qui sont impliqués par la définition d'un rôle social, politique ou familial, actes qui sont accomplis dans la distance assurée par le caractère fondamental (à la fois premier, permanent et dernier) du rapport à soi[52].

Ce texte résume l'éthique politique du soi, du moins telle que Foucault la retrouve problématisée dans la philosophie romaine. Le problème est bien celui de la participation à la vie publique et politique. Il ne s'agit pas, par le primat affirmé du souci de soi, de se refuser aux charges publiques mais bien de les accepter, tout en donnant à cette acceptation une forme définie. Ce qu'on assume, dans une charge politique ou un emploi public, ce n'est pas une identité sociale. Je remplis provisoirement un rôle, une fonction de commandement, tout en sachant que la seule chose que je dois et peux vraiment commander, c'est moi-même. Et si on me prive du commandement des autres, on ne me privera pas de ce commandement sur moi-même. Ce détachement permet donc de remplir une fonction, sans en faire jamais son affaire propre, en n'accomplissant que ce qui est inscrit dans sa définition (devoirs objectifs du chef, du citoyen, du père de famille, etc.) et en distribuant ces rôles sociaux, et leur contenu, depuis un rapport à soi constituant[53]. Alors que l'aristocrate athénien, en acceptant de prendre l'ascendant sur les autres, s'identifiait à un statut qui lui revenait de plein droit et le définissait tout entier, le sage stoïcien accepte les fonctions que lui octroie l'Empereur comme un rôle qu'il remplit le mieux qu'il peut, mais depuis l'irréductible réserve d'un rapport à soi inaliénable : « *statut personnel et fonction publique, sans être détachés l'un de l'autre, ne coïncident plus de plein droit* » (même dossier). Le souci de soi limite alors l'ambition et l'absorption du soi dans des tâches extérieures :

1. *la culture de soi offre à l'homme actif une règle de limitation quantitative (ne pas laisser les tâches politiques, les soins d'argent, les obligations diverses envahir l'existence au point qu'on soit exposé à s'oublier soi-même) ;*

52. Dossier « Gouvernement de soi et des autres ».
53. Cf. même dossier : « *Dans ce contexte, la pratique de soi a certainement joué un rôle : non pas celui d'offrir, dans la vie privée et l'expérience subjective, un substitut à l'activité politique désormais impossible ; mais celui d'élaborer un "art de vivre", une pratique d'existence, à partir de la seule relation dont on est maître et qui est le rapport à soi. Celui-ci devient le fondement d'un ethos qui n'est pas l'autre choix par rapport à l'activité politique et civique ; il offre au contraire la possibilité de se définir soi-même en dehors de sa fonction, rôle et prérogatives, et par là même de pouvoir les exercer de façon adéquate et rationnelle.* »

> 2. *la primauté du rapport à soi permet aussi d'établir l'indépendance du sujet dans toutes ces autres relations dont elle a contribué à limiter l'extension*[54].

Le sujet éthique ne coïncide donc jamais parfaitement avec son rôle. Cette distance est rendue possible d'abord parce que la souveraineté à exercer sur soi est la seule que l'on puisse et doive préserver. Elle définit même la seule réalité tangible du pouvoir. Ici, c'est un renversement par rapport à l'*êthos* de la Grèce classique. Il ne s'agit pas de se gouverner soi comme on gouverne les autres, en allant chercher des modèles dans le commandement militaire ou la domination des esclaves, mais, quand il m'est donné de gouverner les autres, je ne peux le faire que sur le modèle d'un premier gouvernement, seul décisif, essentiel et effectif : le gouvernement de moi-même. Il ne faut pas croire que, par le souci de soi, Foucault cherchait la formule brillante et colorée d'un désengagement politique. Il cherchait au contraire à formuler, par l'étude du stoïcisme impérial surtout, les principes d'une articulation de l'éthique au politique[55].

Dernier élément à retenir de la longue citation donnée précédemment : ce que Foucault écrit quant au culte qu'on doit rendre à soi-même. L'austérité du souci de soi se trouve en effet largement nourrie par ces craintes et ces tremblements qui doivent saisir le soi devant lui-même. On trouve dans le dossier « Gouvernement de soi et des autres » une chemise intitulée « religion » dans laquelle Foucault examine cette notion, présente chez Marc Aurèle surtout, du *daimôn,* à comprendre comme cette divinité intérieure qui nous guide et que l'on doit vénérer, respecter, ce fragment de divinité en nous qui constitue un soi devant lequel on doit rendre des comptes : « *Le* daimôn, *même s'il est substantiellement divin, est un sujet dans le sujet, il est en nous comme un autre auquel nous devons un culte.* » On ne saurait rendre compte en deux phrases de ces longs développements. Retenons ici que l'intérêt de ce partage interne, au moins tel que Foucault le conçoit, tient en ce qu'il paraît difficilement traduisible dans les termes d'une intériorisation du

---

54. Dossier « Gouvernement de soi et des autres ».

55. On doit cependant absolument se souvenir que dans *L'Usage des plaisirs* (Paris, Gallimard, 1984), à propos de la Grèce classique, la dimension éthique intervenait de manière autre pour border le politique. Il s'agissait alors de montrer, en ce qui concerne l'amour des garçons, comment la domination s'arrête et se limite, comment la force s'impose des devoirs et reconnaît à l'autre des droits : l'éthique était comme le pli du politique (Deleuze dans son *Foucault* (Paris, Minuit, 1986) parlera même à propos de ce pli des forces, de l'émergence du sujet). Il faut retenir de ceci que Foucault pense toujours l'éthique à l'intérieur du politique.

regard de l'autre, comme un réflexe culturel (les leçons de la psychanalyse) nous inviterait spontanément à le penser. La dimension éthique
n'est donc pas l'effet d'une intériorisation du regard de l'autre. Il faudrait plutôt dire que le *daimôn* est comme la figure mythique d'une
césure première, irréductible : celle du soi à soi. Et l'Autre prend place à
l'intérieur de ce rapport, parce qu'il y a d'abord ce rapport. C'est l'Autre
qui est une projection du Soi, et s'il faut trembler vraiment, c'est devant
Soi plutôt que devant cet Autre qui n'en est que l'emblème.

En explicitant cette « gouvernementalité de la distance éthique »
comme nous l'avons nommée, c'était donc bien de politique qu'il s'agissait. En général, déclare Foucault, « *dans l'attitude stoïcienne courante,
la culture de soi, loin d'être éprouvée comme la grande alternative à
l'activité politique, en était plutôt un élément régulateur* » (même dossier). Mais nous voudrions poser pour finir un problème différent : soit
la manière dont Foucault pensait que cette thématisation du souci de
soi, des pratiques de soi et des techniques d'existence pouvait influencer
et nourrir les luttes actuelles.

La situation des recherches de Foucault à la fin des années soixante-
dix peut se décliner ainsi : l'État, dont il a retracé, de 1976 à 1979, la
généalogie pour nos sociétés modernes, se présente comme simultanément totalisant et individualisant. L'État moderne, qui combine les
structures d'une gouvernementalité pastorale avec celles de la raison
d'État, apparaît comme ce qui à la fois encadre les populations et identifie les individus. La « police » se retrouve au carrefour de ce double
contrôle. L'État-providence est donné à penser comme le prolongement
ultime de cette double logique séculaire, concernant la prospérité et la
quantité des populations, la santé et la longévité des individus. Cette
vocation double de l'État conduit à des luttes vaines, et initialement
déviées. Opposer à l'État « l'individu et ses intérêts est tout aussi hasar-
deux que lui opposer la communauté et ses exigences[56] », puisqu'il
s'agit, ici et là, de ce que l'État produit, régule, domine. La résistance
semble introuvable, et ne tient plus que dans la production de micro-
savoirs historiques, instruments de lutte fragiles et hautement réservés à
une élite intellectuelle.

On pourrait distinguer, encore avec Foucault, trois formes de luttes :
luttes contre les dominations (politiques) ; luttes contre les exploitations

---

56. *DE*, IV, n° 291 : « *"Omnes et singulatim"* : vers une critique de la raison politique » (octobre 1979), p. 161.

(économiques) ; luttes contre les assujettissements (éthiques)[57]. Le
XXᵉ siècle aura été marqué par les dernières, que l'on peut ainsi caractériser : « Le principal objectif de ces luttes n'est pas tant de s'attaquer à
telle ou telle institution de pouvoir, ou groupe, ou classe, ou élite, qu'à
une technique particulière, une forme de pouvoir. Cette forme de pouvoir s'exerce sur la vie quotidienne immédiate, qui classe les individus
en catégories, les désigne par leur individualité propre, les attache à leur
identité, leur impose une loi de vérité qu'il faut reconnaître en eux. C'est
cette forme de pouvoir qui transforme les individus en sujets[58]. »

On aura reconnu ici le pouvoir pastoral dans sa dimension individualisante[59]. Les nouvelles luttes ne peuvent donc pas se proposer la libération de l'individu, face à un État oppressif, puisque c'est l'État qui
précisément est matrice d'individualisation : « Le problème à la fois
politique, éthique, social et philosophique qui se pose à nous aujour-
d'hui n'est pas d'essayer de libérer l'individu de l'État et de ses institutions, mais de nous libérer, nous, de l'État et du type d'individualisation
qui s'y rattache. Il nous faut promouvoir de nouvelles formes de subjectivité[60]. » Ce qu'il faut opposer à l'État, dans ses visées gestionnaires
et normalisatrices, individualisantes et identificatrices, c'est seulement
dans les années 1980 que Foucault le détermine dans sa netteté conceptuelle. Il s'agit précisément de ces pratiques de soi, prises dans cette
dimension relationnelle qu'il avait si bien décrite s'agissant du stoïcisme
romain. Car au fond, l'individu et la communauté, leurs intérêts et leurs
droits, s'opposent tout en se complétant : complicité des contraires. Foucault, en bloc, oppose aux exigences communautaires et aux droits individuels ce qu'il appelle des « modes de vie », des « choix d'existence »,
des « styles de vie », des « formes culturelles ». Le cas des luttes pour la
reconnaissance de l'homosexualité est ici exemplaire, et on n'oubliera
pas que ces dernières années sont marquées par l'attirance toujours
plus forte de Foucault pour les États-Unis, ses séjours à Berkeley et sa
découverte là-bas de formes relationnelles inédites. Les textes sur le

---

57. « Le Sujet et le Pouvoir », *art. cit.*, p. 228.
58. *Id.*, p. 227.
59. Cf. pour une définition : « cette forme de pouvoir est orientée vers le salut (par
opposition au pouvoir politique). Elle est oblative (par opposition au pouvoir de souveraineté) et individualisante (par opposition au pouvoir juridique). Elle est coextensive à
la vie et dans son prolongement ; elle est liée à une production de la vérité – la vérité de
l'individu lui-même » (*id.*, p. 229). Ce pouvoir, à partir du XVIIIᵉ siècle, « s'est tout à
coup étendu à l'ensemble du corps social ; il a trouvé appui sur une foule d'institutions »
(*id.*, p. 232).
60. *Ibid.*

« triomphe social[61] » ou sur l'« amitié comme mode de vie[62] », consacrés à la question gay, contiennent du reste les énoncés décisifs de la nouvelle politique de Foucault. Ce dernier affirme, dans ces textes, ne pas s'arrêter à la seule revendication d'une égalité juridique pour les homosexuels. Il s'agit encore moins de définir la vérité d'une nature homosexuelle. Normaliser l'homosexualité, combattre pour la reconnaissance d'une identité vraie du sujet homosexuel, s'en tenir à la revendication des droits égalitaires, tout cela lui semble une manière de tomber dans le grand panneau de l'institution. La véritable résistance se tient ailleurs pour lui : dans l'invention d'une nouvelle ascèse, d'une nouvelle éthique, d'un nouveau mode de vie homosexuels. Car les pratiques de soi ne sont ni individuelles ni communautaires : elles sont relationnelles et transversales.

6. L'ÉTABLISSEMENT DU COURS

L'exercice de transcription d'un cours, de constitution d'un texte à partir d'une parole prononcée, rencontre un certain nombre de difficultés de principe, peut-être heureusement un peu atténuées dans le cas de Foucault, puisque, comme nous l'indiquions précédemment, il lisait scrupuleusement un texte rédigé, plus qu'il n'improvisait librement. Il demeure qu'on est souvent pris entre une exigence de fidélité et une exigence de lisibilité. Nous avons tenté un compromis en restituant le texte le plus exactement possible, tout en l'allégeant, supprimant ici et là certaines répétitions ou lourdeurs qui finissaient par gêner la compréhension de la phrase. Nous avons, par exemple, supprimé du texte les références précises concernant les fragments cités (numéros de pages ou de paragraphes) dès lors que celles-ci se retrouvaient dans les notes. Elle sont restées pourtant, quand leur suppression rompait l'équilibre de la phrase. Par ailleurs, quand Foucault commet des lapsus non significatifs (erreurs sur des numéros de pages ou de lettre dans une correspondance), nous avons directement restitué la bonne version dans le texte. Des termes entre crochets, peu nombreux, indiquent que la phrase a été légèrement remaniée pour sa compréhension. Nous n'avons disposé que d'une seule série de cassettes du cours (l'enregistrement par Jacques

---

61. *DE*, IV, n° 313 : « Le Triomphe social du plaisir sexuel » (mai 1982), p. 308-314.
62. *DE*, IV, n° 293 : « De l'amitié comme mode de vie » (avril 1981), p. 163-167.

Lagrange), ce qui fait que les quelques ratés de cet enregistrement n'ont pu être corrigés, sauf quand le manuscrit permettait de restituer les phrases manquantes. Enfin les notes ont une double fonction : d'une part, elles indiquent la provenance des citations, elles établissent des passerelles entre ce cours au Collège de France et l'ensemble de l'œuvre : les autres cours, les livres, les textes parus dans les *Dits et Écrits,* elles explicitent ce qui n'est qu'allusion, elles renvoient à la littérature secondaire dont Foucault pouvait disposer à cette époque ; d'autre part, elles ont une fonction plus pédagogique, en expliquant certains points d'histoire, en donnant des repères biographiques pour des figures peu connues, en renvoyant à des ouvrages de synthèse sur des points précis.

*

    Ma gratitude et tous mes remerciements vont à Daniel Defert, pour m'avoir permis d'enrichir et de compléter la transcription du cours par un accès aux dossiers de travail de Foucault ; à l'équipe de recherche en philosophie hellénistique et romaine de l'université de Paris-XII, en général, et à Carlos Lévy, en particulier, pour leur compétence et leur secours scientifiques ; à Jean-François Pradeau pour ses lumières platoniciennes ; à Paul Veyne pour ses relectures critiques et ses remarques si constructives ; à Cécile Piégay pour son aide technique ; à Paul Mengal enfin, pour son soutien amical et fidèle.

F. G.

Indices

Index des notions

Abstinence : 111, 398-399, 403, 407-412, 414, 419, 435, 479-483

Acte : 17-19, 29-30, 48, 54, 68, 76, 82, 95, 170, 178, 205, 269, 309, 311, 391, 402, 442

Action : 12, 35, 37-38, 54-56, 58, 125, 130, 135, 194, 213-214, 269, 301, 309, 312, 340, 398, 408, 413, 437, 448, 459, 461-465, 481, 485

Activité : 9, 38-40, 54, 57, 59, 83, 85, 88, 91, 95, 123, 145, 150-151, 170, 177, 213, 239, 269, 301, 311, 321, 344-345, 386, 398, 406, 410, 459, 463, 475-478

Adulte : 44, 74, 84-90, 93, 104-105, 108, 121, 127, 197, 237

Âme : 10, 18, 35, 47-49, 52-59, 65-70, 72, 85-86, 89, 92-96, 104, 111-113, 135, 138, 151, 156, 166, 168, 175, 177, 187, 201, 207, 222, 225, 230, 239, 244-246, 248, 255, 263-264, 267-273, 290, 318-321, 323, 325-328, 331, 333-334, 342-344, 347, 363-364, 374, 381-382, 384, 386, 397, 399-402, 408-409, 414, 427, 436, 438-439, 441, 450, 460, 473-475, 476-478, 480-481

Amitié : 111-112, 132-133, 146-147, 150-151, 153, 185-188, 372-373, 382, 478

Amour : 17, 38, 44, 58, 71, 153-156, 331, 361-362, 379, 478

Amoureux : 33-34, 57-58

Anakhôrêsis : 47, 49-50, 88, 204 ; v. Retraite

Analyse : 281, 288, 293

Apprentissage : 307, 325, 396-397

Arcana conscientiae : 209, 225, 267

Art : 40, 51, 56-57, 104, 125, 232, 239, 243, 250, 263, 272, 307, 321, 323, 330, 345, 350, 365-367, 371, 382, 386, 466, 481

Art(s) de soi : 145, 172, 247, 302, 347, 361, 429, 446, 498

Art de vivre : 80, 84, 121, 171-172, 197, 242, 248, 317, 405, 428-430, 465

Ascension : 273

Ascèse : 16-17, 88, 172, 203, 205, 301-303, 305-307, 312-313, 316-317, 323, 326, 334, 343, 355, 398-399, 402, 450, 465, 481

Ascétique : 48, 82, 244, 398-399, 401-406, 408, 413, 419, 428, 435-437, 443, 464-465

Ascétisme : 11, 13, 134, 172, 240, 246, 474

Askêsis : 17, 202, 297, 301-303, 305-306, 312, 315, 355, 398, 401, 408, 479

Assujettissement : 304

Ataraxie : 178, 187-188, 440

Athlète : 222, 306, 308-309, 473, 479

Attention : 12, 35, 66, 82, 127, 198, 212-214, 220, 242, 289, 295, 321, 323, 326-329, 331-334, 356, 438, 447, 475, 481

Attitude : 12-13, 32, 55-57, 82, 107, 113, 135, 158, 190, 205, 326, 328-329, 331, 356, 364, 368, 379, 398, 411-413, 419, 440-441, 444-449, 461, 475, 481, 483

Aufklärung : 297

Autarcie : 178, 231

Autre, les autres, autrui : 12, 15, 37, 40, 51, 56, 116, 122-123, 125, 129, 131, 135, 147, 149-150, 158, 168-171, 174-175, 178, 185, 188-192, 194, 198, 210-212, 214, 220, 225-228, 239, 242, 307, 313, 343-344, 358, 360, 362-363, 368-369, 372, 379, 386, 403, 430, 440-441

Avenir : 445-447, 451-453, 460-461, 482

Aveu : 316, 391, 461

Beauté : 34, 57, 273, 289, 330-332, 386

Bios : 428, 466

Boêthos, v. Secours

Index
des noms de personnes

Table

Rappel de la problématique générale : subjectivité et vérité. – Nouveau point de départ théorique : le souci de soi. – Les interprétations du précepte delphique « connais-toi toi-même ». – Socrate comme l'homme du souci : analyse de trois extraits de l'*Apologie* de Socrate. – Le souci de soi comme précepte de la vie philosophique et morale antique. – Le souci de soi dans les premiers textes chrétiens. – Le souci de soi comme attitude générale, rapport à soi, ensemble de pratiques. – Les raisons de la disqualification moderne du souci de soi au profit de la connaissance de soi : la morale moderne ; le moment cartésien. – L'exception gnostique. – Philosophie et spiritualité.

Présence conflictuelle des exigences de spiritualité : science et théologie avant Descartes ; philosophie classique et moderne ; marxisme et psychanalyse. – Analyse d'une sentence lacédémonienne : le souci de soi comme privilège statutaire. – Première analyse de l'*Alcibiade* de Platon. – Les prétentions politiques d'Alcibiade et l'intervention de Socrate. – L'éducation d'Alcibiade comparée à celle des jeunes Spartiates et des Princes Perses. – Contextualisation de la première apparition dans l'*Alcibiade* de l'exigence du souci de soi : prétention politique ; déficit pédagogique ; âge critique ; absence de savoir politique. – La nature indéterminée du soi et son implication politique.

Contextes d'apparition de l'impératif socratique du souci de soi : la capacité politique des jeunes gens de bonne famille ; les limites de la pédagogie athénienne (scolaire et érotique) ; l'ignorance qui s'ignore. – Les pratiques de transformation du soi en Grèce archaïque. – Préparation au rêve et techniques d'épreuve dans le pythagorisme. – Les techniques de soi dans le *Phédon* de Platon. – Leur importance dans la philosophie hellénistique. – La question de l'être du soi dont il faut s'occuper dans l'*Alcibiade*. – Détermination du soi comme âme. – Détermination de l'âme comme sujet d'action. – Le souci de soi dans son rapport à la diététique, à l'économique et à l'érotique. – La nécessité d'un maître du souci.

paradigme de gouvernementalité. – L'idée d'une éthique du retour à soi : le refus chrétien et les tentatives avortées de l'époque moderne. – La gouvernementalité et le rapport à soi, contre la politique et le sujet de droit. – La conversion à soi sans le principe d'une connaissance de soi. – Deux modèles occultants : la réminiscence platonicienne et l'exégèse chrétienne. – Le modèle caché : la conversion hellénistique à soi. – Connaissance du monde et connaissance de soi dans la pensée stoïcienne. – L'exemple de Sénèque : la critique de la culture dans les *Lettres à Lucilius* ; le mouvement du regard dans les *Questions naturelles*.

Fin de l'analyse de la préface à la troisième partie des *Questions naturelles*. – Étude de la préface à la première partie. – Le mouvement de l'âme connaissante chez Sénèque : description ; caractéristique générale ; effet en retour. – Conclusions : implication essentielle de la connaissance de soi et de la connaissance du monde ; effet libérateur du savoir du monde ; irréductibilité au modèle platonicien. – La vue plongeante.

La modalisation spirituelle du savoir chez Marc Aurèle : le travail d'analyse des représentations ; définir et décrire ; voir et nommer ; évaluer et éprouver ; accéder à la grandeur d'âme. – Exemples d'exercices spirituels chez Épictète. – Exégèse chrétienne et analyse stoïcienne des représentations. – Retour à Marc Aurèle : exercices de décomposition de l'objet dans le temps ; exercices d'analyse de l'objet en ses constituants matériels ; exercices de description réductrice de l'objet. – Structure conceptuelle du savoir spirituel. – La figure de Faust.

La vertu dans son rapport à l'*askêsis*. – L'absence de référence à la connaissance objective du sujet dans la *mathêsis*. – L'absence de référence à la loi dans l'*askêsis*. – Objectif et moyen de l'*askêsis*. – Caractérisation de la *paraskeuê* : le sage comme athlète de l'événement. – Contenu de la *paraskeuê* : les discours-action. – Mode d'être de ces discours : le *prokheiron*. – L'*askêsis* comme pratique d'incorporation au sujet d'un dire-vrai.

Séparation conceptuelle de l'ascèse chrétienne et de l'ascèse philosophique. – Pratiques de subjectivation : l'importance des exercices d'écoute. – La nature ambiguë de l'écoute, entre passivité et activité : le *Peri tou akouein* de Plutarque ; la lettre 108 de Sénèque ; l'entretien II,23 d'Épictète. – L'écoute, en souffrance de *tekhnê*. – Les règles ascétiques de l'écoute : le silence ; gestuelle précise et attitude générale du bon auditeur; l'attention (attachement au référent du discours et subjectivation du discours par mémorisation immédiate).

Les règles pratiques de la bonne lecture et l'assignation de sa fin : la méditation. – Le sens ancien de *meletê*/*meditatio* comme jeu de la pensée sur le sujet. – L'écriture comme exercice physique d'incorporation des discours. – La correspondance comme cercle de subjectivation/véridiction. – L'art de parler dans la spiritualité chrétienne : les formes du discours vrai du directeur; l'aveu du dirigé; le dire-vrai sur soi comme condition du salut. – La pratique gréco-romaine de direction : constitution d'un sujet de vérité par le silence attentif du côté du dirigé; l'obligation de *parrhêsia* dans le discours du maître.

La *parrhêsia* comme attitude éthique et procédure technique dans le discours du maître. – Les adversaires de la *parrhêsia* : flatterie et rhétorique. – L'importance des thèmes de la flatterie et de la colère dans la nouvelle économie du pouvoir. – Un exemple : la préface au quatrième livre des *Questions naturelles* de Sénèque (exercice du pouvoir, rapport à soi, dangers de la flatterie). – La sagesse fragile du Prince. – Les points de l'opposition *parrhêsia*/rhétorique : le partage de la vérité et du mensonge; le statut de technique; les effets de subjectivation. – Conceptualisation positive de la *parrhêsia* : le *Peri parrhêsias* de Philodème.

Suite de l'analyse de la *parrhêsia* : le *Traité des passions de l'âme* de Galien. – Caractérisations de la *libertas* selon Sénèque : refus de l'éloquence populaire et emphatique; transparence et rigueur; incorporation des discours utiles; un art de conjecture. – Structure de la *libertas* : transmission accomplie de la pensée et engagement du sujet dans son discours. – Pédagogie et psychagogie : rapport et évolution dans la philosophie gréco-romaine et dans le christianisme.

Remarques supplémentaires sur la signification des règles de silence dans le pythagorisme. – Définition de l'« ascétique ». – Bilan sur l'ethnologie historique de l'ascétique grecque. – Rappel de l'*Alcibiade* : le repli de l'ascétique sur la connaissance de soi comme miroir du divin. – L'ascétique du Ier-IIe siècle : un double décrochage (relativement : au principe de connaissance de soi; au principe de reconnaissance dans le divin). – Explication de la fortune chrétienne de l'ascétique hellénistique et romaine : le rejet de la gnose. – L'œuvre de vie. – Les techniques d'existence, exposition de deux registres :

l'exercice par la pensée ; l'entraînement en situation réelle. – Les exercices d'abstinence : corps athlétique chez Platon et corps endurant chez Musonius Rufus. – La pratique des épreuves et ses caractères.

La vie même comme épreuve. – Le *De Providentia* de Sénèque : l'épreuve d'exister et sa fonction discriminante. – Épictète et le philosophe-éclaireur. – La transfiguration des maux : de l'ancien stoïcisme à Épictète. – L'épreuve dans la tragédie grecque. – Remarques sur l'indifférence de la préparation d'existence hellénistique aux dogmes chrétiens de l'immortalité et du salut. – L'art de vivre et le souci de soi : une inversion de rapport. – Signe de cette inversion : le thème de la virginité dans le roman grec.

Rappel des acquis du cours précédent. – La saisie de soi par soi dans l'*Alcibiade* de Platon et dans les textes philosophiques du Ier-IIe siècle : étude comparative. – Les trois grandes formes occidentales de réflexivité : la réminiscence ; la méditation ; la méthode. – L'illusion de l'historiographie philosophique occidentale contemporaine. – Les deux séries méditatives : l'épreuve du contenu de vérité ; l'épreuve du sujet de vérité. – La disqualification grecque de la projection dans l'avenir : le primat de la mémoire ; le vide ontologico-éthique du futur. – L'exercice stoïcien de présomption des maux comme préparation. – Gradation de l'épreuve de présomption des maux : le possible, le certain, l'imminent. – La présomption des maux comme obturation de l'avenir et réduction de réalité.

La méditation de la mort : un regard sagittal et rétrospectif. – L'examen de conscience chez Sénèque et Épictète. – L'ascèse philosophique. – Bio-technique, épreuve de soi, objectivation du monde : les défis de la philosophie occidentale.

IMPRESSION : NORMANDIE ROTO IMPRESSION S.A. À LONRAI
DÉPÔT LÉGAL : MARS 2001. N° 30800 -2 (01-0990)